21世纪经济管理新形态教材·工商管理系列

企业战略管理
（第3版）

徐大勇 ◎ 编著

清华大学出版社

北 京

内容简介

本书在吸收国内外先进的战略管理理论的基础上,结合作者多年来在战略管理领域的教学与研究心得,基于企业战略管理完整框架体系安排章节结构。全书分为战略管理导论、战略分析、战略制定与选择以及战略实施、控制与变革4篇,共14章,力求呈现给读者清晰的企业战略管理全貌。本书的特点是将企业战略管理的理论与企业的实践相结合,将理论分析与案例教学相结合。每章都精选一些经典案例,不仅加强实践教学、突出操作技能培养与应用型特色,实现适度理论与丰富实践教学的良好结合,而且可为企业和各类组织取得竞争优势、谋求可持续发展提供重要的参考与借鉴。

本书可作为高等院校经济管理类专业本科及研究生战略管理课程的专业教材,也可作为战略管理研究人员、工商企业决策者和高层管理者、战略咨询师、金融界人士等的战略参考与培训用书,同时对于广大对管理知识感兴趣的人员也是一本有益的参考读物。

本书封面贴有清华大学出版社防伪标签,无标签者不得销售。
版权所有,侵权必究。举报: 010-62782989, beiqinquan@tup.tsinghua.edu.cn。

图书在版编目(CIP)数据

企业战略管理/徐大勇编著. —3版. —北京: 清华大学出版社,2023.7(2024.6重印)
21世纪经济管理新形态教材. 工商管理系列
ISBN 978-7-302-63954-1

Ⅰ.①企… Ⅱ.①徐… Ⅲ.①企业战略—战略管理—高等学校—教材 Ⅳ.①F272.1

中国国家版本馆CIP数据核字(2023)第117032号

责任编辑: 张 伟
封面设计: 汉风唐韵
责任校对: 王荣静
责任印制: 丛怀宇

出版发行: 清华大学出版社
网　址: https://www.tup.com.cn, https://www.wqxuetang.com
地　址: 北京清华大学学研大厦A座　　邮　编: 100084
社 总 机: 010-83470000　　邮　购: 010-62786544
投稿与读者服务: 010-62776969, c-service@tup.tsinghua.edu.cn
质量反馈: 010-62772015, zhiliang@tup.tsinghua.edu.cn
课件下载: https://www.tup.com.cn, 010-83470332

印 装 者: 北京嘉实印刷有限公司
经　销: 全国新华书店
开　本: 185mm×260mm　　印　张: 26.75　　字　数: 614千字
版　次: 2015年2月第1版　2023年7月第3版　印　次: 2024年6月第2次印刷
定　价: 75.00元

产品编号: 100036-01

第3版 前言

企业战略管理是市场经济永恒的主题，也是企业生存与发展的命脉。它是一门具有整合性、处于最高层次的管理理论，从全局和长远的观点研究企业在竞争环境下生存与发展的重大问题，其目的是提高企业对外部环境的适应性，使企业做到可持续发展。在西方发达国家，战略管理的理论和方法已深入人心，不仅为众多的管理学家所推崇，也为大多数企业家所接受，并得到广泛的推广与应用。企业战略管理在现代企业管理中处于核心地位，是决定企业经营成败的关键。

战略问题实际上也是一个适应面很广的问题。尽管当前战略观念、战略思维、战略分析、战略决策、战略实施、战略控制、战略变革等战略管理概念已成为我国各级政府官员、各企事业单位主管及专家学者最为关注的话题，然而，并不是所有的人都认识到战略对一个组织长远发展的重要意义。

随着我国经济体制改革的进一步深化与完善，国内市场与国际市场逐步接轨，中国经济进入一个最为活跃的发展时期，企业对具备现代管理思想和管理技能的各级经理人员的需求越来越大，企业战略管理已成为现代企业高层管理者应具备的基本技能之一，也是管理学科工商管理类各专业的一门主干课程，受到理论界和教育界的普遍重视。如何在竞争日趋激烈且复杂多变的市场环境中求得长期生存和持续发展，已经成为企业面临的首要问题。"三年发展靠机遇，十年发展靠战略"，每一个成功的企业都需要有好的战略思想，每一个好的战略思想都需要通过组织得以有效实施。在现实中，企业面对外部环境的变化，必须不断对自己的战略和组织结构作出调整，确保组织能够适应变化、高效运行，从而在竞争中立于不败之地。因此，企业要谋求长远发展、基业长青，真正做一番事业，就必须重视战略管理。战略管理这门科学在学者和企业家们的探索与实践中不断完善和发展。各种新思想、新理论、新方法、新的企业经营模式不断产生，丰富着企业战略体系，同时又指引着企业的实践。企业制定并实施战略，不仅有利于企业的可持续发展，而且有利于行业的可持续发展，也充分体现了企业家对企业和行业的负责精神。同时，也与党的二十大报告中强调的守正创新精神的思想精髓、核心要义高度契合，把握新时代的原创性思想、变革性实践、突破性进展，最终实现入脑入心、知行合一。

企业战略管理是一门保证企业组织有效实现自身目标的艺术与科学，主要研究企业作为整体的功能与责任、所面临的机会与风险，重点讨论企业经营中所涉及的跨越营销、技术、组织、财务等职能领域的综合性决策问题。通过本课程的学习，学生可以对战略管理的基本思想、基本理论和基本方法有一个全面的了解和掌握，从而构造企业战略管理的基本思想，初步具备战略与创新的思维能力，为将来从事企业战略管理奠定理论基础。

本书在综合国内外现有战略管理研究与企业实践的基础上，结合了作者对战略管理的新见解。本书内容深入浅出，对教师具有较强的指导性，对学生具有较强的学习互动性，对管理者的实践具有较强的借鉴和参考价值。

本书第 1 版自 2015 年出版以来，历经数次重印与改版，从第 1 版与第 2 版使用的反馈信息来看，不少高校教师和学生都认可本书的框架体系与内容安排。第 3 版在保持第 2 版体系结构、内容呈现与写作风格的基础上，结合当今互联网、云计算、大数据、物联网的飞速发展以及企业在发展过程中越来越呈现出平台化、生态化的趋势，对部分章节进行了必要的补充与修订。第 3 版主要是顺应企业战略管理理论与实践的发展要求，增加了部分内容，并对有些章节进行了微调，增加了一些图表，使得表述更为直观，行文更加流畅，条理更为清晰，逻辑更为严谨，内容更为充实、丰富，既有利于教师授课，又有利于学生学习。

在本书的编写过程中，编者参阅了国内外大量专家同行的专著、教材、文献资料及网络资源，相关参考书目附于书后的参考文献中，在此，对这些参考文献的作者致以崇高的敬意和衷心的感谢！

由于编者水平有限，书中难免存在不足和疏漏之处，敬请各位专家与读者给予谅解和指正，不吝赐教，以使本书完善与提高。

徐大勇

2023 年 4 月

目 录

第 1 篇　战略管理导论

第 1 章　战略管理概论 ……………………………………………………………… 2
1.1　战略概念的演变 …………………………………………………………… 4
1.2　从企业家的角色谈战略家的任务 ………………………………………… 5
1.3　企业战略概述 ……………………………………………………………… 6
1.4　战略管理的构成要素、层次与系统 ……………………………………… 13
1.5　战略管理过程 ……………………………………………………………… 19
1.6　战略管理与业务管理、长期计划的关系与区别 ………………………… 20
1.7　战略管理者 ………………………………………………………………… 22
本章小结 …………………………………………………………………………… 25
思考题 ……………………………………………………………………………… 25
即测即练 …………………………………………………………………………… 26

第 2 章　企业战略理论的演进和发展 …………………………………………… 27
2.1　战略管理的演进 …………………………………………………………… 29
2.2　战略管理理论演变的基本规律 …………………………………………… 34
2.3　战略管理理论的发展趋势 ………………………………………………… 34
2.4　战略管理的主要流派 ……………………………………………………… 36
本章小结 …………………………………………………………………………… 40
思考题 ……………………………………………………………………………… 40
即测即练 …………………………………………………………………………… 40

第 3 章　企业的愿景、使命和战略目标 ………………………………………… 41
3.1　企业愿景 …………………………………………………………………… 43
3.2　企业使命 …………………………………………………………………… 52
3.3　企业战略目标 ……………………………………………………………… 58
3.4　企业愿景、使命与战略目标的关系 ……………………………………… 65
本章小结 …………………………………………………………………………… 66
思考题 ……………………………………………………………………………… 66

即测即练 …… 67

第 2 篇　战 略 分 析

第 4 章　企业外部环境分析 …… 70
4.1　外部环境概述 …… 72
4.2　企业宏观环境因素分析 …… 77
4.3　商业生态系统分析 …… 86
4.4　行业结构分析 …… 90
4.5　战略群体分析 …… 111
4.6　竞争对手分析 …… 116
4.7　企业外部环境分析方法 …… 124
本章小结 …… 135
思考题 …… 136
即测即练 …… 136

第 5 章　企业内部环境分析 …… 137
5.1　内部分析的性质、目的和重要性 …… 140
5.2　企业资源分析 …… 144
5.3　企业能力构成 …… 155
5.4　企业核心能力 …… 155
5.5　企业内部环境分析方法 …… 162
本章小结 …… 179
思考题 …… 179
即测即练 …… 179

第 6 章　文化与利益相关者的期望 …… 180
6.1　战略的文化背景 …… 183
6.2　利益相关者分析 …… 189
本章小结 …… 194
思考题 …… 194
即测即练 …… 195

第 3 篇　战略制定与选择

第 7 章　公司战略 …… 198
7.1　发展型战略 …… 201
7.2　稳定型战略 …… 212

7.3 紧缩型战略 219
7.4 组合型战略 225
本章小结 227
思考题 227
即测即练 227

第 8 章 竞争战略 228

8.1 成本领先战略 230
8.2 差异化战略 235
8.3 集中化战略 240
8.4 最优成本供应商战略 243
8.5 竞争战略的应用比较和选择 245
8.6 合作战略 248
本章小结 260
思考题 261
即测即练 261

第 9 章 职能战略 262

9.1 生产战略 264
9.2 营销战略 267
9.3 人力资源战略 271
9.4 研究与开发战略 274
9.5 财务战略 281
本章小结 285
思考题 285
即测即练 286

第 10 章 企业创新战略 287

10.1 战略性创业与创新 289
10.2 内部创新的内涵 292
10.3 内部创新的实施 295
10.4 通过合作战略进行创新 297
10.5 通过收购进行创新 298
10.6 通过战略性创业创造价值 299
10.7 蓝海战略 300
10.8 商业模式 311
10.9 平台化思维 315
本章小结 317

思考题 ··· 318
即测即练 ··· 318

第 11 章 战略制定与选择 ··· 319

11.1　战略制定 ··· 321
11.2　战略评价 ··· 323
11.3　战略选择 ··· 328
11.4　战略制定与选择的分析工具 ··· 332
11.5　战略决策阶段的分析工具 ·· 343
11.6　战略方案设计 ··· 349
本章小结 ··· 351
思考题 ··· 351
即测即练 ··· 351

第 4 篇　战略实施、控制与变革

第 12 章 战略实施 ··· 354

12.1　企业战略实施概述 ··· 356
12.2　战略实施的资源配置 ·· 365
12.3　企业战略的有效实施 ·· 369
本章小结 ··· 374
思考题 ··· 375
即测即练 ··· 375

第 13 章 战略控制 ··· 376

13.1　战略控制概述 ··· 378
13.2　战略失效与战略控制 ·· 383
13.3　战略控制过程与系统 ·· 384
本章小结 ··· 390
思考题 ··· 390
即测即练 ··· 390

第 14 章 战略变革 ··· 391

14.1　企业战略变革的必要性 ··· 394
14.2　企业战略变革的要素与一般阶段 ··· 397
14.3　企业战略变革的影响因素分析 ·· 399
14.4　企业战略变革的实施过程 ·· 401
14.5　战略变革的时机选择与阻力分析 ··· 405

14.6 战略变革的基本方式与框架 …………………………………………………… 406
14.7 战略变革和组织复兴 …………………………………………………………… 409
本章小结 ……………………………………………………………………………… 412
思考题 ………………………………………………………………………………… 412
即测即练 ……………………………………………………………………………… 413

参考文献 ……………………………………………………………………………… 414

第1篇

战略管理导论

第 1 章

战略管理概论

1. 理解战略、战略管理的概念与特征；
2. 了解战略管理的构成要素；
3. 明确战略管理的层次与过程；
4. 了解战略家的任务；
5. 了解战略管理者。

是故胜兵先胜而后求战，败兵先战而后求胜。

——《孙子兵法·形篇》

企业战略就是企业的发展蓝图，没有战略的组织就好像没有舵的小船，会在原地打转。对发展战略已不是"是否需要"重视，而是"如何重视"及"重视程度"的问题。

——彼得·德鲁克

坚守造车底线，秉持"长期主义"策略

2023年，长城汽车仍旧坚守自己的造车底线。一方面，秉持"长期主义"发展策略，打造智能新能源（产品），坚持为大部分用户制造符合他们真正需求的车。另一方面，始终以用户为中心，绝不拿用户做实验。针对如何打赢新能源之战，其提出了销量160万辆、实现近50%大幅增长的战略目标。

对于如何"打赢"这一被反复问到、反复琢磨、反复思考的问题，长城汽车总裁穆峰心中早有清晰的答案，那就是长城汽车必须将重点集中在智能新能源的发展方面，长城汽车的智能新能源发展思路不是攻城略地，而是让造车回归本质。

"我们的友商通过新能源开创了巨大的蓝海市场，根据市场规律，蓝海是暂时的，红海是最终的。新能源必然会挤压燃油车的市场份额，当大家进入想象当中的蓝海市场时，实际上已不仅仅是新能源汽车之争，而是整个产业和市场之争，这就是我们2023年面临的竞争格局。"穆峰分享了自己的思考。

相对战略层面的思考，长城汽车拿出更加务实的方案——全新智能四驱电混技术Hi4。

长城汽车方面介绍,全新智能四驱电混技术 Hi4 实现三大革新,分别为三动力源双轴分布的混动"新构型"、iTVC(智能扭矩矢量控制系统)的"新突破"、机电耦合传动系统的"新高度",拥有 2 套动力总成,最高系统功率达 340 kW,可覆盖 A~C 级车型,混动专用发动机以当前行业最佳的技术配置实现了 41.5% 的最优工程热效率。

2023 年,长城汽车将上市 11 款新能源产品,其中包括 4 款纯电车型、7 款混动车型。2024 年,长城汽车全系新能源产品将全面普及四驱,并实现以两驱的价格购买四驱。

不难看出,长城汽车之所以选择将插电式混动技术作为打入新能源市场的重要突破口,原因在于该技术的增长潜力。中国汽车流通协会汽车市场研究分会(乘用车市场信息联席会,简称乘联会)数据显示,2022 年,插电式混动汽车(全年零售销量)160.5% 的增速远远高于同期纯电动汽车 90% 的增速。

2023 年,插电混动预计进一步增长。安信证券研报预测,2023 年插电式混动汽车销量将达到 337 万辆,同比增长 120%。

"长城汽车一直在基于用户使用场景造车。我们认为电动车的定位是家庭的代步车,插电式混动汽车才是家庭用车的主力车型,至少在 2025 年之前,我们会坚持这一定位。"穆峰表示。

"大家对于这一波降价潮焦虑吗?"穆峰在长城汽车新能源干货大会一开始便抛出了这一问题。

"我觉得现在是一个旧时代慢慢退去,而新时代尚未完全到来的艰难时期。在政策和技术的联合驱动下,我们和其他主机厂一起都拥挤在了转折点,共同面对企业的生死抉择。"穆峰表示。

面对行业"降价潮",穆峰认为,把握趋势比追逐潮流更重要。"管理企业面临的最大挑战就是如何在确定性和不确定性之间作出正确的判断。唯有坚持长期主义,才能真正赢得未来。"

另外,穆峰判断,价格战不会持续太久。"因为中国的汽车企业大部分是上市公司,基于上市公司的财报,大家可以判断'掀桌子'能持续多久。为了一些经营的问题'掀桌子',当经营问题解决得差不多时就可以结束了。为了资本市场拿钱而'掀桌子',当产业回归本质的时候也就不再掀了。"

虽然明确了"长期主义"的经营观,但是解除"降价伤企业,不降价伤销量"这一困境仍是摆在长城汽车面前的重要问题。对此,穆峰给出的答案是"生态布局"。

据了解,长城汽车构建了业内领先的"光伏+分布式储能+集中式储能"的能源体系,完成了"太阳能—电池—氢能—车用动力"的全价值链布局,将以成果爆发的森林生态全力破局。

"长城汽车的生态布局不是从今天开始,而是从今天收获。"穆峰表示,"它是以整车为核心,全面布局新能源、智能化等相关技术产业,实现多物种相互作用,并持续进化的全生态体系。"

"长城汽车将不断加大研发投入、持续筑牢森林生态体系的基础。"穆峰表示,"稳固的技术支持,是长城汽车建立强大市场信心的根基,也是产品力和服务力不断提升的动力。"

资料来源:张硕,陈茂利.坚守造车底线 秉持"长期主义"策略[N].中国经营报,2023-03-27.

1.1 战略概念的演变

中国以其伟大的民族性、历史性、传承性，拥有丰富的历史文化和思想遗产，是最早产生战略概念和战略理论的国家，理论著述之多，战略实践之丰富，其他任何国家都难以匹敌。长期的战争实践和军事战略实践，给我们后人留下了丰富的军事战略文化遗产，在这份沉甸甸的古代战略遗产中，既有成功的经验，也有失败的教训，更包含中华民族生存与发展的线索和智慧。宋朝名臣范仲淹曾讲过："将不知古今，匹夫勇耳。"通古才能知今，通古才能察来。所以，通晓和借鉴古代战略理论是非常重要的。清朝大学士陈澹然也有句名言，"不谋万世者，不足谋一时；不谋全局者，不足谋一隅"。这说明干大事的人，没有战略头脑和战略眼光是不行的。战略领域，是统帅的世界，是伟人的天地，更是学者的舞台。战略是谋划，是计划，是对环境的判断和对全局的把握。要想成就一番大业，就必须学习和研究战略问题，包括研究和继承中国古代战略理论的精髓。所谓中国古代战略，顾名思义，就是中国古代历史上对战争实践的理论反映和理论实践以及理论完善。研究中国古代军事战略问题，首先必须对中国古代战略概念的产生及中国古人对战略本质的认识有所了解。

战略及战略概念是随着战争的产生而产生的。战略是战争的伴生物。从理论上讲，应该是一有战争，就有战略。但是原始社会时期，基本上还谈不上有战略和战略指导艺术。我们现在看到的有文字记载的人类历史上第一次战略谋划应该是公元前17世纪的商汤灭夏之战。在这次战争中，商汤制订了灭夏的一整套战略计划。如针对夏王朝内部的社会矛盾，采取与夏相反的政策，稳定自己的内部；运用离间计，分裂夏王朝，挑拨夏王朝与诸侯各国的关系；采取先弱后强、由近及远、剪除羽翼，而后进行决战的战略方针等。其后的战争中，几乎都有战略上的运筹谋划，但是，"战略"这一概念的出现却远比战争实践和战略实践晚得多，而且战略概念可以说是分别在我国和西方国家互不联系地发展起来的。直到近代，东西方的战略理论才开始交流和互相影响。

在我国古代，最初的"战略"并不是现在的"战略"这个词，而是与"战略"一词意义相近的一些词。我国古代典籍中常使用的计、谋、画、策、算、韬、略、战道、将略、方略、兵法等词，所包含的意义实际上已经接近现代"战略"一词的定义。如《孙子兵法·谋攻篇》中讲"上兵伐谋"，这个"谋"字就是指军事战略。《孙子兵法·军争篇》中讲"不知诸侯之谋者，不能豫交"，这个"谋"字主要指的是政治战略。再如《史记》中的《淮阴侯列传》记载韩信破齐后，武涉劝他背汉与刘、项三分天下，而韩信说："臣事项王，官不过郎中，位不过执戟，言不听，画不用。"这个"画"字，实际上是指韩信为项羽谋划的大计，即取威定霸的战略。

尽管军事战略实践和战略理论的发展源远流长，但真正意义上的"战略"一词的出现，距今只有1 700多年的历史。西晋史学家和军事思想家司马彪曾撰写《战略》一书。明朝的茅元仪撰写了《战略考》，汇辑了春秋至元代的战略史实和权谋形势，总共有33卷、613节，是其所编辑的《武备志》的一部分。可以说，战略在中国源远流长，并具有比较完善的理论形态和存在形式。从战争实践上来看，随着战争的发展，人们对战争的认识越来越深刻，对战争的指导也日益成熟和自觉，才促进了战略概念的形成和战略的发展。从语源学上看，"战略"一词可能是从"战道""韬略""方略""将略"等词衍化组合而来，即由"战道"的

"战"字和"方略""将略"等的"略"字组合而成"战略"这个词。鸦片战争后,近代西方战略理论开始影响中国。清末湖北武备学堂刊印了《中西武备新书》,其中辑入日本人石井忠利的《战法学》。1908年,陆军预备大学堂印行了由应雄图编辑的《战略学》(有人认为应雄图可能是被聘来华做步兵教习的日本步兵大尉樱井文雄的化名)。十月革命后,马克思列宁主义军事理论传入中国,为无产阶级的战略理论奠定了基础。在中国革命战争中,以毛泽东为代表的中国共产党人,把马克思列宁主义军事战略理论发展到了新境界,形成了中国特色的无产阶级战略概念与战略理论。

西方国家的"战略"(strategy)一词来源于希腊文的 strategicon。这个词的语根为 strategos,相当于现在的"将军"之意。在这个概念的基础上,发展出"战略"一词。18 世纪时,欧洲国家的语言中才出现"战略"这个词。首先使用这个概念的是法国人梅兹鲁亚,他在 1771 年首先把"战略"这个概念用于军事书籍中。在梅兹鲁亚之后,德国资产阶级军事科学的奠基人比洛(Bülow)也使用了这一概念。然而比洛所处的时代,"战略"一词仍然未能进入其他欧洲国家。如 1802 年出版的英国军语辞典中,就没有"战略"一词,表明战略概念当时在西方仍然没有受到重视。

19 世纪,瑞士的安托万·享利·若米尼(Antoine-Henri Jomini)和普鲁士的卡尔·冯·克劳塞维茨(Carl von Clausewitz)分别编著了书籍《战争艺术概论》和《战争论》,进一步揭示了战略的本质,成为近代战略理论的一个里程碑。从 19 世纪到第二次世界大战,西方战略思想日益活跃,新战略学派和战略思想家不断涌现。阿尔弗雷德·塞耶·马汉(Alfred Thayer Mahan)的《制海权》、朱利奥·杜黑(Giulio Douhet)的《制空权》、斐迪南·福煦(Ferdinand Foch)的《论战争原理》、埃里希·冯·鲁登道夫(Erich von Ludendorff)的《总体战》等著作中的理论非常有影响,现代意义上的战略概念也就形成了。中国古代战略和西方古代战略是在两大不同文明体系的沃土中并蒂成长起来的两棵战略之树。

1960 年以前,企业管理领域还没有明确提出"战略"一词。当时商学院的课程中称之为"企业经营政策",并把"经营政策"认为是职能管理的整合。经营政策的意义在于在一个更加宽阔的视野中把企业看作一个整体——将各种职能的专业知识整合起来。

由于社会生产力水平的提高、科学技术的高速发展,竞争日益激烈,企业外部环境更加复杂,企业经营难度增大,许多企业加深了对生存竞争的认识,产生了研究和运用战略的需要,于是就提出了企业战略。进入 20 世纪 60 年代后,企业管理领域正式提出"战略"一词。1965 年,美国专家伊戈尔·安索夫(Igor Ansoff)发表了成名作《公司战略》,"战略"这个概念就进入企业领域。从此,制定和实施企业战略,被看作企业成功的关键,逐步普及起来。战略的影响从军事走向企业,并成为独立的战略体系。军队从事战争,企业从事竞争,两者虽然本质不同,但都存在一个"争"字。企业竞争的目标是通过赢得市场来盈利,战争则是要占领领土与资源;企业是通过赢得顾客和市场来战胜竞争对手,而战争则是通过消灭战争对手来获胜;企业竞争的最重要规则就是"第三者(消费者)决定",而战争最重要的是靠实力来取胜。

1.2 从企业家的角色谈战略家的任务

要做一名企业家,至少应扮演好以下五种角色。

一是经营家。首先必须保证企业能够生存下去,同时还要谋划、争取企业的发展,使企业不断地从小到大、从弱到强地健康、稳定、持续发展。

二是创新家。现在经营企业比过去经营企业难度要大得多,"政府保护时代"已不存在,"短缺经济时代"已成为历史,行业中的竞争对手越来越多,市场变化、科技发展、产品更新越来越快,有限资源越来越少,环保要求越来越高等。在这种形势下,经营企业必须敢于创新、善于创新,这就要求企业家必须成为一个创新家。

三是组织家。企业协调着各种生产要素,如厂房、仓库、机器设备、原材料、半成品、产成品、管理者、操作者等,而企业一般既不在农村,更不在草原和沙漠,多是在城市中比较狭小的空间里。这些要素必须被科学地组织起来,才能变成现实的生产力,创造出产品和效益,这就要求企业家还必须是一个组织家。

四是指挥家。无论是大企业还是中小企业,特别是一些特大型企业,往往都有很多的部门、很多的员工,就像一个乐队里有很多乐器、很多演奏者一样。要想使所有的部门、所有的员工心往一处想、劲往一处使,就必须像一个乐队一样,有一个指挥家,这就要求企业家还必须是一个指挥家。

五是战略家。经营、创新、组织、指挥要想达到好的效果,事前必须有一个总体设计,按照这个总体设计去做,就会达到预期的效果。否则,就会事倍功半,甚至导致彻底失败。这个总体设计就是战略。所以,企业家还必须是一个战略家。

在这五种角色中,哪一种角色应排在第一位呢?北汽福田汽车股份有限公司原总经理王金玉说得好:"市场经济条件下,企业主要经营者首先应该是战略家,要研究、预测、把握企业未来。唯有如此,才能在激烈的市场竞争中站稳脚跟并取得发展。"

企业战略家的任务是什么呢?战略专家约翰·W.蒂兹(John W. Teets)指出:"战略家的任务不在于看清企业目前是什么样子,而在于看清企业将来会成为什么样子。"所谓企业将来会成为什么样子,按国际惯例,就是指企业5年以后会成为什么样子,10年以后会成为什么样子,甚至更长时间以后会成为什么样子。

要完成这一任务,企业家就需要学会老鹰的本领。战略专家弗雷德里·格卢克(Frederick Gluck)说:"战略家要在所取信息的广度和深度之间作出某种权衡。他就像一只在捉兔子的鹰,鹰必须飞得足够高,才能以广阔的视野发现猎物,同时它又必须飞得足够低,以便看清细节,瞄准目标和进行攻击。不断地进行这种权衡正是战略家的任务,一种不可由他人代理的任务。"也就是说,企业家应当像老鹰一样,飞得高、看得远,这样才能在更广阔的空间里为企业发现"猎物"——企业的好机会、好项目、好产品、好服务、好资源、好市场等。

1.3 企业战略概述

1.3.1 战略管理的内涵

战略概念源于两个领域:一是生物学领域的自然界的竞争,由达尔文(Darwin)《进化论》的"适者生存"概念引申而来;二是军事上的,系统的战略思想可以追溯到2 500多年前的《孙子兵法》。在我国,《左传》和《史记》中早已使用"战略"一词。"战"指战斗、交通和战争;"略"指筹略、策略、计划。《辞海》对战略的释义是:①泛指对全局性的高层次的重大问题的筹划与指导,如国家战略、国际战略等;②亦称军事战略,是对战争全局的筹划与指导。

将战略概念与思想应用于企业管理,便形成了企业战略。将企业战略作为一种理论进行研究与传播的历史并不长。1938年,巴纳德(Barnard)在其著作《经理人员的职能》中首次将战略的概念引入管理理论,使企业战略思想开始得到学术界和企业界的重视。至20世纪60年代,企业战略已成为一个相当流行的概念,艾尔弗雷德·D.钱德勒(Alfred D. Chandler)、肯尼斯·安德鲁斯(Kenneth Andrews)、伊戈尔·安索夫(Lgor Ansoff)等知名学者对此都提出了自己的观点,赋予了企业战略各不相同的含义。"战略似乎人人都懂,只是理解各有不同。"代表性观点主要有以下几种。

(1) 冯·纽曼(von Neumann)和摩根斯顿(Morgenstern)在1947年出版的《博弈理论与经济行为》一书中将企业战略定义为"一个企业根据其所处的特定情形而选择的一系列行动"。

(2) 钱德勒的定义。钱德勒在其代表作《战略与结构》中认为,战略就是长期目的或目标的决策、行动过程中的抉择以及对完成目标所需资源的分析。

(3) 安德鲁斯的定义。安德鲁斯认为,战略是目标、意图或目的,以及为达到这些目的而制定的主要方针和计划的一种模式……总体战略是一种决策模式,决定和解释企业目的与目标,提出实现目的的重大方针与计划,确定企业应该从事的经营业务,明确企业的经济类型与人文组织类型,决定企业应当对职工、顾客、社会作出的经济、非经济贡献,现实使命和长远使命的有机结合。

(4) 奎因(J. B. Quinn)的定义。奎因认为,战略就是将一个组织的主要目标、政策或行动按照一定的结构整合成一个整体的方式或计划。他认为,企业战略应包含三个基本元素,即可以达到的最重要的目的(或目标)、指导或约束经营活动的重大政策、可以在一定条件下实现预定目标的主要活动程序或项目。

(5) 安索夫的定义。美国著名战略学家安索夫是战略管理第一次浪潮的代表人物。1972年,他发表了一篇文章,名为《战略管理概念》(The Concept of Strategic Management),首次正式提出了"战略管理"(strategic management)的概念。他对战略管理的开创性研究使他成为管理学科的一代宗师,被管理学界尊称为战略管理的"鼻祖"。1976年,安索夫在出版的《从战略计划到战略管理》(From Strategic Planning to Strategic Management)一书中,将战略管理定义为"企业高层管理者为保证企业的持续生存和发展,通过对企业外部环境与内部条件的分析,对企业全部经营活动所进行的根本性和长远性的规划与指导"。

(6) 弗雷德·戴维(Fred R. David)认为战略管理可以被定义为:"通过战略制定、实施和评价使组织能够达到其目标的、跨功能决策的艺术和科学。"战略管理应被视为一种管理思想:从战略意义上去管理企业。它强调的是一种战略意识,或者说战略性思维的运用,是一种分析解决问题的思路。

(7) 彼得·德鲁克(Peter F. Drucker)的定义。其认为,战略管理不是一个魔术盒,也不是一组技术。战略管理是分析式思维,是对资源的有效配置。计划不只是一堆数字。战略管理中最重要的问题往往是不能被数量化的。

（8）亨利·明茨博格(Henry Mintzberg)的定义。20世纪80年代以来，随着社会环境的发展、竞争程度的加剧，战略管理日益引起企业和学者的关注，其理论有了很大的发展。加拿大麦吉尔大学的明茨博格教授在对以往战略理论进行梳理和深入研究的基础上，借鉴市场营销学中四要素(4P)的提法，即产品(product)、价格(price)、渠道(place)、促销(promotion)，提出了企业战略由五种规范的定义来阐明，即计划(plan)、计谋(ploy)、模式(pattern)、定位(position)和观念(perspective)，这五种定义构成了企业战略的5P。值得强调的是，企业战略仍只有一个，这五种定义只是从不同角度对战略加以阐述。

① 战略是一种计划。大多数人将战略看作一种计划，认为它是一种有意识的、正式的、有预计的行动程序。计划在先，行动在后。根据这个定义，战略应具有两个基本特征：一是战略需在企业经营活动之前制定，以备使用；二是战略是有意识、有目的地开发和制定的。借用彼得·德鲁克的话："战略是一种统一的、综合的、一体化的计划，用来实现企业的基本目标。"

② 战略是一种计谋。这是指在特定环境下，企业把战略作为威慑和战胜竞争对手的一种"手段"。此时，战略强调的已不是竞争性行动本身，而是要阻止竞争对手正在准备中的、有可能对本企业造成严重打击的那些战略性行动，在军事上称为"威慑性战略"。

例如，一个企业得知竞争对手想要扩大产能以抢占市场时，便迅速提出大规模扩大厂房面积和提升生产能力的新战略。由于该企业资金雄厚、产品质量优异，竞争对手得知这个"信号"后，便放弃了扩大产能抢占市场的设想。一旦竞争对手放弃扩大产能的想法，则该企业也没有将新战略付诸实施。因此，这种战略职能可作为一种对竞争对手构成威慑的计划。

③ 战略是一种模式。明茨博格认为，仅把战略定义为企业采用经营活动之前的一种计划是不充分的。因此他引入钱德勒在《战略与结构》一书中的观点，即战略是企业为了实现战略目标、进行竞争而制定重要决策、采取途径和行动以及为实现对企业主要资源的分配的一种模式。

这种定义认为战略是一种模式，它反映了企业的一系列活动。也就是说，无论企业是否事先对战略有所考虑，只要有具体的经营行为，就有战略。这种定义将战略视为行动的结果，与企业的行为相一致，行为的最终结果说明了战略的执行情况，使之有水到渠成的效果。明茨博格的战略形式如图1-1所示。

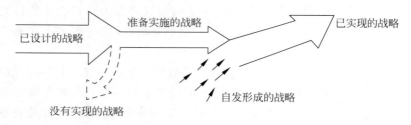

图1-1 明茨博格的战略形式

④ 战略是一种定位。战略应能使组织在一定环境中正确确定自己的位置，从而使产品开发、顾客选择、市场策略等各项企业行为在正确的定位之下来进行。这种意义上的战

略成为企业与环境之间的纽带,使得企业的外部环境和内部环境更加融洽。根据这一概念,战略首先要确定企业应该进入的经营(业务)领域;其次要确定在选定的业务领域进行竞争或运作的方式。

值得指出的是,战略是一种定位的概念引进了"多方竞争"以及"超越竞争"的含义。也就是说,企业在活动中既可以考虑单个竞争对手在面对面的竞争中处于何种位置,也可以考虑在若干竞争对手面前自己在市场中所处的地位,甚至还可以在市场中确定一个特殊的地位,使得对手们无法与之竞争。

⑤ 战略是一种观念。这种定义强调战略是一种概念的内涵,它深藏于企业内部、企业主要领导者感知世界的方式中。战略是以思维和智力为基础的,它具有精神导向性,体现了企业中人们对客观世界的认识,它同企业中人们的世界观、价值观和理想等文化因素相联系。

首先,战略存在于战略者的头脑之中,是战略者的独创性和想象力的体现;其次,战略的观念被组织成员所共享,构成组织文化的一部分,由此而指导组织成员的意图和行动。

(9) 迈克尔·波特(Michael E. Porter)的定义。波特认为,战略是在企业各项经营活动之间建立一种匹配。战略的成功取决于许多方面和环节,如果各项活动之间缺乏匹配,那么战略就将失去独特性,也很难持久。

(10) 普拉哈拉德(C. K. Prahalad)和加里·哈默尔(Gary Hamel)的定义。著名管理大师、美国密歇根大学商学院战略及国际企业经营管理教授普拉哈拉德和著名管理大师、Strategos公司的董事长及创办人、伦敦商学院战略及国际管理专业前教授哈默尔通过合作研究,提出了著名的核心能力理论,认为企业战略应致力于积极建立并发挥企业的核心竞争力。

尽管有多种定义,但从本质而言,这些定义有一致的内核。耐格(Nag)等于2007年在其发表于《战略管理》杂志上的论文《战略管理到底是什么》中,将诸多定义的核心要素进行萃取与分析,提出了以下综合性定义:"战略管理是由代表企业所有者的高层管理者运用资源进行的意图性或突发性的活动,以提高企业在外部环境中的绩效。"

而本书提倡的战略是指企业面对激烈变化、严峻挑战的环境,为求得长期生存和不断发展而进行的总体性谋划。

1.3.2 战略管理的性质

1. 战略管理是整合性管理理论

以往的管理理论,如生产管理理论、财务管理理论、市场营销管理理论等所谓的职能管理理论,是从企业局部的角度来讨论管理问题的。应当承认这种解剖式的理论创建和发展方式,对管理理论的发展以及深入了解某一方面的管理问题提供了丰富的要素。但它带来的弊端是显而易见的,被分解的管理理论无法解决企业整体性的管理问题。因为在实际的管理活动中企业是不能分割的,它是由具有执行不同功能的部分所组成的统一体,在社会进步和经济发展中作为一个整体而发挥着作用。如何将企业的各个职能部门协调一致,有机地结合起来运作,就需要企业战略管理理论发挥作用。企业战略管理理论从企业整体的、全局的角度出发,综合运用职能管理理论,处理涉及企业整体和全面的管理问题,使企业的管理工作达到整体最优的水平。

2. 战略管理是最高层次的管理理论

从管理理论的层次来看,战略管理理论是最高层次的管理理论。按照内容所涉及的范围和影响的程度,人们将管理理论分成三个不同的层次：一是管理基础。它是管理中带有共性的基础理论、基本原则和基本技术,主要包括管理数学、管理经济学、管理心理学、管理原理和原则、管理组织学以及管理思想等。二是职能管理。它是将管理基础与特定的管理职能相结合,以提高组织职能部门的效率。它主要包括生产管理、市场营销管理、财务管理、人力资源管理(HRM)、研究与开发管理等。三是战略管理。它是管理理论的最高层次,它不仅要以管理基础和职能管理为基础,还融合了政治学、法学、社会学、经济学等方面的知识。从这种分类可知,战略管理是管理理论中顶级的管理理论。

3. 战略管理是企业高层管理人员最重要的活动和技能

美国学者罗伯特·卡茨(Robert L. Kutz)将企业管理工作对管理者的能力要求划分成三个方面：一是技术能力,即操作能力,是一个人运用一定的技术来完成某项组织任务的能力,包括方法、程序和技术；二是人际能力,是一个人与他人共事、共同完成工作任务的能力,包括领导、激励、排解纠纷和培植协作精神等；三是思维能力,即战略能力,这种能力包括将企业看作一个整体,洞察企业与外界环境之间的关系,以及理解整个企业的各个部分应如何互相协调来生产公司的产品或提供服务的能力。处于企业中不同管理层次的管理人员,对他们的上述三种能力要求是不相同的。低层管理者所需要的能力主要是技术能力和人际能力；中层管理的有效性主要依赖于中层管理者(middle manager)的人际能力和思维能力；而高层管理者(top manager)最需要的能力是思维能力或战略能力,这是保证他们工作有效性的最重要的因素。20世纪80年代,美国的一次调查显示,90%以上的企业家认为：企业家最占时间、最为困难、最为重要的事是制定企业战略。可见,对于企业高层管理者来说,最重要的活动和技能是制定战略与推进战略管理,以保证企业整体的有效性。

4. 战略管理的目的是提高企业对外部环境的适应性,使企业做到可持续发展

企业的生存和发展在很大程度上受其外部环境因素的影响。现在,企业的外部环境既复杂多样,又动荡多变。如何在这种复杂多变的外部环境中生存并持续地发展,是战略管理的任务和目的。战略管理促使企业高层管理人员在制定、实施企业战略的各个阶段,都要清楚地了解有哪些外部因素影响企业,影响的方向、性质和程度如何,以便及时调整企业现行的战略以适应外部环境的变化,做到以变应变,不断提高企业的适应能力。这就要求企业战略必须是具有弹性的,应随着环境的变化而及时作出调整。因此,战略管理的目的是促使企业提高对外部环境的适应能力,使其能够生存并可持续地发展。

1.3.3 战略管理的特征

从上述定义与性质来看,战略管理具有以下特征。

1. 战略管理具有全局性

企业的战略管理是以企业的全局为对象，根据企业总体发展的需要而制定的。它所管理的是企业的总体活动，所追求的是企业的总体效果。虽然这种管理也包括企业的局部活动，但是这些局部活动是作为总体活动的有机组成部分在战略管理中出现的。具体地说，战略管理不是强调企业某一事业部或某一职能部门的重要性，而是通过制定企业的使命、目标和战略来协调企业各部门的活动。在评价和控制过程中，战略管理重视的不是各个事业部门或职能部门自身的表现，而是它们对实现企业使命、目标和战略的贡献大小。这样也就使战略管理具有了综合性和系统性的特点。

2. 战略管理具有长远性

企业战略管理中的战略决策是对企业未来较长时期（一般为 5 年以上）内，就企业如何生存和发展等问题进行统筹规划。虽然这种决策以企业外部环境和内部条件的当前情况为出发点，并且对企业当前的生产经营活动有指导、限制作用，但是这一切是为了更长远的发展，是长期发展的起步。从这一点上来说，战略管理也是面向未来的管理，战略决策要以经理人员所期望或预测将要发生的情况为基础。在迅速变化和竞争性的环境中，企业要取得成功必须对未来的变化采取预应性的态势，这就需要企业作出长期性的战略计划。

3. 战略管理具有纲领性

企业所确定的战略目标和发展方向，是一种原则性和概括性的纲领，是对企业未来的一种粗线条的设计。它是对企业未来成败的总体谋划，而不纠缠于现实具体的细枝末节。战略不在于精细，而在于洞察方向。它为企业指明了未来发展的方向，是企业全体人员行动的纲领。要把它变成企业的实际行动，需要经过一系列展开、分析和具体化的过程。

4. 战略管理具有抗争性

企业战略是企业在竞争中战胜对手，应对外界环境的威胁、压力和挑战的整套行动方案。它是针对竞争对手制定的，具有直接的对抗性。它区别于那些不考虑竞争，单纯为改善企业现状，以提高管理水平为目的的行动方案和管理措施等。也就是说，企业战略是一种具有"火药味"的，而非"和平"状态下的计划。企业制定企业战略的目的，就是要在优胜劣汰的市场竞争中战胜对手，赢得竞争优势，赢得市场和顾客，使自己立于不败之地。

5. 战略管理的主体是企业的高层管理人员

由于战略决策涉及一个企业活动的各个方面，虽然它也需要企业上、下层管理者和全体员工的参与与支持，但企业的最高层管理人员介入战略决策是非常重要的。这不仅是由于他们能够统观企业全局，了解企业的全面情况，而且更重要的是他们具有全局视野及对战略实施所需资源进行分配的职权。

6. 战略管理涉及企业资源配置问题

企业的资源，包括人力资源、实物资源和财务资源，或者需在企业内部进行调整，或者需从企业外部来筹集。战略管理需要在相当长的一段时间内致力于一系列的活动，而实施这些活动需要有大量的资源来保证。因此，这就需要对企业的资源进行统筹规划、合理配置。

7. 战略管理活动是计划性与突发性的结合

战略管理是行为的结果，而不是设计的结果。战略一经制定并不是一成不变的，它应根据企业外部环境和内部条件的变化，适时地加以调整，以适应变化后的环境情况。

8. 战略管理需要考虑企业外部环境中的诸多因素

现今的企业都存在于一个开放的系统中，它们影响着这些因素，但更通常的是受这些不能由企业自身控制的因素所影响。因此，企业要使自己占据有利地位并取得竞争优势，就必须考虑与其相关的环境因素，包括顾客、竞争者、政府等各种因素，以使企业的行为适应不断变化的外部力量，从而存续下去。

9. 战略管理具有动态性

企业的内外部环境随着时间不断变化，某种战略的有效性同样也在不断变化。因此，了解战略具有动态性这一观点是把握战略管理的要义。实际上，所处环境的变化往往是企业在资产配置与获取方面进行改变的动力。在稳定的环境中，战略分析时常让位于有效率且有效果的战略实施。然而，一旦简单地"多做同一件事"显得明显不够时，战略及战略变革很快就会成为管理者所关注的焦点。

10. 战略管理具有风险性

战略管理考虑的是企业的未来，而未来具有不确定性，因而战略管理必然带有一定的风险性。风险并不可怕，就战略决策的本质而言，战略本身就是对风险的挑战。战略管理的这种风险性特征要求战略决策者必须有胆有识、敢于承担风险、敢于向风险挑战，同时，要求决策者必须随时关注环境的变化，并且能够根据环境的变化及时地调整企业的战略，以便提高企业承担风险的能力。

1.3.4 战略管理的原则

1. 适应性原则

企业战略管理重视企业与环境的互动关系，目的是使企业能够适应内外部环境的动态变化，细致分析机会与挑战的存在方式和影响程度，以正确制定恰当的战略或及时修订现行的战略。

2. 全过程管理原则

战略管理要求将战略的制定、实施、控制和修订作为一个完整、统一的过程来加以管理，不可忽视其中的任何一个阶段，以确保战略的权威性、一贯性和高效性，确保整个过程的有效性和效率。

3. 整体最优原则

企业战略管理将企业看作一个不可分割的整体，以整体和全局的观点来管理企业，目的是提高企业整体的优化程度。战略管理不是强调企业某个战略经营单位（SBU）或某个职能部门的重要性，而是强调通过制定企业的宗旨、目标、战略来协调、统一各部门、各单位的活动，使之形成合力。某个局部的最优如果对整体产生不利影响，则需要对局部最优实施调整；相反，整体最优使某个局部受到不利影响，却是可以接受的。

4. 全员参与原则

战略管理要求企业高层管理者的英明决策，也要求企业中下层管理者及全体员工的广泛参与和全力支持。这种全员参与既表现在战略制定中的建议与分析，使高层管理者对战略管理作出慎重抉择，也表现在实施过程中下层管理者及全体员工的全心全意投入。

5. 反馈修正原则

企业战略管理关心的是企业长期、稳定的发展。由于在企业经营过程中环境是不断发生变化的，在战略实施过程中，只有不断地跟踪反馈才能确保企业战略的适应性。从某种意义上说，对现行战略的评价和控制又是新一轮企业战略管理的开始。

1.3.5 战略管理的作用

战略管理具有以下几方面作用。

（1）以未来环境变化趋势作为决策基础，正确确定企业的发展方向（重视经营环境的研究）。

（2）发挥其纲领性作用（重视战略实施）。

（3）有利于充分利用企业各种资源并提高协同作用（日常经营与控制，近期目标与长远目标结合在一起）。

（4）增强创新意识。战略管理不只是计划"我们正走向何处"，而且计划如何淘汰陈旧过时的东西。

1.4 战略管理的构成要素、层次与系统

1.4.1 战略管理的构成要素

根据安索夫的观点，战略管理由四种要素构成，即产品与市场范围、成长向量、竞争优

势和协同作用。这四种要素的合力形成企业共同经营的主线,并指引企业内、外部人员充分了解企业经营的方向和产生作用的力量。

1. 产品与市场范围

产品与市场范围是企业获取未来价值的范围,表明企业属于什么特定行业和领域,以及企业在所处行业中其产品与市场的地位是否占有优势。大行业的定义往往过宽,经营的内容过于广泛,用它来说明企业的产品与市场范围,企业的共同经营主线仍不明确,因此常需要分行业来描述。分行业是指大行业内具有相同特征的产品、市场、使命和技术的小行业,如饮料行业中的果汁饮料分行业、机械行业中的机床分行业、食品行业中的快速消费品分行业等。

2. 成长向量

成长向量又称成长方向,是企业采取某种战略态势的指向,说明企业从现有产品与市场组合向未来产品与市场组合移动的方向,即企业经营运行的方向,而不涉及企业目前产品与市场的态势。成长向量大致有两种类型:一类是围绕产品,在新产品开发、原有产品功能提升上下功夫;另一类是围绕市场,在市场渠道、广告、促销等方面下功夫。具体而言,依据产品与市场组合的方式,成长向量可分为市场渗透、市场开发、产品开发和多种经营四种,如图 1-2 所示。

	现有产品	新产品
现有市场	市场渗透	产品开发
新市场	市场开发	多种经营

图 1-2　企业成长向量矩阵

成长向量指出了企业在一个行业里的方向,并且指出了企业计划跨越行业界限的方向,以这种方式描述的共同经营主线是对以产品与市场范围来描述主线的一种补充。关于市场渗透、市场开发、产品开发与多元化,将在本书第 7 章进行详细探讨。

3. 竞争优势

竞争优势是由企业产品与市场范围中的独特资产及其成长性所形成的强势竞争地位,表明企业某一产品与市场组合的特殊属性,凭借这种属性可以给企业带来有利的优势。竞争优势包括三个要素:超出竞争者、顾客价值与自身实力。要想相对于其他企业做得更好并得到顾客的最终认可,最根本的是要建立在自身实力基础之上。企业可通过寻求兼并,谋求在新行业或原行业中的重要地位;或设置并保持防止竞争对手进入的障碍和壁垒;或进行产品技术开发,生产具有突破性的产品,以替代旧产品等方式获取并维持竞争优势。

4. 协同作用

协同作用指明了一种联合作用的效果,即"1＋1＞2"的效果,表示企业内各经营单位联合起来所产生的效益要大于各经营单位各自努力所创造的效益总和。

安索夫又进一步将协同划分成销售协同、生产协同、投资协同和管理协同。销售协同即企业各种产品使用共同的销售渠道、营销队伍或仓库等。生产协同作用产生于充分地利用已有的人员和设备,共享经验曲线造成的优势等。这里所指的经验曲线,是指当某一产品的累积生产量增加时,产品的单位成本趋于下降的趋势。投资协同即源于对厂房、机器设备、安装维修、原材料以及研究开发成果等资源进行共享的机会。管理协同即在新经营单位中运用原经营单位的管理经验与专门技能。当然,如果协同发挥不当,也会产生副作用。如果企业试图让新经营单位共用一项其实并不适于新单位的技术(如令飞机工厂生产民用铝制品)或组织机构(如让民用品销售部门去向工业用户进行销售),那么企业联合运作后的盈利能力就有可能还不如以前两家企业分别运作时盈利能力的总和。

一般来说,衡量企业协同作用的方法有以下两种:一是在企业收入既定的条件下,评价因企业内部各经营单位联合经营而导致的企业成本下降;二是在企业投资既定的情况下,评价因企业内部经营单位联合经营而导致的企业收益的增加。

协同作用是衡量企业新产品与市场项目效果的变量。如果企业的共同经营主线是进攻型的,则该项目应运用于企业最重要的要素,如销售网络、技术等;如果企业的共同经营主线是防御型的,则该项目要提供企业所缺少的关键要素。同时,协同作用在选择多种经营战略上也是一个关键的变量,它可以使各种经营战略形成一种内在的凝聚力。

共同经营除了上述的意义之外,还有更深一层的含义,即企业应如何考虑寻求获利能力。产品与市场范围指出寻求获利能力的范围;成长向量指出这种范围扩展的方向;竞争优势指出企业最佳机会的特征;协同作用则挖掘企业总体获利能力的潜力,提高企业获得成功的能力。这四个要素相辅相成,共同构成了企业战略管理的内核。

1.4.2 战略管理的层次

正如企业目标是多层次的,由总体目标、各层次目标、各经营项目目标组成完整的目标体系。企业战略,不仅要说明企业整体目标及实现这些目标的方法,而且要说明企业内每一层次、每一类业务、每一部分的目标及其实现方法。因此,企业的总部制定公司战略、分公司制定经营战略、部门制定职能战略。

大型企业有三种层次,中小型企业因其内部没有相对独立的经营单位,便不必硬要分为三个层次。

1. 公司战略(总体战略)

公司战略是企业总体的、最高层次的战略。公司战略应着重解决两个方面的问题:一是从公司全局出发,根据外部环境的变化及企业的内部条件,选择企业所从事的经营范围和领域,即要回答这样的问题:我们的业务是什么?我们应当在什么业务上经营?二是在确定所从事的业务范围后,在各项业务之间进行资源分配,以实现公司整体的战略意图,这也是公司战略实施的关键措施。

公司战略决定企业要进入哪些领域和范围,是在一个行业里经营,还是在多个行业里经营,这就需要企业回答是多元化还是专业化的问题,同时也要回答在现在的经营领域和业务范围的基础上,是采取发展战略,还是稳定战略,抑或是收缩战略的问题。在三种战略中最重要的是发展战略,它包括决定向什么方向发展,是在原行业中进行产品或市场的扩张,还是通过一体化、多元化进入新的经营领域;还要决定用什么方式发展,要在内部创业、并购、合资等发展方式中作出战略选择。

2. 经营战略(经营单位战略)

经营战略也称为竞争战略或一般战略,主要解决在总体战略的指导下,企业的某一项特定业务如何与竞争对手展开竞争的问题,即主要解决竞争手段问题。它是企业赖以生存和与竞争对手争夺市场的基本工具。一般来说,企业可以选择三种基本的竞争战略:差异化、低成本、集中化;也可以选择三种战略的组合,如集中差异化、集中低成本等。

在一些大中型企业里,事业部战略通常是由事业部在公司战略指导下制定和实施的。不过,有些企业的最高管理层把事业部视为企业内部具有高度自主权的战略经营单位,在公司战略目标和总体战略范围内,允许每个事业部单位拥有自己的经营战略,允许它们在本事业部范围内对产品与服务的生产、销售、成本控制等不同方面享有处置权。

3. 职能战略(职能部门战略)

职能战略是指在特定的职能管理领域制定的战略。在既定的战略条件下,职能部门根据职能战略采取行动,集中各部门的潜能,支持和改进企业战略的实施,保证企业战略目标的实现。与总体战略或经营战略相比较,职能战略更为详细、具体。它是由一系列详细的方案和计划构成的,涉及经营管理的所有领域,包括财务、生产、销售、研究与开发、公共关系、采购、储运、人事等各个部门。职能战略是经营战略的延伸和细化,使经营计划更为具体、充实与完善。如果说公司战略和经营战略强调做正确的事情的话,那么职能战略则强调将事情做好。职能战略直接处理如何提高生产和营销系统的效率、顾客服务的满意度以及争取提高特定产品或服务的市场占有率等这样一些问题。

公司战略、经营战略和职能战略是一个企业战略不可或缺的组成部分,它们之间相互联系、相互配合,每一层次的战略构成下一层次的战略环境。同时,低一层次的战略又为高一层次的战略的实现提供保障和支持。企业战略层次如图1-3所示。

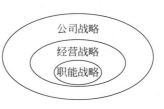

图1-3 企业战略层次

4. 三种战略各自的特点

依据三种战略所涉及的战略问题,上述三种战略层次具备各自的特点。最高层次的战略——公司战略以价值为取向,以抽象概念为基础,与经营战略和职能战略的制定与实施相比没有那么具体。此外,它还有如下特点:风险大,成本高,预期收益高,需要时间长,要求有较大的灵活性和大量外部资源的输入。这些特点是由公司战略决策具有意义深远性、未来性和革新性的本质特征所决定的。除了前文提到的决策内容以外,公司战略决策有时还包括制定股利分配政策、发展的优先顺序、长期资金来源及筹措等问题。

处于战略层次另一极端的是职能战略,它具有作业性取向,需要考虑可操作性问题。它涉及决策问题的时间跨度比较小。由于依靠已有资源,职能战略决策风险小,所需代价(成本)不高,所涉及的活动在公司范围内不需要很大的协调性。

经营战略的特点介于公司战略和职能战略特点之间。与公司战略相比,经营战略的特点是较小风险、较小的代价和不太高的预期收益;与职能战略相比,其风险、成本及预期收益又相对较高。三种战略的特点如表 1-1 所示。

表 1-1 三种战略的特点

特 点	公 司 战 略	经 营 战 略	职 能 战 略
(1) 类型	概念性的	混合的	作业性的
(2) 定义	非具体的	混合的	具体的
(3) 可度量性	价值判断	半定量化	定量化
(4) 频度	周期的或突发的	周期的或突发的	周期的
(5) 可调整性	低	中等	高
(6) 与当前活动的关系	革新的	混合的	补充性的
(7) 风险性	高	中等	低
(8) 预期收益	大	中等	小
(9) 成本	大	中等	小
(10) 时间	长期	中等	短期
(11) 灵活性	大	中等	小
(12) 资源充沛性	部分供给	部分供给	全部供给
(13) 协调性	大	中等	小

5. 战略经营单位

战略经营单位是于 20 世纪 70 年代在美国通用电气公司发展起来的。建立一个经营单位符合的标准有以下四点。

(1) 要有具体业务(鉴别自己的经营范围)。

(2) 经营范围内要有自己的市场(市场内要有竞争者)。

(3) 具有相对公司内其他经营单位的独特性(市场、任务等方面不能重叠和相互间有很大依赖性)。

(4) 经营单位的经理人员须全权控制此经营单位。

1.4.3 战略管理的系统

战略管理系统是指按照战略管理过程的要求而设立的战略管理组织、机构、制度、规章等的总称。设计一个正规的战略管理系统,一般有下列四种模式可供选择。

1. 自上而下的模式

这种模式显著的特点是企业的高层管理决定整个企业的经营方向,并对各个事业部或各个部门提出如何到达这一方向的具体指导。这样,企业的高层管理人员可以集中精力去思考经营方向,制定达到的战略目标和可以贯彻实施的战略。其不足之处是:企业高层管理可能会因为没有经过深思熟虑,对下层各个部门或事业部不能给出详尽的指导;而且有可能由于指挥不当而打乱了企业目前所执行的计划。此外,各个事业部的管理人员也可能会感到这种自上而下的指导对他们是一种约束。

2. 自下而上的模式

企业总部需要的信息有:主要的机会与威胁;主要目标;实现目标的战略,关于销售额、利润额、所要达到的市场占有率以及资金需求等的数据;一定时期所需要的员工数量等。在各个事业部递交计划后,企业高层管理人员对此加以检查与平衡,然后给予确认。

这种模式的优点是:企业高层管理人员对事业部没有具体的指导,各个事业部会感到计划中的约束较少,从而能够提出更加完善的战略计划;同时也给各个事业部提供了制订战略计划的学习机会。这种模式的不足之处是:有些习惯于自上而下指导方式的事业部管理人员会感到无所适从,从而影响企业战略计划的完整性。

3. 上下结合的模式

所谓上下结合,就是指在制订计划的过程中,不仅总部和各个事业部的直线管理人员经常联系与对话,而且总部和各个事业部的职能管理人员也参与计划制订活动。

企业高层管理人员:对各个事业部提出指导原则,但这些指导原则是粗线条的,其允许各个事业部在制订它们自己的战略计划时有很大的自由度和灵活性。

企业总部与各个事业部的职能管理人员:一起讨论计划手册中的变化,计划过程中所使用的数据等,并向经理人员推荐适当的战略。上下结合模式多为大型的分权制企业所采用,它的最大特点是可以产生较好的协调效果,从而企业可以用较少的时间和精力制订更具有创造性的计划。

4. 小组计划模式

这种模式是企业的总经理与其他高层管理人员组成一个计划小组,由总经理负责,定期地共同处理企业所面临的问题。这个小组的工作内容与成员构成具有很大的灵活性,可以因企业所遇问题的不同而采取各异的措施。小型的集权制企业多乐于采用这种模式,有的大型的集权制企业也可能采取这种模式。在企业中,如果总经理与计划小组中的成员有良好的人际关系,这种模式可以有很大的成效;另外,如果总经理过分注意个人的权威并威胁着直线和职能管理人员,则不可能取得良好的效果。

明茨博格认为,一些企业尤其是小型企业可能采取"企业家战略管理系统模式"(entrepreneurial mode)。在这种模式中,对战略的评价是非常不规范的,凭直觉进行,并且在范围上是有限的。在另一极端,对战略的评价是广泛的、规范的和具有多层性的战略管理系统的一个部分。这种战略管理系统模式被称为"计划性模式"(planning mode),它通常被大型企业所采用。处于上述两种极端模式之间的第三种战略管理系统就是"适应性模式"(adaptive mode)。在这种模式中,企业所鉴别出和评价的替代战略方案,与当前战略有极大的相似性。一般说来,中型企业在相对稳定的环境中大都采取这种模式。

1.5 战略管理过程

战略管理过程,是一个科学的逻辑过程。前面我们把战略定义为对全局的筹划和谋略,它实际上反映的是对重大问题的决策结果,以及组织将要采取的重要行动方案,而战略管理则是一个过程,不仅决定组织将要采取的战略,还要涉及这一战略的选择过程以及如何加以评价和实施。换句话说,企业战略的制定、评价和实施过程需要一定的技术和技巧,而且由于战略涉及组织的长远方向和更大的决策影响范围,因而需要的技术也更加复杂,这正是战略管理需要解决的问题。

一般来说,战略管理的过程包含三个关键环节:战略分析——了解组织所处的环境和相对的竞争地位;战略选择——涉及对行为过程的模拟、评价和选择;战略实施——采取怎样的措施使战略发挥作用。企业战略管理过程如图1-4所示。

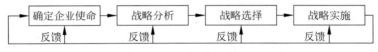

图1-4　企业战略管理过程

1.5.1 战略分析

战略分析要了解组织所处的环境正在发生哪些变化,这些变化将给组织带来哪些影响,是给组织带来更多的发展机会,还是给组织带来更多的威胁。对企业来说,环境不仅是指宏观环境,如经济、政治和技术等,还包括行业环境结构的特点、变化趋势等。战略分析还要了解组织所处的相对地位,具体有哪些资源以及战略能力,正是它们决定了组织能够采取怎样的战略。此外,还需要了解与组织有关的个人和团体的价值观和期望是什么,对组织的愿望和要求是什么,在战略制定、评价和实施过程中会有哪些反应,这些反应又会对组织行为产生怎样的影响和制约。

1.5.2 战略选择

通过战略分析,管理人员对企业所处的外部环境和行业结构、企业自身的资源状况和能力以及利益相关者的期望与权利已经有了比较清楚的了解。接下来的任务是为企业选择一个合适的战略。战略选择是一个复杂的决策过程,它涉及产品和服务的开发方向、进入哪一类型的市场、以怎样的方式进入市场等。在确定产品系列和服务方向以后,还要决定是通过内部开发还是外部收购来拓展这些业务。在做决策时,管理人员应该尽可能多地列出可供选择的方案,不要只考虑那些比较明显的方案,因为战略涉及的因素非常多,而且这些因素的影响往往并不明显。因此,在战略选择过程中形成各种战略方案是一个首要的环节,它是战略选择确定的基础和前提。

提出战略方案以后,管理人员应该根据一定的标准对它们进行评估,以决定哪种方案最有助于实现组织的目标。确切地说,首先要明确,哪些方案能支持和加强企业的实力,并且能克服企业的劣势;哪些方案能完全利用外部环境变化所带来的机会,而同时又使企业面临的威胁最小或者是完全消失。事实上,战略评估过程不仅要保证所选战略的适用性,而且要具有可行性和可接受性。前者意味着组织的资源和能力能够满足战略的要求,同时外界环境的干扰和阻碍是在可接受的限度内。后者意味着所选择的战略不致伤害利益相关者的利益,或者虽然有这些障碍,但是企业能够通过一定的方式克服它们。

战略选择的最后步骤是在具有适用性、可行性和可接受性的方案中选择一种或几种战略。在后一种情况下,最好为这些战略排出一个优先级,同时明确它们适用的条件。在这一过程中需要明确的是:战略选择并不是一个完全理性的过程和纯逻辑的行为,它实际上是一个管理测评问题。在另外一些情况下,它可能是不同利益集团讨价还价的产物和不同观点的折中。实际上,即使没有人为因素的影响,由于信息的不完整性,所选择的战略也不一定是最佳战略,何况任何战略都免不了有一些缺点或者风险。因此,战略选择本质上是一个对各种方案比较和权衡,然后决定较满意方案的过程。

1.5.3 战略实施

战略实施是指将战略转化为行动。大量的研究表明,通过全面的战略分析选择一个好的战略固然重要,但是同样重要的是通过切实可行的步骤和方法将战略转化为具体的可执行的行动。战略方案与其实施效率之间的关系很像重病患者的治疗方案与其"疗效"间的关系,有效地实施一个正确的战略将收到理想的结果,而效率过低则只能在较长的时间达到目标,甚至错过"治疗"或发展机会而引起其他"病变"或问题。同样,快速地实施一个错误的战略只会加速"患者"的死亡,而低效率地实施错误的方案虽然比前者延缓了病情的恶化,但也没有使"患者"得到应有的治疗,最终还是会"死"去。

对企业来说,战略实施主要涉及以下一些问题:如何在企业内部各部门和各层次间分配及使用现有的资源。为了实现企业的目标,还需要获得哪些外部资源以及如何使用,是在各部门之间平均分配还是重点支持某些项目。为了实现既定的战略目标,需要对组织机构做哪些调整,这种调整将对各部门和有关人员产生怎样的影响,他们是支持还是反对这种变革。为了保证目标和任务的完成,管理人员需要掌握管理组织变革的技术和方法。

1.6 战略管理与业务管理、长期计划的关系与区别

1.6.1 战略管理与业务管理的关系

管理者负责为自己的企业制定和实施战略,倾向于把战略看作一种管理问题,而且战略管理涉及的范围与一般管理确有很多交叉。正因为如此,很多管理人员往往忽略了战略管理与业务管理之间的显著差异,从而造成工作的被动。

一般说来,当管理者通过库存控制、利益分配和财务预算来提高组织的效益时,他所解决的是提高组织的效率问题。而战略主要解决组织行为的有效性问题,即更多地考虑组织的前途和方向性问题。

安索夫认为：在进行战略管理时，管理者承担变革者的角色，富于冒险，具有解决发散性问题的能力，并且善于引导他人和整个组织探索新的未曾尝试的途径；而在进行业务管理时，管理者是变革的被动接受者，总是小心翼翼地避免冒险，习惯按已有或成熟的方法去解决收敛性问题，扮演的是协调者和控制者的角色。他们的领导才能与进行战略管理所要求的领导才能是不同的，他们所做的只是激励人们去提高和改善效率，而不是改变组织的方向。

战略管理比较复杂，它具有非日常性特点，涉及整个组织范围的重要事情以及重大变革，它主要以环境和期望为动力；而业务管理是日常性作业，专业操作和经营，变革涉及小范围，它以资源为动力。

应该指出的是，虽然战略管理与业务管理所涉及和解决的问题影响范围、重要性以及复杂程度都有很大不同，但也不能将它们完全割裂开来。一方面，战略决策是业务决策的基础和前提，即业务决策的方向应与战略决策的方向一致；另一方面，小范围的日常变革及其效果也会对战略形成制约，而且战略管理要解决的问题也要靠日常的管理行为逐步实现。

杰斯珀·昆德(Jesper Kunde)所提出的价值增长管理模型主要从价值实现的角度说明了战略管理与业务管理、公司理念与战略行动之间的关系。一般说来，设计出一个或几个适销对路的产品往往是公司发展的起点，但仅仅停留在这样一种产品经营阶段显然是不够的。一个企业必须明确自己的使命，它是建立公司长期发展的基础，即必须明确自己向市场和消费者提供的价值是什么，企业生存的基石是什么。毫无疑问，追求股东利益最大化是一个非常重要的目标，但并不是唯一和最重要的目标。正像每个人需要吃饭和喝水才能生存一样，但人活着并不只是为了吃饭和喝水，企业同样需要追求高尚的目标。乔治·默克(George Merck)二世在 1950 年说："我们要始终不忘药品旨在救人，不在求利，但利润会随之而来。如果我们记住这一点，就绝对不会没有利润；我们记得越清楚，利润就越大。"与使命直接相关的是公司愿景，它是公司发展的蓝图和灯塔，指明公司未来的目标是什么。但仅仅明确公司的使命和愿景是不够的，公司的管理层、员工和其他利益相关者还必须在公司精神感召下凝聚起来，向着共同的目标迈进。公司精神应该成为公司存在的灵魂和动力源泉。如果说，价值增长管理模型中前几个方面（使命、愿景和精神）是战略管理的重要决策内容，那么，体系、承诺、责任和行动则与经营管理有着更密切的关系。毫无疑问，为了在公司精神指引下实现企业的使命和愿景，就必须建立与上述理念和价值观相适应的管理体系与制度，尤其要保证这种体系和制度与企业倡导的理念的一致性，而要产生实质性的经营结果，还需要下属部门和人员协调一致的承诺与行动。企业的价值增长和发展是一个由实践到认识，再由认识到实践的动态过程。

1.6.2 战略管理与长期计划的区别

除了要正确地理解战略、策略和战术的含义，以及有关战略名词外，还需要注意战略管理和长期计划的联系与区别。事实上，由于战略管理和长期计划都涉及企业的长远发展问题，都要为企业确定总体目标，所以人们往往将两者混为一谈，在我国尤其如此。通过深入比较分析，不难发现两者之间存在着明显的差异。

（1）正像很多企业和组织目前的状况一样，很多组织在制订长期计划时依据的是现在的计划或是过去的计划，甚至就是现在的计划或过去的计划的简单延伸。换句话说，长期计划更多的是与过去或现在的状态有关，而战略管理基于对将来趋势、数据和变化的预测，着眼于未来，因而更具前瞻性。

（2）战略和长期计划的制订过程有所不同。一般说来，制订长期计划时倾向于由下而上，而不是由上而下，主要由组织的中层而不是上层决策者来提出长期计划，而战略决策由最高层来做并将信息传递给下层管理人员。

（3）管理人员在制订长期计划和战略时的心理状态并不完全相同。正像我国很多企业和组织的情况，制订长期计划时一般有一种危险的乐观情绪，容易少考虑一些不利因素，而多考虑有利因素，并且常常是在经营比较顺利或业绩比较理想的情况下制订下一个长期计划。战略管理则既评价最好的情况，也估计最坏结果发生的可能性和其他实际情况，比较现实。当然，视管理人员的不同情况，他们的心理状态也会不同，同时也不能保证排除所有偏见。

（4）从所反映的内容看，战略与长期计划的构成形式不同。一个企业的长期计划往往是组织计划的合并或折中，事实上，很多企业常常先由各部门或分部门作出自己部门的长期计划，再将它们汇总成企业的长期计划。这样做虽然反映了各部门或分部门的利益和要求，但却可能分散企业的资源，有损整个组织的利益。相反，战略是为整个组织提供一个清晰和严谨的发展方向，保证组织整体效益的最大化。

（5）制订战略和长期计划的推动力不同。后者以数据和指标为基础，强调在多长时期内用多少资源投入获得多少产出；而前者主要强调经营理念和战略意向，认为关于将来的假设至关重要。众所周知，杰克·韦尔奇（Jack Welch）不用详尽的战略性规划指导业务，而是以少数明确的目标作为激励下属的主要手段。杰克·韦尔奇认为，在目标明确的条件下，下属自己会找到实现目标的机会。克劳塞维茨也认为详尽的计划通常会失败，战略并不是一本烹调书。

1.7 战略管理者

一般来说，战略管理者包括董事会（board of director）、高层管理者、中层管理者、非正式组织的领导者（informal organization leader）、战略管理部门（strategic management department）和智囊团（a think-tank）等。

1.7.1 董事会

董事会是有限公司或股份公司的最高权力机构，是公司的人格化，对外代表公司，对内代表股东或组成公司的各单位，是一个由董事组成的集体决策机构。其通常设有董事长1名、副董事长若干，有的公司还设有常务董事若干。

从战略管理的角度讲，董事会具有以下三项主要的任务。

（1）提出企业的使命，为企业高层管理者划定战略选择的具体范围。

（2）审批企业高层管理者的建议、决策、行动，为他们提出忠告和建议，提出具体的改进措施。

(3) 董事会通过它的委员会监视企业内外环境的变化,并提醒企业高层管理者注意这些变化将会给企业造成的影响。

参与战略管理程度高的董事会属于促进型董事会,这种类型的董事会研究企业长期发展的战略问题。相反,处在另一极端的董事会属于挂名型董事会,它们从未提出或决定企业战略,除非企业陷入严重危机。董事会需要完成上述三项任务。根据董事会参与企业战略管理的程度,将董事会进行分类,如表 1-2 所示。

表 1-2 董事会在战略管理中的参与程度分类

挂名型	无主见型	低度参与型	中度参与型	积极参与型	促进型
从来不知道应该做什么,对战略毫不关心	听任管理人员作出一切决策;只负责对管理人员提出的建议进行投票表决	只是从形式上对部分企业高层管理者的建议进行审查	有限地参与有关管理方面的决策,或者有选择地评审关键性战略决策或行动方案	对企业的使命、战略、政策和目标提出询问,并作出最后抉择。通过各种委员会进行年度管理审计	在建立和修改企业使命、目标、战略和政策中起领导作用,并设有一个非常积极负责的战略委员会

低(被动、消极)——————————————————→高(主动、积极)

1.7.2 高层管理者

高层管理者是指公司的总经理、副总经理、总经济师、总会计师。

企业高层管理者负责制定和管理战略规划过程。为了确定企业的使命,建立企业的目标,制定企业的战略和政策,企业高层管理者必须从长远的角度看问题。

高层管理者在实施企业战略的过程中具有以下三方面的特征。

(1) 高层管理者为他人树立了追求的榜样。他们在行为方面为企业提供了认同和遵从的榜样。他们对企业的目标和活动有着十分明确的态度与价值观。

(2) 高层管理者为企业制订卓越的目标。他们能够超越日常工作的范围考虑企业的前途,并赋予企业各种活动和员工的工作以新的含义,使他们能够透过自己的工作看到企业整体的利益。

(3) 高层管理者为其下属和企业员工设立较高的工作目标并对员工实现这些目标表现出充分的信心。

高层管理者在企业战略管理中的作用主要有以下三个方面。

(1) 扮演企业管理的十大角色,即名誉经理、领导者、联络人、传播者、监督者、故障排除者、发言人、资源分配者、谈判者、企业家。

(2) 领导战略规划。企业高层管理者发起和管理企业战略规划全过程。为了规定企业的宗旨,建立企业的目标,制定企业的战略和政策,企业高层管理者必须有长远的观点。

(3) 领导企业战略实施。在实施企业战略的过程中,企业职工需要领导,确切地说是需要标准和榜样。提供行为的标准和榜样是任何管理者的关键作用。

1.7.3 中层管理者

中层管理者位于组织的中间层次,负责业务单位和重要部门的活动。部门主管、分部经理和质量控制经理以及研究实验室主管都是中层管理者。典型的中层管理者下面还常常有 2~3 层管理人员,主要负责实施高层管理者制定的总体战略与政策,一般关心较短一段时间的问题,需要与组织中的同僚建立良好的关系,并鼓励团队合作和解决冲突。

现代企业日益强调中层管理者参与战略管理,但是中层管理者参与战略管理存在以下局限性。

(1) 战略管理方面的理论与技术掌握不多。

(2) 限于工作范围和利益(倾向于站在部门角度),很难站在整个企业的高度提出问题和进行决策。

(3) 可以用于战略思考的时间有限。

尽管如此,中层管理者由于在企业中负责某一具体领域的工作,他们是其所负责领域的专家,在这些领域中他们的意见是最重要的。

1.7.4 非正式组织的领导者

企业是一个包括许多子系统在内的正式组织,但也有各种非正式组织存在。这些非正式组织对企业战略的制定具有重要影响。这种影响的大小同时取决于企业正式领导者的领导方式和非正式组织领导者的影响力。在决定企业宗旨、目标、战略和政策过程中,企业内部总是有各种不同的意见,这些意见反映了企业内部的各种不同利益。最后,战略制定的过程变成各种利益集团讨价还价的过程,而经妥协产生的决策往往是次优的。

因此,如果企业管理者能够重视非正式组织的领导者,通过与其充分沟通和引导,或采取其他有效措施,使非正式组织的领导者参与到企业战略管理中来,支持企业战略的制定、实施和控制,将有助于企业战略管理的成功。

1.7.5 战略管理部门

战略管理部门包括战略研究部、企划部、规划部,是专门负责战略管理的职能部门,其主要职能有以下几个。

(1) 监测企业内外部环境变化、关注行业及技术发展动态,负责收集相关信息并进行分析。

(2) 就企业发展战略的重大问题进行专题研究。

(3) 负责起草企业发展战略方案。

(4) 监督战略执行中的情况并向上级汇报。

1.7.6 智囊团

智囊团是由企业外部的高级专家和咨询人员组成的咨询团队,在一定程度上参与企业的战略管理。

智囊团的构成：行业权威人士；大学或研究机构专业人员；政府官员；社会名流；咨询公司专家。

总之，企业的各种不同的战略管理者中，董事会和高层管理者最为重要。只有在董事会、高层管理者都积极参与和相互合作的情况下，企业战略管理才会成功。

按董事会和高层管理者参与程度，归结为四种不同的战略管理方式，如图1-5所示。

高层管理者的参与程度	高	自由企业家管理	合作式管理
	低	混乱式管理	木偶式管理
		低	高
		董事会参与程度	

图1-5　企业的战略管理方式

本 章 小 结

1. 论述了有关战略的一些基本概念，包括战略管理的性质、特征、原则。
2. 分析了战略管理的过程和层次。
3. 阐述了企业成长向量矩阵。企业战略的三个重要层次：公司战略、经营战略和职能战略。在这三类战略中，战略的四个构成要素又起着不同的作用，发挥着各自不同的特性。战略管理分为战略分析、战略选择、战略实施三个过程。
4. 指出战略是一种行动方案，战略管理是制定并实施其战略的动态过程，前者注重做正确的事情，而后者注重将正确的事情做得更有效率。
5. 介绍了战略管理者。

思 考 题

1. 什么是战略管理？
2. 简述企业战略的构成要素。
3. 企业存在什么样的战略层次？
4. 公司战略、经营战略和职能战略的特点有哪些？

第 2 章

企业战略理论的演进和发展

1. 了解战略管理理论演进的轨迹；
2. 知晓战略管理理论研究与实践应用的发展趋势；
3. 把握战略管理理论演变的基本规律；
4. 掌握战略管理研究主要学派的观点。

尽管"战略"一词通常与未来相联系，它与过去的关系也并非不重要。过日子要向前看，但理解生活则要向后看。管理者将在未来实施战略，但他们是通过回顾过去而理解这一战略的。

——亨利·明茨博格

企业如果固守过去曾行之有效的战略，那么它必将败于竞争对手。

——威廉·科恩

苏宁电器的战略演进

1990年，苏宁电器股份有限公司（以下简称"苏宁电器"）还只是南京市宁海路上一家叫苏宁交家电的小店，专营家用电器产品批发与零售。创始人张近东发现，谁能在消费旺季保证产品供应、不加价（或者少加价）并按时上门安装，谁就能赢得市场。因此，他首先选择淡旺季差异明显的空调行业作为主业，向专业空调经销商转型；其次他对下游零售商"先收款，后付货"以获取流动资金，对上游制造企业"先付款，后提货"以保证旺季货源和优惠价格。借助这种战略，苏宁电器有效抓住了国内空调市场高速增长的机会，1993—1998年，凭借专注于空调批发与零售业务所建立的竞争优势，苏宁电器连续6年摘得"中国最大空调经销商"的桂冠。

1995年以后，中国空调行业出现了阶段性的供过于求，价格战时有发生。1996年2月，苏宁电器提出"零售终端是新的立足点与价值之所在"，并于同年3月建立了第一家空调零售店——扬州专营店，率先在空调销售行业实施从大规模批发向连锁零售经营的转型。

在大力推进从空调批发向连锁经营转型的过程中，为了应对淡季流动资金不足以及主要电器厂家推出的所谓"一站式"采购带来的威胁,苏宁电器进一步实施从单一空调零售商向综合家电卖场的战略转型。2000年,苏宁电器大规模综合家电连锁网络扩张正式拉开序幕。此后6年,苏宁电器创造了平均40天一家新实体店开业、2006年"十一"当天52家新店同时开业的业内神话。在快速扩张构建自身连锁零售终端网络的同时,苏宁电器薄利多销的模式日渐成熟,物流、服务、人才等系统与店面建设的配套服务也日臻完善。2004年7月,苏宁电器在深交所上市(股票代码:002024),并迅速成为沪深两市第一高价股。

随着国内家电市场趋于饱和,销售遭遇的"天花板约束"越来越明显,继续强化"统一模式"的苏宁电器家电大卖场遇到了越来越大的绩效下降压力,对细分市场和顾客个性化需求满足也显得力不从心。电子商务、移动互联网网上购物的迅速发展对传统线下零售业态构成了越来越大的替代威胁。张近东及其团队意识到,漠视外部环境的变化和网上购物所带来的影响,肯定会被淘汰,而利用自己线下形成的优势尽早、主动地迎接新的挑战还可能有生存和发展的机会。2011年6月,苏宁电器发布了"2010—2020年发展战略",提出苏宁未来10年的发展目标是努力成为国际化的世界级企业。根据这一战略定位,在市场网络建设方面,苏宁电器着力构建线下(实体)与线上(电子商务)两个网络,首先是在一线市场升级打造"Expo超级旗舰店",通过新建、改造等方式在二三线市场布局1 000家"地区旗舰店";其次是正式推出苏宁易购的线上购物平台,争取在10年后达到与线下相同的销售规模;最后是在信息技术和现代物流方面进行大规模的投资,支持线上线下销售平台的发展。在产品拓展方面,公司将在现有传统3C产品(电脑、通信和消费类电子产品)的基础上,针对个人、家庭、中小企业等各类消费者提供相应的系统集成服务和整体解决方案,同时拓展电信充值、保险业务、票务预订、在线图书、娱乐咨询等虚拟产品业务,以形成满足消费者多样化、个性化需求的"产品云"。2013年2月19日,苏宁电器发布公告将上市公司名称变更为苏宁云商集团股份有限公司(以下简称"苏宁云商"),公告宣称在经历多年经营累积之后,公司已经构建面向内部员工的管理云、面向供应商的供应云以及面向消费者的消费云,公司将逐步推进"云服务"模式的全面市场化运作。

苏宁电器在实施新战略的过程中发现,外部环境的变化始料未及。线下实体店的发展受到了线上购物迅速发展的冲击,线上购物平台和经营产品多元化的发展遇到了激烈的竞争,大规模投资形成的现代物流设施短期内未能呈现规模效应。在这种情况下,苏宁电器一是利用自己线下实体店的优势与阿里巴巴集团进行战略合作,带动苏宁易购与设施的发展。2015年8月,阿里巴巴集团投资283亿元人民币参与苏宁云商的非公开发行,成为苏宁云商的第二大股东。二是利用自己线下实体店和物流设施的优势与万达集团展开战略合作,力求扩大双方在国内三四线市场的网点开拓,并通过多种手段夯实自有物流配送网络。2016年12月,苏宁云商旗下子公司苏宁物流以现金方式收购了天天快递70%的股份。

2017年,苏宁易购首次跻身全球《财富》500强。截至2017年年底,苏宁拥有各类自营店面3 867家,零售云加盟店39家。其中,在中国香港、澳门地区合计拥有25家店面,日本市场合计拥有43家店面。2017年公司全渠道销售规模达2 433.43亿元,同比增长近30%,归属于上市公司股东净利润42.13亿元,同比增长498.02%。面对互联网、物联网、大数据时代,苏宁易购持续推进线上线下融合的智慧零售战略,全品类经营、全渠道运营、全球化拓展,开放物流云、数据云和金融云,通过门店端、PC(个人计算机)端、移动端和家庭端的四端协同,提供无处不在的一站式服务体验。

2022年7月至8月,苏宁易购家电3C核心业务实现了同比销售增长,9月受市场环境影响,虽然加大促销力度,但销售规模下滑较多,营业收入同比增长3.2%。此外,其家电3C家具生活专业店加速转型升级,继6月增长转正,第三季度销售收入同比增长12.18%。

而其零售云业务则保持了稳步发展,截至2022年9月30日,苏宁易购零售云门店数量已达9796家,第三季度零售云商品销售总规模同比增长6.72%,环比增长20.62%。线上业务聚焦于家电3C业务,苏宁易购天猫旗舰店第三季度商品销售规模同比增长47.81%。

总体来看,第三季度该公司整体商品销售规模同比下降5.43%,商品销售规模降幅较上半年大幅收窄。营收同比下降16.57%,较上半年同比下降60.25%,也大幅收窄。2023年前三个季度,苏宁易购整体商品销售规模同比下降46.5%,营收为555.38亿元,同比下降51.95%,实际经营活动产生的现金流量净额为2.5亿元。

面对外部环境的不确定性,苏宁易购在该季度还打造了苏宁易家广场新业态模型店。与此同时,近期其还宣布与美团达成战略合作,成为正式入驻美团平台的首家家电3C品类大型连锁品牌。据悉,苏宁易购全国超600家门店已经完成美团入驻,覆盖175个城市,目前消费者打开"美团"或"美团外卖"App搜索"苏宁易购",即可下单购买手机、电脑、生活家电类产品,最快30分钟送达。

资料来源:蓝海林.企业战略管理[M].北京:中国人民大学出版社,2018;苏宁易购集团股份有限公司2022年社会责任报告。

2.1 战略管理的演进

企业战略管理,无论是实践还是理论,与企业管理的生产管理、财务管理、营销管理、管理经济学等其他学科相比较,产生都比较晚。一般认为,现代战略管理思想诞生于20世纪60年代的美国,至今已有50多年历史,在世界各个领域得到广泛传播。尽管战略管理理论发展历史并不长,但是发展速度非常快、研究文献硕果累累。这种理论上的繁荣态势与企业战略管理实践的蓬勃发展息息相关。

无论是在管理理论中还是在管理实践中,战略管理理论皆占据着十分重要的地位。从发展的历史脉络看,企业战略管理理论大体可以分为以环境为基点的经典战略管理理论、以产业(市场)结构分析为基础的竞争战略理论、以资源和知识为基础的核心能力理论。

像其他任何一门管理学科一样,战略管理理论也是从科学管理理论以及现代管理理论中汲取了营养,是在总体管理理论的基础上顺应时代的要求而逐步发展起来的。这里追溯一下战略管理理论的源泉以及它的发展史。

2.1.1 计划与控制阶段(战略管理的萌芽)

20世纪初,计划与控制管理制度开始出现。首先,科学管理创始人泰勒(Taylor)强调,要通过计划工作,挑选、培训和组织工人,以便增加产量。其次,法约尔提出,计划与控制都属于管理的重要职能。

在此阶段,财务预算成为重要的计划与控制手段。企业内既定的生产、销售、财务等部门分别制订年度预算计划。在财务预算的执行过程中,如果出现偏差,企业要找出原因,并采取必要的修正措施,以便实现既定的预算计划。这种管理制度的重点在于对偏差的控制。其基本假定是:过去的情况,必将重现。

2.1.2 长期规划阶段(战略管理的雏形)

长期规划理论是战略管理理论的雏形,这一时期开始于 20 世纪 50 年代初,持续到 60 年代初期。进入 20 世纪 50 年代后,西方企业(主要是美国企业)的外部环境发生了很大的变化,尤其在科学技术的推动下,全球经济特别是美国的经济在经过高速发展之后,进入一个高度竞争的阶段,从而使企业面临许多更为严峻的挑战。这个时期的主要特点如下。

(1) 需求结构发生变化。由于竞争的激烈开展,社会产品极大丰富,市场由卖方市场向买方市场转变,基本消费品的需求已经达到饱和,社会已从对生活"数量"的需要转向对生活"质量"的需要,需求发生了多样化的转变。这就要求企业必须面对市场,依据市场的变化开发、生产产品。以市场为导向,以社会意义的价值销售促进企业的产品生产和企业长远发展。

(2) 科技水平不断提高。第二次世界大战中研究开发的许多技术,一方面使许多行业陈旧过时,另一方面又使一些以技术为基础的新行业产生。技术革命的加快和技术革新周期的缩短,加速了产品和制造工艺的发展,生产了许多具有"创造需要"性的新产品,提高了企业的技术密度,同时,也加剧了企业间的竞争。

(3) 全球性竞争日趋激烈。企业之间的竞争已不局限于一个国家或者地区,而是面向全球。与此同时,还出现资本输出,跨国公司迅速发展。这样就使争夺国外资源、国际市场的竞争愈加激烈。企业力求在全球范围内获得和保持竞争优势,就不得不在微观领域对其各层次的竞争优势进行整合,以利于形成整体、持久的竞争优势。因此,企业战略必须从整体上把握企业未来的发展趋势,通过战略管理的制定和执行,形成企业自己的竞争力量。

(4) 社会、政府和消费者提高了对企业的要求与限制。企业一味重视获利,给社会带来许多消极影响。这一切引起了社会、政府、顾客对企业的不满,从而提高了对企业的要求,要求企业承担更多的责任和义务。这些限制,使得企业更多的角色须体现一种社会性,而非单纯以获得利润为目的,致使企业的目标和使命更加复杂化。

(5) 资源短缺。由于社会的发展,国家与国家之间、企业与企业之间对资源的竞争更加激烈,资源呈现越来越少的态势。资源是约束企业发展的关键因素,企业要发展就必须去争取更多的资源控制权。

(6) 突发事件不断等。由于技术和社会的发展,企业的外部环境更加复杂,突发事件呈增多的趋势。有些事件是可以调和的,有些事件是不可调和的;有些事件对企业是机遇,有些突发事件对企业却是挑战。面对这些事件,企业成为一个具有能动性的独立体。

"长期规划"产生的原因正是这些变化迫使企业管理人员来延展传统的管理概念。这种理论的实质是根据历史情况,通过趋势外推法对企业未来环境的变化作出预测,从而制订出长期规划以应对这些变化。在这一时期,企业长期规划的主要活动集中于通过合并而实行企业经营多元化的计划和组织、跨国经营、前向一体化发展、产品—市场的革新等战略措施。

企业面临的变革、全球化竞争、需求结构从卖方市场向买方市场的转变等多种因素使企业外部环境庞大复杂、变化频繁、难以预料。这使企业经常面临许多生死攸关的挑战,企业仅靠推断型的管理,再也不能保证自己的生存和发展,必须对新的环境进行深入分析,作出新的响应,采用新的管理方式,来谋求自己的生存和发展。企业战略管理就是在这种条件下应运而生的。

2.1.3 战略规划阶段(战略管理的兴起)

这一时期开始于20世纪60年代初,持续到70年代初,战略规划由长期规划转变而来。应用长期规划这一管理技术有两个前提:①认为促使环境变化的主动权在于企业本身,企业对环境的变化具有很大的影响力。②认为外部环境是可以预测的,企业总可以制订计划以应对未来的变化。

但进入20世纪60年代后,由于政府的管制和各种调节政策,企业失去了对环境的控制。而且外部环境的复杂性和相互作用使得企业难以预测环境变化。企业要发展,必须具备能够对外部环境变化作出迅速反应的能力,并且要适应环境的变化,选择灵活性的战略。因此,长期规划被战略规划所取代。

钱德勒详细、全面地分析了环境、战略和组织结构之间的互动关联。其结论为:企业战略应当适应环境变化(满足市场需求),而组织结构又必须适应企业战略的要求。

通过研究环境—战略—结构之间的相互关系,形成了战略构造中的基本学派——设计学派(design school),代表人物哈佛商学院的安德鲁斯将战略构造区分为两大部分:制定与实施。制定过程采用SWOT(strengths,优势;weaknesses,劣势;opportunities,机会;threats,威胁)分析法。通过一种模式,将企业的目标、方针政策、经营活动和不确定的环境结合起来。同时产生计划学派(planning school),代表人物安索夫将战略区分为企业总体战略和经营战略两大类。

2.1.4 战略管理阶段(战略管理的热潮)

在战略规划阶段,由于一些高层管理人员机械地看待战略规划过程,过分强调定量分析的作用,只注重战略规划,忽略了对战略的评估与实施工作,一些公司战略规划或缺少弹性,或流于形式,成为玩弄数字的游戏,丧失了战略规划应有的成效。

企业战略决策者为了应对外来的"战略突变"和迅速出现的机会与威胁,必须摆脱计划周期的束缚,改变重计划不重实施的习惯做法,转为制定、评价和实施战略并重,在实施战略规划上下功夫,灵活而又富有创造性地实施战略性管理。

战略管理还具有更深一层的含义。它不一定限于完全被动地承受动荡环境的影响,单纯作出战略的反应和调整,它还具有积极的作用,即战略管理具有"预应"性质:通过制定、实施创造性的战略,它能够主动影响环境的变化,迎接环境的挑战。

1971年,安德鲁斯在《公司战略概念》一书中,首次提出公司战略思想问题以及制定实施战略的分析方法,并明确指出高层管理者是制定战略的设计师、指导者并督促实施。

安索夫继1972年正式提出"战略管理"的概念之后,又于1979年出版《战略管理》一书,系统地提出了战略管理模式。他提出了八大要素:外部环境、战略预算、战略动力、管理能力、权力、权力结构、战略领导、战略行为。

2.1.5　战略管理的回落阶段

进入20世纪80年代后,世界经济更加动荡,贸易摩擦、能源短缺、债务危机、股价下跌,新技术和新产品层出不穷,加剧了国际市场竞争。在这样复杂的经营环境下,推行战略管理便成为美国企业适应形势、突破困境、维持生存与发展的重要保证。

值得注意的是,企业战略管理各阶段的演进,并非新的管理方式"替代"原有的方式,而是新方法"补充"了原有的方式。因此,最后形成的战略管理方式,包含以往三种管理方式的内容。具体地说,企业实施战略管理,依然需要定期的计划程序,只是必须运用各种特殊的管理技术,以使企业经营战略更加灵活和完善,能够适应正常计划程序以外的情况,并且强化了战略实施和控制工作。

(1) 企业管理的"软化"。20世纪80年代是"热带丛林",1981年,威廉·大内(William Ouchi)的《Z理论》在美国掀起了"向日本学习"的狂潮;把"战略""制度""组织"等都作为"硬性"因素,把其他因素称作"软性"因素;认为传统的管理强调"硬性",应提倡软化成分。

(2) 各种战略分析方法的应用易使企业走向以财务分析预测为主导的盲区,往往只关注自我可见的财务指标,而不是从环境与企业的相互作用中去发掘新的战略机会,拾一漏万。如美国通用电气公司为了财务指标的健全性,根据PPM(项目组合管理)分析,从计算机和半导体事业中撤退,虽然保证了财务利润,但丧失了技术领域中的机会。

(3) 实际应用战略管理不当,使声誉日衰。如采用不恰当的多元化经营战略。

2.1.6　战略管理的重振阶段

20世纪90年代以前的企业战略管理理论,大多建立在对抗竞争的基础上,都比较侧重于讨论竞争和竞争优势。时至20世纪90年代,战略联盟理论的出现,使人们将关注的焦点转向企业间各种形式的联合。这一理论强调竞争合作,认为竞争优势是构建在自身优势与他人竞争优势结合的基础上的。但是,联盟本身固有的缺陷,以及在竞争基础上的合作,使得这种理论还存在许多有待完善之处,企业还在寻求一种更能体现众多优越之处的合理安排形式。进入20世纪90年代中期,随着产业环境的日益动态化、技术创新的加快、竞争的全球化和顾客需求的日益多样化,企业逐渐认识到,如果想要发展,无论是增强自己的能力,还是拓展新的市场,都得与其他公司共同创造消费者感兴趣的新价值。企业必须培养以发展为导向的协作性经济群体。在此背景下,通过创新和创造来超越竞争开始成为企业战略管理研究的一个新焦点。

美国学者詹姆斯·弗·穆尔(James F. Moore)于 1996 年出版的《竞争的衰亡》一书标志着战略理论的指导思想发生了重大突破。作者以生物学中的生态系统这一独特的视角来描述当今市场中的企业活动,但又不同于将生物学的原理运用于商业研究的狭隘观念。后者认为,在市场经济中,达尔文的自然选择似乎仅仅表现为最合适的公司或产品才能生存,经济运行的过程就是驱逐弱者。而穆尔提出了"商业生态系统"这一全新的概念,打破了传统的以行业划分为前提的战略理论的限制,力求"共同进化"。穆尔站在企业生态系统均衡演化的层面上,把商业活动分为开拓、扩展、领导和更新四个阶段。商业生态系统在作者理论中的组成部分是非常丰富的,他建议高层经理人员经常从顾客、市场、产品、过程、组织、风险承担者、政府与社会七个方面来考虑商业生态系统和自身所处的位置;系统内的公司通过竞争可以将毫不相关的贡献者联系起来,创造一种崭新的商业模式。在这种全新的模式下,作者认为制定战略应着眼于创造新的微观经济和财富,即以发展新的循环来代替狭隘的以行业为基础的战略设计。

2.1.7 21 世纪的战略管理理论

由于 21 世纪全球化竞争的兴起和加剧,人类正经历一场世界性的新科技革命和产业结构调整,其主要特征为:高技术及其产业对综合国力的影响越来越大,知识更新的速度越来越快,科学技术转化为现实生产力的周期越来越短,原始性创新越来越成为当代科技竞争的战略制高点,许多科技前沿正在酝酿新的重大突破,一种建立在知识基础上的新经济形态正在兴起:如信息技术(云计算、物联网、智慧地球等)的突飞猛进、生物技术与纳米技术的迅猛发展等。这就急需基于创新的动态研究,要求能力再造,强调快速反应,把战略和竞争的研究置于战略互动、竞争量化的动态发展的基础上,认为任何竞争优势都不是不可打破的,应把企业战略作为过程来研究,并建立富有弹性的战略管理系统。战略管理理论研究的着眼点也逐步由竞争转入合作或者共生。一方面,战略研究继续延续 20 世纪的主流方向,在主流派的战略管理领域,动态能力理论实际上在 1990—1997 年提出之后的多年来,尚未实现大家期待的理论整合或见证全新的理论范式的出现。另一方面,战略基点逐渐由思考战略如何形成向业务层战略转移。如 2002 年博西狄、查兰和伯克(L. Bossidy,R. Charan,and C. Burck)的著作《执行:把事情办成的学问》关注战略实施,适时地强调了执行力在战略实施中不可或缺的地位。近些年来国外学者的作品中也较多地强调执行力这个话题。

在战略管理理论的演变过程中,除了吸收产业经济学精髓,约瑟夫·熊彼特(Joseph Schumpeter)的创新经济学也在战略管理学中得到了广泛的应用。2005 年,欧洲管理学院的 W. 钱·金(W. Chan Kim)和勒妮·莫博涅(Renée Mauborgne)根据 20 世纪 90 年代后期开始发表在《哈佛商业评论》期刊的一系列文章和最新的研究成果,结集出版了《蓝海战略》。书中作者提出价值线等概念,共提出六项原则,四项战略制定原则——重建市场边界、注重全局而非数字、超越现有需求、遵循合理的战略顺序,以及两项战略执行原则——克服关键组织障碍、将战略执行简称战略的一部分。鼓励企业更好地了解顾客的需求特点以及他们在产品的搜寻、比较、购买、使用、服务和弃置过程中对价值的诉求,从而通过对产品特性和功能的增加删减,更加准确地满足顾客的需要,有针对性地创造新的产品,提供新的服务,拓展新的市场空间,寻求高速增长,摆脱企业竞争的红海,创造无限商机的蓝海。而2006年,克里斯·安德森(Cnris Anderson)《长尾理论》一书的面世,带来了企业营销与生产思维的改变。长尾理论不仅影响企业的战略,也同样影响人们的思维。可以这样说,这些尚不能称为完整的理论,因为它们都不构成对主流战略管理理论的撼动,或者只能说是在原来的基础上所做的修补,但是这些观点无不受到熊彼特创新理论的强烈影响,并为战略管理理论的发展带来新的视角。

2.2 战略管理理论演变的基本规律

从早期的战略思想发展到当今的企业创新动态理论,企业战略管理理论演进的背后隐含着以下规律。

(1)从战略管理理论的内容上看,存在这样一个发展轨迹,即关注企业内部(强调战略是一个计划、分析的过程)—关注企业外部(强调产业结构的分析)—关注企业内部(强调核心能力的构建、维护与产业环境分析相结合)—关注企业外部(强调企业间的合作,创建优势互补的企业有机群体)—关注企业内部(强调创新)。

(2)从竞争的性质来看,竞争的程度遵循着由弱到强,直至对抗,然后再到合作乃至共生的发展脉络。"计划学派"源于较弱的竞争性,"设计学派"则建立在竞争性趋强的基础之上;到了"结构学派""能力学派"和"资源学派"时代,尽管它们对于竞争优势来源的认识各不相同,但更多地强调对抗性竞争这一点却是相同的;"商业生态系统"的理论完全不同于以上各种理论,主张企业间通过合作建立共生系统以求得共同发展;创新动态理论强调通过创新建立强大竞争优势。

(3)从竞争优势的持续性来看,从追求有形(产品)、外在、短期的竞争优势逐渐朝着对无形(未来)、内在、持久的竞争优势的追求。如"结构学派"的战略始于对产业结构的分析,形成于对三种基本战略的选择,而这三种战略主要是基于产品的差异性所作出的。"能力学派"则将战略的核心转向企业内部的经验和知识的共享与形成,这些都是内在、无形的东西,对竞争优势的形成具有长远的影响。

(4)从战略管理的范式来看,战略管理的均衡和可预测范式开始被非均衡与不确定性所取代。无论是"计划学派""设计学派",还是"结构学派",都有一个假设前提,即外部环境是可预测或基本可预测的。因此,制定战略的重点是分析和推理,通过分析、经验和洞察力的结合,就可基本把握战略的方向。"能力学派"的假设前提则是外部环境的变化是不确定、不均衡的。所以,战略制定的主旨就是比竞争对手更好地掌握和利用某些核心资源与能力,并且能够比竞争对手更好地把这些能力与在行业中取胜所需要的能力结合起来。即便如此,战略的成功可能性也是有限的,需要我们承担巨大的风险。

2.3 战略管理理论的发展趋势

现代的企业管理处在一个动态且不断变化的格局中,可以说一成不变地处理事情的可能性越来越小。从市场主导产品到企业策略目标再到政府法制规章,没有一样不是随时在变动的。通过对战略理论演进内在规律的分析,我们可以大致把握在企业面临新的经营环境的条件下,战略管理理论将会呈现如下特点和发展趋势。

(1) 制定企业战略的竞争空间在扩展。行业的界限、企业间的边界日趋模糊,竞争战略的谋划将不再只限于既定的行业内市场份额的竞争、产品或服务的竞争,而更多的是在无边界的范围内对商业机会的竞争。这一竞争必然导致竞争参与者之间,在塑造未来产业结构方面展开争夺。竞争的概念基本上是界定于不同的联盟之间、不同的商业生态系统之间。竞争的物理空间也由区域性范围扩大到全球。由于竞争已不在某一特定的地理区域或行业界限内进行,企业必须从全球的角度、从跨行业的角度来考虑配置自身的资源,在资金、人力资源、产品研发、生产制造、市场营销等方面进行有机的组合,以获得最佳的管理整合效果。

(2) 企业的战略具有高度的动态弹性及系统复杂性。由于传统的战略管理理论面对的环境具有相对稳定性和可预测性,从而保证了传统战略管理中成功制定和实施战略,因此系统复杂性理论没有受到足够的重视。进入 21 世纪,环境的不确定性,导致比较准确的中长期预测几乎不可能。这种突变的、不可逆的、非线性的变化正是复杂性的显著特征,这使得系统复杂性理论在战略管理中的运用成为可能。为实现这一目的,就要求企业的竞争战略与外部变化节奏在保持同步的条件下,具备快速的反应能力,将战略管理放到一个动态的环境中进行思考,增强战略的柔性以实现对组织的快速调整和变革。

战略弹性是基于企业自身的知识系统对不断变化的不确定情况的应变能力。它具体包括组织结构的弹性、生产能力和生产技术的弹性、市场营销的弹性、管理的弹性和人员构成的弹性。由于战略弹性是来自企业内部的知识和能力,因此,员工的知识构成及其组合的方式和机制是战略弹性的核心部分。战略弹性一旦建立起来,企业内部的协调系统也就确定下来,从而导致对整个系统的模仿或复制的可能性极其微小,由此就形成了企业的战略优势。

(3) 不过多考虑战略目标是否与企业所拥有的资源相匹配,而是较多地追求建立扩展性的目标。因为在未来的市场竞争中,制胜的手段正逐渐发生变化,由单纯地寻找稀缺资源过渡到与寻找稀缺智力和由此而产生的稀缺知识的结合,寻找的范围不仅局限于企业边界内部,而且着眼于对离散的创造价值的活动的识别与整合,通过这种方式来为价值增值或扩大稀缺价值的产出。这种战略要求企业不能平均分配资源,而是创造性地通过各种途径来整合资源,通过与知识的组合来克服资源的限制,从而为顾客创造价值。

(4) 由企业或企业联盟组成的商业生态系统成为参与竞争的主要形式。竞争力的研究对象不再仅仅局限于单独的企业个体,而是以企业作为基本研究单元发展到企业与其所处的商业生态系统并举的阶段。在未来变幻莫测的环境中,任何一个企业都不可能,也没有实力单独参与竞争,因为整个商业活动的主体是以一个或多个企业为核心的生态族群,即未来的竞争是不同商业群落之间的竞争。对于一个单独的企业个体来讲,竞争更体现在加入或营造有影响力的、能为自己带来实际价值的企业生态系统,并且在一个系统中寻求一个更为有利的地位,当然也包括争取作为整个群体的领导。在竞争与合作的和谐环境中,使优势和潜能充分发挥,降低经营成本和经营风险。

(5) 制定战略的主体趋于多元化。制定战略可能不只是企业高层决策人员的特权,普通员工也不再仅仅是战略的接受者与执行者。战略制定这一工作将变得更为普遍化，由于信息技术的日益发展和应用，组织结构向扁平化方向演化，信息的传播手段和渠道也变得大众化与多样化，这就导致了在整个企业内部拥有信息的权力趋于平等。信息传播方式的网络化决定了每一个个体在整个网络系统中都是信息传播的一个节点，高层主管不再居于信息传播的中心，普通员工可以有更多的机会参与企业的战略制定，他们具有既是决策参与者又是决策执行者双重身份的特征。

(6) 战略的制定从基于产品或服务的竞争，演变为在此基础之上的标准与规则的竞争。企业在产品或服务时期，对外部环境采取的是一种规避风险、抓住机遇的做法。通过内部积极主动的行动——扩大产量、提高质量、降低成本、加强营销，利用高效的组织机构等取得规模效益。在对外和对内的行为方式上，被动应对色彩更为浓厚一些。而当企业跨入以标准为核心的竞争阶段后，对外部环境的认识则完全变了，企业除了对外界变化会积极主动地作出反应外，可能还会有意识地制造变革、与行业中具有重要影响的对手或企业联盟共同合作，创造和制定指导整个行业的技术标准或者竞争规则。通过对标准或规则的掌握来获取高额的利润，确定企业的优势地位。总之，企业要对在塑造未来产业结构方面的竞争给予更多的注意力，并力求有所作为。

(7) 战略管理理论的定量研究将得到重视。以往对战略管理理论的研究，其方法主要是定性的方法，如案例方法、比较方法等，而对战略管理的定量研究则重视不够。其中定性分析法中的案例分析法是战略管理研究中普遍采用的方法，但大多数的研究运用少量的案例甚至个别案例形成通用的观点，很少运用众多的案例进行研究。另外，在案例分析方法中，运用企业史和产业史进行分析的也不多见，而在案例分析中，只有将经济发展阶段同企业史和产业史结合起来，才能发现企业的战略逻辑。战略管理中的定量研究法主要是统计分析方法，主要表现为：一是通过对现存有关某一现象的大量统计数据的分析，得出某一结论；二是通过做问卷调查得到数据资料，通过一定的统计分析，得出某两个变量之间的关系。从战略管理理论的发展看，定性方法和定量方法的有机结合将是形成完善的战略管理理论的有效途径。

(8) 各战略理论学派之间趋于整合。传统的战略管理理论比较偏重于从各个不同的角度和利用不同的学科工具对其进行研究，如同盲人摸象，形成各自不同的学派和观点。虽然在今后的一定时间内各个学派仍然并存，但在初显轮廓的新的战略管理主流范式中，各家理论学派显示出明显的整合趋势。

2.4　战略管理的主要流派

人们对企业战略的认识是随着时间的推移逐渐得到完善的。自 1965 年安索夫出版了第一本有关战略的著作《公司战略》以来，学者们基于不同的理论基础、研究方法和研究角度，形成了各种理论流派。明茨博格等在其所著的《战略历程：纵览战略管理学派》一书中，沿着战略管理理论发展的历史脉络，将战略管理理论归结为十大流派，即设计学派、计划学派、定位学派、企业家学派、认知学派、学习学派、权力学派、文化学派、环境学派和结构学派。这十大流派分别从各个角度或层次反映了战略形成的客观规律，均对战略管理理论作出了贡献,它们相互补充,共同构成了完整的战略管理理论体系。

(1) 设计学派(将战略形成看作一个概念作用的过程)。设计学派在20世纪60年代形成,是最早的企业战略的基本理论学派,其代表人物是安德鲁斯。设计学派的战略思想为:战略是外部环境中的机遇与企业的资源能力之间的匹配,它是一个有意识的、深思熟虑的思维过程。

设计学派建立了著名的SWOT战略形成模型,这一模型也是设计学派的重要基础。根据SWOT分析,对企业现有的目标进行评价从而识别可选的战略方案。然后对这些方案进行评价,在考虑高层管理者的价值观及社会责任的基础上,选择最佳的战略。CEO(首席执行官)不仅控制整个战略的形成过程,而且也是战略的"建筑师"。

尽管这一学派通常被认为源自哈佛商学院,尤其是20世纪60年代的安德鲁斯,但是明茨博格却认为这一学派产生于20世纪50年代安索夫和菲利普·塞兹尼克(Philip Selznick)的工作。明茨博格认为这一学派不仅过时,而且在应用上受到限制,因为设计学派假设有关组织和环境的一切都可以得到战略家的理解与正确评价,事实上未必如此。

(2) 计划学派(将战略形成看作一个正式的过程)。计划学派形成于20世纪60年代,与设计学派产生于同一时期,安索夫是这个学派最有影响力的思想家。计划学派将战略制定看作一个规范的计划过程,强调由受过严格培训的计划人员来完成,或者由那些与最高层管理者密切接触的专业战略规划部门来制定。

明茨博格认为,这一模型(过程)建立在传统的生产线观念基础上,每个计划因素可以得到界限和区分,然后按照规定得到各个组成部分,再把这些部分放在一起制定正确的战略。战略以"蓝图"的形式出现,包括特定的目标、预算、程序和经营计划。

计划学派也是明茨博格所反对的一种观点,他认为这种学派具有三大误区:错误地认为未来的事件是可以预测的,战略思考可以与经营管理分离开,数据和分析技术可以产生"新颖"的战略。虽然这一学派在20世纪70年代非常盛行,但是目前其重要性已经开始下降。

(3) 定位学派(将战略形成看作一个分析的过程)。定位学派是以波特为代表的注重分析的学派。同前两种学派一样,定位学派也认为战略形成是一个受控的、有意识的过程,组织应在深思熟虑后制定出全面的战略并清楚明确地表述出来。

明茨博格认为,定位学派建立在军事概念的基础之上。在管理领域,20世纪70年代的咨询工具如波士顿矩阵等,是这一模型的经典方法。20世纪80年代,波特在竞争战略和竞争优势方面的研究,使得这一学派在战略管理领域占据了主导地位。

波特用竞争分析和产业分析的方法取代了设计学派和计划学派的方法,尽管战略制定仍旧是一个深思熟虑的过程,但是波特提出了一套基本战略模式,即成本领先、差异化和专业化。该派认为,产业结构决定企业的战略位置,而战略位置又决定企业的组织结构。

明茨博格认为,定位学派的不足表现在分析所需要的大量数据很难得到,而且这一学派与设计学派和计划学派一样,都把战略思想和实践分离开来,没有给组织留下学习的空间。明茨博格认为这是把分析误认为是战略,因为分析本身是支持战略制定过程的东西。

（4）企业家学派（将战略形成看作一个预测的过程）。20世纪80年代后期，在对以上三个学派进行反思和总结的基础上，出现了一些新的学派。这些学派的基本特点是具有明显的非理性主义特点，强调企业战略的形式，注重对战略过程中行为因素的研究。

企业家学派认为，存在于企业领导人心中的战略，既是一种观念，更是一种特殊的、长期的方向感，是对组织未来的远见。战略形成最好不要成为一个完全有意识的思维过程。无论企业领导人是在实际中构思战略，还是把其他人的战略改进后以他自己的方式内在化，战略形成都应当深深地根植于企业领导人的经验和直觉当中。企业家学派认为这种能力是与生俱来的，强调领导者的远见卓识和充分运用经验。

这一学派还认为，战略远见是可以发展变化的。企业家式的战略既是深思熟虑的，又是随机应变的，在远见的整体感觉上是深思熟虑的，在展开远见具体细节上是随机应变的。组织其实是一个受企业领导人指挥的、简单的组织结构。在这一学派看来，企业家式的战略就如同某种特殊的位置，而这个位置是受保护的、不受市场竞争冲击的市场位置。

（5）认知学派（将战略形成看作一个心理的过程）。认知学派是在认知心理学的基础上发展而来的。

认知学派认为，企业战略制定不仅是一个理性思维的过程，而且包括非理性思维的因素。这一学派认为战略家的才能来自对行业知识和经验的积累，从而形成了自己的知识结构和思考过程。当面对大量真假难辨的信息、数据和时间限制的时候，非理性思维在战略决策中就可以发挥很大的作用。尽管并不真正存在这样一个学派，但是明茨博格认为这一领域十分重要，最终会发展成为一个学派。这一领域的研究建立在认知心理学的基础之上，因而不断得出一些负面的观点。它倾向于强调个体在收集正确信息方面的能力的有限性，人脑在处理所收集信息方面的天然的局限性，因而得出有偏见的、失真的结论。

明茨博格之所以提出这一学派，是为了推动这个领域的工作。他说，我们需要理解来自经验的智慧如何在战略制定中发挥作用。我们需要更多地了解创新思维和直觉，需要进一步发展迈克尔·波兰尼（Michael Polanyi）在隐含知识（tacit knowledge）上的研究，尤其是他提出的"我们知道的远比我们所能说出来的要多"的观点。明茨博格认为，有必要弥补心理学家强调的认知行为观点。其代表人物有西蒙（Simon）等。

（6）学习学派（将战略形成看作一个应急的过程）。面对复杂多变和难以预测的外部环境，经常伴随着对战略而言必不可缺的知识库的传播，同时排斥有意识的控制，战略的制定首先必须采取不断学习的过程形式。在这一过程中，战略制定和实施的界限变得不可辨别。领导的作用变得不再是预想深思熟虑的战略，因此该学派强调一方面通过学习适应环境变化，另一方面更要通过创造变化来进行管理。先行动后思考是学习学派的基本战略思想，除了领导者需要学习外，组织本身也需要学习；只有不断学习，才能适应不断变化的、复杂的外部环境，才有可能出现新的战略。此外，该学派还认为，组织的绩效更多地体现在企业的整体表现上，组织的学习比个人的学习显得更为重要。明茨博格本人就是这一学派的拥护者，他把战略制定看作一个"自然发生的过程"。

因此，战略首先是作为过去的行为模式出现，只是在后来才可能成了未来的计划，并且最后变成了指导总体行为的观念。该学派的典型著作有奎因于1980年出版的《应变战略：逻辑渐进主义》、彼得·圣吉（Peter M. Senge）于1990年出版的《第五项修炼》等。

(7) 权力学派(将战略形成看作一个协商的过程)。权力学派认为,战略形成是一个协商的过程,包括组织内部各个矛盾的集团之间和互为外部环境的组织之间的协商。权力学派之所以要强调权力,是因为在企业战略制定的过程中,战略形成不仅要受到"经济"因素的影响,还要受到"政治"因素的影响。因此其将战略看作一个政治过程,在组织中由于存在个人、集团和联盟之间的利益冲突,任何决策的制定最后都是组织内部权力制衡的结果。

在这一学派中,权力和竞争使战略形成具体化,无论是作为组织内部的过程,还是作为其外部环境中组织本身的行为。也许这一过程产生的战略往往是应急的,并且采用定位和策略的形式而不是观念的形式。

因此,权力学派认为,战略制定不仅要注意行业环境、竞争力量等经济因素,而且要注意利益团体、权利分享等政治因素。

(8) 文化学派(将战略形成看作一个集体思维的过程)。文化学派认为,战略形成是建立在组织成员的共同信念和理解基础之上的社会交互过程。个人通过文化适应过程或社会化过程来获得这些信念,这个过程大多为潜移默化而非语言文字的,虽然有时也通过较为正规的教导来强化。因此,组织成员只能部分地描述巩固他们文化的信念,而文化的来源和解释可能依然模糊。结果,战略首先采取了观念而非立场的形式。该学派还认为,观念植根于集体意向之中,在深藏着资源或潜能的组织模式中反映出来,受到保护并且用作竞争优势。

在这一学派看来,文化尤其是观念体系不鼓励战略改变,以便现有战略永久存在,往往至多在组织整体战略观念之内做一些立场的改变。这是因为,文化越强大和丰富,现有战略对文化的附着性就越强,在未来进行战略变革的难度也会越大。这一学派的学者在20世纪80年代出版了一本名为《公司文化》的书引起了人们对企业经营管理中文化的存在和影响的关注,并在此书中强调:文化是一种价值观,它在企业范围内规范和引导人们的行为,有时也对企业的战略起支持作用。

(9) 环境学派(将战略形成看作一个反应的过程)。与其他学派将环境看作战略制定过程中的一种影响因素的观点不同,环境学派认为环境不应该是"因素",而应该是"演员"。各种复杂力量所构成的环境是制定战略过程的核心"演员";企业必须适应环境,并且在适应环境的过程中寻找自己生存和发展的位置;同时企业还应该对环境的变化作出反应,企业与环境是可以互动的,领导者和组织必须适应环境变化,否则组织就会被淘汰。

明茨博格希望对环境的重要性进行更多的研究,并强调需要更多地了解特定环境如何对战略选择发挥约束作用。

(10) 结构学派(将战略形成看作一个转变的过程)。结构学派的一大特点就是融合了其他学派的观点,但它却运用了自己的一个独特视角。每个学派都有自己的时间、自己的位置。所以,结构学派与其他学派的一个根本区别就是:它提供了一种调和的可能,一种对其他学派进行综合的方式。结构学派有两个主要方面:一方面把组织和组织周围的环境状态描述为结构;另一方面把战略形成过程描述为一个转变的过程。在不同的历史发展阶段,不同的战略制定过程将分别发挥作用。

结构学派认为组织在大多数情况下都可以被描述成某种稳定的结构,在特定的时期内采用特定的结构形式,与特殊的内容相匹配,导致组织建立特殊的行为,从而产生一套特殊的战略。这种稳定时期偶尔被一些转变过程所割断,发生向另一种结构的转变。

本 章 小 结

1. 战略管理的演进分为七个阶段。
2. 揭示企业战略管理理论演进背后隐含的四个规律。
3. 阐述了战略管理理论发展的八个趋势。
4. 在战略管理理论发展历程中,战略管理理论出现了十大学派。

思 考 题

1. 战略管理理论发展的历程主要包括哪些阶段?各阶段的代表人物和观点都有哪些?
2. 战略管理理论演变的基本规律有哪些?
3. 结合理论与实践,谈一谈企业战略管理的发展趋势。

第 3 章 企业的愿景、使命和战略目标

1. 领会企业愿景的含义、作用、目的和意义;
2. 了解企业愿景的要素、架构及构建方法;
3. 理解企业使命的内涵及特征、界定、表达、要素、表达时需注意的问题;
4. 明确战略目标的内涵、特征、制定及体系;
5. 了解企业愿景、使命和战略目标三者之间的关系。

故善用兵者,屈人之兵而非战也,拔人之城而非攻也,毁人之国而非久也。必以全争于天下,故兵不顿而利可全,此谋攻之法也。

——《孙子兵法·谋攻篇》

道者,令民与上同意也。故可以与之死,可以与之生,而不畏危。

——《孙子兵法·计篇》

阴阳者,天地之道也,万物之纲纪,变化之父母,生杀之本始,神明之府也,治病必求于本。

——《黄帝内经》

战略家的任务不在于看清企业目前是什么样子,而在于看清企业将来会成为什么样子。

——彼得·德鲁克

福特汽车 2023 年或生产 60 万辆电动车

2023 年 4 月 3 日,福特汽车公司(以下简称"福特汽车")发布 2023 年可持续发展和财务年度综合报告。针对公司"打造可持续、包容、公平的移动出行未来"的承诺,报告列出了具体的实施措施。

据悉,基于公司 20 多年来在可持续发展报告领域的领导地位,2023 年报告中数据显示,福特汽车正在有条不紊地推进于 2050 年前实现汽车产品、运营和供应链的全面碳中和。

践行可持续发展路径。在可持续发展方面,福特汽车正在致力于实现碳中和目标。除了减少车辆尾气排放外,公司还专注于减少运营、全球供应链设施、流程和用电所产生的碳排放。

福特汽车全球可持续发展、认证和合规总监辛西娅·威廉姆斯（Cynthia Williams）表示："2022年，我们在实现碳中和方面取得了一系列进展，包括推出新的电动车产品、升级改造生产和运营设施、投资零碳和可再生电力；我们还借助自身的采购能力，加速低碳材料的规模化应用；我们还在构建一个能体现出公司价值观、更负责和透明的全球电动车和电池供应链。这些都是我们为建立一个更加可持续、公平、包容的未来移动出行体系所做出的努力。"

据悉，2019—2022年，福特汽车将其整体范畴三的排放量（包括供应商、产品和其他非设施来源排放）降低了约23%。福特汽车是第一家在"制造2030"（Manufacturing 2030）上包含全球供应链的美国汽车制造商——福特汽车向3 000个来自一级供应商的生产工厂发出邀请参加该计划，旨在帮助它们测量、缓解和减少排放量。福特汽车计划在2023年邀请更多的一级和间接供应商参与"制造2030"。

打造负责任的电动车供应链。2022—2026年，福特汽车将在全球投入超过500亿美元，用于开发、制造电动车和电池。公司正朝着到2023年底年产60万辆、2026年底超过200万辆的目标前进。福特汽车预计到2030年电动车将占公司全球销量的一半。

相关数据显示，与驾驶类似的燃油车相比，在使用美国电网的平均电力充电情况下，福特电动车整个产品生命周期内可减少多达60%的二氧化碳排放量。据了解，对于F-150 Lightning纯电皮卡来说，相当于节省33 225升（8 777加仑）汽油所减少的二氧化碳排放量。

此外，福特汽车还致力于打造负责任的电动车供应链。据悉，福特汽车努力确保其全球供应链符合环保和劳工权益的相关标准。在建立新的电动车和电池供应链的过程中，福特汽车正迈出重要的第一步——从符合公司标准要求的矿业公司采购原材料。2023年的报告详细地介绍了公司的几项新举措，以确保尽职调查顺利进行，并提高透明度和可追溯性。

2021年，福特汽车启动了电动车和电池供应链的汇总和审计工作，以更好地把握电动车供应链中重要原材料的来源，包括镍、锂、钴和石墨。迄今为止，该项目已经沿着这四种关键矿物电池供应链，对各级供应商和矿区开展了30次审计调查。2023年初，福特汽车还与供应商一起，接受了对镍、锂和钴尽职调查管理系统的审计。在此基础上，福特汽车优化了企业操作流程，包括在采购协议中引入新的环境、社会和治理要求。

不仅如此，在公司更为广泛的供应链中，福特汽车继续与供应商和第三方评估机构[如"负责任采矿保证倡议"（IRMA）、"负责任矿产倡议"（RMI）、"负责任商业联盟"（RBA）]等进行密切合作，根据公司《供应商行为守则》中列出的全面标准，发现并解决供应链中的环境保护和劳工权益问题。2022年，福特汽车对844名采购员工、2 647名其他员工和979名供应商员工进行了供应链可持续发展主题的培训，涉及反腐败、公平劳动和环境保护实践。

任何企业的长期成功都离不开持续为客户、员工和社区创造价值，同时也要关爱地球。福特汽车正在推进大规模业务转型，以引领电气化和智能互联移动出行新时代并对相关进展和改进的执行方式保持透明。关于未来，福特汽车也期待通过自身的努力，将碳中和的移动出行方式变为现实。

资料来源：夏治斌，石英婧.福特汽车2023年或生产60万辆电动车[N].中国经营报，2023-04-10.

3.1 企业愿景

3.1.1 企业愿景的内涵

目前对企业愿景(corporation vision)尚无规范化的定义,根据国内外许多学者的各种见解,综合归纳成以下定义:企业愿景是根据企业使命,在汇集企业每个员工个人心愿基础上形成的全体员工共同心愿的美好远景,它能激发出强大的力量,使每个员工都渴望能够归属于一项重要的任务和事业,它是企业战略的重要组成部分。企业愿景是一幅关于公司未来发展的蓝图——详细地反映了公司在技术和顾客方面的重点、所追求的区域市场和产品市场、公司所致力于培养的能力以及管理者努力创造一个怎样的公司等问题。

企业愿景实际上是为企业描述未来的发展方向,描述了企业在实现自己的使命时喜欢怎么做。愿景是个人或群体所渴望的未来的"状态",它回答企业将成为一个什么类型的公司,要占领什么样的市场位置,具有什么样的发展能力等问题。贾维顿(Javidon,1991)强调,愿景除了包括一系列目标之外,还包括参与者内心的抱负,它极大地激励人们朝那个方向努力。例如,麦当劳公司的愿景是占领全球的食品服务业,在全球范围内处于统治地位;英特尔公司(Intel)的愿景是在世界范围内出现10亿台彼此连接的电脑、几百万个服务器、价值达几万亿美元的电子商务活动。

在很长的时间跨度内,提出和制定具有创业精神并且清晰的企业愿景是一项很艰巨的任务。它要求企业凭借直觉和创造力,洞悉企业现有业务中将要发生的变化以及将要出现的市场机会,客观地对待所要面临的市场环境、竞争环境、技术环境、管理环境以及社会环境,客观地对待自身的资源和能力,理性地分析所需要采取的措施,提出一个可行并且具有吸引力的企业愿景,进而规划企业的行动,激活企业的战略。

企业愿景是企业战略家对企业的前景和发展方向一个高度概括的描述,这种描述在情感上能激起员工的热情。愿景是一个组织的领导用以统一组织成员的思想和行动的有力武器,指企业的长期愿望及未来状况、企业发展的蓝图,体现企业永恒的追求。制定愿景就是为了解决这样一个基本问题:我们要成为什么样的企业?

德鲁克认为企业要思考如下三个问题:①我们的企业是什么?②我们的企业将是什么?③我们的企业应该是什么?

这三个问题集中起来体现了一个企业的愿景,即企业愿景需要回答以下三个问题:①我们要到哪里去?②我们的未来是什么样的?③我们的目标是什么?

企业愿景由核心理念和对未来的展望两部分组成。核心理念是企业存在的根本原因,是企业的灵魂,是企业的精神,是企业的凝聚力,是激励员工永远进取的永恒的东西。对未来的展望代表企业追求和努力争取的东西,它随着企业经营环境的改变而改变。核心理念和对未来的展望就像是八卦图的阴、阳两极,二者对立统一,构成企业发展的内在驱动力。

核心理念由核心价值观和核心目的构成。核心价值观是企业最根本的价值观和原则。例如,迪士尼的核心价值观是崇尚想象力和乐趣,宝洁公司的核心价值观是追求一流产品,惠普公司的核心价值观是尊重人。核心目的是企业存在的根本原因。例如,沃尔玛的核心目的是"给普通人提供和富人一样的购物机会",迪士尼的核心目的是"给人们带来快乐"。

对未来的展望由未来 10～30 年的远大目标和对目标的生动描述构成。远大目标必须用生动形象的语言加以描述,才能激起员工的热情和激情,才能得到员工的认同,才能使员工完全地投入。例如,福特汽车把它"让汽车拥有民主化"的远大目标,描述成"我要为大众造一种汽车,它的低价格将使所有挣得相当工资的人都能够买得起,都能和他的家人享受上帝赐予我们的广阔大地。牛马将从道路上消失,拥有汽车将会被认为理所当然"。

3.1.2　企业愿景的要素

1. 界定企业的当前业务

这是回答我们是谁的问题。这个问题看起来简单,但从战略角度看却不那么容易回答。例如,美国 AT&T(美国电话电报公司)的业务是长话业务、电话业务,还是通信业务?可口可乐公司的业务是软饮料业务还是饮料业务?如果是软饮料业务,则公司的战略注意点就应该集中在战胜百事可乐、七喜等软饮料上;如果是饮料业务,公司的战略重点就在如何同其他的水果饮料、茶饮料、瓶装水、运动饮料、牛奶和咖啡等方面进行竞争。可口可乐公司如果不是从软饮料的角度,而是从饮料的角度制定公司的企业愿景,就可以更好地寻找一个营销的切入点。

2. 确定企业的发展方向

这是回答我们去向何处的问题。这一部分描述了企业在宏观上和长期发展中面临的机会。要使愿景中确认的机会得到普遍认可,并能指导战略分析,对机会的描述需要有针对性,可以具体一些,但不应该局限在具体的产品或具体的细分市场上。

3. 界定实现发展规划的具体步骤

这是考虑我们如何到达那里的问题。愿景的长远指导性质决定了它所描述的实现企业方向的方式不可能是具体的。由于企业面临的关键环境因素具有较高的动态性,因此,这里主要是强调技术的趋势,包括实现企业发展方向的关键技术的未来发展、技术扩散的可能、对技术利用的不同途径所具备的机会,以及相应的市场机会。

4. 确定衡量效益的标准

这是回答我们如何衡量效益的问题。企业的每一项业务都要为实现企业的目标作出自己最大的贡献。例如,人力资源部门要更好地使员工满意,加强培训;技术部门则要改进技术,提高效率。

5. 界定企业愿景的特殊性

这是指不同的公司对愿景有不同的表述，不具有普遍性。这样企业才能制定出具有自己特性的与众不同的战略。即使在同一行业里，企业的愿景也会是不同的。例如，迪康药业的愿景是迪康生命活力守护人类健康，贡献卓越品质的药品，为人类生命健康永远服务；而同仁堂公司则是弘扬中华医药文化，领导"绿色医药"潮流，提高人类生命与生活质量，目标是以高科技含量、高文化附加值、高市场占有率的绿色医药名牌产品为支柱，成为具有强大国际竞争力的大型医药产品集团。两者虽有相似之处，但走的却是截然不同的战略发展道路。所以，提出和制定企业愿景的意义是将自己与同行业中的其他公司区别开来，独树一帜，有一个独特的业务着重点，有一条独特的发展道路。

当然，企业所面临的环境不会是一成不变的。当企业的环境发生变化时，这些变化往往会影响企业的愿景，要求企业对自己的发展方向重新作出确定。英特尔公司的前总裁安德鲁·格罗夫（Andy Grove）把这种情况叫作"战略转折点"。

3.1.3　企业愿景的作用

在快速变化和不确定的世界中，为企业规划一个预想的未来并就此进行沟通是总经理们的领导职责。有时战略专家甚至企业的附加价值都取决于愿景的创造性和创新性。特别是对于新组织或战略方向正发生根本变化的企业来说，要吸引和激励员工及投资者，提出清晰的、打算把企业带到哪里去，以及为什么它有成功机会的愿景非常重要。管理者们自己也相信，愿景是高层管理者的一个关键任务。一项调查表明，98%的跨国企业高层管理者认为，传递强烈的愿景意识是一个CEO最重要的任务，制定实现愿景的战略是CEO最重要的技能。例如，沃沦·本尼斯（Warren Bennis）和伯特·纳努斯（Burt Nanus）这样描述愿景的作用："为了选择方向，领导者必须首先形成一个可能的和理想的组织未来状况的蓝图……我们称之为愿景。愿景为组织描述了一个现实的、可信的和有吸引力的未来……通过愿景，领导者搭建了一座非常重要的联系组织现在和未来的桥梁。"

拥有未来的愿景可能（也经常确实）有助于形成优秀的战略，也能够激励企业员工实现这一战略。实际上，正如我们所见，如果企业没有说明自己所追求的长期目标，就很难明确表述战略。我们可以从以下几个方面来阐述企业愿景的作用。

1. 愿景重视对机会的把握

愿景可以向企业提供未来的发展方向，为企业指明发展道路，使企业认识到未来的机会，根据愿景设定战略，并根据战略正确合理地将企业有限的资源分配到未来的机会上。

2. 愿景具有凝聚功能

通过培育企业成员的认同感和归属感，企业愿景能建立成员与企业之间的相互依存关系，使个人的行为、思想、感情、信念、习惯与企业的目标有机地统一起来，形成相对稳固的文化氛围，凝聚成一种无形的合力与整体趋向，激发企业成员努力去实现企业的共同目标。企业愿景这种自我凝聚、自我向心、自我激励的作用，构成了企业生存发展的基础和不断前进的动力。瑞斯密罗在描述愿景的重要性时说:"愿景是组织的第六感,使我们在这个世界上与众不同。它是真实但无形的联系纽带,培育和维持价值。它是组织肌体的脉搏,维系着关系、指导着行为。"

3. 愿景对战略的制定是十分重要的

企业愿景通常对公司决策和战略的制定具有很大的价值。管理者始终面临着一个重要的问题,放眼未来,从战略的高度思考下述问题:将来出现的新技术的影响;顾客需求和期望正在发生怎样的变化;赶超竞争对手需要采取怎样的行动;哪些内外部因素使公司有必要为其未来的发展做好准备等。如果管理者不能首先对未来发展变化的趋势作出合理的推断,并据此从多种可能的战略选择中作出基本的选择的话,那他就不可能称得上是一名成功的组织领导者或战略制定者。有了清楚的、经过精心制定的、组织可以遵循的发展路径,管理者在资源配置和制定公司将向哪里发展的战略方面就有了明确的方向。如果公司的管理者忽视从战略的高度思考公司未来的发展方向,或者对于公司沿着哪个方向发展犹豫不决的话,公司很可能就会随波逐流,不可能发展成为行业的领先者。

4. 指导企业的战略实施活动

愿景规划是企业资源分配的依据,可以用来指导实施层的决策,使之与企业战略一致,特别是能够协调企业内存在的共享性资源和活动,使企业整个流程能更好地连续。同时,愿景还能起到激励人们工作热情和团体协作的作用,因为每一个人都清楚知道自己应该做什么,应该与哪些人合作,以及自己的工作对企业实现使命的作用。

5. 提供了可能的期望

企业愿景为企业的客户和供应商等提供了可能的期望,是企业与外部利益集团进行交流的最好形式之一,它使外部利益集团能了解企业的发展动向、企业对自己的设想和企业努力的方向,因而能更实际地支持企业的活动。需要指出,既然愿景可以被外部利益集团所共享,企业的竞争对手也会就此了解企业的原则性动向,这就是企业一般不在愿景中深入涉及自己的具体产品、技术等方面战略部署的原因。

愿景对于战略来说并非总是必要的,因为只有愿景是远远不够的。一些几乎没有创新并且非常让人厌烦的战略也能获得成功,尤其是在变化缓慢而且渐进的产业中,成功的战略可能不需要愿景。相反,没有战略支持的伟大愿景是不可能实现的。一些企业由于缺乏支持其成功的战略而失败,愿景并没有给出指导企业获取和使用资产能带来竞争优势的战略。愿景至多能够指导战略规划,但绝不能替代战略。

3.1.4 设立企业愿景的目的及意义

设立企业愿景的目的在于促使组织的所有部门拥向同一目标并给予鼓励。同时,它也是员工日常工作中的价值判断基准。为此,在规定企业愿景时应明确企业的提供价值和目的。

企业的提供价值是企业本质的存在理由和信念。这不同于财务报表上的利润或"近视"(myopia)的期望值。沃尔玛公司的"顾客第一"、P&G公司(宝洁公司)的"品质第一和正直的企业"等正是体现企业提供价值的代表性例子。

企业愿景的另一构成要素——企业目的是给企业员工指示发展方向、提供激励的基本框架，Merck公司(美国默克集团)的"帮助同疾病斗争的人"、GE公司(美国通用电气公司)的"以技术和革新来使生活丰饶"等都是体现企业存在目的的代表例子。

从上述世界性的优秀企业的例子中可以看出，并不是在企业创立之初就能规定明确的企业愿景的内容及其实行方法，也没有怎样才是最好的标准答案。也就是说，企业愿景不是由其内容，而是由其理念的明确性和理念下的整合性的经营活动来规定和强化的。例如，许多企业都可以以"利用尖端技术生产出电子产品来贡献社会和人类"作为同样的企业愿景，但关键是这种愿景有多么深远并且是否能一贯坚持下去。

在当今的企业活动中，企业愿景的效用主要体现在以下六个方面。

1. 提升企业的存在价值

企业愿景的终极目标就是将企业的存在价值提升到极限。传统观念认为，企业的存在价值在于它是实现人类社会幸福的手段与工具，是在促进全社会幸福和寻找新的财富来源的过程中创造出来的。近年来，由于企业价值观经历全球化和信息时代的变革，企业愿景的概念范围也随之扩大。在以往那些企业活动的基础上增加了与全球自然环境共生和对国际社会的责任和贡献等内容，使企业存在价值这一概念更加完整。在先进企业的经营活动中，我们很容易发现优秀企业愿景的例子。例如，"重视实际和价值"的GE公司的理念，"强调人类健康信条"的J&J公司(强生公司)的理念，"尊重革新和创意"的3M公司(明尼苏达矿业及机器制造公司)的理念，"强调持续革新和改善"的摩托罗拉公司的理念，等等。

企业愿景涵括的意义分为三个不同层次：企业对人类社会的贡献和价值处在愿景的最高层，中层是企业的经营领域和目标，下层是员工的行为准则和实务指南。企业对人类社会的贡献和价值是企业赖以存在的根本理由，也是其奋斗的方向，它是最高层次的企业愿景，具有最高的效力；企业的经营领域和目标是低一层次的概念，指出企业实现价值的途径和方式；员工的行为准则和实务指南是在这个过程中应该遵循的经济和道德准则。愿景所处的层次越高，具有越大的效力，延续的时间也越长。

2. 协调利益相关者

对于一个特定的组织来说，利益相关者通常是指那些与组织有利益关系的个人或者群体。弗里曼(Freeman)认为，利益相关者就是指能够影响组织任务的完成或者受组织任务的实现影响的群体或者个人。如果组织忽略某个或者某些能够对组织产生影响的群体或者个人，就有可能导致经营失败。

正像利益相关者会受到企业的决策、行动的影响一样，这些利益相关者也会影响该企业的决策、行动，两者之间存在双向的影响和作用力。实质上，企业与利益相关者之间是一种互动的共生关系。企业在制定企业愿景时，必须界定利益相关者的类型、他们的利益诉求以及相应的策略。如何识别各种各样的利益相关者，并通过企业愿景加以反映和协调,是企业高层管理人员的重要任务。如果利益相关者的利益不能在愿景中得到尊重和体现,他们就无法对企业的主张和做法产生认同,企业也无法找到能对他们施加有效影响的方式。例如,一家化工企业如果只是以盈利为目标而没有将环保责任融入愿景,必将遭到环保组织、当地社区甚至消费者的抵制。

3. 整合个人愿景

现代社会的员工特别是知识员工非常注重个人的职业生涯规划,都有描述自己未来的个人愿景。要使企业员工都自觉、积极地投入企业活动中,就需要有企业愿景来整合员工的个人愿景。

在现代社会,企业不能仅仅从经济代价或交换的角度去理解个人和企业的关系。相对于经济利益,员工往往更加重视自我价值的实现和个人能力的提升。企业在制定愿景的时候,应当激发员工的自觉参与意识,理解和尊重员工的个人愿景并将它们恰当地融入企业共同愿景当中。通过这种方式产生的企业愿景能够获得员工的认同和响应,因为他们在充分发挥个人能力去达成企业共同愿景的同时能够实现自我。

企业愿景还能收到软约束的效果。众多的中国企业由于治理制度的缺陷,无法对其经理人形成有效的制约,经理人经常利用制度的缺陷牟取个人私利。但如果企业愿景融合经理人的个人愿景,个人利益和企业利益之间就能形成长期意义上的一致性,企业变成帮助他们实现自我价值的平台,企业愿景就能对经理人发挥无形的制约作用。

4. 应对企业危机

在动态竞争条件下,环境的关键要素复杂多变且具有很大的随机性。企业的生存时刻面临极大挑战,处理不慎就可能演变为致命危机。

企业应对危机、摆脱困境迫切需要愿景,明确的企业愿景是动态竞争条件下企业应对危机的必要条件和准则。一方面,企业不能停留于简单的刺激—反应模式,只顾着埋头救火而忘记了抽出时间进行长远规划的必要。如果以未来的不可预测性或情况紧急为托词而不去明确企业愿景,只是在危机到来时被动应付,那么即使能勉强渡过难关,最终也会因迷失方向而无所适从。另一方面,已经拥有愿景的企业在制订危机处理方案时,必须努力遵循经济理论、社会道德;必须从企业愿景出发去寻找行动方案,考虑所采取的行动是不是与企业一贯的方针和自身承担的使命与社会责任相一致。以愿景为危机处理的基准才能保证企业的长远利益和社会认同。

企业愿景还有可能将危机转化为机遇。本质上,机遇是指同企业环境建立良好的、建设性的互动关系;而危机常以某种方式出现,迫使企业必须处理好环境问题,否则就会在财务、公众形象或者社会地位方面受到损害。如果处理危机得当,就可能转变为企业的机遇。世界上成功的企业在面对危机时,往往为了保证愿景的贯彻而不惜牺牲巨大的当前利益,这些负责任的举动为它们赢得了广泛的尊重,无形中提升了企业形象,提高了在消费者心目中的地位,这些都为企业以后的市场开拓提供了便利。

5. 累积企业的努力

企业的现状是日积月累的努力的最终结果,而企业愿景就是有选择地、高效地累积这些努力的关键手段。愿景是企业有能力实现的梦想,也是全体员工共同的梦想。愿景能描绘出企业将来的形态,引导企业资源投入的方向。企业因为有愿景,就可以一直朝相同的方向前进,在追求短期目标的同时,也可以为中长期目标的实现奠定基础。共同愿景还能让每一个人的努力产生累积的效果。

企业没有愿景,就会分散力量,也会导致经营上的问题,即使短期内有不错的业绩,也会因为和长期目标不够一致,各种力量互相抵消。不管是现在的事业或新事业,都是为了达成企业愿景,反过来说企业有了愿景,才有新事业诞生。在动态竞争中,环境要素复杂多变,拥有愿景的企业可以在别人还未看见、尚无感觉的时候,就开始对未来的规划和准备。经过长时间努力,当市场机会出现时,企业已经备妥所有的竞争力,从而占据竞争的主动,赢得先动者优势。相反,企业如果没有愿景,只是看着别人的做法亦步亦趋,终究要因为累积的时滞而被淘汰。

6. 增强知识竞争力

当前企业愿景受重视的另一个理由是组织知识、应变能力等"知识竞争力"作为企业竞争力要素开始受到广泛关注。这些要素的作用发挥取决于企业愿景这种基于知识资源的管理体系的建立。

传统观念的企业竞争力是由产品或服务的生产能力、销售能力、资本的调配和运营能力等与企业利润直接相关的要素决定的。但随着近年来企业活动领域的巨大变化,企业开始重新审视竞争力的来源,组织知识和应变能力受到广泛关注。而企业愿景有助于知识和能力的获取及其作用的发挥。

许多学者把企业组织看作知识主体,而把它的知识创造力看作企业应当追求的竞争力要素。组织知识是企业多年以来周而复始地开发、应用、总结而形成的,是以往采取的众多战略步骤的结果,它存在一种路径依赖性。路径依赖性越高,越不易被对手所模仿,企业的竞争优势就能更长久。企业如能制定明确的、长期的愿景,保持战略的稳定性和连续性,并保证一切战略战术行动均围绕愿景而展开,就能使组织知识拥有长期的战略积淀和深厚的文化底蕴,提高其路径依赖性,增强对手模仿的难度。

在动态竞争条件下,如果不能创造性地、柔韧地应对环境变化,企业本身的生存发展就会出现问题。一般认为,组织取决于战略,战略的张力和柔性决定着组织的灵活程度和应变能力。而企业愿景是战略规划的最终目的和根本依据,其长期性和预见性提供了规避风险的线索。科学明确的愿景决定企业战略的选择范围,在保证战略方向正确性的同时留有回旋的余地,提升企业的应变能力。

3.1.5 企业愿景的架构及构建方法

1. 有效愿景的三大内核

一个企业的愿景必须回答以下三个主题,它们构成了有效愿景的内核。

（1）存在的理由。愿景必须表明一个企业存在的理由以及为什么要从事各种活动。存在的理由即是一些个体一生都在努力争取解答的严肃的关于存在主义的、组织层面上的问题：我们这个企业为什么存在？我们所做的这些努力都是为了谁的利益？我们又给这个世界带来了什么影响？

（2）战略。愿景必须明确界定一项战略。这项战略并不是简简单单的业务计划或传统的战略规划，它必须能帮助建立起企业截然不同于其他企业的个性化的标识和特征。

（3）价值观。其包括为了不断向"存在的理由"靠拢和支持组织战略而体现出来的，同时贯穿于日常工作过程中的主要观念、态度和信念。组织的价值观是指引及保持这种行为的基石。

2. 企业愿景的四方面构架

企业愿景的构架内核是上述三大原则，外周是赋予组织力量的四方面关键因素的整合。

（1）企业高级管理层。一个组织愿景的倡导者、支持者不是某一个人，企业高级管理层由企业的最高层经理人组成，扮演着中心领导者的角色。他们是实施愿景的责任人，时刻紧密监督组织是否与愿景保持一致，边监督边处理在成长的过程中随时出现的阵痛。他们是愿景及其所蕴含的创新需求的启蒙者。

（2）文化。一个公司的企业文化是独特的，它强化企业愿景，使之难以被模仿。当一个企业的文化与其声明的价值观以及愿景其他要素相一致，并融入整个企业时，它对企业成长与革新的影响要远远大于任何正式的系统。

（3）组织结构。组织的结构既可以支持愿景，又可能侵蚀愿景。许多组织总是面对这么一个两难的矛盾：在鼓励各种集体尽可能保持其独特性以完成不同任务的同时，这些集体还被要求尽可能地整合在一起来实现不同的组合之间的合作以及贯彻组织始终的愿景。

（4）人员管理。人员管理是所有经理人的职责，而并不仅仅是某一个部门的事务性工作。

通常来说，一个组织中人力资源管理部门的负责人应清楚地认识到人员管理的重要性，但是由于缺乏权力或资源，他们往往发现自己没有能力贯彻自己的信念。人员管理的最终责任在于企业的高级管理层。

3. 企业愿景的构建方法

企业愿景的构建方法如图3-1所示。

（1）企业的经营理念与组织文化。企业的经营指导原则及其对创新发展的追求，足以影响企业创新商品的走向，而此方面则需征求企业高管层及其员工的意见。

（2）产业环境及市场需求的发展方向。市场、顾客与产业是朝哪个方向发展的？反复分析其方向目的在于掌握产业与市场变化的方向，进而找到新的发展方向。此方面的研究需经由环境变化、消费者需求、产业变化指标的汇集分析，方能了解与掌握企业未来

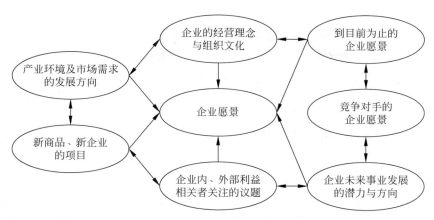

图 3-1　企业愿景的构建方法

发展的方向。

(3) 到目前为止的企业愿景。此方面的思考在于探究出该愿景的达成与实施情况,同时了解其对创新商品的看法,经由研究与探讨,可逐渐构建未来的企业愿景。

(4) 竞争对手的企业愿景。对竞争对手的发展方向与愿景进行了解,将有助于企业愿景的拟定,并构建出可以超越竞争对手的竞争策略。

(5) 企业未来事业发展的潜力与方向。为了支持企业发展与创新,借由针对企业发展的关键成功因素的了解与分析,确立新商品、新企业的发展方向。

(6) 企业内、外部利益相关者关注的议题。对于此方面的分析、了解与确认,将有助于企业确认其应发展的业务方向,以达到顾客满意、员工满意与股东满意的业务开发成功的目标。

(7) 新商品、新企业的项目。经由此方面的了解,将可知晓企业应该往哪个新商品的发展方向努力,而在知晓其应该发展的新商品之后,就能发掘出其开发与创新业务的创意与创新机会。

4. 五步骤开发流程

(1) 建立规划小组。这个小组将着手进行的过程应该是一个领悟力训练,通过这个训练,人们能够分享并更好地理解他人心目中对组织将来形象和状态的想象与希望。

(2) 形成愿景的核心要素。第一步,要求小组内每一个成员说出心目中组织的情形状态是什么样的,把各自的观点看法压缩为简短的句子或者不严格的词组;第二步,要求小组的成员讨论他们各自的"愿景":每个成员对自身以及对所在组织的抱负志向是什么,他的期望是什么,本小组以及关于整个组织的具体目标、价值观和观念是什么。

(3) 讨论这些核心要素。通过第二阶段的练习,我们已形成愿景的一些可能的要素清单。这时,小组成员通过头脑风暴的方法来判断哪些因素对愿景来说是关键的。

(4) 阐述经过考验的愿景说明。对愿景的考验应该根据所建立的预测,明确详细地检查组织行为和组织绩效。可以选定一个部门来测试愿景。该部门员工对这个愿景的反应积极吗？如果存在抵制情绪,那么这种抵制情绪的产生原因是什么？

（5）在组织范围内推广愿景。企业愿景的实现依托的是全组织成员的共同努力，在这样的情况下，让成员正确认识本企业的愿景，激发组织成员的奋斗意志就显得尤为重要。企业应基于从上至下的推广流程，适时建立推广专人专班，广泛地树立员工意识。

3.2 企业使命

3.2.1 企业使命的内涵及特征

1. 企业使命的内涵

波音公司的使命是"领导航空工业，永为航空工业的先驱"，通用电气公司的使命是"用科技和创新改善人们的生活品质"，美国默克集团的使命是"保存和改善生命"。企业使命阐述了企业的任务是什么，这些任务因何而存在，以及企业所能作出的独特贡献。这是对企业"存在理由"的宣言，它回答了"我们的业务是什么？"这一关键问题。企业在确定使命时，需要回答以下两个问题。

（1）我们应该从事什么样的事业？——业务使命与战略展望。

（2）我们应当成为什么样的企业？——经营理念。

业务使命的界定包括"什么""谁"和"采取什么样的方式"。一个在战略角度上清晰明了的业务界定，必须包括三个要素：顾客的需求，即尽力要满足的需求是什么；顾客群，即需要满足的对象是谁；所采用的技术和开展的活动，即采取什么样的方式满足顾客的需求。战略展望的驱动因素：顾客的需求和想法，新的技术发展态势，进入有吸引力的外国市场的机会，业务成长或衰退的其他重要信号，等等。

2. 企业使命的特征

企业使命具有以下几个特征。

（1）态度宣言。企业使命陈述是对企业态度和展望的宣言，而不是对具体细节的阐述。使命陈述应该比较笼统，主要原因如下。

① 一个好的使命陈述应有助于产生和考虑多种可行的目标和战略，应避免不适当地抑制管理部门的创造力。

② 使命陈述需要足够概括，以便有效地调和企业的不同利益相关者。

（2）用户导向。应阐明企业的经营目的、用户、产品或服务、市场、宗旨及采用的基本技术。维恩·麦金尼斯（Vern McGinnis）认为，一项使命陈述应当具备以下条件。

① 对企业进行定义并表明企业的追求。

② 内容要窄到足以排除某些风险，宽到足以使企业有创造性的增长。

③ 将本企业与其他企业相区别。

④ 可作为评价现时及将来活动的基准体系。

⑤ 叙述足够清楚，以便在组织内被广泛理解。

⑥ 理想的使命陈述还应认定本企业产品对用户的功效。

（3）社会政策宣言。社会政策与企业最高层领导的管理宗旨和思想密切相关，因而社会政策会影响企业使命陈述的制定。企业在制定使命陈述时会涉及社会责任问题。社会政策会直接影响企业的用户、产品、服务、市场、技术、盈利、自我认知及公众形象。

企业的社会政策应当贯彻到所有的战略管理活动之中。社会问题迫使战略制定者不仅要考虑企业对各类股东的责任,而且要考虑企业对用户、环境保护主义者、少数民族、社区及其他集团所负有的责任。

3.2.2 企业使命的界定

由于企业使命所体现的是企业发展的大方向,所以在界定企业使命时不能太过狭隘,这样会限制企业的经营范围。狭隘的企业使命往往将目光局限于自身生产的产品和提供的服务上,而忽视了满足市场和消费者需求这一原则。以美国铁路业为例,因为决策人把其经营范围定为"铁路业",而非"运输业",以致受到其他运输业的打击而一蹶不振。美国好莱坞电影业也是如此,开业初期,好莱坞大亨强调其是"电影制作者",而非"娱乐业",结果几乎惨遭毁灭,后因及时调整其经营范围才重振雄风。不过,企业使命也不能太过广阔。太过广阔往往会流于空洞而无法发挥实际指引的功用,或者由于过分理想化,导致仅仅是堆砌陈词滥调而无法实现,也会使企业投身于非力所能及的虚幻事业,对公司极为不利。例如,像"服务社会,造福人群"这样的企业使命便定得太宽而漫无限制,好像做什么都符合使命,无法实际产生指引的效果。这样反而会使企业的员工无所适从。

1. 结合企业使命来界定自己的业务

企业使命的界定是在对自身业务清晰界定的基础上进行的。从战略角度来讲,企业可以从以下三个方面界定自己的业务。

(1) 顾客的需求,即企业需要满足顾客什么方面的需求。一般来讲,企业产品或服务只有在满足顾客的某种需求和需要的时候,它才具有重要的意义,才真正成为企业的一项业务。

(2) 顾客群,即企业需要满足的对象是谁。企业必须对此作出明确的回答。因为顾客群代表的是一个需要提供服务的购买者的类型,需要覆盖的市场和地理区域。

(3) 满足顾客的需求的方式,即企业采用什么样的技术和活动来满足顾客的需求。这一点的重要性表现在企业如何满足顾客的需求,即企业生产经营活动的重点放在价值链(value chain)的哪些方面。

这其实就是要企业回答三个基本性的问题:什么、谁以及什么方式。在实践中,用一个简单精练的句子回答企业所要满足的需求、所要满足的对象以及开展活动的方式并不容易。各个企业的表达方式是不一样的,因而它们所要实现的战略也是不同的。麦当劳公司对"什么、谁以及什么方式"问题的回答是一个典型的例子。该公司界定自己的使命时宣称"一张有限的菜谱,质量一致的美味快餐食品,快速到位的服务,超值定价,卓越的顾客服务,便利的定位和选址,全球的市场覆盖"。

2. 界定企业使命时应考虑的问题

在界定企业使命时有许多因素可以参考,如可向股东、顾客、经销商等有关方面广泛征求意见，并且必须考虑如下诸因素。

(1) 企业的历史和文化。每个企业都有自己的历史，它记载着企业的辉煌业绩，也反映企业的经验教训。现实和未来是相互连接的，不了解过去，就无法规划未来。一个向来以大众市场为服务对象的零售企业，一夜之间转向高档市场，即使这是一个有利可图的机会，也常常使人感到有悖常理而难以接受。贾维顿认为，企业使命的界定取决于对组织目前的现实（文化、历史、建立的环境）的理解，并且对组织的将来有一个明确的方向，这极大地受到领导者个人固有的价值观和哲学观的影响。

(2) 企业周围环境的发展变化。市场环境不是一成不变的，企业周围环境的发展变化会给企业造成一些威胁或市场机会。企业要抓住机会，避开威胁，形成顺应时代潮流的企业使命。

(3) 企业资源的情况。企业资源是实现其使命的物质基础，它往往决定企业的使命。不同的企业，资源条件必然不一样。资源条件的约束，决定了一个企业能够进入哪些领域、能够开展哪些业务。例如，文莱皇家航空公司的使命如果是"成为世界上最大的航空公司"，显然是不切实际的。

(4) 企业的所有者和高层管理者的意图与想法。每一个领导人都存在世界观、人生观和价值观方面的差异，对公司各种问题会形成自己独特的偏好。这种偏好对企业使命的界定有很大的影响。企业的所有者或董事会对企业的发展和未来有一定的考虑与打算；企业的高层管理人员也会有自己的见解和追求。这些都会影响企业使命的界定。

(5) 核心能力和优势。企业应把它的使命放在它最适合为其工作的业务上。每个企业都能从事很多业务，但是只有它最擅长和肯定优于竞争者的特长，才能够成为它的优势所在。界定企业的使命必须结合它的核心能力，使之能够扬长避短，倾注全力发展优势，才能有出色表现。例如，日本本田公司在培育它的核心能力——生产引擎时，其设计和改进引擎的技术为它进入最终产品——摩托车、汽车、割草机等打下基础。

(6) 要以消费者的需要为依据。企业使命是社会需要的反映，是企业满足社会某种需要和如何满足这种需要的说明。社会对企业的需要是多方面的，但是，无论哪个方面都是以满足消费者的需要为基础的。而且，无论是社会生产需要还是社会生活需要，都会直接表现为消费者的需要。所以在确定企业使命时，要深入调查研究消费者需要，认真分析谁是企业的消费者、消费者在哪里、消费者买什么、消费者的价值是什么等问题，要以消费者的需要为依据，用消费者的需要来确定企业使命。

(7) 全员性与通俗性。从前面的论述中可以看出，企业使命的完成，既不是单独靠某个部门，也不是单独靠某个成员（包括领导个人），而必须依赖于企业所有成员的共同努力。企业使命是企业文化的重要组成部分，它只有根植于成员的心中，被成员理解接受，才能激发成员的主动性、积极性和创造性并转化为企业的核心竞争力。而企业成员的素质是参差不齐的，要做到企业使命被企业成员普遍接受，就必须保持企业使命的通俗性。比较好的做法是以讲故事的形式向成员灌输企业使命。

(8) 要具有鼓舞性和激励性。一个好的企业使命，要反映企业员工的长远憧憬。共同的愿景目标反映了利益的共同性，这可以使企业员工的精神境界从具体的日常工作中得到升华。一个有效的企业使命，能够唤起人们对企业的好感和热情，并为之付诸行动,同时还会使人们感到企业一定会成功,发展方向非常明确,值得为其付出时间,给予支持,进行投资。总之,要提高企业的声誉,强化企业对顾客的吸引力,促进有关部门的支持,使企业员工产生使命感、光荣感、自豪感,更加自觉地为实现企业使命而努力工作。

(9) 稳定性与动态性。企业使命事关企业的发展方向,是对企业未来的一种规划,具有一定的超前性。企业使命确定后应当是稳定的,不应随便改动,这样才有利于企业使命的功能发挥,减少或避免决策失误,提高企业运营效益。但是,当社会条件变化,企业会面临新的机遇和威胁,企业不得不对其使命做调整时,企业要重视社会条件的调查研究,及时重新审视企业的使命,调整原有的使命,以谋求动态上的平衡,争取经营管理上的主动。

3.2.3 企业使命的表达

企业使命是其目标的最一般的说明,是对其存在理由的一种表达。如果一个企业对使命定义存在各种分歧,在确立企业目标与战略方案时,就难以达成共识。如何表达企业使命,并不存在唯一的最佳方式,在长短、内容、格式等方面,都可随着企业特定条件的不同而有所不同。

为了对企业使命有一个好的说明并使其非常有用,应该强调以下方面。

(1) 应该是富有想象力的,并且可以持续很长时间。这是企业持续稳定发展的基础,在此基础上,企业的具体目标和战略方案可随时间与环境的变化而进行相应调整。

(2) 应该清楚企业的关键目标,明确企业为什么而存在,应该描述企业的关键业务和企业希望在行业中取得的地位。

(3) 应该阐明企业的主要价值观,尤其要说明有关利益相关者的态度。

(4) 企业应该有愿望且有能力完成企业使命。

(5) 尤其应该关注的是如何兼顾各相关利益者的要求,使用顾客、股东、员工、社会等都可以接受的措辞,并突出"顾客导向"的思想。

(6) 在兼顾企业财力与经营性质的基础上,在目前业务领域上提高一个层次,并考虑实际经营可能性。

3.2.4 企业使命的构成要素

企业使命包括两个方面的内容,即经营哲学和企业宗旨。

所谓经营哲学,就是一个企业为其经营活动方式所确立的价值观、态度、信念和行为准则,是企业在社会活动及经营过程中起何种作用和如何起作用的一种反映。经营哲学的主要内容通常由处理企业经营活动中的指导思想、基本观点和行为准则构成。所谓企业宗旨,就是指企业现在、将来从事什么样的事业活动,以及应成为什么性质的企业或组织类型。

决定企业使命的因素包括两类:一类是企业内部的要求者,另一类是企业外部的要求者。

企业文化对企业来说不是一杯可以随时解渴的水,它需要长期的培育和建设。企业领导者在企业文化的建设上必须身体力行,通过各种方式灌输到员工的日常行为中去,日积月累才能逐步形成。由于企业文化本身的无形性,因此即使建立起了一定的企业文化,它也是相当脆弱的,在当今激烈的竞争中经不起一丝考验,不仅不能给企业带来利益,还会使企业内部员工形成混乱、外部企业形象受到损害。这对于管理者来说是个考验,必须抓住企业文化的无形性,不断地提升企业文化,使企业文化自然地步入更高的层次,形成一种自发的行为规范和准则,而不是被动的,这种企业文化的建设才会成功,才能使企业文化发挥其作用。另外,企业必须根据自己的现状、面临的国内外竞争环境、自己的发展战略等,确定企业文化建设的目标,使企业文化建设的目标与企业的战略目标一致,并通过实现企业文化建设目标来促进企业的发展。同时,企业文化建设的目标需要有阶段性,在开展企业文化建设时,就可以稳步推进,层层深入,目标明确,收到斐然的效果。有效的使命陈述应具有以下九种特征或构成要素。

(1) 用户(customers)。这是回答企业的用户是谁。例如,强生公司:我们坚信,我们对医生、护士、患者、母亲和其他所有使用和享受我们的产品与服务的人负有重要的责任。利盟国际公司(Lexmark International):为赢得用户的忠诚,我们必须倾听他们的诉说,预见他们的需求,并为他们创造价值。

(2) 产品或服务(products or services)。这是回答企业的主要产品或服务项目是什么。例如,爱麦克斯公司(AMAX)的主要产品是钼、煤、铁矿石、铜、铅、锌、石油和天然气、砷碱、磷酸盐、镍、钨、银、金、镁。美孚石油公司(印第安纳)的业务是寻找和开采石油、天然气、液化天然气,以这些为原料为社会生产高质量的产品,并以合理的价格向消费大众销售这些产品和提供相应的可靠服务。

(3) 市场(markets)。这是回答企业在哪些地域竞争。例如,科宁玻璃制造公司(Corning Glass Work):我们将竭尽全力使科宁玻璃制造公司取得全面的成功,并使它成为全球市场上的竞争者。布洛克威公司(Blockway):我们注重的是北美市场,尽管我们也要开拓全球市场。

(4) 技术(technology)。这是回答公司的技术是否是最新的。例如,数据控制公司(Control Data):数据控制公司经营应用于微电子和计算机产业,其两个主要业务领域为计算机硬件和计算机升级服务,具体服务范围为计算、信息、教育和金融。雷诺烟草公司(RJ Reynolds):我们将努力开发可以降低吸烟导致健康风险的技术,以便满足成年吸烟者的需求。

(5) 对生存、发展和盈利的关切。这是回答企业是否努力实现业务的增长和良好的财务状况。例如,胡佛环球公司(Hoover Universal):在这方面,公司将谨慎经营,保证盈利和增长,以取得胡佛环球公司的最终成功。麦格劳-希尔出版公司(McGraw-Hill):通过收集、评价、生产和营销有价值的信息而满足全球需求,同时使我们的用户、雇员、作者、投资人及整个社会受益。

(6) 经营理念(philosophy)。这是回答企业的基本信念、价值观、志向和道德倾向是什么。例如,家乐氏公司(Kellogg's):作为一家全球领先公司,我们遵循的管理理念是"人高于利润"。玫琳凯化妆品公司(Mary Kay Cosmetics):公司的全部宗旨都基于一条重要的原则,即分享与关怀。出于这种精神,人们将愉快地贡献他们的时间、知识与经验。

(7) 自我认识(self-concept)。这是回答企业最独特的能力或最主要的竞争优势是什么。例如,克朗·泽勒巴克公司(Crown Zellerbach)将通过释放其全体雇员的能量和利用他们的建设与创造能力,在未来1 000天的竞争中实现飞跃。

(8) 对公众形象的关切。这是回答企业是否对社会、社区和环境负责。例如,道氏化学公司分担世界性的环境保护责任。辉瑞公司为增强社会经济力量作出贡献:在我们从事业务活动的所有国家,以及在地方、州和全国范围内都作为一个优秀的公司公民而发挥作用。

(9) 对雇员的关注。这是回答企业是否视雇员为宝贵的资产。例如,瓦乔维亚银行(Wachovia Corporation):以良好的工作条件、高超的领导方式、按业绩付酬的原则、有吸引力的福利待遇、个人成长的机会和高度的就业保障,来召集、培养、激励、回报和留住高能力、高品格和有奉献精神的人员。公共服务电力天然气公司(Public Service Electric & Gas Company):与本地区其他就业机会所能提供的报酬相比,本公司雇员的工资和奖金要有竞争力,并且要与他们为公司的高效经营所作出的贡献相符合。

上述九个基本要素(图3-2)是绝大多数企业所共同关注与重视的,企业使命表达的范围一般都在上述要素所涉及的内容里。因此,可把上述要素作为确定或评价企业使命表达的参考指标。

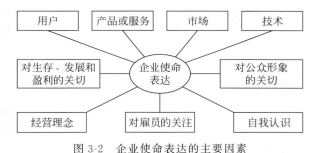

图3-2 企业使命表达的主要因素

3.2.5 企业使命表达应注意的问题

企业使命表达应注意以下两个问题。

1. 表达应是"需求导向"而不是"产品导向"

立足需求特别是创造需求来概括企业的存在目的,可以使企业围绕满足不断发展的需求,开发出众多的产品和服务,获得新的发展机会。

2. 企业使命表达的宽窄度

表述使命的难点在于限定业务范围的"宽"与"窄"的问题。表述的范围太宽或太窄都会给企业战略运行带来不利影响。范围太宽可能会超出企业的能力,有使企业缺乏业务核心和分散精力的危险,从而丧失企业的特色;范围太窄,会由于语言上的局限而失去指导意义,限制创造性,失去与目标市场相似领域中的重要战略机会而限制企业的发展。

最好的办法是,在企业目前产品需求的基础上提高1~2档的抽象水平进行措辞,并注意多元化发展企业可有较宽泛的使命。这样做既有利于企业进一步发展,又不致失去具体的业务方向。

在这里,关于提高一档抽象水平,还可用下例来进一步说明。对于一个生产纸张的企业,在回答"业务是什么"这一问题时,直接回答是"生产纸张"。又问"纸张有何用",回答是"载体"。再问"承载什么",回答是"信息"。这样不断问下去,可能得到"传递信息""促进人际交流"等回答。而在这个例子里,所谓提高一档抽象水平,指的就是"载体"。至于为什么说提高一档抽象水平比较合适,主要是因为停留在对业务的直接描述,会使企业安于现状,看不到更宽范围与层面的竞争;而抽象层次太高,又可能会脱离企业实力现状,使企业在操作上感到无从下手。对于多元化发展企业可再提高一档抽象水平,应有较宽泛的使命。

3.3 企业战略目标

3.3.1 战略目标的内涵及特征

战略目标是对企业战略经营活动预期取得的主要成果的期望值。战略目标的设定,同时也是企业宗旨的展开和具体化,是企业宗旨中确认的企业经营目的、社会使命的进一步阐明和界定,也是企业在既定的战略经营领域(strategic business area,SBA,它是企业生存、发展的特定微观环境,是企业在其中投放资源,提供特定产品或服务,满足特定市场需求,同时制定特定战略,追求理想效益的经营场所)展开战略经营活动所要达到的水平的具体规定。

战略目标与企业其他目标相比,具有以下一些特征。

(1) 宏观性。战略目标是一种宏观目标。它是对企业全局的一种总体设想,它的着眼点是整体而不是局部。它是从宏观角度对企业未来的一种较为理想的设定。它所提出的,是企业整体发展的总任务和总要求。它所规定的,是整体发展的根本方向。因此,人们所提出的企业战略目标总是高度概括的。

(2) 长期性。战略目标是一种长期目标。它的着眼点是未来和长远。战略目标是关于未来的设想,它所设定的是企业员工通过自己的长期努力奋斗而达到的对现实的一种根本性的改造。战略目标所规定的,是一种长期的发展方向,它所提出的是一种长期的任务,绝不是一蹴而就的,而是要经过企业员工相当长时间的努力才能够实现。

(3) 相对稳定性。战略目标既然是一种长期目标,那么它在其所规定的时间内就应该是相对稳定的。战略目标既然是总方向、总任务,那么它就应该是相对不变的。这样,企业员工的行动才会有一个明确的方向,大家对目标的实现才会树立起坚定的信念。当然,强调战略目标的稳定性并不排斥根据客观需要和情况的发展而对战略目标做必要的修正。

(4) 全面性。战略目标是一种整体性要求。它虽着眼于未来,但却没有抛弃现在;它虽着眼于全局,但又不排斥局部。科学的战略目标,是对现实利益与长远利益、局部利益与整体利益的综合反映。科学的战略目标虽然总是概括的,但它对人们行动的要求却又总是全面的,甚至是相当具体的。

(5) 可分性。战略目标具有宏观性、全面性的特点本身就说明它是可分的。战略目标作为一种总目标、总任务和总要求,总是可以分解成某些具体目标、具体任务和具体要求。这种分解既可以在空间上把总目标分解成一个方面又一个方面的具体目标和具体任务,又可以在时间上把长期目标分解成一个阶段又一个阶段的具体目标和具体任务。人们只有把战略目标分解,才能使其成为可操作的东西。可以这样说,由于战略目标是可分解的,因此才是可实现的。

(6) 可挑战性。目标本身是一种激励力量,特别是当企业目标充分地体现企业成员的共同利益,使战略大目标和个人小目标很好地结合在一起的时候,就会极大地激发组织成员的工作热情和献身精神。

(7) 可接受性。企业战略的实施和评价主要是通过企业内部人员与外部公众来实现的,因此,战略目标必须被他们理解并符合他们的利益。但是,不同的利益集团有着不同甚至是相互冲突的目标,因此,企业在制定战略时一定要注意协调。一般地,能反映企业使命和功能的战略易于为企业成员所接受。另外,企业的战略表述必须明确,有实际的含义,不至于产生误解,易于被企业成员理解的目标也易于被接受。

(8) 可度量性。企业战略目标要尽量数量化,数量化的战略目标有以下三个好处。

① 便于分解。未来的战略目标可以按年度分解为年度目标,然后再把年度目标分解为业务单元的目标及各职能部门、各车间、各班组的目标,这样战略任务才算落实了。

② 便于检查。数量化指标便于比较、检查,若没有完成,也便于查找原因。

③ 便于动员全体员工为之奋斗。全体员工都明确每年的年度目标及自己每年应当完成的任务目标,因而能激发起每个员工的创造性、积极性、主动性,使其为实现这一目标而努力奋斗。

(9) 可检验性。为了对企业管理的活动进行准确的衡量,战略目标应该是具体和可以检验的。目标必须明确,具体地说明将在何时达到何种结果。目标的定量化是使目标具有可检验性的最有效的方法。但是,有许多目标难以定量化,时间跨度越长、战略层次越高的目标越具有模糊性。此时,应当用定性化的术语来表达其达到的程度,要求一方面明确战略目标实现的时间,另一方面详细说明工作的特点。

(10) 现实性。在制订企业战略目标时,必须在全面分析企业内部条件的优劣和外部环境的利弊的基础上,判断企业经过努力后所能达到的程度。既不能脱离实际将目标订得过高,也不可把目标订得过低。因为过高的目标会挫伤员工的积极性、浪费企业资源;过低的目标容易被员工所忽视、错过市场机会。也就是说,战略目标必须适中、可行。

3.3.2 战略目标的制订

1. 战略目标的作用

企业战略目标是企业使命的具体化与明确化,是企业在实施其使命过程中所追求的最终结果。战略目标的功能在于反映在一定时期内企业经营活动的方向和所要达到的水平。它既可以是定性的描述,也可以是定量的计量。战略目标是否合理,对企业战略管理有着十分重要的作用。战略目标是管理者和组织中一切成员的行动指南,规定了企业在特定时期内要完成的具体任务,从而使整个组织的工作能在特定的时期完整地融合成一体,具体如下。

(1) 战略目标能够帮助实现企业外部环境、内部条件和企业目标三者之间的动态平衡,使企业获得长期、稳定和协调的发展。

(2) 战略目标为具有不同价值观的管理者制定协调一致的决策提供了基础。在企业内,将各利益相关主体联系起来的因素很多,但战略目标是最基本的条件,即战略目标能把各种力量、各种资源统一协调,按照战略目标的要求去发挥作用,促使企业切实地凝结为一个统一的整体。通过在战略制定活动中使管理者对目标达成共识,使其成为企业员工的共同追求,企业可减少目标实施过程中的潜在冲突。

(3) 战略目标具有可衡量性和可分解性,从而为战略方案的制订和实施提供了评价标准和考核依据。

(4) 战略目标描绘了企业发展的愿景,突出了企业的经营重点,明确了各级管理者和每个员工的要求,这是对员工的一种鼓舞、一种动员,它会激励员工充分发挥自己的积极性和创造性,为完成企业使命和任务而努力。

2. 战略目标的制订过程

在一个具有多项经营业务的公司内,不仅公司最高管理层制订全公司的长期战略目标和短期目标,而且在此之后,各战略经营单位或职能部门也必须确立自己的目标。通常这个企业目标的制订过程包括如下几个步骤(图 3-3)。

(1) 目标制订过程以最高管理层宣布企业使命而开始。

(2) 确定达到这个使命的长期战略目标。

(3) 根据长期战略目标建立分阶段实施的短期目标。

(4) 每个战略经营单位、主要事业部或经营单位制订自己的长期目标和短期目标。

(5) 每个战略经营单位或主要事业部内的职能部门(如市场营销、财务、生产等)制订自己的长期目标和短期目标。

(6) 这个目标的制订过程通过组织结构层次一直向下继续进行,直到个人。

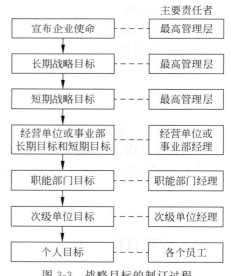

图 3-3　战略目标的制订过程

以上第(1)、(2)、(3)步工作的开展、目标的制订和落实,通常由组织最高管理层负责。第(4)步的目标制订和落实工作由各业务部门主要领导负责,而第(5)步的目标制订和落实工作由各职能部门主要领导负责。第(6)步的个人目标制订,由本人和所在部门领导负责,落实情况由所在部门检查。

3. 战略目标的制订原则

正确的企业战略目标来自环境分析的结论和企业愿景与使命的引导,企业在制订战略目标的过程中,应遵循以下基本原则。

(1) 关键性。这一原则要求企业确定的战略目标必须突出有关企业经营成败的关键性问题及关系企业全局的问题,切不可把次要的战术目标作为企业的战略目标,以免滥用企业资源而因小失大。

(2) 可行性。确定的战略目标必须是经过努力能够如期实现的。因此,在制订战略目标时,必须全面分析企业各种资源条件和主观努力所能达到的程度。既不要脱离实际而凭主观愿望把目标订得过高,也不可不求进取把战略目标订得过低。

(3) 定量化。企业的战略目标必须用数量指标或质量指标来表示,而且最好具有可比性,以便检查和评价其实现的程度。

(4) 平衡性。它又称一致性原则。它要求:第一,战略目标组合中的各个分目标之间应相互协调、相互支持,在横向上形成一个系统;第二,总体战略目标与职能战略目标协调一致,形成系统,而不能互相矛盾、互相脱节。

(5) 激励性。制订企业的战略目标既要具有可行性,又要考虑它的先进性。所谓先进性,就是制订的目标要经过努力才能实现。只有那些可行而先进的战略目标才具有激励和挑战作用,才能挖掘出人的巨大潜能。

(6) 权变。这一原则要求企业根据宏观经济情况不同,制订多种目标方案。企业战略目标的制订是基于对一定环境条件的假设,当环境发生变化时,对战略目标必须作出相应调整,这就是目标制订过程中的权变原则。权变的观念要求识别环境变化中的关键变量,并对它作出灵敏度分析。当这些关键变量的变化超过一定的范围时,对原定的战略目标就应当调整,并准备相应的替代方案。也就是说,企业对可能发生的变化及其对企业产生的后果,以及应变替代方案,都要有足够的了解和充分的准备,以使企业有充分的应变能力。

(7) 连续性。战略的适应性和连续性是战略的两难选择,也是战略的两大课题。战略的本质就是适应,要求随着环境的改变而改变,快速适应环境的变化。但战略目标和战略都是关系企业发展各阶段和各方面的决策与行动。企业战略目标的实现和相应资源的积蓄,往往都需要企业进行重大而且持续的投入。它们不能轻易决定,也不能轻易改变,否则,会打断战略的实施过程,付出巨大甚至是惨痛的代价。

3.3.3 战略目标体系

1. 战略目标内容

由于战略目标是企业使命和功能的具体化,一方面,有关企业生存的各个部门都需要有目标;另一方面,目标还取决于个别企业的不同战略。因此,企业的战略目标是多元化的,既包括经济目标,又包括非经济目标;既包括定性目标,又包括定量目标。企业战略目标可以按四大内容展开：市场目标、创新目标、盈利目标和社会目标。

（1）市场目标。一个企业在制订战略目标时最重要的决策是企业在市场上的相对地位，它反映了企业的竞争地位。企业所预期达到的市场地位应该是最优的市场份额，这就要求对顾客、目标市场、产品或服务、销售渠道等做仔细的分析。

① 产品目标。产品目标包括产品组合、产品线、产品销量和销售额等。

② 渠道目标。渠道目标包括纵向渠道目标（渠道的层次）以及横向渠道目标（同一渠道成员的数量和质量目标）。

③ 沟通目标。沟通目标包括广告、营业推广等活动的预算和预算效果。

（2）创新目标。在环境变化加剧、市场竞争激烈的社会里，创新概念受到重视是必然的。

创新作为企业的战略目标之一，是使企业获得生存和发展的生机与活力。在每一个企业中，基本上存在三种创新：制度创新、技术创新和管理创新。为树立创新目标，战略制定者一方面必须预计达到市场目标所需的各项创新，另一方面必须对技术进步在企业的各个领域中引起的发展作出评价。

① 制度创新目标。生产的不断发展，引起新的企业组织形式的出现。制度创新目标即对企业资源配置方式的改变与创新，从而使企业适应不断变化的环境和市场。

② 技术创新目标。这一目标将导致新的生产方式的引入，既包括原材料、能源、设备、产品等有形的创新目标，也包括工艺程序的设计、操作方法的改进等无形目标。制订技术创新目标将推动企业乃至整个经济广泛和深刻的发展。

③ 管理创新目标。管理创新涉及经营思路、组织结构、管理风格和手段、管理模式等多方面的内容。管理创新的主要目标是试图设计一套规则和程序以降低交易费用，这一目标的建立是企业不断发展的动力。

（3）盈利目标。这是企业的一个基本目标，企业必须获得经济效益。作为企业生存和发展的必要条件与限制因素的利润，既是对企业经营成果的检验，又是企业的风险报酬，也是整个企业乃至整个社会发展的资金来源。盈利目标的达成取决于企业的资源配置效率及利用效率，包括生产资源、人力资源、资本资源的投入-产出目标。

① 生产资源目标。在通常情况下，企业通过改进投入与产出的关系就可以获利。一方面，提高每个投入单位的产量；另一方面，在单位产量不变的情况下，成本的降低同时也意味着利润的增加。

② 人力资源目标。人力资源素质的提高能使企业的生产率提高，同时还能减少由于人员流动造成的成本开支。因此，企业的战略目标中应包括人力资源素质的提高、建立良好的人际关系等目标。

③ 资本资源目标。达成企业盈利目标需要在资金的来源及运用方面制订各种目标：一方面，确定合理的资本结构并尽量减少资本成本；另一方面，通过资金、资产的运作来获得利润。

（4）社会目标。当代企业越来越多地认识到自己对用户及社会的责任。一方面，企业必须对本组织造成的社会影响负责；另一方面，企业还必须承担解决社会问题的部分责任。企业日益关心并注意良好的社会形象，既为自己的产品或服务争得信誉，又促进组织本身获得认同。企业的社会目标反映企业对社会的贡献程度,如环境保护、节约能源、参与社会活动、支持社会福利事业和地区建设活动等。

① 公共关系目标。这一目标的着眼点在于企业形象、企业文化的建设,通常以公众满意度和社会知名度为保证、支持性的目标。

② 社会责任目标。其通常是指企业在处理和解决社会问题时应该或可能做什么,如在对待环境保护、社区问题、公益事业时所扮演的角色和所发挥的作用。

③ 政府关系目标。企业作为纳税人支持着政府机构的运作;同时,政府对企业的制约和指导作用也是显而易见的。这一目标的达成往往会给企业带来无形的竞争优势。

2. 战略目标的表达

为了使战略目标既反映企业使命的要求,又具有可操作性,必须统筹兼顾企业内外部环境动态发展和企业短期运作的不同要求,并贯彻结果导向的原则。任何一个企业的战略管理者都必须掌握确定企业战略目标的基本技能和方法。企业目标的多元性要求管理者能协调处理好各类目标之间的关系;企业目标的层次性要求管理者实现多层次、多部门目标之间的协同;而企业目标的时间性则要求管理者在界定战略目标时指明其时间区间,并根据环境的变化及时调整与修改战略目标。因此,在具体表达企业战略目标时,管理者应根据企业使命要求,选定目标参数,体现多种目标之间的协调性,兼顾目标的可衡量性、可操作性、可分解性及其激励效果。目标表述的 SMART 原则(表 3-1)同上述对战略目标表述的要求基本一致。

表 3-1 战略目标表达五要求:SMART 原则

原　　则	描　　述
具体性(specific)	具体、明确
可衡量性(measurable)	结果可考核
可实现性(attainable)	可达到性、激励性
相关性(relevant)	围绕使命,相互关联
时间性(time-bound)	有完成期限、可追踪

企业为了更好地表达战略目标,往往将其形成企业战略目标体系。战略子目标与战略总目标相互关联,企业战略目标应围绕企业使命展开,低层次的战略目标应围绕高层次的战略目标展开。通过对企业使命与战略目标按层次或时间进行分解,可构造成一个战略目标体系,使企业的各个战略业务单元甚至每个员工都能明白自身的任务与责任。这样,既能有效避免企业内不同利益团体之间的目标冲突使战略目标之间相互联合、相互制约,也能使战略目标进一步细化为具体的工作安排,转化为实际行动。

3. 战略目标体系的构成

在实际中,由于企业性质的不同、企业发展阶段的不同,战略目标体系中的重点目标也大相径庭。战略目标不止一个,而是由若干目标项组成的一个战略目标体系。

从纵向上看,企业的战略目标体系可以分解成一个树形图。在企业使命和企业宗旨的基础上制定企业的总战略,为了保证总目标的实现,必须将其层层分解,规定保证性职能战略目标。也就是说,总战略目标是企业主体目标,职能性战略目标是保证性的目标。

从横向上看,企业的战略目标大致可以分成两类:第一类是用来满足企业生存和发展所需要的目标,第二类是用来满足与企业有利益关系的各个社会群体所要求的目标。

企业战略目标体系可以分为三个层次。

(1) 企业战略目标。企业战略目标反映企业的经营范围、经营规模、投资方向、资本运营方面的目标。

(2) 战略经营单位战略目标。战略经营单位战略目标反映某一具体业务的发展方向、经营水平、竞争方向的目标,战略经营单位的战略目标要与企业战略目标相协调,在企业战略目标的指导下制订。

(3) 职能战略目标。职能部门承担着具体的在某一职能方面的战略任务。企业职能部门和战略经营单位的职能部门,其战略目标都要分别与其对应的上层战略目标相协调,设定具体的战略目标。

如图3-4所示,以上三个层次的战略目标形成一个既相互区别又相互联系的目标体系,共同体现企业的战略任务。这种目标的层次是和企业的组织层次相联系的。在这个意义上,也可以把企业使命理解为最广义的目标。最广义的目标涉及企业整体目标,由此派生出涉及企业各项事业的是战略经营单位的目标,再往下派生出来涉及职能部门的则是职能部门的目标等,以此类推直至每个成员的个人目标。

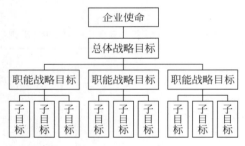

图3-4 企业战略目标体系

4. 战略目标体系的类型

在实际操作中,由于企业在不同发展阶段所遇到的经营问题不同,因而其战略目标体系中的侧重点也不一样,于是便形成了不同类型的战略目标体系,常见的有以下三种类型。

(1) 以市场占有率为重点的战略目标体系。以市场占有率的提高和扩大市场份额为重点的战略目标体系,其特点是以市场为目标,旨在开拓市场,提高企业的竞争地位和能力。其保证、支持性目标有市场开发、市场渗透、大批量生产、多产品等。

(2) 以创新为重点的战略目标体系。以创新为重点的战略目标体系,其特点是以新技术、新产品、高质量等为目标,保持或争夺行业领先地位。为此,要求以新产业组合、新产品开发、人力资源开发等作为保证、支持性目标。

(3) 以生产率为重点的战略目标体系。以生产率为重点的战略目标体系着眼于改善产品品种结构和组织结构、实行集约化生产、达到规模经济,以高效率、低成本获得市场竞争的优势。

3.4 企业愿景、使命与战略目标的关系

3.4.1 愿景、使命、企业发展战略目标制订程序

要求:目标体现时序连贯性、多目标之间的协调性;目标是"结果"而不是"手段"。愿景、使命、企业发展战略目标制订程序如表 3-2 所示。

表 3-2 愿景、使命、企业发展战略目标制订程序

内 容	责 任 人
企业愿景	最高层管理者
企业使命	最高层管理者
企业发展战略目标	最高层管理者
企业短期战术目标	最高层管理者
各部门、各子公司战略与战术目标	各部门、各子公司经理
个人目标	员工本人

3.4.2 愿景、使命、战略目标三者关系

企业使命侧重于强调企业正在从事或者将要从事的业务范围的规定,即对"我们的企业是什么"问题的回答,而愿景则更加注重描述企业将来所希望达到的状态,也就是对"我们想成为什么"问题的回答。莱因·史密斯(Rhine Smith,1993)认为,虽然一个企业的愿景与企业使命是相似的,并且经常难以区分,但是它们之间仍存在着微妙的差别。

(1) 企业使命是指这个企业的目的,而愿景则描述了这个企业在实现自己的使命时喜欢怎么做。

(2) 愿景是个人或群体所渴望的未来的"状态",使命包括企业广泛的目标,很大程度上包括长期的愿景。

(3) 企业使命说明的是企业的根本性质和存在的理由,而企业愿景说明的是在这种企业使命下企业如何做才能做得最好,或者说,企业应该怎样做才能实现企业使命。

(4) 企业使命是比较抽象而长期的,而企业愿景是比较具体的,其期限必须与战略期限相一致。

(5) 企业使命决定了企业愿景,而企业愿景又决定了企业战略,先有使命,才有愿景,再有战略目标,如图 3-5 所示。

① 企业使命、愿景与战略目标三个层次遵循着从抽象到具体、从长远到眼前、由里及表、由本至末的

图 3-5 使命、愿景与战略目标

逻辑顺序构成,使命是企业最根本、最长远的战略目标。

② 愿景是使命的形象化、具体化。

③ 战略目标是对愿景在不同维度上的分解,使之具体化、可操作。

④ 这三个层次由上到下逐级指导,由下到上逐级支持。

通过以上分析,如表 3-3 所示,从整体(抽象)而言,使命相对较为抽象,愿景相对较为具体;从所涉及的时间看,使命较为长期,往往代表企业最终的远大理想,而愿景比较短期,往往指一段时间内企业所希望变成的状态,或者说企业使命代表一种终身努力的方向和在根本价值上的执着与坚持,而愿景是一种企业阶段性的期许。比起使命,愿景比较明确具体;但比起一般目标来,愿景又相对比较长期、广泛和具有整体考虑。因此,使命是愿景的一个方面,它在愿景中具体说明企业经济活动和行为理念。使命要有驱动力,而驱动力来自愿景。为了达成愿景,需要设定关联性的阶段目标;为了完成各阶段目标,需要拟定策略、具体行动、修正调整、渐进达成。对于很多企业而言,使命、愿景与目标往往是同时存在的。

表 3-3　愿景、使命的区别

企 业 使 命	企 业 愿 景
企业存在的根本性质与存在的理由	在特定使命下,企业向何方努力,如何做才能实现使命要求
定性的、长期的、抽象的	与战略周期相一致、较为具体
是企业愿景的基础	是企业战略的纲领性文件
顺序:使命—愿景—战略,但在实际操作中,企业使命与愿景有时融在一起	

本 章 小 结

1. 本章是企业战略制定的第一步,也是战略实施的风向标,它包括企业愿景、使命、目标三个方面。

2. 企业愿景是组织成员普遍接受和认同的组织长远目标,每个企业现阶段都有其独特的存在目的和理由,这种独特性应当反映在企业使命之中。

3. 企业使命为所有战略管理活动指明了方向,为企业的各项活动提供了一个共同主线。

4. 企业战略目标是企业选择整个方案的依据,战略方案是实现战略目标的手段。制订企业战略目标时,须遵循一定原则。

5. 介绍了企业愿景、使命和战略目标三者之间的关系。

思 考 题

1. 简述企业愿景的含义、作用。

2. 如何界定企业使命?界定时需注意什么问题?

3. 简述确定企业战略目标应遵循的原则。
4. 与企业其他目标相比,其战略目标具有哪些特征?
5. 试说明企业愿景、使命和战略目标三者之间的关系。

第 2 篇

战略分析

第 4 章 企业外部环境分析

1. 描述企业面临一般环境的几个维度,并分析这些因素是如何影响企业机会和威胁的;
2. 运用结构—行为—绩效(SCP)范式分析产业结构如何影响企业竞争战略的选择;
3. 掌握"产业吸引力的五种力量",并指出每个因素在何种情况下会提升或者降低产业的吸引力;
4. 理解关键成功因素对企业竞争行为的影响;
5. 掌握外部环境分析的基本方法;
6. 熟练掌握 EFE 矩阵分析法、CPM 分析法和脚本法。

知道,胜……不知道,不胜。

——孙膑

知彼知己,百战不殆;不知彼而知己,一胜一负;不知彼不知己,每战必殆。

——《孙子兵法·谋攻篇》

夫兵形象水,水之行,避高而趋下;兵之形,避实而击虚;水因地而制流,兵因敌而制胜。故兵无常势,水无常形。能因敌变化而取胜者,谓之神。故五行无常胜,四时无常位,日有短长,月有死生。

——《孙子兵法·虚实篇》

厦门国际信托何金:信托展业要找到适合自身特色的突破口

2023 年 3 月,《中国银保监会关于规范信托公司信托业务分类的通知》(以下简称"信托业务分类新规")正式发布。其中,资产服务信托被列在"三分类"首位,并进一步细分为五大类共 19 个业务品种。信托业务分类新规既体现了监管层面对于信托回归本源、服务社会的要求与期待,也为资产服务信托的发展提供了广阔空间。

厦门国际信托在资产服务信托领域主要围绕以下三个方面进行。

一是公共金融服务信托。厦门国际信托积极践行厦门市投融资体制改革,通过一系列资产服务信托产品服务政府、服务区域经济发展。目前,围绕上述领域厦门国际信托已落地的资产服务信托产品包括：服务"专精特新"及中小微企业的厦门技术创新基金服务信托；服务厦门市重大基础设施建设及产业项目的厦门市城市建设投资基金；服务厦门市国有企业进行财富管理服务的展鸿基金信托；为农村集体资金财产提供"管钱""花钱""赚钱"等综合金融服务的厦门乡村服务信托；帮助财政精准发放消费券，直接拉动地方旅游消费的厦门文旅消费服务信托。此外，厦门国际信托还在积极探索设立技术创新融资租赁基金、供应链协作基金等公共金融服务信托。

二是财富管理服务信托。财富管理服务信托应着力于服务民众、服务共同富裕、服务人民美好生活。近年来，厦门国际信托财富客户结构持续优化，客群年轻化成效显著，自然人客户中 31～40 岁客户增长速度最快；客群结构中，工商企业客户，特别是上市公司和中小企业客户增长迅速；新增财富管理规模、家族信托规模双双实现同比增长 50% 以上，保险金信托业务实现多单业务落地，并开拓多个合作渠道。此外，厦门国际信托在 2022 年已落地法人及非法人组织财富管理信托，同时积极筹备落地家庭服务信托、薪酬管理服务信托和特需信托。

三是资产证券化服务信托。厦门国际信托已落地全谱系资产证券化产品。在资产证券化领域，厦门国际信托已打通资产创设、资产流转、投行承销及产品投资全链条，是交易所市场、银行间市场、银登中心、中保登等交易场所的重要业务参与者。

厦门国际信托发挥的作用与产生的效益。厦门国际信托充分运用服务政府、服务重大项目的历史基因、资源禀赋，以及几十年来全国展业积累的金融"朋友圈"资源，创新性地担任厦门市城市建设投资基金（以下简称"城建基金"）的事务管理人，这也是信托行业首创。城建基金统筹资金、资产、资源为一体，以"财政政策"和"金融工具"为两翼，有效发挥财政资金的撬动作用，引入优质社会资本参与厦门城市建设，打造城市发展新引擎。截至目前，城建基金首批子基金完成社会资本投放，为厦门城市建设补充长期权益性资本。城建基金以杠杆撬动社会资本，充分发挥财政资金的撬动作用，助力财政提质增效。

厦门国际信托在服务振兴战略方面开展的业务实践。为积极响应国家乡村振兴重大战略，发挥信托制度优势，动员社会力量，2021 年，厦门国际信托设立福建省第一支乡村振兴基金。2022 年下半年，厦门国际信托又设立了福建省第一支乡村服务信托，专门为厦门市各农村集体资金提供管理服务，为村集体的闲置资金提供但不限于资金归集、账户管理、资金运作、信息披露等综合性服务，通过增加村集体收入，不断助推厦门市乡村振兴目标的实现。

接下来，厦门国际信托将围绕乡村"五大振兴"战略，即"产业振兴、人才振兴、文化振兴、生态振兴、组织振兴"五个具体目标和战略路径，通过运用综合金融服务工具、开放平台整合产业资源、对接国企/产业/金融资本、定向降低小微和绿色企业融资成本及慈善信托等各种方式，服务于福建省内符合"乡村振兴"主旨的各类型项目，助力福建省落实国家乡村振兴战略，最终实现全省山海间共同富裕。

资产服务信托围绕盘活存量资产的机遇。存量资产盘活将会运用到各类金融工具，衍生出大量的业务机会。厦门国际信托已经落地或储备包括商业写字楼、产业园、安置房及公租房、停车场等各类型存量基础设施资产，将策划生成存量资产盘活专项项目。近一年来，厦门国际信托密集地与券商、基金公司共同探索以REITs（不动产投资信托基金）、Pre-REITs（指对于具有发行公募REITs潜力的标的资产而言，投资者提前介入标的资产的建设、运营和培育过程，并在时机成熟时通过公募REITs实现退出的投资业务模式）、ABS（资产支持证券化）等模式盘活厦门市存量资产。

服务信托这几年发展过程中的整体表现及经验或教训。服务信托是信托公司回归本源的最重要抓手，也是信托服务民众、服务政府、服务实体的重要工具。服务信托对信托公司的金融科技水平、专业投研能力和管理服务能力，满足委托人需求及监管合规要求的产品设计和运营能力设定了更高标准，使得寄希望于通过披着资产服务信托外衣，行资产管理甚至通道业务之实的业务模式难以长远发展。

布局资产服务信托业务，并不是一件简单的事情。信托公司不能盲目跟风，看别人做什么，自己跟着做什么，亦步亦趋，或者仍然眷念于传统业务，不肯真正在新的业务类型上倾注资源，长期培育。实践中，个别机构缺乏顶层规划与战略布局，盲目跟风开展相关业务，甚至恶意低价竞争，一方面，难以将此类业务做成盈利模式，对公司发展形成支撑；另一方面，后续的运营管理、客户维护及事务服务跟不上，将影响客户体验，甚至出现法律风险、操作风险乃至声誉风险。

信托业务分类改革推行后，信托公司在展业过程中应避免毫无重点的"一刀切"，需扬长避短，先易后难，根据自身的战略定位、资源禀赋、关键要素、团队能力及实际情况等诸多因素，因地制宜，谋定而后动，重点发展成熟业务，辅助探索创新业务，找到适合自身特色的突破口。

资料来源：樊红敏.厦门国际信托何金：信托展业要找到适合自身特色的突破口[N].中国经营报，2023-04-17.

4.1　外部环境概述

人们通常说"企业是环境的产物"，这个环境是指企业的外部环境。所谓外部环境，就是指存在于企业外部，影响企业经营活动及其发展的各种客观因素与力量的总体。它是企业自身难以把握和不可控制的变化因素，也是一个复杂的、多层次的、多主体的立体结构系统。分析企业外部环境的目的是要明确哪些外部环境因素是如何影响企业的，这些因素将会发生什么样的变化，这种变化将会以何种方式给企业以何种性质的影响。简而言之，就是想通过对外部环境因素的研究来明确企业发展将会面临什么样的机会和威胁，需要对哪些方面作出必要的反应、对哪些方面施加影响。

企业高层管理者可以利用从外部环境获得的信息进行战略思考与决策。获得成功的企业往往能够按照环境大趋势，不断地评估行业内发生的各种变化，以便根据自身状况，对外部环境作出及时的反应。因此，各种环境因素和这些因素之间的相互关系对高层经理和管理者具有实际的应用意义。随着21世纪的到来，现代企业的生产经营活动越来越严重地受到其外部环境的作用和影响。企业要进行战略管理，首先必须全面、客观地分析和掌握企业外部环境的变化，并以此为基础或出发点来制订企业的战略目标。

企业环境构成如图 4-1 所示。

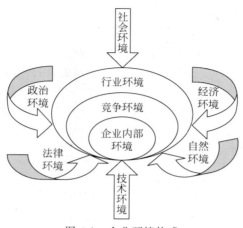

图 4-1　企业环境构成

企业的战略环境分析就是要同时分析宏观环境、中观环境和微观环境,通过宏观环境和中观环境分析得出企业外部环境中的机遇和威胁;通过内部条件分析,得出企业的优势和劣势。然后通过综合考虑内外部环境的匹配性,提出企业的可选战略方案;再通过评价比较,最终选择最佳的战略,如图 4-2 所示。

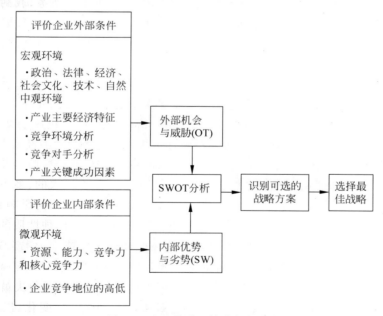

图 4-2　企业战略环境分析的内容

4.1.1　外部环境的特点

企业的外部环境作为一种企业的客观制约力量,在与企业的相互作用和影响中形成了自己的特点。

1. 唯一性

虽然每个企业在其经营活动中都处于同外部环境的动态作用之中,但是对每个企业来说,它面对着自己唯一的外部条件。即使是两个同处于某一行业的竞争企业,由于它们本身的特点和眼界不同,对环境的认识和理解是不同的,因此它们也不会具有绝对相同的外部环境。环境这种唯一性的特点,就要求企业的外部环境分析必须具体情况具体分析。不但要把握住企业所处环境的共性,也要抓住其个性;同时,要求企业的战略选择不能套用现成的战略模式,要突出自己的特点,形成独特的战略风格。

2. 变化性

任何企业都不会处于同一个永恒不变的外部环境之中,企业的外部环境总是处于不断变化的状态之中。例如,企业与行业竞争者位置的改变,法律义务和法律制约的改变,执政党经济政策的改变,等等,都将引起企业环境的变化。有些变化是可预测的,是逻辑渐进式的;而有些变化是不可预测的,是突发性的。因此,没有一个企业在几个战略管理过程中始终都面临维持同样重要程度的外部环境因素。

外部环境的变化性,要求企业的外部环境分析是一个与企业环境变化相适应的动态分析过程,而非一劳永逸的一次性工作。战略的选择也应依据外部环境的变化作出修正或调整。企业要不断分析与预测未来环境的变化趋势,当环境发生变化时,为了适应这种变化,企业必须改变战略,制定出适应新环境的新战略,达成企业战略与环境间的新的平衡和匹配。

4.1.2 外部环境的度量

如前所述,企业所面临的外部环境是处于经常变动之中的,其挑战性日益增强,环境发生的很多变化都是企业以前从未碰到过的。环境具有突发性、变化速度快、越来越难以预测,甚至不可预测的特点,环境的这种不稳定性造成了企业经营的困难。为了使企业战略适应环境的特点,企业必须确认环境的状况。分析和确认环境的状况,一是看环境的复杂性,二是看环境的动荡程度或稳定性。

1. 环境的复杂性

外部环境的复杂性是指企业在进行外部环境分析时所应当考虑到的环境因素的总量水平。如果企业外部的影响因素多,且各因素间相互关联,则意味着环境复杂。环境的复杂性不仅表现在环境因素的多寡上,而且表现在环境因素的多样化方面。就是说影响企业的外部环境因素不是同属某一类或几类,而是多种多样、千差万别。一般来说,随着时代的发展,企业作为一个开放系统,它所分析的外部环境因素会有越来越多、越来越多样化的发展趋势,因而企业所面临的外部环境会变得更加复杂。例如,我国各方面的进一步对外开放和与世界经济的接轨,迫使企业增加对国际同行业者情况的了解,以及考虑生产要素在国际范围内的优化组合。从这一点上来看,更加说明企业战略管理的重要性和必要性。

2. 环境的动荡程度或稳定性

环境影响因素，如果不随时间变化或其变化幅度不足以影响企业的经营，则可以认为环境是静态的；反之，则是动态的。可从两个方面来考查环境的动荡程度。其一是看环境的新奇性，这主要是说明企业运用过去的知识和经验对这些事件的可处理程度。对于动荡程度低的环境，企业可以用过去的经验、知识处理经营中的问题；而对于动荡程度高的环境，企业就无法仅用过去的知识和经验去处理经营中的问题。其二要看环境的可预测性。随着环境动荡程度的提高，环境的可预测性逐渐降低，不可预测性逐渐提高。在高动荡程度的环境里，企业所能了解的只是环境变化的弱信号，企业环境中更多地存在着不可预测的突发事件。

根据环境的复杂性和动态程度的高低，可以将环境分为四类，如图 4-3 所示。

图 4-3 评估环境不确定性框架

（1）简单和静态环境。在简单和静态环境中，组织所要考虑的环境影响因素不多，企业对环境比较容易把握，而且在较长时期内不会有很大的变化，因而，不确定性程度很低，同时处理这些外部影响时不需要复杂的技术和知识。一般说来，离最终消费者越远，所使用的技术越简单，则企业面临的竞争和市场也越缓和、越稳定，如一些原料供应商（橡胶、石油等）面临的情况就是这样。另外一些例子就是占"垄断"地位的公共服务部门，如电信、铁路等，没有竞争者和它们直接争夺市场，并且它们所在的行业的稀有资源由政府来"配给"。在上述两种情况下，可以认为企业面临的竞争和市场基本上不随时间而发生变化，因此，对于这类企业可以通过历史数据来分析。

（2）简单和动态环境。在简单和动态环境中，不确定性进一步提高，尽管外部环境影响因素较少，但这些因素往往难以预测，会随着时间而变化。当然，如果这种变化具有明显的规律性，那么仍然可以通过简单的技术和方法来加以处理。当环境变量随时间无规律变化时，管理人员要将重点放在考虑未来的环境状况，而不仅仅是放在过去的环境状况上。在做类似分析时，虽然没有简单易行的方法可以使用，但管理人员仍然可以通过一些结构化分析方法对环境变量的重大变化作出可能的推断，如估计几种可能的状态等。

（3）复杂和静态环境。在复杂和静态环境中，不确定性有所提高，管理人员很难把握哪些环境变量是最重要的影响因素，尤其当各种因素交织在一起并互相影响时。在这种情况下，对环境因素逐一深入分析是有益的，尽管这样做需要耗费大量的精力。研究发现，在一定时期或对于某一特定行业，总有一些环境因素起关键的作用，另外一些变量则处于较次要的地位；相应地，企业只要抓住重点因素进行深入的分析，就可以降低环境的不确定性。例如,汇率对有大量出口业务的公司尤为重要,而顾客的行为和口味却是零售商与餐馆最关注的因素。同样,计算机公司总是关注有关计算机技术和软件的发展,而处于"垄断"行业的企业最关心的是公共政策是否会发生变化。通过这样的分析,管理人员可以采取相应的对策来降低环境的不确定性。

(4) 复杂和动态环境。不确定性最高与最难应对的是复杂和动态环境,在这种环境中,影响企业的环境因素错综复杂,而且随着时间而不断发生变化,因而不确定性程度最高。有时某一种因素起主导作用,在另外一些时候其他因素又上升为关键因素,而且这种变化是如此之快,以致企业或组织来不及从战略上进行相应的调整,计算机公司、航空公司和电子行业都处在或正转向这种复杂和动态的环境。随着世界经济全球化和一体化进程的加快,以及全球信息网络的建立与不断完善,一方面,消费者的需求和选择越来越多样化,从而为企业提供了更多的发展空间和市场机遇;另一方面,企业也不得不面对更多的来自国际市场上的竞争对手的挑战。在这种情况下,消费者的偏好和相应的购买行为以及竞争对手的反应都更加难以预测和把握,因而对管理人员提出了更高的要求。在复杂和动态环境中,战略管理的关键在于精心培育企业的核心能力,保持战略的灵活性,同时建立资源缓冲地带,以预防环境急剧变化可能带来的威胁。

4.1.3 宏观环境不确定性的处理

斯蒂芬·P. 罗宾斯(Stephen P. Robbins)在 1990 年提出内部战略和外部战略两种一般性战略来减少环境的不确定因素带来的影响。

1. 内部战略

内部战略是指企业通过调整或改变自己的行动来适应环境的战略。

在企业面临不利环境的状况时,最彻底的方法是改变面前的企业环境。例如,企业开拓新的市场来适应企业的环境变化,"美的"和"格兰仕"就是相互进入对方的经营范围来改变竞争态势,其中,美的挟在空调市场所积累的品牌优势挤入微波炉市场,而格兰仕则靠资金优势通过低价杀进空调市场。

企业处理不确定环境的传统方法是在企业内部建立缓冲与调整部门,以消除环境的不确定性。例如,采购部门确保物资的供应;财务部门确保有足够的资金来支付生产成本;销售部门在需求波动的环境下,调整储备商品和价格,以适应市场的需要和保证收益。

2. 外部战略

外部战略是指企业试图改变环境以适应企业发展的需要的战略。

企业的外部战略一般可以通过广告宣传、合同方法、招纳贤才、联合方法、游说方法等来减轻与降低竞争压力和不确定性。广告宣传可以扩大知名度,维系一批忠实消费者;合同方法可以减少由原材料、产品质量或者价格波动等方面带来的影响;招纳贤才是指招纳那些对公司发展有利的人进入公司,使其能够与公司的利益相结合;联合方法是指企业为争取共同行动而与其他一个或几个企业联合,以减少企业间的竞争,增加合作而降低环境带来的不确定性;还有一种战略就是企业以独立或者联合其他企业的方法,通过游说行业协会或者政治团体影响立法者制定有利于自己的法律或法规。

4.2 企业宏观环境因素分析

4.2.1 PESTLN 分析模型及其分析步骤

1. PESTLN 分析模型

宏观环境是指对各个行业都不同程度地产生影响的共同的外部因素,包括政治、法律、经济、技术、社会文化及自然等宏观因素。由于自然环境各因素的变化一般较小或较慢,而政治环境、法律环境、经济环境、技术环境和社会文化环境的变动可能较大,所以后者对企业经营战略的影响也就比较显著。

对企业的宏观环境进行分析的方法被称为 PESTLN[政治(political)环境,经济(economic)环境,社会文化(social & cultural)环境,技术(technological)环境,法律(legal)环境,自然(natural)环境]分析法,宏观环境因素通过影响企业经营的产业环境对企业活动产生影响,同时企业活动也会通过影响产业发展而对宏观环境产生反作用。在许多行业中,产业政策的制定和修订也受到企业战略行动的影响。例如,大量网上交易的进行,不仅会推动技术环境的改善,而且会推动相关法律法规的出台,当然对消费者购买习惯的改变及对经济发展的贡献也是显而易见的。因此,宏观环境、中观环境和微观环境之间也能产生互动作用,但是总体来说,宏观环境对中观环境和微观环境的影响力量更为直接和强烈,而微观环境和中观环境对宏观环境的反作用则是潜移默化的,是一个长期的过程。

宏观环境不仅对企业生存和发展所产生的影响是间接的,而且它也是最不可控的环境因素。因此,企业宏观环境分析的任务主要有两个:一个是通过分析,考察预测与所在行业及企业有重大关系的宏观环境因素将发生哪些变化;另一个是评价这些变化将会给所在行业及企业带来哪些影响,以便为企业的战略决策奠定基础和提供依据。宏观环境与企业的关系如图 4-4 所示。

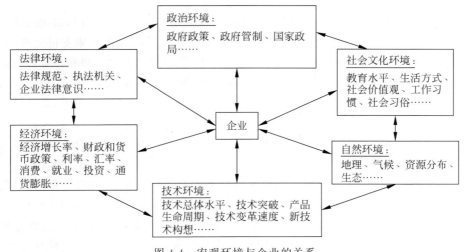

图 4-4 宏观环境与企业的关系

2. PESTLN 分析的步骤

战略管理的实践中,我们都会认识到企业的宏观环境因素确实对企业经营有影响,但有的环境因素的影响很大,有的很小。例如,政府实施银根紧缩政策就对房地产行业的战略影响较大,但实施农产品保护价则对房地产行业的战略影响较小。因此,需要通过有效的分析步骤去甄别那些对企业战略有重要影响的环境因素。

PESTLN 分析的可行步骤如下。

(1) 分别考虑政治、法律、经济、社会文化、技术、自然六个方面,从本节提供的大清单中找到自己企业需重点考虑的因素。

(2) 对这些因素仔细分析,厘清这些因素对企业战略的影响。

(3) 对这些因素进行评价(如采用专家打分法),确定关键战略因素。

需要注意的是,不同企业所面临的宏观外部环境大体一样,但不同企业的战略环境因素却大不一样。例如,房地产企业的战略因素可能包括居民收入、经济发展速度等,而农药生产企业的战略因素可能就是天气变化、虫灾灾情预报等。还有一点仍需要注意,尽管从宏观外部环境静态来看对所有企业都是一样的,但由于信息不对称的存在,不同企业对宏观环境的判断与理解是不同的,处于同一行业的企业对于同一宏观环境现象,有的可能认为是关键战略因素,有的可能认为不是关键战略因素,这是对宏观环境的认知与判断的差别。

4.2.2 政治环境因素分析

政治环境是指一个国家或地区的政治制度、体制、政治形势、方针政策等方面。这些因素常常制约、影响企业的经营行为,尤其是影响企业较长期的投资行为。在一个稳定的政治环境中,企业才能通过公平竞争获得长期、稳定的发展。在分析政治环境时,以下几个关键战略要素值得我们关注。

1. 区域经济发展战略

区域经济发展战略是指对一定区域内经济、社会发展有关全局性、长远性、关键性的问题所做的筹划和决策,即在较长时期内,根据对区域经济、社会发展状况的估量,考虑到区域经济、社会发展中的各方面关系,对区域经济发展的指导思想、所要达到的目标、所应解决的重点和所需经历的阶段以及必须采取的对策的总筹划和总决策。区域是经济发展的重要影响因素,企业所在区域的经济发展战略对企业战略的影响非常大,在快速发展的中国更是如此。

2. 国家的政治体制

国家的政治体制是指国家的基本制度及国家为有效运行而设立的一系列制度,如国家的政治和行政管理体制、政府部门结构及选举制度、公民行使政治权利的制度等。国家的政治体制决定了政府的行为和效率。而且,政治体制常常制约着宏观经济调控的方式和力度,从而影响企业的经营方式和自身战略选择的灵活度。如在计划经济体制下,企业只是政府的附属机构,效率低下;在市场经济体制下,企业有自主权,政府只能运用间接手段对企业进行调控。

3. 政治的稳定性

政治的稳定性包括政局的稳定性和政策的稳定性。政局的稳定性是指国家由于领导人的更换能否导致国家政体和政治主张的变化,国家领导人之间的关系、民族关系的稳定等。如果国家政变迭起,国家领导者之间的斗争不断,企业经营环境注定恶劣。政策的稳定性是指国家所制定的各项政策是否会经常发生变动。如果一个国家的政策朝令夕改,缺乏稳定性,那么该国企业就无法正确判断政策的变化方向及其对企业经营的有利性,企业不可能形成长远的发展战略。

4. 政府对企业的干预

政府对经济的干预手段可以分为宏观和微观两个方面。一般而言,政府干预经济的宏观目标是稳定增长,微观目标是提高市场效率。对企业而言,这两方面也就意味着来自政府的间接和直接的管理。以下分别介绍政府的干预手段对企业的影响。

1) 宏观干预手段

政府的宏观干预手段包括财政手段、货币手段、收入—价格管制制度。财政手段即政府的支出与收入控制。它的作用就在于利用经济学中的"乘数原理",在萧条时刺激经济的复苏,在高涨时遏制过度的膨胀。货币手段指政府通过中央银行调节货币供应量,来影响利率的变动,从而间接影响总需求,以实现政府的宏观目标。货币手段通常是与财政手段配合使用的。收入—价格管制制度是政府常用的一种控制手段,是指政府利用法律、行政等强制力,对某一类人的工资和某一类商品的价格强制规定上限和下限,以维持宏观经济和市场秩序的稳定。企业的目标是追求低成本、高盈利,因此,收入管制对企业来说总体上是有利的。但是,收入管制也会造成一些负面的影响。比如,社会购买力可能会受到限制,当企业希望以"效率工资"(为吸引高级人才而设立的高工资)吸引高素质的人才时也会遇到障碍。在价格管制中,企业既可能有收益,也可能有损失,具体内容如表 4-1 所示。

表 4-1 企业在价格管制中的收益与损失

限制类型	企业收益	企业损失
最高限制	国家财政补贴	扩大规模、降低成本动力,当补贴不足以弥补损失时,企业亏损严重
最低限制	商品专营权、减轻竞争压力	市场占有率、潜在消费者群

2) 微观干预手段

政府对企业的直接干预主要作用于国有企业和关乎国计民生的大型、特大型企业。造成这种情况的原因:一方面是国有企业的性质决定了它必须承担政府的部分职能,如社会稳定、保持垄断等;另一方面则源于大型、特大型企业的某些经营行为可以引发整个行业甚至宏观经济的震动,政府希望对其严格控制。例如,在粮食丰产年度,大型粮食企业想低价收购粮食,或是在减产年度,大型粮食企业想高价将粮食投入市场,此时,政府就不得不直接出面进行干预。

3) 行业政策

除宏观干预手段与微观干预手段外,政府还有一些介于宏观与微观、直接与间接之间的干预手段,主要是行业政策。它包括行业结构政策和行业组织政策两方面内容。行业结构政策的作用是通过扶植那些具有潜在优势,能够带动整个结构升级的行业部门的发展,并帮助那些"夕阳"行业向其他行业转移,使资源配置朝着有利于结构高级化的方向倾斜,一旦国家重点确定一些行业,那么这些行业总是会处于一种大发展的趋势。因此,处于重点行业的企业增长机会就多,发展潜力大。那些非重点发展的行业,发展速度就较缓慢,甚至停滞不前,因而处于这种行业的企业很难有所发展。行业组织政策的作用是通过对企业规模结构、企业之间竞争与协作关系的限制与引导,形成一种既有利于竞争、又不过度竞争的市场组织结构,使得社会在维持竞争的效率和利用规模经济之间达到某种平衡。

4) 税收政策

政府的税收政策影响企业的财务结构和投资决策,资本持有者总是愿意将资金投向那些具有较高需求且税率较低的行业部门。例如,美国债券市场的发达程度高于股票市场,深入挖掘其原因,发现这是因为美国债券收益纳税在后,而美国股票收益纳税在前,对于企业来说,举债的成本小于发股的成本。这就是典型的税收政策导致企业战略的选择不同。

5) 政府的双重身份

任何事物的存在都具有两面性,政府自然也不例外。有些政府行为对企业起到了限制约束的作用,甚至使企业的生存都面临危机;而有些政府行为则对企业发展起到了带动作用和积极影响。政府作为一个特殊的社会组织,它的身份也是双重性的:资源供给者和消费者。如政府对森林、矿山、土地等自然资源的开采分配政策,以及对农产品实行的国家储备农业政策都体现了其作为资源供给者的立场,而与之密切相关的产业,如房地产业、林牧业、采矿业及粮食产业等在制定自己的发展战略时必然要认真考虑政府的影响。另外,政府以消费者的身份出现时,对某些产业来说,它将作为一个巨大的市场。例如,政府在修建铁路、建设医院及发展航空航天事业上的投资必定会推动军工产业、钢铁产业、木材产业及航空航天等国防工业的发展,同时也间接地影响着其他工业的消费走向。此外,政府贷款和补贴对某些行业的发展也有着积极的影响。

5. 国际政治格局和对外友好关系状况

国际政治格局和对外友好关系状况影响着对外贸易的发展和参与国际竞争的程度,从而影响企业的国际营销战略和跨国经营战略。例如,某企业本打算生产产品到国外市场销售,如果由于外国政府与本国政府政治关系紧张而对本国实施经济制裁,禁止本国产品进入该国市场,导致无法外销,这必然给企业带来巨大损失。

4.2.3 法律环境因素分析

企业的法律环境是指与企业相关的社会法制系统及其运行状态。法律在社会发展中的重要作用决定了其在企业诸多环境因素中所占有的重要地位。企业作为经济社会中的"法人",存在于由各式各样的法律、规定和条例构成的一整套完备的法规体系中,并受到法律的制约和保障。企业只有用好法律,才能保障自身的发展。

1. 法律对企业的制约和保障

法律是包罗万象的,涉及我们社会生活和经济生活的各个方面。与企业管理有关的法律包括企业基本法律制度、企业经营法律制度、经济监督法律制度、社会保障法律制度、涉外经济法律制度和经济司法制度等。

法律对企业的影响方式由法律的强制性特征所决定,法律对企业的影响可以从保障和制约两个方面考虑:一方面,法律保护依法成立的公司的合法地位、经营权利、正当竞争行为、合法权益等。法律使企业经济活动纳入正轨,通过法律来实现国家对企业经济活动的承认和保护。另一方面,执法机关有权依据法律对经济行为主体的违法行为追究经济责任、行政责任、刑事责任。法律不仅从积极方面对企业的生存和经营进行保护,而且还从积极方面防止违法活动。

2. 如何用好法律保护企业发展

首先,作为企业的法人代表,当代企业家应该具有法律意识。法律意识是法律观、法律感和法律思想的总称,是指企业对法律制度的认识和评价。企业家应该具有法律观念,掌握必备的法律知识,并且依法治理企业。

其次,遵纪守法树立良好企业形象。企业形象特指社会公众或消费者按照一定的标准和要求,对某个企业经过主观努力所表现出来的形象特征所形成的整体看法和最终印象,并转化基本信念和综合评价。现代市场经济的发展,使得形象已成为企业在市场角逐中取胜的神秘砝码和无形力量。遵纪守法使企业具有良好的信誉和形象,以增强企业的竞争力,促进企业的良性发展。

最后,企业要积极促进法制体系的建设和完善。企业应合法经营、合法盈利、维护现存的法律制度,并且发挥能动作用,合理改善企业的法律环境。企业的发展是永远提前于法律环境的发展的,企业是法律环境需要发生变化的制造者。我国企业要从自身的发展出发,努力营造一个健全的法律环境。

4.2.4 经济环境因素分析

所谓经济环境,就是指企业经营过程中所面临的各种经济条件、经济特征和经济联系等客观因素。

1. GDP 与 GNP

在众多的经济因素中,首先要分析的是宏观经济的总体状况。一般来说,在宏观经济大发展的情况下,市场扩大,需求增加,企业发展机会就多;相反,在宏观经济低速发展或停滞或倒退的情况下,市场需求增长很小甚至不增加,这样企业发展机会也就少。反映宏观经济总体状况的关键指标是 GDP(国内生产总值)和 GNP(国民生产总值)增长率。

GDP 是一个领土面积内的经济情况的度量。它被定义为在一个国家内一段特定时间（一般为 1 年）里所有生产产品和货物的总值。它与 GNP 的不同之处在于，GDP 不将国与国之间的收入转移计算在内。也就是说，GDP 计算的是一个地区内生产的产品价值，而 GNP 则计算一个地区实际获得的收入。

GNP 是按市场价格计算的国民生产总值的简称。它是一个国家所有常住单位在一定时期内收入初次分配的最终成果。一国常住单位从事生产活动所创造的增加值在初次分配过程中主要分配给该国的常住单位，但也有一部分以劳动者报酬和财产收入等形式分配给该国的非常住单位。同时，国外生产所创造的增加值也有一部分以劳动者报酬和财产收入等形式分配给该国的常住单位，从而产生了国民生产总值的概念。国民生产总值等于国内生产总值加上来自国外的劳动者报酬和财产收入减去付给国外的劳动者报酬和财产收入。国内生产总值是一个生产概念，而国民生产总值则是一个收入概念。

2. 企业要考察国家经济正处于何种阶段

国家经济所处的发展阶段是萧条、停滞、复苏还是增长，以及宏观经济的变化周期规律等因素都是衡量经济环境优劣的重要因素。在众多衡量宏观经济的指标中，国民生产总值是最常用的指标之一，它是衡量一国或一地区经济实力的重要指标，它的总量及增长率与工业品市场购买力及其增长率有较高的正相关关系。同时，宏观经济指标也是一国或地区市场潜力的热点，因为地区经济持续、稳定高速增长预示着巨大的潜在市场。经济发展具有周期性波动特征，这种周期性波动不仅影响整个国家经济发展和生产消费趋势，而且在很大程度上决定了企业的投资行为。因此，经济的周期性波动一直是经济理论界和企业界关注的焦点。

3. 人均收入

人均收入是与消费者的购买力呈正相关的指标，随着收入水平的不断提高，现在市场上的消费需求日益多样化和个性化，这为许多行业带来了更多的发展机会，也为新产业空间的拓展创造了机会。例如，房地产业、旅游业、文化娱乐产业都得到了发展。

4. 价格

价格是经济环境中的一个敏感因素。长期以来，我国的价格体制存在着严重缺陷，价格没有成为反映和调节供求状况的信号与杠杆，所以价格改革的出发点就是要调整被扭曲的价格，包括商品之间的比价与差价关系。然而价格改革是一项系统而复杂的工程，因为适度的通货膨胀可以刺激经济增长，但过高的通货膨胀率对经济造成的损害往往难以预料。消费品价格上涨过快，使人们基本生活需要支出大幅增加，误导的价格信号会使消费者行为提前，而某些购买行为又被推迟，个人可自由支配收入的降低会长时间抑制耐用消费品的需求，特别是高通货膨胀率所造成的社会心理损害将对整个市场供求关系产生深层次的影响。这就是 20 世纪 80 年代中期以来，中国宏观经济与微观经济所面临的严峻现实。如果企业对此不能作出准确估计,今后通货膨胀的程度大大超过企业可能承受的范围,企业既有的战略则可能成为一页废纸。

5. 经济基础设施

经济基础设施的考虑也是重要的一环,它在一定程度上决定着企业运营的成本与效率。基础设施条件主要是指一国或一地区的运输条件、能源供应、通信设施及各种商业基础设施(如各种金融机构、广告代理、分销渠道、营销中介组织等)的可靠性及其效率,这在策划跨国、跨地区的经营战略时尤为重要。

4.2.5 社会文化环境因素分析

社会文化系统是指一个国家和地区的民族特征、文化传统、价值观、宗教信仰、教育水平、社会结构、风俗习惯等。这些因素是人类在长期的生活和成长过程中逐渐形成的,人们总是自觉不自觉地接受这些准则作为行动的指南。社会文化环境因素对企业有着多方面的影响,其中有些是直接的,有些是间接的,最主要的是它能够极大地影响社会对产品的需求和消费。对社会文化环境的分析主要是了解和把握社会发展现状及未来趋势,尤其是了解和把握社会文化发展的现状与未来趋势。影响企业经营战略的社会文化环境因素主要有如下几种。

1. 价值观

价值观是指社会公众评价各种行为的观念标准。公众的价值观念是随着时代的变迁而变化的,它具体表现在人们对于婚姻、生活方式、工作、道德、性别角色、公正、教育、退休等方面的态度和意见。这些价值观念同人们的工作态度一起对企业的工作安排、作业组织、管理行为以及报酬制度等产生很大的影响。

此外,不同的国家和地区,其价值观是不同的。例如,西方国家价值观的核心是个人能力与事业心,东方国家价值观的核心强调集体利益。日本、韩国的企业注重内部关系的融洽、协调与合作,形成了东方企业自己的高效率模式。

2. 文化传统

文化传统是一个国家或地区长期形成的道德、习惯、思维方式的总和。文化传统因素强烈地影响着人们的购买决策和企业的经营行为。不同国家有着不同的文化传统,也有不同的亚文化群、社会习俗和道德观念,从而会影响人们的消费方式和购买偏好。企业要通过文化传统意识分析市场,应了解行为准则、社会习俗、道德态度等,并且在经营管理中对有不同文化传统意识的人采取不同的方法进行管理。

3. 教育水平

我国自把科教兴国作为一项基本国策以来,教育事业得到了切实的发展。从大力普及九年义务教育到当今的高等院校的大规模扩招,从全日制的中专、技校到各种门类的函授、夜校、远程教育,多种多样的教育形式可以满足不同层次受教育者的需要。这样一来,教育层次的提升也对消费者的购买行为产生了影响：他们的鉴赏能力、生活品位都将随之发生改变，迫切需要一些张扬个性、突出内涵而又质量上乘的商品来满足他们的需求。同时，整个社会人员素质的提高也将保证企业的人力资源需求，提升企业的竞争能力。截至2018年，华为集团拥有员工18万余人，其中研发人员占比高达45.36%，而且素质非常高，绝大多数是来自名牌大学的本科以上毕业生，这就为企业的快速发展注入新鲜的血液，使华为集团成为国内同行业中的佼佼者。

4. 人口因素

人口因素主要包括人口总数、年龄构成、人口分布、人口密度、教育程度、家庭状况、居住条件、死亡率、结婚率、离婚率、民族结构以及年龄发展趋势、家庭结构变化等。

人口因素对企业战略的制定有重大影响。例如，人口总数直接影响着社会生产总规模；人口的地理分布影响着企业的厂址选择；人口的性别比例和年龄结构在一定程度上决定了社会需求结构，进而影响社会供给结构和企业生产结构；人口的教育文化水平直接影响着企业的人力资源状况；家庭户数及其结构的变化与耐用消费品的需求和变化趋势密切相关，因而也就影响到耐用消费品的生产规模等。现在世界上人口变动的主要趋势是：世界人口迅速增长，这意味着消费继续增长，世界市场扩大；许多国家人口趋于老龄化，因此企业应认真研究分析老人市场问题；许多国家的家庭状况正在发生变化，家庭规模趋于小型化；人们的闲暇时间逐渐增多，所以企业也应该注意由此可能带来的市场机会。

5. 社会心理

社会心理对人们的行为起支配作用。如一个民族精神比较强的民族，人们会自觉地维护民族利益。其行为特征是个人利益服从民族利益，局部利益服从整体利益。其在企业经营中表现为以企业利益为重，容易形成具有巨大凝聚力的企业精神。社会心理还可以体现为人的价值观取向、对物质利益的态度、对新生事物的态度、对企业经营风险的态度、对社会地位的态度，这些都会给企业经营带来影响。

4.2.6　技术环境因素分析

所谓技术环境，就是指一个国家和地区的技术水平、技术政策、新产品开发能力，以及技术发展的动向等。

技术因素不但指那些引起时代革命性文化的发明，而且包括与企业生产有关的新技术、新工艺、新材料的出现和发展趋势及应用前景。技术的变革在为企业提供机遇的同时，也对它形成了威胁。因此，技术力量主要从以下两个方面影响企业战略的选择。

1. 技术革新为企业创造了机遇

（1）新技术的出现使得社会和新兴行业增加对本行业产品的需求，从而使企业可以开辟新的市场和新的经营范围。例如，饮料对铝制包装的需求为制铝业注入一针强心剂。

(2) 技术进步可能使企业通过利用新的生产方法、新的生产工艺过程或新材料等各种途径,生产出高质量、高性能的产品,同时也可能使产品成本大大降低。我国消费者都经历了电子产品,特别是 PC 产品成本降低所带来的好处,如低价电脑推动了电脑在我国的普及。

(3) 技术突飞猛进的发展,使新技术的变革可以降低或者消除某些产业的进入壁垒,并大大缩短产品的生命周期,同时新技术的产生还会导致工作方式、消费方式和生活方式的重大改变。电脑和网络技术的产生就是一个典型的例子。由于互联网的兴起,全世界的信息资源都可以共享,产业间的距离逐渐拉近,进入门槛也相应地降低。

2. 新技术的出现使企业面临挑战

技术进步会使社会对企业产品和服务的需求发生重大变化。新技术是一种创造性的毁灭力量,它在给某些产业或企业带来新的市场机会的同时,自然也会把一些相关的产业或企业淘汰出局。例如,塑料制品业的发展就在一定程度上对钢铁业形成了威胁,许多塑料制品成为钢铁产品的代用品;手机的问世使 BP 机(寻呼机)以相当的速度退出了通信市场,CD(激光唱盘)技术的出现使磁带及单放机的日子不再好过,而 MP3、MP4 这些数码产品的发明又使 CD 机的市场份额被大大侵占,还有数码相机对胶卷业的致命打击以及在我国城镇液化煤气、煤气管道的使用对家用煤制品产业的取代。此外,竞争对手的技术不仅可能使本企业的产品或服务陈旧过时,也可能使本企业的产品价格过高,从而失去竞争力。

由此可见,当今世界没有任何产业或企业可以不依赖新技术的巨大能量。与此同时,我们也应该看到我国企业在开发应用新技术方面存在的不足。

(1) 研发费用比例小,研发队伍不够强大,未能得到企业高层足够的重视,支持不够。

(2) 技术或新产品的研发成功地转换成企业或商业价值的时间长,新技术转化为生产力的效率低。

(3) 自主创新能力差,对于核心技术的发明创新与西方国家存在着很大的差距。

4.2.7 自然环境因素分析

自然环境是指一个企业所在地区或市场的地理、气候、资源分布、生态等环境因素。它具有潜在和实际的两种变化,企业战略就是要积极应对和处理这些变化。生态、社会和经济系统中的变化是相互影响的,强化自然环境保护是全球的大趋势,企业需要关注这一变化。与经济增长相伴的是自然环境的日益恶化,恶性的自然环境破坏事件增多。因此,在识别自然环境因素的变化趋势时,企业应该注意一些自然环境特征。其中,全球变暖值得特别注意,很多国家和公司都在努力预测其对社会和商业运营的影响。先动的企业正在寻求在这一趋势变化中培育竞争优势,实施"绿色战略",主张通过增强环境的可持续性来获得利益。清洁能源是值得关注的另一个自然环境因素,例如,特斯拉开发的新能源汽车正引领汽车行业发展的新方向,我国政府也推出了新能源汽车的扶持政策,促进我国新能源汽车的发展,这将改变我国汽车行业的竞争格局。

4.3 商业生态系统分析

4.3.1 商业生态系统的提出

与20世纪60—70年代的业务垂直集成相比较,今天,越来越多的企业把一些制造、技术开发和服务的职能外包出去,其结果是企业间的相互联系越来越紧密。随着这种联系越来越普遍,关于企业竞争力的观点也由原来的强调内在能力转移到管理和影响企业直接控制与拥有的资源等方面上来。为适应这种趋势,穆尔首次提出商业生态系统(business ecosystems)的概念。之后,他又在1996年所著的《竞争的衰亡:商业生态系统时代的领导与战略》一书中,系统地阐述了商业生态系统的概念及商业生态系统的进化规律,并为各类企业提供了发展战略参考。

所谓商业生态系统,就是由组织和个人以相互作用为基础所组成的经济联合体,其成员包括企业、消费者、代理商、市场中介、竞争者、供应商、政府及具有政府职能的单位、风险承担者以及其他利益共同体单位等。这些单位通过利益共享、自组织甚至有些偶然的方式聚集在一起构成了价值链,不同的链之间相互交织形成了价值网,物质、能量和信息等通过价值网在联合体成员间流动和循环。例如,阿里巴巴根据阿里旅行这一特定业务打造商业生态系统。在阿里云平台上,以阿里在线以及移动电商架构为基础,天猫、淘宝、蚂蚁金服、支付宝、聚划算等许多商业主体集聚在买家和卖家周边,以利益共享的方式形成了相互支持和促进的商业生态系统。不过,与自然生态系统的食物链不同的是,价值链上各环节之间不是吃与被吃的关系,而是价值或利益交换的关系。也就是说,它们更像是共生关系,多个共生关系形成了商业生态系统的价值网,其具体表现如图4-5所示。

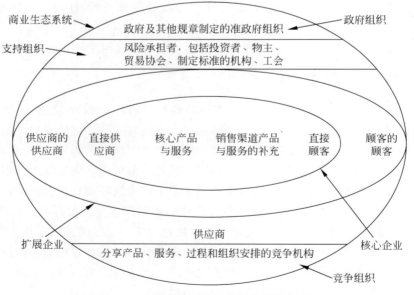

图4-5 商业生态系统价值网的具体表现

4.3.2 商业生态系统的重要特征

商业生态系统具有以下几个重要特征。

1. 生态特征

商业生态系统是社会系统的组成部分,它继承了社会系统所具有的生命特征,如开放性、复杂性、有序性、自组织以及新陈代谢等。同时,商业生态系统在生存发展过程中呈现出开拓、扩展、权威、重振或死亡的生命周期,遵循着优胜劣汰、适者生存的规律。此外,商业生态系统成员又具备一些基本特征。

(1) 商业生态系统强调系统成员的多样性。多样性对于商业生态系统是非常重要的。首先,多样性对于企业应对不确定性环境起着缓冲的作用;其次,多样性有利于商业生态系统价值的创造;最后,多样性是商业生态系统实现自组织的先决条件。

(2) 成员互利共存、资源共享,构成一个有序结构与功能的系统。

(3) 商业生态系统的生存发展与经济环境相联系。

(4) 各个成员在商业生态系统中的重要性是不相等的,有优势企业和劣势企业,有核心企业和附属企业。在商业生态系统中,核心企业和优势企业对于系统抵抗外界的干扰起着非常重要的作用,因为其所支持的多样性在遇到外界干扰时起到了缓冲器的作用,从而可以保护系统的结构、生产力和多样性。

(5) 商业生态系统尤其是虚拟商业生态系统具有模糊的边界,呈现网络状结构。这主要体现在两个方面:首先是每一个商业生态系统内部包含着众多的小商业生态系统,同时它本身又是更大的一个商业生态系统的一部分;其次是某一企业可同时在多个商业生态系统中生存,犹如青蛙既属于湖泊生态系统又属于草地生态系统一样,飞利浦不仅和美国电话电报公司合作取得先进的光电技术,也同德国西门子公司合作,设计统一的电话系统。

(6) 商业生态系统具有自组织的特征,并通过自组织不断进化。商业环境不断地在改变,对于商业生态系统来说,只要条件满足,自组织就不会停息,即随环境不断进化。

2. 竞争与互利并存

商业生态系统是复杂的人—自然—社会经济系统,它与自然生态系统相似,存在竞争和互利共生两个方面,竞争和互利关系很复杂。当商业生态系统企业或企业集团的经营方向、经营产品及组织结构形式存在相似性,则企业间存在相似特性。促进企业间趋向合作的重要因素有三点:①企业经营活动的中心逐步从以企业为中心向以顾客为中心转换,使企业经营的外部过程变得日趋重要;②日益加剧的全球竞争以及全球物流网络的出现,迫使许多企业开始更大规模的合作,以更有效地参与市场竞争;③顾客对速度更快、价格更低以及质量更好的服务的需求日益增长,迫切需要商品和信息在整个供给链上更快地加以传递。

3. 完善协作

如同在一个社会性生物群体中，各成员分工协作，为着共同的目标，有机地联合形成一个整体，才能在大自然中生存发展。一个商业生态系统中各成员的贡献相互补充，在配套产品、功能完善、销售渠道及售后服务等方面构成商品的完整服务。如 1997 年 3Com 公司生产的袖珍电脑产品 PalmPilot 成为大热门，同时出现了一个作为这种基本产品的辅助和延伸的其他产品与服务的兴旺网络。现在许多个人和小公司都在编写可在这种机器上使用的软件，IBM 公司（国际商业机器公司）等公司签订了转售协议，通过它们的销售队伍销售该产品，甚至经营手袋的公司也推出了配套的箱包和笔记本等系列产品。

4. 共同进化

像生物生态系统一样，商业生态系统中的成员是共同进化的。每个成员在自我改善与改造的同时，都必须对系统中其他成员加以注意并积极配合。同时，其他成员也应该进行自我投资并努力实现改造的目标。一些最好的高技术公司现在都利用投资和建立伙伴关系来促进供应商、顾客和配套厂家之间的共同进化。这使各公司得以加快新商业生态系统和市场区域的建立与扩大，还能使各公司确保本生态系统的其他成员用他们的核心贡献进行的投资来支持已取得的利益。例如，英特尔公司除了对顾客进行教育和建立营销渠道外，还同提供辅助产品和服务的其他公司合作，同它们订立供货合同，提供工程和其他方面的技术支持，并经常对那些能作出重要贡献、使整个生态系统受益的公司直接投资。每一代新产品问世，数千家其他公司的能力都随着英特尔公司一起进化。

5. 群体竞争

提供或多或少可替代产品和服务的不同生态系统之间竞争是很激烈的，这不仅仅是两个企业的竞争，而是支持不同技术的联盟之间的竞争，往往会形成行业标准之争。

4.3.3 商业生态系统的组成层次

1. 核心商业层

该层主要由公司自身及其顾客、市场媒介（包括代理商、提供商业渠道以及销售互补产品和服务的人）、供应商组成，他们可被看作商业生态系统的初级物种，其中公司自身提供核心产品与服务，具有一种或数种能够为最终消费者带来巨大价值或消费者剩余的核心能力。例如，在电子信息行业中，生产微处理器的能力能够为计算机的广泛使用产生巨大的推动力。而互联网的出现，无疑促进了电信业在世界范围内的发展。对于制造业而言，这种革命性的力量可能更多地体现在组织生产或吸引人才的新方式之中。公司自身在核心商业层中居领导地位，它和其直接供应商、销售渠道以及补充供应商联系密切，关系紧凑。

2. 扩展企业层

该层主要由供应商的供应商、直接顾客和顾客的顾客组成，可看作初级物种的所有者和控制者。顾客最终获得的全面的消费体验不仅取决于核心产品或服务,而且有赖于各种能增加客户经验的补充性产品和服务。以互联网为例,它集中反映了与计算机网络有关的各项能力。正是因为有了诸如网景公司之类的公司提供核心软件产品和服务,消费者才得以通过网络享受到数以万计内容提供商提供的服务。

3. 商业生态系统层

商业生态系统层范围最广,是在核心商业层、扩展企业层的基础上,增加风险承担者(如投资者、物主、贸易协会、制定标准的机构以及工会等)、政府部门以及分享产品、服务、过程和组织安排的竞争机构,即在特定情况下相关的物种(包括政府机构和管理机构,以及代表消费者和供应商的协会与标准)。这些群体在一定程度上是有意识建立的,但主要是自行组织的,甚至是偶然形成的,其结果是企业通过营销的加强、标准的确定、争执的解决等各种手段强化核心领导地位,其他成员为力求共同的发展而作出自己的贡献,彼此能够相互完善、相互补充,从而提高企业群体的整体竞争能力。

4.3.4 商业生态系统的构建

(1) 形成关键物种。如果把商业生态系统比喻为原子的话,那么核心企业就是原子核。核心企业在生态系统中扮演着无可替代的领导者角色,对企业之间形成长期战略关系有着重要影响。丰田、索尼、IBM、沃尔玛公司便是典型的系统领导企业。

(2) 扩展价值链网。商业生态系统必须不断改造和更新,必要时通过市场选择最优环节进行整合或干脆重新设计价值链,达到把核心价值链扩展为功能更强大的价值网络的目的,以此提升新产品开发能力,引导消费热点的转移或升级,创造新的顾客价值,保持生态系统持续发展的能力。通过价值链管理,系统积聚起足够的吸引力留住成员,形成一种长期稳定的合作关系,有效避免了联盟企业失去建立稳定合作关系的信心而与核心企业分道扬镳的恶果。大多数企业在竞争十分激烈的情况下仍不愿意离开产品迅速更新的IT(信息技术)行业生态系统便是佐证。

(3) 促进共同进化。企业和商业生态系统中其他成员之间的关系,从本质上来讲,是一种共同进化的关系。因此,系统的中心企业要在技术指导和人员培训上投资,这不仅可以促进本系统中各成员的共同进化,在市场竞争中求得生存和发展,而且能使成员感受到支持和被领导,从而树立对中心企业的信心,不愿意再冒风险转移到新的商业生态系统中。这种"一荣俱荣,一损俱损"的集群生存,使成员以独特贡献建立一条经济利益相连、业务关系紧密的系统价值链将彼此紧密联系在一起,实现优势互补、资源利用和信息共享,在保持个体优势的同时增强了组织适应环境的能力和系统竞争力以及扩大了可利用资源的范围。

(4) 变革组织管理模式。传统的公司组织结构是多部门的 M 式,这种结构显然无法满足商业生态系统中企业的结构要求。为了适应商业生态系统的要求,新的管理模式需要解决以下三个问题:①不要让商业生态系统中的企业把更多的精力和资金花费在获得控制权上;②要协调自己在生态系统中和其他成员的关系,增强解决挑战的能力,学会化解潜在的竞争威胁;③集中商业生态系统的整体力量快速解决顾客服务、生产开发、营销、金融及协调与政府关系等各种问题,要让所有的重要成员都能从战略的成功实施中得到利益。

(5) 发展系统核心技术。商业生态系统的中心企业要对自己的核心技术不断创新,以吸引更多的其他企业加入自己的生态系统中,实现优势互补,以增强自身商业生态系统的竞争能力,获得对市场的支配地位,建立行业标准。

4.4 行业结构分析

4.4.1 行业结构描述

1. 行业的界定

一个行业是指一组企业,组内企业提供可以近似替代的产品或服务,即满足相同顾客基本需求的产品或服务。一家企业最紧密的竞争者,或者说竞争对手,就是那些满足相同顾客基本需求的企业。

外部行业分析的第一步是识别出企业竞争所处的行业。为此,管理者首先需要仔细观察与分析企业要满足的顾客的基本需求,即管理者进行分析时的基本思想必须以顾客为导向,而不是以产品为导向,以一个市场所能满足的消费者的基本需求作为一个行业的边界。管理者清楚地了解行业边界是十分重要的,如果他们对行业边界的界定是错误的,那么他们就可能被那些通过不同产品满足相同顾客需求的竞争者所威胁。例如,消费者可以通过计算机硬件运行个人效能软件,浏览网站,收发邮件,存储、显示和制作电子照片等,而台式电脑和笔记本电脑都可以满足消费者对计算机硬件的需求,因此,我们可以谈谈计算机硬件设备行业,它的参与者包括苹果、戴尔、惠普、联想、微软和三星。

重要的是要认识到,随着客户需求的发展,行业的界限可能会随着时间的推移而改变,一些新兴技术会使不相关的行业的企业能够以新的方式满足现有的客户需求。我们已经注意到,20 世纪 90 年代,软饮料的消费者开始选择瓶装水和非碳酸的果汁饮品,此时可口可乐发现它开始与瓶装水和非碳酸的果汁饮品制造商形成直接的竞争关系(所有这些企业处于同一行业)。

另一个技术变革导致行业边界发生变化的例子,我们可以想到计算机行业和通信行业正在发生的融合。历史上,通信设备行业一直被认为是远离计算机硬件行业的独立实体。然而,随着通信设备从模拟技术转向数字技术,通信设备也越来越像计算机。这一结果导致不同行业之间的界限变得模糊。例如,一台智能手机,如苹果公司的 iPhone,就是一台兼容了无线连接和通话功能的小型手提电脑。因此,作为无线电话制造商的三星和 HTC(宏达电子)发现,它们正在和苹果、微软等传统计算机公司进行直接的竞争。

2. 行业结构概述

行业结构也称产业结构或市场结构,是指在特定市场中,企业间在数量、份额、规模上的关系,以及由此决定的竞争形式。行业结构(市场结构)的划分依据是:交易者数目;交易商品的单一性;进入市场有无障碍;交易者所得到的信息是否完全。决定市场结构的因素有很多，主要包括：①市场集中度；②产品差异化；③进入和退出壁垒；④市场需求的价格弹性；⑤市场需求的增长率；⑥短期成本结构。

市场份额和市场集中程度主要刻画特定市场中企业间规模、数量分布特征。市场集中度主要分为绝对集中度和相对集中度，而绝对集中度指的是以特定市场内几家大企业的生产、销售、员工、资金等的投入与产出指标的累计数占整个市场相应指标的总数份额比例表示，如式(4-1)所示。

$$CR_n = \sum_{i=1}^{n} x_i \Big/ \sum_{j=1}^{N} x_j \qquad (4-1)$$

式中：CR_n——行业中规模最大的前 n 家企业的集中度；

　　　x_i——行业中规模最大的前几家企业的产量、产值、销售额、销售量、职工人数、资产总额等有关数值，在行业分析中，一般取 $n=4$ 或 $n=8$，计算前 4 家或前 8 家最大企业的集中度；

　　　n——产业内规模最大的前若干企业；

　　　N——产业内的企业总数。

行业结构大致可以分为四类：完全竞争市场、垄断竞争市场、寡头市场和垄断市场。集市中的鸡蛋市场大致可以认为是完全竞争市场；长城公司、昆仑公司、统一公司三足鼎立，众多厂商跟进的润滑油市场可近似视为垄断竞争市场；中国移动和中国联通在移动通信领域的竞争构成的是寡头市场；而中国铁路、自来水、电力则是不折不扣的垄断市场，尽管在局部存在小小的竞争。微观经济学认为，不同市场结构，其经济效率是不同的。这种经济效率上的差别，源于市场竞争程度的不同。竞争程度越高，经济效率越高；竞争程度越低，经济效率也就越低，这里的经济效率指的是节省或节约。因此，从理论上讲经济效率最高的是完全竞争市场，其次是垄断竞争市场，再次是寡头市场，效率最低的是垄断市场。

3. 行业结构的度量

行业集中度(concentration ratio)是市场结构的重要内容，也是衡量某一市场竞争程度的重要标志，是通过市场参与者的数量和参与程度来反映市场的竞争或垄断程度的基本概念。行业集中度可以分为卖方集中度和买方集中度。

行业集中度指数一般以某一行业排名前 n 位的企业的销售额(或生产量等数值)占行业总的销售额的比例来度量。CR_n 大，说明这一行业的集中度高，市场竞争趋向垄断竞争；反之，集中度低，市场竞争趋向完全竞争。

有时用行业集中曲线(concentration curve)来描述行业结构更为直观(图 4-6)。当集中曲线表现为陡峭时，市场集中度高；反之，市场集中度较

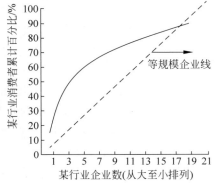

图 4-6　某行业集中曲线

低；当集中曲线为一条向上倾斜的直线时，说明所有企业的规模都相同。

当然，市场集中度高，也会使企业产生垄断行为。近年来，各国对通过兼并而可能导致的垄断行为监管比较严格。例如，美国的企业兼并准则主要针对横向兼并，由于以上几个指标都有一些不足和缺陷，产业组织学者于1982年依据兼并准则引进了新的方法来测定市场集中度，即赫芬达尔-赫尔希曼指数（Herfindahl-Hirschman Index，HHI）。HHI等于某一行业/市场中每个企业市场份额的平方之和，即它是某特定行业市场上所有企业的市场份额的平方和，用式（4-2）表示为

$$\text{HHI} = \sum_{i=1}^{n}(X_i/X)^2 = \sum_{i=1}^{n}S_i^2 \qquad (4\text{-}2)$$

式中：X_i——产业中第 i 位企业的规模；

$\qquad X$——产业市场的总规模；

$\qquad S_i$——产业中第 i 位企业的市场占有率；

$\qquad n$——产业内的企业数。

根据HHI将市场集中度分为三类：①低集中度市场。HHI低于1 000，在此市场内，不管兼并企业的市场份额是多少，一般都可以得到批准。②中等集中度市场。HHI在1 000和1 800之间，在此市场中，如果兼并后使HHI上升100以上，就可能得不到批准；如果HHI上升小于100，一般可以获准。③高集中度市场。HHI高于1 800，在此市场里，任何兼并如果使HHI上升在50以上，不会得到批准；HHI上升小于50，一般会得到批准。因而，政府不会限制低集中行业的任何兼并，而中等集中行业的危险HHI变化值为100，高度集中行业的危险HHI变化值为50。对非横向兼并，准则规定除了考虑对横向兼并适用的标准外，还要考虑进入阻碍、排除竞争对手等其他因素。

举个例子：某行业前5名的份额为30%、25%、20%、15%、10%，那么并购前HHI＝$30^2+25^2+20^2+15^2+10^2=2\,250>1\,800$，此行业为高度集中行业。此时，如果第三名与第五名合并，那么各个公司份额变为：30%、25%、30%、15%，HHI＝$30^2+25^2+30^2+15^2=2\,650>1\,800$，增长了400，说明这种兼并很有可能导致垄断，削弱竞争，这样的兼并得到政府通过的可能性就很小。

4.4.2 五种竞争力量模型

企业战略环境的范围很广，既有社会因素，又有经济因素。不过企业所直接面临的是企业所在的行业，一旦行业边界被确定，管理者面临的任务就是要根据波特的五种竞争力量模型（以下简称"五力模型"），对行业环境的机会与威胁进行识别，从而分析企业面对的竞争。行业的结构在决定竞争原则和企业可能采取的战略等方面具有强烈的影响。事实上，有很多行业结构因素影响竞争强度和行业的获利性，也有许多理论和模型用来描述行业结构、竞争行为和获利性之间的关系，如产业组织学中的纯粹垄断和完全竞争模型。但是在实际情况下，上述两个模型描述的竞争状态并不经常发生。于是，波特在《竞争战略》一书中，从产业组织理论的角度提出了产业结构分析的基本框架——五种竞争力量分析。这是20世纪80年代竞争分析最主要的工具之一，同时也为各国的学者所广泛关注和引用。

五力模型来源于产业组织理论,因此,有必要先行介绍一下产业组织理论的主要内容。

1. 产业组织理论的主要内容

产业组织理论,亦称产业经济学(industrial economics)或产业组织学(industrial organization),兴起于20世纪70年代,是微观经济学的重要且最活跃的分支,主要研究不完全竞争市场下企业的行为和政府的产业政策,主要内容包括企业理论、市场结构与产业组织、产业政策等。产业组织理论中所指的"产业"不仅仅指"工业"或"商业"或其他某个行业,而是泛指国民经济中的各行各业。在一般情况下,产业经济学中的"产业"与"市场"是同义语。

(1) 渊源及发展。古典经济学家亚当·斯密(Adam Smith)在《国民财富的性质和原因的研究》一书中最早提出产业组织理论即市场自发调节自由竞争的市场机制,以及这一条件下厂商的市场行为。20世纪初,英国经济学家马歇尔(Marshall)在《经济学原理》一书中,将组织作为生产要素引入经济分析,阐述了"马歇尔冲突"。20世纪20—30年代,张伯伦(Chamberlin)、罗宾逊(Robinson)分别在《垄断竞争力论》《不完全竞争理论》书中提出了垄断竞争的理论。

20世纪40—60年代,以梅森(Mason)、贝恩(Bain)、谢勒(Scherer)等为代表的哈佛学派形成,提出了SCP范式;20世纪70年代,芝加哥学派形成了可竞争性理论;20世纪80年代后,以泰勒尔(Jean Tirole)、克瑞普斯(Kreps)为代表将博弈论引进了产业组织理论,即形成了新产业组织理论。

(2) 哈佛学派的SCP分析框架(结构主义者)。从产业组织理论的渊源和发展我们可以看出,产业组织理论和SCP框架产业组织理论可以追溯到马歇尔的规模经济理论、罗宾逊的不完全竞争理论及张伯伦的垄断竞争理论。但是,产业组织理论的确定则要归功于美国经济学家贝恩。贝恩于1959年发表《产业组织》这部经典著作,提出了现代产业组织理论的三个基本范畴:市场结构(market structure)、企业行为(enterprise conduct)和市场绩效(market performance),并把这三个范畴和政府的产业组织政策联系起来,规范了产业组织理论的体系,即SCP范式。其基本的分析程序是按结构—行为—绩效—产业组织政策展开的。结构、行为、绩效存在因果关系,结构决定行为,行为决定绩效。因此,为获得理想的绩效,最重要的是通过产业组织政策来调整和直接改善不合理的市场结构。SCP范式的最大吸引力在于,能以可观测的(基本来说,缓慢变动的)结构变量为条件,通过建立稳定的、一般的关系模型,就能很方便地了解绩效变量的规律性,而不必探索其固有的、难以处理的并在很大程度上不可预测的市场行为过程。这样,行为作为从结构到绩效之间因果关系的关键环节,当有关行为性质的假设产生对于实证结果的先验期望时,就将表明所观测的结构—绩效关系中的规律性。

产业组织理论是以同一商品市场的企业关系结构为研究对象,以产业内的最佳资源分配为目标,研究产业内企业规模以及企业之间竞争与垄断关系的应用经济理论。其核心内容是,研究某一产业的产业组织的结构性质是否保持了该产业内有足够的压力改善生产和经营,降低成本;某一产业组织性质是否利用了"规模经济",使该产业处于单位成本的最优水平。

产业组织理论以市场结构、企业行为、经济绩效为框架(简称 SCP 框架)进行分析(图 4-7)。

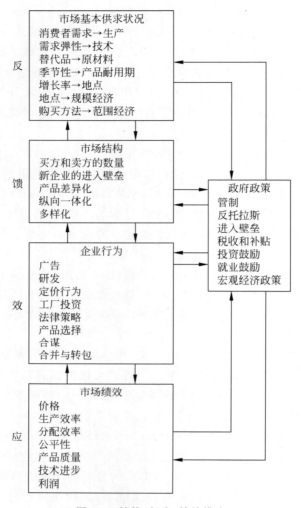

图 4-7　结构、行为、绩效模式

SCP 基本的分析方法是依据市场结构决定企业在市场中的行为,而企业行为又决定市场运行在各个方面的经济绩效这一经济理论定律。

(1) 市场结构是指构成市场的卖者(企业)之间、买者之间以及卖者和买者集团之间等各种关系的因素及其特征。

(2) 企业行为是指企业为了在市场上赢得更大的利润和更高的市场占有率,所采取的战略性行动。

(3) 经济绩效是指产业市场运行的效率。它是以市场结构为基础,反映由企业行为形成的产业资源配置,产业在价格、产量、费用、利润、产品的质量和品种以及技术进步和产业规模经济实现程度等方面所达到的现实状态。

（4）政府政策是指政府通过对上述三个部分的现状测量和分析，制定的有效指导和干预市场结构、企业行为的措施。其目的是通过协调竞争与经济规模的矛盾，促进经济发展，实现理想的市场效果。产业组织理论认为在市场经济条件下，政府干预市场可采用间接和直接两种主要方式。间接干预主要是通过制定和实施反垄断法，直接干预则主要表现为公共管制，如价格上限等。

2. 五力模型的主要内容

五力模型认为企业的盈利能力取决于其竞争优势，而企业竞争优势又一定程度地取决于企业所在产业基本的竞争结构，即潜在进入者的威胁、购买者的讨价还价能力、供应者的讨价还价能力、替代品的威胁以及现有竞争者间的竞争所形成的竞争结构（图4-8）。这五种竞争力量的综合作用随产业不同而不同，随产业发展变化而变化，结果就使不同产业或同一产业不同发展时期，具有不同的利润水平。企业可以通过其战略对五种竞争力量产生影响，甚至改变某些规则，进而赢得竞争优势。

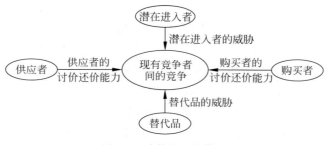

图4-8　波特的五力模型

这五种竞争力量相互对企业行业环境产生作用，它们的状况及其综合强度决定了行业竞争的激烈程度，决定着行业获得利润的能力。对不同的行业来说，这五种竞争力量决定了不同的竞争强度，而且会随着行业的发展发生变化。

在竞争激烈的行业（如美国的橡胶业、我国的彩电行业等）中多数企业获利较低，而处于竞争相对缓和的行业中企业相对获利丰厚，如我国的电信业。所以，一个产业的获利能力和水平并不取决于产品的外观或者其技术含量的高低，而是取决于产业的结构特征。例如一个产业的产品科技含量很高，但是却面临供应商强大的讨价还价能力或者被其他产品所替代的威胁，那么这一行业的多数企业就很不容易经营。

从战略形成的角度看，五种竞争力量共同决定行业竞争的强度和获利能力。但是对于不同的行业或某一行业的不同时期，各种力量的作用是不同的，常常是一种力量或两种力量起支配作用，其他竞争力量处于较次要的地位。应该指出的是，尽管行业结构对行业的竞争强度和获利能力具有决定性的影响，但是企业也不是完全无能为力，它们可以通过制定适当的战略来谋求相对优势的地位，从而获得更高的利润，不仅如此，行业内的企业，尤其是处于领先地位的企业还可以通过战略调整改变行业的竞争结构，而这也正是战略管理所要解决的重要问题之一。

4.4.3 行业结构具体分析

前面我们讲到了产业结构可分为五种竞争力量,即潜在进入者的威胁、供应者和购买者的讨价还价能力、替代品的威胁以及现有竞争者间的竞争。行业结构分析的重点就是对这五种竞争作用力的分析,得到的结论将为企业定位于行业价值链的哪个环节奠定基础。产业中众多的经济技术特征对于每一种竞争力都是至关重要的,本节对这些内容将逐一展开。

1. 潜在进入者的威胁

潜在进入者又称新进入者,它包括一个新办的企业或是一个采用多元化经营战略的原从事其他行业的企业。潜在进入者进入某行业后将在两个方面减少现有厂商的利润:一方面,进入者会瓜分原有的市场份额;另一方面,进入者降低了行业的集中程度,激发现有企业的竞争,从而减少了价格—成本差。对于一个产业来说,潜在进入者对本行业威胁的大小取决于其进入新行业需要克服的障碍和付出的代价(进入壁垒),以及进入新行业后原有企业反应的激烈程度。如果进入障碍高,原有的企业强烈反击,进入者难以进入本行业,那么进入威胁就会小。

通过以上分析,我们不难发现,高额利润永远是企业追求的主题,当某一行业尤其是某一新兴行业获得高额利润时,不仅会刺激行业内现有的企业增加投资以提高生产能力,而且会吸引行业外企业进入该行业。实际上,在同一行业内,当一个企业的某一产品或产品系列获利丰厚时,也会吸引其他企业的目光。无论什么时候,只要有新的对手进入行业,尤其是当它们投入大量资源与现有企业争夺市场份额时,就可能会引起价格下降,并降低行业的利润率,这种情况在我国的很多行业都发生过。从行业内现有企业的角度看,它们总是希望少一些新的进入者,以维持既得的利益和相对优势的地位。如果可能,它们会设法阻止其他企业进入该行业,而要实现这一目标,首先需要明确新的进入者可能来自哪里,它们可能以哪些方式进入该行业,在这方面可利用行业扫描图进行分析。

1) 行业扫描图

行业扫描图如图 4-9 所示,其中横坐标上标出的是行业的潜在顾客,相当于不同的细分市场,纵坐标上标出的是行业内现有的产品。行业扫描图有助于企业管理人员明确以下几个问题。

(1) 目前行业都生产哪些产品?
(2) 行业所服务的市场和顾客有哪些?
(3) 行业内现有哪些企业?
(4) 在每一主要产品的细分市场,谁是主要竞争对手?

在行业扫描图上,可以标出企业在每一产品市场上的主要竞争者及其市场份额,这样便可以清楚比较在每一产品项目和不同细分市场上企业自身所处的相对竞争地位。

很显然,通过这样的行业扫描图不仅可以窥视行业的全貌,而且通过深入的分析还可以确定可能的进入者及其进入方式。

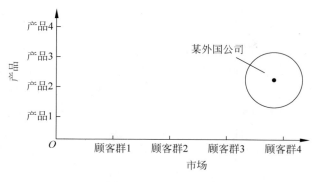

图 4-9　行业扫描图

2）行业进入障碍的主要决定因素

（1）规模经济。规模经济是指产品的单位成本（或生产一件产品的制造成本或经营成本）随生产批量的增加而下降。由于规模经济的存在,新进入者以大规模的方式进入时就要冒现有企业强烈反击的风险,若以小规模方式进入,则企业成本上的劣势又难以避免,这样就对新进入者构成了有效的行业壁垒。规模的经济性存在于企业的每个职能活动中,包括制造、购买、研发、营销、服务网络、销售能力的利用以及分销渠道。例如,在生产、研发、营销和售后服务上的规模经济性可能是进入计算机主机行业的关键壁垒。

（2）产品差异化。产品差异化是指现有企业通过以前的广告、对顾客的服务、产品特性或仅仅由于它最先进入该行业而获得的信誉及顾客忠诚度的优势。产品差异化迫使新进入者为克服消费者对原有产品的忠诚而花费巨资,由此对其构成一种进入壁垒。这种努力通常包括投产时的损失以及延长时间。为了争取顾客而创立新的商标的投资也往往有较大风险,一旦进入该行业的行动失败,这种创立商标的投资就会血本无归。例如,在保健品和化妆品行业,产品差异化是最主要的进入障碍。

（3）资本需求。当企业为了进行竞争需要大量投资时,也会形成一种进入壁垒,特别是当需要投资于风险性或不能补偿的广告或研究开发方面时。生产设施、顾客信用、存货和弥补投产损失都需要资金。如果进入新行业所需投资过大,这对小企业来说无疑是一种难以逾越的障碍,只有那些有足够财力的大企业才有可能进入任何行业。在需要巨额资本投入的领域里,过高的费用限制了可能的进入者。当然,有时企业也可以从资本市场上获得资金,但由于资金用于进入新的行业有较大的风险,所以潜在的进入者要支付风险溢价,这对现有厂商而言是一种优势。

（4）转换成本。转换成本,即买方从购买一个供应商的产品转而购买另一个供应商的产品时所需支付的一次性费用,它也会构成进入壁垒。转换成本包括雇员的再培训费用、新的辅助设备的费用、对新供应商的产品进行检验并使之适合自己所需的时间和费用等。由于依赖卖方的工程援助而需要技术协助、产品的重新设计以及建立新的联系还需付出一定的心理费用,如果转换成本很高,则买方就难以改变其供应商。这时只有新进入者在成本和产品方面有较大改进时,买方才有可能转而购买新企业的产品,而要实现这种改进,无疑需要资金、技术和人才等,因此这也构成了一种进入壁垒。例如,微软公司的 Windows 操作系统可能不是最好的操作系统,但转换操作系统的成本可能是高昂的。

(5) 分销渠道。为了销售产品,新进入者必须有分销渠道,这也构成了一道进入壁垒。由于现有的有利的销售渠道已被行业内原有企业占用,所以新企业为了使这些销售渠道接受自己的产品,有可能需要付出较高的代价。例如,压低价格、共同分担广告费用等,这些无疑都会降低新企业的利润。例如,我国的成品油市场就是如此。

如果某种产品的批发和零售渠道有限,而现有竞争者和这些渠道联系很紧密,则新进入者进入该行业的壁垒就很高。由于现有企业和销售渠道有长期合作关系,并提供高质量服务,所以它们之间有紧密联系,甚至可能基于某种特殊关系,某一分销渠道只为某一特别的制造商服务。这时对于新进入者而言为进入销售渠道而形成的进入壁垒就会变得异常之高,以至于新企业不得不创建一个全新的分销渠道。

(6) 与规模无关的成本劣势。行业内现有企业所拥有的某些成本优势是潜在的进入者所没有的,这与进入企业的大小和规模经济无关。下列因素是现有企业最重要的优势所在。

① 生产的专利技术。企业为了获得竞争优势,自主研发新技术,这些技术通过专利法和保密来确保其独占性的生产专利和独特性的设计,为企业带来竞争优势。例如,微软公司由于开发 Windows 操作系统而获得专利,使其拥有了持续的竞争优势,基本上垄断了计算机操作系统市场,为其带来了丰厚的利润。

② 有利的原材料来源。原材料是制造企业生产的起点,因此原材料的来源在一定程度上影响了企业最后的获利能力。行业内已有的企业可能在对相应原材料需求较低且价格也较低时,就购买到优质、价格低廉的原材料,从而可以有效地建立企业的成本优势。这样,占据了最好的原材料资源并预测到了未来的需求。但对于新进入者来说,现有企业已经占据了优质的原材料,而且也与供应商建立了良好的关系,要取得原材料来源优势并不是在短时间内就能完成的。

③ 有利的区位。已有企业常会占据最有利的区位,而且在行业发展之初,这些区位的价格往往较低,还没有反映这些地点的全部价值。地理位置的选择对企业来说是至关重要的。有利的地理位置可以大量降低企业的运输成本。零售业巨头沃尔玛在创建初期,选择在偏远的中小城镇开店避开了大城市中激烈的竞争,同时又得到了廉价的土地和人工成本。可以说早期的选址策略在很大程度上为沃尔玛的成功奠定了基础。

④ 政府补贴。政府往往对关系到国计民生的重要产业(如金融、航空、能源、交通、医药等)及对财政收入有重要贡献的产业实行严格的控制。另外一些公共事业,如广播等,政府也会限制进入。政府的特惠补贴会使某些行业内的已有企业保持长久的优势。

⑤ 学习或经验。在某些行业,随着企业生产经验的累积,其产品的单位成本下降。导致成本下降的原因有很多,如工人工作方法的改进和效率的提高(典型的经验曲线)、车间布置的改善、采用专用设备和工序、设备操作的更新、通过改善产品设计使生产更加容易、计量和控制操作过程技术的提高等。这里的经验是指某种技术的变化,经验曲线不仅适用于生产,也适用于销售、后勤及其他职能。就像规模经济一样,由于经验累积导致的

成本下降可能与企业整体无关，而是来自企业的某种经营或职能活动。营销、分销渠道和生产过程的成本都会随经验的累积而下降，因此，现有企业在经营中积累的经验有利于形成成本优势，而新进入者可能需要花费大量的时间和资金来改变不利的竞争地位。

（7）政府的政策。政府通过许可证制度和原材料限制，能够限制甚至阻碍新企业进入某些行业。此外，政府对空气污染和水污染标准、产品安全和质量条例的控制，形成了很多不易被人察觉的进入障碍。例如，污染的防止会增加进入企业的资本需求，提高其所要求技术的复杂程度并扩大设施的最优规模；而在食品和其他保健产品业，产品检验的标准则会延长产品的研制周期。这不仅会增加进入企业的资本费用，而且会使现有企业有充分的时间注意即将到来的进入行为并掌握新竞争对手的产品特点，从而根据这些资料制定其反击战略。政府的政策一般都有直接的社会效益，但人们常常忽视了政府对进入新行业行为的副作用。

（8）原有企业的反应。潜在的进入者对现有竞争者的反应的预期也会影响其进入。如果它们预测现有企业会强烈反击其进入活动，从而使它们在行业中处于不利位置，它们就可能会撤销其进入行为。下列情况预示着现有企业反击的可能性很大，由此可能会阻碍进入者的进入。

① 过去曾强烈报复过进入者。
② 现有企业有足够的用于反击的资源，包括额外现金、未用过的贷款能力、满足未来所有可能需求的剩余生产能力以及对分销渠道和顾客的影响。
③ 现有企业承担了行业内的大部分合约并使用大量非流动性资产。
④ 行业发展缓慢，如果不减少现有企业的销售量和财务活动，市场吸收新企业生产的能力就很有限。

2. 供应者和购买者的讨价还价能力

五力模型的水平方向是对产业价值链的描述，反映的是产品或服务从获取原材料到最终的产品分配和销售的过程。企业战略分析的一个中心问题就是如何组织纵向链条。作为产业价值链上的每一个环节，都具有双重的身份，对其上游单位，它是购买者；对其下游单位，它是供应者。购买者和供应者的讨价还价能力主要围绕着价值增值的两个方面：功能与成本。讨价还价的双方都希望自己能够在交易中获得更多的价值增值。因此，购买者希望买到物美价廉的产品，而供应者则希望提供质次价高的产品。

购买者和供应者讨价还价能力的大小取决于以下几个方面。

1）买方（或卖方）的集中程度或业务量的大小

当购买者购买力集中，或者说对卖方来说是一笔很可观的交易，则购买者讨价还价的能力会增加。相反，当少数几家供应商控制供应时，则在价格和服务质量上给买方施加了很大的压力。这就是我国电信行业受到消费者诸多非议的原因。

2）产品差异化程度与资产专用性程度

资产专用性是资产只适用于一种产品和技术的生产。资产专用性是社会分工的产物。企业资产专用性程度越高,生产效率和质量越高。但是资产专用性也使资产的生产适应性下降,当企业转产时会成为一种损失成本。资产专用性不仅体现在有形资产上,还体现在各种无形资产上。如管理系统、品牌、供应与销售关系以及研发、生产制造、实际操作的知识和技能等。

当供应者的产品存在差异性,而替代品又不能与供应者的产品相竞争,那么供应者讨价还价的能力就加强了。在过去,我国的一些家电产品在质量上无法与国外的著名品牌家电相比,因此国外的家电价格始终居高不下,但是随着我国家电产品的崛起,国外的一些家用电器产品不得不加入我国市场竞争中来,如我国的彩电行业就是一个典型的、使国外供应商态度转变的例子。

3) 纵向一体化程度

若购买者已经实现了后向一体化,就会使供应者处于不利地位;若供应者实现了前向一体化,就会使购买者处于不利地位。

4) 信息掌握程度

当购买者充分了解需求、实际市场价格,甚至供应商成本等方面的信息,要比在信息贫乏情况下掌握更多的讨价还价的筹码。同样道理,如果供应者掌握的信息较多的话,那么它将在讨价还价中占得主动地位。

3. 替代品的威胁

替代品(substitutes)是指那些与本行业的产品具有同样功能或者说功能可以相互替代的产品。替代品往往是新技术与社会新需求的产物。对于现有的产业来说,替代品的威胁是不言而喻的。例如,我国当年有13家企业联合成立了"华录集团",雄心勃勃地要发展中国的录像机产业。但是我国 VCD(激光压缩视盘)影碟机的快速发展,使得华录集团彻底失败了。可以说替代品与本行业的产品是一个淘汰和反淘汰的过程。正因为如此,本行业与生产替代品的其他行业进行对抗常常是本行业采取共同措施,集体行动。当然,如果替代品是一种顺应时代发展潮流的东西,并且具有强大实力,此时与替代品竞争是不现实的,那么,在这种情况下还不如采取积极引进态度来依托原有的品牌、服务等形象跟上时代的潮流,谋求新的发展。

当然,替代品也不一定能够完全取代原有的产品,如汽车、火车、飞机等交通工具相互共存、共同发展是一个很常见的现象。

其实,从广义上来讲,一个行业内所有的企业都面临着与生产替代产品的企业竞争。行业内的企业在制定可以获利的产品价格时,替代品的存在使这个价格有一定的限度,从而限制了该行业的潜在收益。替代品的价格越吸引人,它对该行业利润的限制就越严重,因为当本行业产品价格上涨时,原来的忠实顾客就自然会转向替代品。替代品的压力主要取决于以下几个因素。

1) 替代品与现有产品的相对价值价格比

所谓相对价值价格比,就是指替代品价值价格比与现有产品价值价格比的比值,而一个产品的价值价格比是指提供给用户的价值与用户为它支付的价格之比。一般来讲,替代品及现有产品的价格是比较容易确定的,而估算替代品及现有产品的价值是比较困难的。

2) 用户转向替代品的转换成本

用户转向替代品的转换成本主要反映在以下七个方面。

(1) 收集替代品的信息。

(2) 检验替代品是否能达到使用者所要求的性能标准。

(3) 由于使用替代品,用户的生产活动或价值活动必须重新设计。例如,洗衣粉代替肥皂、计算机代替部分秘书的工作,使洗衣的过程或秘书的工作需要重新安排。

(4) 使用替代品后的培训及学习成本有所增加。

(5) 使用替代品后,劳动者地位发生改变。例如,自动化机器代替手工劳动,使操作人员地位发生了变化。

(6) 使用替代品有失败的风险。例如,计算机硬盘坏了,使原来计算机内存储的文件丢失。

(7) 使用替代品还需要对相应的软件、零部件和检测工具进行投资等。转换成本越高,替代发生的可能性就越小。

3) 用户使用替代品的欲望

在不同竞争环境下,在不同的行业中,不同的顾客,其替代的欲望是不同的。

(1) 在不同竞争环境下,用户的替代欲望不同。行业内竞争激烈,则用户使用替代品的欲望就比较强烈;若行业内竞争不激烈,则用户使用替代品的欲望相对就不强烈。

(2) 不同的行业替代欲望不同。例如,软件业产品转换快,用户替代欲望强烈;机械制造业产品转换相对慢,用户替代欲望就不强烈。

(3) 不同的顾客替代欲望不同。由于文化、年龄、历史、收入状况、性格等不同,其替代欲望有很大区别。例如,年轻人文化程度高,接受新鲜事物快,则替代欲望强;而老年人或文化程度低、收入状况不佳的人,替代欲望低。

此外,替代品的压力还取决于替代品的盈利能力和生产替代品的企业所采取的经营战略。如果替代品的盈利能力大,它的压力就大;反之,压力就小。如果生产替代品的企业采取迅速增长的发展战略,它的威胁就大;反之,威胁就小。

4. 现有竞争者间的竞争

1) 竞争的产生

产业竞争者就是行业内现有的企业。行业内现有企业间的竞争常会采用人们已经很熟悉的争夺市场地位的手段,如价格竞争、广告大战、产品介绍和增加对顾客的服务等。竞争之所以会产生,是因为一个或更多的竞争者感到了来自其他企业的压力或看到了提高市场占有率的机会。在许多行业中,由于企业是相互依赖的,所以一个企业挑起的竞争活动必然会对其他竞争对手产生显著的影响,并引起抵制这种行为的反击或努力。这种行为和反应模式对挑起竞争的企业和行业整体既可能有好处,也可能没有好处。但是,如果这种行为和抵制活动进一步升级,则行业内的所有企业都将深受其害,行业的整体状况也将会迅速恶化。

有的竞争方式,如引人注目的价格战略,是极不可取的一种战略,它很容易导致全行业的获利能力下降。降价会很快且很容易被竞争对手采用,一旦竞争对手采用降价战术相抗衡,则所有企业的收益都会降低,除非该行业有足够高的需求价格弹性。相反,广告战这种方式则能扩大需求或提高产品差异化程度,因此它对行业内所有企业都有益。

2) 产业内现有企业竞争的分析

产业内现有企业的竞争是指一个产业内的企业为市场占有率而进行的竞争,这就是我们常说的"竞争"。不同的行业现有的企业间的竞争激烈程度是不一样的。有的比较缓和,有的比较激烈。产生这种竞争的原因是多方面的,主要有以下几个方面。

(1) 产业内有众多的或势均力敌的竞争对手。当一个行业中的企业为数众多时,各个企业都趋向于各行其是,而且有些企业习惯性地认为它们能隐蔽它们所采取的行动,因此,就必然会有一些企业为了占领更大的市场份额、获取更高的利润而采取一些独立的行动来打击和排斥竞争对手,如彩电行业就是如此。

当企业数相对较少时,如果这些企业规模相当,拥有的资源也相近,那么由于这些企业容易相互较量并且有资源进行持续和激烈的反击,该行业会变得极不稳定。若该行业集中于少数企业,有一个或几个企业在行业中处于支配地位,则领导企业可通过价格领导制等方式在行业中起协调作用并建立行业秩序。

在许多行业中,外国竞争者向本国出口该行业的产品或通过外国投资直接进入该行业等方式参与行业的竞争,并在竞争中起着重要作用。外国竞争者虽然和本国企业有所不同,但从结构分析的目的看,对它们应一视同仁。

(2) 产业增长缓慢。在行业快速增长时,企业可以发挥自己的优势和资源来发展自己。但是,如果行业发展比较缓慢,有限的发展空间使得企业必须自己寻求出路,把力量放在争夺现有市场的占有率上,那么就将使企业间的竞争激化。纺织行业大致如此,不仅厂商众多,生产能力过剩,设备落后,而且竞争激烈,利润水平低下。

(3) 规模经济的要求。当一个行业的固定成本较高时,企业为降低单位产品的固定成本,就必须扩大生产,新的生产能力不断增加,可能会长期破坏行业的供求平衡,特别是在集中追加的生产能力有风险的行业。这种大幅度扩张的生产能力很容易导致整个行业的产品供大于求,进而引起激烈的价格竞争。

(4) 产品的同质性高和转换成本低。如果行业内产品之间的差异性高,那么,消费者大多会根据偏好或忠诚度来购买,但是,如果产品同质性高,消费者就会在价格和服务上进行选择,这样就会使生产者在价格和服务上形成竞争,使竞争者之间的直接对抗激化。同样,转换成本低时,购买者在选择上有更大自由,也会使竞争趋向更加激烈。

(5) 各种各样的竞争者。不同性质的竞争者采用多种竞争方式和手段,任何企业都会根据自己的目标、条件制定自己的战略,并设法在竞争中取胜,所以,竞争者的性质不同,采取的竞争方式和手段也不同。

(6) 高固定成本或高库存成本。当企业的固定成本较高时,企业就会面临能否充分利用其生产能力的压力,因为企业只有充分利用其生产能力,才能增加其边际利润。但是,若全行业的总生产能力过剩,那么企业都充分利用其生产能力就很容易导致降价大战。许多基础材料业,如造纸和炼铝业就曾因此而受害不浅。这里所说的固定成本是相对于附加价值的固定成本,而不是作为总成本的一定比例的固定成本。若企业的外构件成本很高(附加价值低),则尽管其固定成本的绝对比例很低,但为了达到盈亏平衡,企业仍不得不提高其生产能力,所以当附加值低时,盈亏平衡点的产量就较大。

另一种与高固定成本有关的情况是:产品一旦生产出来就很难储存或储存费用很高。这时,企业为了保证产品能够及时销售,很容易采用降价手段。这种压力使得这类行业利润降低,像海洋捕捞业、某些危险化学品制造业和一些服务业的情况就是如此。

(7) 高额战略利益。如果行业内的某些企业为了在该领域内获得成功而不惜下大赌注,那么行业内的竞争将会更加变化多端。例如,一个多元化经营的企业为了达到其整体战略,会不惜代价取得在某一特殊行业内的成功。在这种情况下,这些公司的目标不仅多种多样,而且常常发生变化,因为它们实施的是扩张性的策略并且为此不惜牺牲短期或局部的获利能力。

(8) 退出障碍较高。退出与进入刚好相反。当企业决定退出时,必须停止生产。一般而言,当其资产改变用途后的价值大于其继续在该市场中维持现状所获得的价值时,企业就会选择退出。但是退出障碍有时候会阻止企业行为。

退出障碍是指当一个企业决定退出某个行业时必须克服的障碍,包括经营、战略及感情等因素方面的障碍。退出障碍迫使一些企业在利润率极低的情况下依然留在该行业中。当然,退出壁垒的存在有利有弊,一方面可以维持行业的稳定性,但是另一方面如果退出障碍太高,当整个产业的需求静止或者衰退时,企业就可能被锁在一个获利率极低甚至为零的产业中,从而导致该行业的过剩生产能力以及价格竞争。

根据波特的理论,退出壁垒包括以下几方面。

① 专用性资产。某些行业需要特殊的资产,这些资产的专用性很强,因此清算价值偏低,从而导致企业的转移成本增高。

② 退出的固定费用高。它包括企业原有人员的安置费用、库存物品的处理费用等。

③ 内部战略联系密切。某些企业存在于某个行业中有其战略意义,因为该企业的其他业务要求这个企业涉足某个行业。

④ 情感因素。管理者由于特殊业务的标志、对雇员的忠诚、对自己个人前途的忧虑、自豪感及其他一些原因的影响,一般不愿意作出经济合理的退出决策。

⑤ 政府和社会的约束。它包括政府出于对失业和地区经济影响的关注而拒绝企业退出或劝阻企业退出。

当退出壁垒很高时,行业内过剩的生产能力就会无法释放出来,而竞争中失败的企业也无法退出,它们将坚持下去,但是由于它们比其他企业弱,所以它们不得不采用极端的策略,结果则导致整个行业的获利能力长期低下。

在图 4-10 中,$P(\text{enter})$是进入价格,当市场价格超过这一价格时,企业就会进入这个行业;当市场价格低于 $P(\text{exit})$ 时,企业就会选择退出。

把进入障碍、退出障碍和获利与风险情况综合起来进行分析更能看出行业内的抗衡状况,如表 4-2 所示。

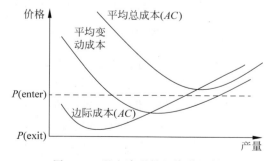

图 4-10　退出障碍的经济学机制

表 4-2　行业障碍与获利情况

进入障碍	退出障碍	
	高	低
高	利润高,风险大	利润高,风险小
低	利润低,风险大	利润低,风险小

从行业获利能力的角度看,最好的情况是进入障碍高而退出障碍低。在这种条件下,新进入者将遭受很大的进入障碍,不成功的竞争对手将退离该行业而不致采取过分压价等手段,但遗憾的是,这种条件很难同时满足,因为增加进入障碍的因素往往也提高了退出障碍。

当进入障碍和退出障碍都比较高时,潜在的利润很高,但通常有较大的风险。在这种情况下,新进入者的进入虽被阻挡,但不成功的企业也不能轻易退出,仍要留在行业内参与竞争。资金密集型行业,如汽车、钢铁、摩托车等往往具有这种特点。

当进入障碍和退出障碍都比较低时,企业容易进入,也容易退出。因此,盈利比较低的同时风险也比较低,很多服务业,如修理、低档餐饮等属于这类行业。

行业营利性最差的情况是进入障碍低而退出障碍高。在这种条件下,新进入者进入行业很容易,还会因为经济条件好转或现有企业其他意外的获利而吸引更多的竞争对手进入该行业。然而,当条件恶化导致需求下降时,过剩的生产能力和竞争中败北的企业却不能离开行业,所以行业的获利能力将会大幅度下降。事实上,如前所述,由于降低进入障碍的因素往往也降低退出障碍,所以这类行业并不多见。

最后,需要指出的是,进入障碍和退出障碍的高与低都是一个相对的概念,并没有严格的数量界限,以自行车行业为例,与修理业相比,它是一个进入障碍高、退出障碍也高的行业,而与汽车行业相比,它又是一个进入障碍低、退出障碍也低的行业。此外,对具有不同资金实力和技术水平的企业,同样的进入障碍对它们的阻碍作用却大不相同,这正像运动场上的障碍物对不同水平的运动员的阻碍大小不同一样。至于一个企业究竟是喜欢高进入障碍的行业还是喜欢低进入障碍的行业则完全取决于它所处的位置。当它已经处在某一行业中时,它可能希望借助高进入障碍来保护自己免受侵入的威胁,而当其不在行业中时,它可能更喜欢越过低进入障碍而进入该行业,在进入该行业以后,它又常常希望"低"的障碍转变为"高"的障碍以阻止其他企业的进入。

4.4.4　关键成功因素分析

波特的行业模型分析驱动行业竞争的深层次力量,在此基础上战略管理者需要对当前行业关键成功因素(key success factors,KSF)进行分析。关键成功因素是指企业在特定市场获得盈利必须拥有的技能和资产,它可以是一种价格优势、一种资本结构或消费组合,也可以是一种纵向一体化的行业结构,是影响行业中企业在市场上营利性的能力的主要因素。关键成功因素分析的任务在于识别(企业所在)行业当前这些因素并预期其发展趋势,为下一步企业制定与这些因素相匹配的战略和内部资源分析而准备。

1. 识别关键成功因素

这里,我们的目的是根据决定一家公司能否生存和兴旺的因素(它的关键成功因素)来识别那些能在一个行业内建立竞争优势的潜在可能。

我们用来识别关键成功因素的方法很通俗明了。为了在行业中生存和兴旺,公司必须满足两条标准:①它供给的必须是顾客想要购买的;②它必须在竞争中生存下来。因此,我们不妨从以下两个问题开始。

(1) 顾客需要的是什么?

(2) 公司如何在竞争中生存下来?

要回答第一个问题,我们需要更加深入地分析这个行业的顾客,并把他们看成行业得以存在的基本理由和利润的根本来源,而不是把他们看作一种讨价还价的力量,进而看作对盈利能力的威胁力量。这就意味着,公司必须识别谁是自己的顾客,识别他们的需求,并证明这些顾客在选择不同供给商的产品时确定优先级顺序的基础。一旦我们识别顾客确定优先级顺序的基础,这就形成了分析链条的起点。如表4-3所示,如果顾客主要基于价格因素而选择了超级市场,而且低价格依赖于低成本,那么,这个问题就会转到低成本的决定因素。

表 4-3 识别关键的制胜因素:一些实例

行业	顾客需要的是什么?(需求分析)	公司如何在竞争中生存下来?(对竞争的分析)	关键的制胜因素
钢铁	它的顾客包括汽车、机械和容器制造厂家。顾客对价格非常敏感,通常要求产品一致性和供给可靠性。专门的技术规定要求专门的钢材	竞争主要体现在价格上。竞争激烈程度源于需求下降、固定成本高昂、过剩生产能力、低成本的进口产品以及退出障碍很高。运输成本相当高。规模经济很重要	通过生产的规模效率、低成本的厂址、快速调整生产能力、有效利用劳动力提高成本效益,通过优势的服务和先进的技术实现差异化的范围
时装	基于做工、款式、质量、色调,对时装的需求非常多样化。顾客愿意为时尚、独特无二和质量支付一个更高的价格。总体市场对价格非常敏感。零售商寻求供给的可靠性和快捷的速度	进入障碍和退出障碍都很低。卖方集中度很低,规模经济非常有限。国际竞争激烈。零售连锁店有很强的购买力	需要把差异化与低成本的经营有效地结合。关键的差异化变量是对瞬息万变的时尚、款式、声望和质量的反应速度
超市	低价格,购物方便,产品种类丰富。根据附近顾客的偏好调整产品种类。产品新鲜、出厂不久。整洁的购物环境、优良的服务、令人愉悦的氛围	市场地方化色彩很浓,市场集中度通常很高,但是,顾客对价格的敏感性助长了激烈的价格竞争。运用讨价还价力量对要素成本影响很大,经营和广告存在规模经济	低成本的经营,这要求经营上有效率、商店存在规模效率、总采购额巨大以便购买力最大化、低廉的工资成本。差异化,这要求店面宽阔(以便容下品种丰富的产品),有方便的购物位置、停车位

第二个问题要求公司检验所在行业的竞争基础。竞争的激烈程度怎么样？竞争的关键维度是什么？如果某个行业的竞争是激烈的，那么，即使产品是高度差异化的，而且顾客选择商品时是以设计和质量为基础而不是以价格为基础，这种情况下低成本也可能是生存的关键之所在。如哈罗兹百货公司、诺德斯特姆百货公司和铁弗尼公司，并不以低价格为基础进行竞争，但是在残酷竞争的零售业里，这些公司之所以生意盈门，是因为它们严格控制成本。

识别关键制胜因素的基本框架已经在图4-11中呈现，而运用这个框架来识别三个行业的关键制胜因素，则在表4-3中勾勒出来。

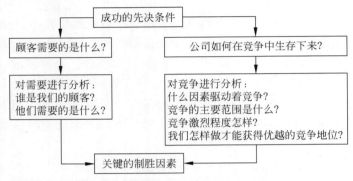

图4-11 识别关键制胜因素的基本框架

通过直接建立盈利能力模型，我们也可以识别关键的制胜因素。通过识别那些驱动一个公司在行业中的相对盈利能力的关键因素，来尝试建立公司层次盈利能力的模型，通过把一家公司的已用资本收益率分解成若干经营因素和经营比率，我们能够凸显出决定公司成败的最重要因素。在许多行业，驱动公司盈利能力的主要因素是众所周知的，并可被广泛地用作业绩目标。

2. 关键成功因素种类

按行业划分，关键成功因素主要有以下几类。

（1）技术类行业关键成功因素：产品的研发技能、研究开发费用、对产品或工艺改进的技术能力、产品的革新能力、某项技术的专业性、网络经营能力。

（2）制造类行业关键成功因素：低成本生产（获得规模经济、取得经验曲线效应）、生产周期时间、固定资产最高能力利用率、有技能劳工、低成本产品设计、低成本厂址、灵活地生产系列产品满足顾客的要求等。

（3）分销类行业关键成功因素：强大的分销网络、企业控制的零售点、拥有自己的分销渠道和网点、低廉的分销成本、快速配送等。

（4）销售类行业关键成功因素：快速准确的技术支持、细致周到的客户服务、及时准确地履行顾客的订单、市场份额、产品线的广度和宽度足够大、产品的附加价值高、产品的营销技巧多样和有效、与众不同的广告设计、良好的售后服务、顾客满意度、顾客忠诚度。

（5）技能类行业关键成功因素：工作者良好的工作技能、质量控制的全面性、专业的设计方案、在具体技术上的专有技能、开发出创造性的产品和取得创造性的产品改进及快速商业化能力、组织能力、卓越的信息系统、快速的市场反应、电子商务能力、较多的经验和诀窍等。

（6）与组织相关的关键成功因素：卓越的信息系统、能够快速地对不断变化的市场环境作出反应、具有完善的危机应对系统、设计合理的组织结构、管理者卓越的管理才能。

（7）与财务相关的关键成功因素：经济附加值（economic value-added，EVA）、权益净利率（ROE）、销售现金比率、现金流动负债比率、已获利息倍数。

（8）其他相关的关键成功因素：在购买者中树立良好的形象与声誉、较高的品牌价值、便利的设施选址、全面的低成本、舒适的办公环境、礼貌且高素质的员工、能够获得财务资本、专利保护。

3. 不同行业中的关键成功因素

对于不同的行业，由于它们所追求的目标不同，所以所侧重的方面也各不相同，表4-4列举出了不同行业中的关键成功因素。

表 4-4　不同行业中的关键成功因素

行　　业	关键成功因素
石油	原料资源
航空、高保真音响	设计能力
纯碱、半导体	生产技术
百货商场、零部件	产品范围、花色品种
大规模集成电路、微机	工程设计和技术能力
酒类制造业	独特的酿造工艺、强大的批发分销商网络、独特上乘的广告
家电业	上乘的产品质量、相对低的价格、通畅的销售渠道以及高素质的销售人员、良好的售后服务
铝罐业	工厂选址（由于空罐的装运成本很高，将生产工厂设置于最终用户的邻近处，从而使工厂生产出来的产品可在经济的范围之内进行销售，占有区域性市场份额远远比全国性的市场份额更重要）
IC（集成电路）制造业	企业的技术优势、生产制造能力、售后服务到位
汽车制造业	良好的品质水准、产品的创新能力、相对高的性价比、营销服务体系的建立
船舶制造及炼钢业	生产设施的先进程度、技术工人的素质
物流产业关键因素	战略客户资源、资产规模、运输网络、专业技术资源、IT设施

以上是从行业的横向划分来看其关键成功因素，从行业纵向的生命周期而言，在几种驱动力量的作用下，行业会随着时间演变，一般经历孕育期、成长期、震荡期、成熟期和衰退期五个阶段，如图4-12所示。在每个不同阶段，企业在行业内取得成功所需要的关键因素是不同的，往往随着行业的结构和特征而改变。

（1）孕育期。这一时期的市场增长率较高，需求增长较快，技术变动较大，行业中的用户主要致力于开辟新用户、占领市场，但此时技术上有很大的不确定性，在产品、市场、

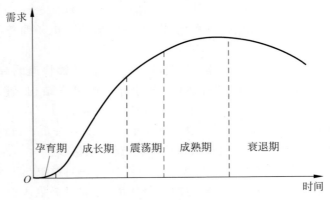

图 4-12　行业生命周期内各个阶段

服务等策略上有很大的余地,对行业特点、行业竞争状况、用户特点等方面的信息掌握不多,企业进入壁垒较低。此阶段关键成功因素可能是产品技术、销售渠道、消费者的信任等。

(2) 成长期。这一时期的市场增长率很高,需求高速增长,技术渐趋定型,行业特点、行业竞争状况及用户特点已比较明朗,企业进入壁垒提高,产品品种及竞争者数量增多。此阶段关键成功因素可能是产品质量、对市场需求的敏感度等。

(3) 震荡期。爆炸式增长不可能无限地维持。增长率迟早会下降,行业将进入震荡期。在震荡期,需求接近饱和水平:大多数需求局限于替换性需求,因为潜在的初次购买者剩下的已经不多了。

当行业进入震荡期时,企业间的竞争将变得激烈起来。通常,已经习惯快速增长的企业将继续按照过去增长的速度增加产能。但是,需求不再按照先前的速度增长,这样的结果就是出现了产能过剩。这一情况如图 4-13 所示,图中实线表示需求增长随时间的变化,而虚线表示生产能力增长随时间的变化。当行业进入成熟期后,t_1 之后的需求增长将变得缓慢。但是,生产能力继续快速增长直到时间点 t_2。实线和虚线之间的差距就是过剩的能力。此阶段关键成功因素可能是削减价格、提升效率、有效地阻止任何新进入者。

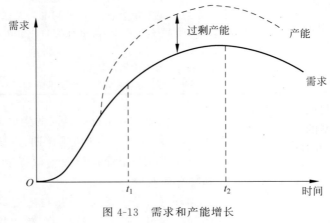

图 4-13　需求和产能增长

(4) 成熟期。这一时期的市场增长率不高,需求增长率也不高,技术逐步成熟,行业特点、行业竞争状况及用户特点非常清楚和稳定,行业标准已经建立,买方市场形成,行业盈利能力下降,新产品和产品的新用途开发困难,行业进入壁垒很高。此阶段关键成功因素可能是生产成本、产品的特色、掌握行业标准、销售渠道、品牌、售后服务等。

(5) 衰退期。这一时期的市场增长率下降,需求也下降,产品品种及竞争者数目减少。从衰退的原因来看,可能有以下四种类型的衰退。

① 资源型衰退,即由于生产所依赖的资源的枯竭所导致的衰退。如果衰退属于这一类,则关键成功因素可能是拥有新的所依赖的资源。

② 效率型衰退,即由于效率低下的比较劣势而引起的行业衰退。如果是这一类,则关键成功因素可能是与新技术的结合。

③ 收入低弹性衰退,即因需求—收入弹性较低而导致的行业衰退。对于这一类衰退,关键成功因素可能是低成本、产品差异化。

④ 聚集过度性衰退,即因经济过度聚集的弊端所引起的行业衰退。对于这一类,关键成功因素可能是回收投资,缩减生产能力。

总之,成功企业的实践表明:企业要想在竞争中获胜,必须在 KSF 上比竞争对手做得更好。一个健全的企业战略应该包括这样一种能力:要在所有的关键成功因素上有能力,并且在至少一个关键成功因素上拥有超越竞争对手的能力。

4.4.5 五力模型的扩展

1. 五力模型忽略的因素

波特框架将替代产品和服务的供应确定为在一个行业中减少公司所获利润的竞争的影响要素之一。然而,经济理论认为不同产品之间存在两种关系:替代和补充。替代对价值产生负面影响,而补充则对价值产生正面影响。喷墨打印机的墨盒具有的可获得性能提高打印机的价值,因为墨盒供应商之间的竞争越激烈,我们能从打印机得到的价值就越大。

在布兰登伯格(Brandenburger)和奈尔伯夫(Nalebuff)颇具影响的《竞合》一书中,他们引入互补者作为公司竞争环境中的关键因素。布兰登伯格—奈尔伯夫的价值网是分析公司的行业环境的框架,这个框架与波特的五力框架非常相似。其主要的不同点有:首先,引入互补者;其次,许多的行业竞争对手、潜在进入者和替代品的供应者合在一起成为"竞争者",如图 4-14 所示。

图 4-14 布兰登伯格—奈尔伯夫的价值网

结合两个模型的最简单方法是将第六个因素加入波特的框架(图 4-15)。然而,与其他五个因素不同,互补者不是一个竞争因素;相反,互补品越多,它们与该行业供应的产品关系越紧密,则在该行业中的潜在收益越多。

但是,布兰登伯格—奈尔伯夫价值网分析的关键点是需要对互补品供应商的关系进行管理。当各种产品是紧密的互补品时,它们各自对于顾客具有的价值较低;顾客对这

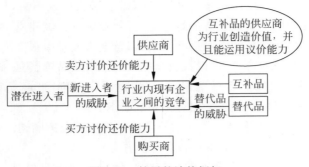

图 4-15　扩展的波特框架

些互补品组成的整个系统进行价值评估。然而,在这些互补品的各个生产商之间,价值是如何分享的呢?议价能力和它的运用都是关键。1991年年初,任天堂公司的市场价值比日产汽车公司和索尼公司的都高,这是由于任天堂公司拥有突出的从其视频游戏软件获得利润的能力。尽管它生产的是让顾客对视频游戏系统产生兴趣的软件(风行一时的游戏软件,如超级玛利兄弟)而不是硬件,但是任天堂公司的战略天赋在于它能很好地管理与游戏软件开发者之间的关系。任天堂公司通过建立内部软件单元以及与游戏软件开发者签订只向任天堂公司提供游戏软件的协议,从而与游戏软件开发者建立支配的关系。任天堂公司控制游戏软件的生产商和分销商,并赢得顾客对所有售出的任天堂公司游戏软件的信任。

互补产品和针对其供应商的战略的作用只是布兰登伯格—奈尔伯夫价值网中将博弈论运用到竞争性战略的一个方面。

2. 动态竞争:创造性毁灭过程

熊彼特将竞争看作创造性毁灭的一个过程的观点,在理查·达维尼(Richard D'Aveni)的"超级竞争"的概念中得到了进一步发展。

超级竞争是一种环境,其特点是存在强烈而迅速的竞争性变动,在这种环境之中竞争者必须迅速地转移从而创造优势并破坏竞争对手的优势。这一点能加速竞争者之间动态的战略互动。超级竞争的行为是持续地产生新的竞争优势,并破坏或抵消对手的竞争优势的过程,从而产生不平衡、破坏完全竞争以及干扰市场的现状。这个过程能通过公司以比竞争者更快的速度向上移动它们的上升阶梯、重新开始循环或者立即进入新领域来完成。

竞争的驱动因素是通过建立竞争优势寻求利润。然而,为获得竞争优势的对抗,意味着竞争优势是短暂的。只有通过持续的再造和更新竞争优势,公司才能长期地维持市场地位和卓越绩效。

3. 新经济中的竞争

20世纪90年代的后半期,美国和其他工业化程度高的国家的经济,发生了许多明显的根本变化,这些变化被描述为"新经济"。

过去 10 多年里，信息革命的关键特征是它的数字化技术。数字化技术呈现出规模经济的临界水平：创造一件产品，如微软 Windows 操作系统、奔腾芯片或皮克斯的《玩具总动员》，初始成本非常高，但是一旦创造出来，产品就能以很低的成本复制。

正如我们从波特五力分析中所知的，规模经济的一个含义是通过激烈的竞争获得市场占有率。如果开发产品的固定成本只能在极大销售额的基础上摊销，那么公司将会为市场占有率激烈竞争。网景公司和微软公司在网络浏览器市场上的激烈竞争导致价格最终降为零，网景公司随后放弃了该产品。

有两个更深层的因素加剧了极大规模经济对驱动竞争的影响：首先，许多基于信息的市场的主要特征是消费者和生产者的网络。在消费者与网络相连的情况下，通常呈现出网络的外部效应：产品和服务对于某一消费者的价值取决于产品的其他使用者的数量。这些网络效应进一步促进市场控制。它们鼓励围绕单一技术标准的市场集中。为标准而竞争是许多新的、基于技术的行业的主要特征。因而，数字音乐、无线电话、手持电脑的操作系统和数字影像存储的市场特点都是对立标准之间的竞争。其次，技术变化的速度明显加快，即成本迅速降低，这一点没有什么比半导体表现得更为明显，摩尔定律预测晶体管在集成电路上的密度每 18 个月增长 1 倍。由于市场领导者，如微处理器行业的英特尔公司和互联网硬件行业的思科公司，能更好地促进技术进步和新产品开发，所以技术和新产品的生命周期的缩短进一步加剧了竞争压力。

这些因素导致了在新兴的信息产品市场激烈竞争。极大规模经济、网络外在效应和迅速的技术创新相联合，创造了"赢家通吃"的市场，在这种市场中每个竞争者都愿意承受巨大的损失来获得行业赢家的机会。网景公司和微软公司在网络浏览器方面的竞争，亿贝公司（eBay）和 QXL 公司在在线拍卖业务方面的竞争，以及奔迈公司（Palm）、塞班公司（Symbian）和微软公司在手持数字装置的操作系统方面的争夺，都是这种极限竞争的例子。

4.5　战略群体分析

4.5.1　战略群体的内涵、特征与作用

1. 战略群体的内涵

战略群体（strategic group）又称战略集团，是由一个行业中使用相似竞争方法的竞争对手组合而成的公司群体。同一战略群体中的企业具有以下一种或多种共同的竞争特征：以相同或接近的价格、质量进行销售；覆盖相同的地理区域；纵向整合程度相同；具有相同的产品线宽度；强调同类型的销售渠道；提供相似的服务；使用相同的技术方法。

战略群体的概念有以下几层含义：①公司主要的竞争对手是处于同一战略群体内的其他成员。由于同一群体内的企业竞争手段相同或相似，因此它们之间的竞争相当激烈。竞争越激烈，对每个公司利润率的威胁也就越大。②五种竞争力量在不同的战略群体中强弱不同，不同战略群体的公司会采取不同的战略来应对"五力"的威胁。③不同战略群体之间运用的战略和强调的领域越接近，群体之间的竞争也越大。同样道理，在战略领域

和战略方面存在重要差异的战略群体之间不直接进行竞争。例如,保时捷、宝马属于高档豪华车,它们属于同一个群体,因而它们之间的竞争也较为激烈,但它们与现代、本田等车型由于定价和目标群体都不同,基本不是直接的竞争对手。

2. 战略群体的特征

尽管企业在许多方面都会有差异,但并不是所有差异都可以作为划分战略群体的标准。在竞争战略中,波特指出,用于识别战略群体的特征可以考虑以下一些变量:产品(或服务)差异化(或多元化)的程度,各地区交叉的程度,细分市场的数目,所使用的分销渠道,品牌的数量,营销的力度(如广告覆盖面、销售人员的数目等),纵向一体化的程度,产品的服务质量,技术领先程度(是技术领先者还是技术追随者),研究开发能力(生产过程或产品的革新程度),成本定位(如为降低成本而做的投资大小等),能力的利用率,价格水平,装备水平,所有者结构(独立公司或者母公司的关系),与政府、金融界等外部利益相关者的关系,组织的规模。

根据以上特征对各个企业进行考量,如果产业内各个企业基本上实施一致的战略,市场地位也比较接近,则该产业内就只存在一个战略群体;从另一个极端考虑,如果产业内每一个企业都有自身独特的经营战略,占据的市场份额、市场地位差异很大,那么每一个企业都是一个战略群体,即战略群体的数目和企业的数目是相同的。

需要注意的是,在对所有企业进行战略组划分的时候,要以哪些特征作为划分依据是十分关键的,如果选择不当,则最后产生的后果可能对企业产生负面影响,误导企业战略的制定。因此,企业战略管理人员最好选择符合产业本身的特征,以及产业在竞争上所采取的较独特且具有决定性的关键成功因素作为划分群体的依据。例如,在白酒酿造业,主要应考虑其酿造工艺水平、企业促销能力、更多的分销渠道;而在计算机产业,则更多要考虑的是产品的研发能力、技术领先程度、产品的品牌价值以及价格定位。

3. 战略群体分析的作用

战略群体分析的作用有以下几个。

(1) 帮助企业确定一个保护本战略群体免受其他战略群体攻击的移动边界。移动边界是阻止企业从一个战略群体移动到另一个战略群体的因素。

(2) 帮助企业确定竞争位置薄弱的战略群体。可以预期这些战略群体的一部分竞争者将退出产业或试图进入其他战略群体。

(3) 有助于描绘企业战略的未来方向。

(4) 有助于把战略群体作为一个整体,对产业趋势进行彻底的思考。这样的分析有助于预测产业演变。

4.5.2 构建战略群体图应遵循的原则与步骤

1. 构建战略群体图应遵循的原则

构建战略群体图应遵循以下几个原则。

(1) 被选定的两个变量不应具有强相关性,应具备较低的相关性,以尽量反映战略群体间竞争性质的差异。

(2) 被选定作为坐标轴的变量应具备典型性,并能体现各个竞争厂商竞争方式和战略定位的巨大差异。

(3) 变量不一定是数量性变量或连续性变量,它们可以是离散变量,或是按类别界定的变量。

(4) 按照同一战略群体的销售比例来画圆圈的大小,可以反映每个战略群体的相对规模。

(5) 如果可以用超过两个的竞争变量来体现战略群体之间的竞争特征差异性,就可以绘制多张战略群体图,以便从不同角度反映行业中的竞争状况。

2. 构建战略群体图的步骤

战略群体图是进行战略群体分析的有效工具,它可以直观地评价竞争厂商的竞争地位。绘制战略群体图的步骤如下。

(1) 识别企业区别于其他企业的竞争特征因素。这些因素包括:①市场范围。该公司是只服务于某个特定细分市场还是服务于一系列较广的细分市场。②产品或服务质量。如一般产品、高级产品和奢侈品。③销售区域。公司是全国性的还是区域性的。④垂直一体化程度。某家公司所能提供的制造流程占某项产品或服务整个制造流程的数量。⑤营利性的/非营利性的。一些行业能按照营利性组织和非营利性组织分为不同的群体。

(2) 按上述差异化特征将各个厂商列于一张双变量图上。

(3) 把具有相同战略特征的企业分配到相同的战略群体空间中,即将大致落在相同战略空间内的厂商归为同一个战略群体。

(4) 在每个集团周围画圆,圆的大小与各集团所占行业的销售份额成正比,以便反映每一个战略群体的相对规模。

以零售珠宝业为例,如果以价格、质量、品牌形象为一个竞争维度,以产品线宽度为另一个维度,可以把零售珠宝商分为不同的战略群体。从战略群体图可以看出,全国、区域或地方行业的"精细珠宝"商店在行业中占有主要地位,它们属于价格较高、质量较高、珠宝品种较多的销售商。可以预测,如果未来顾客对于珠宝的需求更加倾向于低价位和多元化选择,那么处于中低档位、珠宝品种多的战略群体,如全国性的珠宝连锁店、信用珠宝商等将获得更多的发展机遇,如图 4-16 所示。

战略群体图作为一种诊断竞争、市场定位,以及确定行业中公司盈利率的基本框架,对于企业战略制定具有重要的意义:①行业变化的驱动力量和竞争压力经常有利于某些战略群体而不利于其他群体;②不同群体的利润潜力由于每个战略群体市场地位的强弱而不同;③战略群体在地图中的距离越接近,它们的成员企业之间的竞争强度也越大。

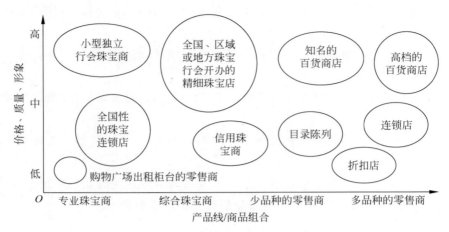

图 4-16 零售珠宝行业的战略群体

4.5.3 战略群体的竞争

1. 战略群体间的竞争

一个产业中如果出现两个或两个以上的战略群体,则可能出现战略群体之间的竞争,包括价格、广告、服务等。战略群体之间的竞争最终决定了行业竞争的激烈程度,进而决定着行业中最终的获利潜力。一般来说,下列四个因素决定着一个产业中战略群体之间的竞争激烈程度。

1) 战略群体之间市场牵连程度

市场牵连程度是指各战略群体对同一顾客进行争夺的程度。战略群体间的市场牵连程度越高,战略群体间的竞争就越激烈。例如,在速冻食品产业中,对所有战略群体来说顾客都一样,所以战略群体市场牵连程度非常高,它们不得不在几乎完全一样的市场上竞争。但如果战略群体将目标放在差别很大的细分市场上,则它们的市场重合度会很小,战略集团间的竞争也会趋于缓和。例如,瑞士的许多手表厂商以生产诸如劳力士、欧米茄等高档机械手表闻名于世,它们的客户群体大都是各国的高层白领和社会政要,所以它们几乎不可能与以生产普通电子石英表为主的亚洲厂商发生正面冲突。

2) 战略群体数量以及它们的相对规模

一个产业中战略群体数量越多且各个战略群体的实力越接近,则战略群体间的竞争越激烈。战略群体数量多意味着集团离散,每一个战略群体规模都较小,某一集团受到其他集团攻击的可能性就大,从而引发集团之间的激烈竞争。相反,如果产业中集团之间的规模悬殊,如某一集团在产业中占有很小的份额,另一集团却拥有很大的份额,则实力弱小的集团不大可能以其竞争行动影响到大集团的利益,所以产业中竞争激烈程度会很低。

3) 战略群体实施产品差异化战略

如果各个战略群体各自实施不同的战略使顾客区分开来,并使他们形成各自集团的忠实顾客群,则竞争的激烈程度就会大大低于无差异产品市场的情况。

4) 集团战略的差异

战略差异是指不同战略群体奉行的战略在关键战略方向上的差异程度,这些战略方向包括商标商誉、销售渠道、产品质量、技术领先程度、成本状况、服务质量、纵向一体化程度、价格、与母公司或东道国政府的关系等。如果其他条件相同,集团间的战略差异越大,集团间发生大规模冲突的可能性就越小。集团奉行不同的战略导致它们在竞争思想上有极大的差别,并使它们难以理解对手的行为,更不会贸然地对竞争对手的行动作出反应。

2. 战略群体内部的竞争

在战略群体内部同样存在着竞争,这主要是由于各企业的优势不同造成的。在一个战略集团内,各企业会有生产规模和能力上的差别。如果一个战略群体的经济效益主要取决于产量规模,则规模大的企业就会处于优势地位。另外,同一战略群体内的企业,虽然常常采用相同的战略,但各企业的战略实施能力不同,即在管理能力、生产技术、研究开发能力和销售能力等方面是有差别的,能力强者处于优势地位。

4.5.4 战略群体分析的意义

战略群体分析可以帮助企业确定自身在行业中的机会和威胁。

(1) 企业首要的竞争对手来自战略群体之内,因为战略群体内的所有企业都执行相同或相似的战略。在消费者看来,这些不同的企业的产品都是直接可以相互替代的。因此,企业盈利的主要威胁来自它所在的战略群体内部。

(2) 对每种竞争力量来说,不同战略群体的处境不同。换句话说,潜在的竞争者进入的风险、现有竞争者间的竞争、购买者的讨价还价能力、供应者的讨价还价能力和替代品的竞争力量,在同一个行业的竞争群体之间强度可能差别很大。

(3) 战略群体是产业与个别企业之间的一个连接点。产业是由一群生产类似产品的企业所组成,但是从市场细分的角度考虑,每个企业还是有自己的目标市场,并非每种产品都具有替代性,如果只是把一个企业作为整体来研究,便会忽略各个企业自身的风格特色;而如果把每一个企业都作为离散的点来研究,又会使战略制定者很难准确把握企业的定位。战略群体的观念,正是用来弥补产业整体面与企业个体面分析的不足,在产业与企业之间架起一道桥梁。

(4) 它可以帮助企业了解所在战略群体内各个竞争对手的优势、劣势和战略方向。由于同一战略群体内的企业向相似的顾客群销售相似的产品,它们之间的竞争会十分激烈,所以各个企业受到的威胁就更大,正所谓"知彼知己,百战不殆",充分地认识竞争对手,也就是充分地认识自己。

(5) 它有助于了解战略群体间的竞争情况。战略群体之间采取的战略和强调的战略因素越接近,它们之间产生竞争的可能性就越大,但是我们还应该看到,战略群体之间存在着某种"移动障碍",即一个群体转向另一个群体的障碍。这是因为企业对外部环境的假设和认知不同,企业内部的资源、能力、核心竞争力也存在差异,因此采用的战略战术必定具有某些配合要素,这些战略的必要配合要素便是该战略群体的移动障碍。当其他企业缺乏此种战略的配合要素时,便会阻碍其从某一战略群体转移到另一个战略群体。

(6) 战略群体分析有利于企业更好地观察整个产业的态势,预测市场的变化或者发现新的战略机会。因为产业的状况不是一成不变的,各个企业的集中和分散情况也会发生变化,及时发现产业中的空缺领域,便能为新的战略群体提供机会。

一般而言,战略群体之间的距离越近,成员之间的竞争越激烈,同一战略群体内的企业是最直接的竞争对手,其次是相距最近的两个集团中的成员企业。由于上述原因,行业驱动力及竞争压力的影响也不同,对其中一些群体可能有利,而对另一些企业则可能产生不利影响。各战略群体的利润潜力也不是一成不变的,它会随该群体所处市场位置的竞争优势而发生变化。

4.5.5 战略群体转移壁垒

在一个行业中,一些战略群体威胁较小而机会较大,因此,它们优于另外一些战略群体。这时,企业会把转向这样的群体看作一个机会。但是,这种机会很少会没有成本,主要的原因是在群体之间的转移存在转移壁垒。

转移壁垒是限制企业在一个行业不同群体之间转移的因素。这些因素包括进入一个群体的进入壁垒和从目前经营的群体退出时的退出壁垒。例如,普通药群体的企业缺乏专用药群体企业所需要的研究和开发技术,而掌握这种技术的成本很高。因此,当企业需要决定是否转移到其他群体之前,应该评估转移壁垒的高低。

转移壁垒也可以用于评估一个特定群体的企业受到其他群体企业的进入威胁的大小。如果转移壁垒较低,其他群体企业的进入威胁就大,这在很大程度上限制了企业的价格和利润;如果转移壁垒高,进入的威胁就小,在这个受到保护的群体中的企业就有机会提高价格,获得更大的利润。

4.6 竞争对手分析

竞争对手是企业经营行为最直接的影响者和被影响者,竞争对手分析就是在收集信息的基础上,重点分析、确定企业竞争对手,并对其进行全面分析与评估,以制定竞争策略。它是企业外部环境分析的重要方面之一。

严格来讲,竞争对手分析的始点是界定主要的竞争对手。并不是行业内的龙头老大是企业的竞争对手,更不是说行业内其他所有厂商都是自己的竞争对手,例如,一家定位于休闲和交流空间的茶餐厅,其竞争者很可能不是一家以菜品作为竞争焦点的饭店;一家强调文化和时尚的服装公司,其竞争者很可能不是那些强调面料和做工的服装公司。因此,竞争对手分析主要针对的是自己的主要竞争对手,即对企业自身战略能产生重大影响的竞争对手。所界定的主要竞争对手不同,企业的主导战略就会有所不同。

对竞争对手的分析可帮助企业了解对手当前的经营状况和动态,对企业战略调整决策形成重要支持,分析所获得和掌握的一些关键信息,往往成为企业内部问题诊断的重要的参照坐标。

对行业中的主要竞争对手的分析,主要有以下几个作用。

（1）学习行业领先者的长处。通常采用标杆学习法，通过比较企业自身和行业领先者的差距，找到不足并改进。在这方面，联想集团和万通地产公司都是值得学习的。多年来，联想集团一直宣称向惠普公司和IBM公司学习，同样，万通地产公司也把同业的万科地产公司作为自己的榜样。当然，行业领先者还需要与其他行业的领先者进行比较，发现差距并予以改进。应该说，企业的改善是无止境的。

（2）找到盲点，发现机会。竞争对手的错误，如对自身实力的过高估计、对战略的盲目乐观等，这些都会变成企业的机会。值得强调的是，竞争对手关注不够的市场机会也有可能成为企业的最好选择，利基市场更是如此。例如，清华同方公司就在教育系统内成为最大的电脑供应商。

（3）预测竞争对手对其他企业的战略行动的反应。例如，如果某家企业发起价格战的话，竞争对手是否会联合抵抗。到目前为止，行业性的协调行动在中国并不多见，特别是在国际市场上的拓展更是如此，如在应诉国际反倾销方面就不太成功。

（4）预测竞争对手对行业环境变化的反应。例如，行业发展迅速，那么竞争对手是否会扩大规模。

（5）预测竞争对手的未来战略，做好准备。

（6）找到竞争对手的弱点，选择合适的机会进行攻击。例如，竞争对手顾虑自身品牌形象等问题，不敢跟随降价。

4.6.1 竞争对手界定

明确谁是业内的主要竞争对手，在竞争度较低的行业相对简单。有些竞争度很低、集中度很高的行业，如我国目前阶段的移动通信业，全行业参与竞争的企业只有中国移动、中国联通和中国电信三家，对于一家企业而言，确定对手仅需一点直觉。在集中度较低、竞争水平较高的行业，如我国目前较发达城市的餐饮业，一般中等城市的餐饮企业数量都超过两万家，合理界定竞争对手就存在一定难度和相应的研究成本。

界定竞争对手一般可以从辨别针对同一目标消费群的争夺强度入手。仍以餐饮业为例，以一家大型中等水平、产品定位在45元/人次消费的餐馆为背景，在同一城市众多的同行企业中，有相当部分的企业针对不同的消费群体，如高档次宾馆餐饮针对高水平和特殊商务消费人群，快餐和普通家庭式餐馆针对低水平和满足纯就餐需求消费人群，它们对研究企业实际不构成威胁。在剩余的企业中，还可以引入区位和就餐人群消费半径、产品服务特色、经营规模等因素，进一步排除次要研究目标，缩小扫描范围，以降低研究难度和成本。

即使在集中度较高的行业，竞争地位排名靠后的企业一般也不能简单地将行业领头企业确定为主要竞争对手，侧重略领先企业和近期十分活跃的快速发展企业不失为很好的研究思路。壁垒较高行业的企业在界定对手的过程中可以侧重考虑现存同行，壁垒较低行业的企业在考虑当前对手的同时，还要注意可能进入行业的新对手。总之，界定对手的研究经常是创造性的工作，必须视具体情况做具体分析和对待。由于确定对手工作的质量涉及初始目标设计的合理性和后续研究成本，对战略决策基础的理性程度产生影响，因此属于企业外部环境分析中值得关注和挑战战略研究人员聪明才智的基础性研究工作。

4.6.2 竞争对手内涵

根据波特教授对竞争对手的分析模型可以看出它主要包括四个方面的要素：竞争对手的未来目标、竞争对手的假设、竞争对手的现行战略和竞争对手的能力。对这四个方面的理解可预先对竞争对手的反应有个大概了解，如图 4-17 所示。

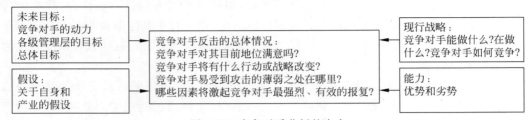

图 4-17　竞争对手分析的内容

1. 竞争对手分析要素

1）竞争对手的未来目标

每个企业都有自己的发展目标，对竞争对手未来目标的考察可以预测对手是否对其现有的市场地位满意，从而推断竞争对手的战略发展方向以及对环境变化可能采取的行动。竞争对手未来目标的分析可以分为以下两种情况。

（1）竞争对手是一个独立的企业。如果竞争对手是一个独立的企业，可以从以下几个方面来分析其目标。

① 竞争对手的理想和目标。竞争对手是想成为市场的领导者，还是想成为追随者，是想成为价格方面的领导者，还是技术服务方面的领导者。了解了竞争对手的目标就可以推断竞争对手的战略方向和可能采取的行动。

② 竞争对手的财务目标及其权衡的标准。这一目标可能反映企业未来的发展速度与进攻强度，以及企业业务构成的改变。

③ 竞争对手对风险的态度，风险与发展的权衡标准。对风险的态度不同，所采取的战略也随之改变。喜欢冒险的领导者，往往采取进攻型战略；不喜欢冒险的领导者，则会采取保守型或紧缩型的战略。了解了竞争对手对风险的态度，更有利于企业制定合适的战略对策。

④ 竞争对手企业的组织结构和关键决策结构。不同的组织结构一般对应不同的业务组合，反映不同的领导方式和资源分配方式，不同的关键决策结构对企业战略的影响不同。

⑤ 竞争对手企业的公司文化及其影响。公司文化反映了企业的宗旨和目标，从这一宗旨和目标可以提供竞争对手的战略类型和实现方式。

⑥ 竞争对手企业的控制与激励机制。这可以间接反映竞争对手认为哪些资源更为重要，企业战略所受到的约束和激励以及战略实施成功的可能性。

⑦ 竞争对手企业的高层领导对企业未来发展方向的一致性程度。如果领导层在公司战略制定的过程中存在较大的歧义，那么在发生权变时公司的战略则会发生重大的改变。

从以上对竞争对手未来目标的分析,可以预测竞争对手的动力来源、企业的发展方向和长期的综合目标。

(2) 竞争对手是某个较大公司的子公司。如果竞争对手是某个较大公司的子公司,则对竞争对手未来目标的分析除了以上几方面内容外,还要注意以下几点。

① 母公司的总体目标,即该目标会对子公司产生怎样的影响。

② 母公司当前的经营状况,如市场占有率、销售增长,这些方面的情况反映了公司的目标,进而转化成子公司的销售目标、市场份额目标,对竞争企业战略的制定产生影响。

③ 母公司对子公司的态度。母公司将该子公司的业务视为"基础业务"还是边缘业务,在很大程度上决定了子公司的战略制定。

④ 母公司激励子公司部门经理的方法。例如,如何进行绩效考查、晋升机会如何等。母公司对下属领导的激励方法,决定了下属工作的积极性,从而也决定了既定目标的实现程度。

2) 竞争对手的假设

对竞争对手进行分析有两类假设:竞争对手对自己的假设与竞争对手对所在产业及产业中其他公司的假设。

(1) 竞争对手对自己的假设。其包括对自己的力量、发展前景、市场地位等方面的假设。自我假设是对手进行内部分析(internal analysis)的结果。在实践中,每个企业都是在对自己所处环境进行一系列假设的情况下进行经营管理的。例如,企业可能把自己看成市场领导者、低成本生产者、知名企业、具有最优秀的销售队伍、有很强责任感的企业等。这些对本企业的假设将指导企业的行为方式或对事件作出反应的方式。例如,某企业认为自己的社会责任感很强,它就会尽力为社会公益事业慷慨解囊;如果它自视为低成本的生产者,采取价格竞争战略的可能性就会大大增加。

竞争对手对自己的假设可能是正确的,也可能是不正确的。不正确的假设可能给其他企业带来发展契机。例如,如果一个企业认为自己是市场领导者,顾客对其的忠诚度高,而事实并非如此,其他企业实行降价策略则会对企业造成巨大影响。在这种情况下,企业往往只有在失去大部分顾客后才会意识到自我假设的错误。

(2) 竞争对手对所在产业及产业中其他公司的假设。同竞争对手对自己的假设一样,每个公司对产业及其竞争对手也有一定的假设。同样,这些假设可能存在偏差。对这些假设的检验能发现竞争对手的管理人员所存在的偏见及盲点。这些盲点可能是根本没有看到某些事件的重要性,也可能是没有正确认识自己。找到这些盲点将帮助公司抓住战略时机,或采取不易于受报复的行动。

3) 竞争对手的现行战略

对竞争对手现行战略进行分析的重点在于预计当前战略的实施效果,战略的成功实施会给竞争对手的地位带来的变化,竞争对手改变其战略的可能性,以及由此引起的对本企业造成的影响。通过对竞争对手现行战略的分析,我们可以了解到竞争对手正在做什么、能够做什么和想要做什么,了解竞争对手具体的竞争方式。

4) 竞争对手的能力

竞争对手的目标、假设和现行战略会影响到它反击的可能性、时间、强度,而竞争对手的能力(优势、劣势)将决定其发起进攻或反击的战略行动的能力以及处理环境变化的能力。对竞争对手的能力进行客观正确的评估,是竞争对手分析一项重要的内容,因为竞争对手的能力决定了其拥有的资源"能做什么"的潜力、对产业环境变化所引起的突发事件进行处理以及及时采取战略行动的能力。

对竞争对手能力的分析主要包括以下内容。

(1) 核心能力。核心能力可以表现为竞争者在某项职能活动方面独特的长处,如技术开发能力、研究与创新的能力、品牌优势等。在一般情况下,核心能力由产品或服务的竞争力所反映。

(2) 增长能力。增长能力可以表现为企业发展壮大的潜力。例如,企业在技术开发上的快速发展和创新都可以使企业在产业中迅速成长。

(3) 快速反应能力。快速反应能力表现为企业对外部环境变化的敏感程度和立即采取应对措施的能力。快速反应能力可以使竞争对手较早察觉环境的变化,较早采取相应的行动。但同时也要注意,只有正确的快速反应能力才能转化为竞争力。

(4) 适应变化能力。适应变化能力表现为企业针对外部环境的变化作出准确的反应并且采取符合环境变化趋势的行动的能力,以尽可能减少由于环境变化给企业带来的损失。

(5) 持久力。对手的持久力主要表现为企业面临恶劣环境时能坚持时间的长短。它主要由企业的现有资源,如现金储备、管理人员的协调统一程度、长远目标等因素决定。

通过分析竞争对手的未来目标、现行战略、假设和能力,可以预测竞争对手对现有位置是否满意,下一步可能采取的行动以及行动的实力和严重性,从而确定自己的市场定位和具体竞争战略。但是,要想成功地获取这些信息并不容易,除了需要战略制定者对竞争对手的战略选择有敏锐的洞察力外,还需要收集竞争对手的相关情况,从而准确预测出竞争对手的下一轮行动。以下列举了获取竞争对手信息的主要途径。

① 企业的年度报告。
② 企业经营者最近的言论。
③ 企业公开发表的文件或信息。
④ 访问竞争者的网站。
⑤ 与竞争者的顾客、供应商及前雇员交谈。
⑥ 媒体中刊载的有关文章。
⑦ 竞争对手参加的贸易展览。

通过成功地预测竞争对手下一步的行动,企业可以制订有效的防范措施,使企业在与竞争对手的对抗中处于势均力敌的地位甚至超越竞争对手。当然,企业要想超越竞争对手,除了分析获得的关于竞争对手的信息外,还应该改变"游戏规则",不断创新。

2. 竞争对手反击概要

如果已对竞争对手的未来目标、假设、现行战略以及能力进行了分析,那么综合这四种要素便能够提出一些关键问题。这些问题将构成关于竞争对手如何反击的概要。

(1) 攻击行动。预测对手可能发起的战略变革。
① 竞争对手对现有地位的满意度。把竞争对手(及其母公司)的目标与其现有地位

进行比较,竞争对手是否可能着手发起战略变革?

② 竞争对手可能采取的行动。根据竞争对手相对于现有地位的目标、假设及其能力,竞争对手最可能做什么样的战略变革?

③ 竞争对手行动的力度及其严肃性。对竞争对手目标和能力的分析可用来评估这些可能行动的期望力度。同时,还要估计竞争对手从这次行动中所能获取的利益。将分析对于此次行动的可能收获与对竞争对手目标的了解相结合,就可以判断竞争对手面对抵抗采取行动的严肃性。

(2) 防御能力。列出产业中某公司可能采取的一系列可行战略行动清单以及可能发生于行业和环境的变化清单。这些都可从下述判断对手防御能力的标准以及上述分析所获结论中进行估计。

① 脆弱性。竞争对手对哪些战略行动和哪些政府的、宏观经济的或产业事件最为脆弱?哪些事件对竞争对手具有不理想的利润结果?哪些报复或追随行动要求太多资本,因而竞争对手不敢冒此风险?

② 刺激性行动。哪些行动或事件将会招致竞争对手的报复,尽管报复会代价高昂并且可能会导致其财务状况紧张?哪些行动将极大地威胁竞争对手的目标和地位,以致迫使它采取报复?大部分公司都有"痛点",或者在受到威胁时将作出超常反应的领域。"痛点"强烈地反映在既定目标、感情上的承诺等方面。只要可能,公司的战略行为就应尽量避免触及这些"痛点"。

③ 报复的效果。从竞争对手的目标、战略、现有能力以及假设等条件考虑,竞争对手对哪些行动或事件的反应会受到妨碍以致不能迅速地和/或有效地作出反应?采取哪类行动会使竞争对手希望赶上或超过的努力变得无效?

表 4-5 呈现了分析竞争对手防御能力的纲要。左栏首先列出一些公司可能采用的可行战略行动,然后列出可能发生的环境和产业变化(包括竞争对手可能采取的行动),并在上端列出了对这些事件的提问。该列表在竞争对手将实际进行反击的情况下可以帮助企业选择最有效的战略,并可对暴露竞争对手弱点的产业和环境事件迅速作出反应。

表 4-5　评价竞争者的防御能力

重大事件	该事件对竞争者的损坏性	该事件激起的竞争者反应的激烈程度	竞争者对该事件作出的反应的有效性
本企业的可行战略 列出所有的选择方案如: 扩张产品种类 提高产品质量和增加服务 降低价格和进行成本竞争			
经济环境可能发生的变化 列出所有的变化如: 原材料成本的大幅度上涨 销售量下降 客户成本意识增强			

（3）选择战场。假设竞争对手要对某公司发动的进攻进行报复，则该公司的战略要点就是选择最佳战场与它的竞争对手作战。这个战场应是竞争对手准备不足、热情不足或对竞争最感发怵的细分市场或战略方面。最好的战场可能是成本竞争，集中于产品系列高低两端的竞争或其他领域的竞争。这里可以有三种选择。

① 理想选择。理想的情况是找到一个令竞争对手在当前条件下无法报复的战略。过去和现行战略的惯性可能会使竞争对手追随某些行动的代价太大，而发起这些行动的公司的代价和困难则要小得多。例如，当一个规模较小的咖啡公司以削价战略攻击一个规模很大的咖啡公司时，同样进行削价对于这样一个占有较大市场份额的公司来讲，其代价将是巨大的。

② 一般选择。从竞争对手分析中得出的另一个重要的战略概念是使竞争对手的动机和其目标相矛盾。这种战略包括：寻找某些行动使竞争对手的报复即使有效，也会使其利益受到更大的损害。例如，在IBM公司开发自己的微型计算机以反击微型计算机的威胁时，它的大型机的发展速度急剧下降，同时使微型计算机的更新加速。使竞争对手处于目标矛盾的境地是攻击在市场中取得成功的已立足公司极其有效的战略方法。小公司和新进入的公司通常不受产业现行战略的惯性影响，因而只要找到打击那些仍抱着原有战略的竞争对手的战略，就能从中极大地获益。

③ 被迫选择。实际上，竞争对手并非常常因动机混淆而完全受困，甚至不会被打乱阵脚。在这种情况下，上面所提的问题就可帮助发起挑战的公司找出最佳位置以迎接即将来临的竞争战。这意味着利用对竞争对手目标和假设的了解，在任何可能的时候都会避免来自竞争对手的有效报复行动，同时选择合适的战场则可使该公司最突出的能力成为最锐利的武器。

4.6.3 竞争情报分析

20世纪80年代初期诞生了以提高企业的市场竞争能力为宗旨、以解决市场竞争中的情报问题为己任、以竞争对手分析为核心的专业化的竞争情报分析。竞争情报是战略管理的基础，无论是战略的制定，还是战略的实施和评价，都需要对企业的竞争环境、竞争对手和竞争战略进行基于信息的收集、研究和分析。它是经过筛选、提炼和分析过的、可据之采取行动的有关竞争对手和竞争环境的信息的集合。从这一意义上说，竞争情报是关于竞争对手和竞争环境的信息，但其已经经过筛选、提炼和分析，使我们可以据此采取相应的行动，是有价值、有深度的信息。

竞争情报系统是指企业分析竞争环境变化、了解对手动向、支持企业战略决策的信息系统。系统的功能主要包括竞争情报的收集、分析、研究、加工、整理、存储和管理等。借助系统的支持，企业可以提高竞争情报获取的效率。进入世界500强的美国公司中，90%以上的企业已建立了较为完善的竞争情报系统。IBM、微软、可口可乐等公司的竞争情报系统已具有随时监视对手对环境变化反应的早期预警功能。

完整的竞争情报系统由计算机硬件和软件系统两部分组成。软件系统通常由各种具有竞争情报功能的独立软件或软件模块组成，每个软件或模块分别用以代替或协助研究人员完成竞争情报周期某个环节的工作。由于实现一个功能完善的软件系统工作量大、费用高，企业通常在建立情报系统时只是将情报周期的某个环节用计算机软件来实现，使竞争情报工作部分自动化，从而减少一定的工作量，提高工作效率。这种辅助特定环节情报工作的计算机软件称为竞争情报工具软件。

竞争情报根据其载体形式可以分为印刷型信息、数字化信息、口头信息和实物信息四种基本类型。根据其情报来源可大致归纳为 20 种，即报纸和专业杂志、行业协会出版物、产业研究报告、政府各管理机构对外公开的档案、政府出版物、数据库、工商企业名录、产品样本手册、信用调查报告、企业招聘广告、企业内部部门人员及现有信息系统、经销商、供应商、行业会议、行业主管部门、展览会、顾客、竞争对手、反求工程及专业调查咨询机构。

对于竞争情报工作而言，最为重要的是如何获取竞争情报，即如何把原始信息变成情报的过程，我们把这一过程称为竞争情报的周期。或者我们也可以用竞争情报的流程来解释这一概念。只有对竞争情报的周期或流程有了清晰的认识后，我们才能够有针对性地实施竞争情报战略。根据美国中央情报局（CIA）的定义，可以把竞争情报的周期分为五个不同的阶段，分别是情报规划、情报收集、情报处理、情报分析、情报扩散。其中收集工作是一个连续、系统和多途径的过程，收集方式则视具体情况有多种选择。以下我们分别就这五个不同阶段进行探讨。

1. 情报规划

情报规划的主要目标是界定情报需要，确定情报方向。在有限理性原则的基础上，分出轻重缓急，同时注意情报工作的系统性，考虑预算约束和实效性。

情报规划主要了解三个方面的内容：对情报需求进行评估，以确认组织内部对情报的需求；确定情报的需求内容；选择竞争对手的范围。

2. 情报收集

情报收集是情报工作的基础，是指通过公开渠道收集原始信息的过程。在情报规划工作的基础上，根据其所制定的收集范围和收集内容开展工作，为情报处理和分析工作打下良好的基础。

一般来说，凡有交易的地方就有信息交换，这是因为信息的流动是不可避免的，在交易活动中不仅涉及买卖双方，还涉及政府部门、金融机构等。因此每一项交互都透露信息，通过对这些交互的了解就可以发现和掌握信息源。

与常人期望不太一样的是，在情报收集过程中，商业秘密并不重要。运用伦理和法律许可范围内的收集和研究方法不可能获取竞争对手的商业秘密，但商业秘密并不是竞争情报工作的目标，商业秘密可能仅代表需要了解的竞争对手的所有信息的 5%。企业需要的是战术信息和战略情报，这些均可以通过公开合法的方式收集和分析。关键在于商业秘密并不是成功的保证，定价策略、品牌形象、广告战略、销售策略等更加重要。

3. 情报处理

情报的处理过程主要是对收集到的原始信息进行初步处理以便进一步分析，包括信息的格式转换、记录、集中、分类、组合和评级。情报处理的首要工作是将信息集中、记录和组合，具体的处理工作尽量由企业内部较低层次的部门和人员完成，使分析人员将精力集中在关键的分析工作上。

情报处理的另一个重要内容是对所收集的信息进行评级。评级的主要标准是信息源的可靠性和资料本身的可靠性。根据信息可能的准确度和信息源的可靠性将流入情报单位的原始信息"定级"，不仅有助于分析员跟踪原始信息的相对价值，还能帮助情报经理掌握各种潜在的竞争情报源的概况，有利于制订未来的收集计划。

4. 情报分析

大部分信息除非经过分析处理，本身没有任何价值，甚至隐含着风险。情报分析是对原始信息进行综合、评价、分析，使信息转化为情报的过程，在情报工作中居于核心地位。

5. 情报扩散

情报扩散是将情报产品以适宜的形式传递给最终情报用户（情报产品消费者）的阶段，是将通过收集、处理、分析而得到的情报发挥其价值的阶段。在这一阶段，需要解决两个方面的问题，即如何最大限度地让员工分享信息（企业想获得长期成功，员工能否得到充分的信息至关重要：由竞争情报单位收集的基本信息应让所有因工作而需要的人都能分享）和如何对某些信息保密（信息只向有工作需要的人提供）。

4.7 企业外部环境分析方法

外部环境总是处于不断变化和发展之中。进入 21 世纪，随着社会进步和科技发展，环境变化的频率越来越高，影响企业的各种因素不仅更加复杂多变，而且数量也在不断增加，这也就加剧了竞争的激烈程度。可见，在全球市场和产业发展的被动性日益增大的情况下，外部环境分析已成为战略管理过程中一个显著和重要的部分。因此，企业应对外部环境有一个充分的了解，对环境进行全面而准确的预测和分析。这种分析应当是一个连续的过程，包括四个步骤：搜索、监测、预测、评估，如表 4-6 所示。

表 4-6 外部环境分析的过程

步骤	内容
搜索	找出环境变化和趋势的早期信号
监测	持续观察环境变化的趋势，探索其中的含义
预测	根据所跟踪的变化和趋势，预测结果
评估	依环境变化或趋势的时间点和重要程度，决定企业的战略和管理

（1）搜索。搜索包含对外部环境各个方面的调查研究。通过搜索，企业能够辨认出总体环境潜在变化的早期信号，了解正在发生的变化。搜索是一项比较烦琐的工作，通常企业会面临许多意义不明确、不完整或是毫不相关的资料，需要花费大量的时间来整理。环境搜索对那些处在剧烈变化环境中的企业尤为重要。

(2) 监测。监测是在观察环境变化的过程中，对搜索的资料进行进一步的分析，看是否出现重要的趋势。成功的监测关键在于对不同环境事件的洞察力。

(3) 预测。预测是指对将来作出预测、分析，得出合理的结论，说明由于搜索和监测到的变化与趋势将会发生的变化及发生的时间。当初的 IBM 公司就是因为没有预测到个人计算机的需求变化，才使得其坠入经营的低谷。

(4) 评估。评估的目的是要判断环境变化和趋势对企业战略管理的影响程度。通过搜索、监测、预测，战略制定者可以大致了解总体环境，而评估就是要明确这些信息对企业的意义。

4.7.1 环境预测方法和技术

预测是对未来趋势和事件基于经验或研究的假设。预测是一种复杂的活动。因为它涉及多种因素，如技术创新、文化变迁、新产品、竞争对手、政府工作重点的转移、社会价值观的变化、不稳定的经济条件及不可预测的事件。管理者往往根据公开发布的预测内容来有效确认外部的机会与威胁，通过获取信息并进行明智的预测，企业可以更好地进行当前决策以取得更好的预期效果。

由于预测的对象、目标、内容和期限不同，形成了多种多样的预测方法。据不完全统计，目前世界上有近千种预测方法，其中较为成熟的有 150 多种，常用的有 30 多种，用得最为普遍的有 10 多种。

环境预测常用的技术和方法大致可以分为定性技术与定量技术。

1. 定性技术

定性预测偏重于经济发展性质上的分析，预测中多采用直观内容和个人判断的方法达到预测客观经济现象的目的。因其方法简单、预测迅速，所以在一些缺乏数据资料或因素错综复杂、综合抽象程度较大的问题中应用非常广泛，并且可以获得较好的结果。常用的定性技术有销售人员估计、管理人员评价、德尔菲法、情境法、头脑风暴法、关键事件分析。

(1) 销售人员估计。这种方法是向销售人员进行调查，征询他们对产销情况、市场动态及自己负责的销售区、商店、柜台未来销售量（额）的估计，加以汇总整理，对市场销售前景作出综合判断。这种预测除由公司、企业管理部门提供必要的调查统计资料和经济信息外，主要依靠销售人员掌握情况、经验、水平和分析判断能力；还要经过从基层到企业管理部门逐级审核、汇总和经理（厂长）批准才能定案，一般适用于短期预测和近期预测。

由于销售人员在市场前哨，最接近顾客，熟悉市场情况，同时也和销售渠道成员及竞争对手销售人员接触较多，因此，对于某些环境的变化比较敏感。他们的预测经过多次审核、修正，比较接近现实。根据预测确定的销售任务由自己负责完成，使销售人员具有光荣感和责任感，易于发挥积极性和首创精神。但同时也要注意极端情况的出现（预测情况过于乐观或悲观）。

(2) 管理人员评价。这种方法是由企业的经理（厂长）召开由熟悉市场情况的各业务部门主管人员参与的座谈会，将与会人员对市场商情的预测意见加以归纳、分析、判断，制订企业的预测方案。这种方法能融合不同部门的意见,再加上充分的沟通,往往会达到很好的效果。

(3) 德尔菲法。德尔菲法是 20 世纪 40 年代末由美国的兰德公司首创和使用的,随后在世界上得到广泛使用的一种定性预测方法。该方法一般采用函询调查方式分别向与所预测问题有关的领域的专家提出问题,然后将他们回答的意见加以综合整理、归纳、匿名反馈给各个专家,经过这样多次反复循环,可得到一个比较一致且可靠性比较高的意见。

德尔菲法应用非常广泛,不仅可以用于短期预测,而且可以用于长期预测;不仅可以预测事物的量变过程,而且可以预测事物的质变过程。因而,德尔菲法已逐渐成为一种重要的预测工具。

典型的德尔菲法包括以下步骤:首先,界定问题;其次,借助问卷方式匿名收集群体成员的意见;再次,针对群体成员的意见进行整理和分析,并将结果反馈给成员;最后,收集意见。如此反复进行几次,直到获得一致意见为止。

(4) 情境法。这种方法是针对某一主题对未来环境拟定 2~3 套设想,如乐观的未来情境、悲观的未来情境,并列出每种情况发生的概率。战略管理人员再针对每一项未来情境,研究一套适当的战略。这样企业在出现问题的时候就有了应变计划。情境法的目的,在于了解各种无法控制的影响环境变化的力量,以及其产生方式对企业的影响,从而了解特定战略做法的应变方与弹性。

(5) 头脑风暴法。头脑风暴法是专家会议的具体运用,在各种直观型预测方法中占有重要地位。这种方法通过专家间的相互交流,引起"思维共振",产生组合效应,形成宏观智能结构,进行创造性思维。通常,头脑风暴会议参与的人数为 6~9 人,时间约为 1 小时。进行头脑风暴应掌握四项重要原则:不可批评;自由自在地联想;构想越多越好;寻求构想的组合与改善。

(6) 关键事件分析。由于外部环境的内容极为广泛,如果同时监控整个外部环境,需要的专业知识很多,难度也很大。因此,战略管理人员不可能面面俱到。在这种情况下,可以使用关键事件分析。这样,可用有限的资源对总体环境做最有效的监控。

2. 定量技术

定量预测在拥有历史数据,而且关键变量间的关系在未来保持不变的情况下最为适用。常用的定量技术包括回归分析、趋势外推预测法和动态模型。

(1) 回归分析。回归分析是应用最广泛且有效的定量预测技术。它是把某一现象称为因变量,作为预测的对象;把引起这一现象变化的因素称为自变量,作为引起这一现象变化的原因。而因变量则反映了自变量变化的结果。战略管理人员可以根据未来的独立变量来预测未来的环境变量的数值。如果未来的状态可以用过去的状态来延伸的话,回归分析预测的结果会很准确。

(2) 趋势外推预测法。任何预测方法都是某种推测或推断,对时间序列而言,推测与推断都是一种外推(由现在推测未来,如移动平均法、指数平滑法等时间序列方法)。趋势外推预测法是根据事物发展的特有规律,推测并着重研究其可能的发展趋势。它是根据变量（预测目标）的时间序列数据资料，揭示其发展变化规律，并通过建立适当的预测模型，推断其未来变化的趋势。很多变量的发展变化与时间之间都存在一定的规律性，若能发现其规律，并用函数的形式加以量化，就可运用该函数关系去预测未来的变化趋势。

趋势外推预测法研究的是变量的发展变化相对于时间的函数关系，根据函数关系的形态不同，可分为直线趋势外推预测法和曲线趋势外推预测法。

（3）动态模型。动态模型是战略管理人员根据对整个环境系统的了解，找出各个环境变量与其他变量间的关系，然后以一套数学方程来描述整个环境系统。

由于计算机技术的发展，定量预测通常比定性预测更为经济和迅速，如回归分析这样的定量技术可以限定误差的范围，从而使管理人员能估计特定预测的可信度。但也要小心使用，如果数据不准确就会使预测没有参考价值。

4.7.2 钻石模型

企业的成功引发出一系列值得研究的问题。例如，在某一确定的行业范围中，国家或地区的经济环境、机构、政策在促使企业竞争成功中起的作用究竟如何？为什么这一国家或地区会成为一个能在全球范围内取得竞争胜利的许多企业的基地？为什么来自某一国家的跨国公司能发展其独有的技术和专利？一个国家或地区是如何提供给企业一个相宜的环境，使这些企业能比竞争对手进行更好、更快的创新，从而取得竞争优势？我们注意到，单纯从成本的节约和集聚的外部性的角度很难作出有说服力的解释，必须从企业构成要素的各个方面以及要素之间的作用关系着手。故此，我们运用波特的钻石模型（Diamond Model）来解释企业的竞争优势。

钻石模型是由美国哈佛商学院著名的战略管理学家波特提出的，该模型又称钻石理论、菱形理论或者国家竞争优势理论。波特认为，决定一个国家某种产业竞争力的有四个要素，即生产要素，需求条件，相关产业和支持性产业的表现，企业的战略、结构、竞争对手的表现。这四个要素具有双向作用。两个变量，即机遇和政府。它们之间互相联系、互相作用，构成系统，形成钻石体系，如图4-18所示。

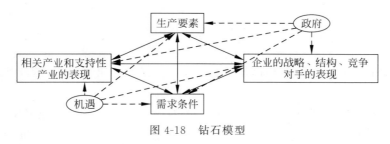

图 4-18 钻石模型

1. 四个要素

1）生产要素

生产要素，包括人力资源、天然资源、知识资源、资本资源、基础设施。波特将生产要素划分为初级生产要素和高级生产要素。二者的区别在于：前者是被动继承的，或只需要简单私人及社会投资就能拥有；而后者则需要通过长期的投资开发、积累才能形成。初级生产要素包括天然资源、气候、地理位置、非技术工人、资金等；高级生产要素则是指现代通信、信息、交通等基础设施,受过高等教育的人力、研究机构等。波特认为,初级生产要素重要性越来越低,因为对它的需求在减少,而跨国公司可以通过全球的市场网络来取得(当然,初级生产因素对农业和以天然产品为主的产业还是非常重要的)。高级生产要素对获得竞争优势具有不容置疑的重要性。高级生产要素需要先在人力和资本上大量和持续地投资,而作为培养高级生产要素的研究所和教育计划,其本身就需要高级的人才。高级生产要素很难从外部获得,必须自己来投资创造。

从另一个角度来看,生产要素被分为一般生产要素和专业生产要素。高级专业人才、专业研究机构、专用的软硬件设施等被归入专业生产要素。越是精致的产业,越需要专业生产要素,而拥有专业生产要素的企业也会产生更加精致的竞争优势。

波特通过大量的案例研究发现,一个国家如果想通过生产要素建立起产业强大而又持久的优势,就必须发展高级生产要素和专业生产要素,这两类生产要素的可获得性与精致程度也决定了竞争优势的质量。如果国家把竞争优势建立在初级生产要素与一般生产要素的基础上,它通常是不稳定的。波特同时指出：在实际竞争中,丰富的资源或廉价的成本因素往往造成没有效率的资源配置；另外,人工短缺、资源不足、地理气候条件恶劣等不利因素,反而会形成一股刺激产业创新的压力,促进企业竞争优势的持久升级。一个国家的竞争优势其实可以从不利的生产要素中形成。例如,荷兰鲜花业在国际上享有盛誉,荷兰并不具备鲜花生产所需要的气候条件,常年低温、湿寒,但其每年出口鲜花高达10亿美元,成为全球第一大鲜花出口国,其竞争力源自该国的鲜花企业化不利的生产要素为竞争优势,发展温室、培育新品种花卉,并找出节约能源以及其他能延续花卉产业竞争优势的技术。

2) 需求条件

波特指出,国内需求市场是产业发展的动力。国内市场与国际市场的不同之处在于企业可以及时发现国内市场的客户需求,这是国外竞争对手所不能及的。波特认为全球性的竞争并没有降低国内市场的重要性。

波特指出,本地顾客的本质非常重要,特别是内行而挑剔的顾客非常重要。假如本地顾客对产品、服务的要求或挑剔程度在国际上数一数二,就会激发该国企业的竞争优势。如日本消费者在汽车、音响、照相机等消费上的挑剔是全球出了名的,欧洲严格的环保要求也使许多欧洲公司的汽车环保性能、节能性能全球一流。

另一个重要方面是预期性需求。如果本地的顾客需求领先于其他国家,就可以成为本地企业的一种优势,因为先进的产品需要前卫的需求来支持,但有时也会成为一种误导。例如,德国高速公路没限速,当地汽车工业就非常卖力地满足驾驶人对高速的狂热追求,而超过200千米乃至300千米的时速在其他国家毫无实际意义。

3) 相关产业和支持性产业的表现

波特认为,对形成国家竞争优势而言,相关产业和支持性产业与优势产业是一种休戚与共的关系。波特的研究提醒人们注意"产业集群"这种现象,就是指一个优势产业不是单独存在的,它一定是与国内相关强势产业一同崛起的。以德国印刷机行业为例,德国印刷机雄霸全球,离不开德国造纸业、油墨业、制版业、机械制造业的强势。美国、德国、日本汽车工业的竞争优势也离不开钢铁、机械、化工、零部件等行业的支持。

本国供应商是产业创新和升级过程中不可缺少的一环,这也是它最大的优点所在。产业要形成竞争优势,就不能缺少世界一流的供应商,也不能缺少上下游产业的密切合作关系。另外,有竞争力的本国产业通常会带动相关产业的竞争力。

4) 企业的战略、结构、竞争对手的表现

波特指出,推进企业走向国际化竞争的动力很重要。这种动力可能来自国际需求的拉力,也可能来自本地竞争者的压力或市场的推力。创造与持续产业竞争优势的最大关联因素是国内市场强有力的竞争对手。波特认为,这一点与许多传统的观念相矛盾。例如,一般认为,国内竞争太激烈,资源会过度消耗,阻碍规模经济的建立;最佳的国内市场状态是有 2~3 家企业独大,用规模经济与外商抗衡,并促进内部运作的效率化;还有的观念认为,国际型产业并不需要国内市场的对手。波特指出,在其研究的 10 个国家中,强有力的国内竞争对手普遍存在于具有国际竞争力的产业中。在国际竞争中,成功的产业必然先经过国内市场的搏斗,瑞士制药业强大的原因,是每家公司都有若干个强大的本地竞争对手迫使其进行改进和创新,海外市场则是竞争的延伸。而在政府的保护和补贴下,放眼国内没有竞争对手的"超级明星企业"通常并不具有国际竞争能力。

2. 两个变量

在四大要素之外还存在两大变数:政府与机遇。

(1) 政府。波特指出,政府的政策如果运用在已经具有其他关键要素的产业上,就可以帮助强化、加速产业的优势,增加厂商的信息,但政府本身不能帮助企业创造出竞争优势。例如,日本是全球最早将传真机和电话线路相连接的国家之一,日本司法机构还承认传真文件的合法性,这些措施都促进了日本传真机产业的发展。但是政府政策也可能阻碍企业的发展。例如,意大利政府政策的影响使得该国市场处于受保护的封闭状态,它的金融业便一直无法在国际上展开竞争。

(2) 机遇。作为竞争条件之一的机遇,一般与产业所处的国家环境无关,也并非企业内部的能力甚至政府所能控制。这些机遇因素可能调整产业结构,提供一国企业超过另一国企业的机会。机遇可以影响四大要素发生变化。波特指出,对企业发展而言,形成机遇的情况大致有几种:基础科技的发明创造、传统技术出现断层、外因导致生产成本突然提高(如石油危机)、金融市场或汇率的重大变化、市场需求的剧增、政府的重大决策、战争。机遇其实是双向的,它往往在新的竞争者获得优势的同时,使原有的竞争者优势丧失,只有能满足新需求的厂商才能有发展"机遇"。例如,能源危机对日本的最终影响是促成其产业的升级,使其大步迈向节约能源的境界。

钻石模型的作用并不是一种静态的分析。由于一个决定性因素对企业的作用,取决于其与其他决定性因素相互联系、相互影响的关系,各个决定性因素的作用会互相促进,因而呈现动态性。地域上行业的集中与国内竞争对手,这两个条件使钻石模型成为动态的自激的系统。地域上行业的集中,加大了钻石模型中各个因素相互作用的力度;国内竞争对手这一条件,促进了整个钻石模型的升级。

地域上集中的行业对有关的企业成员有着促进提高的作用,这些成功的企业往往对供应商或顾客用户进行垂直整合,或对具有共同顾客、相似销售渠道的企业进行水平整合。这一系列的纵向与横向的整合联系,使得企业与同行业的企业之间,企业与购买者或供应商等相关行业之间的信息交流沟通更加顺畅。即使这些联系并没有减少竞争,在这些沟通过程中取得联系的企业的竞争优势仍是可观的。相关行业和支持行业的竞争力加强了主流行业的竞争力。竞争的上游行业促进了下游行业的出现,提高了下游行业的竞争力。一系列作用的共同结果,使竞争优势落实在具有内在联系的那些企业群体上。

尽管有些学者对钻石模型在政府政策的作用、跨国企业的影响以及国际市场的地位等方面还有所补充,但钻石模型给人们分析经济对企业行为的影响提供了有力的武器,对具有竞争优势的企业地域上的集中现象做了清晰的解释。

4.7.3 EFE矩阵分析法、CPM分析法与脚本法

对环境的定性分析应该和定量分析结合起来,才能更好地对外部环境进行判断和评估。

1. 外部因素评价矩阵

外部因素评价矩阵(External Factor Evaluation Matrix,EFE矩阵)可以帮助战略制定者归纳和评价经济、社会、文化、环境、政治、政府、法律、技术及竞争等方面的信息。外部因素评价矩阵将关键外部因素划分为机会和威胁两个方面,并从行业的角度对其进行重要性评估,然后评价公司对关键外部因素的战略反应,最后综合得出公司在利用外部机会和对抗外部威胁方面的总得分。

外部因素评价矩阵的具体编制方法包括如下几个步骤。

(1) 列出在定性分析中确认的环境因素。因素总数在10~20个,因素应包括企业所处的行业和宏观环境中的各种机会与威胁。首先列举机会,再列举威胁,注意要尽量具体。另外要注意的是,有些因素可能既是机会又是威胁,这需要分别列举。

(2) 赋予每个因素一定的权重,以表明该因素对于企业经营成败的相对重要性。权重的数值在0.0(不重要)和1.0(非常重要)之间,并使各因素权重值总和必须等于1。权重标志着该因素对于企业在行业中取得成功的影响的相对大小性,机会往往比威胁得到更高的权重,但当威胁因素特别严重时也可得到高权重。确定权重的方法应视实际情况而定,其主要包括:①与成功的竞争者和不成功的竞争者进行比较;②通过集体讨论而达成共识;③以行业为基准。

(3) 按照企业先行的战略对各因素的有效反应程度为各因素进行评分,范围为1~4。"1"表示反应很差,"2"表示反应为平均水平,"3"表示反应超过平均水平,"4"表示反应很好。评分反映了企业战略的有效性,因此它是以企业为基准的。

(4) 用每个因素的权重乘以它的评分,得到各要素的加权得分。

(5) 将所有因素的加权分数相加,以得到企业外部机会与风险的综合加权评分值。

显然,根据上述评价过程可知,对于任一企业来说,无论EFE矩阵所包含的关键机会

与威胁数量为多少,总加权分数总会在 1.0~4.0。一个企业所能得到的综合加权分数最高为 4.0,最低为 1.0,平均综合加权评价值为 2.5。综合加权评价值为 4.0,反映企业在整个行业中对现有机会与威胁作出了最出色的反应,换言之,企业的战略有效地利用了现有机会并将外部威胁的潜在不利影响降至最小;而综合加权评价值为 1.0,表明企业的战略不能利用外部机会或规避外部威胁;综合加权评价值为 2.5,表明企业处于平均水平。

表 4-7 提供了一个外部要素评价矩阵示例。以我国家电业为例,由表 4-7 可得到如下信息:总加权分为 2.98,说明我国家电企业在利用外部机会和规避外部威胁方面高于平均水平。

表 4-7 外部因素评价矩阵示例

关键外部因素	权重	评分	加权分数
机会			
1. 中国加入 WTO(世界贸易组织),经营国际化使成本大大降低	0.08	4	0.32
2. 中国经济持续发展,人均收入提高,高收入人群增加	0.15	3	0.45
3. 数字家电技术的发展	0.10	2	0.20
4. 家电业的规模效应明显	0.10	3	0.30
5. 家电业企业走向差异化道路	0.12	4	0.48
6. 消费者的喜好偏向多元化	0.05	2	0.10
威胁			
1. 中国加入 WTO,国内企业直接面临国外企业的竞争	0.09	4	0.36
2. 家电企业库存压力大,可能会爆发价格战	0.05	1	0.05
3. 消费者的议价能力不断加强	0.06	2	0.12
4. 消费者的品牌忠诚度在下降	0.10	3	0.30
5. 国内家电业的整体技术较弱	0.10	3	0.30
总计	1.00		2.98

环境分析中最为关键的内容是要确认关键成功因素和行业吸引力。如前所述,一个行业的关键成功因素指的是那些最能影响行业成员在市场上获取成功的特定战略因素。关键成功因素所涉及的是那些每一个行业成员所必须擅长的东西,或者说公司要取得竞争和财务成功所必须集中精力获得的一些因素,它们是取得行业成功的前提条件。一个好的战略应该包括这样一种努力:在所有的行业关键成功因素上有能力,并且在至少一个行业关键成功因素上拥有卓越的能力。一个公司如果能够深刻地洞察行业的 KSF,就可以将公司的战略建立在行业的 KSF 之上,然后竭尽全力在这些因素的一个或多个之上比竞争对手做得更好,从而获取持久的竞争优势。关键成功因素随着行业的不同而不同,甚至在相同的行业中,也会因行业驱动因素和竞争环境的变化而变化。

行业吸引力主要是指行业的获利能力或空间。一般来说,如果一个行业的整体利润前景处于平均水平之上,那么就可以认为该行业有吸引力;如果一个行业的利润前景处于平均水平之下,那么就可以认为该行业没有吸引力。但是,如果认为一个行业对于所有的行业参与者和所有的潜在的行业进入者都有吸引力或没有吸引力却是错误的。行业是否有吸引力是相对的,不是绝对的。行业的吸引力总是需要从特定公司的角度来进行评价。如果有评价认为某个行业基本上有吸引力,那么,这实际上表明目前的行业参与者所实施的战略能够提升它们在行业中的长期竞争地位;需要作出努力扩大销量,增加投资,增加设施和提升能力。如果行业和竞争形势相对来说没有吸引力,那么比较成功的行业参与者在投资的时候就可能很谨慎,需要寻找各种途径来保护它们的长期竞争力和盈利能力。

2. 竞争态势矩阵

竞争态势矩阵(Competitive Profile Matrix,CPM)用于确认企业的主要竞争者及相对于该企业的战略地位,主要竞争者的特定优势与劣势。该分析方法是通过对不同企业的关键成功因素进行评价比较,确认企业相对于主要竞争对手的竞争地位、面临的机会与风险大小,为企业制定竞争战略提供依据。竞争态势矩阵中的关键战略因素包括内部和外部两个方面的因素,其中以内部因素为主。在竞争态势矩阵中,竞争企业的评分和总加权评分值可以与被分析企业的相应指标比较,从而为企业提供重要的战略信息。建立竞争态势矩阵的步骤如下。

(1) 由企业战略决策者识别外部环境中的关键战略因素。战略决策者通过研究特定的行业环境与评价结论、针对与企业成功密切相关的因素达成共识。一般应有 5~15 个关键战略要素,包括产品组合度、规模经济性、市场份额、产品质量、设备的新旧与布局、价格及其优势、生产能力与效率、广告与促销效益、顾客忠诚度、财务状况、研究开发能力、财务状况及管理水平和企业形象等。

(2) 对每一个关键战略要素确定一个适用于行业中所有竞争者分析的权重,权重大小依据该要素对于在行业中经营成败的相对重要性。权重值的确定可以通过考察成功企业与不成功企业的经营成果,从中得到启发。每一个要素权重值的变化范围从 0.0(不重要)到 1.0(非常重要),并使各因素权重值之和为 1。

(3) 对行业中各个竞争者在每个关键战略要素上表现的力量、相对强弱进行评价,评价的分数通常为 1、2、3、4。其中,1 表示最弱,2 表示较弱,3 表示较强,4 表示最强。评价中必须注意各分值的给定应尽可能以客观性的资料为依据,以得到较为科学的评价结论。

(4) 将各战略要素的评价值与权重相乘,得出各竞争者在相应因素上相对力量强弱的加权评价值。

(5) 对每个竞争者在每个战略要素上的加权评分值进行加总,从而得到每个竞争者的综合加权评分值。这一数值大小揭示了各竞争者之间在总体力量上相对强弱的情况。

表 4-8 提供了一个竞争态势矩阵示例,为简洁说明情况,仅仅选择市场份额、价格竞争力、财务状况、产品质量和顾客忠诚度五个关键要素,给每个要素赋以一定权重,再分别给 3 家企业进行评分,由表 4-8 可以得到如下信息:产品质量、财务状况和市场份额是最为重要的影响因素,所以给予较大的权重。企业 A 在财务状况方面是最强的,正如其评分 4 分所示。竞争者 B 在价格竞争力方面表现突出,其评分为 4 分。竞争者 C 在产品质量因素上是上乘的,正如其评分 4 分所表示的。最后得出:企业 A 的总分为 2.5,竞争者 B 的总分为 1.7,竞争者 C 的总分为 2.8,竞争者 C 的竞争实力最强。如果采取非加权的计分方法,则五种关键因素的重要性程度均为 0.2,则企业 A 的总分值为 12×0.2=2.4,

竞争者 B 的总分值为 10×0.2＝2,竞争者 C 的总分值为 12×0.2＝2.4。由此可见,企业 A 和竞争者 C 在非加权的评分情况下分值相等,而在加权评分时就出现差异,这主要是因为竞争者 C 在最关键的成功要素产品质量上表现最好。竞争者 B 的实力最弱,主要是因为在产品质量方面表现最弱。综合上述情况,我们可以看出,竞争者 C 在整体实力上最强,这点从其加权总分 2.8 可以说明。

表 4-8 竞争态势矩阵示例

关键因素	权重	被分析企业 A		竞争者 B		竞争者 C	
		评分	加权分值	评分	加权分值	评分	加权分值
市场份额	0.2	3	0.6	2	0.4	2	0.4
价格竞争力	0.10	1	0.1	4	0.4	1	0.1
财务状况	0.2	4	0.8	2	0.4	3	0.6
产品质量	0.35	2	0.7	1	0.35	4	1.4
顾客忠诚度	0.15	2	0.3	1	0.15	2	0.3
总分值		12	2.5	10	1.7	12	2.8

通过竞争态势矩阵分析,企业可以发现自身与竞争对手的差距,可以向实力强的对手学习,还可以为企业确立改进的方向,尤其是在关键的成功要素上需要提高自己的实力。但是也要注意到,每个企业的总加权分值只是表明了各竞争对手之间相对竞争实力的大小,这些数值仅提供了一种分析的手段,供战略决策者制定战略时参考,并不能精确表示各竞争对手之间的相对强弱关系,即在竞争态势矩阵中得到高分的企业不一定就强于分数较低的企业。企业之间的相对强弱关系需要根据企业的各项盈利指标进行详细的财务分析。尽管是定量分析,但仍然包含了定性的成分,如变量的选择、权重的确定、企业的评分都是战略制定者主观的看法,数字只反映了公司的相对优势。我们应该通过数字对信息进行有实际意义的吸收和评价,以便帮助我们进行决策。

尽管 CPM 与 EFE 矩阵的权重和总加权分数的含义相同,编制矩阵的程序和方法也一样,但是,CPM 与 EFE 矩阵之间存在的区别也是明显的:首先,CPM 涉及多家企业:企业自身及企业的若干竞争对手;而 EFE 矩阵只涉及企业自身。其次,CPM 中的关键因素更为宏观、笼统,不包括具体的或实际的数据,而且可能集中于内部问题。最后,CPM 中的因素包括外部和内部两个方面的问题,而 EFE 矩阵却将因素划分为机会与威胁两大类。

3. 脚本法

脚本法(Scenario Analysis,也称为情境分析法、前景描述法)是在一般环境分析以及包括产业环境在内的整个外部环境分析中,国际上许多大企业在尝试并长期实践的一种操作性的方法。

20 世纪 50 年代,学者卡恩(Kahn)提出情境描述的观念。而斯坦福研究所(Stanford Research Institute,SRI)自 20 世纪 70 年代开始从事未来学的研究,并研发出一套可实际应用的技术预测与规划系统。一般认为,荷兰皇家壳牌公司于 20 世纪 60 年代末首先使用基于脚本的战略规划并取得成功,并由该公司的沃克(Wack)于1971年正式提出。近年来关于脚本法的理论研究也引起了许多学者的关注,取得了一些研究成果。据介绍,目前国际上有80%的大公司运用脚本法或类似的做法。

脚本法是在假定某种现象或某种趋势将持续到未来的前提下,对预测对象可能出现的情况或引起的后果作出预测的方法,通常用来对预测对象的未来发展作出一种设想或预计,是一种直观的定性预测方法。

在环境预测中,脚本法是长期的可能结果预测。一般而言,短期预测可预见性较强,不确定因素少,因此使用脚本法的必要性不大。当然,在原理上,脚本法可以应用于短期预测。

"脚本"一词有概要、剧本、剧情、情节或情况等意思,既可以用于环境预测,也可以用于决策方案的形成。在环境分析中,一个脚本就是一种/一组情况,或一个/一组情节,因此也可以称为"情节法"。在战略生成和各项经营管理决策中,一个脚本就是一个决策方案。显然,方案脚本以环境脚本为基础,即先形成环境脚本,再根据环境脚本形成决策方案的脚本。

1)脚本法的作用

(1)分析环境和形成决策。任何企业若想生存进而壮大,必须尽可能做到"知己、知彼、知环境"。脚本法就是企业从自身角度出发,通过综合分析整个行业环境甚至社会环境,评估和分析自身以及竞争对手的核心竞争力,进而制定相应的决策。由于每一组对环境的描述最终都会产生一个相应的决策,因此,脚本法主要使用在分析环境和形成决策两个方面。

(2)提高组织的战略适应能力。由于脚本法重点考虑的是将来的变化,因此能够帮助企业很好地处理未来的不确定性因素。尤其是在战略预警方面,能够很好地提高企业或组织的战略适应能力。同时,企业持续的脚本分析,还可以为企业情报部门提供最大量的环境市场参数,而这些参数又可以为企业提供多方面的帮助,如可以帮助企业发现自身的机会、威胁、优势和劣势等。

(3)提高团队的总体能力,实现资源的优化配置。从企业内部出发,企业的核心是人,而人的思想是关键。脚本法不仅是属于高层管理人员的战略工具,而且需要企业各个层次都参与其中,如此可激发每个人的责任感和成就感,提高团队的总体能力。企业通过脚本法预测出未来可能出现的情境,决策人员以此为基础进行决策,确定未来的发展方向,决策的实施需要资源的支持,企业的资源也就相应地实现了重新配置。

2)七步脚本法

将一般环境和产业环境的各种重要因素综合起来,可以沿着下述七个步骤进行综合的一揽子环境脚本分析。

(1)识别影响企业的外部直接因素和间接因素。通常,直接因素是产业环境因素,间接因素是一般环境因素。但对特定企业的特定时期,有些一般环境因素也可能是直接因素。

(2)识别直接因素和间接因素的变化趋势。这是七步脚本法最重要的核心步骤,也是最困难的步骤。每种因素一般列出三种可能的变化趋势,其中第一种是基本趋势,后两种是相反的两种趋势。直接因素的基本趋势根据影响它的间接因素的基本趋势预测。直接因素的两种相反的趋势根据间接因素的两种趋势进行分析、预测，它们之间不是简单的对应关系，需要开动脑筋设想未来，是分析的重点和难点。

（3）评价间接因素各趋势的发生概率。基本趋势的概率自然比较大，重点是分析其他两种相反的变化趋势的发生概率。

（4）评价直接因素各趋势的发生概率。同样，基本趋势的概率大，重点是分析其他两种相反的变化趋势的发生概率。

（5）评价直接因素各变化趋势的战略重要性。

（6）根据各直接因素趋势的发生概率和战略重要性，绘出环境脚本矩阵。

（7）依据战略上重要而概率大的直接因素变化趋势形成的环境脚本（图 4-19 右上角框内的直接因素变化趋势组）制订基本战略方案；依据战略上重要而可能性不大的直接因素变化趋势形成的环境脚本（图 4-19 右下角框内的直接因素变化趋势组）制订备用战略方案。在此过程中，需要对环境脚本进行一致性检验。对于战略上不重要的两个环境脚本（图 4-19 左上角和左下角），无论发生概率大还是小，在战略管理中都可以不予考虑。

例如，影响某企业的间接因素可以用 a、b、c、d…表示，这些因素可以包括国民生产总

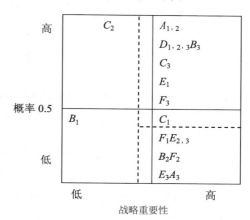

图 4-19　环境脚本矩阵

值、银行利率、人口数量、消费者收入分布等，每个企业都需要通过扫描确定。其不同的下标数字也表示不同的变化趋势。例如，a_1 表示国民生产总值上升是基本趋势，a_2、a_3 分别表示国民生产总值不变和下降两种相反的变化趋势。直接因素包括：A 成本，B 竞争水平和性质，C 市场价格，D 日间服务，E 扩展机会，F 需求。A 至 F 不同的下标数字表示不同的变化趋势。例如，A_1 表示成本不变，是基本趋势；A_2、A_3 表示成本的上升和下降这两种相反的趋势。

显然，七步脚本法的关键是正确地识别对企业有重要影响的直接因素和间接因素，正确地识别各自的变化趋势，正确地评价各自的发生概率和战略重要性。

如何识别和判断间接因素的各种变化如何影响、决定直接因素的各种变化，是脚本分析关键的内容。但目前对此尚没有研究出一种令人信服的可操作性更强的方法，只有借助宏观经济学等学科的研究和预测，需要依靠战略分析者和战略决策者的正确分析与判断。七步脚本法只是提供一个分析的步骤、思路和分析表单，从而在一定程度上促进对环境的分析和把握，但不能代替战略分析与战略决策。

本 章 小 结

1. 论述企业面临一般环境的几个维度，分析竞争对手，找出企业的机会和威胁。
2. 分析了五种竞争力量。

3. 介绍了结构—行为—绩效范式,并指出市场结构决定企业在市场中的行为,而企业行为又决定企业在市场中的经济绩效。

4. 指出行业关键成功因素因行业不同而有所差异,管理者应从诸多影响成功的因素中找出关键的因素,并在日常管理中聚焦于这些因素。

5. 介绍了钻石模型的四个要素,指出它们之间具有双向作用;此外,还有两大变数:政府与机遇。

6. 提出了 EFE 矩阵分析法、CPM 分析法和脚本法,这些方法可以帮助战略制定者评价市场和产业,但这些方法需靠良好的直觉与判断来发挥作用,因此,在使用时,战略制定者应对这些信息进行吸收和评价。

思 考 题

1. 哪些要素构成了战略的外部环境?
2. 怎样理解外部环境对战略形成的作用?
3. 简述影响产业结构的五种力量。
4. 什么是关键成功因素?并以房地产为例,分析该行业的关键成功因素。
5. 划分行业内战略集团的标准是什么?对战略集团的分析有什么战略意义?
6. 选择同一行业的四个不同企业,分别用 EFE 矩阵分析法、CPM 分析法和脚本法对其进行分析。

第 5 章

企业内部环境分析

1. 了解内部环境的性质、目的与重要性；
2. 知晓资源基础观点的延伸；
3. 了解核心能力构成要素；
4. 领会核心能力对企业发展的重要作用；
5. 熟练掌握企业内部环境分析方法。

昔之善战者，先为不可胜，以待敌之可胜。

——《孙子兵法·形篇》

夫将者，国之辅也，辅周则国必强，辅隙则国必弱。

——《孙子兵法·谋攻篇》

真正的问题不在于你如何比过去做得好，而在于你如何比你的竞争对手做得更好。

——唐纳德·克雷斯

全面提升用户价值，深蓝汽车蜕变露新貌

2023年以来，经济逐渐复苏。据国家统计部门数据，1月份居民消费价格同比上涨2.1%，2月份居民消费价格同比上涨1.0%，3月份居民消费价格同比上涨0.7%。消费市场连续3个月呈现上涨趋势，消费者购买力得到稳步上升。

作为新能源自主品牌的一员，深蓝汽车以深蓝SL03在20万级市场建构全新竞争格局，满足消费者对新能源产品的期待。为贴近消费者需求，深蓝汽车已接连推出多重补贴政策，包括2022年重庆地区高温限电交付延期补贴等。

从长安深蓝蜕变而来，深蓝汽车刷新消费者对品牌的固有认知，坚守产品品质，不断增大科技创新方面投入。尽管成立不久，但年轻的深蓝汽车已然获得市场认可，据深蓝汽车官方统计，3月交付量超8 000辆。

日前，2023年第三届"中国汽车风云盛典"举行颁奖典礼，深蓝汽车一场获双奖，彰显技术实力与产品竞争力。

提升价值，用户肯定。面对强劲的电动化和智能化变革浪潮，深蓝汽车凭借深蓝

SL03崭露头角。这背后的原因之一即是深蓝汽车创造性地坚持用户思维,并以用户为中心不断升级用户体验,深化服务品质。

4月伊始,深蓝汽车迎来品牌1周年,并顺势推出了"深蓝品牌周年庆,客户服务再升级"活动,全面开启用户体验升级,不仅将包含增程器在内的三电系统终身质保,直接升级为整车终身质保,而且发布五大承诺4.0标准,包括预约不等待、维修不回头、救援不焦虑、服务不拖延等。

为节省保养等待时间,车主可通过深蓝汽车App自助预约或者致电深蓝客服委托深蓝管家预约保养,在约定时间内到店即可,无须等待直接接受保养服务。

深蓝汽车要为超4万名用户提供整车终身质保服务,需要支出2.3亿元。若叠加新推出的各项用户补偿,深蓝汽车还将为用户服务花费超1.8亿元,预测总花费将超4亿元。

在保修服务方面,深蓝汽车承诺,若同一功能修复后3个月内重复发生非人为因素失效,返回深蓝授权维保中心处理,将向车主进行赔付。故障发生后返回维保中心处理,若48小时无解决方案,总部服务专家将第一时间到达现场,解决车主维修问题。

此外,为及时解决行车过程中可能遇到的事故,深蓝汽车为车主提供7×24小时道路救援服务。车主可随时致电深蓝客服,深蓝管家接到电话5分钟内安排救援工单,救援人员将在约定时间内到达现场,如果超出约定时间,深蓝汽车将以小时为单位进行补偿。同时,由产品问题产生的救援,深蓝汽车将根据车主需求免费提供出行服务或同等价值的交通补贴。

深蓝客服热线及深蓝管家将贯通消费者购车用车全周期,随时致电立即接通,实现一般咨询问题30分钟内解决、服务问题24小时内解决、投诉问题72小时内解决。其他服务承诺将按深蓝汽车五大承诺4.0标准严格执行。

贴心服务,用户放心。新能源的二手车保值率,同样令消费者十分关心,深蓝汽车还推出了针对非首任车主包括增程器在内的三电系统10年/30万千米质保政策,这也是其在行业内率先推出二手车范畴的质保政策,让深蓝SL03在整个生命周期都能为消费者提供高品质的闭环链路权益。

得益于贴心的用户服务和先进的技术水平,深蓝汽车通过增程式技术路线、纯电动技术路线"双技术路线",提升产品经济实用性、驾乘乐趣性等,交付量节节攀升。最新数据显示,深蓝汽车3月交付量达8568辆,重回正增长轨道,实现环比增长108.8%。

深蓝汽车从自身的产品技术入手,提升核心技术竞争力,赢得消费市场青睐。在交付量不断上涨的背后,深蓝汽车的产品技术不容小觑。为满足新生代消费者出行新需求,在全面升级用户服务的同时,深蓝汽车不断提升车辆的技术含量,对新能源汽车领域的多项核心技术进行了研发突破。同时,得益于长安汽车百年机械制造技术的加持,深蓝汽车在汽车制造环节更为得心应手。

2022年11月底,长安汽车发布了新能源及电动化解决方案,即"集合"丰富汽车科技的长安原力电动技术,包括原力智能增程、原力超集电驱。而搭载长安原力电动的深蓝SL03已于2022年7月正式上市。

据深蓝汽车官网数据,其中,"小体积、大功率"的高效全能增程器,发电机最高效率可达96%，在CLTC(中国轻型汽车行驶工况)下，可实现1升油发电约3.3度；在亏电状态下，油耗也只有4.5升/100千米。基于啸叫变频主动控制的无感NVH(噪声、振动与声振粗糙度)技术，匹配收放自如的智慧能量管理策略，使原力智能增程系统实现NVH表现、动力性、经济性三者平衡，无论是高速还是低速，行车中增程器无感启停、隐声运行，为用户带来驾乘乐趣。

而原力超集电驱高度集成电机、电机控制器、减速器、充电机、高压分线盒等，是深蓝汽车电驱效率的全新成果，效率最高可达95%。相较其"三合一"电驱系统，原力超集电驱重量降低10%、体积降低5%、效率提升4.9%、功率密度提升37%，更为安全可靠，增强车辆的澎湃动力性能。

此外，在消费者尤为关注的动力电池方面，深蓝汽车先发深入业内前沿的半固态电池领域。深蓝汽车的半固态电池已进入工程化研发阶段，预计2025年将实现搭载整车应用。

同时，得益于微核高频脉冲加热技术，原力超集电驱能够使车辆在－30℃的极端环境下，每分钟电池温度提升4℃，车辆动力性提升50%，充电时间缩短15%。

硬核进阶，品牌初心。在新能源快速发展的当下，中国新能源自主品牌抢得市场和技术先机，亮出新品牌面貌。

3月，深蓝汽车正式更名升级。焕新而来的深蓝汽车彰显出品牌独立姿态，重塑"打破局限、触达生机、探索科技、放大感知"的品牌形象。

作为中国新能源自主品牌的一员，深蓝汽车的诞生初心，即是打造世界一线主流电动车中国品牌，实现用数字科技重构出行想象的伟大愿景；同时，以创新技术为依托，真正让用户感受"先达未来"的品牌主张。

回顾深蓝汽车一路以来的发展历程，2022年4月，深蓝汽车正式发布，象征着探索、生命、科技、未来，践行长安汽车向智能低碳出行的科技公司转型的决心与承诺。在深蓝汽车正式发布后的3个月，深蓝汽车首款战略车型SL03上市，在公布售价33分钟后订单便破万。上市5个月后，深蓝SL03即助力深蓝汽车成为国内用时较短单月交付量破万的新能源品牌。

与此同时，深蓝汽车独特的渠道设计传递出品牌的新价值和新理念，使其备受关注。渠道建设上，深蓝汽车将传统4S店模式分解成订单中心、交付中心、维保中心、仓储中心和管家中心五大模块，以"线上线下融合、直通直联、直收车款、价格一致"的全新营销服务模式，为用户带来品牌直连、全链路透明、便捷服务三大价值。

深蓝汽车SL03上市仅1个月即开设450家订单中心。截至目前，深蓝汽车订单中心已增至570家，覆盖全国218个城市，占其乘用车整体市场容量的93%，核心、次核心商圈覆盖率达89%。

未来，深蓝汽车将建成超600家深蓝空间、超600家维保中心。

除了深蓝SL03，2023年3月，深蓝汽车首款SUV(运动型多用途汽车)车型S7迎来正式亮相。与此同时，在2023年4月的上海车展上，深蓝汽车"SL03"＋"S7"的双子星同台亮相。未来，预计深蓝汽车还将每年推出1～2款全新产品，预计2025年前推出6～7款产品，实现从紧凑型到大型市场全覆盖，满足消费者不同场景的出行需求。

此外，在供应链方面，深蓝汽车更具完整的零部件供应体系和议价能力，在产品的成本管控等方面更为精准,定价机制更契合市场。

展望未来,汽车"新四化"发展将继续深化,新能源自主品牌任重而道远。在深蓝 SL03 建构了 20 万级汽车市场竞争格局后,深蓝汽车也开始从品牌层面建构自己的新能源汽车定位。从长安深蓝转变为深蓝汽车,从汽车注册上将长安新能源汽车改变为深蓝新能源汽车,使用户对深蓝汽车有了更清晰的认知,也寓意着深蓝做大做强,迈步高端化发展。

资料来源:佚名.全面提升用户价值　深蓝汽车蜕变露新貌[N].中国经营报,2023-04-24.

5.1　内部分析的性质、目的和重要性

5.1.1　内部分析的性质

所有企业都只能在某些职能领域方面具有优势与劣势,没有一家企业在所有的领域都有同样的优势或劣势。例如,梅塔格公司(Maytag)以出色的生产和产品设计而著称,而宝洁公司则以高超的营销而闻名。内部优势与劣势加上外部机会与威胁及明确的任务陈述,共同构成建立企业目标与战略的基础。须知,建立目标和战略的出发点便是要利用内部优势和克服内部劣势。

1. 关键内部要素

一部有关经营战略的教材不可能深入地讨论诸如营销、财务会计、管理、管理信息系统、生产作业等所有内容。上述各个领域还有其各自的小领域,如营销课程还可以细分为用户服务、产品质量保证、广告、包装及定价等。

不同类型的组织,如医院、大学和政府机构,自然有不同的职能领域。例如,医院的职能领域分为心内科、血液科、护理、后勤、收费等。大学的职能领域包括体育健身、就业服务、住宿、融资、学术研究以及其他各项校内事务部门。在大型组织内,每个部门都有自己的优势和劣势。

公司不容易被竞争者所超过或效仿的优势称为企业的专有能力。建立竞争优势包括利用专有能力。例如,3M 公司通过生产多种创新产品而充分发挥其在研究和开发方面的专有能力。战略设计的目的之一就是弥补企业的劣势,将劣势转变为优势,甚至转变为专有能力。

通过外部分析与内部分析的对比,一些研究者强调了后者在战略管理过程中的重要性。罗伯特·格兰特(Robert Grant)便认为内部分析更为重要,他认为:在一个用户偏好极易变化的世界中,用户的特征是在不断变化的,为满足用户需求所需要的技术也在不断地发展之中。以外部因素为中心并不能为制定长期战略奠定牢固的基础。当外部环境处于多变状态时,公司本身的资源和能力可能会成为决定企业特征的更为稳定的基础。因此,用有能力做什么来定义企业,比用要满足什么需求来定义企业,可为战略的制定提供更为持久的分析基础。

2. 内部分析过程

进行内部分析的过程与进行外部分析的过程非常类似。确定公司的优势和劣势需要来自整个企业的管理者和雇员代表的参与。内部分析需要收集和吸收有关企业的管理、营销、财务会计、生产作业、研究与开发及管理信息系统运行方面的信息。

与外部分析相比,实施内部分析的过程就是要为参与者提供更多的机会,以理解他们的工作和他们的部门在整个企业组织中的地位与作用。这可以给企业带来很大的益处,因为在了解了自己的工作会如何影响企业的其他领域或活动之后,管理者和员工会更好地工作。例如,当营销和生产管理者共同讨论有关内部优势与劣势时,他们能更好地理解各功能部门的问题、困难、关切与需求。在不实行战略管理的企业中,营销、财务和生产管理者之间往往不能发挥积极的相互作用。进行内部分析的过程可作为促进组织内沟通的一个极好的途径或论坛,而沟通恐怕是管理中的一个最重要的词汇。

进行内部分析需要收集、消化和评价有关企业运作的信息,包括优势与劣势两方面的关键性因素。威廉·金(William King)曾认为:应当有一个由来自企业不同部门的管理者组成的,并有适当工作人员支持的专门小组,来确认将影响企业未来的10～20个最为重要的优势与劣势;正如有经验的管理者所知道的,由代表不同部门利益和观点的管理者共同确定10～20个企业最重要的优势与劣势是一件困难的工作。列出一份长20页的优势与劣势的清单是相对容易的,但列出10～15个最重要的优势与劣势,则需要深入地分析和认真地商讨。之所以如此,是由于这需要作出很多判断,而且这一清单必然会对战略的制定、实施和评价产生影响。

战略管理是一个企业组织内各方面高度相互作用的过程,它要求对管理、营销、财务会计、生产作业、研究与开发及管理信息系统等职能领域进行有效的协调。尽管战略管理过程由战略制定者总体负责,但成功的战略管理要求来自所有职能部门的管理者和员工共同工作并提供想法与信息。例如,财务主管可能会限制供生产主管选择的经营方案数量,研究与开发主管主持开发出的高档产品,要求营销主管制订更高的销售目标。企业成功的关键之一便在于各职能业务领域管理者之间的有效协调与相互理解。通过参与内部分析,各分部门或公司的管理者可以了解本公司其他业务领域决策的性质与影响。了解各职能领域间的关系对于建立有效经营目标与战略十分重要。

不能认识和理解企业各职能部门间的关系对于战略管理是非常不利的,而且随着企业规模、经营产品和服务种类及经营地域的扩大,需要掌握和管理的这类关系的数量也在急剧增加。政府及非营利组织过去对各业务部门间的关系并未给予足够的重视。例如,一些地方政府、公共事业单位、大学及医院只是在最近才开始建立与其财务能力和极限相一致的营销目标与政策。一些公司则过于强调某一职能部门而牺牲其他部门。安索夫解释说:在第一个50年中,成功的公司将精力集中于优化某一主要职能部门的绩效,如生产作业、研究与开发或市场营销。而今天,由于环境的复杂性和变化性日益增长,企业的成功愈加取决于明智地对各职能部门的结合式管理。这种由注重单一职能到注重多职能的转变对于成功进行战略管理尤为重要。

财务比率分析(financial ratio analysis)可以说明企业各职能部门间的复杂关系。如投资收益率或盈利率下降的原因可以是无效的营销、糟糕的管理政策、研究与开发的失误或薄弱的管理信息系统。能否正确理解各主要职能部门间的相互影响决定了战略制定、实施和评价活动是否有效。战略的成功实施,需要企业各职能部门的协同努力。对于制订计划,乔治认为:为了进行理论上的讨论和分析,我们可能会从观念上将计划单独分离出来。但在实际中,计划并不是一个单独的实体,也不可能被分离出来。计划职能是与所有其他企业职能混合在一起的,这就好比墨水一旦溶于水,就再也不可能被分离出来一样。计划将辐射整个企业,并成为整个企业管理的一个组成部分。

5.1.2 内部分析的目的

企业内部环境分析的目的有以下三个。

(1) 弄清企业现状,包括资源、能力、已有业绩和存在问题等,这些因素都是企业可自行控制的。

(2) 了解企业现已确定的将在战略规划期内实施的改革、改组、改造和加强管理的措施,并预测其成效(因这些措施在制定战略规划时都必须考虑)。

(3) 明确自身同竞争对手相比的优势和劣势。外部环境的分析主要回答"企业可以做些什么",而企业内部环境分析则主要回答"企业能够做些什么"。

5.1.3 内部分析的重要性

管理者进行内部分析是为了辨识战略形成过程中应予建立的优势,以及应予克服的劣势,从而获得竞争优势。研究和经验表明,一个公司的优势和劣势以及它的执行能力,比外部环境更能决定自身的绩效。例如,一项统计研究比较了整体产业变量与企业特定变量在获利能力方面的相对重要性。研究结果表明,一个公司的行动和执行能力对公司财务绩效的决定能力,要比周围的行业状况重要得多。另外一项研究也发现,即使是最不具有吸引力和不具有盈利能力的行业,只要具备生产优质产品的能力,仍旧可以获得较高的盈利率。

太可诺(Tecnol)医药产品公司是医疗面具的制造商,在规模越来越大、实力越来越强的竞争对手(Johnson & Johnson、3M等)面前处于不利地位。情况日渐糟糕的是,医疗保健行业对成本控制的高度强调,使得大范围的医药供给公司的边际利润日渐降低。在这种艰难的环境中,太可诺医药产品公司决定推出一系列新产品,这些产品规模大小不一,重量较轻,能够使呼吸更加顺畅。通过提供这些复杂的产品使得公司的市场占有率大幅度提高,同时由于使用自动化的制造技术,降低了产品成本,且缩短了产品的订购周期。简言之,太可诺医药产品公司提高了内部产能,改进了过程执行,从而克服了环境的威胁和不利的竞争地位,以产品的差异化、领导的低成本、反应时间的缩短为基础获得了竞争优势。

与太可诺医药产品公司的例子相反,有些在具有吸引力的环境且处于竞争优势地位的竞争对手,由于缺乏执行能力而无法获得竞争优势。汤姆森消费电子(Thomson Consumer Electronics)公司(以下简称"汤姆森公司")的高清晰度电视(HDTV)业务就是一个典型的例子。法国政府原来希望法国能成为全球高清晰度电视行业的领先者之一,而且为这家公司提供了相当于 10 亿美元的补助金,从任何标准来看,这已经足以改善汤姆森公司的环境,以及它在这种环境中的竞争地位,尽管汤姆森公司已经在竞争中处于优势地位,但还是没有像竞争对手一样对高清晰度电视的技术进行快速更新。最后,其他公司开发出了远优于汤姆森公司的完全数字化的高清晰度电视技术,在 HDTV 的竞赛中,有效地摆脱了汤姆森公司和法国政府对它的大力支持。

我们并不是想要贬低外部环境与企业形势分析的重要性,而是强调成功所凭借的,不只是外部环境,还包括公司发扬自身的优势、克服劣势的能力,也就是说,要成功地执行战略。

长期以来,研究者们围绕企业如何获取竞争优势问题进行了大量的研究,产生了许多理论和流派。其中最具代表性的理论之一是以迈克尔·波特(1980)为代表的强调竞争优势来源于产业结构的产业分析理论。而 R. P. Rumelt(1991)的研究发现:产业内中长期利润率的分散程度比产业间利润率的分散程度要大得多。他认为,表现为超额利润率的企业竞争优势并非来自外部市场力量和产业间的相互关系,而应当是市场力量以外的、存在于企业自身的某种特殊因素在起作用。研究者们认为,在信息技术与全球化的带动下,企业竞争环境的变迁较之过去更为快速和激烈,因此企业对于外在的动态竞争环境的分析与掌握将比过去更为困难,相比之下企业内部资源与能力容易管理与控制,更适合作为企业战略方向拟订时的参考依据(Grant,1991)。由此而来,研究者们将探索企业竞争优势的着眼点和对战略管理"不同投入"重要性的认知,逐渐从外部转移到企业内部,"资源基础理论"便在对主流战略理论的反叛中应运而生,并且越来越受到学术界的重视。菲利普·塞兹尼克在 1957 年所著的《管理中的领导行为》(Leadership in Administration)一书中首次提出"独特能力"(distinctive competence)这一概念,标志着"资源基础观念"(RBV)的萌芽,进而发展到"资源基础理论"(RBT),成为目前战略管理领域中重要的主流学派和主要理论前沿之一。所谓"资源基础理论"即是以"资源"为企业战略决策的思考逻辑中心和出发点,以"资源"联结企业的竞争优势与成长决策。RBT 基于两个假设作为分析前提。

(1) 企业所拥有的资源具有"异质性"(heterogeneity)。

(2) 这些资源在企业之间的"非完全流动性"。因而企业拥有稀有、独特、难以模仿的资源和能力使得不同的企业之间可能会长期存在差异,那些长期占有独特资源的企业更容易获得持久的超额利润和竞争优势。

RBT 的实质就是以企业为分析单位,着眼于分析公司拥有的各项资源,以企业内部资源为分析的基础和出发点,通过探讨独特的资源与特异能力,达到提升企业竞争优势和获取超额利润(supernor malreturns)的目的。

从本质上来说,21 世纪的竞争格局要求决策者们有这样一种思路,即根据企业特定的资源与能力来确定企业的战略,而不是严格地按照企业的运行效率来确定战略。例如,波特认为,在多种管理技术(如全面质量管理、标准设定、跨时间的竞争、重组)中,追求生产率、质量及速度可以产生运行效率,但不能产生有竞争力的持久战略。当企业能满足外部环境对运行效率的要求时,战略竞争优势随之而生。但同时,也必须运用它独特的能力来获得一种实际的竞争地位。因为 21 世纪的外部环境要素越来越呈现出多元化发展,也越来越难以准确预测,企业的战略要随外部环境的改变而及时改变的行为也是难上加难。唯有企业利用其特有的能力来形成竞争优势,并超越竞争对手,或者以其核心竞争力来形成竞争对手无法模仿或超越的障碍,这样企业才能在激烈的竞争中立足。

内部分析是进行有效的战略管理的基础,这就要求我们以参与竞争的内部资源为基础来理解公司的整体成功。这也就是所谓的"资源基础"(resource-based)的观点。

5.2 企业资源分析

5.2.1 资源基础的观点

企业界和理论界都普遍关注企业竞争优势问题。竞争优势本质上就是指企业相对于其竞争对手拥有的优越条件和地位。这种优越条件和地位既可来源于外部环境因素,如政府的特殊优惠政策、优越的自然地理位置与行业市场位势等;也可来源于企业内部的条件因素,如丰富的资源及较强的资源配置使用能力等。依赖这种优势,企业的盈利能力高于整个产业的平均值。

20 世纪 80 年代早期鲁梅尔特(Richard Rumelt)的研究表明:"产业中长期利润率的分散程度比产业间的分散程度要大 3 倍到 5 倍",从而否定了企业竞争优势外生的说法。所以 20 世纪 80 年代以来,人们逐渐从企业层面来探索竞争优势来源问题,产生了以资源为基础的企业观点(resource based view of the firm),即企业资源观或资源基础观。

企业资源观的核心观点是:企业是由一系列资源束所组成的集合,每种资源都有多种不同的用途,企业的竞争优势源自企业所拥有的资源,外部的市场结构与市场机会对企业竞争会产生一定的影响,但并不是决定性的因素。企业是各种资源的集合体。由于各种原因,企业所拥有的资源各不相同,具有异质性,正是这种异质性导致了企业竞争力的差异。总体来说,企业资源观主要包括三方面内容:企业竞争优势来源于企业的异质资源;持续性的竞争优势源于资源的不可模仿性;异质资源的获取与管理主要来自学习。

1. 企业竞争优势的来源

企业资源观认为,企业在资源方面的差异是企业获利能力不同的重要原因,同时这也是拥有优势资源的企业能够获取经济租金的原因。自潘罗斯以来,资源基础理论的研究者们几乎都将企业独特的异质资源指向了企业的知识和能力。Barney(1991)则认为作为竞争优势源泉的资源应当具备以下五个条件:有价值、稀缺、不能完全被仿制、其他资源无法替代、以低于价值的价格为企业所取得。

2. 长期竞争优势的维持

企业竞争优势来源于企业的特殊资源,这种特殊资源能给企业带来经济租金。在经济利益的驱动下,没有获得经济租金的企业肯定会模仿优势企业,其结果则是企业趋同,租金消失。企业资源观认为至少有三大因素阻碍了企业之间的相互模仿。

(1) 路径依赖性。企业可能因为远见或者偶然拥有某种资源而占据某种优势,但这种资源或优势的价值在事前或当时并不被大家所认识,也没有人去模仿。后来环境发生变化,形势日渐明朗,这种资源或优势的价值日渐显露出来,成为企业追逐的对象。然而,由于时过境迁,其他企业再也不可能获得这种资源或优势,或者再也不可能以那么低的成本获得这种资源或优势,拥有这种资源或优势的企业则可稳定地获得租金。

(2) 因果关系模糊。企业面临的环境变化具有不确定性,企业的日常活动具有高度的复杂性,而企业的租金是企业所有活动的综合结果,即使是专业的研究人员也很难说出各项活动与企业租金的关系,劣势企业更不知该模仿什么、不该模仿什么。并且劣势企业对优势企业的观察是有成本的,劣势企业观察得越全面、越仔细,观察成本就越高,劣势企业即使能够通过模仿获得少量租金,也可能被观察成本所抵消。

(3) 模仿成本。企业的模仿行为存在成本,模仿成本主要包括时间成本和资金成本。如果企业的模仿行为需要花费较长的时间才能达到预期的目标,在这段时间内完全可能因为环境的变化而使优势资源丧失价值,使企业的模仿行为毫无意义。在这样一种成本威慑下,很多企业选择放弃模仿。即使模仿时间较短,优势资源不会丧失价值,企业的模仿行为也会耗费大量的资金,且资金的消耗量具有不确定性,如果模仿行为带来的收益不足以补偿成本,企业也不会选择模仿行为。

3. 异质资源的获取

企业资源观为企业的长远发展指明了方向,即培育、获取能给企业带来竞争优势的特殊资源。具体来说,企业可以从以下几方面着手发展企业独特的优势资源。

(1) 组织学习。许多学者把企业的特殊资源指向了企业的知识和能力,而获取知识和能力的基本途径是学习。由于企业的知识和能力不是每个员工知识和能力的简单加总,而是员工知识和能力的有机结合,有组织的学习不仅可以提高个人的知识和能力,而且可以促进个人知识和能力向组织的知识和能力转化,使知识和能力聚焦,产生更大的合力。

(2) 知识普及。知识只有被特定工作岗位上的人掌握才能发挥相应的作用,企业的知识最终只有通过员工的活动才能体现出来。企业在经营活动中需要不断地从外界吸收知识,需要不断地对员工创造的知识进行加工整理,需要将特定的知识传递给特定工作岗位的人,企业处置知识的效率和速度将影响企业的竞争优势。因此,企业对知识活动过程进行管理,有助于企业获得特殊的资源,增强竞争优势。

(3) 建立外部网络。对于弱势企业来说,仅仅依靠自己的力量来发展它们需要的全部知识和能力是一件花费大、效果差的事情。通过建立战略联盟、知识联盟来学习优势企业的知识和技能则要便捷得多。来自不同公司的员工在一起工作、学习还可激发员工的创造力,促进知识的创造和能力的培养。

5.2.2 企业资源的概念、特征与种类

1. 企业资源的概念

企业资源是指由企业所拥有的、能够为顾客创造价值和给企业带来竞争优势的各种生产要素,是企业参与市场竞争的必备条件。每个企业都有多种资源,这些资源各有不同的特点和作用,不同行业的企业资源构成也有很大的差异。这些资源能否产生竞争优势,取决于它们能否形成一种综合能力。组织的资源、能力和竞争优势之间的关系如图5-1所示。

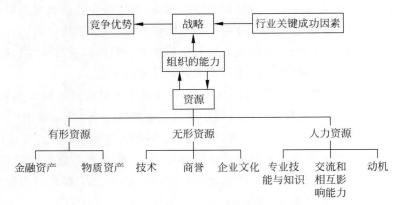

图 5-1 组织的资源、能力和竞争优势之间的关系

2. 企业资源的特征

企业的资源按其发挥的作用不同,可分为一般意义上的资源和战略资源。一般意义上的资源应用在各个企业中,泛指生产活动所必需的一切要素;战略资源是企业长期积累创造所得的、为企业所独有的,并可被企业用来为某些细分市场有效地生产出有独特价值的市场出售物的独特有形物和无形物的统一体。在竞争性的市场环境中,一般意义上的资源不可能为企业创造竞争优势,而只有战略资源才是企业竞争优势的重要来源。如果要获得这种创造竞争优势的能力及其潜力,那么企业资源就必须满足四个必要条件,它们其实就是战略资源的基本特征,分别是价值性、稀缺性、异质性和不可完全转移性。

1) 价值性

价值性资源是指能够使企业提高其经营绩效的战略资源,也就是说,只有能够被用于利用外部环境机会和避免环境威胁的资源才具有价值。

企业资源的评价必须基于企业所处的竞争环境。拥有某种有价值的资源并不意味着企业就可以坐享其成、坐收利润。有价值的资源必须能够应用于有效的产品市场战略才会创造利润。有价值的资源能够帮助企业建立有效的战略,有效的战略可以帮助企业建立有价值的资源。

2) 稀缺性

企业资源具有稀缺性,或者说供给严重不足。假如资源的供给非常充分,那么任何企

业都会获得这种资源。或者说,假如价值性资源能够为大量现有和潜在的竞争性企业所占有或获取,那么每个企业都可以利用这种资源效力,它们就不可能成为企业持续竞争优势的来源。在某种价值性资源为大量企业所占有的市场条件下,就不可能有哪个企业会由此获得竞争优势。只有当某个企业所实施的价值创造性战略不可能为其他企业所同时采用时,它才可能获得竞争优势,因为普通战略不可能创造竞争优势。

3) 异质性

企业资源的异质性表现为两种性质,即不可模仿性和不可等效替代性。等效替代既包括类似资源的"相似替代",也包括不同资源的"异质替代"。资源是垄断性的,企业不可能轻易取得,要想取得竞争优势,只能运用"异质替代"。

4) 不可完全转移性

某个企业的资源如果能够被其他竞争对手所轻易获得,那么这个企业的竞争优势就不可能维持长久。事实上,很多企业资源很难在企业间转移,或者说有些企业资源无法与其原有企业相分离而发挥既定的经济效果,所以潜在竞争者无法获取支持现有企业获得竞争优势的资源。这就要求资源具有不可完全转移性或不可交易性,这种特性主要来源于:地理性固定、信息不对称和专用性。

3. 企业资源的种类

企业资源包括有形资源、无形资源和人力资源。

1) 有形资源

有形资源通常是指那些能够用价值指标或货币指标直接衡量的、具有实物形态或能够看得见并可以清楚说明其数量的资源。它是比较容易确认和评估的一类资产,可以分为财务资源和物质资源。财务资源是指能够为企业所占有或拥有的货币形态的资本,主要是指企业的筹资和借款。物质资源就是以物质形态显示或表现的资源,一般可从企业的财务报表上查到,包括企业的厂房、土地、原材料、生产设备和自然资源等。

(1) 财务资源。企业财务资源可以定义为可用于生产或投资的资金来源,它构成企业最基本的资源之一,包括各种内部融资渠道及外部融资渠道。

① 未分配利润。未分配利润是企业利润中被保留下来用于新投资的部分,它们没有作为股利发放给股东。未分配利润是实施组织战略最常用的财务资源。它的优点为企业不需要征求任何团体或个人的意见,不存在筹资成本,企业也不必向银行等外界公布其战略计划以征求同意;它的缺陷为利润保留以股东股利流失为代价,要求企业有足够多的利润,不适合陷入财务困境的企业。

② 股票发行。股票发行也被称为权益资本融资,常常涉及企业的权益或股权。这种融资方式的成功依赖于现有和潜在的股东对企业前景的态度,会稀释企业的股权比例。其优点为可注入大量新资本(如一次性并购),与银行存款相比无须承诺还本付息,可以在新的投资产生利润后再发放股利,给股东以回报;缺陷为改变企业的股权结构,股票发行产生大量的管理费用,如承销费用。

③ 贷款。在证券市场不够完善的中国,从银行和其他金融机构贷款是一种重要的融资方式,是企业的一项基本财务资源。贷款多种多样,利率和期限各有不同。大额贷款通

常需要企业的资产做担保。贷款的融资成本低于股权的融资成本。因为其安全性有保证，必须还本付息。风险评估在很大程度上决定了借款人对企业的看法，决定其能否为企业提供贷款。企业以往的业绩、新战略的前景、用于担保资产的价值和借贷双方的长期合作关系等各方面均对贷款融资产生影响。其优点为融资成本低，融资迅速且保持了现有的股权结构；缺点为融资方式苛刻，增加企业的运营压力，还本付息会成为企业的主要负担。

④ 租赁。专业企业租赁也是重要的融资方式之一。其优点为简单快速并可享有税收优惠，由于采取租赁，企业减少了营运所需的资本，从而提高了资本收益；缺点为这种融资方式有一定的局限性，租用方最后没有获得其租用设备的所有权。

⑤ 调整应收、应付款项。组织可以通过延迟对贷方债权人的支付、减少存货、加速借方的债权回收等途径调整其应收、应付款项，为企业增加财务资源。其优点为这种方式通过更有效地运用组织的现有资源进行融资，因此它与未分配利润方式有许多相同的优点；其缺点为如果组织已经在合理有效地运作，可能难以运用这种融资方式。组织也许需要大量的资本支出，才能获得此方式带来的成本收益。例如，一个新的计算机存货控制系统虽然可以使存货减少，但却需要追加新的投资。

⑥ 出售资产。出售企业一部分资产为其他方面提供更有力的资金支持是20世纪90年代国外一些企业的重要战略。这种融资方式在资源稀缺或业务过于分散时非常有价值。其优点为这种融资获取财务资源的方式简单明了，将资源集中于优势环节，也没有稀释企业的股权；缺点为这种方式对企业冲击较大且不可逆转，另外，出售时机的局限性可能导致资产的售价低于其实际价值。

（2）物质资源。物质资源是企业从事生产的基础，它包括企业所拥有的土地、厂房、机器设备、运输工具、办公设施，还有企业的原材料、产品、库存商品等，是企业的实物资源。

物质资源一般可以从企业的财务报表上得到反映。但从战略的角度来看，资产负债表所反映企业拥有的物质资源价值是模糊的，有时甚至是一种错误的指示，这是因为过去所做的成本报价并不能真实地反映物质资源的市场价值。当考虑某项资源的战略价值时，不仅要看到会计科目上的数目，而且要注意评价其产生竞争优势的潜力。换句话说，物质资源的战略价值不仅与其账面价值有关，而且取决于企业的商誉、组织的能力、地理位置、设备的先进程度等因素。假如一个企业拥有巨额固定资产，有些设备还很先进，但位于偏僻的地区，交通不便，信息滞后，则很难快速适应市场需求的变化。

在评估有形资产的战略价值时，必须注意以下两个关键问题。

① 存在哪些可以节约使用资金、存货和固定资产的机遇？这也许包括使用尽可能少的有形资源支持相同水平的业务，或者使用既有的资源支持一项规模更大的业务。对于国民银行以及爱立信电子公司来说，它们通过并购方式创造价值的能力，取决于管理部门是否能够严格剥离那些为了支持被并购企业的周转所必需的资产。

② 更加有利可图地利用既有资产的可能性如何？公司也许可以通过更有效地利用有形资源的方式提高它们的收益。艾克公司通过运用得到强化的恢复技术，大大地提高了其普拉德霍湾石油储备的输出和获利能力，并且改善了油库的管理技术。联邦快递曾经通过接管其他公司的分销管理部门的方式提高了它的巨型分销网络的生产率。如果一项资产被另一家公司给予更高的估价，那么出售它就可以使收益达到最大化。

事实上，企业可以通过多种方法增加有形资产的回报率，如采用先进的技术和工艺，以增加资源的利用率。通过与其他企业的联合，尤其是与供应商和顾客的联合，充分地利用资源。当然，企业也可以把有形资产卖给能利用这些资产获利的企业。实际上，由于不同的企业掌握的技术不同，人员构成和素质也有很大差异，因此它们对一定有形资产的利用能力也不同。换句话说，同样的有形资产在不同能力的企业中表现出不同的战略价值。

2) 无形资源

无形资源是指能够为企业创造收益，但不具有独立实物形态的资产。它不可能从市场上直接获得，不能用货币直接度量，也不能直接转化为货币，主要是指企业的知识产权、商誉、技术、文化、企业形象、品牌、专利权、商标权、专有知识和经验等。无形资产往往是企业在长期的经营实践中逐步积累起来的，虽然不能直接转化为货币，但却同样能给企业带来效益，因此同样具有价值。

(1) 技术资源。技术资源是重要的无形资产，包括其先进性、独创性和独占性。企业要把适应顾客的需求变化，生产并不断开发新产品及服务作为其首要任务。产品及服务的开发和生产依赖企业所拥有的技术资源。一旦企业拥有了某种专利、版权和商业秘密，它就可以凭借这些无形资产去建立自己的竞争优势。

企业所具有的技术能否成为重要的无形资产，除与其先进性和独创性有关外，还与其是否易于转移有密切的关系。如果某项技术易于被模仿，或者主要由某个人所掌握，而这个人又很容易流动，那么，该项技术的战略价值将大大降低。相反，如果某项技术很难被模仿，或者与其他技术方法一起使用才能发挥其应有的作用，这些其他技术方法又掌握在很少人手中，那么，该项技术作为一种无形资产的战略价值就很高。

一个企业不可能独自开发出所需的全部技术，即使能够开发也是资源浪费。除了自身积累，企业还需要通过与外部合作获取技术资源，并内化为企业所有。企业与外部合作的途径有以下几条。

① 联合开发新技术。由企业自行开发新技术，需要大量的人、财、物的投入，并经过应用研究和开发研究，直到试制成功，新产品投入市场，一般需较长的时间，并有很大的风险。联合开发通常是指企业与科研院所或其他企业的研发合作，借助这些单位的科技优势，弥补企业自身开发能力的不足。这些单位往往拥有为数众多的科技人才、科研成果和先进的研制设备，处在某个研究领域的前沿，掌握最新的科研信息，具有丰富成熟的科研经验，与它们联合开发，企业可以节省时间，避免方向选择上的错误，减少风险。另外，联合开发也可以加快科技成果向产品的转化。

② 委托开发。委托开发是弥补企业自身新技术开发能力不足、加快开发新技术速度的途径。其基本做法是企业将新技术及产品开发项目的某一部分甚至全部，委托给科研院所或有开发能力的其他单位(受托单位)进行开发，由企业(委托单位)提出开发要求，如性能、规格、外形、材质等，企业并不参与受托单位的开发研制工作。委托开发的形式更有利于企业集中资源做好新产品开发的其他配套和准备工作，并将产品开发的部分风险转移到受托单位。

这种形式对受托单位来说也有可取之处，有利于其发挥科研开发的优势，而且它不必承担新产品开发后投放市场的风险。

③ 引进技术。引进技术是指企业引进国外某种专用设备和技术来生产某种新产品。引进技术可以绕开研究和开发环节，在短时期内获得新技术，生产出新产品，并缩短与技术先进企业之间的差距。

④ 购买专利。专利是公布并实施保护的科学技术上的发明创造。世界上每年公布的专利数目是非常惊人的。在我国大约只有10%的专利得到应用，专利具有很大的应用潜力，应成为企业技术资源的一项重要来源。要挑选适合企业自身的技术、工艺特点的专利。

（2）商誉资源。

① 商誉的含义。商誉是指一家企业由于顾客信任、管理卓越、生产效率高或其他特殊优势而具有的企业形象，它能够给企业带来超过正常收益率水平的获利能力。在产品质量和服务对潜在顾客利益的影响并不明显的行业，企业商誉往往是最重要的资源。一般来说，商誉往往与企业联系在一起，有时也与特定的品牌有关。例如，在软饮料行业，可口可乐和百事可乐是世界上商誉很高的两家企业，这种巨大的无形资产已成为它们最重要的竞争资源。医疗、教育等行业都是更多地依赖于信誉和知名度的行业。信誉和知名度高的企业不仅其产品与服务容易被消费者接受，在同样的质量下可以卖出较高的价格，而且可以在融资、借贷方面得到方便和优惠。可见，在激烈的市场竞争中，如何建立并合理应用商誉，关系到企业的市场绩效。

② 商誉的内容。企业商誉通常包括企业的生产经营能力（生产经营规模、技术水平、财务状况、销售网络、管理水平等）、品牌声誉（商品品质、商标、包装等）和商业道德（经营作风、售后服务、员工素质、竞争方式）等方面的内容。正确理解商誉的特征，依法保护企业的商誉，客观公正地评估商誉的价值，是企业发展中必须解决的战略问题。

③ 商誉的特征。

第一，复杂性，是指商誉形成的原因是复杂的。企业所处的地理位置优势、资源优势或经营效率高、历史悠久、人员素质高等都可以是商誉的组成部分。商誉是多因素共同作用形成的知识产权，其中包括生产经营能力、商品品质和商业道德等。在市场竞争中，这些因素都是企业决策者智力劳动的创造性成果，其外在形式表现为社会的评价，其内在实质是企业的一项重要的无形资源。

第二，长期性，是指商誉是企业通过长期、连续的市场竞争活动而逐渐形成的。企业要取得良好的社会评价，形成良好的商誉，就必须经过大量、长期和有效的市场营销、技术创新、广告宣传、公关活动和优质服务等一系列的智力投入。而一旦形成，它又具有惯性特征，即可以在较长时间里保持稳定，并发生无形的作用，不会随企业产出的增加而耗减。

第三，依附性，是指商誉在无形资源中属于不可确指的无形资源，它不能离开企业的其他资源而单独存在和单独出售。只有在企业整体出售成交或整体合并成功后，这项资源的价值才能真正体现。我国的企业财务制度规定，除企业合并外，商誉不得作价入账。商誉是由企业享有而且不可分离的权利。企业的商誉是社会或他人包括同业竞争者对其生产、经营、服务标准方面品质的总体评价，而这种评价是通过经营者日常的市场交易行为和竞争活动逐渐形成的，是外界对企业的信用与名誉状况的客观认同。所以，商誉只能归属于某一特定的企业，离开了某一特定的企业，这种商誉就变得毫无价值。

第四，经济性，是指客观公正的评价与良好的声誉会增加企业的经济效益；相反，任何对其商誉的诋毁、贬低行为,都可能使企业的经济效益下降,甚至可能导致该企业破产。

商誉可以为企业带来良好的市场业绩,因而也可能成为竞争对手攻击的对象。侵犯商誉行为者出自敌意,为削弱竞争对手的竞争能力,往往虚构一些无中生有的内容,并将这些虚假内容散布开来,在社会上造成不良影响,导致企业的经济效益下滑。商誉需要企业、法律及社会的保护。

(3) 企业文化资源。所谓企业文化是基于共同价值观之上,企业全体职工共同遵循的目标、行为规范和思维方式的总称。当今,企业文化的价值越来越被企业界所重视。人们从海尔等许多大企业成功的范例中发现,这些企业之所以能在快速发展中立于不败之地,是由于它们成功地创造了具有自身特色的企业文化。哈佛学者约翰·P.科特(John P. Kotter)和詹姆斯·赫斯科特(James L. Heskett)在对数百家企业长期研究基础上撰写了《企业文化和经营业绩》一书,得出如下研究结论:第一,企业文化对企业的长期经营业绩具有重大影响;第二,企业文化在下一个10年内很可能成为决定企业兴衰的关键要素;第三,影响企业长期发展的起负面作用的企业文化并不罕见,而且容易蔓延,即便在那些汇集了许多通情达理、知识程度高的人才的公司中也是如此;第四,企业文化尽管不易改变,但它们完全可能转化为有利于企业经营业绩增长的企业文化。理论界的研究和企业界的实践均已证明,企业文化的力量既可能支持企业的战略管理,助其成功,也可能抵制它们,使其失败。因此,分析企业文化的现状,从中找出能够制约企业战略的关键要素,对此加强或改进,就成为企业战略管理者面临的重要挑战。对企业文化进行分析应注意把握以下内容。

① 企业文化现状。对企业文化现状的分析包括对企业的物质文化层、制度文化层、精神文化层逐一分析。例如,精神文化层需重点分析为绝大多数员工认同的经营宗旨、价值观、思维方式、行为道德准则、心理期望、信念、具有企业个性特点的群体意识等内容。

② 企业文化建设过程。其涉及企业领导人是如何塑造企业文化的,是否有科学的文化建设目标、计划、工作内容、预算保证等,企业是如何宣传贯彻现行企业文化的,现行文化是否为广大员工接受并付诸实践。

③ 企业文化特色。企业文化是企业独特的传统、习惯和价值观的积淀。企业文化的生命力和感召性在于其独具特色、震撼人心。例如,海尔文化中海尔生存理念的特色是突出危机意识、居危思进、开拓进取。海尔集团前CEO张瑞敏形象地归结为"永远战战兢兢,永远如履薄冰"。做好企业文化特色分析,准确把握企业文化的特点,是成功进行文化建设的关键。

④ 企业文化与战略目标、战略和内外环境的一致性。分析过去几年,企业文化是否与制订的战略目标协调一致,所起的作用是正面还是负面的,对企业绩效的影响有多大,企业文化是否与社会文化环境和产业文化环境相适应。

⑤ 企业文化形成机制。分析研究现有企业文化的形成机制,厘清企业未来战略目标、战略方向、战略业务选择以及政策方针与员工已接受的企业文化的相容或相悖程度,进而明确下一步文化建设的方向和思路。

3) 人力资源

企业的人力资源是指企业所雇用的劳动者,包括普通员工和各个层次的管理者,能够为企业提供的生产性服务的知识、技能、经验、判断能力、洞察能力和决策能力等的总和。从生物学角度来看,人有血有肉,有筋有骨,显然有形;但人作为生产力,却又是最活跃、最关键的因素,其素质和能力是无形的。因此,人力资源是介于有形和无形之间,是一种特殊资源。此外,人力资源与人力资本有明显的区别。人力资源是管理学上的概念,强调人力作为一种经济资源的稀有性和有用性。人力资本是经济学上的概念,其分析侧重人的价值研究,强调以某种代价所获得的能力和技能的价值。

对一个组织而言,它最重要的资源就是人力资源。大量研究发现,那些能够有效利用其人力资源的组织总是比那些忽视人力资源的组织发展得更快。是人的进取心和掌握的技术创造了企业的繁荣,而不是实物资源和财务资源。在技术飞速发展和信息化加快的知识经济时代,人力资源在组织中的作用也越来越突出。为了保证知识所带来的核心能力的不断发展,微软公司一直努力试图雇用那些比现任员工更有才能的人来工作,这样使微软公司能够不断地保护和发展它的知识产权。

实际上,确认和评价一个企业人力资本的价值是一项困难和复杂的工作,这是因为人们常常根据他们的工作业绩、经验和资历来评价个人的技巧和能力。然而,个人能力能否充分发挥作用还取决于他所在工作环境的状况。有时,很难直接评价个人对组织业绩的贡献。因此,企业常常通过间接的方式来评价个人的业绩,如考查个人的工作时间、热情、职业习惯和态度等。在环境迅速变化的条件下,如果一个企业想要适应这种变化,并利用新的机会求得发展,更重要的不是考查其雇员过去或现在具有怎样的能力和业绩,而是评估他们是否具有挑战未来的信心、知识和能力。近年来,许多企业如华为公司等都已开始对其成员做更广泛、更细致的知识、技巧、态度和行为测评。与此同时,越来越多的企业认识到在评估其人力资源状况时,不仅要考查其成员个人的专长和知识,而且尤其要评价他们的人际沟通技巧和合作共事能力。换句话说,一个企业的能力不仅取决于其拥有的资源数量,而且更重要的是取决于它是否具有将各种资源整合的能力。大量的研究发现,一个具有创造性和内聚力文化的企业具有更大的竞争优势,在这样的企业里,管理人员和企业员工分享共同的理念与价值观。

企业更愿意将无形资源和人力资源作为竞争优势的基础。实际上,一种资源越不可见,在它之上建立起来的竞争优势就越具有持久性。资源在被整合或组合时,它的战略价值会增加。企业如果想让一系列资源一起产生效应,就会产生独特的有形资源、无形资源和人力资源的组合。

5.2.3 企业资源强势与弱势分析

1. 构成企业竞争优势的强势资源

企业资源是企业竞争优势的根本源泉。资源的战略意义在于不仅能保证企业获得最大限度的利润,而且可以左右企业的成长及其未来命运。无论是从理论上还是从实践上,我们不难理解,高效益的产业结构和竞争优势都根源于企业本身所具备的资源。首先,专利权、品牌等形成的进入壁垒,高市场占有率形成的垄断,及以企业规模、资金实力与运作能力形成的强有力的讨价还价能力都有助于形成对企业竞争有利的产业结构。其次,低成本优势和差异化优势也都源于企业所具备的资源,如低成本优势源于企业所具有的工程技术、工厂规模和廉价投入要素;差异化优势源于企业所具有的品牌、生产技术、市场能力、流通能力以及服务能力等资源。总之,企业要想获得竞争优势,就必须正确分析企业的经营资源。图 5-2 说明了这一点。

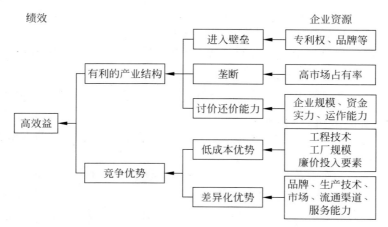

图 5-2 作为产业结构和竞争优势源泉的企业资源

通过图 5-2 及前面的分析可以看出,企业资源可以理解为能够给企业带来竞争优势或劣势的任何要素,既包括那些看得见、摸得着的有形资源,如企业的厂房、设备、资金等;也包括那些看不见、摸不着的无形资源,如专利权、品牌、企业文化等;此外,企业资源还包括人力资源。

2. 企业存在的资源缺陷(弱势)

企业弱势指的是某种企业缺少或(与同业企业比较)做得不好的东西,或者某种会使本企业处于劣势的条件。

企业的弱势并不都会导致企业在竞争中处于劣势。企业的一项弱势究竟会不会让一家企业在竞争中易受伤害,这取决于这项弱势在市场上的重要程度以及这项弱势会不会被企业所拥有的强势所抵消或减弱。

在资源分析中要确定企业资源的强势和弱势,这对下一步确定企业的竞争优势有重要意义。实际上,资源强势是企业的竞争资产,资源弱势是企业的竞争负债,当然最理想的情况是企业竞争资产大大超过其竞争负债。

企业内部条件分析的重要任务就是要找出企业资源的强势和弱势,对于资源强势应考虑如何更有效地发挥作用以提高竞争力,对于资源弱势应考虑如何去弥补,从资源的角度来看还需要采取什么措施,才能提高企业竞争力。

企业资源强势往往有以下表现形式。

(1) 企业具有某项技能或专门技术。

(2) 企业有宝贵的有形资源。

(3) 企业有宝贵的无形资源。

(4) 企业有宝贵的人力资源。
(5) 企业有良好的组织管理能力。
(6) 企业具有某种特殊的竞争力。
(7) 企业与合作者建立了能够提高竞争力的战略联盟。

企业资源弱势往往有以下表现形式。
(1) 企业缺乏有重要意义的技能或专门技术。
(2) 企业缺乏有重要意义的有形资源、无形资源、人力资源或缺乏组织管理资源的能力。
(3) 企业在关键领域中的竞争力正在削弱或丧失。

3. 企业所面临的机会与威胁

1) 企业所面临机会的确认

市场机会是影响企业战略的重大因素。一般来说,如果不是先行辨认企业所面临的每一个市场机会,评估每一个机会的成长和利润前景,采取那些最能抓住企业所面临的机会中最有前途的机遇,那么,企业管理者所制定的战略就不可能很好地同企业所面临的形势相适应。

企业所面临的机会往往取决于企业所处的环境,有时可能感觉遍地都是市场机会,有时可能感觉市场没有任何机会,有时感觉有些市场机会很有市场吸引力,有时感觉有些市场机会就是那么回事,没有多少吸引力,这就取决于企业管理者是否借助科学的分析方法来敏锐地对市场作出正确而快速的评判和反应。

在评估企业所面临的市场机会并对这些市场机会进行排序时,企业管理者必须防止将每一个行业机会都看作自己本企业的机会。并不是行业中的每一个企业都有足够的必要资源来适应行业中存在的每一个机会,也不是所有机会对行业中的每一家企业都是机会。对于某些具体的市场机会,有些企业的资源可能更充足一些,有些企业在某些机会面前可能会被无情地淘汰。明智的企业管理者或战略家应该对企业有利的市场机会保持足够的敏锐,企业的资源强势和资源弱势会令企业更适合追逐某些具体的市场机会。如果市场机会并不太适合企业,企业管理者或战略家应该考虑调配企业本身的资源,让自身资源去适应市场机会的要求。

2) 企业未来盈利能力的威胁的辨认

一般来说,在企业的外部环境中总存在某些对企业盈利能力和市场地位构成威胁的因素。例如,出现了更节约成本的技术,或者是竞争对手推出了新产品或更好的产品,成本更低的新进入者进入企业的市场根据地等。如同每个人成长过程中都会遇到感冒一样,企业在成长发展过程中也会遇到许多威胁,但并不是所有外部威胁都会对企业发展造成致命影响,外部威胁所产生的负面效应也可能不大,不过,不排除有些外部威胁对企业发展的影响,这些外部威胁甚至可能会大大影响企业的竞争地位和状况。企业管理层的任务就是辨认那些危及企业未来盈利能力的外部威胁,进行评价,并采取策略来抵消或减轻它们所产生的负面影响。

当然,威胁与机会也不是绝对的,是可以加以转化的,如南京冠生园的月饼事件曾给中国的月饼行业带来了致命的打击,但沈阳好利来食品有限公司却对该危机进行了分析,针对中国月饼的现状与顾客心理推出了无菌月饼生产线,迅速地占领了市场,把危机变成了机遇。

5.3 企业能力构成

企业能力是指企业协调资源并发挥其生产与竞争作用的能力。这些能力存在于企业的日常工作之中。单独一项资源并不能产生实际的能力,能力来自对各项资源进行有效的组合。所以说,能力是企业若干资源有机组合后的结果和表现。例如,一项好的技术必须与其配套的资金、设备和人员相结合,才能发挥作用,产生实际的生产力,也才有可能形成企业的竞争优势。因此,企业拥有资源后,还要培养对各种资源进行组合协调,以发挥其潜在价值的能力。

企业的能力往往是多种多样的,又是多层次的。它不仅表现在企业各种生产经营环节或各职能领域内,而且存在于企业内部各层次上。有的能力在经营中起一般、必要的作用,有的能持续地支持企业赢得某种竞争优势。能够帮助企业持久地建立竞争优势的能力,我们称之为企业核心能力。企业资源和能力是制定战略的基础,也是企业取得竞争优势和获得超额利润的源泉,特别是企业核心能力。因此,为了帮助企业制定有效的战略,必须对企业能力状况进行分析和评价。

企业能力由研发能力、生产能力、营销能力、组织能力等组成。

5.4 企业核心能力

核心能力是企业持续竞争优势之源,竞争优势是企业战胜竞争对手,求得生存与发展的先决条件,而企业在其发展过程中如何成长,在成长中如何增强其竞争力,减少失败的可能性,已成为管理界越来越重视的一个重大战略问题。

5.4.1 核心能力的概念

"核心能力"这一概念最早是由普拉哈拉德(C. K. Prahalad)和哈默尔(Gary Hamel)于 1990 年在《哈佛商业评论》第三期发表的"企业核心能力"(*The Core Competence of the Corporation*)一文,在对美国 GTE 公司(通用电话与电子公司)和日本 NEC 公司(日本电气股份有限公司)的发展状况进行比较的基础上提出的,它是指企业开发独特产品、发展独特技术和发明独特营销手段的能力,它使本企业在战略上有别于其他企业,它通常由洞察预见性和前线执行能力所构成。该概念从技术优势和技术创新的观点出发,提出一个公司即使没有整体竞争优势,也可以通过少数几个关键技术或在少数几个知识领域成为最好的而获得成功。在短期内,企业的竞争力来源于当前产品的性能;长期中,则源于相对竞争对手更低的成本与更快速度建立企业核心能力的能力。一般而言,可将企业核心能力分为两类:一是企业获取各种技术并将其集成转化为企业技能或产品的能力。例如,卡西欧把收音机功能放置在一个芯片上,生产出名片大小的微型收音机。这种生产就必须有机地结合诸如微型化技术、微处理技术、材料科学以及超薄精密装盒技术等多种技术流。二是企业组织调动各生产要素进行生产,使企业各环节处于协调统一、高效运作的能力。企业核心能力是由其内部的技术、人才、管理、财务、品牌、文化和凝聚力组合成的一个综合体系,它是企业各部门和全体员工的共同行为,是企业独具的、与其他企业不同的一种特殊能力。

5.4.2　企业核心能力的特征

企业核心能力具有以下几个特征。

(1) 提供给顾客特殊的价值。企业核心能力使其在创造价值和降低成本方面能够比竞争对手做得更好,为顾客提供根本性的好处或效用。因此,我们认为,顾客是企业核心能力所创造价值的最终裁判者。核心能力应以实现顾客价值为目标,能够使企业为顾客创造价值,通过为顾客提供独特的价值和利益,可使自身获得超过同行平均利润水平的超值利润。

要达到以上目标,企业所生产的产品要具有唯一性或与众不同,并且产品的价格相对较低,以及对顾客要求售后服务的反应能力强且反应速度快。

(2) 整体性。企业核心能力具有不可分割性,应不易为企业中的个人所占有;否则,企业将为使用核心能力而支付这些个人较高的报酬,从而降低企业的总收益;另外,企业核心能力也不易为企业外部人所占有。如果企业核心能力通过某种途径(如买卖或是组建战略联盟实现企业间资源共享,降低研发成本,获得彼此的特定技术、资源和技能,而不注意对自己核心技术的保护)转移到其他企业,或其他企业通过复制轻易拥有其核心能力,这不但培养出潜在的竞争对手,而且,企业所拥有的核心能力所带给该企业的竞争优势也会迅速消失。为了避免出现以上问题,企业各部门须不断学习、获得知识、共享知识与运用知识,并将知识进行整合,使得企业核心能力不易被竞争对手模仿与复制,从而提高企业竞争优势并达到可持续发展的目的。

(3) 延展性。从企业未来角度看,核心产品是联系核心能力与终端产品的纽带,企业核心能力是一个从核心能力到核心产品,再到终端产品的发展与延伸的过程。一种核心能力可以作为一种或几种技术成分,进而形成更高层次核心能力的重要组成部分。企业间竞争的本质是核心能力而不是企业的终端产品或核心产品,任何一种核心产品或终端产品都只是企业之中一种或几种核心能力的实物体现。因此,核心能力应具有很强的"溢出效应",它能为企业进入广阔的市场提供潜在的机会。企业核心能力具有核心能力—核心技术—核心产品—终端产品这样一个延展过程(图5-3)。通过企业核心能力形成企业核心技术或策划能力,这些核心技术与策划能力不只发挥有限的单一作用,还具有纵向扩展、横向扩展及衍生能力,能够在未来发展变化中衍生出成群的新产品或服务,成为构建新型产业的基础,即企业可发展出一个消费者目前尚不清楚但又在未来愿意接受的核心产品,并通过这一核心产品及其衍生品,从多个方面来挖掘市场潜力,不断创新,开发多种新产品,提供多种新服务,迅速打开并占领相当规模的市场。如出版企业可先通过专业化战略延伸到它所能发挥作用的其他领域,这不仅对其所出版的产品和服务有促进作用,而且能帮助其拓展相关出版物的市场,如报纸、书籍、期刊、电子出版物、影视音像市场等。3M公司在黏合剂、基质先进材料方面的核心能力使其开发出成千上万种产品等。

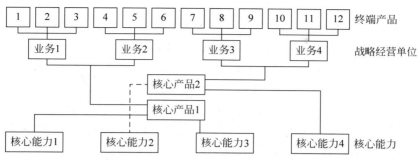

图 5-3 核心竞争能力：竞争的根系

（4）独特性（稀缺性）。企业核心能力应该是企业独有的，现有和潜在竞争对手极少能拥有或不会拥有相同或相似的能力。从竞争角度看，一项能力要成为核心能力，就必须有一定的独特性。它可以表现在技术、成本、人力资源、组织管理等某个方面，也可以是研发能力、制造能力、市场营销能力和组织管理能力的组合状态与水平。稀缺性的形成可以从构筑核心能力的独特资源和技能来分析。企业自身可通过不断学习、创新、提高而逐步建立起来与众不同的独到之处，并且竞争对手无法依靠简单模仿或通过交易的方式从市场中获取，也难以通过自身开发获取这样的要素，或者即使获取、复制了部分这样的资源和技能，但由于不能进行有效组合也会失去其价值。它需要企业在发展过程中长期培育和积淀，使得独特性与持久性内化于企业整个组织体系，通过引进、借鉴、吸收并将其进行消化，逐步掌握企业产品领域的关键知识、技术和技能并进行创新和在企业产品市场竞争中反复磨炼，企业的核心能力才得以真正的建立、强化与扩展，才能给企业带来持久的竞争优势。正是由于核心能力的稀缺性造就了企业与竞争对手在竞争优势来源方面的差异性，从而决定了企业间竞争力的差异性。例如，华为公司强大的基础研发和应用技术开发能力，使它拉开了与竞争者的距离，形成了持续竞争优势。

（5）动态性。企业核心能力虽生成于其自身，但它与产业形态、企业资源及其他能力等变量高度相关，是企业在长期竞争发展中逐渐形成的。彼此相关的变化，促使核心能力内部元素动态变化，从而导致核心能力动态演变，这就注定过去企业的核心能力在今天可能已退化为一般能力，企业为了具有长久的竞争优势，必须不断识别，获取、扩展和保持自己的核心能力，使得核心能力达到动态良性循环（图5-4）。

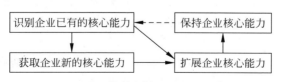

图 5-4 企业培养与管理核心能力模式
注：虚线表示循环始末。

（6）长期性。企业核心能力是企业在较长经营管理实践中逐渐形成并培养发展的，是企业竞争优势的支撑和特殊历史进程的产物。它直接影响着企业未来收益和战略选择，它的培育过程是对企业技术、技能的积累、整合、应用、发展和维护，这一过程不可能在短期内或瞬时就完成。

（7）难以模仿性。企业在长期生产经营活动中所形成的核心能力,深深印上企业的特殊组成及经验,是其他企业所不能轻易模仿与复制建立的能力。戴尔(Dell)公司可以通过直接销售来替代 IBM 公司的代理商和销售队伍;可口可乐饮料的成分已不是什么秘密,但其糖浆配方一直是该公司的核心机密,这也正是百事可乐和其他饮料商不管如何努力,总不能替代可口可乐,也无法抢走可口可乐市场份额的原因所在。

（8）不可替代性。这是指那些不具有战略对等资源的能力。如果两种不同的企业资源和能力,在执行相同战略的情况下,能分别产生价值,那么它们就被称作战略对等资源。总的来说,一种能力越难被替代,它所产生的战略价值越高。能力越是不可见,就越难找到它的替代能力,竞争对手就越难以模仿。

综上所述,企业核心能力虽具备以上几个特征,但在对其评价时,只有符合有价值、独特、难以模仿和不可替代四项标准的能力才是核心能力,只有核心能力才能帮助企业获得持久的竞争优势。但是,在上述四种能力评价标准中,价值性标准是最基本和必须具备的标准。如果企业的资源和能力不具备价值,则对企业的竞争优势毫无意义。

5.4.3 企业核心能力分析的内容

核心能力体现为一系列技能、技术、知识的综合体,要准确、全面地分析和评价一个企业的核心能力是比较困难的。一般而言,可以从以下几方面入手对企业的核心能力进行分析。

1. 主营业务分析

主营业务分析即要分析企业是否有明确的主营业务,企业优势是否体现在主营业务上,该主营业务是否有稳定的市场前景以及本企业在该领域中与竞争对手相比的竞争地位如何。一个企业若没有明确的主营业务,经营内容过于分散,则很难形成核心能力。或者企业虽有主营业务,但在该业务领域中的竞争地位很弱,也谈不上有核心能力。企业可以运用主营领域明确程度、主营领域市场占有率及其行业排名、主营领域收益占总收益的份额、主营市场前景预测等指标和方法对主营业务进行具体评价。

2. 核心产品分析

核心产品是核心能力与最终产品之间的有形联结,是决定最终产品价值的部件或组件。例如,本田公司的发动机、英特尔公司的微处理器都是核心产品。当今企业间的核心能力竞争主要体现为四个层次(图 5-5)。目前第三层次的竞争主要表现为,许多企业以原创或垄断技术、设备供应商的身份向其他企业甚至竞争对手出售其核心产品,以抓住"虚拟市场份额"。日本各大公司以及韩国、美国的跨国公司几乎都通过扩大核心产品份额取得了巨大回报。例如,IBM 公司改变一贯政策,把核心产品(零组件与模拟件)出售给任何人——无论敌友,结果在 1990—1993 年公司对外技术销

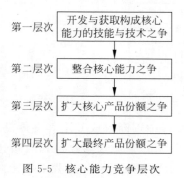

图 5-5 核心能力竞争层次

售额从 3 亿美元暴涨到 30 亿美元。佳能公司把激光打印机的发动机卖给苹果、惠普和其他打印机制造公司，致使其核心产品市场份额远大于其最终产品市场份额。这种虚拟市场份额是靠借用其他企业甚至竞争对手的分销渠道和品牌资源来实现的。由此获得的巨大收入和经验，可使公司取得足够的资源，来加快核心能力建设的步伐。因此，分析一个企业的核心能力必须分析其核心产品。

对核心产品应具体分析企业是否有明确的核心产品、核心产品的销售现状、竞争地位、市场前景、产品的差异性和延展性、扩大虚拟份额的可能性和具体思路等。核心产品可以延展至多个最终产品领域，最大限度地实现核心能力的范围经济。因而一个企业如果没有过硬的核心产品，则很难说该企业具有较强的核心能力。分析核心产品的具体指标和方法包括：核心产品的市场份额、知名度、美誉度、行业延展度、销售收入增长速度及未来市场前景预测等。

3. 核心能力分析

核心能力分析主要分析支持企业主营业务和核心产品的核心技术与专长是什么，企业管理人员是否对此达成共识；这些核心技术和专长的价值性、独特性、难以模仿性和不可替代性如何；这些核心技术和专长是否得到了充分发挥，为企业带来何种竞争优势，强度如何；保护、保持和发展这些核心技术和专长的现时做法、方案和未来计划是什么。

对企业核心能力的分析，还应涉及更深层次的内容，即企业发展核心能力的能力分析。这主要包括对企业培育和管理核心能力的能力进行分析。

目前，企业培育核心能力的方法主要有三种：一是外部购买，即从其他企业或组织购入与核心能力有关，并有利于其发展的技能与资源，其实质是外部核心能力的内部化。其具体方式有购买技术与专有知识、购并拥有这种核心技能的企业。二是组成战略联盟实现企业间资源共享、降低研发成本，相互获得彼此的特定技术、资源和技能，以实现核心能力的快速发展。但在结盟中企业还必须注意对集资和新技术加以保护，以防培养出潜在的竞争对手。三是通过企业自身力量培育和发展核心能力。依靠外部购买或成立战略联盟的方法来发展核心能力，或多或少都存在产生依赖性和核心技术外泄问题。因而三种方法中，利用自身力量培育和发展核心能力应是主要方法，而另外两种只是辅助方法。分析企业核心能力的培育，一要分析企业所选培育方法的合理性、收益性和风险性；二要分析企业培育和发展核心能力的长期目标性和计划性。培育和发展核心能力本身是一项长期系统工程，它涉及多个业务领域、多个职能部门、多种资源及能力的长期协同整合，必须用明确的战略目标和严密的战略规划来做保证。一些学者已经提出了制定企业核心能力战略的构想，认为应把如何保护、保持、培育和发展企业核心能力作为企业发展战略的主要内容。

对企业的核心能力进行管理，一般包括五项工作：①辨别现有核心能力；②制订获取核心能力的计划；③培育核心能力；④部署、扩散核心能力；⑤保护并保持核心能力的领先地位。分析企业核心能力的管理状况，也应围绕这五个方面来逐一进行，依据分析结果,判断企业核心能力管理方面的长处和劣势。

在进行企业核心能力分析时,还可以运用核心能力矩阵的分析方法,以帮助企业准确把握核心能力的现状及未来的发展方向(图 5-6)。

图 5-6　核心能力分析矩阵

(1) 填补空白。象限 3 是企业现有核心能力与现有产品或服务的组合。企业可首先列出哪些核心能力支持哪项产品或服务的一览表,然后逐一分析,发现利用其他核心能力支持该项产品或服务以强化其市场地位的商机。这种通过扩大、改进对现有核心能力的利用,来提高现有市场地位的做法被称为"填补空白",佳能公司和 GE 公司均成功运用了这一做法。

(2) 10 年后领先。象限 2 提出了一个重要问题:现在我们应该建立什么样的核心能力,才能确保 5 年或 10 年后用户能将我们当作首选供货商?这里的目标是厘清需要建立何种核心能力,方可持续保持并扩大企业在现有市场上的份额。例如,IBM 公司一直努力发展业务咨询技术,并认为只有建立这种专长,它作为强有力的信息技术提供商的地位方能长久保持和加强,因为用户需要购买的不仅是计算机和软件,还有解决实际问题的答案。

(3) 过时的专长。象限 2 还引出了另一个问题:目前用于满足现有顾客需求的能力,可能被哪些新能力取代或淘汰?企业的核心能力发展计划应包括对将来可能取代自己传统技能的新能力的侦测、辨识和开发。例如,佳能公司明白,电子数字成像技术早晚会部分取代化学成像技术成为一种新摄影方法,因而一直在实验这项技术以期通过建立数字成像方面的新核心能力来保住自己在摄影业的领先地位。

(4) 空白领域。象限 4 是指那些不属于企业现有业务领域的产品——市场商机。企业要做的就是开发出或找到这样的商机,来扩展现有核心能力,将其用到新产品市场上去。

(5) 大商机。象限 1 中标示的商机和企业目前的产品市场以及现有核心能力都没有任何关系。但如果这种商机意义重大或十分诱人也可以去捕捉。这时的战略可以是一系列规模不大但目标明确的并购或联营,借此企业可取得并了解所需的核心能力,并研究其潜在用途。

5.4.4　企业核心能力培育矩阵的形成

企业核心能力的培育需紧密围绕一个明确发展战略结构来进行,依据市场需求与行业动向,将各种资源进行整合、创新。任何一个企业的诞生,都必须拥有在其本地市场中获得短期利润的优势或能力;否则,企业将无法成长与壮大。一旦在某一地区获得相对优势或比较优势,它就会力争使自己在某个地区获得中长期利润优势。当企业这一目标实现后,应该扩大市场销售领域,力争抢占全国市场,获取中期利润。而企业如若进入全球市场,并有长期获利的优势,则核心能力必不可少,它处于企业能力矩阵中位势最高处,如图 5-7 所示。

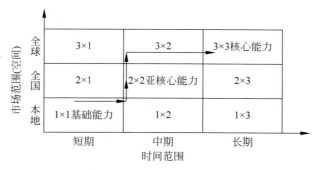

图 5-7 企业核心能力培育矩阵

针对图 5-7,我们不难发现,基础能力在本地、全国乃至全球三个区域中可能具有短期获利能力,或在本区有长、中、短期获利能力。因此,可以通过资金回流、支撑企业扩大规模,使其进入 2×2、2×3 或 3×2 区的亚核心能力区,再通过与国外相关领域企业合并,获得更多的知识资源,将其再进行整合、优化,从而达到培养企业核心能力的目的。

由于企业核心能力具有长期培育性,所以,企业须对自己的战略位势有一个明确的认识,并要确定其在战略能力方面中长期努力的目标。TCL 集团就是从准确预测市场到拥有基本生产能力,通过兼并与生产基地的建立,在短期内形成规模优势及高绩效的生产系统,从而促进 TCL 集团亚核心能力的形成。

当然,企业由所拥有的基本能力到核心能力的转化与实现会经历很多的路径,不同的路径需要掌握不同的要素和能力,这就导致企业战略资源的投入方向也不尽相同,但总的原则是企业成长的首要战略目标应是亚核心能力的获得,在此基础上,才可以去发展核心能力。

5.4.5 核心竞争力培育的途径

美国学者库布斯(Coombs)将核心竞争力定义为企业的技术能力以及把技术能力有机结合的组织能力,而这种组织能力实际上就是企业的管理能力,任何企业都可以在技术核心竞争力和管理核心竞争力两个维度上努力来培育其核心竞争力,因此,我们认为企业核心竞争力培育有四条途径,见图 5-8。

(1) 途径 1:$A \rightarrow B \rightarrow C$。企业先主要在技术方面培育其核心竞争力,然后再与其管理方面核心竞争力相协调和有机结合,将企业发展的重点集中在市场方面,表现为经营管理能力的提高,一般发达国家的企业往往采用这一途径。如美国通用电气公司、辉瑞公司

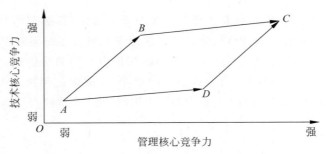

图 5-8　企业核心竞争力培育的途径

等都采用这一途径。

(2) 途径 2：A→D→C。对于新兴市场国家企业而言，它们可以利用后发优势通过技术引进提升技术能力，因为经营的重点在于市场方面，表现为经营管理能力的提高。对中国相当多的企业来讲，通常缺少核心技术而熟悉市场，企业需要提升经营管理能力才能顺利地开展商务活动以求生存和发展，例如，联想集团采用的贸工技战略。

(3) 途径 3：A→B。这是指某些高新技术企业，企业领导者的主要精力放在技术核心竞争力的发展及形成上，如清华紫光、清华同方等公司，美国硅谷的很多高科技公司也是沿着这一路径培育核心竞争力。

(4) 途径 4：A→D。这是指某些企业商业模式的创新，企业领导者的主要精力放在企业经营管理核心竞争力的发展和形成上。例如，麦当劳，该企业利润主要来源不是食品而是房地产，麦当劳到了一个城市，它把连锁店位置选在城市中心区的外围，因为中心区外围地价比中心区地价便宜，麦当劳把中心区外围连锁店的地买下来或长期租下来，然后出租给当地商业人士开麦当劳连锁店，经过几年运营后，该城市中心区范围扩大到把麦当劳连锁店也包括在城市中心区内，该地段地价上涨，于是麦当劳就赚钱了，这就是麦当劳的商业模式。

5.5　企业内部环境分析方法

5.5.1　雷达图分析法

经营分析用的雷达图，从企业的生产性、安全性、收益性、成长性和流动性五个方面，对企业财务状态和经营现状进行了直观、形象的综合分析与评价，如图 5-9 所示。因其形状如雷达的放射波，而且具有指引经营"航向"的作用，故而得名。

雷达图的绘制方法是，先绘出三个同心圆，并将其等分成五个扇形区，分别代表生产性、安全性、收益性、成长性和流动性。通常，最小圆圈代表同行业平均水平的 1/2 或最低水平；中间圆圈代表同行业平均水平，又称标准线；最大圆圈代表同行业先进水平或平均水平的 1.5 倍。在五个扇形区中，从圆心开始，分别以放射线形式画出 5～6 条主要经营指标线，并标明指标名称及标度。然后，将企业同期的相应指标值标在图上，以线段依次连接相邻点，形成折线闭环，构成雷达图。

雷达图可以清楚、直观地反映企业财务及经营管理的优势和劣势。当指标值处于标

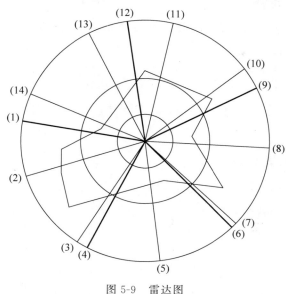

图 5-9 雷达图

准线以内时,说明该指标低于同行业平均水平,需要查找原因加以改进;若接近最小圆或处于其内,说明该指标处于极差状态,是企业经营的危险标志,应重点加以分析改进;若处于标准线外侧,说明该指标处于理想状态,是企业的优势所在,应采取措施加以巩固和发扬。

5.5.2 价值链法

1. 价值链概述

波特于 1985 年在他的重要著作《竞争优势》中提出了价值链(value chain)的概念,并对其进行了深入的研究。波特价值链被理论界和国外企业界普遍认为是分析企业竞争优势的各种方法中较为有力的工具之一。

一般而言,企业是由设计、生产、营销、交货等基本活动以及对产品起辅助作用的辅助活动集合而成,将各种活动分类归纳后可以形成一条价值链。这些活动中的每一种都对企业的相对成本地位有所贡献,并且奠定了差异化的基础。使用系统性方法来考察企业的所有活动及其相互作用对于分析竞争优势的各种资源是十分必要的。为了认识成本行为与现有的和潜在的经营歧异性的资源,价值链将一个企业分解为战略性相关的许多活动。企业正是通过比其竞争对手更廉价或更出色地开展这些重要的战略活动来赢得竞争优势的。每一个企业的价值链都是由以独特方式联结在一起的九种基本的活动类别构成的。基本价值链可以用来表明如何为一个特别的企业建立一个反映它所从事的各种具体活动的价值链。一个企业价值链中的各种活动是相互联系的,同时,企业的价值链又与供应商、渠道和买方的各种活动联结在一起,从而构成一个价值系统。价值系统之间的联系对竞争优势同样具有重要的影响。

价值链列示了总价值,并且包括价值活动和利润。价值活动是企业所从事的物质上和技术上界限分明的各项活动。它们是企业创造对买方有价值的产品的基石。利润是总价值与从事各种价值活动的总成本之差。从竞争角度看,价值是买方愿意为企业提供给他们的产品所支付的价格。价值用总收入来衡量,总收入则是企业产品得到的价值与所销售的数量的反映。如果企业所得的价值超过创造产品所花费的各种成本,那么企业就有盈利。为买方创造超过成本的价值是任何基本战略的目标。分析竞争地位时必须使用价值而不是成本,因为企业为了获取经营歧异性所带来的价格溢价常常有意抬高成本。

2. 价值链分析的基本原理

价值链分析的关键是认识到企业不是人、资金、设备等资源的随机组合,如果不将这些资源组织纳入生产经营中来,保证生产出最终顾客认为有价值的产品或服务,那么这些资源将毫无价值。因此,内部资源分析必须是一个从资源评估到对怎样使用这些资源的评估的过程。

波特认为,企业每项生产经营活动都是其为顾客创造价值的经济活动。那么,企业所有的互不相同但又相互关联的价值创造活动叠加在一起,便构成了创造价值的一个动态过程,即价值链。企业所创造的价值如果超过其成本,就能盈利;如果超过竞争对手所创造的价值,企业就会拥有更多的竞争优势。

3. 价值链环节

波特把价值活动分为两大类:基本活动和辅助活动。基本活动是涉及产品的物质创造及其销售、转移给买方和售后服务的各种活动。辅助活动是辅助基本活动并通过提供外购投入、技术、人力资源以及各种公司范围的职能以相互支持的价值活动。图 5-10 所示为波特的价值链。

图 5-10 波特的价值链

价值链分析要求在技术上和战略上有显著差别的各种活动相互独立。涉及任何产业内竞争的基本活动有五种类型,辅助活动有四种类型,每一种类型又可依据产业特点和企业战略划分为若干显著不同的活动。

1) 基本活动

其主要涉及如何将企业的输入有效地转化为输出。这部分活动直接与顾客发生各种联系,主要包括以下几个方面。

(1) 内部后勤。这是指与接收、存储和分配产品投入有关的活动,包括原材料处理、仓储、库存管理、车辆调度和向供应商退货。

(2) 生产作业。生产作业包括所有把投入变成最终产品的活动,如机械加工、包装、组装、设备维修、测试、印刷和厂房设施管理等。

(3) 外部后勤。这是指与集中、存储和将产品发送给买方有关的各种活动,如产成品库存管理、原材料搬运、送货车辆调度、订单处理和生产进度安排。

(4) 市场销售。这是指提供给最终顾客可以依此购买的产品和服务,以及吸引他们购买的手段的活动,包括广告、促销、推销、报价、销售渠道选择、销售渠道关系和定价。

(5) 售后服务。在产品或服务售出前后通常需要安装和售后服务,需要培训顾客以及提供顾客咨询等活动,如安装、维修、培训、零部件供应和产品调整。

2) 辅助活动

每一组基本活动都与辅助活动相关,辅助活动主要体现为一些内部管理活动,具体可分为下列四个方面。

(1) 采购。在多数公司,都有一个独立部门(或几个管理者)负责公司生产所需的产品和原材料的购买。其作用就是以尽可能低的价格购买质量尽可能高的公司生产所需的产品和原材料,但仅对购买行为负责而对产品随后的生产过程不负责任。外购的投入包括原材料、储备物资和其他易耗品,也包括各种资产,如机器、实验设备、办公设备和建筑物。采购往往遍布整个企业。一些物件如原材料是由传统的采购部门购买,而其他东西则由工厂经理(如机器)、部门经理(如临时帮工)、销售人员(如食宿)甚至总裁(如战略咨询)购买。尽管外购投入一般与基本活动相联系,但是外购投入却在包括辅助活动在内的所有价值活动中存在。像所有价值活动一样,采购也需要"技术",如与卖主打交道的程序、资格审定原则和信息系统。改进过的购买行为对于外购投入的成本和质量产生强烈的影响,而且也强烈地影响到其他与接收和使用这些投入有关的活动,并与供应商相互作用。

(2) 技术开发。每项价值活动都包含着技术成分,无论是技术诀窍、程序,还是在工艺设备中所体现的技术。大多数企业中所应用的技术的阵容非常广泛,包括从用在准备文件中和运输商品中的技术到产品本身所体现出来的技术。技术开发由一定范围的各种活动组成,这些活动可以被广泛地分为改善产品和工艺的各种努力。技术开发过程对于各种价值活动中所包含的技术含量会起到提升作用,包括订货登记系统中所应用的电子通信技术或会计部门的办公自动化。技术开发对所有产业中的竞争优势都很重要,在某些产业中甚至起到核心作用。

(3) 人力资源管理。人力资源管理由对各类人员的招聘、雇用、培训、开发和报酬所包括的活动组成。人力资源管理不仅对单个基本和辅助活动(如工程师的雇用)起到辅助作用,而且支撑着整个价值链(如劳工谈判)。在所有公司中,招聘、培训、管理发展以及报酬结构都是非常重要的方面。人力资源管理决定着雇员们的技能和积极性,以及雇用和培训的成本,从而对企业的竞争优势构成重要影响。在一些产业中,它对竞争优势起关键作用。

(4) 企业基础设施。企业基础设施一般由管理、计划、财务、会计、法律、政府事务、质量管理和信息系统的一系列活动组成。基础设施(与其他辅助活动不同)通常支持的是整个价值链,而不是单项活动。虽然企业的基础设施有时仅仅被看作间接费用,但它也能成为竞争优势的一种有力来源。例如,有效的信息系统可能对成本有重大贡献;而在某些产业内,企业高级管理层在与重要的顾客打交道时所起的作用就是竞争优势的重要来源。

4. 价值系统

1) 价值系统的概念

企业的价值链体现为价值系统的一连串活动,包括企业与外部环境所构成的产业价值链以及企业内部价值链。除了分析公司自己拥有的价值链之外,波特认为还需要研究价值系统,图 5-11 即是波特所提出的价值系统。

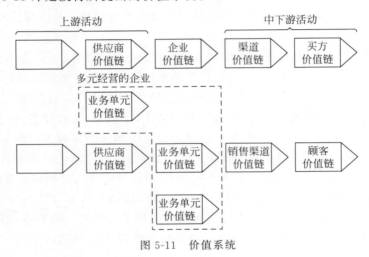

图 5-11 价值系统

由图 5-11 可知,企业价值链是整个价值系统的一部分,价值系统包括供应商价值链、企业价值链、渠道价值链和买方价值链,形成了产业价值链上下游一体化。其中,供应商价值链处于价值系统的上游,通过供应商的运营价值活动为企业的活动增加价值。渠道价值链是作为企业最终成为某些买方价值链中的一部分提供了一条"通道",处于价值系统的中游。而在价值系统的下游则是买方价值链,主要是批发、零售环节,与终端消费者紧密相连,最终形成企业间差异的是,在买方价值链中扮演的角色和买方能力的强弱。当然,价值链对同一产业中的企业是不同的,必须根据每个企业的特殊本质进行分析,要考虑企业的发展历史、实施的战略等,从而使价值链分析成功地实施。

获取和保持竞争优势不仅取决于对企业价值链的理解,而且取决于对企业如何适合某个价值系统的理解。为了从价值链分析中获得更多的有用信息,必须从最广的背景范围来看这个概念,而不是仅限于企业本身,即应把企业放在一个包括供应商、购买者和合作伙伴的价值链中来分析。这样,除了彻底理解价值是如何在组织内被创造出来的之外,还必须知道价值是如何被其他组织创造出来的。供应商的价值链有着重要的意义,那是因为供应商在创造和供应公司所购买的用于自己的价值链之中的生产投入时,既要开展一定的活动,还要承担成本,这些生产投入的成本和质量影响公司自己的成本或差异化能力。公司为降低供应商的成本或提高供应商的有效性而采取的一切行动都将提高其自身的竞争力，这就是公司要同供应商紧密合作或结成伙伴关系的重要理由。渠道的价值链之所以重要，是因为下游公司的成本和利润是最终用户所支付的价格的一部分，渠道所开展的活动会影响最终用户的满意度。这说明公司必须同渠道进行紧密的合作，改造或者重新设计它们的价值链，以提高共同的竞争力。在较低价格、较快服务以及产品更高可靠性等方面一些供应商和分销商可能比竞争者做得更好。新的竞争优势可能就来自利用了最好的供应商或分销商。新的竞争优势也可能是因为利用了一种新的分销系统或者与供应商建立了新的更密切的关系。

2) 价值系统之间的联系

波特认为，仅仅通过价值链和价值系统本身的分析可能是不够的，竞争者通常能够模仿公司的行动。竞争者难以模仿的是存在于组织的价值链和价值系统之间的那种独特的联系。

虽然价值活动是构筑竞争优势的基石，但是价值链并不是一些独立活动的集合，而是相互依存的活动构成的一个系统。价值活动是由价值链的内部联系联结起来的。这些联系是某一价值活动进行的方式或与另一活动之间的关系。联系常反映的是为实现企业总体目标而进行的权衡取舍，它可以通过最优化和协调一致等方式为企业带来竞争优势。联系的数量众多，其中一些是许多企业中普遍存在的。例如，产品设计常影响一种产品的生产成本，而实际采购则常影响外购投入的质量以及生产成本、检查成本和产品质量；加强对投入部件的检查会降低后面生产工艺过程中的质量保证成本，而更好地保养维护会减少机器故障造成的停工；相互作用的订单处理系统会减少销售人员为每个买方所花费的时间，因为销售人员可以更快速地处理订单，而无须跟踪解决各种询问和问题。对产成品更为细致地检查常常能提高该区域产品的可靠性，降低服务成本。

联系不仅存在于一个企业价值链内部，而且存在于企业价值链与供应商和渠道的价值链之间。供应商价值链和企业价值链之间的各种联系为企业增强竞争优势提供了机会。通过影响供应商价值链的结构，或者改善企业和供应商价值链之间的关系，常常有可能使企业和供应商双方受益。销售渠道具有企业产品流通的价值链。企业和销售渠道价值链之间也有大量的接触点。例如，销售队伍、订单处理和外部后勤。销售渠道对企业销售价格的抬高经常在最终用户的销售价格中占很大比例。对销售渠道的联系进行协调和综合优化能够削减成本或增强歧异性。同时，一个企业的经营歧异性还来源于它与买方价值链的关系，这是由企业的物质产品在其特定的买方消费中被使用的方式决定的。企业价值链和买方价值链有许多的接触点，企业的许多活动与一些买方的活动可以相互作用。当企业通过对买方价值链施加影响而降低买方的成本或增加买方的效益的时候，竞争优势就被创造出来了。

5. 价值链分析的步骤

任何一个企业或事业组织，都有属于自己的内部活动价值链。每一类产品，也都有自己的价值链。大多数组织一般都可以提供几类不同的产品或服务。因此，在组织内部的价值链也会有多条。仔细分析每一条价值链，有利于更好地认识企业的优势与劣势。企业的价值链分析的一般步骤如下。

(1) 研究生产产品或服务的所有活动,辨别每种产品的价值链,确定优势和劣势活动。

(2) 分析各产品价值链的内在联系,即一项价值活动(如采购)的执行方式与另一项价值活动(如生产作业)成本之间的关系。

(3) 分析不同产品或事业部之间价值链相互融合的可能性。大多数情况下,一项活动通常存在规模经济问题,如果某个产品的产量达不到一定规模就可以和其他产品一起承担能够达到规模经济的产量,以此来达到生产成本最低的效果。

价值链分析是一种很实用的分析工具,但是在实际中,战略分析人员不应该局限于图 5-10 所涵盖的较狭窄的范围。事实上,价值链分析可以拓展到微观面和宏观面两个层次。其中微观面是指战略分析人员可以将价值链做进一步的细化分析。例如,可以将整个营销活动拆解成更进一步的细分活动,包括产品、价格、渠道、促销、包装、人员、流程及与合作者的关系等,以此可以更加清楚地了解活动创造价值的来源。此外,宏观面则是指战略分析人员可以将价值链扩展成整个价值链系统来做分析,即价值活动的创造,并不一定只局限于单一企业;还可以通过战略联盟、垂直整合、并购等战略手段来扩大经营范围,以形成整个价值创造系统。

供应商拥有创造和交付企业价值链所使用的外购输入的价值链(上游价值)。供应商不仅交付它的一种产品,而且影响到企业的很多其他方面。此外,很多产品通过一些渠道的价值链(渠道价值)到达买方手中。渠道的附加活动影响买方,也影响企业自身的活动。企业的产品最终成为买方价值链的一部分。标新立异的基础归根结底是企业和其产品在买方价值链中的作用,这就决定了买方的需要。获取和保持竞争优势不仅取决于对企业价值链的理解,而且取决于对企业如何适合某个价值系统的理解。

6. 基于价值链的战略决策活动

价值链所包含的各种活动对价值链创造起到不同的作用,对企业竞争优势的形成也起到不同的作用。根据各种活动对价值创造作用的不同,可将基本和辅助活动分为三种不同类型。

(1) 直接活动。直接活动是指涉及直接为买方创造价值的各种活动,如零部件加工、安装、广告、产品设计、销售、人员招聘等。

(2) 间接活动。间接活动是指使直接活动持续进行成为可能的各种活动,如设备维修与管理,工具制造,进度安排、销售管理、科研管理、原材料供应与储存,新产品开发等。

(3) 质量保证。质量保证是指确保其他活动质量的各种活动,如监督、视察、检测、核对、调整和返工等。质量保证与质量管理并非同义,因为很多价值活动都对质量有贡献。

这些活动有着完全不同的经济效果,对竞争优势的确起着不同的作用,应该加以区分,权衡取舍,以确定核心和非核心活动。

一般认为直接活动是以利润为中心,能增加产品的价值或改变产品在市场中的竞争地位,所以在考察这些活动的效果时就不能局限于成本花费,而应该把重点放在价值和成本的差额上;间接活动和质量保证虽然在价值实现中发挥重要作用,但其并不能增加为顾客所认可的价值,所以这些活动应该在可能的范围内尽量减少成本消耗。在企业的实际战略运行中,图 5-12 中的几个环节性战略在创造价值和形成企业竞争优势时有重要作用。

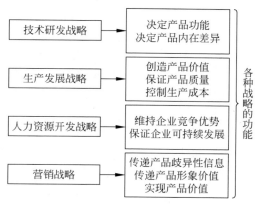

图 5-12　各种战略功能分解

5.5.3　SWOT 分析法

1. SWOT 分析法的产生

SWOT 分析法是战略设计学派的主要分析模型。战略设计学派可追溯到两本有影响力的书:伯克利加州大学的菲利普·塞兹尼克于 1957 年出版的《管理中的领导行为》和麻省理工学院的钱德勒于 1962 年出版的《战略与结构》(*Strategy and Structure*),尤其是前者,他引入"独特能力"的概念,探讨了整个组织"内部状态"与"外部期望"的必要性,认为应制定"深入组织社会结构的战略"。

SWOT 分析法是一种结合内外部环境要素进行综合分析的战略选择方法。它是由哈佛商学院的安德鲁斯于 1971 在《公司战略概念》一书中首次提出,后经麦肯锡咨询公司的发展,广泛应用于企业战略制定、内部诊断、对手分析以及战略选择等领域。利用这种选择方法,首先要将注意力放在外部环境的变化及对企业的可能影响上,来分析机会和威胁,并着眼于企业自身的实力及其与竞争对手的比较,找出优势和劣势,然后再把企业内部的优势和劣势与外部的机遇和威胁匹配起来,对企业的内外环境条件综合情况做深层次的分析,从所列关键要素中找出问题的实质,研究潜在的机会与威胁、优势与劣势,以寻找制定适合本企业实际情况的经营战略和策略的方法。它的主要目的在于对企业的综合情况进行客观公正的评价,即不仅需要从企业内部获得评价,而且需要考虑外部顾客的评价,这样有利于开拓思路,客观地选择行业的成功因素以及客观地对自身的状况进行评价(表 5-1),以达到正确地制定企业战略和更好地实现整体目标的目的。

表 5-1 SWOT 分析表

	潜在外部威胁(T)	潜在外部机会(O)
外部环境	市场增长缓慢 竞争压力增大 不利的政府政策 不利的人口特征变动 新的竞争者进入行业 供应商、用户讨价还价能力增强 用户需要与爱好进一步转变 通货膨胀增加 替代产品抢占市场份额	向新产品转移的技能 纵向一体化 市场增长迅速 可以增加互补产品 能争取到新的用户群 收购对手 有进入市场或市场面的可能 有能力进入更好的企业集团 延伸品牌的机会 在同行业中竞争业绩优良 利用新技术的机会 扩展产品线满足用户需要及其他
	潜在内部优势(S)	潜在内部劣势(W)
内部条件	良好的顾客服务 良好的品牌形象/商誉 有力的战略 良好的产品质量 产权技术 成本优势 竞争优势 特殊能力 产品创新技能 营销能力强 具有规模经济 良好的财务资源 高素质的管理人员 联盟与合资企业 公认的行业领先者 知识力强的经营战略 其他	财务状况恶化 竞争劣势 过时的设备 没有明确战略方向 竞争地位恶化 产品线范围太宽/窄 技术开发滞后 营销水平低于同行业其他企业 管理不善 战略实施的历史记录不佳 不明原因导致的利润率下降 资金短缺 相对于竞争对手的高成本及其他

2. SWOT 分析的基本步骤

1) 分析环境因素

运用各种调查研究方法,可分析出企业所处的各种环境因素,即外部环境因素和内部环境因素。外部环境因素包括机会因素和威胁因素,它们是外部环境对企业的发展直接有影响的有利和不利因素,属于客观因素,一般归属为经济的、政治的、社会的、人口的、产品和服务的、技术的、市场的、竞争的等不同范畴;内部环境因素包括优势因素和劣势因素,它们是企业在其发展中自身存在的积极和消极因素,属主观因素,一般归类为管理的、组织的、经营的、财务的、销售的、人力资源的等不同范畴。在调查分析这些因素时,不仅要考虑到企业的历史与现状,而且要考虑企业的未来发展。

2) 构造 SWOT 矩阵

将调查得出的各种因素根据轻重缓急或影响程度等进行排序,构造 SWOT 矩阵。在此过程中,将那些对企业发展有直接的、重要的、大量的、迫切的、久远的影响因素优先排列出来,而将那些间接的、次要的、少许的、不急的、短暂的影响因素排列在后面。

3) SWOT 矩阵组合及制订行动计划

在完成环境因素分析和 SWOT 矩阵的构造后,便可以进行组合分析,并制订出相应的行动计划。制订计划的基本思路是:发挥优势因素,克服劣势因素,利用机会因素,化解威胁因素;考虑过去,立足当前,着眼未来。运用系统分析的综合分析方法,将排列与考虑的各种环境因素相互匹配起来加以组合,得出一系列企业未来发展的可选择对策。在此,我们只对 SWOT 矩阵组合及其战略选择进行进一步的分析。

由于 SWOT 分析是将特定的外部因素与内部因素进行匹配组合,因而,我们可以将它作为企业战略制定的一种方法,并可形成四种战略组合:SO(优势/机会)战略、WO(劣势/机会)战略、WT(劣势/威胁)战略、ST(优势/威胁)战略,如表 5-2 所示。

表 5-2 SWOT 矩阵

外部因素	内部因素	
	优势(S)	劣势(W)
机会(O)	SO 战略 依靠内部优势,利用外部机会	WO 战略 利用外部机会,克服内部劣势
威胁(T)	ST 战略 依靠内部优势,回避外部威胁	WT 战略 减少内部劣势,回避外部威胁

(1) SO 战略。这是一种最理想的组合,形势最有利,企业有很多机会,并且有很多优势鼓励它去抓住这些机会。任何企业都想利用其内部优势去抓住外部机会,即希望凭借它的长处和资源来最大限度地利用外部环境所提供的各种发展机会。一般来说,企业应在面对新机会时将其优势发挥至最大。这种情况应采用增长型战略(图 5-13)。企业应该集中于某单一经营领域,利用自己的优势占领市场。企业可以选择纵向一体化向自己的上游供应商或下游销售商扩展。企业可以对少量的相关产品进行多元化的经营,同时利用自己的优势,拓展市场上的机会。美国在线公司(American Online)的密集型市场开发战略就是内部优势和外部机会的完美结合,优势是公司强大的专业技术、先进入者的在位优势、原有的商誉资源;机会是随着 20 世纪末数以百万计的人加入信息高速公路,互联网变成了一个极具诱惑力的市场。美国在线公司继续发挥其优势,开始与网络媒体联合,这成为美国在线时代华纳公司(AOL Time Warner)在 2004 年实施的新的增长型战略的关键。

(2) WO 战略。这一组合显示了企业面临很好的市场机会,但被内部资源的劣势所

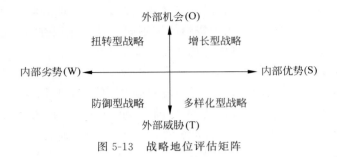

图 5-13 战略地位评估矩阵

限制,即企业已经鉴别出外部环境所提供的发展机会,但同时企业本身又存在着限制利用这些机会的劣势。在这种情况下,企业应遵循的策略原则是:企业应当充分利用外部机会来减小或弥补内部劣势,扭转现状,以最大限度地利用外部环境中的机会来赢得市场。如果不采取任何行动,实际是将机会让给了竞争对手。因此,企业应在某一经营领域制定集中战略,以某一个领域为突破口改变现状。如果条件允许,企业应考虑与同行业的其他企业合并。为了减小风险,企业可以进行多元化经营,不论产品和当前业务相关性大小均可进行。如果这一切难以奏效,就必须放弃这块市场。缺少项目内容和销售项目能力的美国在线公司和在互动媒体管理方面缺乏经验的时代华纳的合并为两家公司提供了克服主要劣势的方式,保证它们追求21世纪的网络市场机会。

(3) WT 战略。这一组合显示了企业的劣势及当前面临的外部威胁,企业应尽量避免这种状态。然而,一旦企业处于这样的位置,在制定战略时就要减少威胁和劣势对企业的影响。事实上,这样的企业为了生存下去必须奋斗,否则,可能要选择破产。而要生存下去,可以选择合并或缩减生产规模的战略,以期能克服劣势或是威胁随时间的推移而消失。这是一种典型的防御型战略。此时,企业应该采取的方法是谋求与竞争对手合作或合并,以加强竞争地位。企业可以从某一个领域突破,制定集中的战略,也可以选用纵向一体化和多元化经营。如果难以成功,企业可以将该市场中的业务分离出去,或者把资源收回,用到其他领域。得克萨斯仪器公司就是这样的一个典型案例。2001年该公司还是一家很大的芯片、计算器、个人电脑、军事电子设备和工程软件的制造商,只是其发展计划比较混乱。年轻的 CEO 汤姆·安吉博斯使这个原来饱受折磨的电子产品巨人恢复了元气,并使它参与到竞争激烈的半导体行业中来。他孤注一掷,转而生产被称作数字信号处理器(DSPs)的芯片。这种芯片可以承载大量的数据,用于大批的数字设备,包括调制解调器和蜂窝式电话。安吉博斯在 DSPs 上投入数十亿美元,DSPs 被他称为"下个10年最重要的硅技术"。

(4) ST 战略。在这种情况下,企业应巧妙地利用自己的优势去避免或减轻外部威胁打击。企业的资源基础论已经确定许多关键的优势,但面临的外部环境不好。在这种情况下,战略管理者需要企业重新调配资源和竞争优势,在机会更多的产品市场中寻求发展。企业适合采取多元化经营战略,把企业带向有更大发展空间的市场。另一种进入新领域的方法是寻找合作或合资经营的机会。企业可以通过纵向一体化,进入上游或者下游行业。IBM 公司这家著名的主机制造商、服务商和世界性的个人电脑生产商,多年来在电脑领域和软件领域中已经形成许多优势。可是,外部环境对公司的威胁逐渐加大,表现在产品日益普及化、定价压力增大、革新速度加快等。幸运的是,萨姆·帕尔梅萨罗(Sam Palmisano)决定开发 IBM 全球服务系统(IBM global services),该战略使 IBM 在随后的 10 年中获利丰厚。在帕尔梅萨罗启动了这个计划的 10 年中,全球服务系统已经成为 IBM 成长最快的部分,并成为其未来战略的基础。该业务涉及范围十分广,从管理顾客的 IT 部门提供遗留系统升级咨询到建立供应链管理系统等。在 IBM 公司的硬件事业部应对价格战的同时,它的软件部门也在争夺主机市场的软件市场。正是它的全球服务系统带动了整个企业的发展。

由于具体情况所包含的各种因素及其分析结果所形成的对策都与时间范畴有着直接的关系,所以在进行 SWOT 分析时,可以先划分一定的时间段分别进行 SWOT 分析,最后对各个阶段的分析结果进行综合汇总,并进行整个时间段的 SWOT 矩阵分析。这样,有助于使分析的结果更加精确。

长期以来,SWOT 分析是许多管理者进行战略选择的基础,因为它方便,并能很好地描述战略制定的本质——机会和威胁、优势和劣势。但它必须基于一种对企业内部能力一般化、绝对化的评估,资源基础论方法的存在填补了战略管理中的这片空白,它是用来鉴别内部优势和劣势的良好方法,利用此方法提供的信息可以提高 SWOT 分析的质量。

5.5.4 财务比率分析与平衡计分卡

财务比率分析和平衡计分卡(balanced score card)是进行企业资源和能力分析的重要工具。财务比率分析根据资产负债表和损益表提供的数据评估企业的经营状况,而平衡计分卡则从广泛的利益相关者的角度来考察企业的业绩。

1. 财务比率分析

财务比率分析法是以企业财务报表,如资产负债表、利润表、现金流量表以及有关的附表为特征的报表体系。通过有关财务比率的计算,获得企业在某一时期的情况,以及企业在一段时期或相当于整个行业平均水平的情况。财务比率分析法通常从两个方面进行:①横向分析。计算本企业有关财务比率,并与同行业中的竞争对手进行比较,或与同行业的平均财务比率进行比较,借以了解本企业同竞争对手及行业一般水平相对比的财务状况和经营成果。②纵向分析。将计算得到的财务比率同本企业过去的财务比率和预测未来的财务比率相比较,借以测定企业财务状况和经营成果在一个较长时期内是否有所改善或恶化。

尽管财务分析并不是完整的内部分析,但是任何完整的内部分析都少不了财务分析。财务分析的主要依据就是研究财务比率,也称为财务比率分析。

1) 财务比率的类型和计算方法

衡量企业的关键财务比率有如下五种类型。

(1) 流动性比率(liquidity ratios)。流动性比率度量企业偿付到期短期债务的能力。

① 流动比率(current ratio)。计算方法:流动资产/流动负债。

② 速动(酸性测试)比率(quick or acid-test ratio)。计算方法:(流动资产－存货)/

流动负债。

流动比率和速动比率均反映企业的变现能力,比率越高,流动负债得到偿还的保障越大。但比率过高,则反映企业滞留在流动资产上的资金过多,未能有效利用,可能会影响企业的获利能力。一般而言,流动比率2∶1较为合适,速动比率1∶1较为合适。

(2) 杠杆比率(leverage ratios)。杠杆比率是度量公司负债的程度。

① 资产负债率(debt-to-total-assets ratio)。计算方法:总负债/总资产。

资产负债率越高,在负债所支付的利息率低于资产报酬率的条件下,股东的投资收益率就越高,说明经营有方、善用借债。但是比率越高、借款越多,偿债能力就越差,财务风险也越大,因此资产负债率要保持在适当水平,一般说来,低于50%的资产负债率较为稳妥。

② 权益负债率(debt-to-equity ratio)。这是衡量公司偿债能力及分析资本结构的一项指标,计算公式为:(流动负债+长期负债)/股东权益。

权益负债率越低,公司偿债能力越强,但有时这并不完全是好事,很有可能说明公司缺乏刺激业绩增长的扩张项目,所以无须过多借款,或者公司行业地位较弱,无法过多占用供应商货款。具体权益负债率为多少属于正常在不同行业则有不同标准,如资本密集型行业权益负债率达到2或2以上都属正常(有巨额固定资产保障),但对于一些资产加工制造和物流、商贸等第三产业,权益负债率为1就可能有不安全的嫌疑。具体的权益负债率只有在经过同行业公司之间对比才可说明问题。有时该比率分母会只包括有息负债,使用时需要确认各公司对比公式口径是否统一。

③ 权益长期负债率(long-term debt-to-equity ratio)。计算方法:长期负债/股东权益。

④ 已获利息倍数[times-interest-earned(or coverage) ratio]。计算方法:(利息+税前利润)/利息总额。利息保障倍数的比率若低于1,说明企业经营所得还不足以偿付借款利息,因此该比率越高,说明按时按量支付利息就越有保障。

(3) 运营比率(activity ratios)。运营比率度量公司如何有效地利用资源。

① 存货周转率(inventory turnover)。计算方法:销售额/存货。

② 固定资产周转率(fixed assets turnover)。计算方法:销售额/固定资产。

③ 总资产周转率(total assets turnover)。计算方法:销售额/总资产。

④ 应收账款周转率(accounts receivable turnover)。计算方法:年赊销总额/应收账款。

⑤ 平均收账期(average collection period)。计算方法:应收账款余额/日平均信用销售额。

固定资产周转率、总资产周转率分别反映固定资产、总资产的使用效率,比率越高,说明资产利用越好、获利能力越强;存货周转率是衡量和评价企业购入存货、投入生产、销售收回等各环节管理状况的综合性指标,比率越高,说明资金回收越快、效益越好;应收账款周转率反映年内应收账款转为现金的平均次数,比率越高,说明企业催收账款的工作做得越好,坏账损失的可能性越小;平均收账期反映资产流动与偿债能力,平均收账期越短,表明公司收账速度越快,坏账损失越少,资产流动越快,偿债能力也就越强。

(4) 盈利比率(profitability ratios)。盈利比率以销售收益和投资收益度量企业的总体经营效果。

① 毛利率(gross profit margin)。计算方法：(销售额－销售成本)/销售额。
② 经营利润率(operating profit margin)。计算方法：(利息＋税前利润)/销售额。
③ 净利润率(net profit margin)。计算方法：净利润/销售额。
④ 总资产收益率(return on total assets, ROA)。计算方法：净利润/总资产。
⑤ 股本收益率(return on stockholder's equity, ROE)。计算方法：净利润/股东权益。
⑥ 每股收益(earnings per share)。计算方法：净利润/发行在外的普通股股数。
⑦ 市盈率(price-earnings ratio)。计算方法：每股市值/每股收益。

(5) 增长比率(growth ratios)。增长比率度量公司在经济和产业增长中保持经济地位的能力。

① 销售收入(sales)增长率。计算方法：总销售收入的年增长率。
② 净利润(net income)增长率。计算方法：净利润的年增长率。
③ 每股收益(earnings per share)增长率。计算方法：每股收益的年增长率。
④ 每股红利(dividends per share)增长率。计算方法：每股红利的年增长率。

2) 财务比率的对比分析

计算财务比率如同照相，因为其结果反映了某一时点的情形。如果能够对比分析不同时间段的比率结果，或者与产业平均水平及竞争对手进行对比分析，则可以得到更有价值的分析结果，有利于确认和评价企业的优、劣势。因此，不应孤立地分析一家企业的财务地位，必须有分析的参照点。历史比较、与产业标准进行比较、与重要竞争对手进行比较是财务比率分析的重要方面。

(1) 历史比较。在评价一家企业的财务业绩时，对其财务竞争地位的时间变化进行比较是非常有用的。这提供了一种评价趋势的方法。但应注意，以历史业绩为基础进行分析可能有其局限性。由于顾客始终在与竞争对手进行比较，所以企业只关注历史业绩的改善是远远不够的。

(2) 与产业标准进行比较。在评价一家企业的财务业绩时，也应与产业标准进行比较。一家企业的流动比率或利润率乍一看也许给人很深的印象，然而，与产业标准一比较也许就相形见绌了。但是，这种分析也有一定的局限性。由于公开的资料通常是按行业统计的，很少是按照战略群体来进行组织的，行业标准只是平均值，因此在使用这些资料进行比较时要特别小心，可能会存在比较对象选择不当的问题。

(3) 与重要竞争对手进行比较。企业的优势和劣势主要是相对竞争对手而言的。最主要的竞争对手是实施相似战略的产业内同一战略群体的成员。如果与其最直接的竞争对手进行对比分析，那么，财务比率分析将在揭示企业的竞争地位方面发挥更为重要的作用。

对于内部分析而言，上述三种不同的比较标准，即历史业绩、行业标准、竞争对手，都有其长处和不足，如果能够将它们综合运用，发挥彼此间取长补短的效果，将是可行的做法。管理者应针对这些标准，进行适当的组合与搭配，提供更有价值的分析结果。

以财务为基础的评估方式有一项优点,就是可以将所有衡量目标简化成一个可以比较的财务指标。但是,并非战略制定者感兴趣的所有议题,都能用财务指标加以衡量。财务比率分析往往无法对竞争优势的重要来源提供战略性的洞察力。许多最重要的组织优势和劣势,通常无法用财务比率分析的方法来衡量。虽然财务比率分析对于评估一家公司来说是最基本、最常见的方法,但最好只把它当作完整的内部分析的一个起点。

2. 平衡计分卡

最佳的内部评估分析,并非将重点放在一些狭隘的准则上,而是代之以包含不同观点、相互补充的完整评估方式。尽管管理者可以单独运用,但是综合运用可以为管理者了解战略提供更好的洞察力。这种基础广泛的分析方法,称为"平衡计分卡",因为它不允许任何单一的观点在评估公司的优势和劣势时起主导作用。这种方法是为了对多种评价企业业绩的方法进行有意义的整合,为最高管理层快速提供关于企业业绩综合的看法,由罗伯特·卡普兰(Robert S. Kaplan)和戴维·诺顿(David P. Norton)共同研制得出。平衡计分卡包括反映企业已实施活动的结果的财务指标,此外,以顾客满意度、内部程序、组织创新和改善活动这些促进未来财务业绩的经营指标作为补充。平衡计分卡使管理者能够从四个重要观察角度(图 5-14)考虑他们的业务。

1) 财务层面

企业经营的直接目的和结果是为股东创造价值。尽管由于企业战略的不同,在长期或短期对于利润的要求会有所差异。但毫无疑问,从长远角度来看,利润始终是企业所追求的最终目标。因此,作为企业的财务层面主要考察如下问题:从股东角度,我们看起来怎么样?根据经济附加值,企业是否能够产生高于资金总成本的必要财务报酬?企业成长与其获利能力对于它的财务绩效有何意义?企业因为举债所承担的财务风险有多高?财务业绩指标表明企业的战略、实施和执行是否真正对增加利润有贡献。周期性的财务报告提醒管理者只有当提高的质量、生产率和快速反应、创新产品导致销售增长、市场份额提高、降低运营成本或提高资产周转率时才对企业有利。

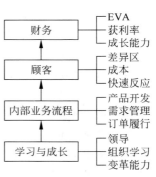

图 5-14 平衡计分卡的四个观察角度

2) 顾客层面

只有那些真正关心顾客,满足顾客需求、为顾客创造价值的企业,其利润才是自然而然的,才能在竞争中立于不败之地。作为企业的顾客层面应主要考察的问题是:如何向顾客提供所需的产品和服务,从而满足顾客需要,提高企业竞争力。顾客角度正是从质量、性能、服务等方面,考验企业的表现。因此,在顾客层面应考察如下问题:顾客如何看待我们?企业是否通过产品差异化、低成本或快速反应等为顾客提供较高的价值?从顾客角度出发评价企业经营,对于管理人员来说是最需优先考虑的问题。可持续的财务绩效最终还是源自顾客,源自为顾客提供一种或数种卓越的价值。平衡计分卡要求管理者把他们对顾客服务的一般使命陈述转化成对于顾客具有实质意义的特定指标。为使平衡计分卡起作用,管理者必须清楚地说明在顾客关心的四类问题上的目标:时间、质量、性能和服务、成本。

3) 内部业务流程层面

企业要在内部业务流程层面确定对实现客户和股东目标都至关重要的环节。根据价值链理论,企业所有互不相同但又相互关联的生产经营活动构成了创造价值的一个动态过程。每个企业都有自己独特的创造价值的流程,实施平衡计分卡的企业最好先确定一套完整的内部流程价值链。内部流程价值链的开端为创新流程,末端是售后服务流程,中间部分便是经营流程。作为企业的内部业务流程层面应主要考察的问题包括:我们必须擅长哪些方面?核心过程产生顾客价值的效果与效率如何?哪一部分是最重要的顾客价值来源?哪一部分必须加以改善才能产生更高的顾客价值?应该如何进行变革?卓越的顾客满意来自整个组织内部程序、决策和行动以一种和谐的方式运转,管理者必须集中关注那些满足顾客需求的关键内部运营活动。内部指标应该反映对顾客满意有最大影响的业务程序,包括影响循环时间、质量、员工技能和生产率等因素。

4) 学习与成长层面

财务、顾客和内部业务流程层面的目标确定了企业为突破性业绩必须在哪些方面表现突出,学习和成长层面反映企业员工用以创新和建立正确的战略能力和效率(内部流程)所需要(学习和成长)的知识、技能和体系。其目标为其他三个层面目标的实现提供了基础框架,是前面三个层面获得卓越绩效的驱动因素。作为企业的学习与成长层面应主要考察的问题包括:我们能持续改善和创造价值吗?组织是否有能力适应环境的变迁?组织成员是否认同共同的目标?组织能否从过去错误的经验中学习?当组织面临问题时,它会致力于解决问题的本质,还是只看表面现象?

在市场、技术和全球竞争快速变化的情况下,成功的标准也在不断变化。为了企业的生存和发展,管理者必须经常对现有产品和服务进行调整,同时推出全新的产品。企业不断改善创新和学习的能力与企业的价值直接联系在一起。只有不断开发新产品和服务,为顾客创造更大的价值,提高运营效率,企业才能渗透入新的市场,增加收益和毛利,提高股东价值。

上述四个层面是相互依存的。平衡计分卡代表着一系列的因果关系,在这种关系中,某一层面的成功对其他层面的成功是有贡献的,管理者不必像平衡股东要求那样看待他们的工作。如果处理得当,平衡计分卡提供了一种双赢的方法,能同时提高各种利益相关者的满意度。管理者可以把平衡计分卡看作清晰、简单并且是用于实施企业愿景的一种方式。平衡计分卡可以把高层管理人员的注意力集中于反映当前和未来经营业绩的一张简略的关键指标列表上。

5.5.5 内部因素评价矩阵

内部因素评价矩阵(Internal Factor Evaluation Matrix,IFE 矩阵)是对内部环境因素进行综合分析的方法。这一方法总结和评价了企业各职能领域的优势与劣势,并为确定和评价这些领域间的关系提供基础。在建立 IFE 矩阵时通常需要靠战略分析者直觉性的判断,因此企业往往具有局限性。与外部因素评价矩阵类似,企业可以按照下面五个步骤建立 IFE 矩阵。

（1）列出通过内部分析确定的关键因素。选择 10～20 个内部因素，包括优势和劣势两方面因素，先列优势因素，后列劣势因素，尽可能具体，并使用百分比、比率和可比较的数字。

（2）给出每个因素的权数。权数从 0.0（不重要）到 1.0（非常重要）。权数大小标志着各因素对于企业在产业中竞争成败影响的相对大小，无论一项关键因素是内部优势还是劣势，只要对企业绩效有较大的影响，就应当给出较高的权数。所有权数之和等于 1.0。

（3）对各因素给出 1～4 分的评分。1 分代表重要劣势，2 分代表次要劣势，3 分代表次要优势，4 分代表重要优势。请记住，优势给 4 分或者 3 分，劣势给 2 分或者 1 分；评分基于公司，而第（2）步中的权数则基于产业。

（4）以每个因素的权数乘以其评分，得到每个因素的加权分数。

（5）将所有因素的加权分数加总，得到企业的总加权分数。

无论 IFE 矩阵包含多少因素，总加权分数的范围都是从最低的 1.0 到最高的 4.0，平均分为 2.5。总加权分数大大低于 2.5 的企业的内部状况处于弱势，而分数大大高于 2.5 的企业的内部状况则处于强势。因素数不影响总加权分数的范围，因为权重总和永远等于 1.0。

下面我们来看一个企业内部要素评价矩阵的例子，表 5-3 所示为 H 集团公司内部条件战略要素评价矩阵。

表 5-3 H 集团公司内部条件战略要素评价矩阵

势态	关键内部因素	权重	评分	加权分数
优势	1. 西部地区最大的家电生产企业	0.156	3	0.468
	2. 新技术推广、应用反映良好	0.139	4	0.556
	3. 上个月利润增加 10%	0.024	4	0.096
	4. 财务状况有所好转	0.039	3	0.117
	5. 改善公司原有管理流程，提高了效率	0.081	4	0.324
	6. 强有力的管理团队	0.061	3	0.183
	优势加权分数			1.744
劣势	1. 地理位置导致的企业声誉的局限性	0.232	2	0.464
	2. 现代企业机制尚不完善	0.058	2	0.116
	3. 售后服务不够完善，影响销售	0.105	2	0.210
	4. 价格战给企业产品质量带来压力	0.105	1	0.105
	劣势加权分数			0.895
合计		1.0		2.639

从表 5-3 可以得出，H 集团公司的总加权分数为 2.639，表明该公司整体战略水平高于行业平均水平 2.5。从其优势和劣势分值来看，其优势还是大于劣势，说明该公司可以通过发挥优势，克服劣势，谋求企业不断发展。这是被简化了的矩阵，一般来说，IFE 矩阵应包含 10～20 个关键因素。

当某种因素既构成优势又构成劣势时，该因素将在 IFE 矩阵中出现两次，而且被分别给予权重和评分。例如,花花公子(Playboy Enterprises)的标识语既帮助了该公司,又损害了该公司。标识语使《花花公子》杂志吸引了读者,但它同时又使"花花公子"有线电视频道被排除在很多地区的市场之外。

受战略决策本身的性质与特点决定,在战略管理文献中,对评价优势与劣势的系统化方法的研究还不够充分。显然,战略家必须发挥其主观能动性对内部环境的优劣势加以确认和评价,以便有效制订和选择战略方案。外部因素评价矩阵、竞争态势矩阵、内部因素评价矩阵及明确陈述的愿景或使命等,共同为成功制定竞争战略提供了必要的基础信息。进行企业内外部环境关键战略要素的分析,其根本任务在于弄清行业发展前景及其关键影响要素、行业中各企业相对竞争地位决定要素、企业所面临竞争情形以及所处竞争地位,从而为企业结合自身特点、战略焦点与问题提出适当的战略奠定良好的基础。

本 章 小 结

1. 论述了企业内部环境分析的性质、目的与重要性。
2. 分析了企业能力的构成,并指出企业的核心能力至关重要,它是构筑企业长久发展、形成竞争优势的源泉。
3. 阐述了企业常用的内部条件分析的五种技术。

思 考 题

1. 相对企业持久发展来说,企业内部资源与能力和外部环境相比,哪个更重要?
2. 企业资源、能力、核心能力与竞争优势四者关系如何?
3. 企业存在什么样的战略层次?
4. 价值链分析的目的是什么?请结合一个熟悉企业对其进行价值链分析。
5. 为什么说用 IFE 矩阵评价优势与劣势的相对重要性是一项重要的战略管理活动?

第 6 章

文化与利益相关者的期望

1. 了解战略的文化背景；
2. 掌握企业的利益相关者。

兵者，国之大事也，死生之地，存亡之道，不可不察也。

——《孙子兵法·计篇》

合于利而动，不合于利而止。

——《孙子兵法·火攻篇》

故经之以五事，校之以计，而索其情。一曰道，二曰天，三曰地，四曰将，五曰法。

——《孙子兵法·计篇》

春茶上市，文化赋能竞逐高端化

随着各地春茶陆续开始采摘，"春茶节""采摘节""诗歌节"等也纷纷拉开帷幕。与此同时，茶叶企业也借助传统茶文化，为各大品类和品牌赋能。随着2023年采摘季的到来，以绿茶为主的春茶竞争日趋激烈。

"今年以来，人口的流动性、商务的恢复、礼品市场的进一步复苏、中国茶叶市场的整体复苏和恢复，有着非常好的宏观土壤和红利。"中国食品行业研究员朱丹蓬表示，春茶的高端化是未来发展的一个趋势。因为春茶有它的稀缺性、独特性和差异化，如何做到高端化、品牌化、专业化，是未来春茶很重要的发展方向，也是需要行业思考和实践的。

文化赋能茶叶产业。在中国茶叶公司看来，国内3 000亿元的市场份额中，绿茶占比超过60%，市场容量接近2 000亿元。为此，抢占西湖春茶资源，推进"全国一盘棋"计划成为其公司战略。根据中茶公司介绍，其已在浙江杭州、安徽黄山、湖南长沙、陕西紫阳建成四大骨干自有生产中心，并打造了信阳毛尖、碧螺春、南京雨花茶、峨眉雪芽、崂山绿茶等多个具有传统文化沉淀与代表性的名优绿茶基地。

2023年3月9日，在贵州湄潭县，在茶山上举行了一场庄重古朴的祭茶仪式，由此拉开了2023年的春茶采摘节。3月17日，第十九届蒙顶山国际茶文化节先发站——理真·

春天里的蒙顶诗歌节,则让诗人们和游客一起吟咏古今诗篇,感受蒙顶山茶的意境。

构建消费者体验新场景。对于新锐茶叶品牌而言,除了让游客在蒙顶山体验茶园之美外,目前正在着力构建线上与线下、门店与景区等多重茶叶体验和消费新空间,以此提升茶叶品牌形象。

说茶信息科技调研显示,2022年消费者选购茶叶的三大渠道分别是电商平台(56%)、茶叶专卖店(52%)、线下小店(47%)。对比2022年和2021年的消费者调研数据,线上平台正势不可当地成为消费者购买茶叶的最重要渠道。

显然,以绿茶为代表的春茶,成为当前线上线下重点推荐的产品。中国农业科学院茶叶研究所所长姜仁华此前参加中国茶叶公司活动时表示,茶类结构虽然有所变化,但是基本格局未变,绿茶仍是主导产品,春茶生产以绿茶为主,以不足全年50%的产量贡献了70%的产值。显然,2023年的春茶市场竞争在清明前已经拉开了大幕。

高端化背后的资本动力。"今年茶叶受经济复苏的加持,整个价格应该比往年有10%~15%的涨幅,这个符合当前经济的发展趋势,也匹配了国内茶叶消费的特征以及趋势。"朱丹蓬预测说。

2023年春茶上市后,无论是蒙顶山茶,还是龙井茶等,一些头部品牌推出的新茶价格主要集中在每斤5 000~20 000元。在千元价格带以上,各地的春茶品牌更是不胜枚举。

竹叶青方面表示,"随着国内居民收入水平的提高和大众健康意识的提升,更多的人关注到茶品牌,而在茶叶消费上,则更为关注品质,这给了绿茶品类更好的发展机会。"目前,公司虽然推出了满足不同需求消费者的产品,但是这并不代表高端战略的改变,一方面竹叶青意识到消费者在饮茶需求上日渐多元化,国民饮茶风气的兴起,应该是每个茶企乐见其成的。另一方面这也是品牌满足不同消费者需求的尝试,传播茶文化、传播中国茶带来的身体与精神上的有益之处。

在中国食品行业研究员朱丹蓬看来,烟酒茶是很多资本看中的,比如,酱酒有很多的资本也在加持。茶叶也属于礼品,是高毛利的一个行业,它受到资本的青睐跟追捧也在意料之中。

根据天眼查数据,截至目前,茶叶相关企业有150万余家,其中,2021年新增注册企业数量为19万余家,2022年新增注册企业数量为17万余家;从地域分布来看,福建、广东、云南三地相关企业数量位居前列,分别拥有24万余家、23万余家以及14万余家;据不完全统计,2021年20余家、2022年10余家茶叶相关企业获得融资。

在2022年2月完成两轮融资的新锐品牌一念草木中,累计融资数千万元,其产品覆盖六大茶叶品类,主要针对年轻人市场,处于中高端价格区间。

此前,艾媒咨询预测,中国茶行业增幅基本维持在8~11个百分点,2021年市场规模达到2 910.3亿元,2022年突破3 000亿元,达到3 210亿元。显然,中国作为全球最大的产茶国和茶叶消费市场,茶叶行业未来将保持长期平稳向好的发展趋势。

资料来源:党鹏.春茶上市 文化赋能竞逐高端化[N].中国经营报,2023-03-27.

前面几章我们分析了企业的外部环境、所处的行业结构对战略形成的制约和影响,还讨论了组织的资源和能力,尤其是企业的核心能力在战略形成过程中的关键作用。这些分析无疑都是非常重要的,但不能简单地认为战略是组织对环境的消极反应,因为这种战略逻辑难以认识人在战略演化过程中的复杂作用。事实上,面对同样的环境,资源和能力类似的企业的反应却不一定相同,有时甚至差异很大。这些不同是由战略决策人员不同的文化和政治背景引起的。换句话说,战略形成过程不仅受环境和企业资源与能力的影响,而且与组织的文化和政治状况有密切的联系,这种文化反映了一个组织更深层的"信仰和假设",并且以一种"本应如此"的方式影响组织对其自身在环境中的定位。因此,认识组织的文化和政治状况是管理人员的又一项重要任务。

对文化渊源的分析,从外部看,需要了解主要的社会价值观以及有组织的团体的影响;从内部看,要通过分析文化网来了解组织的文化,这种文化状况反映了组织内和组织周围的人们主观的观点和信仰。事实上,文化状况对企业战略的影响虽然不像某些外部环境因素或内部资源要素那么直接和明显,但却更为广泛和深刻。由此不难理解为什么改革开放40多年来,我国一些原来主业基础很好的城市却步履维艰,而另外一些起步较晚的城市却能迎头赶上,并且在经济上一直保持强劲的增长势头;一些原来实力雄厚的国有大型企业的经营状况不断恶化,而一些名不见经传的小型高新技术企业和私有企业却迅速崛起。尽管其中的原因非常复杂,但有一点是明确的,即那些发展迅速的城市和企业对外部环境变化有更强的适应能力,能够根据环境的变化和要求调整自身的目标和战略,同时善于协调各方面的利益和矛盾,因而能够把握发展的机遇,而这一切又都与其文化状况有密切的关系。换句话说,这些城市和企业的文化更具开放性和变革性,其中决策层的观念和信仰起了十分重要的作用。因此,必须重视文化和政治在战略制定、评价和实施过程中的作用。

对政治渊源的分析要求了解组织内团体和个人的期望是怎样影响组织目标的,在这一过程中对利益相关者进行分析很有用。利益相关者是指那些对企业投资或者经营有各种期望和要求的团体或个人,包括股东、顾客、供应商、雇员、管理人员以及众多的社团,如银行、政府和消费者协会等。一般来说,不同利益相关者对企业的期望和要求是不同的,并且经常产生冲突。所以,他们总是试图通过自己的权力来影响组织的目标和战略,以便确保自身利益的实现。文化和政治对战略的影响过程如图 6-1 所示。

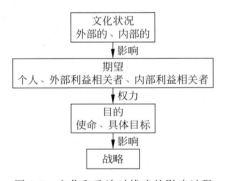

图 6-1 文化和政治对战略的影响过程

组织的目的常常通过使命或特定的具体目标来表述。传统上认为组织的具体目标对组织战略具有主要的影响,也就是说,战略被看作为了实现预定的不可改变的具体目标的一种方法。虽然组织确实有对战略制定有重要影响的具体目标,不应该认为这些具体目标是不可改变的,应该把它们作为战略均衡中的重要一部分随着战略的发展不断地调整和改变,而具体目标倾向于反映组织中最主要的利益相关者,包括组织中的管理人员(尽管有例外)的希望。但是,为了实现这些具体目标,主要团体受他们对政治状况的了解的影响很大,可能会为增加实现一些期望的机会而放弃一些期望。

6.1 战略的文化背景

有许多因素影响人们和团体对组织的期望,在分析这些因素在任何组织的战略发展过程中所起的重要作用时,需要注意以下三个问题。

(1) 组织内外的哪些因素对组织内人们或团体的期望影响最大?

(2) 当前的战略在何种程度上反映了任何一个因素或因素组合的影响?

(3) 这些因素对那些促进新战略的变化的推动或阻碍作用有多大?

6.1.1 外部文化

个人期望受许多组织之外的因素的影响,尤其是受社会价值观和有组织的团体的影响。

1. 社会价值观

对待工作、权威、平等和许多其他重要问题的态度,总是在一定社会环境下形成并随之改变。这个过程很重要,原因有两个:第一,社会价值观随时间而发生变化和调整。因此,20年前被接受的政策在今天也许就不会被接受了。在许多国家内组织的活动越来越受到立法、公共观念以及媒介的约束。第二,国际化经营组织还要适应其所在的各个国家的不同标准和期望。有许多研究项目在研究民族文化怎样影响雇员的动机、管理风格和组织结构。这些研究提醒人们注意:组织分析并对环境作出反应的方式与民族文化密切相关,这是管理人员的一个主要参考框架。

2. 有组织的团体

个人常常对有组织的团体很忠诚,这些团体对这些人的信仰、价值观和假设等都有很大的影响。这些忠诚可能已高度制度化,并直接与他们的工作环境相关(如工会会员),或者有些忠诚可能会更加非正式化,并且毫不相关(如教堂的教徒或政治团体的成员)。在行业内、行业秘诀的概念提醒人们记住公共价值观和在制定行业的主要战略(或行业内的战略组合)时的重要性。在专业职员占很高比例的组织中,实体或专业机构的成员关系尤为重要。工程公司、研究开发部门、会计师事务所和许多公共服务部门常常是由那些对他们的工作持有很强职业观念的人来把持。

横跨各公司的有组织的团体[如行业协会、工会、国际会计准则协会、OPEC(石油输出国组织)等]可能非正式地施加影响,或者使它们接受某种行为准则。这与服务质量、处理争执、雇用实践等问题有关。

6.1.2 内部文化

通过分析组织的文化网可了解组织的价值观、信仰和设想。大量研究发现,经营业绩突出的企业或高效率运行的组织都有一种优秀的组织文化,从而保持强大的凝聚力和向心力。换句话说,这些组织有被成员普遍接受的信仰和假设,当需要对环境变化作出反应时,能采取一致的行动,并保持良好的协作。当然,也不排除在某些情况下这种共同理念会成为战略变革的阻力。相反,有些组织却缺少共同的价值观和理念,因此难以根据环境的变化采取统一的行动,从而导致效率的下降。一个组织的文化状况可以通过其文化网更准确地反映出来。

1. 变化表

组织文化的核心包含在组织的变化表中,所谓变化表是一个组织从事各种事务或采取某些行为时所遵循的基准框架。虽然以模糊和一般的术语谈论文化很容易,但是,我们需要以更精确的术语来分析和了解文化。因此,需要将变化表理解为由三层组成:①价值观。其在组织中很容易辨认出来,并且常常作为组织的使命、具体目标或战略写成条文形式。但是,这一般是模糊的,如"为社会服务"或"雇用机会均等"。②信仰。信仰是较专业的概念,但它们仍然是组织中的人们能够从表面看到和谈论的问题。例如,专业职员不一定要按管理人员所设定的行为方式工作等。③设想。设想是组织、文化的真正核心。它们是组织生活中人们主观的、很难辨认和解释的一些方面。例如,在地区报纸上,文化基于以下假设:人们愿意并准备为新闻支付货币,报纸是本地社团的主要部分。广告收入作为报纸的最大一部分收入,被看作必需的但并不是企业的核心。这种主观性很难被觉察到。但不管怎样,除非这些信仰和设想能被看出来并且受到挑战;否则,在组织中几乎就不会有什么变化。

通过分析文化网的要素可以深入了解变化表。分析过程可能会不同,可以通过从听取人们谈论他们的组织到让管理人员自己将文化网作为检查单进行分析,还可以通过观察组织的日常经营,并用一个文化网"图"来进行分析。

2. 故事

在一个组织中广为流传的故事可以帮助我们深入了解该组织的核心信仰和假设。这些故事概括了组织过去的经验和精华,以及当前在组织内的个人和团体正统的行为类型和外部人员对公司的态度。它们告诉人们在组织中什么是重要的,鼓励和惩罚哪些行为,哪些态度和行为受到广泛欢迎与赞赏,哪些行为和态度是不可接受的。总之,通过这些故事,我们可以窥视一个组织大多数成员的一般期望和要求。

3. 组织日常惯例和仪式

组织的日常惯例代表在执行战略过程中实现价值活动的方式,是组织生活世俗的一面,常常想当然地成为"在我们这里做事的方法"。事实上,外部人员通过聆听管理人员描述其组织的日常惯例就能够识别组织变化表中的要素。应该注意的是,这种惯例很难改变,并且对组织的核心假设和信仰有较强的保护作用。

仪式比日常惯例的级别要高。它们是组织赖以强调组织中一些重要事情的特殊事件或环境,仪式的例子有培训、会议或联合磋商等。例如,军事训练中的"行军"是产生无条件服从命令的文化的一种重要方法。其他组织的培训程序也被看成一种仪式,这种仪式是一些对了解核心信仰有用的指示。例如,有些组织仅培训工作的技术能力,而其他组织却将培训重点放在综合能力和态度上。在 20 世纪 90 年代,许多大的国际会计公司的服务业务已从审计和税务管理扩展到管理咨询,这就要求组织将培训重心向业务技能和知识转移,这对它们的核心业务具有很有利的影响。

4. 标识

标识是组织本质或信仰的一种简洁的表示,如商标、厂旗、办公室或汽车称号,以及组织的座右铭和训语。

在了解和分析组织文化以及促进战略变化的过程中,人们常常忽视标识和标识行为的重要性。它们是了解组织内期望发生和应予以奖励的行为种类的重要方法。层级的标识,如办公室面积大小、地毯和停车空间等是分析组织办事方式的十分有用的线索。

组织中使用的语言类型也可以帮助分析组织的变化表。例如,当气垫船服务在 20 世纪 60 年代末随着人们横渡海峡而流行时,公司谨慎地模仿飞机而不是轮船,并由仪式和标识来保证和维持——它们有一名"飞行员",像飞机一样给它们的"机舱员工"配备穿戴,有"飞行"而不是"航行"记录等。在报纸的例子中的技术"行话",外部人员无法理解,表明了企业具有一定的排外性质,一种某种程度的"向内看"的文化。

虽然标识在文化网中是分别列示的,但应该记住,就它们超出职能而传递信息的意义而言,文化网的许多要素都是具有标识性的。日常惯例、控制和奖励体制及组织结构都是标识性的,因为不管怎样,它们标识了组织认为有价值的行为的类型。公开报表,如组织每年一次的报告,是表明组织最关心哪些利益相关者的可见性的标识。

5. 组织结构

讨论组织的结构和设计对成功地实施战略至关重要。而且,组织结构还保护了组织的核心信仰,并通过它的权力结构使其合法化。因此,了解组织结构与组织变化表之间的相互关系,以及在支持新战略时改变战略结构的难易程度等都很重要。

组织结构分配责任和权力的方式也是组织文化的重要组成部分。例如,作为一系列独立和竞争性单位而组织在一起并进行管理的组织,可能在这些子单位的层次上具有一个内聚的文化,而子单位之间合作则十分困难。事实上,在许多这样的组织中,控制和激励体制也可能是以鼓励和支持竞争(而不是合作)行为的方式建立起来的。因此,并不奇怪个人和团体很可能喜欢以独立分散,而不是合作的方式来实现战略。作为对 20 世纪 90 年代大型组织退化的展望,可看到这样一种危险:人们偶尔有能力在业务、分部或服务部门之间合作,但随着子单位一层文化的强化,内聚的公司文化却遭到了破坏。

6. 控制系统

通过观察组织控制系统的类型及其密切监测或改变的问题能帮助了解组织的变化表。例如，许多公共服务组织已经被基金期限而不是服务质量问题所困扰。这点可以很明显地从它们的官僚式的程序中看出来，它们关心的几乎全部是费用而对产出却几乎不管。随着组织变化表向服务和顾客关注的问题的转移，在20世纪90年代建立与产出有关的经营指标已成为许多公共和私人服务组织的主要问题。

激励系统表明在组织中什么样的行为能得到鼓励，同时它也可能是新战略成功的一个主要障碍。例如，一个采取与产量挂钩的红利体制的组织会发现：在这种文化氛围下，要实现需要团队合作、强调质量而不是数量的战略是很困难的。更一般地，观察控制系统是否集中于奖惩很有用，因为这会影响组织对待风险的主要态度。

7. 权力结构

权力是形成组织文化的一个关键力量，通过它，一些人的期望比另外一些人的期望对战略施加更大的影响。既然变化表是一系列的假设，人们通过这些假设可以减小他们个人的不确定性，那么，变化就要对保护和实现变化表的权力结构产生影响和冲击。因此，要分析和估计的一个重要问题就是在最有权力的个人和团体之间的信仰的力量，换句话说，他们是理想主义者还是实用主义者。

8. 总述

到目前为止已经使用文化网，并通过各个独立的元素来分析组织的文化。但是，重要的一点是能够将组织的主要文化作为一个整体来进行描述和分析——像分析单个元素一样清晰明了，可以采用以下几种方式进行。

(1) 全面了解文化的整体面貌的方法之一是观察战略逐步发展的方式。历史对组织文化有很强的影响，并进而影响战略的选择。斯廷奇科比发现：组织和管理公司的方式与年代关系十分密切，在一定年代形成的特定行业有它自己的基础。例如，工业革命前的行业如农业、制造业等虽然使用了现代的经营方法，但仍然保留许多手工业的特点。

(2) 历史和习惯经常阻碍组织对环境的变化作出相应反应，如重新认识新技术并作出相应反应的主要因素对组织来说是一个需要分析的潜在的重要问题，尤其是如果它还可能导致战略性转移的话。

(3) 雷蒙德·迈尔斯(Raymond Miles)和查尔斯·斯诺(Charles Snow)根据行为的战略意义(表6-1)将组织分为三个基本类型。当进行战略分析时这个分类提出了一种分析组织的主要文化的方法。通过回顾战略的历史上的选择，分析人员能区分保护性组织和试探性组织，进而可以判断新战略符合当前变化表的程度。

表 6-1　不同种类的组织文化和它们对战略决策的影响

组织 类型	战略决策的特点		
	主要具体目标	喜欢的战略	计划和控制系统
防御型	希望在市场中具有稳定的地位	专业化；低成本产品；营销强调价格和服务保护当前的业务；趋向于纵向一体化	集中化的详细控制；强调成本效率；拓展使用正式计划
开拓型	新产品和市场机会的开发和定位	通过产品/市场开发（常常是短期）来增长；不断监测环境变化；多技术型	强调柔性；分散化控制；使用特别的衡量方法
分析型	希望开展新业务以显示企业的形象	通过进入新市场而稳定增长；应用性研究（技术）；市场中的跟随者	非常复杂；各职能之间的合作；详细计划

（4）需要评测内聚文化对组织而言是一个优势还是一个劣势。内聚文化几乎总是要求且常会出现这样一种情况：越来越多的有相似想法的人，被选入主要领导职位或者上述想法成为组织的主要信仰和观念。其情形通常都很明显；并不越轨已建立的日常惯例；存在明显的标识和故事，它们鼓励执行历史上组织已执行和追求过的战略，很难容忍疑问和挑战等。在这些环境下，战略转移很可能发生。但是，管理人员可能并不能察觉到这个转移经常是当经营状况已明显下降时才产生促进变化的现象。也许健康的环境应保持建设的冲突——在这个过程中，一方面维持强大的公司文化，但另一方面核心信仰和假设却不断受到批评。

（5）主要文化在各行各业是不同的，从而使管理人员在行业之间的调动十分困难。在 20 世纪 80 年代，新文化和新看法被引入公共事业中，鼓励许多私营企业管理人员加入公共服务行业中。许多人都惊讶他们在调整自己的管理风格，以适应有不同的习惯和期望的新组织。

6.1.3　四种职业文化原型

在前面一部分我们讨论了内部文化所包含的基本内容及它们对战略管理的可能影响，但并没有具体说明哪种类型的企业或团体具有怎样的文化特点，下面进一步讨论这个问题。

针对一个组织或某一群体，马尔斯根据其群组参与程度和规则分工的强弱，将职业分成四类："鹰""驴子""狼群"和"秃鹫"，如图 6-2 所示。每一类职业不仅在结构上有许多共同特征，而且有独特的行为方式和思考方法，它们反映了不同的价值观、态度和信仰，因而也需要不同的管理对策。

图 6-2　四种职业文化原型

1."鹰"（弱规则分工，弱群组参与）

像其有羽毛的同类一样，"鹰"是喜好竞争的个人主义者，不喜欢待在组织中，受到组织规则的约束，而是希望由自己来制定规则，使规则适应他们。这一类人包括有自主权的企业家和善于周旋的人，也包括有创造力的专家和小商人。他们的目标是"把事办成"，为此，他们总是努力保持并提高自主权。

"鹰"的最大资本是组织外的交际网所带来的知识和阅历，而且这种知识和阅历有很大的市场。"鹰"的行为特点是其活动具有独立性，因而增加了控制的困难。如果试图控制"鹰"的不轨行为，却不建立相应的报酬制度，就会导致关键职员的流失。由于"鹰"的关系网很发达，他们很容易转移到对手那里，带走包括公司的顾客在内的资源。在我国很多企业，包括私有企业和国有企业中，主管市场的副总经理和市场部经理转移到竞争对手那里，或者另立门户从而使企业蒙受重大损失的例子不胜枚举。还有其他一些组织，如大学和科研开发部门也经常遇到类似的管理和控制问题。

2."驴子"（强规则分工，弱群组参与）

"驴式"工作较多地受到规则的束缚，缺少自主性，并且社会地位很低，彼此之间相对隔离。许多运输工作具有"驴式"工作的特点，通常要受时间表和安全规程的限制，一般比较独立。超级市场的出纳员和机器看管人也受到类似的限制。当产生不满情绪时，做"驴式"工作的个人通常采取的行为是违反规则、愤怒地破坏系统或产品以及人际关系，甚至进行诈骗以增加他们的自主权和兴趣。上述行为可能产生破坏性的后果，因为这种不受团队影响的独立活动必然缺少团队的限制。

值得注意的是，尽管"驴式"工作是被动的，但并不能低估其管理和控制工作的复杂性。有研究发现，管理层越是通过典型的加强限制和严格规定来控制"驴式"工作，他们就越可能得到相反的结果。相反，通过扩大工作范围，充实工作内容和轮换工作来增加工作的主动性和兴趣，效果会更好一些。

3."狼群"（强规则分工，强群组参与）

"狼群"是一个有明确责任并分层统治的群体，无论是做有益的工作还是进行偷窃，他们都倾向于采取集团行动。传统的码头工帮派是原型例子。他们执行不同的又相互协调的任务，有等级、规则和内部控制。许多维修工人和建筑工人也是类似的群体。当他们偷窃或肆意进行其他不轨行为时，根据一致的原则，在统一的限制范围之内，通过明确的分工进行。他们不像独立的"驴子"，而必须学会异常的行为和技术，像真实世界的狼一样，他们知道谁是头、谁被领导。他们通过内部组织来奖赏或惩罚遵守或违反规矩的人。他们通常要求对群体高度忠诚。

"狼群"一律是用开玩笑、嘲弄以至驱逐的手段来对成员进行制裁，其结果是他们很难再在一起共事，从而会造成团体的分裂。另外，他们也可能有助于信息和感情的沟通，他们可能在工作后一块儿喝酒，并吸纳亲朋好友，将娱乐和工作融为一体，进而提高团体和组织的士气。此外，在与管理层谈判时，他们可能扮演团结而有力的角色，并可能采取集体的克制行为。"鹰"是令人难忘的创新者，"驴子"趋向于宿命论，而"狼群"则是天生的保守派，通常抵制变革与创新，这种保守性常常迫使企业管理层容忍他们的不轨行为以换取组织的和平与安宁。

4. "秃鹫"（弱规则分工，强群组参与）

"秃鹫"也是一种团队，但是这种团队与"狼群"不同，在级别和功能上基本没有区分。销售人员、为同一上级服务的秘书、出租车司机（尤其是那些为同一车场工作的司机）以及火车和轮船乘务员都有类似的特点。他们依靠同事的信息和支持，需要一个集体，但在各自的利益上又是互相竞争的。由于缺少分工以及自相矛盾的竞争，因此他们既没有既定的领导，而同时又需要合作，这使他们在解决争议和纠纷时困难重重，因而特别易于进行诽谤和选择"替罪羊"。"秃鹫"团体很可能是不稳定的，而且在劳资行为上也趋于混乱。但在引入职能分工后，他们会像"狼群"一样行动。

在"鹫式"工作中，行为既不是被动的"驴式"工作，也不是创造性的"鹰式"工作，而是根据管理层提供的变革机会作出反应。"秃鹫"不会像"狼群"那样，反对加快工作进度、扩大生产规模、改变激励系统等；相反，他们愿意通过变革来获得新的机会。

6.2 利益相关者分析

人的态度明显地受到前面提到的文化环境的影响。几乎没有哪个人有足够的权力来最终决定所在组织的战略。产生影响是因为个人与强利益相关团体的一部分的其他人对组织有共同的期望。个人应该自己确认这些利益相关团体的目的和想法，这将会发生在部门内部、不同地区之间、不同阶层内等。大多数个人不只属于一个利益相关团体，下面将会看到利益相关团体并不一定出现和"隐藏"于组织结构之中——它们只作为事件的结果而产生。

组织外部的利益相关者具有同样的重要性，他们包括银行、顾客、供应商、股东或者工会，他们经常通过与内部利益相关者的联系来影响公司的战略。例如，顾客可能向销售管理人员施加压力以反映其在公司内的利益。即使外部利益相关者是被动的，他们仍然能对新战略产生真正的约束和限制。了解利益相关者和他们怎样影响公司的战略是任何战略分析非常重要的一部分，并且形成战略文化和政治状况评估的核心。

6.2.1 期望的冲突

既然利益相关团体的期望不同，那么，在组织内存在有关战略各方面的重要性的冲突是非常正常的。当并不是所有的期望都能同时被接受时，需要在期望之间作出妥协。例如，在增长速度与利润率之间，增长速度与控制独立性之间，成本效率与职位设置之间，批量供应与质量专业化之间，等等。倘若为拓展组织的某一部分而有可能损及另一部分，就必须解决局部最优化的问题。

确定组织内的各种期望以及它们可能在哪里发生冲突，可以大大地帮助了解和分析组织的核心信仰和战略地位，其与对组织权力结构的分析是评估和分析未来的战略及其对文化适应程度所必需的，也是分析变化的难易程度所必需的。

6.2.2　确认利益相关者及其地位

利益相关者是指与项目或发展规划有利害关系的人、群体或机构。利益相关者包括以下两类：主要利益相关者，是指发展项目的直接受益者或直接受到损害的人；次要利益相关者，是指与项目的方案规划设计、具体实施等相关的人员或机构，如银行机构、政府部门、非政府组织等。社会评价重点关注关键利益相关者，它们既可以是主要利益相关者，也可以是次要利益相关者。利益相关者分析在社会评价中用于辨认项目利益相关群体，并分析它们对项目的实施及实现目标的影响。

参与式方法的应用前提是项目利益相关者自愿和积极地参与到项目中来。这一方法要求项目的各利益相关者能够参与到项目活动的各个环节。但由于项目活动的性质和特点各不相同，利益相关者参与的程度和性质也将有所不同。在社会评价过程中，利益相关者主要参与到评价的活动中，将它们的知识、对项目的态度和意见等进行调查分析，将分析结果作为社会评价结论的重要组成部分，并最终为项目的投资决策提供依据。

利益相关者分析一般按照以下三个步骤进行。

1. 确定主要的利益相关者及应对方法

在社会评价中对主要利益相关者进行确认，可以为参与式社会评价提供参与的群体和评价对象。受到项目影响的对象可能是个人、群体或者机构。它们可能会对项目产生重大的影响，或者对项目能否达到预定目标起着十分重要的作用。这些个人、群体或者机构包括政府、实施机构、目标人群、其他个人或者诸如社区组织、当地政府或者捐赠者等相关群体，其中主要利益相关者是指那些直接受到项目的积极（受益者）或者消极（如那些非自愿的搬迁移民）影响的人、群体或者机构等。

（1）利益相关者的角色。利益相关者能够影响组织，它们的意见一定要作为决策时需要考虑的因素。但是，利益相关者不可能对所有问题保持一致意见，其中一些群体要比另一些群体的影响力更大，这时如何平衡各方利益成为战略制定考虑的关键问题。

除了对战略制定产生影响以外，利益相关者分析也是评价战略的有力工具。战略评价可以通过确定持反对意见的股东和他们对一些有争议的问题的影响力来完成。

（2）绘制利益相关者图。利益相关者图清晰地描绘出谁是利益相关者集团，在采取新的战略时，代表哪个集团的利益，它们是推进还是阻碍变革，它们的力量如何，应该怎样对待它们。绘制时首先确定所有利益相关者，标出它们之间的重要关系，然后分析这张图所显示的风险与机会，识别任何可能的变化对这张图的影响，以便为此做好准备。

在确定了最有影响力的利益相关者后，有许多应对它们的方法。这里只介绍两种：权力/动力矩阵和权力/利益矩阵。

（1）权力/动力矩阵。图 6-3 列示了一个权力/动力矩阵，在这个矩阵上可以画出各利益相关者的位置。利用这种方法可以很好地评估和分析出在新战略发展过程的哪个环节应该引入"政治力量"。最难对付的是处于 D 格中的群体，因为它们位居权势，可以很好地支持或阻碍新战略,但是它们的态度与观点却很难预测。某些情况下,在制定一个不可逆转的战略之前,可以用一些新战略来测试这些利益相关者对新战略的态度。相反,在细分市场 C 内的利益相关者可能会通过管理人员的参与过程来影响战略,这些管理人员同意它们的"观点"并建立那些代表它们期望的战略。虽然细分市场 A 和细分市场 B 内的利益相关者权力很小,但是这并不意味着它们不重要。事实上,这些利益相关者的积极支持本身会对权力更大的利益相关者的态度产生影响。

图 6-3　利益相关者定位图:权力/动力矩阵

(2)权力/利益矩阵。权力/利益矩阵如图 6-4 所示,它根据利益相关者手中的权力以及它们对公司战略关注的程度对利益相关者进行分类,指出了公司应该与它们建立何种关系。显然,在制定和发展新战略的过程中,对处于 D 格中的发挥关键作用的群体来说,战略的可接受性是应该考虑的一个重要因素。应重点考虑这个主要角色(细分市场 D)是否接受该战略。那些最困难的利益相关者经常是细分市场 C 内的利益相关者,它们也是非常重要的。一般来说,尽管它们相对比较消极、被动,但一旦发生某一特定事件,它们也会突然出现,并向 D 格移动,成为非常重要的影响群体。因此,全面考虑利益相关者对未来战略的可能的反应非常重要。如果低估了它们的利益,它们突然重新定位于细分市场 D 内并且阻止采用新战略,那么情况就会很糟。类似地,由于处于 B 格中的利益相关者的要求能够影响力量更强大的利益相关者,因此也应该对其给予足够的重视,提供信息便可以达到这一目的。在影响更有权力的利益相关者的态度时,它是非常重要的"联盟"。这样确定利益相关者位置的方法的价值在于其能分析以下问题。

	小	A 最少的努力	B 提供信息
权力	大	C 保持满意	D 主要利益相关者
		低	高
		利益水平	

图 6-4　利益相关者定位图:权力/利益矩阵

① 政治/文化状况是否可能会阻止采纳特定的战略。如处在一个成熟行业里具有惰性文化的企业,可能不愿采用技术创新战略。换句话说,确定利益相关者位置是一种分析文化适应性的方法,这种适应性在战略发展中是一个非常重要的问题。

② 谁可能会是变化的主要阻止者和推进者,为了重新确定特定的利益相关者的位置,是否要坚持战略。这可能会减弱关键角色的影响,或者在特定情况下,会保证有更多的关键角色来支持战略(这在公共事业中是很重要的)。

③需要维持活动来阻止利益相关者对它们自己重新定位。这就意味着要保持与细分市场有关的利益相关者的满意程度,减少与细分市场 B 中的利益相关者保持联系的程度。作为一种保证利益相关者接受新战略的方法,额外补贴传统上被看作一种主要的维持活动。

当然,这些问题引起了一些伦理问题,即管理人员必须决定他们在围绕战略变化的活动中应该发挥什么样的作用。例如,管理人员是平衡和比较利益相关团体冲突的期望的真正诚实的经纪人吗?他们只对一类利益相关者如股东负责吗?他们的任务是保证其他利益相关者接受他们的战略吗?或者是否像许多人认为的那样,他们拥有真正的权力,制定满足他们自己目标的战略,管理利益相关者的期望以保证他们的战略能被接受?这些问题对所有的管理人员都很重要。

2. 分析利益相关者的利益构成

在对项目的主要利益相关者进行界定之后,还需要对它们从项目实施中可能获得的利益以及可能对项目产生的影响进行分析。为了评估主要利益相关者的影响力,需要对每个群体提出下列五个主要问题:①利益相关者对项目有什么期望?②项目将为它们带来什么样的益处?③项目是否会对它们产生不利影响?④利益相关者拥有什么资源以及它们是否愿意和能够动用这些资源来支持项目的建设?⑤利益相关者有没有与项目预期目标相冲突的任何利害关系?

在许多情况下,一个项目对相关机构的影响程度可以通过分析二手数据来获得答案,而对于有些群体和当地的群众则可能需要进行实地访谈,以便得到答案。

3. 分析利益相关者的影响力并制订参与方案

获得所需信息之后,应从以下方面对利益相关者的影响力及其重要程度进行评估:①权力和地位的拥有程度;②组织机构的级别;③对战略资源的控制力;④其他非正式的影响力;⑤与其他利益相关者的权利关系;⑥对项目取得成功的重要程度。

利益相关者分析包括确认将受到项目正面或负面影响的所有群体,并评估项目成功与否给不同群体带来的影响程度。当已获得利益相关者的信息、明晰不同群体之间的关系,并且明确参与方案时,则不必要开展完整的利益相关者分析。如果在项目地区的其他地方已经进行过类似的项目,并且当地的状况和人口数也类似,那么利益相关者分析可以很简略,而且不需要进行广泛的实地调查。调查者可以使用已有的知识,通过与利益相关群体的座谈、组织研讨会,来了解它们新的认识和观点,并进而完善和完成对利益相关者的分析。

6.2.3 利益相关者参与机制评价

恰当的参与机制有助于确保其他利益相关者适当地参与项目规划和实施的全部过程。制定参与机制的目的在于提高项目建设的透明度、确保项目的成功以及项目的可持续性,并有利于避免工程延期或管理方面的冲突。每个项目的建设条件各不相同,因此各个项目的参与机制也各有不同。制定参与机制必须权衡短期目标和长期目标,考虑资源和时间的限制。如果利益相关者感到在决策过程中没有受到足够的重视,还要考虑到项目进度可能延期或者遭到投诉等的消极影响及其应对策略。

1. 参与机制的三个层次

(1) 信息交流。信息交流属于单向信息流动,包括向各有关方面披露有关项目的信息,或者收集项目受益者或受项目影响群体的数据。如果利益相关者不能充分了解一个项目的目的和预期效果,它们就不可能真正地参与该项目。因此,信息交流在促使项目各方进行有意义的磋商以及使利益相关者真正参与项目方面具有十分重要的作用。

(2) 磋商。磋商是指利益相关者之间的信息双向交流,如在政府和受益者或者受项目影响群体之间的信息交流。虽然决策者通常就是政府,但利益相关者可以对决策或者规划的项目提出意见。通过磋商收集到的信息和反馈意见必须在项目的规划和实施过程中有所体现,从而使磋商更加真诚有效。社会评价中的参与机制强调信息分享机制的重要性,对于磋商机制则根据评价的要求而有所差别。如果社会评价要求评价内容中包含减轻负面影响的建议,磋商机制就会显得非常重要。

(3) 参与过程。参与是一个过程。在这个过程中,利益相关者共同设定目标、找出问题、寻找并商讨问题解决方案、评估规划草案等。参与实际上是分享决策控制权的一个途径。共同进行评价、共同作出决策并在项目的规划和实施过程中通力合作都是参与的不同形式。

制定项目参与机制可以促进利益相关者之间的互动,因此有利于项目的规划和实施。向受到项目不利影响的人及时发布信息非常重要,信息流动可以进行方向性的引导,信息发布有助于项目获得当地受益群体的理解、支持和合作。使用参与式评价方法收集主要利益相关者的信息可以使项目更加符合当地的需求。

2. 利益相关者研讨会

在项目准备的早期阶段,参与式社会评价小组应该组织利益相关者通过参加研讨会的方式,向有关政府部门的相关人员介绍社会评价的目的、方法以及参与方法,从而使他们充分了解社会评价的重要性并获得他们的支持。

实践证明,组织利益相关者参加研讨会是听取不同群体意见的一种行之有效的方法。研讨会有助于消除各个机构之间、不同利益相关群体之间的隔阂,同时还能使利益相关者对项目的拥有感得到增强。另外,这类研讨会还有助于了解到利益相关群体所关心的问题,对利益相关者的共同想法和需求进行识别和界定,促进它们的共同参与。

社会评价工作小组可以通过采取一些技巧和方法,确保项目规划者听到来自弱势群体的意见,并在项目规划方案的制订中体现出他们的意见。首先,可以专门在项目区举办研讨会,使利益相关者能在一个它们比较熟悉的环境中自由发表它们的看法和意见。其次,基层研讨会中得到的信息应该反馈到较高层次的研讨会上。这种信息可以通过利益相关者代表进行反馈,也可以通过调查组成员反映他们所发现的问题。

研讨会为利益相关者聚集在一起发表意见提供了机会,从而有利于确保项目规划方案的针对性。参加研讨会的成员应该包括来自对该项目的成败具有决定性影响的各个部门的代表、政府相关部门和项目目标群体的代表,以及其他相关机构的代表。项目执行机构、当地官员和项目实施所涉及的其他机构的代表应当加强沟通,交流经验。这种交流和沟通应该成为利益相关者研讨会的重要组成部分。

6.2.4 利益相关者分析的优点与缺点

1. 利益相关者分析的优点

(1) 企业能够更好地认识以下几点。
① 关联的潜在风险。
② 与利益相关者的关系。
③ 利益相关者为组织一员。
④ 利益相关者对于企业的重要意义。
⑤ 利益相关者的力量。
⑥ 利益相关者的优先次序。
(2) 企业能够更好地执行战略和决策。

2. 利益相关者分析的缺点

(1) 因为利益相关者及其影响力、关联因素可能瞬息万变,所以,最理想的利益相关者分析应该是规律性的和持续性的。

(2) 需要注意的是,虽然企业的管理层不得不对每一利益相关者的地位进行评估,但是,管理层的主观意志往往占据上风,并最终决定企业对待每一利益相关者的态度和方式。

(3) 完全满足所有利益相关者的利益需求,在正常情况下也是不可能的。由此,管理最终成为一种折中的或调和的行为,具体表现为以下两种方式。

① 全力关注首要利益集团的同时,尽可能地或按需满足其他利益相关者。首要利益集团可以是企业的所有者或股东(股东价值观),或者是企业的管理层自身。

② 根据各利益相关者的分量、重要性以及急迫性,设法进行利益平衡与调和。

(4) 企业与利益相关者之间往往缺少一种建设性的合作关系。

本 章 小 结

1. 从内、外部两个方面论述了战略的文化背景。
2. 分析了四种职业文化原型,指出其各自在工作中的特点。
3. 阐述了企业发展的利益相关者,分析了其地位,以及在方案制订中的角色。

思 考 题

1. 什么是利益相关者?
2. 利益相关者分析的优缺点各有哪些?

3. 结合公司实际,简述对四种职业文化原型的分析有何作用。

第 3 篇

战略制定与选择

第 7 章 公司战略

1. 了解发展型战略、稳定型战略、紧缩型战略和组合型战略的定义、类型；
2. 掌握发展型战略、稳定型战略、紧缩型战略和组合型战略的适用条件；
3. 理解发展型战略、稳定型战略、紧缩型战略和组合型战略的优缺点；
4. 领会实施发展型战略、稳定型战略、紧缩型战略和组合型战略的动机。

不谋万世者,不足谋一时;不谋全局者,不足谋一隅。

——陈澹然

凡战者,以正合,以奇胜。故善出奇者,无穷如天地,不竭如江河。

——《孙子兵法·势篇》

故其战胜不复,而应形于无穷。

——《孙子兵法·虚实篇》

非利不动,非得不用,非危不战。

——《孙子兵法·火攻篇》

顺丰多元布局助推盈利改善

2023年3月28日晚间,顺丰发布2022年度报告,2022年顺丰凭借直营模式稳定的网络服务和资源调度能力,全力保障企业的物流运输及居民物资寄递需求;同时,公司持续提升服务质量与产品竞争力,主动优化产品结构,减少低毛利产品业务量,客户分层精准管理,提供多元化和差异化的综合物流服务,推动速运物流业务整体票均收入较上年同期提升,实现健康的收入增长。

华泰证券指出,公司时效快递产品在行业内具备相当优势,展望2023年,随国内需求复苏叠加消费升级,华泰证券认为,高服务品质的时效快递的需求空间有望进一步释放。经济快递方面,自2021年公司主动调优产品结构,低毛利产品全面退市后,公司经济件盈利改善,有望继续推升快递业务盈利水平。

顺丰整体保持稳健增长。物流是经济的"晴雨表",2022年国内物流行业面临需求有限和成本上升等多重问题,对物流供应链的需求与供给均造成扰动,但我国快递行业仍实现快速增长,业务量增长2.1%,达到1 105.8亿件,连续9年位居世界第一,而且业务收入同比提升2.3%,达到1.06万亿元(数据源于2023年全国邮政管理工作会议工作报告)。

在这样的行业背景下,面对诸多外部挑战,顺丰始终坚持可持续健康发展的经营基调,采取了一系列精益经营及管理举措,收入端调优结构,提升质量,成本端精细管控降本增效,使得2022年度业绩仍实现较快增长,稳步达成健康经营目标。

虽然2022年快递物流行业发展面对诸多不确定因素,但是一手精益化管理,一手业务创新,通过提质增效聚力融通,顺丰实现业务量111.4亿票,同比增加5.5%。经营活动现金流量净额从上年同期153.58亿元增至本报告期327.03亿元,同比增长112.94%,达成健康的现金流。加权平均净资产收益率达到7.34%,上升0.53个百分点。

收入方面,2022年公司总营业收入达成2 674.90亿元,同比增长29.11%,其中速运物流业务收入1 742亿元,同比增长5.9%。

利润方面,顺丰控股2022年度实现归属于上市公司股东的净利润61.7亿元,同比增长44.6%;实现归属于上市公司股东的扣除非经常性损益的净利润53.4亿元,同比增长191%。

资本结构方面,截至报告期末,顺丰总资产规模2 168亿元,归属于上市公司股东的净资产863亿元。日常经营现金流与财务结构整体保持稳健。

顺丰2022年度固定资产等投资合计为151亿元,较上年同期减少21.6%,占总营业收入的5.6%,较上年同期下降3.7个百分点,体现了顺丰聚焦物流核心业务、精益化资源规划、加强资源投产效率管理的经营策略。

未来,顺丰围绕打造差异化核心竞争力和营运模式变革精准投入资源,持续推进多网融通提升资源使用效益,资本开支占收入比将继续维持在健康的水平以内可期。

多份券商研报指出,作为直营制综合物流领先企业,顺丰的发展未来增长可期。

华福证券指出,从中短期看,顺丰将受益于时效件业务的件量修复带来的利润弹性。长期来看,鄂州机场及其配套物流设施投产后将助力公司成本端进一步优化,同时或也将为公司带来可观的件量增长。

国海证券指出,2022年顺丰资产开支193.44亿元,同比减少33.06%,投入规模收缩。向后展望,需求回暖的方向不改,产能爬坡下顺丰成本效率有望持续优化,并且鄂州机场的投产对公司产品结构调优、增长曲线开启、网络结构优化等均有催化作用,公司基本面有望加速修复,长期推荐直营制综合物流领先企业顺丰控股。

中邮证券也指出,快递行业进入增量竞争,时效件预期增量空间较大。2022年公司时效快递业务实现收入1 057亿元,同比增长6.8%。消费类时效件受益于高端线上消费,如高端网购渗透率提高将提振消费类时效件需求。工业类时效件受益于顺周期供应链升级优化需求,目前仍处于发展初期。顺应国家快递行业"进村、进厂、出海"长期发展规划,叠加华中地区鄂州花湖机场投运效能辐射全国,增开航线加速海外布局,预期增量可期。

多元化布局提质增效。回顾顺丰的2022年,差异化服务理念贯穿全年,在快递业务保持稳健增长,并且预期增量可期的同时,新业务表现出了蓬勃的成长力,逐步独当一面。从顺丰业务构成的占比来看,新业务占比开始持续提升,在2022年达到48.8%。

顺丰控股自2016年布局同城业务,此后也迎来爆发式增长,2022年不含税营收64.4亿元,增长28.6%。同城急送目前形成了服务B端的同城定制产品、标准产品和C端的帮我送、帮我买等较全面的产品体系,目前已经实现1亿+注册用户、50万+注册店铺。

顺丰同城还在持续探索新消费服务场景,保持业务稳定增长,服务覆盖蛋糕鲜花、商超生鲜等领域,更与各大平台共建生态,寻找直播电商与即时配送服务契合点。2022年末,顺丰同城的付费商家规模达到33万家,增长28%;2022年度活跃消费者规模达到1 560万人,同比增长47.5%。

在顺丰新业务板块中,大件快运在2022年的表现也可圈可点。通过调优产品结构,升级推出航空大件与顺丰卡航,提升单价,加强大件与小件、直营网络与加盟网络的中转、干线、末端融通,实现降本增效。快运业务实现不含税营业收入279.2亿元,同比增长2.3%,净利润达到2 767万元,扭亏为盈。

备受关注的亚洲第一个货运枢纽——鄂州花湖机场也在2022年正式启用,机场于2022年3月完成试飞,7月正式投入运营,在2023年内计划陆续开通40余条国内货运航线。顺丰的枢纽转运中心整体将于2023年三季度陆续投入运营。同时,顺丰正在逐步规划调整空网布局,利用鄂州枢纽打造轴辐式航空网络,将有望进一步提升高时效服务的覆盖率,并通过增加大型飞机以降低航空单位成本。

鄂州花湖机场首条国际货运航线于近日开通,招商证券表示,看好其全面启用后的较大成长空间,分析师认为,鄂州机场运营成熟后,货运时刻及航班将有望大幅增长,次晨达服务将覆盖200+城市,轴辐式+宽体机的运输模式有望节省航空运输单机成本,鄂州机场投建后增量市场可期。

伴随顺丰多元板块布局逐步清晰,以及天网、地网及信息网"三网"趋于健全,顺丰表示未来将发力"网络标准型产品、数字化行业供应链服务、全球端到端供应链服务"三大赛道。

资料来源:佚名.顺丰2022年营收2675亿元 多元布局助推盈利改善[N].中国经营报,2023-04-03.

企业总体战略是指为实现企业总体目标,对企业未来发展方向所作出的长期性、总体性的谋划。总体战略决定企业各战略业务单位在战略规划期限内的资源分配、业务拓展方向,是指导企业在今后若干年总体发展、统率全局的战略,是制定企业各个经营领域战略(或事业部战略)和各职能战略的依据。企业总体战略包括发展型战略、稳定型战略、紧缩型战略和组合型战略四种类型,如图7-1所示。

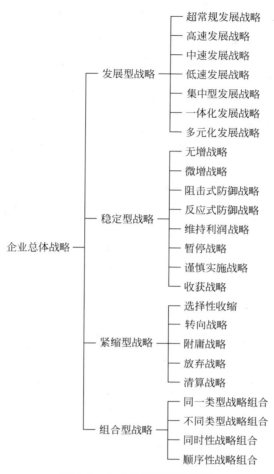

图 7-1　企业总体战略的类型

7.1　发展型战略

7.1.1　发展型战略的含义和特点

1. 发展型战略的含义

发展型战略，又称增长型战略，是一种使企业在现有战略基础上向更高一级的目标发展的战略。这一类型的战略以发展为导向，引导企业不断地开发新产品，开拓新市场，采用新的生产方式和管理方式，以便扩大企业的产销规模，提高竞争地位，增强企业的竞争实力。

2. 发展型战略的特点

发展型战略强调充分利用外部环境给企业提供的有利机会，努力发掘和运用各种资源，以求得企业的发展。这一类型战略的特点如下。

1）扩大规模

这类战略倡导企业投入大量资源，扩大产销规模，提高产品的市场占有率，增强企业的竞争实力。

2）创造消费

这类战略不仅引导企业被动适应外部环境的变化，而且更强调通过创造新产品和新需求来引导消费、创造消费。发展型战略指导下的企业经常开发新产品、新市场、新工艺和对旧产品开发新用途等，以把握更多的发展机会，谋求更大的风险回报。

3）改善企业的经营效果

由于发展速度较快，制定发展型战略的企业更容易获得较好的规模经济效益，从而降低生产成本，获得超额的利润率。研究表明，奉行发展型战略的公司比那些处在同等环境中的公司销售收入、利润增长具有优势。

4）倾向于采用非价格手段来同竞争者抗衡

由于采用发展型战略的企业不仅在开发市场上下功夫，而且在新产品开发、管理模式上都力求具有优势，因而企业通常很少采用会损伤自身利益的价格战，而是以生产相对更为创新的产品和劳务及在管理上提高效率作为其竞争手段。

3. 企业采用发展型战略的原因

企业采用发展型战略的原因有以下几个。

1）环境因素的影响

如果环境中存在明显的威胁因素，而且这种威胁已被企业感受到，并且只有采取发展型战略才能有效地避开这种威胁，那么企业领导者会毫不犹豫地采取发展型战略。另外，如果环境中存在明显的机会，而这种机会又只有采取发展型战略才能更好地把握，这时，企业的领导者也会毫不犹豫地采取这种战略。

2）企业领导人的价值观

在战略这个层次上，领导者的个人作用是第一位的。当企业领导者将企业发展同个人利益或社会价值等同起来时，他们便会积极追求企业的发展，并采取发展型战略来推动企业的发展。而这样做的结果，往往是加剧了行业内部的竞争，给那些没有采取发展型战略的企业增加了外部威胁，促使这些企业也尽可能地采用发展型战略，与竞争者对抗。这样，无形中便引发了采取发展型战略的共同趋势。

3）追求发展是企业的本性

无论时机是否成熟，企业总会千方百计地谋求发展。只有运用发展型战略，才能够使一个企业由小到大、由弱到强。因此，从企业发展的角度来看，任何成功的企业都会经历长短不一的发展型战略实施期。

7.1.2 发展型战略的种类

1. 按发展的程度不同来划分

（1）超常规发展战略（超高速发展战略）。超常规发展战略是指企业在未来一定战略期限内,每年按20%以上的增长速度去努力实现其战略目标的方案。其实施条件如下。

① 市场的需求增长迅速,在较长时期市场容量很大。

② 市场竞争不激烈,竞争对手少,各对手的生产能力与市场巨大的需求差距很大。

③ 原材料、能源、动力供应充分。

④ 企业有条件解决资金缺口,能较快地扩大生产能力。

(2) 高速发展战略。高速发展战略是指企业在未来一定战略期限内,每年按10%～20%的增长速度去努力实现其战略目标的方案。其实施条件如下。

① 对未来市场的需求能作出科学的判断。

② 对市场竞争趋势能作出准确的预测。

③ 针对未来的潜在需求不断开发新技术和新产品,技术储备充分,能主动适应市场变化的新需要。

④ 技术改造实力强。

⑤ 资源和资金的保障能力比较强。

(3) 中速发展战略(适宜发展战略)。中速发展战略是指企业在未来一定战略期限内,每年按5%～10%的增长速度去努力实现其战略目标的方案。其实施条件如下。

① 市场需求的增长速度适中。

② 竞争比较激烈。

③ 原料供应较为紧张。

(4) 低速发展战略。低速发展战略是指企业在未来一定战略期限内,每年按1%～5%的增长速度去努力实现其战略目标的方案。其实施条件如下。

① 企业较长时期以较高速度增长,企业基数比较大。

② 所生产的产品生命周期已较长,其需求量在下降,而新产品开发难度大。

③ 所需资源正渐渐枯竭,资源的替代跟不上。

2. 按发展的方式不同来划分

1) 集中型发展战略

集中型发展战略又称密集型发展战略或集约型成长战略,是采用较为普遍的一种公司战略类型。它是指企业在原有生产范围内充分利用在产品和市场方面的潜力,以快于过去的增长速度来求得成长与发展的战略。集中型发展战略的实施只需要很少的资源,而且潜在风险较小,因此是一些公司的理想战略选择。例如,借助精心设计的集中型发展战略,中等规模的约翰·迪尔公司即使与福特公司竞争也能成为农用机械行业的主要力量。当其他公司试图退出本行业或使农用机械业务多元化时,约翰·迪尔公司花了20亿美元更新机械设备提高效率并着重加强其经销体系。尽管福特公司的规模比它大10倍,但是集中型发展战略却使约翰·迪尔公司成为农用机械行业的领袖。

(1) 市场渗透战略。市场渗透战略是以现有产品在现有市场范围内,通过更大力度的营销努力提高现有产品或服务的市场份额的战略。市场渗透战略包括增加销售人员、增加广告费用、推出强有力的促销项目、加强公关工作等具体措施。例如,克莱斯勒集团有限责任公司为其重新设计的冲压皮卡车推出了一个新的营销活动,新设计的冲压皮卡车具有新的技术和改进的燃油经济性。克莱斯勒集团希望这能冲击到卡车市场领军车型F-150的市场份额。

市场渗透战略比较适合处于成长期的市场，企业即使不进行新产品和新市场的开发，也能够通过现有市场份额的增加获得销售总量的增长，经营风险小。

① 实施市场渗透战略的一般条件。

- 当企业的产品或服务在当前市场中还未达到饱和时，采取市场渗透战略具有潜力。
- 当现有用户对产品的使用率还可显著提高时，企业可以通过营销手段进一步提高产品的市场占有率。
- 在整个行业的销售额增长时，竞争对手的市场份额却呈现下降趋势。这样，企业就可通过市场份额的增加获得收益。
- 企业在进行产品营销时，随着营销力度的增加，其销售呈上升趋势，且二者的高度相关能够保证市场渗透战略的有效性。如果营销的投入并不能带来销售额的增加，则采取这一战略很难达到预期目标。
- 企业通过市场渗透战略带来市场份额的增加，达到销售规模的增长，且这种规模能够给企业带来显著的市场优势，此时渗透战略是有效的。

② 实施市场渗透战略的基本途径。

- 增加现有产品的使用人数。主要通过转化非使用者、发掘潜在的使用者、吸引竞争对手的顾客等方式实现。
- 增加现有产品使用者的使用量。这主要从两方面着手：一是增加对产品的使用次数，企业可通过广告宣传使顾客更频繁地使用现有产品。例如，牙刷生产企业从健康角度宣传应该经常更换新牙刷。二是增加每次的使用量，努力使顾客在每次使用现有产品时都增加使用量。
- 增加产品的新用途。企业可以发掘现有产品的各种新用途：一方面，产品附带的新用途会增加产品使用人数；另一方面，新用途也会使得现有产品的使用量增加。
- 增加现有产品的特性，主要通过产品换代、产品改良等方式增加产品的使用价值。

（2）市场开发战略。市场开发战略是集中型发展战略在市场范围上的扩展，它是将现有产品或服务打入新市场的战略。它比市场渗透战略具有更多的战略机遇，能够减少由于原有市场饱和而带来的风险，但不能降低由于技术的更新而使原有产品遭受淘汰的风险。

① 实施市场开发战略的一般条件。

- 在空间上存在着未开发或未饱和的市场区域，为企业提供市场发展的空间。
- 企业可以获得新的、可靠的、经济的、高质量的销售渠道。
- 企业必须拥有扩大经营所需的资金、人力和物质资源。
- 企业存在过剩的生产能力。
- 企业的主营业务属于正在迅速全球化的行业。

当然，除满足以上条件外，更重要的一点是企业在目前的经营领域内获得了极大成功,有实力进行新市场的开发。

② 实施市场开发战略的一般途径。

- 在当地发掘潜在顾客,进入新的细分市场。
- 在当地开辟新的营销渠道,包括雇用新类型的中间商和增加传统类型中间商的数目。
- 开拓区域外部或国外市场等。

(3) 产品开发战略。产品开发战略是集中型发展战略在产品上的扩展。它是企业在现有市场上通过改造现有产品或服务,或开发新产品或服务而增加销售量的战略。从某种意义上讲,产品开发战略是企业成长和发展的核心,实施这一战略可以充分利用现有产品的声誉和商标,吸引对现有产品有好感的用户对新产品产生关注。这一战略的优势在于企业对现有市场有充分的了解,产品开发针对性强,容易取得成功。然而,企业局限于现有的市场上,也容易失去获取广大新市场的机会。

① 实施产品开发战略的一般条件。

- 企业拥有很高的市场信誉度,过去的产品或服务是成功的,这样可以吸引顾客对新产品的使用。
- 企业参与竞争的行业属于迅速发展的高新技术产业,在产品方面进行的各种改进和创新都是有价值的。
- 企业所处的行业高速增长,必须进行产品创新以保持竞争力。相反,如果企业所处行业增长缓慢或趋于稳定,则进行产品创新要承担较大的风险。
- 企业在产品开发时,提供的新产品能够保持较高的性能价格比,可以比竞争对手更好地满足顾客的需求。
- 企业必须具备很高的研究和开发能力,不断进行产品的开发创新。
- 完善新产品销售系统。

② 实施产品开发战略的一般途径。

- 产品革新。其是指企业在现有市场上通过对新技术的应用,推出新的产品。这一战略不是从成本控制、增加型号等方面来提高企业价值,而是从一个新的角度来为顾客创造新价值。但企业基本还是沿着过去产品的思路进行革新,没有突破原有产品的范围。
- 产品发明。其是指企业在现有市场上开发新产品。

2) 一体化发展战略

一体化发展战略是指企业充分利用自身产品(业务)在生产、技术和市场等方面的优势,沿着其产品(业务)生产经营链条的纵向或横向,不断通过扩大其业务经营的深度和广度来扩大经营规模,提高其收入和利润水平,使企业发展壮大的战略。

(1) 纵向一体化战略。

① 纵向一体化战略的类型。纵向一体化战略是指企业在业务链上沿着向前和向后两个可能的方向,延伸、扩展企业现有经营业务的发展战略。其具体又包括前向一体化战略、后向一体化战略和双向一体化战略。

- 前向一体化战略是以企业初始生产或经营的产品（业务）项目为基准，生产经营范围沿其生产经营链条向前延伸，使企业的业务活动更加接近最终用户——发展原有产品的深加工业务，提高产品的附加值后再出售，或者直接涉足最终产品的分销和零售环节。
- 后向一体化战略是以企业初始生产或经营的产品（业务）项目为基准，生产经营范围沿其生产经营链条向后延伸，发展企业原来生产经营业务的配套供应项目——发展企业原有业务生产经营所需的原料、配件、能源、包装和服务业务的生产经营，也就是企业现有产品生产所需要的原材料和零部件等，由外供改为自己生产。
- 双向一体化战略是前述两种战略的复合。当企业在初始生产经营的产品（业务）项目的基础上，沿生产经营业务链条朝前、后分别扩张业务范围时，被称为双向一体化战略。

② 纵向一体化战略的优点。
- 后向一体化能够使企业对其所需原材料的成本、质量及其供应情况进行有效的控制，以便降低成本，减少风险，使生产稳定地进行。
- 前向一体化使企业能够控制销售过程和销售渠道，有助于企业更好地掌握市场信息和发展趋势，更迅速地了解顾客的意见和要求，从而增加产品的市场适应性。

有些企业采取前向一体化或后向一体化战略，是希望通过建立全国性的销售组织和扩大生产规模，来获得规模经济带来的利益，从而降低成本，增加利润。

③ 纵向一体化战略的风险。虽然有如此多的因素促使企业采取纵向一体化战略，但企业在采取这一战略时，一定要非常慎重。纵向一体化容易产生大而全的情况，这在我国经济发展中有过深刻的教训，其弊端不容忽视。
- 实行纵向一体化时，需要进入新的业务领域，由于业务生疏，可能导致生产效率低下，而这种低效率又会影响企业原有业务的效率。
- 纵向一体化的投资额比较大，而且一旦实行了一体化，企业就很难摆脱这一产业；当该产业处于衰落期时，企业会面临巨大的危机。
- 纵向一体化可能导致企业缺乏活力，因为这时的企业领导者往往过多地注意自成一体的业务领域，而忽视外界环境中随时可能出现的机会。

（2）横向一体化战略。横向一体化战略是指企业通过购买与自己有竞争关系的企业或与之联合及兼并来扩大经营规模，获得更大利润的发展战略。这种战略的目的是扩大企业自身的实力范围，增强竞争力。横向一体化战略是企业在竞争比较激烈的情况下进行的一种战略选择。

① 实行横向一体化的主要优点。首先是能够吞并和减少竞争对手；其次是能够形成更大的竞争力量去与其他竞争对手抗衡；最后是能够取得规模经济效益，获取被吞并企业在技术及管理等方面的经验。

② 实行横向一体化的主要缺点。企业要承担在更大规模上从事某种经营业务的风险，以及面临由于企业过于庞大而出现的机构臃肿、效率低下的情况。

③ 实现横向一体化的主要途径。
- 联合，即两个或两个以上相互竞争的企业在某一业务领域进行联合投资、开发或经营，共同分享盈利，共同承担风险。
- 购买，即一个实力雄厚的企业购买另一个与自己有竞争关系的企业。
- 合并，即两个实力相当的有竞争关系的企业合并成一个企业。
- 集团公司，即由业务相互关联、有竞争关系的一群企业共同以契约形式组成具有经济实体性质的联合体。在这个联合体内部，经济关系的密切程度不一样，集团公司的主要任务是协调内部各子单位的关系，承担一些单个企业无法进行或虽能进行但经济效果较差的项目，进行资源的合理调配，掌控集团的最终发展方向等。

3) 多元化发展战略

多元化发展战略又称为多样化发展战略、多角化发展战略，是企业为了更多地占领市场或开拓新市场，或避免经营单一带来的风险，而选择进入新领域的战略。

多元化发展战略的特点是企业的经营业务已经超出一个行业的范围，在多个行业中谋求企业的发展。

(1) 多元化发展战略类型。多元化发展战略根据不同的标准有多种不同的分类方法。按层次，可将多元化分为低层次多元化、中层次多元化和高层次多元化；按多元化的关联程度，可将多元化战略分为单一业务型、主导业务型、相关约束型、相关型、不相关型等几种类型，如表7-1所示。除了单一业务型和主导业务型，多元化还可分为相关多元化和不相关多元化两类。

表7-1 多元化发展战略的类型

层次	按关联程度划分	指标
低层次多元化	单一业务型	超过95%的收入来自某一项业务
	主导业务型	70%~95%的收入来自某一项业务
中层次多元化	相关约束型	不到70%的收入来自主导业务，所有业务共享产品、技术、分销渠道
	相关型（相关和不相关的混合型）	不到70%的收入来自主导业务，事业部之间的联系是有限的
高层次多元化	不相关型	不到70%的收入来自主导业务，事业部之间通常无联系

① 按层次分。
- 低层次多元化经营的企业是将精力集中在某一项主导业务上。当一家企业收入超过95%的部分来自某一主导业务时，该企业就应该划入单一业务型。主导业务型的企业的收入中70%~95%来自某一项业务。
- 中高层次多元化可分为相关型、相关约束型及不相关型。当一家企业超过30%的收入不是来自其主导业务且它的各业务互相之间有着某种联系时，该企业的多元化战略就是相关型的。当这种联系直接且频繁时,就是相关约束型。相关多元化企业各业务在资源和资金上共享较少,而知识及核心能力的相互传递却较多;相关约束型企业各项业务共享很多资源和行动。不相关多元化企业属于高度多元化,企业各项业务之间没有太多的联系,如通用电气公司。

② 按关联程度分。

- 水平多元化发展战略。水平多元化又被称为专业多元化。它是指以现有用户为出发点,向其提供新的、与原有业务不相关的产品或服务。水平多元化战略基于原有产品、市场和服务进行变革,因而在开发新产品、服务和开拓新市场时,可以较好地了解顾客的需求和偏好,风险相对较小。其比较适合原有产品信誉高、市场广且发展潜力大的企业。
- 同心多元化发展战略。同心多元化又被称为相关多元化或集中多元化。这种战略是指以企业现有的设备和技术能力为基础,发展与现有产品或劳务不同的新产品或新业务的战略。例如,某制药企业利用原有的制药技术生产护肤美容、运动保健产品等。同心多元化发展战略的优点在于利用了生产技术、原材料、生产设备的相似性,获得生产技术上的协同效果,风险比较小,容易取得成功。
- 混合多元化发展战略。混合多元化又被称为复合多元化、不相关多元化或集团多元化。这是一种通过合并、收购、合资以及自我发展,使企业增加与现有业务大不相同的新产品或新劳务的发展战略。这种战略通常适合规模庞大、资金雄厚、市场开拓能力强的大型企业。

第一,混合多元化发展战略的优点如下。

- 可以通过向不同的产业渗透和向不同的市场提供服务,来分散企业经营的风险,增加利润,使企业获得更加稳定的发展。
- 能够使企业迅速地利用各种市场机会,逐步向具有更大市场潜力的行业转移,从而提高企业的应变能力。
- 有利于发挥企业的优势,综合利用各种资源,提高经济效益。

第二,混合多元化发展战略的缺点如下。

- 导致组织结构的膨胀,加大了管理上的难度。
- 一味地追求多元化,企业有可能在各类市场中都不占领先地位,当外界环境发生剧烈变化时,企业会首先受到来自各方面的压力,导致巨大的损失。

企业实行多元化战略时,必须至少利用下列三个基本要素之一,即企业的生产能力、技术能力以及特定的市场分销渠道。

(2) 实施多元化战略的动机。企业实施多元化战略是为了增强企业的战略竞争优势,从而使企业的整体价值得到提升。不论是相关多元化战略还是不相关多元化战略,只要能够让企业所有事业部增加收入和降低成本,就体现了多元化战略的价值。多元化战略能够获得比竞争对手更强的市场影响力,削弱竞争对手的市场影响力;通过业务组合降低管理者的风险;等等。表7-2列出了多元化经营的主要原因。

表 7-2　多元化经营的主要原因

原因种类	原因	方法
外部原因	产品需求趋向停滞	寻求需求增长快的新产品和新市场
	市场的集中程度	在集中程度高的行业中,企业通过进入本企业以外的新产品、新市场追求高增长率和收益率
	需求的不确定性	企业为了分散风险,开发其他产品
	企业内部资源潜力	通过多元化以充分利用企业的富余资源
	来自政府和上级领导的压力	兼并重组效益差的企业
内部原因	实现规模经济	扩大企业规模,在数量和质量方面占有丰富的经营资源,享受规模经济效益或弥补企业规模不当的劣势
	达不到经营目标或原经营领域收益较差	寻找新的增长点,实现预期目标
	指令性较强的企业增加收益	利用剩余资源搞多元化经营,使组织保持一定的收益率
	管理者动机	增加管理者收入和更多高层职位或降低管理层风险

(3) 实施多元化战略的条件。有多元化经营的动机只是多元化经营的一个条件,企业要成功地实施多元化战略,还必须具备一些其他条件。

① 企业要具备必要的资源才能使多元化具有可行性,才能顺利实施多元化。多元化的动力与资源缺一不可。资源中的无形资源比有形资源更具灵活性,有形资源的共享可以促进多元化,对资源的共享越少,多元化的价值就越小。

② 资本市场和管理者市场是多元化经营的条件,特别是当企业通过并购进行多元化时,需要资本市场的支持。管理者市场也非常重要,能否获得合适的管理者常常是多元化经营的前提条件。

③ 企业应建立一套多元化投资决策管理体系和程序,使多元化经营决策科学化。

④ 多元化战略的实施至关重要。

(4) 相关多元化战略。相关多元化战略是企业为了追求战略竞争优势,增强或扩展已有的资源、能力而有意识采用的一种战略。美国迪士尼公司收购互联网搜索引擎信息追踪公司(Infoseek)时说:"我们的产品,我们的电影、运动项目、新闻等所有的产品,都将通过有线网、电视和卫星形成的宽带网发送到千家万户,我们希望能够控制产品发送的目的地,希望控制我们的电影、产品和娱乐节目。"

实行这种战略的企业增加新的与原有业务相关的产品和服务,这些业务在技术、市场、经验特长等方面相互关联。例如,宝洁公司的系列产品包括海飞丝洗发水、汰渍洗衣粉、佳洁士牙膏等,这些不同的经营业务都有不同的竞争者和不同的生产要求,但这些经营都是通过同样的批发销售渠道,在同样的零售点销售,卖给同样的顾客,并且它们采用同样的广告和促销方式,使用相同的买卖技巧。这种关联性的存在:一方面可以通过资源共享,产生协同作用;另一方面,也有可能会一荣俱荣、一损俱损,难以有效地规避风险。

① 相关多元化战略的适用条件。
- 可以将技术、生产能力从一种业务转向另一种业务。
- 可以将不同业务的相关活动合并在一起运作,降低成本。
- 在新的业务中可以借用企业品牌的信誉。
- 以能够创建有价值的竞争能力的协作方式实施相关的价值链活动。

② 实施相关多元化战略的常见方法。
- 收购或组建能共享销售力量、广告和分销活动的产品生产企业。
- 开发密切相关的技术。
- 寻求提高生产能力利用水平的方法。
- 提高现有自然资源和原材料的利用水平。
- 收购能够大大改进其营运的企业。
- 建立相同名称、共享商誉的分支企业等。

（5）不相关多元化战略。不相关多元化战略就是企业进入与原有行业不相关的新业务,企业经营的各行业之间没有联系,美国通用电气公司是高度多元化的典范。这种战略的特点是能够分散经营,把发展新产品和新的目标市场有机结合起来,提高企业在竞争环境中的应变能力。但是,不相关多元化战略的实施比较复杂,容易陷入盲目性,一旦处理不好,企业可能会陷入瘫痪。

① 不相关多元化战略的适用条件。
- 企业所在行业逐渐失去吸引力,企业销售额和利润下降。
- 企业没有能力进入相邻行业。
- 企业具有进入新行业所需的资金和人才。
- 企业有机会收购一个有良好投资机会的企业。

② 实行不相关多元化战略的常见方法。
- 资金充足、机会缺乏的公司收购一些机会众多而资金短缺的企业。
- 产品销售具有强季节性和周期性的企业向反季节性和反周期性的生产经营转化。
- 债务重的企业收购负债轻的企业,以平衡自身的资本结构并增强借贷能力。
- 培养多个业务不相关的经营集团,集团之间建立一定的支持联系。

③ 实行不相关多元化战略应注意的问题。
- 公司最高层的管理问题。多元化经营的数量越多,公司最高层要监督管理的范围就越广,要洞察各个分支机构实际经营状况、深入了解它们各自面临的战略问题、认真研究各个经营部门领导人的战略行动和计划就越困难。
- 众多不相关的多元化经营单位各自的实绩,可能并不比它们单独经营时更好,反而有可能因为集权化的管理政策的危险而更差。实行不相关多元化的母公司除了能提供一定的财务支持外,并不能为分支企业增强专业上的竞争力。
- 不相关多元化跨领域较多时,会出现顾此失彼的问题。此时不相关多元化会增大经营风险。不相关多元化战略尽管有这些缺陷,但仍不失为一种值得考虑的战略,并已在实践中广为采用。至于应在多大程度上实行这种战略,则完全取决于公司经营管理的能力和需要。

纵观实际经济生活中,两类多元化均大量存在,有的是混合型的。如国内一些家电企业集团,主体属于相关多元化,又有不相关多元化。如海信集团主要生产经营彩电、空调、冰箱等家电产品,这是相关多元化战略的体现,主要是技术相关、销售渠道相关;在企业发展中,海信集团也从事房地产业的开发经营并获得了很大的成功,这是不相关多元化战略的体现。

综上所述,多元化的程度是由市场和企业自身所具备的战略性特点(如资源)所决定的,并建立在企业各种资源的优化组合基础上,需要管理者用正确的动机去推动。动机越强烈,资源的灵活性越好,多元化的程度就越高。为了不使企业盲目地、过度地多元化,需要有科学的内部决策和监控体制。正确的战略决策,加上高效的战略实施,才能获得理想的企业经营业绩,如图 7-2 所示。

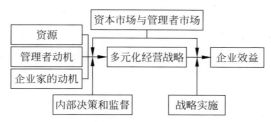

图 7-2　多元化经营战略与企业效益关系的总结模型

(6)选择多元化时要慎重。多元化需要企业有很强的资金实力和强有力的管理团队。企业在采取多元化战略时,切忌盲目跟风,杜绝以撞大运的心理对待企业战略;此外,需确保核心业务的领先;最后,要确保进入的领域是有预见性的。

7.1.3　发展型战略的适用条件及其利弊

1. 发展型战略的适用条件

1) 企业外部的条件

虽然发展型战略能够给企业带来某些好处,但并不是所有的企业都适合采取发展型战略。因此,企业在采取发展型战略之前,必须分析自己是否有条件采取该战略。

(1)经济增长情况。资源是发展的"原材料"。宏观经济形势较好,企业比较容易获得资源,降低实施战略的成本;助长乐观情绪,刺激消费水平,充满商机。

(2)产业环境和行业情况。准确判断企业所处的产业、行业及其细分市场的性质、特征等,也要分析自己可能进入的产业、行业及其细分市场是否适宜采取发展型战略。

(3)政策、法律和社会方面的限制。在政策鼓励的情况下,可以大力采取发展型战略;而在法律、政策、社会力量约束的情况下,若企业仍然采取发展型战略,定会受到极大的发展阻碍。

(4)科学技术的进步情况。企业进军科学进步比较快的领域并采取发展型战略,很有可能会抓住巨大的机会。

2) 企业自身的条件

(1)企业获得资源的能力。由于采取发展型战略需要较多的外部资源,因此企业从外部获得资源的能力就显得十分重要。

(2) 信息收集、处理、传递和存储的能力,能高效地处理企业内部的信息。

(3) 企业的灵活性。

(4) 企业文化。企业文化是企业的主体成员在其共同使企业运转和发展的过程中形成的包含企业的最高目标、共同的价值观、作风、传统习惯、行为规范和规章制度在内的有机整体。

采取发展型战略的基本要求:职工内部比较团结,领导层和职工经常交流,进取心比较强,注重发挥人的积极性,注重智力投资,永不满足,追求卓越。同时要特别注意加强企业的文化熏陶,培养一种与战略相协调的文化系统。

2. 发展型战略的利与弊

1) 发展型战略给企业带来的好处

(1) 企业可以通过发展扩大自身的存在价值,这种价值既可以成为企业职工的荣誉,又可以成为企业进一步发展的动力。

(2) 企业可以通过发展来获得过去不能获得的崭新机会,避免企业组织的老化,使企业充满生机和活力。

2) 发展型战略可能使企业潜伏危机

(1) 在采用发展型战略获得初期的效果之后,很可能导致企业盲目地发展或为发展而发展,从而破坏企业的资源平衡。

(2) 过快地发展很可能降低企业的综合素质,出现内部危机和混乱。这多数是企业新增机构、设备及人员太多而未能形成相互协调的系统所引起的。

(3) 发展型战略很可能使企业领导者更多地注重投资结构、收益率、市场占有率、企业的组织结构等问题,而忽视产品和服务质量,重视宏观发展而忽视微观改善,使企业不能达到最佳状态。

7.2 稳定型战略

7.2.1 稳定型战略的含义和特点

1. 稳定型战略的含义

稳定型战略又可称为防御型战略、维持型战略、追随战略。稳定型战略是指限于经营环境和内部条件,企业在战略期所期望达到的经营状况基本保持在战略起点的范围和水平上的战略。所谓战略起点,就是指企业制定新战略时关键战略变量的现实状况。战略起点中最主要的内容是企业当时所遵循的经营方向及其正在从事经营的产品和所面向的市场领域、企业在其经营领域内所达到的产销规模和市场地位。所谓经营状况基本保持在战略起点的范围和水平上,是指企业在战略期基本维持原有经营领域或略有调整,保持现有的市场地位和水平,或仅有少量的增减变化。

2. 稳定型战略的特点

稳定型战略具有以下几个特点。

（1）使企业在基本维持现有的产销规模、市场占有率和竞争地位的情况下，调整生产经营活动的秩序，强化各部门、各环节的管理，从而进一步提高企业素质，积累资源力量，为将来的大发展做好充分准备。

（2）满足于现有的经济效益水平，决定继续追求与现状相同或相似的经济效益目标。

（3）继续用基本相同的产品或劳务为原有的顾客服务。

（4）力争保持现有的市场占有率和产销规模或者略有增长，稳定和巩固企业现有的竞争地位。

（5）在战略期内，每年所期望取得的成就按大体相同的比率增长，从而实现稳步前进。

3. 企业采用稳定型战略的原因

企业为什么会执行稳定型战略呢？深入地分析稳定型战略就容易发现，企业执行这一战略的主要原因总的来说有如下五点。

（1）企业高层领导者对过去的经营业绩感到满意，希望保持和追求与过去大体相同的业绩和目标，希望在市场占有率、产销规模、总体利润等方面保持现状或略有增加，从而稳定和巩固企业现有的竞争地位。

（2）企业不愿意承担改变现行战略而带来的风险，因为企业如果采用新的发展战略会使企业经营者感到对新的产品或新的市场缺乏足够的认识和必要的准备。对于新上任的领导者来讲，采用稳定型战略会使他感到更加保险。

（3）企业外部环境相对比较稳定，无论企业资源充足或相对比较紧缺，都应采用稳定型战略。例如，企业宏观经济环境保持低速增长，或者行业发展速度较低，行业技术相对较成熟，技术进步速度较慢，消费者需求增长较慢，消费者偏好较为稳定，或产品生命周期处于成熟期，市场规模变化不大。当然，若企业资源充足，可以在较宽的市场领域经营；若企业资源相对比较紧缺，可以在较窄的市场领域内经营。

（4）根据企业内部实力状况决定采用稳定型战略。例如，当企业外部环境较好，为企业发展提供了进一步发展的机遇，但因企业实力不足，如企业资金不足、研发力量薄弱、企业素质及管理落后等无法采取发展型战略。在这种情况下，企业只能采用稳定型战略，使企业有限的资源集中投入自己最有优势的环节上去。当企业外部环境恶劣不利于企业发展，虽然企业资源丰富，实力较强，但企业也只能采取稳定型战略，以静观外部环境的发展。

（5）寡头垄断行业内竞争格局已经形成，一般要采用稳定型战略。某个行业内被少数几家厂商所垄断，控制了这一行业的供给，这就是寡头垄断行业。寡头垄断行业在国民经济中占有十分重要的地位，如美国的钢铁、汽车、炼铝、石油、飞机制造、香烟等重要行业都是寡头垄断行业。这些行业中大都是几家公司的产量占全行业产量的 70% 以上，在日本、欧洲等发达国家或地区也存在同样的现象。这种寡头垄断行业最重要的特征是规模经济效应十分显著，而其市场结构的重要特征是几家寡头企业之间相互依存性很大，即每家厂商在作出价格与产量决策时，不仅要考虑其本身的成本和收益，而且要考虑这一决策对行业市场的影响，以及其他厂商可能作出的反应。这种行业进入壁垒非常高，行业竞争格局比较稳定，竞争对手之间很难有较大的业绩改变，因此，这种行业的企业有可能采用稳定型战略，以期保持稳定的收益。

7.2.2 稳定型战略的类型与行动

1. 稳定型战略的类型

1) 按偏离战略起点的程度划分

(1) 无增战略。企业经过对各种条件的分析后，决定只能保持在现有战略的基础水平上，不仅其战略经营活动按照原有方针在原有经营领域内进行，而且其在同行业竞争中所处的市场地位、产销规模、效益水平等方面，都希望维持现已达到的状况，保持不变。

(2) 微增战略。微增战略是企业在保持稳定的基础上略有增长与发展的战略。其中既包括稳定而小幅度地提高市场占有率，改善市场地位，或者随市场的稳步增长而扩大产销规模，保持适当的市场占有率，也包括谨慎地推出新产品和扩大市场范围。

2) 按采取的防御态势划分

(1) 阻击式防御战略。阻击式防御战略（以守为攻的战略）的指导思想认为，最有效的防御是完全防止竞争较量的发生。据此，战略的着眼点是防止挑战者着手行动或者使其进攻偏离到威胁较小的方向。实行这种战略，企业不仅要预测出可能的挑战者、可能的进攻路线，而且要封锁挑战者一切可能进攻的路线。

(2) 反应式防御战略。反应式防御战略，即当对手的进攻发生后或挑战来临时，针对这种进攻或挑战的性质、特点和方向，采取相应对策，顶住压力，维持原有的竞争地位及经营水平。这是一种消极的防御战略。

3) 按战略的具体实施划分

(1) 无增战略。这与前面提到的无增战略相同。

(2) 维持利润战略。这是一种牺牲企业未来发展来维持目前利润的战略。维持利润战略注重短期效果而忽略长期利益，其根本意图是渡过暂时性的难关，因而往往在经济形势不景气时被采用，以维持过去的经济状况和效益，实现稳定发展。但如果使用不当的话，维持利润战略可能会使企业的元气受到伤害，影响企业长期发展。

(3) 暂停战略。在一段较长时间的快速发展后，企业可能会遇到一些问题使得效率下降，这时就可以采用暂停战略，即在一定时期内降低企业的目标和发展速度。暂停战略可以让企业积聚能量，为今后的发展做准备。

(4) 谨慎实施战略。如果企业外部环境中某一重要因素难以预测或变化不明显，企业的某一战略决策就要有意识地降低实施进度，步步为营，这就是所谓"谨慎实施战略"。

（5）收获战略。收获战略又称利润战略，是指企业暂时维持现状，不再追加投资发展，而将企业的利润或现金流量储存起来，等待机会再进入的战略。采用这种战略的原因与暂停战略相似，主要是产业已进入成熟期，市场前景不太乐观，或者外部环境正在快速变化，预测困难，只好等待时机。处在下列情况的企业可以采取收获战略：企业内部某产品领域正处在稳定或开始衰退的市场中；企业的某产品领域不能带来满意的利润，但还不能放弃；企业的某产品领域并非企业经营中的主要部分，不能对公司作出很大的贡献；即使不再追加投资，企业市场份额和销售额下降的幅度也不是很大。

2. 稳定型战略的行动

稳定型战略的目的是降低被攻击的风险，减弱任何已有的竞争性行动所产生的影响，影响挑战者从而使它们的行动瞄准其他竞争对手，这样有助于加强公司的竞争地位，捍卫公司最有价值的资源和能力不被模仿，保持公司已有的竞争优势。多数稳定型战略行动是高成本的，并且是靠减少短期利润来提高企业地位的长期持续能力，或靠降价的规模经营来构筑阻止竞争对手进入的壁垒。稳定型战略不是绝对的和长久性的。稳定型战略又分主动性防御和被动性防御，二者是有区别的。主动性防御是企业主动地提前构建防御壁垒，阻止竞争对手的疯狂进攻行为，这样的防御成本较高，且需要有准确的产业竞争情况的预测，但防御的效果一般较好；而被动性防御是在竞争已经很激烈，或遭受竞争对手的进攻行为打击，企业有损失后，一种临时的、匆促的防御行为，这种防御行为的投入成本较低，但防御效果较差，有时防御不力，企业将遭受灭顶之灾。

实践中，企业在不同的内外部环境中有不同的防御行为，以下是企业防御战略的基础。

1）提高竞争对手的进入障碍——阻击

提高竞争对手的进入障碍是封锁竞争对手的各种进攻路线。如企业可以填补产品或配置的缺口，当企业填补其产品种类的缺口或优先占领时，竞争对手在瞄准这些目标时就会遇到较高的障碍，本企业可以利用这些优势抵消产品成本的溢价。又如，企业可以封锁销售渠道入口，如通过商标专利、产品技术专利等构筑防御性障碍；企业可以提高买主的转换成本和产品实验的成本；企业可以防御性地增加规模经济，如果规模经济增长，竞争对手的进入障碍也会提高；企业可以防御性地增加对资本和原材料的需求，减少竞争对手的资源可获得量，使竞争对手的进攻行为失去后盾；企业还可以通过结盟或联合竞争对手来构筑防御壁垒。

2）显示对竞争对手进攻的报复威胁

稳定型战略成功的一个要点是主动防御，即针对竞争对手的可能进攻行为，制订相应的应对措施。显示对竞争对手的进攻的报复信号是遏制竞争对手进攻行动的有力武器，但这种威胁一定要让竞争对手觉察得到。企业可以显示防御意图和初始障碍，增加企业未来的可预见报复。企业可以显示竞争对手进攻性行动的代价，提高竞争对手推出竞争商品的代价。企业可以积累报复资源，显示竞争对手进攻行动失败的案例。稳定型战略的重要方式是向挑战者发出这种信号：如果挑战者发起进攻的话，它们将受到很强的报复。其目的是劝说挑战者根本不要进攻；或者至少使它们采取那些对防卫者来说威胁性更小的行动。另外,企业可公开宣告将维持公司现有的市场份额,提前发布有关新产品、技术突破以及计划推出的重要新品牌或者模型的有关信息。

3) 减少竞争对手的进攻诱因

实施稳定型战略的企业可以减少吸引竞争对手进攻的诱因,并增加进攻成本,从而创造一个稳定的防御环境。一般来说,利润是竞争对手向本企业发起进攻行动的主要诱因。竞争对手预期成功会带来的利润是企业自己利润的目标函数,是竞争对手对未来市场条件所持的假设函数。因此,防御行动要降低企业的利润目标,并对外界隐瞒利润信息,或向外界发布不真实的低利润信息来迷惑竞争对手,降低竞争对手假设的利润,使竞争对手觉得进攻行动无利可图。而对于已经向本企业发出挑战行动的竞争对手,可以采取有力的报复给予回击,抢夺它们的顾客和市场,降低它们的销售量和利润,并建立充分的报复威胁。

4) 稳定型战略的一些具体措施

可以选择的稳定型战略的具体方式有:招聘额外的职员以扩大或者提升公司在关键领域内的核心能力,从而战胜那些模仿公司技巧和资源的竞争对手;提高公司的资源资产和能力的灵活性,以便公司进行很好、很快的资源再分配,或者根据变化的市场环境进行调整,从而使公司适应新发展态势的敏捷性比竞争对手相应的敏捷性要强;扩大公司的产品线,堵住挑战者可能进入的市场点和市场缺口;推出新的模型或者品牌,做到与挑战者的模型已有或者可能将要有的特色相匹配;对于那些能够同竞争对手相匹配的模型要保持较低的价格;同特约经销商和分销商签订排他性合同,使竞争对手不能使用这些渠道;授予特约经销商和分销商一定的销量折让利益,以阻止他们对其他供应商的产品进行试销;给产品用户提供免费的或者低成本的培训;通过各种方式尽量阻止购买者使用竞争对手的品牌,如向那些容易受试用产品诱惑的购买者提供彩票和样品免费馈赠,或对即将推出的新产品或者价格变动提前进行宣布以取得潜在购买者,并使他们推迟品牌的转换。

上述这些行动可以为公司的现有地位树立一个坚强的堡垒。保护现状是不够的,必须做到对变化的行业环境作出快速的调整,同时在某些情况下,首先采取行动阻止可能的挑战者或者先于挑战者采取行动,流动的防卫要优于固定的防卫。

7.2.3 稳定型战略的适用条件及其利弊

1. 稳定型战略的适用条件

采取稳定型战略的企业一般处在市场需求及行业结构稳定或者动荡较少的外部环境中,因而企业所面临的竞争挑战和发展机会都相对较少。但是,有些企业在市场需求以较大幅度增长或是外部环境提供了较多发展机遇的情况下也会采用稳定型战略。这些企业一般来说是由于资源状况不足以使其抓住新的发展机会而不得不采用相对保守的稳定型战略态势。因此,企业采取稳定型战略的适用条件因素主要来自外部环境、企业自身实力等方面。下面就此两方面分别讨论对采用稳定型战略的影响。

1) 外部环境

外部环境的相对稳定性会使企业更趋向于防御战略。影响外部环境稳定性的因素很多,大致包括以下几个方面。

(1) 宏观经济状况。如果宏观经济在总体上保持总量不变或总量低速增长,这就势必影响到该企业所处行业的发展,使其无法以较快的速度增长。因此,由于宏观经济的慢速增长会使某一产业的增长速度也降低,这就会使该产业内的企业倾向于采用稳定型战略,以适应外部环境。

(2) 产业的技术创新度。如果企业所在的产业技术相对成熟、技术更新速度较慢的话,企业过去采用的技术和生产的产品无须经过较大的调整就能满足消费者的需求和与竞争者的抗衡,这样使得产品系列及其需求保持稳定,从而使企业采用稳定型战略。

(3) 消费者需求偏好的变动。这一点其实是决定产品系列稳定度的一个方面,如果消费者的需求变动较为稳定的话,企业可以考虑采用稳定型战略。

(4) 产品生命周期或行业生命周期。对于处于行业或产品的成熟期的企业来说,产品需求、市场规模趋于稳定,产品技术成熟,新产品的开发和以新技术为基础的新产品的开发难以取得成功,以产品为对象的技术变动频率低,同时竞争对手的数目和企业的竞争地位都趋于稳定,这时提高企业的市场占有率、改变市场的机会很少,因此较为适合采用稳定型战略。

(5) 竞争格局。如果企业所处的行业的进入壁垒非常高或其他原因,该企业所处的竞争格局相对稳定,竞争对手之间很难有悬殊的业绩改变,则企业采用稳定型战略可以获得最大的收益,因为改变竞争战略所带来的业绩增加往往是不尽如人意的。

2) 企业自身实力

企业战略的实施,一方面需要与外部环境相适应,另一方面要有相应的资源和实力,即既要看到外部的威胁与机会,又要看到自身的优势与劣势。

(1) 企业资源不充分。当外部环境较好,行业内部或相关行业市场需求增长为企业提供了有利的发展机会,也不意味着所有的企业都适合采用发展型战略。如果企业资源不够充分,如资金不足、研发力量较差或在人力资源方面无法满足发展型战略的要求,就不宜采取扩大市场占有率的战略。在这种情况下,企业可以采取以局部市场为目标的稳定型战略,以使其有限的资源能集中在某些自己有竞争优势的细分市场,维持竞争地位。

(2) 对未来环境的变化暂时把握不准。环境发生着变化,但企业一时还看不准其变化趋势,为避免匆忙行事遭受战略损失而采用稳定型战略,以便在局势明朗后再确定新的战略。

(3) 前期过快发展需要适当调(休)整。企业在一段时期内过快发展后,可能导致其经营规模与水平要求超出企业资源现状,进而发生低效率情况,此时需要实施稳定(防御)型战略来做内部资源整合、管理体制理顺等多种调(休)整,以积聚能量,为下一步健康发展做准备。

当外部环境较为稳定时,资源较为充足的企业与资源相对稀缺的企业都应采用稳定型战略,以适应外部环境,但两者的做法可以不同。前者可以在更为宽广的市场上选择自己战略资源的分配点,而后者应当在相对狭窄的细分市场上集中自身资源。

当外部环境较为不利,如行业处于生命周期的衰退阶段时,资源丰富的企业可以采用稳定型战略。而对那些资源不够充足的企业来说,则应视情况而定。

2. 稳定型战略的优点

稳定型战略的风险比较小,对于那些处于需求平稳上升的行业和稳定环境中的企业来说,不失为一种有效的战略。它的主要优点有以下几点。

(1) 企业经营风险较小。由于企业基本维持原有的产品和市场领域,从而可以利用原有的生产领域和渠道,避免开发新业务而在市场上的巨大资金投入,以及激烈的竞争抗衡和开发失败的巨大风险。

(2) 避免了资源重新配置的麻烦。由于经营领域与过去大致相同,因而稳定型战略不必考虑原有资源的增量或存量的调整,相对于其他战略态势来说,显然要容易得多。

(3) 给企业一个较好的修整期。在高速发展一段时期后,稳定型战略可以使企业积聚更多的能量,以便为今后的发展做好准备。从这个意义上说,适时的稳定型战略将是新的扩张型战略的一个必要的酝酿阶段。

(4) 能避免发展过快而导致的各种弊端,有利于保持企业平稳发展。在行业迅速发展的时期,许多企业无法看到潜伏的危机而盲目发展,结果造成资源的巨大浪费和企业发展后劲严重不足。

3. 稳定型战略的弊端

稳定型战略的弊端主要有以下几点。

(1) 稳定型战略是以在战略期内外部环境不会发生大的动荡,市场需求、竞争格局基本稳定,企业以现有规模就能利用机会、避免威胁、防御对手进攻的假设为基本前提的。如果上述假设不成立,就会打破战略目标、外部环境和企业实力三者之间的平衡,使企业陷入困境。

(2) 经营资源少、竞争地位弱的企业,一般采取以局部特定细分市场为目标的稳定型战略,这实际上是一种重点战略。它有两个突出的特点:①将企业的全部力量集中于少数几个市场面;②以本企业在这些市场上具有强大的差异优势为前提及成功的关键。这就使其具有更大的风险。如果对这部分特定市场的需求把握不准,企业可能全军覆没。而各细分市场的需求往往更容易受宏观环境的影响,如政府的经济、技术政策等突然发生变化。另外,如果企业在细分市场上形成的差异优势由于竞争对手的模仿或行业条件的变化而弱化或消失,又建立不起新的差异优势,就无力抵御强大竞争者的进攻,从而会丧失市场,陷入困境。

(3) 稳定型战略往往容易使企业的风险意识减弱,甚至形成惧怕风险、回避风险的企业文化。这会大大降低企业对风险的敏感性、适应性和抗拒风险的勇气,从而也增大了以上所述风险的危害性、严重性。这也许是稳定型战略真正的风险所在。

7.3 紧缩型战略

当企业处在一种十分险恶的经营环境中,或者由于决策失误等原因造成经营状况不佳,采用发展型战略和稳定型战略都无法扭转局势时,企业不得不面对现实,减少经营领域,缩小经营范围,关闭不盈利的工厂,紧缩财务开支。这时就需要采用紧缩型战略来维持企业的生存。

7.3.1 紧缩型战略的含义和特点

1. 紧缩型战略的含义

紧缩型战略又称为撤退型战略、退却型战略。紧缩型战略是指企业从目前的战略经营领域和基础水平收缩或撤退,且偏离战略起点较大的经营战略。它是企业在一定时期内缩小生产规模或取消某些产品生产的一种战略。采取紧缩型战略可能出于多种原因和目的,但基本的原因是企业现有的经营状况、资源条件以及发展前景不能应对外部环境的变化,难以为企业带来满意的收益,以致威胁企业的生存,阻碍企业的发展。只有采取收缩或撤退的措施,才能抵御对手的进攻,避开环境的威胁,保存企业的实力,保证企业的生存,等待适时利用外部环境中有利的机会,重新组合资源,进入新的经营领域,实现企业的长远发展。紧缩型战略是一种以退为进的战略。

2. 紧缩型战略的特点

紧缩型战略具有以下几个特点。

(1) 对企业现有的产品/市场领域实行收缩、调整和撤退的措施,削减某些产品的市场规模,放弃某些产品系列,甚至完全退出目前的经营领域。

(2) 逐步缩小企业的产销规模,降低市场占有率,同时相应地降低某些经济效益指标。

(3) 紧缩型战略的目标重点是改善企业的现金流量,争取较大收益和资金价值。为此,在资源的运用上,采取严格控制和尽量削减各项费用支出,只投入最低限度经营资源的方针和措施。

(4) 紧缩型战略具有过渡的性质。一般说来,企业只是短期内奉行这一战略,其基本目的是使自己摆脱困境,渡过危机,保存实力,或者消除经济赘瘤,集中资源,然后转而采取其他战略。

3. 选择紧缩型战略的原因及时机

1) 选择紧缩型战略的原因

企业采用紧缩型战略可能有以下四个原因。

(1) 国际或国内宏观经济衰退,银根收紧,或宏观经济存在潜在危机,企业的制造成本和销售成本均面临日益增高的通货膨胀压力,企业处境困难,不得不采用紧缩型战略。

（2）企业产品处于衰退期，市场竞争过度，产品不盈利，甚至产生亏损，企业又没有新产品上市，被迫采用紧缩型战略。

（3）企业重大投资失败，企业在战略决策上有重大失误，财务上遇到严重困难，企业处于危难之中，不得不采用紧缩型战略。

（4）企业为谋求更大的发展，主动调整战略。企业主动从某些经营领域撤出，要将有限的资源投入更有市场前景、收益更高的业务领域，这时企业要在某些经营领域采用紧缩型战略。

2）选择紧缩型战略的时机

企业的业务与产品的衰退不是一个时点，而是一个很长的过程，其间可能几起几落以致最后消亡，因而这部分产品退出不是一哄而散。每个企业都应该根据自身实力特点以及市场竞争态势，选择最佳退出时点，以取得退出效益最大化。如果过早退出，无疑等于把自己的市场份额拱手让给竞争对手，使自己丧失继续盈利的机会；相反，如果明知胜利无望却迟迟不退出，继续留在行业内挣扎，最后只能导致全军覆没、血本无归。

当然，有些时候企业衰退也可能具有突发性，如自然灾害、战争、重大经济纠纷、外部重大技术发明、突然袭击的金融海啸等都可能给企业带来重大冲击，使其偏离正常轨道，甚至造成企业失败。为了避免企业在突发性失败面前惊慌失措，企业应有市场退出应变计划。这一计划应当包括两项内容：一是应采取何种对策来抵消事件发生时带来的不利影响，使企业摆脱突发性事件冲击所造成的困境；二是当不利影响不可避免并导致企业经营活动发生重大困难时，企业应采取何种措施退出市场，使损失降到最低程度。

要克服企业行为惯性。不少企业都有辉煌的历史，从而有了一套曾经使企业获得巨大成功的战略架构、行为模式和价值取向等。特别是我国市场经济刚刚实行40多年，企业刚刚在市场经济中成长起来，市场进入和规模扩张成为企业行为的主要取向，通过经验积累逐步形成一种沿袭以往的行为模式的组织定式及思维定式。行为惯性主要表现在公司领导层只是习惯于面对过去，而不习惯于面向未来；只习惯于进攻而不善于防御；只善于一味扩张，不善于适当收缩；只善于市场进入，不善于市场退出。正是这些行为惯性遮住了高层管理者的视线，使他们无法对环境变化作出适当而正确的反应。因此，一旦企业市场环境发生变化，按照以往成功模式办事反而导致失败。要看到，只有伸缩有度、刚柔相济，才能推动企业波浪式前进、螺旋式上升。

7.3.2 紧缩型战略的种类

按实现紧缩型战略的基本途径，可以把紧缩型战略分为以下五种类型。

1. 选择性收缩

选择性收缩战略是企业在现有的经营领域不能维持原有的产销规模和市场规模的情况下，不得不采取缩小产销规模和进行市场转移的紧缩战略。其基本特点是：选择某些比较有利、能发挥自己优势的市场，抢先占据优势地位，获得较大收益。

2. 转向战略(抽资转向战略)

转向战略也称调整型收缩战略,是指当企业现有经营领域的市场吸引力微弱、失去发展活力而趋向衰退,企业市场占有率受到侵蚀,经营活动发生困难,或发现了更好的发展领域和机会时,为了从原有领域脱身,转移阵地,另辟道路所实行的收缩。它的实施对象是陷入危机境地而又值得挽救的企业,其目标是在原有经营领域内采取减少投资、压缩支出、降低费用、削减人员的办法,尽可能地遏制和逆转公司的竞争与财务劣势,目的是逐步收回资金和抽出资源用以发展新的经营领域,在新的事业中找到出路,推动企业更快地发展。管理部门的第一项任务是寻找业绩低的根源。销售的意外下降是由脆弱的经济导致的,还是由于竞争战略制定的错误?是因为对一个本来可行的战略执行得不得力,还是运作费用很高?是因为存在重大的资源缺陷,还是因为债务过重?现有的业务是可以被拯救,还是业务所面临的形势没有希望?理解现有业务的问题之所在以及问题的严重程度是很关键的,因为对不同问题的不同诊断往往会产生不同的转向战略。

业务困难最常见的原因有:承担的债务较多,对销售增长的前景估计过于乐观,忽略了某些通过降价等过于积极的行动来"购买"市场份额而导致的一些会降低利润方面的影响,由于不能充分地利用生产能力而导致固定费用过高,冒险地投入大量的资金用于研究与开发以提高竞争地位和盈利能力却没有获得有效改进的革新发明,将赌注押在技术的长远成功上,对公司渗透进入市场的能力过于乐观,对战略做频繁的变动(因为原来的战略并不奏效),被那些更加成功的竞争对手所享有的优势击败。解决这些问题将公司转变过来可能涉及下面一些行动:变卖资产,战略变动,提高收入,削减成本,联合措施。

1) 变卖资产

产生现金的最可行的办法如下。

(1) 变卖公司的一部分资产。

(2) 收缩(去掉产品线中的薄利产品,关闭或者变卖老式的生产工厂,减少劳动,从广泛的市场上收缩回来,减少顾客服务等)。在此过程中,资产减少和收缩战略起着核心作用。在有些情况下,陷于危机的公司变卖资产与其说是解除衰退业务负担,还不如说是遏制现金的流失以拯救和加强余留的业务活动。

2) 战略变动

如果业绩衰退是由于糟糕的战略所导致的,那么,战略大检查就可以沿着下面一些路径进行。

(1) 转向一个新的竞争途径,重新建立公司的市场位置。

(2) 彻底检查内部的活动、资源能力以及职能战略以便更好地支持原来的业务战略。

(3) 与同行业中的另一家公司合并,制定一个新的战略,以新合并公司的强势为基础。

(4) 进行收缩,减少新产品和核心顾客,更加紧密地与公司的资源能力匹配起来。最诱人的途径取决于主要的行业环境、公司的资源强势和资源弱势、公司的竞争能力以及危机的严重程度。行业、主要竞争对手以及公司自己的竞争地位和公司能力与资源等各个方面的分析是采取行动的前提条件。一般来说，成功的战略变动必须与弱小公司的短期竞争能力紧密相连，直接瞄准公司最好的市场机会。

3) 提高收入

为提高收入而采取的努力其目的在于不断提高销售量。提高收入的选择有很多：削价、加强促销力度、扩大销售队伍、增强顾客服务、快速对产品进行改善。在下列情况下，必须采取措施提高收入。

(1) 在业务的经营运作中，削减费用同时又确保盈利的余地很小或者没有这种余地。

(2) 恢复盈利水平的关键是提高对现有生产能力的利用。如果因为存在差异化的特色而使得购买者的需求对价格并不具有特别的敏感性，那么，提高短期收入的最快途径就是提高价格而不是选择提高销量的削价行动。

4) 削减成本

削减成本的转向战略在下列情况下最奏效。

(1) 不景气的公司价值链和成本结构有着足够的灵活性，允许进行大的"手术"。

(2) 公司可以确定并矫正经营运作的缺陷。

(3) 公司的成本中有着明显的"肿块"，同时又有很多地方能够快速实现成本的节约。

(4) 公司相对来说比较接近平衡点。

除了采用一般的紧缩性政策之外，还应该提高对下列措施的重视。

(1) 削减管理费用，清除关键的和低附加值的活动。

(2) 对现有的设备实现现代化以提高生产率。

(3) 推迟非关键性的资本花销，进行债务重组，减少利息成本和延长支付期。

5) 联合措施

采取联合措施的转向战略在恶劣的环境下通常很关键，因为这种环境要求在一个比较宽的战线上采取快速的行动。同样地，如果公司聘用了新的管理者并给予他们自由的决策权力来采取各种他们认为合适的行动，那么，联合性的措施也常常会走上竞争的舞台。公司所面临的问题越严重，解决方案涉及符合战略行动的可能性就越大。

为了提高转向战略的效果，有必要遵循一定的转向战略流程，如图 7-3 所示。

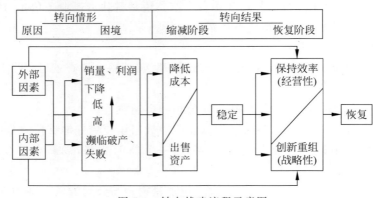

图 7-3　转向战略流程示意图

转向战略模型首先对引起公司经营业绩下滑的内、外部因素进行描述。当这些因素继续对公司产生负面影响时，就表明公司的财务受到了威胁，难以阻止的业绩下滑使公司处于被迫转向的处境。被迫转向的处境包括绝对的和相对于行业的大幅业绩下滑，它使得企业采取转向战略成为必要。被迫转向的处境可能是由一年或多年的逐渐缓慢下滑或几个月的迅速下滑引起的。在这两种情况下，如果公司是通过可实现近期财务稳定的、有计划的节省开支来完成转向的，那么转向过程的恢复阶段很可能会更加成功。对于一家衰落的公司来说，实现运营的稳定和利润的回升都要求大幅度降低成本，并把业务收缩到那些具有最可观利润的部门或行业上来。

3. 附庸战略

小企业把本企业的生产经营与发展相对固定地纳入或嫁接在某个大企业集团上，使其成为该集团系列化生产中的一个组成部分，从而进行专业化生产与开发。对于大量的小企业来说，"附庸"是在专业基础上实现企业群体化的有效途径，而不是低人一等。在日本，小企业的生存与发展大都采用这种附庸战略，即当企业处于困境又想维持自身生存时，可以争取成为最大用户的依附者，借此生存下去。变成附庸后，虽然自身还独立存在，但实际上已变成大用户的"卫星"企业。例如，丰田汽车公司周围依附着几百家小企业，它们专门为丰田汽车公司提供优质的汽车零配件，它们与丰田汽车公司结成了紧密的经济联系，随着丰田汽车公司的发展，这些小企业也都得到了发展。

选择依附型经营战略，小企业还可以得到相对稳定的供销渠道，产品的开发方向也较为单一、明确，可以发挥自己的专长，在一定程度上避开市场激烈竞争的压力；还能通过协作关系进行联合开发，依靠大企业的技术开发能力和实力，突破其自身在资金、人才、设备等方面的制约。

4. 放弃战略

放弃战略又称剥离战略，是指企业在衰退期将其经营不善的某一个或几个经营单位（如子公司或某一部门）、生产线或事业部转让、出卖或停止经营，这是在企业采取选择性收缩战略和转向战略均无效时而采取的紧缩战略。放弃战略的主要目的是找到肯出高于固定资产市价的买主，所以企业的管理人员要尽力说服买主，使他们认识到购买这些技术和资源能够增加利润。放弃战略不同于我们将要讲到的清算战略，清算一般只包括资产的有形价值部分。另外，企业在实施放弃战略时，要注意把握时机，以免决策过早或过晚。因为如果决策过早，企业可能还没有衰退，需求还没有下降，这样企业便面临着巨大的风险，一旦决策失误，企业将蒙受巨大损失。如果决策过晚，行业内外的购买者就会有较强的谈判能力，使企业处于不利地位。

实施放弃战略对任何公司的管理者来说都是一个困难的决策。公司采取这一战略的障碍主要来自三个方面。

（1）结构上的障碍。一项业务的技术以及固定资产和流动资产的特点可能会阻止管理者放弃。

（2）内部依存关系上的障碍。公司中各种经营单位之间的联系可能使组织放弃某一特定的经营单位。

（3）管理方面的障碍。公司决策过程的某些方面阻止放弃一个不盈利的业务。这些方面包括：放弃对管理者的荣耀是一种打击；放弃在外界看来是失败的象征；放弃威胁管理人员的前途；放弃与社会目标冲突；对管理人员的激励体制与放弃某一业务背道而驰。

伟大的品牌不是不犯错误，而是在于能够及时地纠正错误。放弃是企业聚集能力的策略。有限的资源决定了有限的企业能力。企业的人力、物力、财力等资源要素以及企业的产品力、营销力、品牌力、信息力、知识力等能力要素，也必定有长有短。

资源稀缺是人类社会存在的基本现实。资源稀缺性与人类社会欲望无止境性的二元矛盾，产生了机会、选择和放弃。而选择的过程同时也是一个放弃的过程，如果不想成为战略选择的奴隶，那就必须选择放弃战略。放弃是理性的胜利，放弃是智者的选择。成功的企业是不断地进行理性的放弃才获得了持久的成功，而失败的企业则不能进行理性的放弃才导致了最终的失败。

5. 清算战略

清算战略又称清偿战略、清理战略，是指企业受到全面威胁、濒临破产时，通过将企业的资产转让、出卖或者停止全部经营业务来结束企业的生命。毫无疑问，对任何一个企业的管理者来说，清算都是其最不期望、最不愿意作出的痛苦选择。对单一经营的企业来说，清算意味着结束了企业的生存；对多种经营的企业来说，清算则意味着关掉一定的经营单位和解雇一定数量的员工或进行培训转岗。通常在其他战略都失败而别无选择时才运用此战略，但是在确实没有希望的情况下，若能尽早地制定并实施清算战略，企业可以有计划地逐步降低企业的市场价值，尽可能多地收回企业资产，从而减少全体股东的损失。因此，清算战略在特定的情况下，也是一种明智的选择。要特别指出的是，清算战略的净收益是企业有形资产的出让价值，而不包括其相应的无形资产的价值。

清算分为自动清算和强制清算。自动清算一般由企业的股东决定，而强制清算则由法庭决定。通常情况下，当企业由于经营不善无法挽回而不再有希望时，及时进行清算较之固执地维持经营，可能是更适宜的战略。从纯粹经济效益上考虑，早期清算比被迫破产更有利于股东的利益。

7.3.3 紧缩型战略的适用条件及其利弊

1. 紧缩型战略的适用条件

1) 为了适应外部环境的变化

由于外部环境的变化，经济陷入衰退之中。例如，宏观经济调整、紧缩作用于某一行业的供应、生产、需求等方面而引起的突发性、暂时性衰退，或是行业本身进入衰退期而必然出现的市场需求减少、规模缩小而出现的渐进式衰退。这些外部环境变化都会造成市场需求缩小，资源紧缺，致使企业在现有的经营领域中处于不利地位，财务状况不佳，难以维持目前的经营状况。企业为了避开环境的威胁，摆脱经济困境，渡过危机，以求发展时常采用紧缩型战略。

2）企业出现经营失误

由于企业经营失误（如战略决策失误、产品开发失败、内部管理不善等）造成企业竞争地位虚弱、经济资源短缺、财务状况恶化，只有撤退才有可能最大限度保存企业实力时被迫采取紧缩型战略。实施紧缩型战略的目的是通过收缩和退却，尽可能地保存企业实力，渡过危机，以便转移阵地或东山再起。

3）利用有利机会

因为在经营中出现了更加有利的机会，企业要谋求更好的发展机会，需要集中并更有效地利用现有的资源和条件。为此，要对企业中那些不能带来满意利润、发展前景不够理想的经营领域采取收缩或放弃的办法。这是一种以长远发展目标为出发点的积极的紧缩型战略。

2. 紧缩型战略的利弊

紧缩型战略是企业在对外部环境、企业经营实力和发展趋势进行分析、判断和预测的基础上所作出的战略抉择。

1）紧缩型战略的优点

（1）在衰退或经营不善的情况下实行紧缩型战略，有利于正确判断经营领域的盈亏状况，及时清理、放弃无利可图或亏损的领域，清除经营赘瘤，提高效率，降低费用，增加收益，改善财务状况，使企业及时渡过难关。

（2）采用转向、放弃战略，使企业有可能更加有效地配置资源，提高经营质量，发挥和增强企业的优势，在不断适应市场需要的同时，使自身取得新的发展机会。

（3）可以避免竞争、防止两败俱伤。同时，改善资金流量，及时清算，还有助于避免发生相互拖欠债款，因到期不能清偿而引起连锁反应，导致出现信用危机的情况，保持一个相对有利的行业结构和竞争局面。

2）紧缩型战略的缺点

（1）采取缩小经营的措施，往往削弱技术研究和新产品开发能力，使设备投资减少，陷于消极的经营状态，影响企业的长远发展。

（2）收缩战略、转移战略、放弃战略的实施，都需要对人员进行调整，如裁减人员、更换高层领导人等，处理不好会导致员工士气低落、工人与管理者的矛盾以及专业技术管理人员的抵制，反而会限制企业扭转不利局面。

（3）当宏观经济或行业处于衰退期时，企业紧缩经营将导致经济总体的供需关系向缩小均衡方向发展，影响经济的回升或者加速行业的衰退，反而抑制企业的发展。

7.4　组合型战略

7.4.1　组合型战略的概念与特征

组合型战略是指稳定型战略、发展型战略和紧缩型战略三种战略类型的组合，其中组成该组合战略的各战略类型称为子战略。

从组合型战略的特征来看,一般较大型的企业采用较多。因为大型企业相对来说拥有较多的战略业务单位,这些业务单位很可能分布在完全不同的行业和产业群之中,它们所面临的外界环境和所需要的资源条件不完全相同,因而若对所有的战略业务单位都采取统一的战略类型显然是很不合理的,这会导致战略与具体战略业务单位的情况不一致而使企业总体的效益受到伤害。因此,组合型战略是大企业在特定历史发展阶段的必然选择。

从市场占有率等效益指标上来看,组合型战略并不具备确定的变化方面,实施组合型战略的企业只有在各种不同的战略业务单位中才体现出该战略业务单位所采用的战略类型的特点。在某些时候,组合型战略也是战略类型选择中不得不采取的一种方案。

7.4.2 组合型战略的类型

根据不同的分类方式,组合型战略可以分为不同的种类。本节将按照各子战略的构成不同和战略组合的顺序不同进行分类。

1. 按各子战略的构成不同划分

1) 同一类型战略组合

同一类型战略组合是指企业采取稳定、发展和紧缩中的一种战略类型作为主要战略方案,但具体的战略业务单位是由这种方案下不同的子类型来指导的。

2) 不同类型战略组合

这是指企业采用稳定、发展和紧缩中两种以上战略类型的组合,因此这是严格意义上的组合型战略,也可以称为狭义组合型战略。不同类型战略组合与同类型战略组合相比,在管理上相对更为复杂。事实上,作为任何一个被要求采用紧缩型战略的业务单位的管理者,或多或少都会产生抵抗心理。

2. 按战略组合的顺序不同划分

1) 同时性战略组合

这是指不同类型的战略被同时在不同战略业务单位中执行而组合在一起的组合型战略。

(1) 在撤销某一战略经营单位、产品系列或经营部门的同时,增加其他一些战略经营单位、产品系列或经营部门。这其实是对一个部门采取放弃或清算战略,同时对另一部门实行发展型战略。

(2) 在对某些领域或产品实行抽资转向战略的同时,对其他领域或产品实施发展型战略。在这种情况下,企业实行紧缩的战略业务单位还并未恶化到应该放弃或清算的地步,甚至有可能是仍有发展潜力的部门,但为了给其他部门提供发展所需的资源,只有实行紧缩型战略。

(3) 对某些产品或业务领域实行稳定型战略,而对其他一些产品或部门实行发展型战略。这种战略组合一般适用于资源相对丰富的企业,因为它要求企业在并没有靠实行紧缩而获取资源的情况下,以自身的积累来投入需要增长的业务领域。

2)顺序性战略组合

顺序性战略组合是指一个企业根据生存与发展的需要,先后采用不同的战略方案,从而形成自身的组合型战略方案。

(1)在某一特定时期实施发展型战略,然后在另一特定时期使用稳定型战略。其好处是能够发挥稳定型战略的"能量积聚"作用。

(2)首先使用抽资转向战略,然后在情况好转时再实施发展型战略。采用这种战略的企业主要是利用紧缩型战略来避开外界环境的不利条件。

本 章 小 结

1. 论述了公司战略的四种类型。
2. 详细分析了发展型战略、稳定型战略和紧缩型战略的特点、种类、适用条件和利弊,以及组合型战略的概念、特征与类型。
3. 阐述了每种战略的实施,均是基于产销角度提出的。
4. 指出企业要根据外部环境和自己的实际情况,制定符合自身发展的战略。

思 考 题

1. 公司战略的类型有哪些?
2. 发展型战略、稳定型战略和紧缩型战略采取的原因、主要方式以及优缺点各是什么?
3. 什么是组合型战略?谈一谈如何实施这一战略。
4. 相关多元化与无关多元化的动机有何不同?
5. 结合所学理论,分析一个采用稳定型战略的案例。

第 8 章 竞 争 战 略

1. 了解四种基本竞争战略的含义；
2. 理解四种基本竞争战略适用条件；
3. 明确四种基本竞争战略实施途径；
4. 领会四种基本竞争战略各自的利弊；
5. 重点掌握战略钟模型；
6. 了解合作方式的几种类型；
7. 掌握全球价值链产业升级的途径。

夫未战而庙算胜者，得算多也；未战而庙算不胜者，得算少也。多算胜，少算不胜，而况于无算乎！

——《孙子兵法·计篇》

不可胜者，守也；可胜者，攻也。守则不足，攻则有余。善守者藏于九地之下，善攻者动于九天之上，故能自保而全胜也。

——《孙子兵法·形篇》

即便你处于正确的跑道，如果原地踏步不动，也一定会被别人超过。

——威尔·罗杰斯

"防晒经济"升温，差异化突围加速

自 2023 年 3 月以来，气温不断回升催热了"防晒经济"，也拉动了相关产业的发展。随着防晒意识增强、消费需求增加，消费者上演"全副武装"，"软防晒"和"硬防晒""两手抓"成为必选项，进一步扩容防晒消费市场。

可以看到的是，市场上以防晒霜和防晒喷雾为代表的软防晒产品依旧热销的同时，防晒衣、防晒帽和防晒手套等硬防晒装备也走俏市场。

防晒产品的热度在头部主播的直播间里得以体现。3 月 1 日晚，3·8 大促，李佳琦直播间的美妆节正式开启。当晚，防晒霜品牌蜜丝婷的防晒小黄帽销量达 18 万支。3 月 21 日，李佳琦又开设了防晒专场，其中不乏防晒霜、防晒衣等产品，安热沙、薇诺娜、蕉下等品牌参与其中。

实际上,防晒产品火热的背后是我国防晒化妆品市场的不断增长。智研瞻产业研究院统计数据显示,2017 年中国防晒行业市场规模 102 亿元,2022 年中国防晒行业市场规模 183 亿元,预测 2029 年中国防晒行业市场规模 389 亿元。

目前,防晒护肤品和防晒服饰成为两大主流防晒方式。就防晒护肤品而言,市面上比较火热的不仅有兰蔻、资生堂等国际大牌,像蜜丝婷、薇诺娜等新兴势力也不容小觑。而在防晒服饰领域,不仅有以防晒用品为主的蕉下、Ohsunny 等新消费品牌,传统品牌也开始涉足,比如,探路者、波司登等。

当谈到防晒护肤品时,首先想到的适用季节是夏季。但现在从功能的用法上,防晒已经打破了季节性的特点,具备补水、保湿或润肤等多重功效,也成为防晒产品的新需求。在产品品类上,突破单纯的防晒边界,做防晒+护肤、防晒+彩妆、防晒+身体护理等延伸。这也成为品牌间差异化的产品利益点,"防晒+"的趋势已经显现出来。

在防晒服饰领域,消费者不仅要防晒,还要求产品兼具颜值、板型、设计等多重要素,并且随着露营、徒步、骑行等户外运动的火热,不少品牌推出了不仅具备防晒功能,还具有防风、防雨、排汗等功能的户外防晒产品。

可以说,防晒是产品的功能需求之一,而不是唯一需求。企业需要结合消费者场景的需要,推出"防晒+"的产品。比如,露营、骑行等户外运动会使皮肤长期暴晒在阳光下,消费者需要的产品不仅要具备防晒功能,还要具备吸汗、排湿、透气等功能。

值得注意的是,虽然国内防晒市场的规模和消费频次正在不断增加,但与国外成熟市场相比,我国防晒产品普及率较低,人均防晒霜消费金额为 11.8 元,不到韩国人均防晒霜消费金额的 1/7。虽然国内的防晒市场足够大,但绝对的强势品牌或者说全渠道第一品牌还没有形成,"防晒经济"还蕴藏着很大的市场机会。差异化突围有一定的难度,但也是企业必须思考的问题。

据蕉下方面提供的资料,当前市场上有越来越多的品牌将特殊材料、"黑科技"、人体工学设计等融入户外用品中,可以满足用户对户外运动的功能性需求。新科技、新材料为产品和品牌赋能,消费者愿意为此买单。

防晒市场要做好产品升级和创新,加大技术创新、包装创新,产品开发和推广,在产品热销期做好产品连带,从而把消费领域扩大,使消费者形成复购。

想要打出差异化,必须在投入科研的基础上,从细分市场做升级和创新。比如,将防晒霜品类延展至男性、婴儿、儿童、孕妇等更特殊的人群。唯品会数据显示,2022 年 3 月,男性的防晒化妆品购买量增速是女性的两倍,男性购买力不容小觑。2022 年端午小长假期间,防晒霜/乳的销量同比增长达 36% 以上,而婴儿防晒用品同比涨幅达 56% 左右。

针对不同肤质,企业也可以推出功效不同的产品。《中国敏感性皮肤整治专家共识》中提到,我国有 36.1% 的女性是敏感性皮肤。对此,专研敏感肌品牌薇诺娜推出了敏感肌、干敏肌等人群的产品;薇姿推出高倍防晒、控油祛痘的油痘肌防晒;欧莱雅推出添加抗衰成分的隔离防晒乳等。

目前防晒市场呈现比较"泛"的状态。这就造成很多产品的功能性、特性挖掘不出来,没有消费场景和顾客的复购率支撑企业的品牌力、产品力、渠道力。因此,企业要从场景角度去看，从产品角度去看，做精准定位和产品聚焦。比如，将产品的使用场景细分到户外运动、远足露营、日常防晒。但不管是围绕防晒做差异化、细分化、功能化还是垂直化，最终还是要回归到产品是否具有独特性上。

目前，已有品牌意识到场景细分的重要性并作出反应。有品牌推出具备防水、防汗功能的产品，可以适用于游泳、冲浪、海边度假等多个场景；也有针对长期从事户外运动的高倍、持久型产品；也有适用于日常通勤党的清爽型防晒产品等。

通过进一步分析可以发现，防晒品类是典型的新消费品类，通过细分场景找出品类的差异化特征，开发产品和营销，类似的机会只有善于洞察市场的新锐企业才能发现。但能否成为强势品牌，这要求全面审视产品的非功能属性(如情感属性、文化符号)，而不是卖一个产品，如lululemon卖的是"健康与美"，不是单纯的功能产品，这是本土品牌企业需要深层思考的内容。

资料来源：于海霞，孙吉正."防晒经济"升温　差异化突围加速[N].中国经营报，2023-04-10.

8.1　成本领先战略

8.1.1　成本领先战略的含义

成本领先战略，又称低成本战略，它使企业的全部成本低于竞争对手的成本，甚至是在同行业中成本最低。其核心就是在追求规模经济效益基础上，通过在内部加强成本控制，在研究与开发、生产、服务、销售和广告等领域把成本降到最低限度，成为行业中的成本领先者，并获得高于行业平均水平的利润。

成功实施成本领先战略的关键在于，在满足顾客认为至关重要的产品特征和服务的前提下，实现相对于竞争对手的可持续性成本优势。换言之，奉行成本领先战略的企业必须开发成本优势的持续性来源，必须能够形成防止竞争对手模仿成本优势的障碍，才能持续保持这种低成本优势。运用这一战略获取利润业绩的思路有二：一是利用成本优势定出比竞争对手更低的价格，大量吸引对价格敏感的顾客，进而提高总利润；二是不削价，满足于现有市场份额，利用成本优势提高单位利润率，进而提高总利润和总的投资回报率。成本领先战略的理论基石是规模效益和经验效益，它要求企业的产品必须具有较高的市场占有率。

8.1.2　成本领先战略的适用条件

在实践中，成本领先战略要想取得较好的效果，企业通常还要考虑以下因素。

(1) 该战略适用于大批量生产的企业，产量要达到规模经济，这样才会有较低成本，而且市场是完全竞争的市场。

(2) 该行业的产品要是标准化的产品，大多数购买者是以同样的方式使用该产品，企业的市场地位主要取决于价格竞争，企业能够有较高的市场占有率，并要严格控制产品定价，且初始亏损，以此来创造较高的市场份额。

(3) 用户购买和使用其他生产者的产品不需要多少转换成本，因而极易倾向于购买价格最优惠的产品。

(4) 产品具有较高的价格弹性。

(5) 实现产品差异化的途径很少等。

如果企业的外部环境和内部条件不具备这些因素,企业便难以实施成本领先战略。企业在考虑实施条件时,一般从以下两个方面考虑:一是实施战略所需要的资源和技能;二是组织落实的必要条件。赢得总成本最低的地位通常要求企业具备较高的相对市场份额或其他优势,如良好的原材料供应等。为此,实行成本领先战略就有可能要有很高的购买先进设备的前期投资、激进的定价策略和承受初期亏损的能力,以获取市场份额。高市场份额又可引起采购经济性而使成本进一步降低。一旦赢得成本领先地位,所获得的较高利润又可对新设备进行再投资,以维护成本领先地位。在成本战略领先方面,企业所需要的资源是持续投资和增加资本,提高科研与开发的能力,增强市场销售的手段,提高内部管理水平;在组织落实方面,企业要考虑严格的成本控制、详尽的控制报告、合理的组织结构和责任制,以及完善的激励管理机制。

8.1.3 成本领先战略的类型

企业要获得成本优势,价值链上的累积成本(各种价值活动的成本之和)就必须低于竞争对手的累积成本。要实现这一目标,主要有两个途径:一是比竞争对手更有效地开展内部价值链管理活动,从而降低成本;二是改造企业的价值链,省略或跨越一些高成本的价值链活动,从而降低成本。具体来说,有简化产品、改进设计、节约原材料、降低工资费用、实行生产革新和自动化、降低管理费用等方法。例如,格兰仕利用其在生产规模、销售、科研和管理等方面的规模经济,通过扩大生产规模,降低单位产品的成本。同时,格兰仕还努力降低采购成本、行政管理成本、销售成本和流通成本,这使得格兰仕拥有更大的综合成本优势。另外,格兰仕通过专业化生产取得成本优势。多年来,格兰仕一直专注于微波炉的生产与研发,通过不断开发新产品和专有技术,降低产品的成本。

根据企业获取成本优势的方法不同,我们把成本领先战略概括为如下几种主要类型。

1. 简化产品型低成本战略

取得低成本最直接的方式,就是使产品简单化,即将产品或服务中添加的花样全部取消。因此,仓库型的家具商场、法律咨询服务站、毫无装饰的百货店,均能以远远低于同产业企业的成本从事经营。企业的竞争对手,由于原来已经附加的种种为顾客所熟知而又无法取消的服务,不得不负担高额费用支出。例如,日本东芝公司在美国市场推出一种计算机化的CT(电子计算机断层扫描)仪,由于省去了那些非顾客必需且又造价昂贵的功能,该产品售价比通用电气公司的同类产品便宜40%以上,牢牢地占领了美国医疗设备市场。

2. 改进设计型低成本战略

改进产品的设计或构成,也能形成成本优势。例如,某企业开发一种可以替代木料的"压缩木料",这种木料用一般的锯屑、木片等压制而成,其成本只有竞争对手的一半。某计算机企业凭借其优秀的工程技术,改善产品设计,以产品的部件数量少、成本低及装配作业费用便宜取得成本优势。

3. 材料节约型低成本战略

企业如果能够控制原材料来源,实行经济批量采购与保管,并且在设计和生产过程中注意节约原材料,也能降低产品成本。

4. 人工费用降低型低成本战略

在劳动密集型行业,企业如能获得廉价的劳动力,如服装行业中人工成本约占50%,劳动力成本低的国家或企业就占有较大优势。近年来,东部沿海的服装加工业迅速增加,主要原因之一是其具有工资成本低的优势。

5. 生产创新及自动化型低成本战略

生产过程的创新和自动化,可以作为降低成本的重要基础。美国内陆钢铁企业的产品市场占有率不高,但通过工厂设备的自动化以及营销系统的创新,仍能取得低成本的优势地位。

6. 重新设计核心业务流程型低成本战略

重新设计核心业务流程,发现取消有关价值链活动的创新方法。例如,软件业的价值链重购等。

8.1.4 实施成本领先战略的途径

1. 控制成本驱动因素

控制成本驱动因素是指比竞争对手更有效地开展内部价值链活动,更好地管理推动价值链活动成本的各个因素。其主要途径有以下几个。

(1) 规模经济或规模不经济。价值链上某项具体活动常常会受到规模经济或规模不经济的约束。如果某项活动的开展,规模大比规模小成本更显得低,以及如果公司能够将某些成本分配到更大的销售量之上,那么,就可以获得规模经济。

(2) 学习及经验曲线效应。开展某项活动的成本,通常情况下会因为经验和学习的经济性而随时间下降。

(3) 降低关键资源的投入成本。一家公司对外购品的选择通常是因为成本驱动。

(4) 在公司内部同其他组织单元或业务单元进行成本分享。一个公司内部的不同产品线或不同业务单元通常可以共同使用订单处理系统、客户账单处理系统、销售力量、仓储和分销等设施,这样可实现资源分享,从而带来成本节约。

(5) 垂直一体化对外部寻源所具有的利益。部分或全部一体化可以使一个公司绕开有谈判优势的供应商或购买者。如果合并或协调价值链中紧密相关的活动能够带来重大的成本节约的话,那么前向或后向一体化就有很大的潜力。

(6) 生产能力利用率。生产能力利用率是价值链的一个很大的成本驱动因素,因为它本身附带了巨大的固定成本。生产能力利用率的提高可以使承担折旧和其他固定费用的生产量扩大,从而降低单位固定成本。

2. 改造企业价值链的途径

改造企业的价值链,省略或跨越一些高成本的价值链活动的主要途径有以下几个。

(1) 简化产品设计,转向"易于制造"的设计方式。

(2) 削减产品或服务的附加,只提供基本无附加的产品或服务,从而削减多用途的特色和选择。

(3) 转向更简单的、资本密集度更低的,或者更简便、更灵活的技术过程。

(4) 寻找各种途径来避免使用高成本的原材料和零部件。

(5) 使用"直接到达最终用户"的营销和销售策略,从而削减批发商和零售商那里通常很高的成本费用和利润。

(6) 将各种设施重新布置在更靠近供应商和消费者的地方,优化各项价值活动的地理位置。

(7) 将核心集中在有限的产品或服务之上,以满足目标购买者特殊的却很重要的需求,消除产品或服务中的各种变形所带来的活动和成本。

(8) 再造业务流程,去掉附加价值很低的活动。

(9) 利用电子通信技术,减少信息传递、流通的费用和成本。

(10) 加强客户关系管理(CRM),通过网络技术等同顾客建立联系。

8.1.5 成本领先战略的利弊

1. 采用成本领先战略的益处

低成本企业在行业中具有明显的优势,以低价为基础与竞争对手展开竞争,扩大销售,提高市场占有率,获得高于同行业平均水平的收益;可以在与顾客的谈判中争取到更大的生存空间;有较强的原材料上涨的价格承受力;可以依托低成本所形成的竞争优势,形成进入障碍,限制新的加入者;可以削弱弱势产品的竞争力量。具体而言,企业采用成本领先战略的主要益处有以下几方面。

(1) 抵挡现有竞争对手的对抗。在与竞争对手的竞争中,由于成本领先,企业可用低价格优势从竞争对手中夺取市场占有率,扩大销售量,在价格战中活下来并获得高于行业的平均利润。

(2) 抵御购买商讨价还价的能力。低成本优势能够为企业提供部分的利润率保护,再强大的顾客也很难通过谈判使价格低于行业最低水平。

(3) 更灵活地处理供应商的提价行为。由于企业有低成本优势,相对于竞争对手具有较强的对原材料、零部件价格上涨的承受能力,能够在较大的边际利润范围内承受各种不稳定经济因素所带来的影响。

(4) 形成进入障碍。企业的生产成本低,便为行业的潜在进入者构成较高的进入障碍。那些在生产技术上尚不成熟、经营上缺乏规模经济的企业都很难进入此行业。

(5) 树立与替代品的竞争优势。低成本企业可用削减价格的办法稳定现有顾客的需求，使之不被替代产品所替代。

由于成本领先战略具有上述明显优势，所以大多数企业在进行战略分析时都将成本领先作为获得竞争优势的基础。正是对成本领先战略的这种重视，反映了人们将价格作为企业之间竞争的主要工具的倾向，同时也反映了这些公司战略选择的偏好。事实上，只要企业通过某种方式取得了在行业范围内的成本领先地位，在一般情况下，就会有较高的市场份额，同时获得较高的利润。而较高的收益又可加速企业的设备更新和工艺变革，反过来进一步强化企业的成本领先地位，从而形成一个良性循环；反之，则可能形成一个恶性循环，如图 8-1 所示。

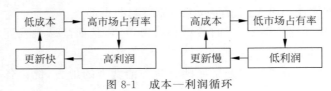

图 8-1　成本—利润循环

2. 采用成本领先战略的风险

(1) 由于竞争对手的技术革新，低成本组织的生产设备可能会变得过时。这些技术革新可能会使得竞争对手以比原组织更低的成本生产。例如，作为 VCD 先锋的万燕公司，起初的市场占有率是 100%，随着 VCD 技术的升级换代，一些企业利用先进技术，大大降低了生产成本，而万燕公司则由于技术升级的障碍而不幸夭折。

(2) 由于组织集中精力研究如何降低成本，因而在实施该战略的过程中很有可能忽视消费者需求的变化或是竞争对手的变化。例如，用户对服装产品的消费偏好是随人们消费观念的变化而变化，由物美价廉到个性发展，追求标新立异；在 20 世纪 70 年代初期，阿迪达斯公司在跑鞋制造业中占据统治地位，但到 20 世纪 80 年代后期，后起之秀耐克公司已经占据美国跑鞋市场的 33%，而阿迪达斯公司却降到了 20%。耐克公司成功的关键并不在于标新立异，而是卓有成效的模仿。

(3) 该战略易于模仿。竞争对手有时能够成功地学会实施该种战略，一旦这种情况出现，组织就会处于比较困难的境地。

(4) 采用成本领先战略降低价格(P)而为消费者提供的消费者剩余($B-P$)不足以抵消采用差异化战略的竞争对手通过提高顾客认可的价值(B)而为消费者提供的消费者剩余($B-P$)，使企业失去竞争优势。

(5) 为降低成本而采用的大规模生产技术和设备过于专一化，适应性差。例如，通货膨胀率的上升将削弱企业的成本优势。

8.1.6　实施成本领先战略的误区

当众多厂家都致力于降低成本时，它们之间的竞争将是十分激烈的。企业可以通过其相对成本的降低取得成本优势，一些机会往往会被忽视并错过，下面一些常见的错误应该引以为戒。

（1）许多企业把成本控制狭隘地等同于生产成本的控制，在成本分析中很少重视产生于市场营销、服务、技术开发和基础设施中的成本和费用。事实上，在实施成本领先战略时，认真审视价值链，往往会有许多降低成本的新发现。例如，福特公司发现乘坐不能变更日期的机票可以便宜1/4～1/2，于是规定只要条件许可，员工出差都买这种机票，福特公司有20多万名员工，每年都有大量的出差机会，仅此一项就会为其节省一笔可观的开支。

（2）许多企业对内部成本控制抓得很严，而对外部的采购成本却放任不管，或者仅关注关键原材料的采购。事实上，对许多企业来说，采购方式稍加改进，就会产生成本上的重大效益，如果更重视采购员素质和议价能力的提高，会为企业赚得一笔较大的收入。福特公司通过鼓励全球的零部件供应商进行合并，从而减少了采购成本。正如福特公司的一个竞争者所言："福特让我们学会制造汽车部件，而他们自己学会了制造利润。"

（3）许多企业往往将降低成本集中在规模大的成本活动和直接活动上，而忽视了一些间接的或者占总成本较少部分的成本活动。实际上，任何企业的"跑、冒、淌、漏"都不是一笔小数目的开支，甚至那些看来与主业无关的后勤活动往往也是成本提升的"大户"。

（4）忽视成本接口活动的管理，不考虑部门的特殊性，往往等比例地下达成本降低指标。事实上，有些部门成本的提高会导致企业总成本的降低。例如，研发部门往往如此。

（5）忽视价值链的创新活动，把注意力放在争取现有的价值链的增值改善，而不是去探索重新配置价值链的途径，使企业进入一个全新的成本水平阶段。

8.2 差异化战略

8.2.1 差异化战略的含义

差异化战略是指企业向顾客提供的产品或服务与其他竞争者相比独具特色、别具一格，从而使企业建立起独特竞争优势的战略。这种战略的核心是取得某种对顾客有价值的独特性。

差异化是指将企业提供的产品或服务差别化，树立起全产业范围中具有独特性的品质。它主要是利用需求者对各品牌的信任以及由此产生的对价格敏感度的下降使企业避开竞争。该战略要求"企业必须真正在某些方面唯一或是给人感知唯一"。企业的产品或服务可以在许多方面实现别具一格，如品牌形象、顾客服务、技术特点、产品更新、经销网络等。其关键就在于特色的选择必须有别于竞争对手，并且足以使溢价超过追求差异化的成本。

8.2.2 差异化战略的适用条件与可能性

1. 差异化战略的适用条件

（1）具有很强的研究与开发能力。研究人员具有创造性的眼光。

（2）具有以其产品质量或技术领先的声望。

（3）具有悠久的发展历史或吸收其他企业技能并自成一体的能力。
（4）具有很强的市场营销能力。
（5）企业各部门之间具有很强的协调性。
（6）具有吸引高新技术人才、创新性人才和其他高技能人员的物质基础。

2. 实施差异化战略的可能性

（1）存在最终会影响企业终端产品的质量或者性能的采购活动。

（2）企业以如下各项内容为目标的产品研究与开发活动：改善产品设计和性能特色；扩大产品的最终用途和应用范围；缩短新产品开发的提前期；增加产品种类；增加用户安全设施；提高回收能力；加强环境保护。

（3）能够达到下列目的的生产研究开发和技术相关的活动：使公司以有效的成本进行用户订单式制造；使生产方式在环境方面更有安全性；提高产品质量、可靠性和外观。

（4）能够达到下列目的的生产制造活动：减少产品缺陷；产品的寿命防止产品成熟前失败；延长产品的寿命；改善产品的保险总额；改善使用的经济性、产品的外观。

（5）能够达到下列目的的出厂后勤和分销活动：加快交货；提高订单完成的准确性；减少仓库中和货架上的产品脱销现象。

（6）能够达到下列目的的市场营销、销售和顾客服务活动：为顾客提供卓越的技术支持；加快维护及修理服务；增加和改善产品的信息；增加和改善为终端用户所提供的培训材料；改善信用条件；加快订单处理过程；增加销售访问次数；提高顾客的方便程度。

8.2.3 差异化战略的类型

企业要突出自己的产品与竞争对手产品之间的差异性，主要可以实施四种差异化战略：产品、服务、人事与形象。

1. 产品差异化战略

这里的产品主要是指有形产品。有些产品高度标准化，相互之间差异很小，如鸡蛋和水果，但仍可以发现一些差别。例如，宝洁公司成功地把洗衣粉设计成了汰渍、奇尔、格尼、达诗、波德、卓夫特、象牙雪、奥克多和时代九个品牌。有些产品的差异化程度很高，如汽车、建筑物和家具等。产品差异化的主要因素有特征、工作性能、一致性、耐用性、可靠性、易修理性、式样和设计。

（1）特征。产品特征是指对产品基本功能给予补充的特点。产品特征是企业实现产品差异化的极具竞争力的工具。企业可以通过增加新的特征来推出新的产品。例如，先锋公司推出一种新音响，不仅可以让卡拉OK歌手唱歌，而且可以直接在高密光盘上录音，从而形成品牌的独特风格。

（2）工作性能。工作性能是指产品首要特征的运行水平。如果东芝笔记本电脑具有更快的处理速度和更大的内存，那么就要比宏碁的工作效率高，就更容易受到消费者的青睐。但是,这并不意味着产品的质量越高越好,因为有时候过高的质量不一定给企业带来更高的利润,反而可能因成本过高而降低企业的收益水平。所以,产品的质量水平只要符合目标市场的特征和竞争对手的质量水平即可。例如,为普通家庭设计的计算机系统并不需要像为航空工程师设计的那样灵敏。

（3）一致性。一致性是指产品的设计特征和工作性能与预期标准的符合程度。一致性越高,产品许诺的功能越容易实现,消费者就越会感到满意;反之亦然。例如,人们之所以盛赞日本企业的产品,原因之一就是其具有很高的一致性。

（4）耐用性。耐用性是指产品的预期使用寿命。一般而言,产品的耐用性越高,消费者愿意为之支付的价格越高,但也并非全部如此。例如,宣传个人电脑具有很高的耐用性就并不一定很有吸引力,因为这种产品的特征和工作性能变化很快。

（5）可靠性。可靠性是衡量产品在一定时期内不会发生故障或无法工作的指标。因为消费者希望避免发生故障而修理所形成的高成本,所以愿意为质量可靠的产品支付高价格。例如,美国坦德姆计算机公司开发了一种多部系列使用电子计算机系统,操作这种系统时,某一计算机发生故障,其余计算机可以替代其工作。该公司这种独特的产品可靠性在市场上影响很大,甚至连 IBM 开发的操作系统都难适应。

（6）易修理性。易修理性是指当产品失灵或无法工作时,易于修理。易修理性越强,当产品出现问题时,消费者自己处理问题的可能性就越大,就越会感到产品使用方便,从而比较满意;反之亦然。

（7）式样。式样是指产品给予消费者的视觉效果和感觉。例如,尽管美洲豹汽车可靠性不佳,但仍有不少消费者愿意为之支付高价格,这是因为它的外形独特。

（8）设计。这是一种整合的力量。前面所有的品质都是产品设计的参数。设计包括产品设计、工序设计、图案设计、建筑物设计以及内部设计、企业标志设计等。卓越的产品设计能吸引顾客的注意力,提高产品的质量和工作性能,降低生产成本,并能更好地将产品的价值信息传递给消费者。可以预见,随着竞争的加剧,设计将成为企业对产品和服务实现差异化的强有力途径。就像保罗·雷莱斯所说:"在一个竞争性增长的世界上,当工业化国家进入几乎同样的原料生产同一类产品的阶段,设计便成了决定的因素。"

2. 服务差异化战略

除了对有形产品实行差异化外,企业还可对服务进行差异化,尤其是在难以突出有形产品的差异化时,服务的数量与质量往往成为竞争取胜的关键。服务的差异化主要包括送货服务、安装服务、顾客培训服务、咨询服务等因素。

一项调查显示,10 个消费者中 7 个人转向购买别家产品的主要理由并非产品的品质或价格,而是恶劣的服务。剑桥报告则表示,在选择服务时重要的考虑是它是否符合需求而不是价格。很多人都知道,提供好的服务是非常重要的,但是真正能做到的企业实在太少了。

（1）送货服务。送货服务是指企业如何将产品和服务送到顾客手中,包括送货的速度、准确性和对产品的保护程度。消费者常常选择能按时送货的供应商。

（2）安装服务。安装是指将产品安放在计划位置上,使之开始运转。例如,IBM 会将顾客所购买的设备一起送到指定地点,而不是在不同时间运送不同的零部件。

(3) 顾客培训服务。顾客培训是指对购买者的职员进行培训,让他们能正确、有效地使用供应商的设备。例如,麦当劳要求特许店店主到汉堡大学进修两星期,学习合理经营特许店的方法。美国西南航空公司为了安抚不断投诉航空服务的顾客,还专门设立了一个"首席道歉官"。他每天的工作就是不停地给投诉者打电话、写信致歉。

(4) 咨询服务。咨询服务是指销售商向购买者免费(或收取一定费用)提供资料,建立信息系统,给予指导等。这些服务能帮助顾客更有利地参与竞争,从而更忠实于供应商。

(5) 修理服务。修理服务是指企业向产品购买者提供的修理项目。例如,日产公司向顾客保证承担因修理不当而产生的一切费用。

(6) 其他服务。企业还可利用许多其他途径来区分服务和服务质量。如设立顾客奖,这在航空公司竞争中很常见。

3. 人事差异化战略

企业可以通过雇用、培训比竞争对手更优秀的员工,来获得强大的竞争优势。如新加坡航空公司的声誉在大部分市场上都很高,因为它的空姐美丽优雅。再如,麦当劳的员工十分有礼貌;IBM 的员工技术水平很高;迪士尼公司的员工态度非常乐观;大多数日本百货商店都在电梯旁设有一位女性员工,告知顾客各层销售的商品种类。训练有素的员工应能体现下面六个特征。

(1) 胜任。员工具备必需的技能和知识。
(2) 礼貌。员工对顾客的态度友好,充满敬意,能为顾客着想。
(3) 可信。员工值得企业的信任。
(4) 可靠。员工能自始至终、准确地提供服务。
(5) 反应敏捷。员工能对顾客的需要和有关问题迅速地作出反应。
(6) 善于交流。员工能尽力去理解顾客,并能准确地与顾客沟通。

4. 形象差异化战略

即使其他竞争因素都相同,但由于企业或品牌的形象不同,消费者也会作出不同的反应。品牌可以形成不同的个性,供消费者识别。

(1) 个性与形象。个性是指企业期望向公众展现的特征,而形象则是公众对企业的看法。企业个性设计是为了在公众心目中塑造形象,但其他因素也会影响企业的形象。企业形象不可能一夜之间在公众心目中形成,也不可能凭借一种媒体就可塑造。形象需要各种可能的沟通给予传播,并要不断地扩散。像"IBM 意味着优质服务"这一条信息要通过产品标志、书面与听觉——视觉媒体、环境等各种活动项目等途径来表达。

(2) 标志。鲜明的形象应包括易于识别企业或品牌的一个或多个标志。企业可以选择自然物或者人名来突出自己的品质,如老虎、苹果以及派盛等。口号有时也可表现一定形象,比如,宏碁在不同时期的口号是"微处理器的园丁";"为了明天更美好,缩短差距";"为每个人提供现代技术"。进一步的标志还有颜色和特定的声响或音乐。如蓝色在美国是最受欢迎的企业色彩(最突出的是 IBM),而红色则是亚洲使用最多的企业色彩等。

(3) 书面与听觉、视觉媒体。在企业或品牌个性的广告宣传中,必须融入已选定的标志。广告要能传播与众不同的信息——一条信息、一种情感、一定的质量水平。消息还应在其他出版物上反复出现,如年度报告、宣传手册和目录等。企业的信笺和商业卡上也可设计企业所宣传的形象。

(4) 环境。生产或运送产品或服务的有形空间正成为另一种有力的形象宣传工具。例如,银行要显得态度友好,就应选择合适的建筑设计、内部设计、布局、色彩、原材料和装饰等。

(5) 活动项目。企业可以通过它所赞助的活动项目的类型来塑造个性。例如,银行可以举办音乐会;饮料生产企业可以赞助体育项目等。

8.2.4 实施差异化战略的途径

1. 有形差异化

(1) 产品自身差异化。产品自身差异化是根本途径,也是最直接的途径。通过对产品自身特性的改进和完善来建立差异化,如产品的外观、性能、结构、质量等。

(2) 延伸产品差异化。延伸产品差异化主要包括产品的售前服务、交货速度、交货方式等方面,这些方面尽管不能直接改变产品自身的特性,但它能给顾客带来极大的方便和安全性。因此,它也是产品差异的一个重要途径,并且这些差异化的实现有时不需要支付太高的成本。

2. 无形差异化

无形差异化可以通过社会因素、感情因素、心理因素等来实现。如公司的人事、形象、品牌、企业文化、价值观、经营风格等。其中强化品牌差异化是众多公司实施名牌战略的原因。无形差异化的不可磨损性、共享性、可继承性等特点,使得差异化带来的影响更大,效果更好。因此,强化无形差异化是企业差异化的优先选择。

8.2.5 实施差异化战略的利弊

1. 采用差异化战略的益处

(1) 形成进入壁垒,降低顾客价格敏感度。实行产品差异化战略是利用顾客对其产品或服务特色的注意和信任,建立起顾客对产品或服务的信赖和忠诚,降低了顾客对产品价格变化的敏感性,这样差异化战略就在同行业竞争中形成了一个隔离地带,筑起了较高的进入壁垒,在特定领域形成独家经营的市场,避免了竞争对手的侵害,保持了本企业的优势地位。

(2) 增强对购买者的讨价还价能力。实行差异化战略,使得顾客的选择范围非常小,没有其他替代品可以满足其个性化需求,因此增加了顾客的忠诚度和转换成本。

(3)防止替代品威胁。企业通过差异化战略建立起顾客对本企业产品的信赖,使一般的替代品无法在差异化上与本企业开展竞争。

2. 采用差异化战略的风险

(1)差异化成本太高。如果采用成本领先战略的竞争对手压低产品价格,使其与实行差异化战略的厂家的产品价格差距拉得很大,顾客可能会舍弃由差异化企业提供的某些特性、服务或形象的诱惑以节省大笔开支。

(2)差异化程度下降。当用户变得更加精明时,顾客会降低对产品或服务的差异化需求。

(3)大量的模仿缩小了可感觉到的差异。特别是当产品发展到成熟期时,拥有技术实力的厂家很容易通过逼真的模仿,减小产品之间的差异。

(4)过度差异化。过度差异化会使产品的价格偏高,或差异化属性超过了顾客的需要。

8.2.6 实施差异化战略的误区

1. 无意义的独特性

独特性并不一定是差异化,只有为顾客提供附加值才是有意义的差异化。大部分有意义的差异化通常来自买方的追求和可以衡量的价值。一项差异化是否有价值,衡量的标准就是企业能否在向顾客推销时,控制和维持溢价。

2. 溢价太高

从差异化中获得的溢价是差异化的价值和持久性的函数。如果溢价太高,顾客将难以承受。因此,公司应该制定一个合理的价格标准,与顾客共同分享价值。

3. 只重视产品而忽视整个价值链

像在差异化途径中所论述的那样,整个价值链能够提供无数差异化的持久基础,公司要审视价值链的整个活动,从每一项活动中创造有价值的差异化。

4. 不能正确认识买方市场

差异化需要以满足一定的买方购买标准为基础。如果企业不能正确划分买方市场,它的差异化就无法满足任何一个买方。

8.3 集中化战略

8.3.1 集中化战略的含义

集中化战略,又叫作目标聚焦战略,是企业把经营的重点放在一个特定目标市场上,为特定地区或特定的购买群体提供差异化产品或低成本产品的竞争战略。它可分为集中成本领先战略和集中差异化战略(这也是集中化战略的两种类型),其中,集中成本领先战略通过向特定市场提供比竞争对手更低价格的产品或服务创造竞争优势。例如,世界各地的青年旅馆主要针对外出旅游的低收入年轻人,这种旅馆不讲究服务质量,设施也比较简陋,但能够赢得像大学生这类旅客的青睐。集中差异化战略则通过向特定市场提供较竞争对手更具有特色的产品或服务获取竞争优势。例如,专为贵族富豪生产超豪华轿车的劳斯莱斯汽车公司,主要为世界各地的大亨提供至善至美的服务和超级豪华的享受,这种汽车似乎已经失去了作为交通工具的使用价值,更像是身份与地位的象征。

集中化战略与其他两个竞争战略不同。成本领先战略和差异化战略面向全行业,在整个行业的范围内进行活动。而集中化战略则是围绕一个特定的目标进行密集型的生产经营活动,专门服务于行业总体市场的一部分,要求企业能够比竞争对手提供更为有效的服务。企业一旦选择了目标市场,便可以通过产品差异化和成本领先的方法,形成集中化战略。就是说,采用集中化战略的企业,基本上就是特殊的差异化企业或特殊的成本领先企业。

三种竞争战略的关系与区别如图 8-2 和图 8-3 所示。

		竞争优势	
		客户觉察到的独特性	成本领先地位
竞争范围	全行业范围	差异化战略	成本领先战略
	仅限于某个特定的市场面	基于差异化的集中化战略	基于低成本的集中化战略

图 8-2 三种竞争战略的关系

		战略优势	
		低成本地位	独特性
战略目标	整个产业范围	成本领先战略	差异化战略
	特定细分市场	成本聚焦战略	差异化聚焦战略

图 8-3 三种竞争战略的区别

8.3.2 实施集中化战略的原则

企业实施集中化战略的关键是选好战略目标。

(1) 购买者群体之间在需求上存在显著差异,或习惯于以不同的方式使用产品。

(2) 这一特殊的顾客群或地区市场并不是主要竞争者取得成功的关键因素,因此,没有其他竞争对手采取类似的战略。

(3) 企业的目标市场在市场容量、成长速度、获利能力及竞争强度方面具有相对的吸引力。

(4) 本企业资源实力有限,不能追求更大的目标市场。

(5) 行业内部存在不同的细分市场,因而允许实施重点集中化战略的企业选择诱人的细分市场,以充分发挥自己的优势。

8.3.3 实施集中化战略的适用条件与关键

1. 实施集中化战略的适用条件

满足下列条件时,不管是以低成本为基础的集中化战略还是以差异化为基础的集中化战略都会变得有吸引力。

(1) 目标市场足够大,可以盈利,或者小市场具有很好的成长潜力。

(2) 企业的资源和能力有限,不允许选定多个细分市场作为其目标市场,整个行业中有很多中小市场和细分市场,从而一个集中型的厂商能够选择与自己的强势和能力相符的有吸引力的目标小市场。

(3) 在同一目标细分市场中没有其他的竞争者采用这一战略,其他竞争厂商很难在目标细分市场进行专业化经营,定位于多个细分市场的竞争厂商,很难满足目标细分市场的专业或特殊需求,或者如果满足这个市场的专业客户需求代价往往极其昂贵。

(4) 采用集中化战略的企业拥有足够的资源,能在目标市场上站稳脚跟。

(5) 采用集中化战略的企业凭借其建立起来的顾客商誉和公司服务,来防御行业中的竞争者。

2. 实施集中化战略的关键

(1) 选好战略目标。企业选好集中化战略目标基于以下原则:选择那些竞争对手最薄弱的环节的目标和最不易受到替代产品冲击的目标。

(2) 选好实施方式。企业保证集中化战略目标的成功实施要基于以下原则:选择对其竞争对手的成功不是至关重要的经营方式,如选择基于市场开发和市场渗透战略的某些专一经营方式。

(3) 注重权衡取舍。企业选择集中化战略要在产品销售量和产品获利能力之间进行权衡取舍,要在产品差异化和管理成本之间进行权衡取舍。

8.3.4 实施集中化战略的途径

(1) 产品线的集中化战略。对于产品开发和工艺装备成本较高的行业,部分企业以产品线的某一部分作为经营重点。例如,日本汽车厂商一直将经营重点放在节能的小汽车生产和销售上。

(2) 用户集中化战略。此战略即企业将经营重点放在特殊需求的顾客群上。例如,当美国耐克公司基本控制跑鞋市场时,阿迪达斯公司则集中力量开发符合 12~17 岁青少年需要的运动鞋,与耐克公司竞争。

(3) 地区集中化战略。其是指按照地区的消费习惯和特点划分细分市场的战略。企业通常会选择部分地区进行有针对性的组织生产。例如,青岛海信公司针对农村市场电压不稳而生产宽电压电视机,从而提高了企业的农村市场占有率。

(4) 低占有率集中化战略。市场占有率低的事业部,通常被企业视为"瘦狗"类业务单元。对这些事业部,往往采取放弃或彻底整顿的战略。但是,美国哈佛大学教授哈默什等人对市场占有率低、经营业绩好的美国企业进行分析研究,结果发现,市场占有率低的企业要想经营成功,主要应依靠将经营重点集中在某个特定的、相对狭小的领域内。

8.3.5 实施集中化战略的利弊

1. 采用集中化战略的益处

(1) 集中化战略便于集中使用整个企业的力量和资源,更好地服务于某一特定目标。

(2) 将目标集中于特定的部分市场,企业可以更好地调查研究与产品有关的技术、市场、顾客以及竞争对手等各方面的情况,做到"知彼"。

(3) 战略目标集中明确,经济成果易于评价,战略管理过程也容易控制,从而带来管理上的简便。根据中小型企业在规模、资源等方面所固有的一些特点,以及集中化战略的特性,可以说集中化战略对中小型企业来说可能是最适宜的战略。

2. 采用集中化战略的风险

(1) 由于企业全部力量和资源都投入一种产品或服务一个特定的市场,当顾客偏好发生变化,技术出现创新或有新的替代品出现时,就会发现这部分市场对产品或服务需求下降,企业就会受到很大的冲击。

(2) 竞争者打入了企业特定的部分市场,并且采取了优于企业的更集中化的战略。

(3) 产品销量可能变少,产品要求不断更新,造成生产费用的增加,使得采取集中化战略企业的成本优势得以削弱。

8.3.6 实施集中化战略的误区

(1) 选择细分市场失误。
(2) 容易忽视竞争对手。

8.4 最优成本供应商战略

最优成本供应商战略是通过综合低成本和差异化为顾客所支付的价格提供更多的价值,即通过从战略着重点的角度寻求低成本和差异化之间的平衡创造超值的顾客价值,其目的在于使产品相对竞争对手的产品拥有最优的价格和特色。简单来说,最优成本供应商战略实际上就是既低成本又差异化战略,它综合了总成本领先和差异化战略的强调点:低成本和差异化这两种优势,为购买者提供超值价值,因此,它实际上是一种复合战略。

通过满足或者超过顾客在质量、服务、特色、性能属性上的期望,低于他们在价格上的期望,从而最后为顾客创造超值的价值。采用这种战略,企业的竞争力显然要比单独实行差异化或成本领先战略更有成效,更容易建立竞争对手难以模仿的竞争优势。因为相对那些提供可比质量、服务、特色、性能属性的竞争对手来说,企业的成本最优。如戴尔公司利用互联网为每一位大客户设计了属于他们自己的主页,从而为顾客特别设计出他们所需要的电脑,这项技术同时降低了戴尔和顾客的成本,并且顾客可以得到专为他们所设计的电脑,戴尔可有效地降低库存。

如果市场购买者的多元化使差异化成为必要,而且很多购买者对价格和价值很敏感,实施最优成本战略就比单纯追求成本领先战略或者追求产品卓越性的差异化战略更有优势,因为公司可以定位于中档市场。大多数情况下,购买者更喜欢购买中档价位的产品而不是低成本的廉价商品或者差异化的昂贵产品。

企业经营的目的在于为顾客创造价值。只有为顾客创造更多价值,才能获取和维持竞争优势。要增加提供给顾客的价值,可以采取扩充产品类型功能、提高产品和服务质量等差异化变量,也可以削减成本从而降低价格等低成本变量,还可采用这两种方式的任意组合。其中一种可能的情况是同时提高差异化,降低成本、价格,采取这种战略,难度比较大。如果企业能同时获得成本领先和差异化的竞争优势,则回报将是巨大的,因为在这种情况下收益可能是累加的(差异化会带来价格溢价),与此同时,成本领先则意味着成本的降低。在其细分市场上获得成本领先和差异化优势的企业,如美国金属容器业的皇冠盖封公司(Crown Cork & Seal),将目标定位在啤酒、软饮料和烟雾剂产业里的所谓"难对付"的瓶罐上——它仅生产钢罐,而不生产铝罐。

在以下三种情况下,企业能同时取得成本领先和差异化的优势地位。

(1) 竞争对手夹在中间。所谓夹在中间是指致力于追求成本领先地位却劳而无获的企业,它们不具有任何竞争优势。当竞争对手都被夹在中间时,其中任何一个都没有足够的优势解决降低成本和提高差异化的矛盾,这正是皇冠盖封公司面临的情况。

(2) 成本受市场份额或行业间相互关系的强烈影响。当成本地位在很大程度上取决于市场份额而不是产品的设计、技术水平、提供的服务或其他因素时,企业也许可以获得成本领先和差异化优势。

(3) 企业首先确立一项重大革新。一项重大技术创新往往可以使企业在降低成本的同时增强其产品和服务的差异性。例如,采用新型自动制造技术,将新的信息系统技术引入后勤管理或使用计算机进行产品设计等。

成本领先和差异化可以融合,应该得益于现代生产管理模式的革命和信息经济时代信息网络技术的发展。信息网络技术的发展促进了大规模定制生产方式的流行。越来越多的企业在网上设立产品平台,让顾客能设计自己想要的产品。许多汽车、家电和服装等公司邀请顾客访问它们的网站,并根据顾客所填写的选择题式表格,设计出市场销售的产品、服务系统和程序等。如针对服装这样一个高度个性化的产品,莱维公司采用顾客定衣技术,顾客只需在公司网页上输入所需求的尺寸、颜色、面料的信息,该公司可在 3 周内送货上门,由此既没有库存,又没有销售成本。

信息技术在企业生产层面和管理层面的运用，也使大规模定制、个性化生产成为可能。大量新技术在生产领域的运用，可以在低成本的前提下实现差异化。如 CAD（计算机辅助设计）、CAM（计算机辅助设计与制造）、CAPP（计算机辅助工艺计划）、FMS（柔性制造系统）、AM（敏捷制造）、CIMS（计算机集成制造系统）等实现了企业开发、设计、制造的高度集成化，极大地增加了企业生产的柔性、敏捷性和适应性，更好地适应了消费者的不同需求，降低了新产品的设计和生产成本，减少了库存成本。在管理领域，TQM（全面质量管理）、MRP（制造资源计划）、ERP（企业资源计划）、SCM（供应链管理）、CRM、电子商务的应用，降低了企业的运营成本、管理成本和交易成本。

在现实生活中，在大多数行业里，如果一个企业既能做到有效的差别，又能保持低廉的价格，那么它就有可能成为市场的领导者。丰田并不是成本最低的汽车制造商，英国航空也不是航空业的成本最低者，但它们都在行业中居于主导地位，其原因就在于它们把差异化和低成本统一起来，为顾客提供了最佳的效用-价格比。在竞争激烈的成熟市场，尤其是竞争者的品牌有很高的知名度和顾客忠诚度的情况下，后来者要取得竞争优势，必须采取成本领先与差异化融合的战略。既要降低成本，又要创造出差异化的价值。最优成本供应商战略的潜力是巨大的，成功地实施最优成本供应商战略，可以兼得成本领先和差异化的好处，获得超过平均水平的利润。低价的差异化产品还能使企业获得更好的竞争地位，但这种潜力也伴随着巨大的风险。当企业所提供的产品无论在低成本或差异化方面都无法为顾客创造足够的价值时，企业就会被夹在中间，处于一种不利的竞争地位。

每一种战略的成功实施都需要组织结构的适应和支持，成本领先战略要求组织结构具有专业化、集权化和规范化的特征，差异化战略要求许多职能的分权化和有限的规范化，最优成本供应商战略在实施上难度很大。为获得比竞争对手更低成本的地位，企业要重视生产过程的控制；为了获得在差异化上的领先地位，企业要强调营销和产品开发。适用于新产品开发和生产过程控制的结构特征是不同的，为了成功实施最优成本供应商战略，企业就要设计出一种既能开发差异化产品又使成本低于竞争对手的组织结构。大规模生产模式下的金字塔组织结构模式已不适应现代生产的需要，将被创新的组织结构模式所取代。流程再造理论主张对企业的业务流程、管理系统进行重组和再造。许多跨国公司尝试扁平化组织、小型化组织、团队化组织和网络化组织以及学习型组织，对原有组织结构进行变革，以适应信息网络技术和大规模定制模式下新战略实施的要求。

当然，并不是成本领先和差异化战略比其他几种战略好，各种战略的有效性取决于企业外部环境中存在的机遇和威胁，以及企业自身独特的资源和核心竞争力。究竟选择哪一种战略，取决于企业的长处和竞争者的短处，选择一种与企业的竞争能力和环境相匹配的战略是至关重要的。

8.5　竞争战略的应用比较和选择

8.5.1　竞争战略的应用比较

如果是小批量生产（$0 < Q < Q_0$），则采用差异化战略是有利的；若是大批量生产

($Q>Q_0$),则成本领先战略较好。集中化战略和差异化战略是建立在小额或特小额用户订货基础之上的,若产量较小,采用成本领先战略显然是不划算的,如图 8-4 所示。

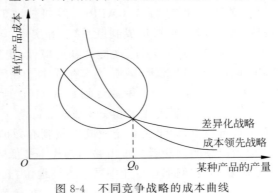

图 8-4　不同竞争战略的成本曲线

8.5.2　竞争战略的选择

竞争战略的选择如表 8-1 所示。

表 8-1　竞争战略的选择

战略类型	对技能和资源的一般性要求	对组织的一般性要求
成本领先战略	持久的资本投入和取得资本的途径	严格成本控制
	工程流程管理技巧	频繁、详细的控制报告
	严格的劳动监督	结构严谨的组织和责任
	易于制造的产品设计	基于严格控制的定量化目标的激励
	低成本的营销渠道	
差异化战略	较强的营销能力	研发及营销的有力协同
	较高的工艺设计水平	用主观评价和激励取代定量目标
	创造性视野和魄力	吸引人力资源的政策、文化和氛围
	强大的研发能力	
	在质量和技术方面享有较高的声誉	
	作业的技能传统或从其他行业汲取技巧形成的特色组合	
	营销渠道的强力配合	
集中化战略	针对特定战略目标的以上各政策的组合	针对特定战略目标的以上各政策的组合

战略钟模型(Strategic clock Model)是由克利夫·鲍曼(Cliff Bowman)提出的。"战略钟"是分析企业竞争战略选择的一种工具,这种模型为企业的管理人员提供了思考竞争战略和取得竞争优势的方法。

战略钟模型假设不同企业的产品或服务的适用性基本类似,那么,顾客购买时选择其中一家而不是其他企业可能有以下原因:该企业的产品和服务的价格比其他公司低或者顾客认为该企业的产品和服务具有更高的附加值。

战略钟模型将产品/服务价格和产品/服务附加值综合在一起考虑,企业实际上沿着以下八种途径(图 8-5)中的一种来完成企业经营行为。其中一些路线可能是成功的路线,而另外一些则可能导致企业的失败。

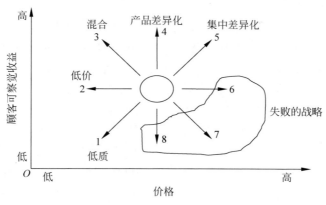

图 8-5 战略钟模型

(1) 低价低值战略。采用途径 1 的企业关注的是对价格非常敏感的细分市场的情况。企业采用这种战略是在降低产品或服务的附加值的同时降低产品或服务的价格。这条途径看似没有吸引力,却有很多公司按照这一路线经营得很成功。虽然顾客认识到产品或服务的质量很低,但他们买不起或不愿买更高质量的商品。实际上,低价低值战略是一种很有生命力的战略,因为无论在哪个国家或地区,总有一部分人的收入比较低,他们不可能去选择那些有较高附加值但价格昂贵的商品,况且理解附加值更多地体现在产品的特色和差异上,而不是基本的效用和功能上。我们周围的便民店、简易的理发店以及街头小贩的长盛不衰已足以说明这一点。

(2) 低价战略。途径 2 是建立企业竞争优势的典型途径,即在降低产品或服务价格的同时,包装产品或提升服务的质量。但是这种竞争策略容易被竞争对手模仿。在这种情况下,如果一个企业不能将价格降到竞争对手的价格以下,或者顾客由于低价格难以对产品或服务的质量水平作出准确的判断,那么采用低价策略可能得不偿失。要想通过这一途径获得成功,企业必须取得成本领先地位。因此,这个途径实质上是成本领先战略。

(3) 混合战略。采用途径 3 的企业在为顾客提供可感知的附加值的同时保持低价格。而这种高品质低价格的策略能否成功,既取决于企业理解和满足顾客需求的能力,又取决于是否有保持低价格策略的成本基础,并且难以被模仿。

(4) 产品差异化战略。采用途径 4 的企业以相同和略高于竞争对手的价格向顾客提供可感受的附加值,其目的是通过提供更好的产品和服务来获得更多的市场份额,或者通过稍高的价格提高收入。企业可以采取有形差异化战略,如产品在外观、质量、功能等方面的独特性;也可以采取无形差异化战略,如服务质量、客户服务、品牌文化等来获得竞争优势。

(5) 集中差异化战略。采用途径 5 的企业可以采用高品质高价格策略在行业中竞争,即以特别高的价格为用户提供更高的产品和服务的附加值。但是采用这样的竞争策略意味着企业只能在特定的细分市场中参与经营和竞争。例如,宝马(BMW)是一个轿车生产商,但它并不直接与其他普通的生产商竞争,而是以特别高的价格向特定顾客提供带有很高的可感知的附加值的产品。

(6) 高价撇脂战略。采用途径6、7、8的企业一般都处在垄断经营地位,完全不考虑产品的成本和产品或服务的附加值。企业采用这种经营战略的前提是市场中没有竞争对手提供类似的产品和服务。否则,竞争对手很容易夺得市场份额,并很快削弱采用这一策略的企业的地位。采用这些竞争战略极有可能导致失败。针对后者,途径6、7、8一般情况下可能也是导致企业失败的战略。途径7是途径6的更危险的延伸,降低产品或服务的使用价值,同时却在提高相应的价格。途径8在保持价格不变的同时降低附加值,这同样是一种危险的战略。与途径6相比,这种战略可能采取较为隐蔽的形式,在短期内可能不被那些消费层次较低的顾客所察觉。但从长期的角度看,这种战略同样是不能持久的。这是许多饭店和旅馆开业初颇为红火,但过不了很久就生意萧条的重要原因。企业往往缺乏长远发展的考虑,总是在业务刚有起色就试图通过降低质量和服务水平来赚取更多的利润,而忽略了提高顾客的满意度和产品与服务质量的重要性。

"战略钟"是一个基于消费者价值判断的战略选择模型,它将四种基本战略进行了综合。它比较全面地反映了企业可以选择的具体途径,可以作为四种基本战略的重要延伸和补充。

8.6 合作战略

8.6.1 战略联盟

战略联盟(strategic alliance)是一种合作战略,企业间通过该战略组合其资源和产能,从而创造竞争优势。战略联盟使企业之间的资源、产能和核心竞争力都结合在一起,并达到共享,从而获得在设计、制造、产品和服务上的共同利益。战略联盟一个非常重要的特点就是借助合作伙伴的资源和产能,让企业对其自身的资源进行调整,并形成新的竞争优势的基础。毫无疑问,在现在社会中"战略联盟成为企业发展竞争性战略的基石"。例如,在2023阿里云峰会上,昆仑万维与阿里云共同发布战略合作,领域涉及智算中心建设、大模型训练等。充分发挥阿里云在AI(人工智能)全栈技术能力方面的积累,在超大规模算力中心建设以及推理训练等场景,AI产品技术、生态共建等展开深度合作,实现合作共赢。

由合作战略而获得的竞争优势经常被称为合作优势(collaborative advantage)或关联优势(relational advantage)。正如前面特别是第5章讨论的那样,竞争优势能够让企业在竞争市场中更胜一筹。不断发展的科技及全球经济一体化是企业不断强化和升级其竞争优势的因素之一,并且企业还在不断发展这些优势以保持战略的竞争力。

许多企业,尤其是大的全球竞争者,都建立了不同形式的战略联盟。例如,IBM通过采用合作战略形式形成上千种合作伙伴关系,但其并不是唯一决定频繁使用合作战略作为竞争手段的公司。例如,洛克希德-马丁公司为了发展高新技术,组建了跨越30多个国家的250多个联盟,来发展其国防现代化的主要业务和航空运输业的相关服务。如洛克希德-马丁公司与诺斯罗普-格鲁曼公司（Northrop Grumman）和阿联特技术系统公司（Alliant Techsystems Inc.）组成联盟。这3家公司签订合约开发一种多用途导弹，这种多用途导弹能够让飞机在追赶空中或地上目标时具有更多的灵活性，从而提升每次出击的目标效率。对于所有合作的方法（包括这里所描述的），当各合伙方采取合作行为时它们更有可能成功。一些众所周知的能够为联盟成功做贡献的行为有：共同解决问题，相互信任，不断改进资源和产能融合的方式，增进联盟企业附加值等。

1. 三种战略联盟形式

战略联盟有三种主要形式——合资（joint venture）、产权战略联盟（equity strategic alliance）和非产权战略联盟（non-equity strategic alliance）。这是依据所有权进行商务分类，后面会根据战略类别来进行联盟分类。

（1）合资。合资是两家或两家以上的企业拿出其部分资产和产能来共同成立一家独立的企业从而形成竞争优势。合资常常是为提升公司在特定竞争环境中的竞争力而形成的。合资对于建立企业长期合作关系及共同分享成员企业内部隐性知识尤为有效。由于难以编码标准化，隐性知识需要通过经验才能进行传递。如合资企业内部员工之间一起工作，工作当中的相互交流可以很好地传递隐性知识。正如第5章所讨论的那样，隐性知识是构成企业竞争优势的重要源泉。

通常，合伙人在合资企业中拥有相同股份，对企业运营承担相同的责任。有证据表明，当公司需要联合其资源和产能来形成个体所不具备的竞争优势以及当合伙各方计划进入高不确定性市场的时候，合资是一种最佳的合作方法。上面提到的例子中，这些条件影响两家独立公司的决策，因此创立了富士通-西门子计算机公司。

（2）产权战略联盟。在这种形式中，成员企业投资不同的比例建立一家新的企业，并通过资源和产能联合获得新的竞争优势。很多企业对国外的直接投资就是这种方式，如美国和日本企业在中国的投资。

有趣的是，当很多银行在美国处境不佳时，国外银行还不断成立产权战略联盟来为美国的银行提供必要的资金以供其生存和扩张。

（3）非产权战略联盟。非产权战略联盟是指两个及两个以上的企业通过发展企业间契约关系，以实现企业之间共享独特资源和产能，实现竞争优势提升目标的一种联盟。在这种类型的战略联盟中，企业之间仅仅依靠契约而不涉及产权，更不会有新的企业实体诞生，因此与合资和产权战略联盟相比，非产权战略联盟显得不那么正式，对成员企业的约束也更少，但研究证据表明，这种合作为各参与公司创造了价值。非产权战略联盟的这一特点使其不适于一些复杂的项目，如某些项目涉及成员企业隐性知识转移问题。

非产权战略联盟的形式包括许可证合同、分销合同和供应契约等。如惠普公司通过战略联盟的合作者来获得一些知识产权，具有代表性的是外包。外包常常以非产权战略联盟的方式进行。戴尔公司和其他一些计算机公司经常使用外包的方式来生产笔记本电脑，所以它们常常形成非产权战略联盟来明确与外包厂商的关系。有趣的是，很多采取外包战略的公司引入模块化，来防止契约合伙方获得过多的知识或分享它们不愿意透露的某些商业信息。

2. 企业采取战略联盟的原因

正如前面的有关讨论所表明的，合作战略是竞争环节中不可或缺的一部分，并且对许多公司甚至教育机构来说非常重要。事实上，很多公司与教育机构合作，将高校所产生的研究成果商业化。在营利组织中，许多管理者认为战略联盟是企业成功的核心。一位首席执行官强调："今天你必须合作，否则你会错过下一波机会，因为你不可能那么快获得所需技术，所以合作是必要的。"

在其他收益方面，战略联盟使合作者可以创造单独行动无法获得的价值，并且可以更快地进入市场，拥有更大的渗透市场的可能性。而且，很多企业缺乏完整的资源和产能来实现其目标，这就表明同别的企业合作可以增加达到本企业特定绩效目标的可能性。新闻集团(News Corp)旗下的道琼斯公司(Dow Jones & Co.)是《华尔街日报》的发行商。道琼斯公司与日本金融及房地产集团(SBI Holding Inc.)建立合资企业，创建了日文版"华尔街日报"网站。该网站主要是新文章、视频、多媒体资料以及"华尔街日报"网络版的其他内容的日文翻译。该合资企业与"华尔街日报"网站联合开发移动产品和服务。这是道琼斯公司继 2002 年在中国发起首个新闻网站之后在亚洲发起的第二个新闻网站。更多地利用战略联盟尤其是策略联盟的效果是显著的。在大企业中，联盟方式贡献了 25% 甚至更多的销售额，许多管理者认为联盟是企业增长的主要发动机。在一些行业，联盟之间的对抗比企业之间的对抗更能体现竞争的特点。例如，在全球航空领域，竞争越来越体现在联盟之间而不是航空公司之间。

总之，我们可以发现企业之间结成战略联盟可以减少直接竞争，增强竞争力，获得资源，更好地利用机会，培养战略灵活性以及创新。为了实现这些目标，它们要选择合适的合作伙伴然后增进互信。这样，企业尝试发展联盟网络来创造社会资本，提高灵活性。由于有了社会资本，它们可以在需要的时候向合作者求助。当然社会资本意味着互惠存在，合作者也会向它们寻求帮助（并且期待对方能提供帮助）。

在分析竞争对手和竞争原理时需注意三种市场类型：慢周期、快周期和标准周期市场。它们各自的竞争状况使得企业通过合作战略来实现不同目标。慢周期市场是指企业竞争优势被长周期和高成本仿制所阻碍的市场。这些市场与垄断状况关系密切。铁路、电信、设施建设以及金融服务是典型的慢周期市场。在快周期市场中，企业竞争优势不会被效仿所局限，这种市场没有可持续性。而在标准周期市场中，竞争优势适度地被仿制所限，因此可以维持比快周期市场更长的时间，但是比慢周期市场维持的时间要短。

1）慢周期市场

在慢周期市场环境中的企业，常常需要利用战略联盟进入已被限制进入的市场，或在新市场获得特许经营。例如，嘉年华游轮公司的所有者和经营者嘉年华公司与中国国有企业招商局集团成立了两家合资公司，招商局是一个在金融投资、房地产开发和交通运输领域均有业务的集团公司。其中一家合资公司聚焦于游轮建造，另一家则专注于发展中国及周边的新港口和旅游目的地。针对中国顾客的第一个中国国内游轮品牌的推出，是这两家公司的合作所带来的一个成果。从这些合资公司中，嘉年华游轮公司可以获得的收益是在中国这个游轮行业刚刚开始飞速发展的市场中实现快速扩张。同样，招商局集团也希望与游轮行业中重要的竞争对手达成合作,为未来的发展奠定更好的市场地位。

事实上,慢周期市场在21世纪的市场环境中正变得稀少,原因有以下几个:产业与经济私有化、互联网快速传播信息能力的提升以及使得快速模仿复杂产品的技术加快。慢周期市场竞争的企业(包括钢铁制造企业)必须认识到未来可能面临的竞争条件只有部分是持续存在的(如在标准周期市场)或者根本无法维持(在快周期市场)。合作战略可以帮助企业完成从受保护的市场向更有竞争性的市场转变,例如,嘉年华游轮公司开展竞争的游轮度假旅行市场。

2) 快周期市场

快周期市场不稳定、不可预测而且复杂,换句话说就是"超级竞争的"。这些条件复合在一起实际上就抵消了建立长期存在的竞争优势,迫使企业寻找新的竞争优势,同时利用现有的优势。拥有过剩资源、能力和潜能的联盟可以帮助公司在快周期竞争中,有效地完成从当前到未来的过渡以及快速地进入新市场。这样的"合作心态"是至关重要的。

美光科技与希捷科技是硬盘生产领域的竞争对手,在该领域中建立持续性的竞争优势基本不可能,因此,创新对于它们的成功非常关键,对于在快周期属性的硬盘市场中的其他经营商也同样如此。为了将公司的创新和专长结合起来,美光科技与希捷科技形成了一个战略联盟。合作双方认为,这一合作将会为它们带来一种能够为客户提供"行业领先的"存储方案的能力。反过来,美光科技和希捷科技也认为,它们在生产产品和服务的过程中,合作本身将会带来更快的创新,顾客所购买的产品将来源于这样的合作。正如以下来自一位客户的评论所反映的,那些期望从公司战略联盟中购买产品的客户似乎认为这些创新的产品将会满足他们的购买需求:"美光科技和希捷科技形成的战略联盟能够保证交付一些创新的闪存型硬盘。"

3) 标准周期市场

在标准周期市场上,资源互补的公司之间更有可能形成联盟。航空公司之间的联盟就是一个很好的例子。

这些联盟成立之初,主要是为了让公司共享互补的资源,从而为顾客在欧洲和美国的二线城市间的飞行提供便利条件。如今,这些联盟更加全球化,主要目的也转变为让成员公司获得市场影响力,降低成本,以及获得更多的国际航线。其中,通过获得更多的国际航线来扩大国际市场是最为重要的目的,因为这些航线可以增加收入和潜在利润。为了支持成本控制,在可能的情况下,成员之间会共同开发项目和共享设施,如乘客登机口、顾客服务中心以及机场乘客休息室。对于乘客而言,航空联盟带来了一些好处,例如,购票流程的简化、国际航班对接的便捷以及飞行常客里程的积攒。

8.6.2 虚拟经营

现代市场正在发生深刻的变化,最突出的表现就是顾客更趋向于尝试个性化的新产品,对原有产品或服务的忠诚度和依赖性不断降低。在消费者需求迅速变化的条件下,无论企业多么求大求全,仅仅依靠单个企业自身的资源难以创新性地开发顾客需求,也难以以最快的速度满足顾客需求。因此,企业开始改变其经营方式,注重与其产业链上下游厂商的紧密联合,甚至与顾客、同一产业链上的竞争对手联合,以迅速地创新产品,获得新的顾客。

虚拟经营之所以能够在这个时代普遍出现，信息通信技术也是一个重要的推动因素。不同企业合作、结盟，经营同一条价值链，需要企业彼此之间高度协调与整合。以互联网、企业内部网为代表的通信信息技术为远距离沟通协调创造了条件，从而为企业更大范围、更深层次的合作打下了坚实的基础，促使了虚拟经营的出现。

1. 虚拟经营的概念

虚拟经营是1991年由美国著名学者罗杰·内格尔（Roger Nagel）首先提出来的。虚拟经营是指企业为了实现其经营规模扩张的目的，以协作方式，将外部经营资源与本企业经营资源相结合所进行的跨越空间的功能整合式经营。虚拟经营所实现的企业经营扩张，既不是资产的扩张，也不是组织规模的扩张，而是经营功能与经营业绩的扩张。

2. 虚拟经营的运作模式

虚拟经营的企业应该根据不同的产品特性采取"弹性"策略，选择不同的虚拟经营模式。它体现企业管理与伙伴企业间的关系、整合外部资源的能力，与不同竞争网络中的伙伴企业相互配合，通过有效管理或多种合作关系进而获得新的竞争优势。企业应该根据产品质量、产品成本和市场导入速度的不同要求，来选择不同的运作模式。

（1）"星形"运作模式。这一模式是一般意义上的、通用的虚拟经营模式。这种模式从组织结构上看是由核心层和外围层组成的，如图8-6所示。由一个或几个企业构成核心层，以知识、项目、产品或市场机遇为中心，选择合作伙伴企业形成外围层，为实现虚拟企业战略目标，ASC（协调指挥委员会）以并行工程方式分解工作任务，将合作伙伴中实现某种职能所具有的所有资源和能力集成在一起，形成以职能为中心的集成任务模块，如研发模块、筹资模块、生产模块、营销模块等，各模块间平等合作，完成整个任务流程。集成任务模块可以由包括核心企业和外围企业在内的所有合作伙伴共同构成，也可以由某个企业独立承担。

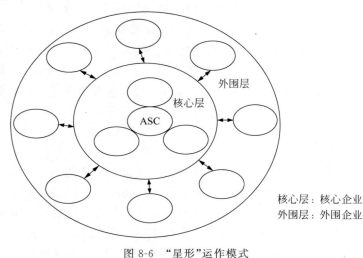

图8-6 "星形"运作模式

"星形"运作模式侧重于核心企业在全球范围内寻求合作伙伴,并与合作伙伴建立长期的战略关系,谋求共同发展作为自身的战略目标。

(2)"哑铃形"运作模式。这种运作模式是指进行虚拟经营的企业将主要的人力、物力和财力投入研发和营销环节,而将中间的制造环节外包出去,即所谓"两头大、中间小""两头在内、中间在外""抓两头、放中间"的经营模式,如图8-7所示。

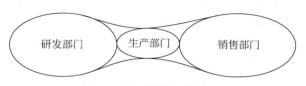

图 8-7 "哑铃形"运作模式

"哑铃形"运作模式强调企业注重外部环境,及时了解市场动态,以灵活的战略确立市场竞争优势。蒙牛在创建时,就成功地运用了"哑铃形"运作模式,承包、租赁、托管了一批内蒙古和其他地方的乳制品企业,并派出自己的管理人员和技术骨干对其进行技术改造与设备更新。蒙牛出标准、出技术、出品牌,对方加工生产,从而把别人的工厂变成自己的车间。这种不做资产转移,只是合作为我所用的运作方式,具有"两头在内、中间在外"(研发与销售在内,生产加工在外)的企业组织特点,是典型的"哑铃形"。

(3)"橄榄形"运作模式。这种运作模式是指进行虚拟经营的企业将主要的人力、物力和财力投入生产环节,而研发和营销主要依赖其他企业,即所谓"两头小、中间大""两头在外、中间在内""抓中间、放两头"的运作模式,如图8-8所示。该模式的主要特点是企业抓住制造环节,前面的设计和研发环节以及后面的营销环节则依靠其他企业完成。这类企业按照设计环节的要求,根据营销环节的订单加工产品,企业仅仅负责一种或者几种产品或零件的生产,对于产品设计则不做过多的涉足。

图 8-8 "橄榄形"运作模式

"橄榄形"运作模式强调注重企业自身的过程再造,目的是充分利用企业内部的固定资产,最大限度地发挥企业的制造能力,提高产品质量,降低生产成本,以便能和上下游企业建立稳定的企业间关系,实现规模经济效应,有效地规避风险,以保障企业的长远发展。

3. 虚拟经营战略

以顾客需求为导向,舍弃非核心业务领域,专注于企业核心产品、核心业务,以开发、培育使企业可持续发展的核心能力为目标,对企业价值链上的非核心能力环节与优势企业、顾客甚至竞争对手等采取联盟、外包等合作形式,以开发快速变化的市场机遇的经营指导思想,即为虚拟经营战略。

虚拟经营战略是以往相对静态的市场发展到当今不断动态变化的市场的情况下,企业生存、发展的必然选择。虚拟经营战略既以顾客创新化、个性化需求为导向,又融合了新经济的时代背景,因此,它是传统营销战略在当前变幻莫测的市场条件下的演变、发展,是新经济时代条件下的营销战略。

8.6.3 业务外包

1. 业务外包的含义

业务外包要求企业在充分发展自身核心竞争力的基础上,认真分析内部和外部环境的同时,正确地选择全球范围内的合作企业,将其自身不具优势的非核心业务交由专业的、提供高效服务的合作企业去做,从而降低成本、提高生产效率、增加资金运用效率并增强企业对环境的迅速应变能力。从本质上来讲,外包是企业的一种经营战略。它利用外部资源来完成传统上由企业内部人力资源完成的功能或业务,而将企业自身的各种资源配置到最能反映企业相对优势的领域,构筑自己的竞争优势,获得企业持续发展的能力。

业务外包结束了自给自足的组织模式,把非核心技术工艺的大部分分包给别人,而在核心技术上区别于竞争对手,这已成为全球成功企业的共同做法。1998年以来,IBM、摩托罗拉、康柏、惠普、思科、耐克、通用电气等一大批跨国公司纷纷将自己下属的工厂出售或出租给承包供应商管理。思科系统公司为强化网络设备的研究开发这一核心业务,充分利用业务外包,成为向无工厂经营目标迈进的典型。思科系统公司将大多数生产外包给37家供应商。供应商不仅能够制造所有的组件和完成90%的局部装配工作,还承担了55%的产品总装任务,并负责把产品送到顾客手中。

2. 业务外包的模式

业务外包有以下三种模式。

(1) 生产外包。最早出现的生产外包就是劳动密集型产业生产部分的外包。例如,波音,顶尖的飞机制造公司,却只生产座舱和翼尖;戴尔,全球最大的计算机供应商,却不生产任何主要部件以及操作系统。这些企业本身不直接生产产品,而是集中公司资源,专攻附加值高的业务,生产则委托人工成本低的国家代为进行。这些厂商或拥有设计,或拥有品牌,或在销售上具有独特竞争优势,所以它们将生产过程外包给其他厂商,从而获取更大的利润。

(2) 销售外包。近几年,合约经销方式可以使交货过程更快速、高效、便捷,当然也更节约,于是将销售过程移交给另一方的做法逐渐变得常见起来,这就是我们所说的销售外包。它有两种形式:代理销售和特许经营。

(3) 研发外包。企业没有专属自己的研发中心,也能通过虚拟方式取得技术上的竞争优势。研发外包主要有四种形式:①项目委托。企业只研究开发关键技术,其他技术则委托给高等院校、研究院或国外有此研究开发能力的机构,自己做的是考评、选择研究院所并提供相应的研究开发经费。②联合研究和开发。与国内外相关研究机构就某项课题进行联合研究开发,实现优势互补。③高技术外购。在资讯集中的地方(如北京或硅谷)设立信息中心,专门负责研究与本公司相关的高科技企业和研究机构的动向,然后向其购买符合本公司战略需求的高新技术。④管理外包。企业将一部分管理职能交给外部专业公司来进行,比较常见的有财务管理、后勤管理、办公行政管理、人力资源管理、物流管理等。企业节省了管理方面的开支,从繁杂的日常管理事务中解脱出来,专注于创造利润的部分,从而确保市场优势。

8.6.4 全球价值链

1. 全球价值链的形成

自1985年,波特在《竞争优势》一书中提出价值链,并将其分为基本活动和辅助活动之后,1995年,加里·格里芬(Gary Gereffi)又提出了全球商品链(global commodity chains,GCC)。他认为,在经济全球化背景下,商品生产过程被分解为不同阶段,围绕某种商品的生产形成一种跨国生产体系,把分布在世界各地不同规模的企业、机构组织在一个一体化的生产网络中,从而形成了全球商品链。2001年,格里芬和该领域研究者在 *IDS Bulletin* 杂志上推出了一期关于全球价值链特刊:《价值链的价值》(*The Value of Value Chains*),从价值链的角度分析了全球化过程。这份特刊在全球价值链研究中起到了里程碑式的作用。在特刊中许多学者从多个角度对全球价值链进行了系统的探讨和分析,由此建立起了全球价值链的基本概念及其基本理论框架。联合国工业发展组织(UNIDO,2002)在2002—2003年度工业发展报告《通过创新和学习来参与竞争》(*Competing Through Innovation and Learning*)中指出:全球价值链是指在全球范围内为实现商品或服务价值而连接生产、销售和回收处理等过程的全球性跨企业网络组织,涉及从原料采集和运输、半成品及成品的生产和分销,直至最终消费和回收处理的过程。它包括所有参与者和生产销售等活动的组织及其价值利润分配,并且通过自动化的业务流程和供应商、合作伙伴以及客户的链接,以支持机构的能力与效率。该定义强调了全球价值链不仅由大量互补的企业组成,而且是通过各种经济活动联结在一起的企业网络的组织集,不仅关注企业,也关注契约关系和不断变化的联结方式。

2. 全球价值链的动力机制

全球价值链的动力机制研究,基本延续了格里芬在全球商品链研究中给出的两种动力机制,即生产者驱动机制和采购者驱动机制两种模式。

生产者驱动是指由生产者投资来推动市场需求,形成全球生产供应链的垂直分工体系,在该全球价值链中,跨国公司通过全球生产网络和市场网络来组织商品或服务生产、销售、外包等产业前向与后向联系,最终形成由生产者主导的全球价值链网络体系,一般这种价值链都是资本和技术密集型产业的全球价值链,如汽车、飞机制造、计算机、半导体和装备制造等,如波音公司、美国通用机械制造公司等。

采购者驱动是指拥有强大品牌优势和国内销售渠道的跨国公司通过全球采购和贴牌加工等生产方式组织起来的跨国商品流通网络,能够形成强大的市场需求、拉动那些出口导向战略的发展中国家的工业化。一般这种价值链都是传统的劳动密集型产业的全球价值链,如服装、鞋类、玩具、自行车、农产品、家具、食品、陶瓷等。

由于驱动力不同,全球价值链核心能力不同,其分布的产业也不同。全球价值链大致可分为三大环节:技术环节、生产环节及营销环节。技术环节包括研发、创新设计,生产技术及技术培训等;生产环节包括采购、系统生产、终端加工组装、测试、质量控制、包装、库存管理等;营销环节包括销售、后勤、批发、零售、品牌推广、售后服务等。以上三个环节其增值能力是不同的,由技术环节到生产环节再到营销环节,体现出其增值能力由高到低再到高的过程,即施振荣所画出的"微笑曲线",如图8-9所示。由于价值链不同环节所创造的附加价值是不同的,因而所获得的利润也是不一样的,靠近U形曲线的中间,即生产环节创造较低附加值,获利较少,靠近U形曲线两端,即技术环节及营销环节创造较高的附加值,获利较高。

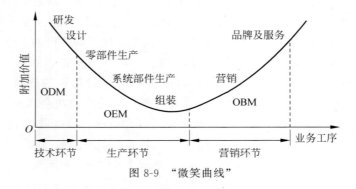

图 8-9 "微笑曲线"

3. 全球价值链的国际分工

全球价值链与区位选择有密切关系,技术环节要求的是技术密集型的,具有专业技术和首创精神的科技人员,宽松的组织环境,鼓励创新,提倡独立思考的企业文化。而生产环节则需要有大量的普通工人、严格的质量控制等。在营销环节,企业要求有全球营销观念,勇于开拓全球市场、实施全球营销战略的人才,适用全球营销的组织与控制等。由于世界各国要素拥有程度不同,各自的要素相对成本不同,这就给分解价值链的各个环节到使用要素比例大而要素成本低的国家提供了可能性,即为全球价值链的国际分工提供了可能性。一般而言,把研发等技术环节放在发达国家,把生产环节放在发展中国家,把营销环节放在全世界最有利的国家中进行。

例如,美国的研发与市场营销;新加坡和荷兰为高附加值基地;意大利为设计基地;印度、菲律宾和中欧为软件基地;中国、东亚、墨西哥为制造基地等。又比如,一个美国服装公司可以在意大利完成服装设计,在印度采购天然面料,在韩国采购化纤辅料,在我国台湾采购拉链和纽扣,在我国内地缝制成衣,然后在我国香港检验、包装再出口到美国销售。一件衣服的生产被分解为诸多生产加工环节,并放在不同的国家和地区完成,构成全球价值链的创造过程。

由于全球价值链的国际分工的出现,因此就有了 OEM(original equipment

manufacturer,原始设备制造商)、ODM(original design manufacturer,原始设计制造商)及 OBM(original brand manufacturer,原始品牌制造商)商业模式的出现。

OEM 是指拥有优势品牌的企业委托其他企业进行加工生产,它通过向委托企业提供产品的设计参数和技术设备支持,来满足自己对产品质量、规格和型号的要求,加工后的产品贴上自己的商标出售。

OEM 对跨国公司来讲就是企业寻找外部资源,整合价值链的过程。跨国公司把非核心业务或某些管理职能外包,这样跨国公司可以省去巨额生产费用,将资金投入核心技术、生产设备、品牌塑造、营销渠道等关键环节上去,取得规模经济、降低成本的效果。OEM 是跨国公司全球战略的重要手段。

OEM 对加工企业来讲,企业只获得加工费用,自己无权营销产品,委托方始终控制着核心技术、品牌、营销系统等无形资产和关键的有形资产。委托方则获得从产品研发、设计到销售的整个过程中产生的所有回报。但 OEM 对于发展中国家经济整体贡献和企业自身发展的积极作用是十分显著的。我国改革开放初期经济发展动力之一就是靠"三来一补"模式,到 20 世纪 90 年代后期,我国加工贸易已经占到出口额的 50%以上,至今我国服装、玩具、鞋类、家电等许多产业基本都是以 OEM 为主。发展中国家企业通过 OEM 实现了规模经济,发挥了低成本优势,促使企业提高了技术水平,产品达到了国际标准,改进了工艺,规范了生产。通过与跨国公司合作,提高了企业管理水平。

当然,OEM 模式也有缺点,即 OEM 企业的技术和品牌长期依赖委托方,企业将成为跨国公司的车间或加工中心,企业长期缺乏核心竞争力是非常危险的。同时,OEM 企业利润微薄,生产企业之间为获得订单,竞争十分激烈,导致全产业利润被压低,使委托方获利更丰。另外,劳动力成本上升,也使 OEM 企业利润变薄。于是有的 OEM 企业就想产业升级至 ODM。

ODM 是指 ODM 企业根据跨国公司委托,按照其要求的规格、款式来设计产品并生产产品。委托方会列明产品的外观要求、主要的内部细节,或者委托方要求对原产品做较大改进,如对产品的机械、电器结构、软件功能等部分作出重大改进,但委托方并不提供图样及工艺流程,要求受委托企业按要求作出产品设计并进行加工。甚至委托方只提出产品构思,就可以将产品的设想变为现实,即要求受委托企业不仅具有生产能力,还具有设计能力。当然,产品加工后仍贴委托企业商标,由委托方负责产品营销。

OEM 与 ODM 的主要区别在于,被委托企业能不能为第三方生产同样的产品,取决于委托方是否买断该产品的设计版权,OEM 产品是为品牌厂商量身订制的,生产后只能使用该品牌名称,绝对不能冠上生产者企业的名称再进行生产,而 ODM 企业则要看委托方有没有买断该产品的版权,如果没有买断该产品的版权,被委托方有权自己组织生产,只要没有委托方公司的标识即可,OEM 的设计是由委托方提供的,而 ODM 则是被委托方自主设计的产品。

OBM 是指 OEM 企业经营自己的品牌,建立了自己的销售渠道,以自己的品牌在市场上销售。

A 方自行创立 A 品牌,生产、销售拥有 A 品牌的产品,称为 OBM;A 方自带要求,让 B 方负责设计和生产,或者 A 方看上 B 方的产品,用 A 品牌生产 B 方的产品,叫 ODM;

A方自带技术和设计,让B方加工,对B方来说,只负责生产加工别人的产品,然后贴上别人的商标,这叫OEM。

4. 由OEM到ODM再到OBM的发展路径

1) OEM—ODM—OBM是企业不断技术创新的过程

由上述内容可以看出,企业由OEM发展到ODM再发展到OBM的路径其实就是引进、消化、吸收、模仿到自主创新的过程。新技术几乎都是在以前的学习和知识(包括隐性知识)积累基础上产生的,即企业的竞争优势大部分取决于它的隐性能力而不是专利知识,企业技术的成长表现在既有技能基础上企业技术的长期积累、渐进和连续性创新的特征,也是企业引进技术积累和技术学习的过程。

对于新兴经济国家的企业来讲,其技术能力成长的一般模式是:引进成熟技术—消化吸收—产品创新,呈现出技术不断累进提高的过程,而OEM—ODM—OBM过程能使企业逐步学习,逐步积累技术和经验,这是企业技术进步的重要途径。

2) 实现OEM—ODM—OBM有多条途径

国内部分学者发现,OEM企业升级并不局限于单一路径。OEM企业在转型升级过程中会根据自身实际情况选取混合路径。很多学者认为,中国企业应坚持OEM—ODM和OBM并举的发展战略。毛蕴诗、吴瑶(2009)提出了由OEM到ODM再到OBM有多种方式组合路径,第一条路径是OEM—ODM—OBM;第二条路径是OEM—ODM—OBM的变形与扩展,如图8-10所示。

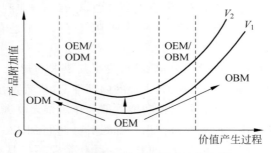

图8-10　OEM企业转型升级的路径

如图8-10所示,在OEM—ODM—OBM的变形与扩展路径中有四种发展途径:①OEM—ODM走技术路线转型的途径。②OEM—OBM走品牌路线转型的途径。上述两种途径都是价值链内部的价值提升,谋求高附加值。③OEM企业多元化经营,它是价值链的横向跨越,即V_1-V_2,这一方面是为了获取高附加值;另一方面也是出于分散风险的考虑。④混合路径,即从OEM向ODM及OBM转型过程中还有很多OEM—ODM、OEM—OBM并存的过渡现象。因此,企业面临的市场环境、行业条件、企业能力及资源状况,企业内部条件等具体情况不同,所采取的转型升级路径各有不同。

3) 全球价值链产业升级的一般途径

Humphrey、Schmitz(2000)提出了全球价值链中产业升级的四种模式。

(1) 工艺流程升级:改进流程和品质控制,重新构建生产体系,引进先进技术更高效地将投入转化为产出。生产效率提高,产品质量提高,比如,在制造业中计算机技术的使用促进了流程升级。

(2) 产品升级:企业扩张设计和市场部门,拓展产品的范围和宽度,更快推出新产品,产品技术含量及功能增加,产品附加值提高,如服装业从衬衫到西服的升级。

(3) 功能升级:企业重新组合价值链,放弃低附加值环节,专注高附加值环节,如从生产环节向设计环节和营销环节跨越,生产环节外包,改变企业自身在价值链中所处的位置。

(4) 价值链升级:从一条价值链跨越到一条新的、价值更高的相关产业的价值链。企业把在一个产业获得的能力应用到另一个新的产业,或转向一个新的全球价值链中。比如从自行车价值链向摩托车价值链的升级,从摩托车全球价值链向汽车全球价值链的升级。

一般而言,OEM的转型遵从OEM—ODM—OBM,而一旦OEM企业升级行为,侵犯领先公司核心权益,就会被领先公司所阻挡和压制(Hobday,1995;Xu, Pi & Liu, 2014)。由于OEM是以低成本为生存根本,其生存路径若保持OEM经营不变,则会不断地向成本更低的地区转移(Luk, Noori and Leung, 2004),即当生产基地所在区域的劳动力成本上涨速度超过加工费的上涨速度时,如果OEM工厂不想改变其经营方式和加工产品,则将生产基地陆续地向劳动力成本更低的地区转移,是维持生存的路径之一;当OEM企业所在的国家或地区的劳动力成本和原料成本持续增高,导致OEM企业失去低成本生存基础时,对于不想(或不能)迁移生产基地又不想转产到其他行业的OEM企业,及时向ODM/OBM经营方式转型是生存路径之一,否则,OEM企业将陷入生存困境;当劳动力成本以及原材料成本显著增加,对于既不想(或不能)迁移生产基地也不想(或不能)向ODM/OBM转型的OEM企业,其出路是关闭工厂转产其他行业,否则,将面临倒闭的风险;若客户有可能对OEM企业向OBM转型给予竞争压力,而OEM企业也不能够抵御来自原有客户的竞争压力,则OEM企业向OBM的发展路径,宜经过OEM/ODM/OBM过渡路径并采取与原客户差异化策略向OBM发展。

总之,就产业升级的四个层次而言,无论哪个层次,都意味着从劳动密集型环节向资本和技术密集型环节的转变,其过程都伴随着资本深化,也是资源配置效率的提高及企业比较优势的提高循序渐进变化的过程。

当前,存续已久的价值创造和分配模式正在发生改变,借助互联网平台,企业、客户及利益相关方全流程参与到价值创造、价值传递及价值实现诸环节,正在形成新的价值创造和分享模式。

微笑曲线将一条产业链分为三个区间,即研发与设计、生产与制造、营销与服务,其中生产制造环节总是处在产业链上的低利润环节。于是,但凡可能,生产制造环节的厂商总是梦想有朝一日能够走向附加值更高的研发设计和品牌营销两端。

在国际产业分工体系中,发达国家的企业往往占据着研发设计和品牌营销的产业链高端位置,发展中国家的厂商则被挤压在低利润区的制造环节。向微笑曲线两端延伸,在国际产业分工体系中走向产业链高端位置,已成为发展中国家的制造厂商们不熄的梦想。

如今,伴随社会生活的日益多元化,消费意识也更加个性化。无论是研发与设计、生产与制造,还是营销与服务,都必须以满足消费者需求作为出发点和归宿点,消费者体验式地参与彻底颠覆了传统生产的垂直分工体系,微笑曲线的理论基础将不复存在。

互联网的跨界融合正加速"微笑曲线"走向"全程协同"的进程,如图 8-11 所示。

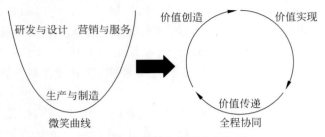

图 8-11 从微笑曲线到全程协同

德鲁克说:"当今企业之间的竞争,不是产品之间的竞争,而是商业模式之间的竞争。"何为商业模式?简而言之就是一种将产品或服务实现商业化的过程,这个过程包含价值创造、价值传递和价值实现等环节。由于互联网的介入,商业价值的创造和分享模式将重新解构。

微笑曲线分工模式下,企业通过规模化生产、流程化管理,提供低成本的标准化产品,获取竞争优势,企业的规模和实力发挥着决定性作用。而"全程协同"模式下,企业、客户及各利益方可以互助式参与到价值创造、价值传递、价值实现等环节,客户得到个性化产品、定制化服务,企业获取了超额利润,构建平台型商业生态系统能力将成为企业的核心竞争力。

在互联网的冲击下,价值创造、价值传递、价值实现等环节将会发生巨大变化。

(1) 价值创造。当前互联网加速向"智能制造"领域渗透,工业化和信息化深度融合进程加快。通过生产设备网络化和生产系统智能化水平提升,构建基于真实客户需求(没有中间渠道的)的生产组织体系,将大规模制造的高效率和手工作坊的个性化有机融合,推动生产流程的重新设计,组织模式的重新解构。

(2) 价值传递。互联网正在突破价值传递环节的时间和空间束缚,减少甚至消灭所有中间环节,实现人流、物流、信息流、资金流的无缝连接,数字世界和物理世界将完美融合。电子商务、社交网络、第三方物流、互联网金融无一不是这一趋势下的创新例证。

(3) 价值实现。社交网络使客户关系从"一次交易"变为"多次互动"。在此背景下,企业需要在更高层次上与顾客之间建立新型的主动性关系,通过有效、高频互动,实时掌握需求变化、快速实现产品"迭代",实现客户全方位、多角度、体验式参与,以最大限度实现潜在商业价值。

本 章 小 结

1. 论述了有关竞争战略的一些基本概念,指出企业要想在行业与市场中取得竞争优势,就必须确定适合本企业的基本竞争战略。

2. 分析了竞争战略的几种类型、各自的利弊及适用条件,为企业战略选择提供了依据。

3. 阐述了合作战略的三种形式:战略联盟、虚拟经营和业务外包。当今企业的竞争,逐渐趋于合作方向,即竞合。现代企业间的竞合战略主要采用虚拟经营的形式,这一形式,已被各国企业证明最为有效的模式是业务外包和战略联盟。

4. 介绍了全球价值链,给出了 OEM—ODM—OBM 的发展路径,并阐述了由传统的生产制造到智能制造,再到全程协同(数字化转型)的发展趋势。

思 考 题

1. 企业竞争战略的基本类型有哪些?
2. 成本领先、差异化与集中化战略各自的优缺点是什么?
3. 什么是最优成本供应商战略?
4. 什么是合作战略?其有哪几种形式?
5. 集中化战略与差异化战略能同时实现吗?为什么?

第 9 章

职 能 战 略

1. 了解职能战略的主要内容；
2. 了解生产战略的作用；
3. 掌握营销战略的四种类型；
4. 领会人力资源战略的重要性；
5. 理解财务战略与研发战略的内容。

管理层有能力把整个公司的技术和生产技能整合成核心竞争力，使各项业务能够及时把握不断变化的机遇，这才是优势的真正所在。

——普拉哈拉德和哈默尔

是故聪明秀出谓之英，胆力过人谓之雄……能役英与雄，故能成大业也。

——《人物志·英雄》

胖东来的"生意经"

日前，胖东来因在工资中设立了"委屈奖"而登上热搜。根据公开资料，胖东来的员工在受到委屈之后可以获得 500～5 000 元的"委屈奖"。以上新闻让胖东来再度引发市场关注。有网友表示，一个月让自己"委屈"两次就行。

实际上，"委屈奖"只是胖东来善待员工以及向顾客提供优质服务的冰山一角。一直以来，胖东来都以优质的服务、商品运营能力在河南许昌占据很大市场。在对于员工的待遇上，胖东来非常舍得花钱去招聘优秀的人员，同时此举也为企业带来了丰厚的回报。

根据胖东来官网的"东来分享"以及过往的视频，于东来经常会表达追求幸福、追求美好生活的理念以及对于人本身的关心。于东来在 2023 年 2 月发布的状态指出，很多企业发展的主要问题是公司工资收入政策、太专注于短期的股东收益、忽略了团队的健康发展、管理人员和员工的收入跟不上时代的步伐。同时，于东来表示，对人的关心永远是第一位，只有坚定向善、造福社会的企业才能获得真正的幸福和更长远的发展潜力。

在对待员工方面，胖东来的工资待遇确实很不错。同时，其会在每周二闭店，让员工休息。胖东来的待遇很高，比如，打扫卫生的工作人员一个月收入都有四五千元。在河南许昌,这样的工资水平无疑是头部的。从表面来看,胖东来是给员工花钱,实际上该做法的基本原理在于通过高工资可以在许昌挑选到最优秀的人。最优秀的人组成的团队非常有竞争力,这是胖东来成功的核心秘诀之一。花多一倍的薪酬,可以在市场上找到最优秀的人,而最优秀的人才的产出是平庸的人的三四倍,因此企业还是赚的。

同时,对于顾客,胖东来也十分舍得。当顾客表示某款产品不新鲜或者质量不好的时候,胖东来就会直接给顾客退款。

商品运营能力。商品运营中也处处体现着胖东来的服务。许多企业学习胖东来只是学到了表面,而实际上商品运营、为顾客挑选到好的商品才是胖东来的核心,商品好了,顾客才会来购买。

胖东来的熟食品类非常丰富,且很受消费者喜爱。很多消费者在评论中提到的以及上传的图片也大都是胖东来的熟食产品。胖东来的熟食当中确实有一些亮点商品。比如卤牛肉,在一般的超市销量不高,但是在胖东来都能卖掉且做成品牌。原因就在于其做卤牛肉强调卤牛肉的食材、怎么做好吃,同时也舍得让顾客免费品尝。很多菜之所以成为名菜,第一要素就是食材。胖东来抓住了这个要点。一些零售企业做熟食都是在调料上面下功夫,但在调料、卤制方法上功夫下得再多,消费者可能也不满意。而胖东来是先从食材角度出发,找到了市场上最优质的食材,再进行深度加工。

同时,商品运营中也处处体现着胖东来的服务。比如,在生鲜肉类的摊档上会配一些纸巾和手套,让顾客挑选食物、拿冷冻食物时不至于伤到手。再比如,会去配备一些微波炉、干净的盘子,这样消费者可以在现场加工加热,享用食物。

此外,胖东来在供应链方面的能力以及影响力也很强。胖东来利用自己在许昌、新乡甚至在全国的影响力,能够从供应商那里拿到最时尚、最新的商品。这些厂家也愿意给胖东来大力的支持,甚至免费提供商品都是完全有可能的。同时,胖东来也非常善于经营。很多其他企业卖不动的商品,在胖东来都能够卖得很好,这体现出企业极强的经营能力。而这背后的核心也是因为其团队确实很优秀,每个人都能把工作做到极致。

在行业内,厂家都达成了共识,只要把商品在胖东来那里打开了,后面就不用愁了。此外,由于团队很优秀,因此对于商品的鉴别能力比一般企业要强,在有些人眼里觉得很普通的东西,在他们眼里是"美玉"。

一直以来,零售企业都在不断向胖东来学习、取经。零售企业学习胖东来已经有20年。胖东来实际上是一个特殊的人创造了一个特殊的企业。它确实有很多值得学习的地方,同时它也有很多东西是别人学不到的。比如,有的人会去模仿胖东来的服务,但实际上并不具备于东来的那种胸怀。

此外,胖东来的模式具备不可复制性。连锁化扩张需要非常高的标准化运营体系和管理体系。胖东来很多打动人心的做法是软性的东西,是需要员工发自肺腑对顾客有研究和热爱才能够做到的,这就导致胖东来的模式具备不可复制性。

目前,胖东来的门店还是全部集中在河南许昌和新乡。胖东来一直规模不大、没有走出新乡和许昌的原因是,其目前模式走通的前提是能够在局部市场形成垄断。一般而言,在一个市场有50%以上的市场占有率就算垄断,即拥有了定价权,定什么价同行就得跟着。

在胖东来的模式中,只有垄断之后才有超额利润,同时,只有获得超额利润的企业才能够支撑高薪的员工,形成良性循环。很多企业学不了胖东来也是这个原因,它们做不到在一个区域市场形成垄断。

在实体零售集体面临转型的当下,胖东来同样存在挑战。对此,胖东来遇到的挑战和整个商超企业是一样的,即客流下降以及渠道转型的一些冲击。

胖东来目前在生鲜、熟生鲜品类的初级阶段做得还不错。但中国的老百姓下一步要消费升级,想吃得更好。能不能让消费者每天都吃上八大菜系,这个是胖东来下一步可能要面对的。

资料来源:钟楚涵,蒋政.胖东来的"生意经"[N].中国经营报,2023-04-10.

职能部门战略是在战略业务单位级战略指导下,按照专业职能将战略业务单位级战略进行落实和具体化,它的制定是将企业的总体战略转化为职能部门具体行动计划的过程。根据这些行动计划,职能部门的管理人员可以更清楚地认识到本职能部门在实施总体战略中的责任和要求。

9.1 生产战略

生产战略是指在企业经营战略的总体框架下,决定如何通过生产作业活动来实现企业的整体目标。它根据企业所拥有的各种资源和对内、外部环境的分析,对生产作业管理和生产作业系统有关的基本问题进行分析判断,确立总的指导思想及决策原则。生产战略是企业或者企业某项事业的经营战略中的一个职能战略,其作用在于在生产领域内取得某种竞争优势以支持企业的经营战略。

9.1.1 生产战略的作用及地位

1. 生产战略的作用

生产战略是企业根据所选定的目标市场和产品特点构造生产系统时所应遵循的指导思想,以及在这种指导思想下的一系列决策、规划及计划。生产战略作为一个职能战略,其作用在于在生产领域内取得某种竞争优势以支持企业的经营战略,而不局限于处理和解决生产领域内部矛盾和问题。

生产战略与传统方法有以下两个明显的差异。

(1) 生产战略强调了对产品竞争力的保障,通过目标优先级的决策实现了产品竞争优势,而传统方法仅以成本和效率为中心,强调生产系统的高产出和规模经济。

(2) 生产战略强调了系统各要素间在生产类型结构框架下的协调性,而传统方法由于过分强调高效率与现代化技术的应用,往往使系统内部的要素组合失调,不能最佳地发挥出结构的潜力。

生产战略强调对企业竞争优势的贡献,通过对产品目标明细化,使生产系统功能具有优先级,从而为企业竞争提供了坚实的基础和后援保障。

生产战略能够对公司的某一种产品提供市场竞争优势的保障,但是由于目标市场的差异,这种战略一般并不适用于公司的其他产品。

从生产与企业整体发展方面看,生产战略是企业战略取得成功的关键因素;从生产与其职能部门关系看,生产战略应该协调与其他职能战略之间的关系。

2. 生产战略的地位

生产是将各种投入要素(如原材料、零部件、人、机器设备等)结合起来,转化为一定产出的经济活动过程。生产的目的是创造最大化的价值,满足人们消费的需要。为此,必须进行十分有效的管理。特别是近年来资本与工资成本提高,技术更新加速,能源、材料短缺,国家宏观调控等外部环境变革,对现代企业生产管理提出更严峻的挑战。生产战略在企业战略中占据重要地位。

从生产与企业整体发展方向看,生产战略是企业取得战略成功的关键因素。在战略管理过程中,生产经理直接参与制定企业成长、稳定和紧缩战略,并且制定生产战略来实现企业的战略目标。生产经理还要随时了解生产工人情绪、物料供应与消耗、劳动生产率、安全生产、能源消耗、污染等情况,并且制定和实施产品质量控制、改进生产工艺、产品革新、提高生产效率等生产政策,为实现企业总体战略提供生产方面的保证。

从生产与其他职能部门关系看,生产战略必须协调与其他职能战略之间的关系。现代生产管理的重要作用不仅在于提出解决生产问题的对策,而且必须在市场营销、采购、存货和生产中建立最佳平衡的生产经营系统。因此,在企业内部,生产部门要与市场营销和工程技术部门保持良好关系,以改进企业的产品和服务,提高市场竞争力。同时,不断与财务部门和人事部门进行沟通,共同努力解决有效利用资产、加强成本控制、提高工人操作技能等方面的问题。因此,制定可行的生产战略,关系到其他职能战略的成功实现。

9.1.2 生产战略的影响因素

企业的外部环境和内部条件都影响着企业的生产战略。在竞争性市场中,企业应该注意以下一些内、外部影响因素。

1. 内部影响因素

(1) 企业经营业务方向的制约。生产消费产品、高技术产品和生产资料的企业,分别以市场和技术为导向,它们对生产战略的要求是不同的,因而生产战略所处的地位也就不同。

(2) 企业经营目标的制约。一些企业把未来几年业务的增长速度作为企业经营的主要目标,那么企业就会采取薄利多销的方式,努力寻求价格—成本优势,这时生产系统就会相应进行大批量生产,而在创新方面的优势就会大大减退;另外一些企业并不明确规定业务的增长速度,却把注意力放在开发新产品或提高质量等方面,这将会削弱对交货期的保障能力。由于其经营目标的不同,企业的生产战略也就有所不同。

(3) 企业经营战略的制约。采用多元化经营战略,或单一产品战略,对生产战略有极大的影响。前者要在产品特色、质量、品种等方面寻求优势,但会因产品缺乏标准化、达不到规模经济等原因而失去成本方面的优势,后者恰好相反。

2. 外部影响因素

(1) 资源条件。制定生产战略时,应该考虑原材料资源的可获得性,因为原材料的缺乏必然导致生产不能正常进行。例如,石油危机就是导致很多企业生产陷入混乱的主要原因。所以,应该制定具体的策略以解决或者避免原材料资源缺乏的问题。

(2) 技术条件。随着产品和工艺技术的变化,生产技术也必须改变。生产战略必须预测技术环境的改变并形成相应的反应。近年来,随着机器人技术、计算机辅助技术、计算机集成制造技术和办公自动化技术的快速发展,企业未来的生存能力可能会依赖于对技术采取的战略姿态。

(3) 社会因素。不断变化的社会态势和价值观念影响着生产中的劳动者和管理者。生产战略应认识到社会中的这些变化并在战略的制定过程中予以反映。由于生产过程强调团队工作和参与方法,并吸引员工全心全意地投入,这一因素很可能成为未来变化中最重要的领域之一。

(4) 法律因素。目前一些法规的变化导致一些行业发生了重大变化。例如,安全规定、环境污染标准,以及反不正当竞争法等法律法规的变化都会对生产战略产生重要的影响。

(5) 竞争状况。在行业内存在激烈竞争时,生产的职能不仅要满足竞争的需要,而且要通过良好的生产战略来形成企业的竞争优势。当竞争性质发生变化时,就要调整生产战略以便为公司保持一个稳固的竞争优势。

(6) 客观需求。企业虽然可以通过一些营销手段在一定程度上控制需求水平,但某些市场需求的变化却是无法控制或被轻易预测到的,如经济波动引起的变化、顾客偏好的改变和新竞争者的加入等。因此,生产战略不仅要考虑顾客现在的需求,更要考虑其将来的需求。

9.1.3 生产战略的制定

1. 生产战略的制定步骤

企业生产战略不仅要根据企业内部生产条件来确定,还应考虑市场需求和企业整体战略的要求。因此,在制定生产战略时,必须遵照企业既定的总体战略和市场营销战略,采取以下步骤。

(1) 分析市场竞争地位,了解竞争者生产产品的特性、技术及采用的战略。

(2) 评估企业自身的资源、设备、人力、技术及产品战略。

(3) 确定企业市场营销战略目标及销售计划。

(4) 决定企业应发挥的生产功能,如生产能力、产品数量、质量、投资收益等。

(5) 考虑产业的经济限制和技术限制。经济限制包括成本结构、产品组合、产业结构、产业政策及其未来发展趋势等;技术限制包括技术水平、技术开发、技术进步、机械化与自动化程度等,使企业了解自身的生产状况和技术突破的可能性。

(6) 制定生产战略及相关的计划与制度,如品种策略、采购策略、存货策略、生产计划、设备计划、技术计划、生产控制制度等。

(7) 执行生产战略,控制生产过程,衡量生产业绩和成效,并进行信息反馈、修改或调整生产战略内容。

2. 生产战略的制定过程

生产战略的决策由以下两部分组成。

(1) 生产系统功能目标决策。其包括根据用户的需求特性和企业的竞争战略来定义产品的功能,再由产品将这些功能转换为对生产系统的功能指标。

(2) 生产系统结构决策。它是根据既定的系统功能目标和生产系统固有的结构功能特性,进行生产类型的匹配,这种匹配过程是通过调整系统结构化与非结构化要素来实现的。

生产战略的制定过程如图 9-1 所示。

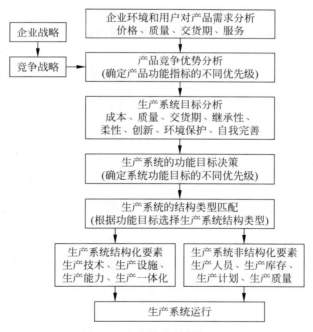

图 9-1　生产战略的制定过程

9.2　营销战略

营销战略更多是指市场营销竞争战略,至于市场细分、目标市场选择、市场定位则是营销战略过程的三个环节,产品策略、渠道策略、价格策略、促销策略则可归为营销组合策略的内容。

市场营销竞争战略取决于企业在市场中所处的地位,通常用市场占有率来衡量。市场占有率状况是反映企业在目标市场中所处地位的首要目标,是企业竞争地位最集中、最综合、最直接的反映。

根据市场占有率大小可以把业内的参与者分为市场领导者、市场挑战者、市场追随者和市场补缺者四种类型,每种类型的企业可选择的战略分别介绍如下。

9.2.1 可供市场领导者选择的战略

市场领导者是指在市场上占有最大的市场占有率,并在价格变动、新产品开发、分销渠道和促销力度等方面均居领导地位的企业。作为市场领导者,往往会成为竞争者的众矢之的,竞争者或者向其发起挑战,或者模仿它,或者避免与其发生冲突。要想继续保持市场领先地位,市场领导者通常需要在以下三个方面采取行动。

1. 扩大现有市场占有率

市场领导者可以通过扩大市场占有率来增加收益,但是,市场领导者应该比其他企业更注意占有最佳市场的问题。一般来说,市场领导者可以采用以下几项措施。

(1)增加新产品,研制并推出新产品是扩大市场占有率常见的一种手段,手机、PC市场即是如此。

(2)提高产品质量。这是扩大市场占有率的一种有力手段,提高质量来扩大市场占有率并不是指推出豪华产品,毕竟,大多数市场销售最好的一般是中档商品。因此,制造质量比其他企业好的中档商品才是最重要的。

(3)增加开拓市场的费用。经营消费资料和生产资料企业加大在促进销售方面的投入是扩大市场占有率的关键,但对于经营原材料的企业来说,在促进销售方面的投入作用不太明显,而广告费对经营消费资料企业扩大市场占有率可以作出很大的贡献。

2. 发现空白市场和扩大市场规模

市场领导者的战略核心是保持其领导地位,可采用的战略之一是发现空白市场和扩大整个市场的规模。当整个市场扩张时,占据主宰地位的企业通常可以获得最大的利润。一般而言,市场领导者可以采用市场渗透策略和市场发展策略来寻找产品的新使用者、新用途以及更多的使用量。

3. 保护现有市场占有率

在努力扩大市场规模的同时,处于统治地位的企业还应该时刻注意保护自己的现有业务不受竞争者的侵犯,这就需要采取保护现有市场占有率的策略,可采取的策略有以下几个。

(1)创新策略。市场领导者为了保护其现有的市场占有率,最为建设性的做法是不断创新。市场领导者应该拒绝满足现状,在产品、顾客服务、流通手段、生产技术等各个方面孜孜以求、不断创新,为保持领袖公司的地位创造条件。

（2）筑垒策略。市场领导者即使不展开攻势，至少也应该对各条线保持警惕，可行的做法有合理定价，同时使用同一个牌名和商标大量生产不同尺寸、型号和档次的产品，满足市场上的不同要求，不给主要市场上的竞争者留下可乘之机。有时，市场领导者还需要采取限制定价措施，使新进入者无利可图，格兰仕微波炉就是如此。当然，通过供应链控制，提高对手的制造成本、迅速实现品牌扩散也是企业可选的策略。

（3）正面对抗策略。当一个市场领导者受到攻击，无论是侧翼还是先发制人的攻击，它必须对扩张性挑战者作出及时的反应，或者发起推销战，以低价击败对手，并且使那些想独占市场的企业望而却步。

9.2.2　可供市场挑战者选择的战略

市场挑战者是指其市场地位仅次于市场领导者，为取得更大市场份额而向领导者和其竞争对手发起攻击和挑战的企业。作为一个市场挑战者，首要的是确定其战略目标。大多数市场挑战者的战略目标是提高市场占有率，而这又和对竞争对手的选择密切相关。

一般来说，市场挑战者基本上可选择三类竞争对手：①市场领导者；②规模相同，但经营不佳的企业；③当地的那些规模不大、资金缺乏的企业。确定了竞争对手和目标之后，市场挑战者可以选择以下五种进攻策略。

1. 正面进攻

市场挑战者集中所有力量，直接对竞争者的主力发动攻击，称为发动正面进攻。这种策略是选择竞争对手的最强部分发动攻击，而非选择弱点加以攻击。正面进攻的胜负结果当视谁有较强实力而定，在一个纯粹的正面进攻中，进攻者可对其竞争者的产品、广告与价格等方面采取进攻。修正的正面进攻策略也是可行之选，其中最常见的一种做法是与竞争者进行残酷的价格竞争。

2. 侧翼进攻

一个等待受攻击者往往是最强大的，但是它必然也会有弱点，它的弱点自然就会成为竞争对手的目标。侧翼往往就是其防守较为薄弱的地方，侧翼进攻在市场营销上有重要意义，尤其对于那些资源较其竞争对手少的进攻者而言，假如它们无法以强大的力量来战胜防御者，则攻击者便可以使用这种声东击西的方式来战胜防御者。

另一种具有潜在威力的侧翼攻击，是以领导者尚未发现的市场作为攻击的目标。从这个意义上说，侧翼策略是辨认市场区划细分的基础。

3. 包围进攻

对敌人的各个方向发动进攻，迫使敌人必须同时防御其前后左右的战线。采取包围进攻的进攻者应提供每一项产品，并且比竞争者提供得更多、更好，以使其所提供的服务不会遭到拒绝。

4. 迂回进攻

迂回是最间接的进攻策略，且避免任何交战的行动直接指向敌人现有领域。这种进攻意味着迂回绕过敌人，并攻击较易取得的市场以扩展企业的资源基础。这种策略有三种途径可供采纳：①发展不相关产品的多元化；②在现有的产品下，进入新的理性市场；③开发新技术以取代现有产品。

5. 游击进攻

游击进攻是市场挑战者的另一种选择，它对资本不足的小企业特别适用。游击战是对敌人的各个不同的领域发动小型的、间歇性的攻击，其目的在于干扰与瓦解敌方的军心士气，以巩固本身的立足点。采取游击战进攻者可以兼用传统与非传统两种方法来进攻对手，这些方法包括选择性地降价、加强促销活动以及配合法律的行动等。此种策略的重点在于集中攻击力于一个较小的领域。

游击战通常是小型企业用来对抗大型企业时所采用的策略。小企业由于无力发动有效的正面进攻或者侧翼进攻，因此只能以短期的促销活动与降价行动，对大企业市场的任一方面发动攻击，以削弱竞争对手的市场力量。即便如此，进攻者仍需在发动少量大型攻击或连续不断的小型攻击之间进行决策。一般来说，连续性的小型攻击通常比少数的几场大型攻击更能对对手产生累积性的重击，并能使竞争对手自乱阵脚或者迷惑敌人。因此，在游击战中进攻者将会发现，攻击小型、独立且防御薄弱的市场会比攻击势强稳固的主要市场更为有效。

9.2.3 可供市场追随者选择的战略

市场追随者是指满足于现有市场地位，只跟随市场领导者的战略变化而作出相应战略调整的企业，有以下几种追随战略可供选择。

1. 紧密追随

紧密追随者在尽可能多的细分市场和营销组合领域中模仿领导者，但是它们不会发动任何进攻，而只是期望能够分享市场领导者的投资，不会发生直接冲突。有些追随者甚至可以被说成寄生者，它们很少有主动的动作，而是靠紧密追随领导者而获利。

2. 有距离地追随

有距离的追随者会从领导者那里模仿一些成功的经验，但是这种模仿往往是带有差异性的模仿，如在包装、广告、定价等处有所不同。只要有距离的追随者没有积极地进攻领导者，领导者就十分欢迎这种追随者，乐意让给它们一些市场份额，以使自己免遭市场的指责。

3. 有选择地追随

有选择的追随者除了生产与领导者相似的产品外，通常也会进一步加以改良。这类企业也选择不同的市场规划,以避免直接与领导者发生冲突。这类企业常常会成为未来的挑战者。

9.2.4 可供市场补缺者选择的战略

市场补缺者是指市场营销能力薄弱、为求得生存而拾遗补阙的企业。市场补缺者的竞争策略应以避实就虚、集中力量为原则,将目标市场指向竞争对手相对不足或未注意到的细分市场上,可以是单一补缺,也可以是多种补缺。

一般来说,理想的补缺市场具有以下特征。
(1) 该市场具有足够的规模和购买力,能够保证企业盈利。
(2) 该市场具备发展的潜力。
(3) 强大的竞争者对该市场不屑一顾。
(4) 企业具备所必需的能力和资源向这个市场提供优质的服务。
(5) 企业在顾客中建立了良好的声誉,能够抵挡强大竞争者的入侵。

市场补缺者的关键是专业化。市场补缺者一般在最终用途、垂直层次、顾客规模、特殊顾客群、地理区域产品或产品线、产品特征、加工服务、质量与价格水平、服务及分销渠道等方面专业化。

9.3 人力资源战略

人力资源是根据企业内、外部环境和企业发展战略目标,充分考虑员工的期望,制定的关于企业为适应内、外部环境变化和人力资源自身发展需求的纲领性长远规划。它是企业最重要的经营资源,也是最具创新性的资源,是一切财富中最为宝贵的财富和企业发展战略的重要组成部分,也是企业战略能够顺利实施的保障。正确地制定和选择人力资源战略,努力开发人力资源,特别是充分发挥各类人力资源的积极作用,是企业走向兴旺发达的关键。

人力资源战略管理的基本宗旨就是通过确保企业拥有具备良好技能、有责任心、有良好动机的员工,并激发他们的潜力,以获得持续的竞争优势。其目标就是要让员工在一个经常变化的环境中有一种方向感,以便使企业、团队和个人的需求,通过发展和实施人力资源政策与项目来得到满足。

9.3.1 企业战略与人力资源管理的关系

人力资源战略是根据企业总体战略的要求,为适应企业生存和发展的需要,对企业人力资源进行开发,提高人力资源的整体素质,从中发现和培养出一大批优秀人才所进行的长远性的谋划与方略。因此,必须以企业总体战略的要求来确定人力资源战略的目标。

9.3.2 人力资源战略的主要内容

人力资源战略的主要内容包括以下几方面。

1. 人力资源开发战略

人力资源开发战略就是指有效发掘企业和社会上的人力资源，积极地提高员工的智慧和能力所进行的长远性谋划和方略。在制定人力资源开发战略之前，企业需要树立正确的人力资源开发战略观。

人才流动本来是市场经济使然，但在一些人或一些企业眼中把培养人才的企业称为"办学企业"，把培养人才视为"冤大头"。事实上，他们忽略了企业在培训上的投入所取得回报和竞争力的形成，片面地从成本投入角度看问题。实际上，人力资源开发战略本身就是企业发展的战略管理内容。在人力资源开发方面，国内企业的步伐也在加快，如华为有自己的员工培训学院、用友设立了培养顾问的大学、春兰有博士后工作站等，它们都可以为企业发展战略、人力资源开发战略提供最好的案例，企业持续发展首先必须树立人力资源开发战略观。

可供选择的人力资源开发战略方案有：①人才引进；②借用人才；③招聘人才；④自主培养人才；⑤定向培养人才；⑥鼓励自学成才。

2. 人力资源使用战略

人力资源使用是人力资源管理的一项重要任务，它是指企业根据工作任务需要，对企业现有各类人员的安排和使用。人力资源使用合理与否，直接关系到企业的兴衰成败，通俗地讲，就是企业也要做好用人之道。如果企业用人失当，会给企业生产经营带来损失甚至危害；如果选对了人，但在使用中又不放心，定出许多限制，同样也不利于企业的发展。管理实践证明：合理使用人才，企业就会突飞猛进，事业就会兴旺发达。

企业有了所需人才，如何发挥他们的作用也是一个重大战略问题，有以下战略方案可供选择：①任人唯贤；②岗位轮换；③台阶提升使用；④职务、资格双轨使用；⑤大胆授权使用；⑥破格提拔使用。

3. 人力资源优化配置战略

企业需要人才，但各方面的人才应当有一个恰当的比例，应该形成一个合理的结构，这是人力资源结构优化问题，犹如生产线上各设备要合理配置一样。有些人才放在 A 岗位可能作用一般，但转换到 B 岗位可能就会发挥更大的作用；有的岗位只需普通人力资源就可以了，不需要高级人才资源。应该说，在人力资源优化配置方面，应该确立"适用就是最好的"正确观念，避免人才浪费以及人才岗位不协调。

9.3.3 人力资源战略在企业管理中的作用

人力资源战略在企业管理中的作用有以下几个。

1. 人力资源战略是企业战略的核心

在激烈的竞争中，人才是企业的核心资源，人力资源战略处于企业战略的核心地位。

企业的发展取决于企业战略决策的制定,企业的战略决策基于企业的发展目标和行动方案的制订,而最终起决定作用的还是企业对高素质人才的拥有量。有效地利用与企业发展战略相适应的管理和专业技术人才,最大限度地发掘他们的才能,可以推动企业战略的实施,促进企业的飞跃发展。

2. 人力资源战略可提高企业的绩效

员工的工作绩效是企业效益的基本保障,企业绩效的实现是通过向顾客有效地提供企业的产品和服务体现出来的。而人力资源战略的重要目标之一就是实施对提高企业绩效有益的活动,并通过这些活动来发挥其对企业成功所作出的贡献。从企业战略上讲,人力资源管理作为一个战略杠杆能有效地影响公司的经营绩效。人力资源战略与企业经营战略结合,能有效推进企业的调整和优化,促进企业战略的成功实施。

3. 有利于企业扩展人力资本,形成持续的竞争优势

在企业的众多竞争优势中,优秀的人力资源所形成的竞争优势很难被其他企业所模仿。所以,正确的人力资源战略对企业保持持续的竞争优势具有重要意义。人力资源战略的目标就是不断增加企业的人力资本总和。

4. 对企业管理工作具有指导作用

人力资源战略可以帮助企业根据市场环境变化与人力资源自身的发展,建立适合本企业特点的人力资源管理方法。一个适合企业自身发展的人力资源战略可以提升企业人力资源管理水平,提高人力资源质量;可以指导企业的人才建设和人力资源配置,从而使人才效益最大化。将人力资源由社会性资源转变成企业性资源,最终转化为企业的现实劳动力。

人力资源战略是实现企业战略目标、获得企业最大绩效的关键。研究和分析人力资源战略,有利于提升企业自身的竞争力。人力资源战略在企业实施过程中必须服从企业战略,企业战略的实践形成,也必须积极考虑人力资源因素,二者只有达到相互一致、相互匹配,才能促进企业全面、协调、可持续发展。

9.3.4 人力资源计划

人力资源计划是系统评价人力资源需求,确保必要时可以获得所需数量且具备相应技能的员工的过程。人力资源计划就是根据企业发展战略,确定人员需求及满足需求的途径和方法,使企业内部和外部人员的供应与特定时期企业内部预计空缺的职位达到平衡,即人力资源供给和需求之间达到平衡,从而实现人力资源的最佳配置,最大限度地发挥人力资源的潜力。这是一个主动的、科学的过程,可以有效避免人员流动的盲目性和减少浪费。

制订人力资源计划应遵循以下几个原则。

1. 充分考虑内部、外部环境的变化

人力资源计划只有充分地考虑了内外环境的变化,才能适应需要,真正地做到为企业战略服务。在人力资源计划中,应该对各种可能出现的情况和风险变化作出预测,最好能有面对风险的应对策略。

2. 实现企业的人力资源保障

企业的人力资源保障问题是人力资源计划中应解决的核心问题。它包括人员的流入预测、流出预测、人员的内部流动预测、社会人力资源供给状况分析、人员流动的损益分析等。只有有效地保证对企业的人力资源供给,才可能进行更深层次的人力资源管理与开发。

3. 使企业和员工都得到长期的利益

人力资源计划不仅是面向企业的计划,也是面向员工的计划。企业的发展和员工的发展是互相依托、互相促进的关系。如果只考虑企业的发展需要,而忽视了员工的发展,则会有损企业发展目标的达成。

9.3.5 人力资源管理战略模型

企业人力资源战略规划必须由企业高层领导直接参与和主持。同时,在高层管理人员、专业管理人员和具备经验的战略规划专家"三结合"的基础上,注意意见上充分交流、决策科学化和民主化,并对未来的变化和危机留有战略对策上的应变余地,这样才能在竞争中保持并发挥优势。人力资源管理战略的总体模型如图9-2所示。

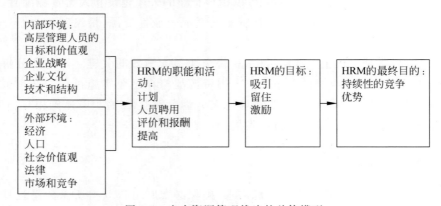

图 9-2 人力资源管理战略的总体模型

9.4 研究与开发战略

企业的生存与发展必须不断满足消费者经常变化的需求,这是企业研究与开发的动力,也是企业制定研究与开发战略的意义所在。

9.4.1 新产品的概念和分类

1. 新产品的概念

按照现代市场营销学的观点,新产品是指对企业而言的一切新开创的产品。也就是说,产品整体概念中任何一部分的创新或变革都属于新产品,它是在设计原理、生产工艺、产品功能、外形包装等某一方面或几方面同其他产品相比具有显著改进、提高营利性或有推广价值的产品。

新产品不一定是前所未有的全新产品,它是一个相对的概念,可以是相对老产品而言,也可以是相对地区市场而言,如首次出现在某地区市场的产品就是新产品。可见,新产品的新意体现在整体产品概念的各个方面,表现在产品技术是新的、销售市场是新的、新的消费者和新的消费观念等方面。

2. 新产品的分类

1) 按新产品的新颖程度划分

(1) 改进型新产品。改进型新产品是指在原有产品的基础上采用各种改进技术,对产品的功能、性能或型号、规格、花色、包装等方面进行一定的改进而生产的产品,包括在原产品基础上派生出来的变形产品。这种产品的研制难度和成本最低,周期也短,成功的可能性最大,但是其技术经济优势较低。

(2) 换代型新产品。换代型新产品的基本原理不变,部分采用新技术、新材料、新工艺,使产品的性能、功能或各项经济指标有显著的提高,研制难度要比改进型新产品大,成本也要高一些。

(3) 创新型产品。创新型产品是指采用新原理、新技术、新材料、新工艺,性能指标有突破性提高或能满足特殊需要的产品。这种产品的开发一般要进行大量的科研,难度最大,成本最高,成功可能性最小,一旦投放市场获得成功,其技术经济优势非常明显。

2) 按新产品的地域特征划分

(1) 国际新产品。这是指在世界范围内第一次研制和销售的产品。

(2) 国内新产品。这是指在国外已有而在国内是第一次研制和销售的新产品。这种新产品可以填补国内某类产品的空白,如果能从国外引进技术,则具有较好的发展条件。

(3) 地区性或企业新产品。这是指虽然在国内已有,但在本地区或本企业是第一次生产和销售的新产品。这种新产品如果能够借鉴其他企业的技术或样本,则会有很好的市场发展条件。

从以上的分类可以看出,新产品一般有以下特点:①比原有产品在功能、结构等方面具有更先进的水平;②都是新技术的产物,具有一定的创新性;③具有一定的经济性;④投放市场都面临一定的风险。

9.4.2 研究与开发战略的内容

企业要根据其总体战略来选择研究开发的方式,根据企业的外部环境以及内部条件来决定应该如何通过研究开发活动分配企业的资源。

企业的研究与开发战略共分为四种：进攻型战略、防御型战略、技术引进型战略及部分市场战略。

1. 进攻型战略

这种战略的目的是通过开发或引入新产品，全力以赴地追求企业产品技术水平的先进性，抢占市场，在竞争中保持技术与市场的强有力竞争地位。这一战略可以分为三个不同的重点：第一种主要是通过科研，包括基础研究和应用研究进行创新、开发新产品；第二种是集中力量，通过对市场潜在的、有效需求的调查研究，促使技术知识转化为新产品；第三种是企业家的创新偏好，它可以引发并促进技术创新，使企业家的主动性和创新精神得到最大限度的发挥，开发出新产品。英特尔公司在这方面的成就斐然，其每隔 18 个月就推出新一代的微处理器，为该公司赢得了持久的竞争优势。

2. 防御型战略

防御型战略又称追随战略。这种战略的目的是企业不抢先研究和开发新产品，而是在市场上出现成功的新产品时，立即对别人的新产品进行仿造或加以改进，并迅速占领新市场。

防御型战略的优点是避免了应用研究（以至可能进行的基础研究）的长期而又不明确研究前途的大量投资，大大减少了投资的风险性。而且，该战略是对新产品加以改造后推向市场，克服了新产品在其最初形态所带来的缺陷而使企业后来居上。因此，防御型战略尽管在科学技术上没有什么重大的发明创造，但是对企业的发展却十分有利，这种战略以见效快、成本低、高性能、高质量来占领市场，赢得利润。

3. 技术引进型战略

这种战略的目的是利用别人的科研力量来开发新产品，通过购买高等院校、科研机构的专利或者科研成果来为本企业服务。通过获得专利许可进行模仿，把他人的开发成果转化为本企业的商业收益。可惜的是，科研院所的科技成果转化比例太低，大量的科研成果躺在实验室里而无法为经济发展作出应有的贡献。

这种战略的优点是进行仿制，可以达到收效快、成本低、风险小的效果。因此，大企业往往也采用这一战略。

4. 部分市场战略

部分市场战略也称依赖型战略。这种战略主要是为特定的大型企业服务，企业用自己的工程技术满足特定的大型企业或者母公司的订货要求，不再进行除此以外的其他技术创新和产品的研究开发。只要不失去为之服务的特定大企业，就可以不必为追求各种创新而冒险，就能够安全稳定地经营。

9.4.3 新产品开发

新产品开发是企业研究与开发战略的主要内容,也是企业进行研究与开发工作的焦点。随着市场需求和消费者偏好的改变以及新科技的发展,产品生命周期逐渐缩短,企业如果不能及时推出市场需要的新产品,不从事新产品的开发,企业的经营将会越来越困难。

企业要获得新产品,可以根据实际情况作出不同的选择。

(1) 通过购买的方式来获得。既可通过购买小企业,获得有市场吸引力的产品线,又可向其他企业或个人购买专利权,还可以用许可证协议购买新产品的制造权。

(2) 通过自主开发的方式获得新产品。其具体的途径主要有:①通过自己的研究部门开发新产品;②雇用社会上独立的研究人员或开发机构为本企业开发新产品。

1. 新产品的开发方式

(1) 独立型。企业通过自己的开发部门,对社会潜在的消费需求或现有产品存在的问题进行研究,设计出具有突破性的新产品或更新换代的产品。这种方式对企业的资金和技术要求较高。

(2) 契约型。企业委托社会上独立的研究机构或个人进行开发,并支付一定的科研费用。这种方式可以充分利用社会上的科技力量,缓解企业的资金压力。

(3) 研制与技术引进结合型。企业新产品的研制计划是通过购买专利或专有技术等形式,引进关键的技术或设备,使之与现有的技术相结合。这种方式既能增强新产品在市场上的竞争力,又能使引进技术发挥较大的经济效果。它是目前国际上较为流行的开发方式。

(4) 引进技术型。直接从国外引进技术可以减少本企业的科研经费,缓解科研力量不足的现状,加速企业的技术发展,短期内收效较大,但一般成本较高。这种方式在发展中国家的企业中较为常见。

2. 新产品开发策略的选择

从市场竞争和产品系列的角度考虑,企业的新产品开发策略可分为以下几种。

(1) 抢先策略。抢先策略是指企业抢在所有竞争者之前开发新产品,抢先将其投入市场,以求在市场上获得先入为主的优势地位的策略。这种策略能先发制人,使企业在技术上处于领先地位。但是,其风险较大,要求企业具有较强的研发能力和小批量生产与试制能力,还要有足够的人力、物力和资金的支持。采用这种策略由于先进入市场,可以采取高价出售的撇脂政策,利用新产品最早进入市场到仿制品出现的时间差争取最大的盈利。

(2) 紧跟策略。企业在市场上一发现有竞争力强的产品就立即仿制并投入市场。它要求企业具有较宽的市场信息网络和较强的市场应变能力与研发能力。

(3) 产品线宽度策略。企业产品线选择的宽窄程度可以分为两类:宽产品系列策略和窄产品系列策略。宽产品系列策略是指企业生产多个产品系列,每个产品系列有多种产品。这是一种多元化经营,不仅分散了市场营销过程中的种种风险,而且避免了单一产品生产的单一化风险。它适用于实力较强的企业。窄产品系列策略是指企业只生产一两个产品系列,每个产品系列也只有一两种产品,它一般被细分市场的补缺者采用。

(4) 产品线深度策略。每个产品系列的品种规格的数量称为产品线深度。由于产品存在生命周期,因此,新产品开发策略是不同的。在产品的投入期,应尽量收集市场信息以便能够进一步改良产品;在成长期,企业可以根据自身条件,以该产品为基准,及时推出系列产品以便占领多个细分市场;在成熟期,企业可采取产品改良的方法,推行市场渗透策略。

(5) 仿制策略。企业通过仿制竞争能力强和技术先进的产品,以较低的成本开拓市场。这种策略的关键不在于抢时间而在于成本最低。由于是仿制,所以开发成本较低。同时由于产品进入市场的时机一般在成长期或稍晚的时间,所以此时销量较大,产品成本和销售费用存在规模经济。

(6) 市场服务策略。这是指提供附加产品或以服务取胜的战略。该策略不太注重产品本身的开发,而是通过加强售前或售后服务来满足顾客的各种需求,树立良好声誉。

3. 新产品开发程序

新产品开发程序是指从确立新产品开发目标到新产品研制成功进入市场为止所经历的过程。其主要包括以下几个阶段。

(1) 构思。成功的新产品源于创造性的构思。新的构思来源于以下几个方面:对消费者的分析;研究能力;中间商的建议;竞争者的研发情况。

(2) 构思筛选。这一阶段是对各种新产品构思进行评价和优选。其主要考虑:新产品的发展趋势;消费者的需求潜力;开发新产品需要的条件是否具备。

(3) 概念形成。筛选后的新产品构思,必须用图形或模型表示出来,形成比较完整的产品概念。

(4) 营销分析。营销分析是对新产品概念进行财务分析,并预算产品进入市场的销售量、成本和利润,从而确定新产品的销售目标和计划。

(5) 研制与试生产。把经过测试和分析的产品概念制成样本或模型,同步要完成的还包括商标和包装设计。只有在样本通过鉴定以后才能进行小批量试生产。这一阶段是新产品开发的重要阶段,因为产品一旦定型,再要进行改进就相当困难。另外,应尽量缩短研制时间,以便及时推向市场。

(6) 试销。在这一阶段应及时了解消费者和中间商的反应与建议,以及市场的需求情况,为以后的正式生产提供决策依据。

(7) 正式投产。新产品试销成功以后,可以进入大量生产和销售阶段。此时,需要通过大量的广告或人员促销,使产品尽快为广大顾客所接受,同时应建立相应的管理机制和通畅的销售渠道,做好售后服务工作,收集顾客反应信息和建议,促使产品尽快进入成长期和成熟期。

9.4.4 技术转移与知识产权

1. 技术转移的概念及主要形式

技术转移是指以技术作为一种生产要素,可以通过有偿或无偿的方式,从一个企业流向其他企业的过程。技术转移按不同的标准划分为不同的形式。

(1) 按技术转移的代价划分。

① 有偿技术转移。它是指接受技术的一方需要向提供技术的一方支付一定的费用。有偿技术转移也称技术贸易。技术贸易中使用权转移称为许可证贸易,所有权转移称为技术转让。

② 无偿技术转移。它是指赠予、继承等技术转移方式。也可以通过互相访问、参观、考察、举办技术产品展览、讲座、学术交流等方式无偿获得各自需要的技术。

(2) 按可供转移的技术成果内容划分。

① 产品实物形式的技术。如生产线、技术设备、技术产品等。

② 劳动过程形式的技术。如工艺技术、生产流程等。

③ 信息形式的技术。如配方、专利、方法等。

(3) 按技术在生产过程不同阶段的作用和行政管理划分。

① 垂直技术转移。这是指技术成果的基础作用可使引进方进行垂直分工体系的下阶段研究和应用,表现为科技发明、技术创新、应用扩散的转移过程。

② 水平技术转移。这是指研究成果向不同国家中与之相关的行业和领域的横向转移。例如,将已经开发的新技术、新工艺从原来的环境转移到新的环境。

从分类情况可见,技术转移有一定的环境要求,它是技术在空间传递、消化吸收和应用的过程。

2. 知识产权的概念和特征

知识产权(IP)是从法律上确认和保护公民以及法人在科学、技术、文学、艺术等精神领域所创造的智力"产品",具有专有权或独占权,他人不得侵犯,否则要受到法律制裁。知识产权主要包括版权、专利权、专有技术权和商标权。其中专利权、专有技术权和商标权称为工业产权。

知识产权与有形财产权(物权)相比有以下特征。

(1) 专有性。这些权利一经确立,即具有排他性,只有权利人才能享有,其他人未经同意不得使用。

(2) 时间性。法律规定的期限一到,知识产权就自行终止。

(3) 地域性。一国确定和保护的知识产权,只能在该国法律所辖的范围有效,在没有专门条约的规定下,在其他国家得不到保护。

(4) 人身权和财产权并存。法律对知识产权所有人的保护,不仅在于权利人在一定时间内享有因该智力成果的使用、转让、许可等获得收益权,还在于权利人对该智力成果享有的永久的人身权,如署名权等。

3. 知识产权保护的主要形式

专利权、商标权的申请及专有技术合同保护等，都属于知识产权保护的范畴。知识产权的保护主要有以下几种形式。

（1）申请专利保护的实质是专利申请人或其权利继承人，将其发明向公众进行充分的公开，以换取对发明拥有一定期限的垄断权、专有权，超过规定的期限，专利技术进入公共领域便不再受法律的保护。

（2）专有技术与专利不同，包括未公开的情报、数据、工商秘密形式等，它是一种民间保密形式，通过在技术发明企业内部实施保密的办法，达到垄断新技术的目的，也可以通过《中华人民共和国民法典》和《中华人民共和国反不正当竞争法》等法律法规进行保护。

（3）申请商标权的实质是，商标所有人因对其商标的占有与支配，而与非商标所有人之间发生法律关系，这种法律关系通过商标法体现出来，受国家强制力保障，可以长期维护商标使用者的产品信誉和影响力。

9.4.5 技术断裂

研究与开发战略中还应考虑的一个重要因素是时间，即在研究与开发过程中企业必须决定什么时候放弃现有的技术，什么时候开发或采用新的技术。麦肯锡咨询公司的里查德·弗斯特（Richard Foster）在对各种各样的技术进程和模式研究之后认为，一种技术被另一种技术替代（称为技术断裂或技术非连续性）是一种经常发生的现象，在战略上是非常重要的。对于给定行业中的一项技术，产品效益或性能与研究努力程度或研究费用的关系如图9-3所示，它呈S形的曲线状。

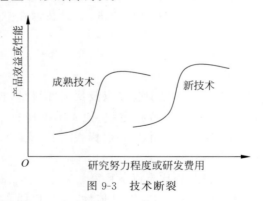

图9-3 技术断裂

技术断裂的过程是：在技术开发的早期阶段，应建立一定的知识基础，产品性能的改进需要相对大量的研究努力程度或研究费用。随后，产品性能的改进变得较容易。而后，随着技术达到其极限状况，产品性能的改进变得较慢而且昂贵，此时正是投资研究与技术开发之时。也正是在这个时候，投资于新技术研究的竞争者，可能会挤垮持有原技术的企业，甚至使整个行业发生翻天覆地的变化。正如弗斯特所指出的那样，历史已经表明，当一项技术接近于其S曲线的末端时，市场上的竞争领导地位通常会易手。每次当技术的非连续性发生时，那些已经建立起来的企业，由于在老技术上投以巨资，不敢接受未来新的技术,其结果是被抛在后面。

由此可见,技术断裂对于那些奉行成本领先战略的企业来说尤为重要。那么,如何应对技术断裂问题?安索夫提出如下指导性建议:①持续地寻求新技术的源泉;②随着新技术的出现,应作出适时的努力,或者获取这项新技术,或者准备退出市场;③重新配置资源,从改进过时的生产过程导向技术转变到投资于新产品导向技术,使新技术实现商业化。

9.5 财 务 战 略

9.5.1 财务战略的基本概念

企业财务战略就是企业对维持和扩大生产经营活动所需资金进行筹资、分配、使用,并为实现企业总体战略目标所作出的长远性的谋划与方略。在某些情况下,它的概念还被延伸到企业其他与财务有关的管理活动,如企业理财、收益分配、日常财务活动以及财务、人力资源管理等。

企业的财务战略是根据企业的整体经济战略制定的,是企业职能战略的一部分。财务战略和职能战略中的营销战略、企业发展战略和企业人力资源战略等是各自独立而又相互影响的,财务战略是它们能够顺利实施的有效保证。

9.5.2 财务战略的内容

激烈的市场竞争中,企业的资源流动性加强,在企业的人、财、物、信息这四大资源中,资金资源已经成为引导其他资源流动的关键要素,企业经济活动所需要的劳动力、生产资料和信息资料都可以用资金去购买,资金的使用效果必然决定企业的经营效果。随着金融市场、人才市场和科技信息市场的建立和完善,企业资金的取得和运用存在多种选择,如何有效地筹资、调配、使用资金便显得很重要,这些都是企业财务的重要职能。随着企业财务功能的加强,财务主管的地位也越来越高,财务不再是对资金运动的描绘和反馈,更重要的是对未来时期的资金运动作出决策、规划和控制。

企业财务战略的主要任务就是在对现有的资金市场充分认识的基础上,根据企业财务的实际情况,选择企业的投资方向,确定融资渠道和方法,调整企业内部财务结构,保证企业经营活动对资金的需要,以最佳的资金利用效果来帮助企业实现战略目标。

通常来说,企业的财务战略包括以下四个方面。

(1) 财务结构战略。财务结构也就是资本结构,即企业的资产和负债的构成。众所周知,企业股东不需要还本付息,只需分红即可,而负债不仅需要还本,还需要付息。还有就是各国财务规则不一样,在有些国家利息是可以免税的,这会推动企业大力发行债券。

(2) 筹资战略。筹资战略是关于企业从什么渠道、以什么方式获取资金,如何以较低的代价、较低风险筹集较多资金,支持企业经济发展的战略。

(3) 利润分配战略。利润分配战略是利用价格形式对社会剩余产品所进行的分配。通过利润的合理分配,能正确处理企业与社会各方面的经济关系,调动各个方面的积极性；能增加企业自有资金的来源，增强企业的竞争实力。

（4）投资战略。投资战略是决定企业资金投放方向、投放规模，以提高资金运用效果的战略。投资也就是资金的运用，以期在未来的时期内获得收益的行为。投资的范围很广，通常分为长期投资和短期投资两类。

9.5.3 财务战略的基本类型

1. 快速扩张型财务战略

快速扩张型财务战略，是指以实现企业资产规模的快速扩张为目的的财务战略。为了实施这种财务战略，企业往往需要在将绝大部分乃至全部利润留存的同时，大量地进行外部筹资，更多地利用负债。大量筹措外部资金，是为了弥补内部积累相对于企业扩张需要的不足而更多地利用负债而不是股权筹资，因为负债筹资既能为企业带来财务杠杆效应，又能防止净资产收益率和每股收益的稀释。企业资产规模的快速扩张，也往往会使企业的资产收益率在一个较长时期内表现为相对的低水平，因为收益的增长相对于资产的增长总是具有一定的滞后性。总之，快速扩张型财务战略一般会表现出"高负债、低收益、少分配"的特征。

2. 稳健发展型财务战略

稳健发展型财务战略，是指以实现企业财务绩效的稳定增长和资产规模的平稳扩张为目的的财务战略。实施稳健型财务战略的企业，一般将尽可能优化现有资源的配置和提高现有资源的使用效率及效益作为首要任务，将利润积累作为实现企业资产规模扩张的基本资金来源。为了防止过重的利息负担，这类企业对利用负债实现企业资产规模以及经营规模的扩张往往持十分谨慎的态度。所以，实施稳健发展型财务战略的企业的一般财务特征是"低负债、高收益、少分配"。当然，随着企业逐步走向成熟，内部利润积累就会越来越没有必要，那么，"少分配"的特征也就逐步消失。

3. 防御收缩型财务战略

防御收缩型财务战略，是指以预防出现财务危机和求得生存及新的发展为目的的一种财务战略。实施防御收缩型财务战略的企业，一般将尽可能减少现金流出和尽可能增加现金流入作为首要任务，通过采取削减分部和精简机构等措施，盘活存量资产，节约成本支出，集中一切可以集中的人力，用于企业的主导业务，以增强企业主导业务的市场竞争力。由于这类企业多在以往的发展过程中遭遇挫折，也很可能实施过快速扩张的财务战略，因而历史上所形成的负债包袱和当前经营上所面临的困难，就成为迫使其采取防御收缩型财务战略的两个重要原因。"高负债、低收益、少分配"是实施这种财务战略的企业的基本财务特征。

9.5.4 财务战略的作用

企业制定财务战略的规划和实施措施具有非常重要的作用，这主要是出于以下考虑。

(1) 作为组成企业战略的职能部门型战略之一,财务战略在具体业务实践领域中有着不可替代的存在价值。

(2) 企业的财务战略可以帮助企业正确地选择资金的投向,正确地选择筹资的途径,进行财务监督和控制,提高经济效益。

(3) 清晰明了的财务战略能够在日常财务管理活动中发挥指导作用。

(4) 随着企业的发展,企业将面临越来越多的经营风险和财务风险,企业需要运用财务战略去防范、规避面临的各类具体风险。

9.5.5　企业营运资金运用战略

营运资金是流动资产减去流动负债后的差额。流动资产是指可以在一年或超过一年的一个营业周期内变现或耗用的资产,主要包括现金、有价证券、应收账款和存货等。流动资产应是现金或者很快可以转变为现金的资产。流动负债是指在一年或超过一年的一个营业周期内必须偿还的债务,主要包括短期借款、应付账款、应付票据、预收账款等。

企业应控制营运资金的持有数量,既要防止营运资金不足,也要避免营运资金过多。这是因为营运资金越多,风险越小,但收益率也越低;相反,营运资金越小,风险越大,但收益率也越高。

为了有效地管理企业的营运资金,必须研究营运资金的特点,以便有针对性地进行管理。营运资金一般具有以下特点:一是周转时间短。这一特点,说明营运资金可以通过短期筹资方式加以解决。二是非现金形态的营运资金(如库存商品、应收账款、短期有价证券)容易变现。这一点对于企业应对临时性的资金需求有重要意义。三是数量具有波动性。流动资产或流动负债容易受内外条件的影响,数量的波动往往很大。四是来源具有多样性。营运资金的需求问题既可通过长期筹资方式解决,也可通过短期筹资方式解决。仅短期筹资就有银行短期借款、短期融资、商业信用、票据贴现等多种方式。

营运资金管理是对企业流动资产及流动负债的管理。一个企业要维持正常的运转就必须拥有适量的营运资金,因此,营运资金管理是企业财务管理的重要组成部分。据调查,公司财务经理有 60% 的时间用于营运资金管理。要做好营运资金管理,必须解决好流动资产和流动负债两个方面的问题。换句话说,就是如下两个问题:第一,企业应该投资多少在流动资产上,即资金运用的管理,主要包括现金管理、应收账款管理和库存商品管理。第二,企业应该怎样进行流动资产的融资,即资金筹措的管理,包括银行短期借款的管理和商业信用的管理。

可见,营运资金管理的核心内容就是对资金运用和资金筹措的管理。企业应重点对以下几类营运资金进行管理。

1. 现金

现金是指再生产过程中暂时停留在货币形态的资金,包括库存现金、银行存款、银行本票和银行汇票等。现金是变现能力最强的资产,可以满足企业生产经营的各种需要,也是还本付息和履行纳税义务的保证。

企业拥有足够的现金可以降低企业风险,对增强企业资产的流动性和债务清偿性有重要的作用。但是,现金属于非盈利资产,即使是银行存款,利息额也是很低的。这就导致如果现金持有量过多,就会降低企业的收益率。因此,企业必须保证合理的现金持有量,使现金收支不但在数量上,而且在时间上相互衔接,以保证生产经营所需资金的同时,提高企业资金的收益率。

现金的日常管理主要包括以下几个方面。

(1) 现金周期。现金周期是指从公司支付原材料货款的付款日到最终收回销货款的收款日之间的期限。它只是近似值,但可以告诉管理层,公司的流动资金管理状况是在改善还是在恶化。

(2) 现金回收管理。为了提高现金的使用效率,加速现金周转,企业应尽量加快账款的回收。企业应收账款的回收主要有以下四个过程:顾客开出付款票据、企业收到票据、票据交付银行和企业收到现金。

企业应收账款收回的时间包括票据邮寄的时间、票据在企业的停留时间以及票据结算的时间。企业可以通过缩短邮寄时间和停留时间的办法,来加快现金的回收。

在实际中,企业可以采用邮政邮箱法和银行业务集中法来缩短这两种时间。邮政邮箱法是企业在各个主要城市租用专门的邮箱,开立分行存款账户,授权银行开启信箱,并通过电汇形式发到企业所在地银行的一种方法。银行业务集中法是通过建立多个收款中心来加速现金流转的方法。

(3) 现金支出管理。现金支出管理与现金回收管理是完全相反的,其主要任务是尽量延缓现金的支出时间。但是,这种延缓必须遵守各项法律法规,而且不会对企业的信誉造成影响。

延迟付款主要有以下几种方法。

① 合理利用"浮游量"。现金的浮游量是指企业账户上现金余额与银行账户上所示的存款余额之间的差额。有时企业的现金账户余额已经为零或负数,但是由于票据传递需要时间,银行还尚未付款,如果能够正确预测浮游量并加以利用,可以节约大量的现金。

② 推迟支付应付款。企业在不影响信誉的情况下,应尽量推迟付款的时间。

③ 采用汇票结算。汇票不必见票即付,这中间需要一个承兑的过程,这就使企业能够合法地延期付款。

(4) 闲置资金管理。企业在筹资和经营时会取得大量的现金,这些现金通常会闲置一段时间,这时企业可以进行短期证券的投资,以获取一定的净收益。

2. 应收账款

应收账款是企业对外赊销产品、材料、供应劳务等而应向购货或接受劳务的单位收取的款项。

一个企业的收账政策应当确保收账的成本不会超过收账所带来的好处。收账的成本可能会降低企业坏账发生的概率,会节约对应收账款的投资成本。如果收账的成本超过一定的幅度,它所产生的好处可能不足以弥补其本身的成本,这是不可行的。

企业在允许顾客赊购时,应该作出如下相应规定:①允许客户赊账的总额;②必须付账的期限;③企业鼓励提前还款的折扣政策。

企业在决定是否允许客户延期付款时,还应考虑如下因素:①更宽松的赊账政策会导致额外的销售;②额外销售给企业带来的利润是多少;③收账延长的平均幅度;④为额外应收账款进行投资所要求的回报率。

3. 存货

存货是指企业在日常生产经营中为生产或销售而储备的物资。每个企业几乎都有一些库存,尽管有的企业只储存一些消费品。对于加工性企业来说,其库存包括原材料、半成品和成品,这些可能占企业资产的大部分。

库存管理的目标就是把库存的成本(包括占用资金的成本)降到最低。库存的成本包括以下几方面。

(1) 持有成本包括占用资金的成本以及产品储存、损坏、过时等方面的成本。

(2) 采购成本包括订购成本、人工成本、运输费等。

(3) 短缺成本,即库存不足导致的销售下降或者购买高价产品等成本。企业的库存管理就是要在满足企业生产和销售需要的同时,尽可能地降低各项成本。

企业可以通过以下几种方法来决定进货的时间。

(1) 定期审查系统,规定对企业的库存进行周期性的考察,在每期考察时根据所剩库存量的多少决定不同的进货量。

(2) 再进货水平系统,规定一个需要进货的最低库存水平线,如果企业的库存低于这个水平线,就可每次按固定数目不定期进货。

(3) 准时化(JIT)采购法,是指企业在出现需求时才开始生产,这样就避免了成品的库存。这种方法现在被普遍采用,不仅可以降低库存成本,还可以减少从订货到交货的加工等待时间,从而提高企业的生产效率。

本 章 小 结

1. 职能战略描述了在执行企业总体战略和经营战略的过程中,企业的每一个职能部门都需根据自身情况,制定符合自己发展的战略。

2. 生产战略是企业战略取得成功的关键因素;营销战略取决于企业在市场中所处的地位,通常用市场占有率来衡量;人力资源是企业最为重要的经营资源,是一切财富中最为宝贵的财富,因此需进行结构优化;财务战略需根据企业战略的需要,调整和优化企业内部资本结构,保证企业战略目标的顺利实现;研究与开发战略是支持企业可持续发展、提高竞争优势的重要因素。

3. 各职能战略需彼此协调,不可孤立。

思 考 题

1. 分析生产战略对企业发展的重要作用。
2. 可供市场挑战者选择的策略有哪些?

3. 为什么要进行人力资源优化配置？
4. 在分析企业财务战略时，应从哪些方面入手？
5. 研发战略包括哪些主要内容？

第 10 章

企业创新战略

1. 了解战略性创业与创新的含义；
2. 了解创业和创业机会，并能解释它们的重要性；
3. 明确创新与企业能力的重要性；
4. 领会合作性创新与收购创新的重要意义；
5. 理解战略性创业如何帮助企业创造价值；
6. 了解蓝海战略的定义，掌握蓝海战略的分析工具与框架，重点掌握蓝海战略的制定与执行；
7. 明晰商业模式及平台化思维对企业发展的重要意义。

无论是在一个现有公司、一个公共机构还是在一个由个人发起的新公司，创新都是创业能力的一个特殊功能。

——彼得·德鲁克

车企在下一个阶段竞争中需要警惕技术雷同、战略趋同

备受期待的 2023 年第二十届上海国际汽车工业展览会（以下简称"上海车展"）大幕开启。对于 2023 年市场走势，里斯战略定位咨询中国区合伙人何松松直言，随着锂电池成本回归合理水平，车企进入规模上量阶段，生产制造端研发成本降低，新能源产品将向 10 万～25 万元市场普及。电动车市场将由"哑铃形"进一步向"纺锤形"结构转变。

以创新在"价格战"中突围。毫无悬念，本届上海车展将成为 2023 年各家车企展现产品创新能力的主场，在电动化、智能化时代，如何做才能实现迭代出新，从而在激烈的市场竞争中赢得一席之地，这是车企关注的重点。

针对这一问题，车企应该通过品类创新来满足消费者需求。新能源时代提供什么样的产品满足消费者需求，这涉及品类创新。品类创新分两部分：第一个是外部的，实际上是从外部消费者、市场的视角帮助企业把握品类创新的机会；第二个是内部的。品类创新是一个工程，有了品类洞察以后，还需要一套战略来支撑创新落地。生产一款产品是商品企划在先还是用户调研在先，这涉及工作开展的模式，工作模式调整要有创新的组织架构。

创新涉及方方面面的工作,从营销、产品到组织,甚至资本都需要做创新的工作,这就是我们所说的战略配置工作。传统主机厂全面拥抱新能源的过程需要外部力量的介入,一起来推动创新和转型。

针对当下车企的"价格战",从长远来看,车企应该重视创新,通过创新来提升产品竞争力,创新才能打破"内卷",如果大家都没有创新,相当于是在原有的市场空间里进行激烈的"价格战"。

值得一提的是,虽然很多车企参与到"价格战"中,但也有不少车企明确表示"不掀桌子",拒绝"价格战",将精力放在价值端,如长城、理想、零跑、腾势、领克、哪吒等多家车企推出"保价政策"。

警惕技术雷同、战略趋同。自动驾驶技术已经成为汽车产业下一阶段的竞争重点,创新的重要领域,相应的硬件、软件、先进算法、传感器以及用户服务也将成为整车厂或者零部件公司未来竞争的核心要素。发展自动驾驶技术上,车企应该注意哪些问题?

车企在下一个阶段竞争中需要警惕的是战略趋同。随着自动驾驶技术越来越普及,车企会和一级供应商以及互联网巨头更加紧密地绑定。未来,在合作之中,车企思考的重点应该在于如何形成自己的差异化优势,否则很有可能陷入技术雷同、战略趋同的陷阱。在此情形之下,车企可以从消费者的角度去思考这一问题,并适时地做减法。

在应用层面,自动驾驶的运用需要警惕的是技术鸿沟和"心智"鸿沟。从技术创新到产品创新再到品类创新,实际是需要不断跨越鸿沟的。此外,自动驾驶在用户的应用层面还存在一些障碍。自动驾驶技术的创新和发展一直以来都是由供给端不断推动,真正转化到用户的使用上还需要很长的时间。

统计显示,超过一半的车主在使用过程中是对自动驾驶技术存在安全疑虑的,所以这项技术的使用性和普及率还是偏低。在技术层面,实际上未来几年自动驾驶就可以实现L4级甚至可能更高的级别,但是要改变用户的(驾驶)习惯并且让他们完全信任自动驾驶技术,普及的难度是巨大的。

传统车企、造车新势力各有优势。当前,在新能源赛道,有几家造车新势力已经领先于传统车企,但这并不意味着未来的新能源、智能化战役,传统车企会输给造车新势力。

在电动智能汽车时代,传统车企延续其过去的思维惯性,进行的是延续性创新,也就是在其原有的平台架构基础上进行技术迭代和优化修补,所以不少传统车企的电动车几乎是油改电产品。造车新势力(由于)没有组织、网络、战略以及观念上的包袱,它们的底层电子电气架构以及纯电平台是一套全新的价值网络。造车新势力属于破坏性创新。

传统车企和造车新势力各有优势。随着电动智能市场规模逐渐扩大,传统车企用户保有量、驾驶数据、测试条件、制造经验等方面的优势会逐渐显现。

不同的车企一定是基于自身的价值网络、能力边界、技术边界来思考怎样构建起在自动驾驶赛道上的核心竞争力。比如,互联网企业的优势在于数据能力以及算法能力,传统车企的优势在于车辆产品本身、硬件能力以及底层的架构。那么,未来如何结合这些能力进一步形成差异化,这是企业需要着重思考的问题。所以,在自动驾驶普及的时代到来之前,谁更了解消费者,谁就能跟消费者离得更近,就更容易打造出有竞争力的产品,也更容易赢得市场。

资料来源：陈茂利.里斯战略何松松：车企在下一个阶段竞争中需要警惕技术雷同、战略趋同[N].中国经营报,2023-04-17.

10.1 战略性创业与创新

所有的企业都是在一个高度复杂和动态竞争的环境中求生存。该环境带来了大量的压力，该压力约束了企业适应环境的能力。压力之一是人类的惰性以及回避变革的倾向。面对21世纪的竞争环境，企业的生存与成功越来越依赖于企业不断发现新的投资机会，并通过快速创新抓住机会的能力。因此，高层管理者必须保证企业拥有恰当的创新能力，以弥补那些损害企业灵活性的因素。

熊彼特将创业(entrepreneurship)看作一种"创造性破坏"的过程，在该过程中，现有的产品或制造方法被抛弃，新的产品或制造方法产生。因此，创业就是个人或团体不受当前所控制资源的束缚，识别或追求创业机会(entrepreneurial opportunities)的过程。创业过程是一种创造变革并帮助企业适应这种变化的重要机制。

创业机会代表了新产品或新服务可以满足市场需求的环境。由于产品市场和要素市场的竞争是不完全的，并且关于这些竞争不完全性的信息并非公平地分布在每个人手中，所以创业机会是存在的。换句话说，关于通过满足尚未满足的市场需求或通过新的方式组合资源创造价值机会，一些人可以察觉得到，而另外一部分人则察觉不到。例如，某一个公司也许发现了一种机会去设计和销售新的产品、在新的市场销售现有产品或者利用更具效率的技术生产产品。

自2014年成立以来，Keep在运动领域不断尝试和探索，尤其在2018年7月获得D轮融资后，更是将AI研发提到战略高度。在第52届国际消费类电子产品展会(CES)上，运动科技品牌Keep首次亮相，展出旗下KeepKit系列智能硬件，除明星产品Keep跑步机和体脂秤外，全新Keep C1智能单车、W1健走机，以及Keep B1智能运动手环首次与公众见面，占领家庭即生活运动场景。同时还首次推出KeepLink智能模块概念，连接一切的KeepLink以AI为技术基础，打造非哑终端，构建IoT(物联网)，实现线上线下运动服务闭环，建立科技互联的运动生态，告诉人们运动未来的模样。

Keep近两年在战略和业务方面不断尝试，开始由移动健身工具向运动平台转型。Keep在运动科技和内容研发两个方面进行创新与探索。在运动科技方面，Keep推出智能硬件产品KeepKit，还有6家充满科技感的线下运动空间Keepland，精准连接"家庭"和"城市"运动场景，构建"科技互联的运动生态"；在内容研发方面，Keep针对战略核心内容，推出一系列线上多样化课程及线下Keepland自主研发MIXT(混合强度X训练)系列课程，并对线上付费课程KeepClass和会员制度进行升级完善，帮助用户提升运动体验。

未来，Keep将继续构建以内容为核心的运动科技平台，用科技赋能运动，最终打造一个科技互联的运动生态，倡导"自律给我自由"的运动精神，将专业、便捷、高效的运动方式带给用户。

在本书中，尽管我们从微观层面分析企业的创业活动，但是一些证据表明：在全球化背景下，创业也是驱动一个国家经济发展的"发动机"。创业促进了经济增长，增加了生产效率，创造了就业机会。因此，创业以及由此产生的创新对于企业在全球经济中的竞争具有重要意义，并且它对于一个国家寻找那些刺激经济发展的条件从而提高其公民生活水平也具有重要的作用。

10.1.1　创新

彼得·德鲁克将创新定义为一种"创业创造产生财富的新资源，或者赋予现有资源进一步提高财富创造潜能的过程"。他接着提出，"无论是现有的企业中，还是在公共服务机构，或是在个人的创业过程中，创新都是创业活动的特有函数"。因此，创新和创业无论是对老企业还是新企业、大企业还是小企业、服务型企业还是制造型企业，抑或高新技术型企业，都具有重要的作用。

创新是企业通过创业活动寻求的结果，它是在竞争中取得成功的源泉，特别是在动荡和高竞争强度的环境中。例如，一些研究发现，处于全球性竞争产业的企业对创新投入较高时，其可以获得最大的回报。事实上，投资者对企业推出新产品的反应是积极的，表现为股票价格的上涨。因此，可以说创新是一个高绩效企业的本质特征。此外，对于一个不具有竞争优势的企业，需要通过创新才能维持或达到平等的竞争地位。最具创新能力的企业清楚适应这种变化的重要机制。那些鼓励创业的企业是风险的承担者，它们勇于创新，并且采用的是一种积极的策略——它们试图去创造机会，而不是等待性地回应其他企业创造、识别或探索出来的机会。

10.1.2　创业者

创业者（entrepreneurs）是进行独立行动或者作为组织一部分的个人，他们创造新的风险型事业或不断地进行创新，并且通过将这些活动投入市场的方式承担着风险。创业者可以存在于整个组织——从高层管理者到制造产品或提供服务的组织成员。例如，在戈尔公司我们可以发现创业者，在那里，所有的员工都被鼓励去利用他们大约10%的时间进行创新。创业者通常表现出一些特征，包括乐观、活力、敢于承担责任以及勇气。他们都对其创新性思想的价值性和重要性给予充分的重视与强调。

有证据表明，成功的创业者拥有一种创业的思维模式（entrepreneurial mind-set），这种思维模式就是利用潜在的能力去评估市场的不确定性，并持续不断地识别市场机会，从而创造出重要的创新。那些由很多具有创业思维模式的组织成员组成的企业拥有一定的竞争优势，因为这种组织具备了持续创新的能力。企业需要那些按照创业者的方式思考问题的雇员。因此，企业的高层管理者应该为企业塑造一种创业文化，该文化有助于组织成员和团队形成创业活动。值得注意的是，创业者或创业型的管理者必须能够识别出那些其他人没有察觉的机会。

拥有高智力的员工仅仅是形成创业精神的因素之一。这种才能只有经过有效的管理才能转化为现实。由于"创新是知识的一种应用，要利用已有知识创造出新知识"，因此，有效的知识管理是企业形成战略性创业的关键。例如，研究已经表明，企业中已经接触新知识的业务部门更具有创新能力。然而，由于当一个人接触到知识后，需要具备对知识的理解能力，因此，知识的转移就变得比较困难。新的知识与现有知识越相关，对这种新知识的理解就越容易。因此，管理者除了扩展已有的知识外，还需要帮助企业员工形成坚实的知识基础，这样更有助于培养组织的创业精神。此外，信息系统、培训计划以及跨部门的团队合作建设也有助于实现上述目标。

10.1.3 国际创业

国际创业（international entrepreneurship）是指企业为了形成竞争优势，在国外市场发掘、探索机会的过程。创业是一种全球性的现象，原因之一在于，企业的国际化一般可以提高企业的绩效，然而，决策的制定者应该考虑与创业相关的国际化过程中产生的风险，如国外环境的不稳定性、市场的无效性、那些支持经营的基础建设的非充分性以及市场规模与成长的限制。因此，关于参与国际创业活动的决策应该是深思熟虑的结果。

尽管创业是一种全球性的现象，但是，不同国家的创业程度是不同的。国家文化存在差异是其一个重要原因。例如，个人主义和集体主义两种文化的倾向程度会影响到创业精神。研究已经表明，随着对集体主义的强调，创业精神会减弱。然而，一些研究也表明，过分地强调个人主义也会阻碍创业精神的形成——人们愿意将别人的思想与自己的思想相结合，从而阻碍了独特的产品和服务的创造。

这些结果要求我们必须在个人的知觉与合作的精神以及创新团队的共同所有权之间寻求平衡。如果一个企业想成功地培养创业精神，它必须提供一个自治的环境以及对个人的激励机制，但是同时它还必须鼓励合作精神以及创新团队的共同所有权。因此，创业通常需要那些具备独特技能和资源的个人组成合作团队，特别是以集体主义作为价值标准的文化氛围中。

影响国际创业的另一个因素是新创企业在国外进行投资的水平。事实上，随着全球化进程的不断推进，越来越多的新型企业已经成为"天生的国际性企业"。研究已经表明，那些进入国际市场的新型企业学习了更多的新技术、新知识，并且提升了企业的绩效。由于这一结果的出现，具备国际创业精神的企业最近几年不断增加。

当企业拥有国际经验的高层管理者时，其进入国际市场的可能性便会上升。此外，当企业具备这一经验时，该企业在国际市场竞争中取得成功的可能性也会上升。由于在国际市场经营带来了学习效应、规模经济以及范围经济，无论是新成立的企业还是已经进行国际多元化的已有企业，在国内都会具备较强的竞争能力。此外，研究已经表明，实施国际多元化的企业通常更具有创新性。

我们现在聚焦于企业用于创新的方法，包括内部创新、合作经营和通过兼并对创新能力的购买。企业进行创新的方法可能受到公司治理机制的影响。例如，研究已经表明，拥有一定股权的内部董事更加支持企业的内部创新，而地位相同的外部董事更加偏好于兼并。

10.2 内部创新的内涵

在一个已经成熟的组织中,大部分的企业创新活动是通过研发活动完成的。大型的成熟企业通过研发活动创造出新的技术与产品,从而使旧的技术与产品废弃。因此,一些观点认为,最具竞争优势的企业,通常通过再投资其产业或是发展一个全新的产品,以对抗现有的与未来的竞争对手。从这个意义来看,战略创业就是关于创造未来产业的创新活动。企业内部风险活动就是一系列用于发展内部发明和创新的活动的总称。

10.2.1 渐进性创新

企业利用研发活动进行内部创新包含两种形式:渐进性创新与突破性创新。大部分的创新活动属于渐进性创新,这种创新建立在已有的知识技术之上,并对当前已经明确的产品系列进行小幅度的改进。渐进性创新在本质上是逐渐演进,主要用于强调产品技术的效率。因此,这种创新的边际利润逐渐下降,并且其创新产品通常要以价格为基础进行竞争。像对现有肥皂洗涤剂添加各种不同的增白剂,就是渐进性创新的一个例子,与此相似,过去几十年间电视机的发展也是一种典型的渐进性创新(从黑白电视机到彩色电视机,再到立体声电视,然后发展到数字电视,直至今天的宽屏幕电视)。

进行渐进性创新的过程又被称为诱导性战略行为。诱导性战略行为是一种自上而下的过程,它的内部创新没有改变企业的当前战略。作为市场领先者的企业通常通过诱导性行为连续地进行创新活动,该过程为企业现有产品仅仅提供渐进性的创新。

10.2.2 突破性创新

与渐进性创新相反,突破性创新通常产生显著的技术突破,并且创造出新的知识。在很多产业中,这种创新类型对于企业实现或维持竞争优势的重要性不断上升,它在本质上是革命性的和非直线性的,一般是以新技术服务于新创造的市场。微处理器芯片、手持计算器、个人电脑、移动电话与无人驾驶汽车等都是突破性创新的例子。尽管渐进性创新与突破性创新都是企业收益与利润增长的潜在动力,但是突破性创新的潜在能力更大,因为突破性创新为消费者提供了新的功能。

尽管突破性创新拥有潜在的回报,但是由于突破性创新面临着很大的困难与风险,在现实中较为罕见。技术与市场机会的价值拥有很高的不确定性,由于突破性创新创造了新知识,并且这种创新仅仅使用了当前产品或技术知识的一部分或者很少的部分,所以,创造能力是这种创新模式必须具备的。尽管如此,创造并不是从没有的东西中产生一些东西,它要从多元化的领域中发现、结合或综合当前的知识。各个领域的知识被整合后开发出新的产品或服务,然后企业利用这种新产品或服务以创业的方式进入新的市场,吸引新的顾客,或者获取新的资源。这种创新通常会在一个进行内部创新的独立部门中完成。

自发性战略行为是一个自下而上的过程,在这个过程中产品推动者(product champion)追求新的思想,他们通常通过政治过程开发与协调新产品或新服务的商业化。产品推动者就是以创业的视角看待新产品或新服务的个人,他们在组织内不断地寻求支持新产品或服务商业化的路径。产品推动者在推动创新的过程中起着十分关键的作用。在很多企业中,"产品推动者被认为是加快创新速度并使其成功的支点"。一般来说,产品推动者会利用他们的社会资本在企业内开发信息网络。随着网络建设的不断推进,这些网络会成为一种将创新成功商业化的标准化途径。通过自发性战略行为形成的内部创新倾向于偏离企业当前的战略,这种创新会将企业带进新的市场,并且可能会创造出为顾客和其他利益相关者创造价值的新方法。

自发性战略行为是以用于进行创新的知识与资源的渊源为基础的。因此,企业的技术开发能力是创造新产品和新过程的基础。通用电气公司通常依赖于自发性战略行为进行创新。本质上,在寻找可市场化的过程中,通用电气公司首先从其已有的大量业务着手。例如,运营部门找到了恰当的技术,可以更好地进行正在做的工作。掌握这项技术后,再将其作为一种服务向市场出售。

为了使开发新产品的自发性过程更为有效,这个过程需要新的知识在整个企业持续传播。特别地,那些隐性知识(很难通过书面表达的知识)的传播对于开发更加有效的产品具有重要的作用。更有意思的是,不同的国家和环境的差异也会影响那些用于提升新产品开发的自发性过程。例如,日本的文化更加强调对不确定性的避免,因此,研究已经发现,在不确定性较低的环境中,日本公司更有可能进行自发性战略行为。

在内部进行的创新是大量努力的结果。大部分的突破性创新源于自发性战略行为,大部分渐进性创新来源于诱导性战略行为。大部分成功的企业同时进行着突破性创新和渐进性创新。尽管针对创新的投资对于长期竞争能力具有关键的作用,但是它的结果是不确定的,而且在短期内其效果很难达到,这意味着企业需要耐心才可以看到在研发方面所付出努力的成果。

总之,突破性创新是一种颠覆式的创新,它是相对渐进性创新而言的,是导致产品性能主要指标发生巨大跃进,或者对市场规则、竞争态势、产业版图产生重大影响,甚至导致新产业产生的一类创新。

如图 10-1 所示,当一种区别于技术 I 的新技术 II 的新思想提出以后,首先要进行突破性创新,尽管这种突破性创新的产品可能在早期阶段要比前一代技术差,产品性能也不如前一代产品,例如,最初发明的火车其速度不如马车快,但当解决了主要技术难题之后,技术 II 将经历一个技术水平与产品性能急剧上升的过程,直到产品的主要技术性能指标稳定下来,这时,企业就进入渐进性创新阶段,直至出现新的技术轨道 III,当技术轨道 III 所带来的产品在市场上超过了技术轨道 II 时,技术 II 的渐进性创新便以衰败告终。如果一个企业同时开展技术轨道 II 的渐进性创新和技术轨道 III 的突破性创新的研究工作,该企业可以保持持续的竞争优势,如果在技术轨道 II 上的企业没有从事技术轨道 III 的研究工作,则它将受到从事技术轨道 III 企业的挑战,市场格局可能将重新洗牌。统计研究发现,突破性创新多发生于中小型企业,而大型企业多从事渐进性创新。有时,成熟型大企业往往被小企业突破性创新淘汰出局,即前一代技术轨道建立起来的组织制度、企业文化、激励机制、经营策略等都与前一代渐进性创新相适应,因此前一代技术轨道积累的成功经验、核心能力和竞争优势恰恰会成为新一轮竞争的障碍,这是企业在技术创新方面应该注意的。

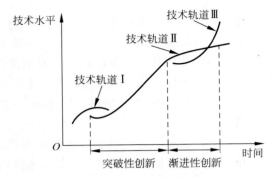

图 10-1　突破性创新与渐进性创新的技术轨道比较

后来,也有些学者从市场与技术结合的角度对创新进一步进行了细分,即将其分为渐进性创新、结构性创新、根本性创新和破坏性创新,如图 10-2 所示。现对后三种创新进行简要描述。

图 10-2　基于市场与技术结合的创新

1. 结构性创新

结构性创新是将现有技术技能应用到一个新的市场中去。这种创新的结果是增加新的客户。一般来讲,结构性创新的风险是比较小的,因为这种创新使用的是现有技术。当然为了满足新的市场的不同需求,对现有技术略做改进或对技术组件以新颖方式进行重新组合,以方便客户操作和使用是必不可少的。

2. 根本性创新

根本性创新在很多人的认知中才是真正的创新。其利用新方法和新材料,或是源自完全不同的知识库,或是源自企业现有知识库与新知识流的重新结合,或是采用新技术应对或创造新市场。根本性创新产生新的产业并且产生与之匹配的技术。此类创新基本属于百年一遇的情况。

3. 破坏性创新

破坏性创新是利用新技术对现有技术带来的颠覆性影响来对现有市场发起攻击。新技术一般会很贵,一开始没有什么新的功能,用户也会不适应,直觉来看不是很好的解决方案。破坏性创新的破坏性往往是经过几代的迭代后逐渐显现出来。最终,拥有破坏性创新产品的企业会有势不可当的上升势头,从而击败那些现有的市场竞争对手。其实,破坏性创新能够成功的一个原因就是依靠隐秘攻击，从底部侵入市场，首先占据低端市场，现有的企业无暇顾及的时候甚至乐于让出低端市场，因为低端市场通常利润很低。破坏性创新获得成功的另一个原因在于现有企业通常对变化反应迟钝。基于当前消费者需求的企业会持续投资现有技术和现有产品的渐进变革，当一个更新的技术成熟起来并被证明是更好的解决方案时，消费者会发生转移，尽管顾客导向的使命陈述比产品导向的使命陈述更可能阻止企业落后，但这样的陈述也无法保证一个企业会在面对破坏性创新的时候坚持住。

10.3 内部创新的实施

正如我们前面谈论的那样，创业的思维模式是成功进行内部创新的必要条件。这种思维模式包括对来自外部环境变化所带来的不确定性和机会的分析，具有这种思维模式的人可以帮助企业创造新的产品和新的市场。然而，他们也强调要"利用每个人在各自领域的能力"在组织内部与组织外部来执行企业的内部创新活动。表 10-1 列出了在一个成熟企业中一些促进和阻碍创新的因素。

表 10-1 成熟企业中促进和阻碍创新的因素

促进创新的因素	阻碍创新的因素
支持创新、个人成长和风险承担的理念与文化	刚性的结构以及决策权的集中
高管团队与组织的推动者	管理者支持以及组织推动者的缺失
团队与合作：扁平的管理结构	权威的领导以及传统的等级制度
分权的支持性流程	支持性流程实施的困难
对每位员工思想的重视	对某些特定员工（研究者与管理者）思想的重视
优秀的沟通	封闭式的办公室
对创新资源的支持以及实施项目的时间弹性	促进创业行为资源的匮乏
成功创业的高额奖励	对失败的严重处罚
对学习的重视	以结果为导向的评价制度

成功实施技术创新的成熟企业，鼓励组织成员讨论新的思想以及对风险的承担，它们不仅允许失败，而且鼓励组织成员从失败中学习。支持创新的奖励制度如工资的提高、升职、奖金、津贴以及公共性与私人性的酬劳也是重要的。为了避免那些影响创新的关键员工为了获取他们认为应该得到的报酬而被迫离开组织，企业应该给予他们足够的报酬。

与对创业活动进行高额报酬作为奖励同样重要的是，对失败行为的惩罚程度应该尽量最低。3M 公司的前任 CEO 威廉·麦克奈特（William L. McKnight）被认为是一个可以激发公司创业文化的人。他提出："错误总是不可避免的，但如果犯错的人出发点是好的，那么让他犯错就比因独裁而犯下更大的错误好。错误一旦发生就要受到极其严重批评的管理方法，会抹杀人的首创精神。"

恰当的流程与结构是企业成功实施内部风险活动和创新结果商业化的关键，将创新成果成功地引入市场反映了创新实施的有效性。在企业进行内部风险活动的过程中，流程就是"员工间互动、合作、交流和决策制定的模式"，该流程将来自自发性或诱导性战略行为的创新结果成功地推向市场。

涉及创新过程的各个职能的有效整合,从工程设计到制造,最后到市场的分销,是有效利用来自内部风险活动所产生创新的必要条件之一。产品开发团队被越来越多地用于整合不同组织职能和相关行为。合作性团队的主要工作是整合不同职能领域的知识和技能,从而提高创新效率。当企业所从事的项目被认为无法获得成功时,有效的产品开发团队也可以帮助企业终止该项目。

10.3.1 跨职能产品研发团队

跨职能团队更加便于整合与不同组织职能相关的行为,如设计、制造与营销。此外,当跨职能团队有效地运行时,新产品的研发过程可以更快地完成,并且产品可以更加容易被商业化。利用跨职能团队,产品的研发过程可以平行或有所重叠地进行,从而使产品研发的投入更加迎合企业的核心能力和市场需求。

水平的组织结构更加有利于整合基于创新的不同职能活动。因此,这种团队要围绕着用于生产和管理创新的横向流程组建,而不是对纵向的职能进行整合。对于创新活动具有关键作用的一些横向流程是正式性的结构,它们被明确地定义并以文档的方式予以记载。然而,更为一般地说,这些流程是非正式性的,"它们是一种惯例或日常工作的一种方式"。这些非正式的流程通常是难以观测的,它们对于成功的产品创新具有十分关键的作用,并且与垂直性组织结构相比,水平的组织结构可以更好地支持这种非正式的流程。

一个可能阻碍跨职能团队成功运作的因素是部门之间彼此存在着独立性。团队成员来自截然不同的专业领域(一个特殊的组织职能部门),每一个团队成员可能拥有自己独立的架构。每个职能部门使用相同的决策标准去评价问题,如产品研发的努力程度。研究表明,不同职能部门评价标准存在着差异,这些标准有四个维度:时间导向、人际导向、目标导向和结构的正式性。因此,来自不同职能部门的员工对产品研发工作强调的内容不一样,从而对产品研发活动的评价标准存在着差异。例如,一个设计工程师可能认为产品的功能是产品最为重要的特征,而一个从事市场营销的员工则认为满足顾客需求是最为重要的。这些不同的目标导向,可能成为阻碍部门间进行有效沟通的障碍。

另一个可能阻碍跨职能团队有效整合的因素是组织中的政治。在一些组织中,大量的政治活动可能是决定资源在不同职能部门配置的核心力量。部门间的冲突可能来自各部门对资源的竞争。部门之间的这种异常冲突成为对不同部门进行有效整合的障碍。我们必须寻找一种有效整合不同职能部门的方法,这种方法要求既可以避免过度的政治冲突,也不改变那种对于有效完成任务十分必要的基本的结构特征。

10.3.2 整合与实施创新的推动因素

共同的价值观以及有效的领导团队是有效整合跨职能部门以及有效实施创新的重要因素。高度有效的共同价值观是围绕着企业战略意图与战略使命形成的,这种价值观对于不同职能部门起到了"黏合剂"的作用,它将不同职能部门进行有效的整合。因此,一个企业的文化促进了在企业内部进行一致的创新。戈尔公司是一家高度创新型企业。该公司利用含氟聚合物的技术和制造能力生产各种各样的纺织品、医疗植入物、工业密封剂、过滤器、信号传递装置以及消费产品。该组织的独特文化支持着组织的创新:"我们的工作方式使我们与众不同。戈尔公司鼓励创新并将创新付诸行动,让那些最接近项目的人参与决策。我们的团队是围绕机会进行组织的,领导人也从中产生。"戈尔公司创始人比尔·戈尔(Bill Gore)创建了一种扁平网格状的组织结构:"没有等级制度,也没有预先规定的信息传递渠道;相反,我们相互之间直接交流,并对具有各种专才的团队同事负责。这种过程如何才能实现?我们的文化欢迎不同的观点和来自不同环境与背景的人们。这些人随着对机会与团队目标的理解,自己寻找与自己技能相匹配的项目。所有的这一切,发生在一个自由合作和自我管理的环境中。"

正如戈尔公司的例子,战略领导者对于成功地实现跨部门的整合以及促进企业的创新活动也是一个重要的因素。领导者负责目标的制订以及资源的分配。这个目标包括整合新产品与服务的开发及商业化,有效的战略领导者要时刻提醒员工产品创新的价值。通常,这种价值创造的潜能是整合与管理职能部门活动的基础,有效沟通的关键价值在于在团队成员间进行知识分享。因此,有效的沟通也可以促进团队成员对创新的投入以及团队成员间的合作。共同的价值观和领导的实践塑造了交流沟通的制度,这一制度的形成促进了新产品的开发与商业化。

10.3.3 内部创新的价值创造

图 10-3 显示了新产品的研发与商业化的内部过程如何为企业创造价值。创业的思维模式是必要条件,因为这种思维模式使管理者和员工持续不断地识别创业机会,企业利用这个机会,可以研发新的产品和服务并使其商业化。跨职能产品研发团队对于整合新产品设计思想,以及对这些思想的实施具有重要的作用。有效的领导和共同的价值观对于提升创新的整合能力和洞察力,以及加强对创新的信奉具有重要的作用。最后的结果就是通过新产品的研发和商业化为顾客和股东创造价值。

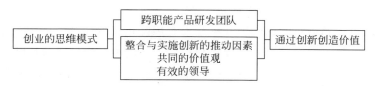

图 10-3 通过内部创新创造价值的过程

我们接下来讨论企业创新的其他方式,即通过合作战略和企业的收购实现创新。

10.4 通过合作战略进行创新

在动态的环境中,大部分企业缺少内部资源和知识的深度以及广度,从而无法进行为了维持竞争优势所需要的持续性创新。随着联盟的不断出现,它已经成为获取创新及创新管理所需要资源的手段。通过合作,各方可以共享彼此的知识、技能和其他资源,从而促进企业的创新。一些已成立的大型公司通过合作进行创新。英特宜家集团是宜家家居品牌的母公司，它与万豪国际建立联盟，开发出一个全新的酒店品牌慕奇夕（Moxy），它们认为无论是在设计上还是在顾客价值创造上，慕奇夕都具有创新性。宜家通过提供创新性的建造技术，降低了制造成本，万豪提供了独特的设计，因此，慕奇夕品牌创新性地将价值与品位结合了起来。正如万豪的 CEO 所说："对于经济型酒店来说，这是一次全新的尝试。我认为它的成功之处在于创新，以及把价值与品位相结合。欧洲的大多数产品都缺乏品位。"慕奇夕酒店的目标顾客是千禧一代，慕奇夕的价格亲民，并且拥有开放式的大厅、餐厅、酒吧，客人可以在其中的一端享受音乐，也可以在另一端埋头工作。

无论是创业型企业还是成熟企业，都可以利用合作战略进行创新，如战略联盟和合资。例如，一家创业型企业可以将其投资资本与一家成熟企业的分销能力相结合，从而将它们的产品成功地推向市场。与此相对应，一家更加成熟的企业可能更加需要新的技术知识，它可以通过和新的创业型企业联盟来获取技术。同样，一家大型的制药企业和一家大型的应用生物企业之间的联盟，已经成为整合知识与资源的一般方式，通过这种知识和资源的整合，可以发展新产品并将其推向市场。

一些企业专门致力于寻找具有匹配性的大型企业和小型研究机构与投资者，然后整合它们的产品。例如，被称为"技术匹配制造者"的 UTEK 给一些小型研究机构或研究者提供了思想的出口，也为大型企业提供了创新的源泉，"它提供了一个关于 35 000 多个可能没有被注意的发明的数据库"。正如 UTEK 的前 CEO 克利福德·M. 格罗斯（Clifford M. Gross）提出的那样，"为了拥有一个稳健的产品输送通道，你需要花费巨额资本。很少有企业能够这样做"。

由于联盟的重要作用，特别是对于新技术的开发和创新的商业化过程，很多企业开始建立联盟的网络，该网络成为企业的社会资本。与其他企业建立关系所形成的社会网络，可以帮助企业获取进行创新所需的知识和其他资源。来自联盟的知识可以帮助企业开发新的资本。一些联盟甚至允许外部企业参与联盟内部的新产品开发过程。允许供应商代表进入企业的跨职能创新团队的做法已经变得很常见了，因为供应商的投入对于保证开发新产品时所需要材料的质量是十分重要的。

尽管如此，以创新为目的的联盟并不是没有风险的。除了当企业共同努力实现共同目标时发生的冲突外，由于合作各方都想利用合适的技术与知识提高自己的竞争能力，因此参与合作的活动必然会产生一定的风险。为了阻止这种风险或者将这种风险最小化，企业，特别是创业型企业，必须谨慎地选择合作伙伴。理想的合作是合作各方拥有互补的技能和彼此兼容的战略目标。然而，由于企业是在复杂的企业网络中进行经营，因此一家企业可能同时参与了多个联盟，从而面临着管理联盟的挑战。研究表明，企业可以建立很多的联盟，然而过多的联盟非但没有提升，反而阻碍了企业的创新能力。因此，对合作关系的有效管理是进行创新的关键。

10.5　通过收购进行创新

企业有时通过收购的方式获取其他企业的创新成果或者创新能力。采取这种方式的原因之一是追求资本市场价值的增长。收购提供了一种快速延伸产品线从而增加企业收益的方式。尽管如此,采用收购的方式还有一些战略动机。吉利收购马来西亚的宝腾,借宝腾的工厂资源打开东南亚市场,依靠宝腾的工厂,不仅在马来西亚可以省去很大的关税,而且在东南亚的运输成本也会降低。吉利的很多车型可以借宝腾的品牌进行生产,并在东南亚销售。同时,宝腾在多年前就已经将汽车品牌出口到欧洲某些国家,吉利收购宝腾股份后,也可以借助宝腾的汽车品牌出口到一些欧洲国家,这也算变相地打开欧洲市场。

与企业内部风险活动和战略联盟相似,将收购作为创新的途径也是存在风险的。一个关键的风险就是企业通过收购创新与内部创新存在一定的替代性。研究表明,参与收购的企业可能较少向市场推出新产品。这种替代性存在的原因在于,当企业收购后对原来的经营部门与被收购的经营部门不再采取战略控制,而是采取财务控制。在本书前面章节中,我们也注意到,一些企业仍然可以从收购方获取新的能力进行创新。2018 年 7 月 10 日,山东蓝帆医疗以 58.95 亿元收购了新加坡心脏支架制造商柏盛国际集团(Biosensors International Group,LTD.)。通过收购柏盛国际集团,蓝帆医疗获得心脏介入医疗器械技术、成熟的全球销售网络,并以柏盛国际集团在山东威海的生产基地、蓝帆医疗在山东淄博的医疗产业园为着力点,将国外前沿技术带回国内,实施从科技含量低、附加值低、自动化程度低、竞争门槛低、能耗高的医疗及防护手套产品,向科技含量高、附加值高、自动化程度高、竞争门槛高、能耗低的心脏支架及载药球囊等三类心脏介入医疗器械产品的产业升级,实现新旧动能转换。那些强调创新的企业,经过仔细挑选并收购那些同样强调创新的企业后,可能会继续保持创新能力。

10.6 通过战略性创业创造价值

创业型企业通常比大型企业识别机会的效率更高。因此,与大型企业相比,创业型企业更有可能进行突破性创新。战略柔性和创业意愿可能解释了创业型企业识别机会并通过突破性创新对机会把握的能力。

一家较为成熟的大型企业通常拥有更多的资源与能力去开发与识别机会,而一家创业型企业与一家成熟的企业相比,通常更加具有寻求机会的意愿。在 21 世纪竞争环境中,这两个方面,即"能够"与"意愿"都是维持竞争优势的基本条件。因此,创业型企业必须学会如何获取竞争优势,而成熟的老企业必须重新学会如何识别创业机会。战略性创业的概念就表明,无论企业的规模与年龄是什么样的,它的行为要同时具备创业性与战略性。

正如这一章所强调的那样,企业必须在它的管理者和员工间培养创业思维模式。管理者必须重视企业资源,特别是人力资本和社会资本的开发。知识对于识别和开发机会以及获取与维持竞争优势的重要性,意味着企业必须具备充足的人力资本。社会资本对于从合作伙伴中获取互补性资源,从而在国内与国际市场上进行有效的竞争是非常关键的,企业可以从外部利益相关者那里获取知识以支持创新。

很多创业机会在国际市场上持续出现,这一背景促使企业更加愿意拥有创业精神。全球市场对于很多企业来说是一个全新的领域,通过进入这个市场,企业可以学习新的技术和管理实践,并可以将这些知识在整个企业传播。此外,企业获得的这些知识有助于企业的创新活动。正如本章开始提到的那样,在国际市场上经营的企业更加富有创新性。创业型企业和大型企业现在正在向国际市场进军,这两种类型的企业都需要通过创新进行有效的竞争。因此,通过开发资源(人力资本和社会资本)、利用国内外的机会、使用国内外市场提供的资源和机会去进行创新,企业可以获取竞争优势。只有这样做,企业才可以为它的顾客和股东创造价值。

那些具备战略性创业精神的企业,对于一个国家的经济发展是有贡献的。事实上,正如本章开始讨论的那样,一些国家(如爱尔兰)为了有利于国内与国际创业的发展,改变了企业经营的法规,并建立了一些国家机构,最终取得了显著的经济发展。这些行为可能是制度性创业的组成部分。同样,企业试图将它的技术作为一种标准的行为,也代表了制度性创业,这一过程也是战略性创业,因为创造标准会使企业获取持续性的竞争优势。

研究表明,由于创业活动的经济效应以及个人的动机,创业活动正在全球范围内增加。由于创业提供的机会以及创业赋予个人的独立性,越来越多的女性成为创业者。例如,在美国,女性创业者是成长最快的。在未来,创业行为会增加那些富裕程度较低国家的财富,并且会继续对那些较为富裕国家的经济发展作出贡献。无论如何,具有战略性创业精神的企业会成为 21 世纪的胜利者。

10.7 蓝海战略

"蓝海战略"(blue ocean strategy)曾是商界比较流行的一个词,它是指有特色的竞争,与之相对的"红海"则是指同质化竞争。蓝海战略要求企业突破传统的血腥竞争所形成的"红海",拓展新的非竞争性的市场空间。与已有的、通常呈收缩趋势的竞争市场需求不同,蓝海战略考虑的是如何创造需求,突破竞争。蓝海战略不同于一些服务与产品创新,集中在现有市场与对手进行竞争,"蓝海"的开拓者注重的是打破现有竞争局面,重新构筑市场边界,这也是蓝海战略的第一条原则。在众多的机会中准确挑选出具有"蓝海"特征的市场机会,需要战略执行者非凡的视野半径,需要把关注点聚焦在替代性行业、互补性产业、顾客及未来发展上。寻找"蓝海"的精髓在于创新;寻找"蓝海"需要领导者新的视野半径,需要企业去选择新的市场、关注新的顾客、制定新的战略、定义新的边界、创造新的价值;寻找"蓝海"也非一朝一夕之功,这是一个动态发展的过程。但持续制定和执行蓝海战略,必将有助于企业超越竞争,不断创造新的市场需求,逐渐增强企业的核心竞争力,实现企业的可持续发展。

在技术创新不断升级、消费选择快速变化的时代,每个行业都可能从快速发展转入增长停滞,或者是只有量的增加而没有利润增长的空心市场状态,这时就需要通过差异化创新战略从关注竞争对手身上转向未开垦的市场空间、需求的创造以及利润高速增长的机会,即蓝海战略。

10.7.1 蓝海战略的概念

蓝海战略是由欧洲工商管理学院的金和莫博涅在研究 1880—2000 年 30 多个产业

150次战略行动的基础上提出的。他们将企业目前使用的战略分为红海战略和蓝海战略,"红海"代表已知的饱和市场,利润前景暗淡,恶性竞争此起彼伏;"蓝海"代表未知的新兴市场,蕴含巨大的利润高速增长的机会。以波特竞争理论为基础的红海战略假定产业结构是既定的,产业界限与竞争规则已经固化,企业被迫为有限的市场份额展开你死我活的血腥竞争;相反,以价值创新理论为基础的蓝海战略,则认为市场边界和产业结构并非既定,企业可以通过重塑产业边界来超越现有需求,大胆改变了原有的市场游戏规则,开辟没有竞争对手的"蓝海",是一种全新的多赢模式。将蓝海战略的理论与竞争战略理论相比较,可以发现两者在诸多方面存在差别,如表10-2所示。

表10-2 蓝海战略与红海战略的比较

项 目	蓝 海 战 略	红 海 战 略
战略观	源于内部增长理论的重建主义	源于产业组织经济学的结构主义
分析单位	战略行动	企业的活动
战略假设	创造还没有竞争的市场空间	在现有市场空间竞争
战略思路	不以竞争为基准,以价值领先主导市场发展	培养竞争优势以打败竞争对手
战略选择	打破价值与成本的权衡取舍,获取价值创新优势	在价值与成本之间权衡取舍,获取低成本优势或差异化优势
战略行为逻辑	同时追求差异化与低成本,把企业行为整合为一个体系	根据差异化或低成本的战略选择,把企业行为整合为一个体系
结果	公司获得高速增长	公司发展不太成功

蓝海战略之所以可以创造无竞争的空间,关键在于它通过规则再造使原有红海市场之中的边际效用递减和边际成本递增两大规律转化为"边际效用(MU)递增与边际成本(MC)递减"的特殊规律,如图10-4所示。

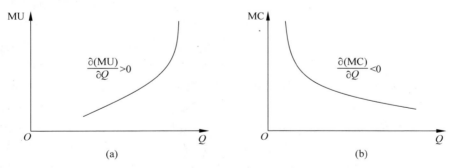

图10-4 价值创新中的边际效用递增与边际成本递减规律

通过价值创新使产品或服务同时具有了成本领先和差异化两个战略优势,重新创造供需关系。从经济学上看,蓝海战略使边际效用递增是基于以下原因:第一,蓝海战略超越了传统"红海"的战略边界,它推出的新产品往往处于价值链上层,蕴含着很高的知识成分,经济附加值高。通过价值创新不断地创造新的需求,避免了传统"红海"中的重复性消费,使消费者难以拒绝。第二,蓝海战略注重购买者的心理体验和社会需求,这种需求不易达到饱和。第三,蓝海战略往往提供给购买者一揽子解决方案,便于购买者实现范围经济。第四,蓝海战略使各个购买者的效用函数相互叠加,实现购买者规模经济。而蓝海战略使边际成本递减则是因为:第一,提供既降低成本又提高价值的一揽子解决方案,具体来说是通过剔除不重要的商业要素,压缩部分对未来新业务不重要的竞争要素,以低成本实现增加、创造新的价值;第二,蓝海战略超越了传统的市场边界,通过价值创新吸引越来越多的购买群体,进一步创造出更多的需求,实现供给的规模效应;第三,蓝海战略通过价值创新研发出能够同时满足消费者多种效用需求的新产品或服务,比原有红海市场之中提供多种产品或服务满足消费者多种效用需求具有范围经济;第四,蓝海战略通过迈入新的无竞争空间催生新的产业,伴随着知识的积累,蓝海空间下的产业可以实现内生式可持续增长。

10.7.2 蓝海战略的主要内容与基本思路

1. 蓝海战略的主要内容

(1) 蓝海战略的价值创新。企业要在"红海"中求生存发展,就必须有超过竞争对手的资源(包括人、财、物)和实力(合适的发展战略),以攫取已知需求下的更大市场份额。随着市场竞争日益激烈,市场空间变得越来越拥挤,利润增长也变得越来越困难。在"蓝海"中则与之相反,未开发的市场空间和需求的创造,意味着可以对利润高速增长进行预期,是企业发展的良好机会。一般"蓝海"是通过扩展已经存在的产业边界而形成的,也有一些是在现有的"红海"领域之外创造出来的。蓝海战略的价值创新是以开创更广阔的新市场来保持企业的获利性增长,而不是挑战竞争对手所创造的新纪录,通过瓜分现有本已日趋萎缩的市场需求来扩大企业的市场份额。蓝海战略理论的出发点是高利润增长,战略业务创新则是其主要思路。蓝海战略需要企业突破原有思维局限,开发出增长型业务,将战略创新纳入科学严谨的战略管理系统,以保证创新的成功概率,使创新行为获得系统支撑。

(2) 蓝海战略的管理方法。蓝海战略承袭前人的思路,提供了一套结构化的分析框架,首先聚焦于顾客价值,再通过一系列规定动作完成对顾客价值的排列组合,最终形成全新的业务战略。蓝海战略体系的"战略布局图""四步操作框架"及"四象限战略视觉图"三个工具和六项原则,构成了一个比较完整的战略制定与实施系统。蓝海战略体系具有内在统一的以顾客价值为核心的思维逻辑,在顾客分析概念上提出了顾客三层次理论,尤其突出其"非顾客"概念在战略突破上的作用。值得说明的是,蓝海战略体系容易被人理解。这有利于管理者将企业战略更广泛地同更低层次的员工交流,赢得他们的认同和拥护,以提高实施的效率和效果。

2. 蓝海战略的基本思路

以价值曲线为工具,通过对产业竞争要素的"剔除—减少—增加—创造",重构买方价值,塑造新的价值曲线,创造新的市场需求。竞争要素剔除——剔除所有不再具有价值,甚至还减少价值的竞争要素;竞争要素减少——减少在功能上设计过头的竞争要素,这些竞争要素超出顾客需要，徒然增加成本却没有好的效果；竞争要素增加——增加顾客需要的、能够增加产业价值的竞争要素；竞争要素创造——发现买方价值的全新源泉，创造新的需求，如图10-5所示。

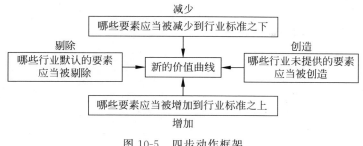

图 10-5　四步动作框架

3. "剔除—减少—增加—创造"坐标格

这是第三个工具，据称也是开创蓝海市场的关键，通常作为"四步动作框架"的辅助分析工具出现，这个工具敦促企业不仅提出四步动作框架所规定的四个问题，而且要在四个方面都采取行动，创造新的价值曲线。通过敦促企业在坐标格中填入在这四方面所要采取的行动，这个工具给予企业四种立竿见影的好处。

（1）促使企业同时追求差异化和低成本，以打破价值与成本的权衡取舍关系。

（2）它可以及时提醒企业，不要只顾增加和创造两方面，而抬高了成本结构，把产品和服务设计得过了头。

（3）它易于理解，让各级经理都能明白，从而在战略实施中能在企业上下获得高度的参与和支持。

（4）由于填妥坐标格绝非易事，这就促使企业去严格考量产业中每一个竞争元素，从而去发现那些产业中隐含的假设，竞争中的企业往往无意间就把这些假设看成想当然的了。

4. 战略布局图

1）战略布局图的内涵及意义

战略布局图既是诊断框架也是分析框架，用以建立强有力的蓝海战略。使用它的原因是，它能捕捉住已知市场的竞争现状。战略布局图的意义在于：能够明白竞争对手正把资金投入何处，在产品、服务、配送等方面产业竞争正集中在哪些元素上，以及顾客从市场现有的相互竞争的商品选择中得到了些什么，如图10-6所示。

战略布局图中的横轴代表的是产业竞争和投资所注重的各项元素。纵轴则反映了在所有这些竞争元素上买方各得到了多少。

2）战略布局图的绘制步骤

（1）要清楚地描绘竞争因素。作为战略布局图中的价值元素（竞争元素），是企业价值创新的关注点，是企业得以实现新利润增长可能的突破点，是企业保持竞争优势的关键点，是从市场供给一方转向需求一方，并以关注竞争对手的所作所为转向为买方提供价值

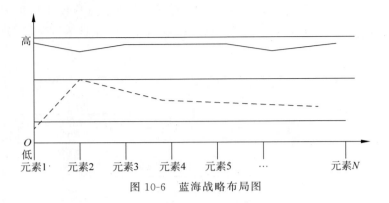

图 10-6 蓝海战略布局图

的飞跃,通过跨越现有市场竞争边界以及将不同市场的买方价值元素筛选和重新排序,重建市场和产业边界,开启巨大市场空间。一般的战略布局图的要素,主要包括价格(产品和服务价值的货币表现)、品牌(代表一切有形和无形的企业外在形象)、资金(代表能满足扩张的资源需要)、策划体系(代表策划元素)、销售体系(代表销售元素)、信息(代表各类有价值的案例资讯和专业知识)、人才(代表使企业增值的人)、顾客(代表一切企业可能与之合作的单位)、文化(代表企业内在经营哲学)等方面。

(2) 要显示现有的和潜在的竞争者的战略轮廓。

(3) 要显示本公司的战略轮廓或价值曲线。

10.7.3 蓝海战略制定原则

蓝海战略提出六项原则,其中四项为战略制定原则,两项为战略执行原则,如表 10-3 所示。

表 10-3 蓝海战略的六项原则

战略制定原则	降低相应的风险
重建市场边界	↓找寻风险
注重全局而非数字	↓计划风险
超越现有需求	↓规模风险
遵循合理的战略顺序	↓商业模式风险
战略执行原则	降低相应的风险
克服关键组织障碍	↓组织风险
将战略执行建成战略的一部分	↓管理风险

1. 重建市场边界

重新构筑市场的边界,打破现有竞争局面,从而开创"蓝海"。这条原则解决了令很多企业感到棘手的找寻的风险问题。企业面临的挑战就是如何从纷繁复杂的可能性中找出商业上有信服力的"蓝海"机会。如何应对这个挑战十分关键,从硬碰硬的竞争到开创蓝海,可以用六个基本方法重新构筑市场边界,称之为"六方式分析框架",如表 10-4 所示。

表 10-4 六方式分析框架

项目	硬碰硬的竞争	开创蓝海
产业	专注于产业内的对手	跨越他择产业看市场
战略集团	专注于战略集团内部的竞争地位	跨越产业内不同的战略集团看市场
买方群体	专注于更好地为买方群体服务	重新界定产业的买方群体
产品或服务范围	专注于在产业边界内将产品或服务的价值最大化	跨越互补性产品和服务看市场
功能-情感导向	专注于产业既定功能-情感导向下性价比的改善	重设产业的功能与情感导向
时间	专注于适应外部发生的潮流	跨越时间与塑造外部潮流

1）产业：跨越他择产业看市场

在最为广泛的意义上,一家企业不仅仅与自身所在产业中的对手企业竞争,还与那些其他产业中生产他择性产品或服务的企业竞争。他择品（alternatives）的概念要比替代品更广。形式不同但功能或核心效用相同的产品或服务,往往互为替代品。同时,他择品则包括功能与形式都不同而目的相同的产品和服务。

红海思维：人云亦云为产业定界,并一心成为其中最优。

蓝海观点：一家企业不仅与自身产业对手竞争,而且与替代品或服务的产业对手竞争。

实例：美国的西南航空公司将视线集中在飞行的他择市场——驾车旅行上,以汽车旅行的价格提供了航空旅行的速度,开辟了短途航空旅行的市场。

2）战略集团：跨越产业内不同的战略集团看市场

正如通过跨越他择产业看市场可以开创蓝海一样,跨越战略集团也可以做到这点。在大多数产业中,企业可以按为数不多的几个战略归类,这些集团体现的是战略上的根本差别。跨越现有战略集团开创蓝海的关键,就在于突破这种狭窄的视野,弄清楚是什么因素决定着顾客在高档消费品和低档消费品之间作出选择。

红海思维：受制于广为接受的战略集团概念（如豪华车、经济型车、家庭车）,并努力在集团中技压群雄。

蓝海观点：突破狭窄视野,弄清楚什么因素决定顾客选择,如高档和低档消费品的选择。

实例：曲线美健身俱乐部专为女性服务,剔除奢华设施,小型化社区布点,会员依次使用一组器械,每周三次,每次半小时完成,每月只需 30 美元。

3）买方群体：重新界定产业的买方群体

在很多产业中,竞争者对买方群体是谁的定义趋同。而在现实中,买方是由不同环节组成的一条链,每个环节都直接或间接地影响购买决定。购买者为产品或服务付账,但不一定是实际的使用者。有时候,买方链中还包括施加影响者。尽管这三组群体有可能相互重合,但常常是不同的。例如,公司的采购员会比公司的使用者更注重成本,而后者则更关心使用的方便度。同理,零售商可能会注重生产厂家的即时供货和新颖的融资安排,而个体消费者虽深受零售商的影响,但作为购买者,他们本身却不在意这些东西。企业通过跨越买方群体看市场,就可能得到新的启发,由此重新设计价值曲线,把目光集中到过去曾经忽略的买方群体上。

红海思维:只关注单一买方,不关注最终用户。

蓝海观点:买方是由购买者、使用者和施加影响者共同组成的买方链条。

实例:诺和诺德公司是胰岛素厂商,将胰岛素和注射笔整合创造出诺伏来特(NovoLet)注射装置,便于病人随身携带使用。

4) 产品或服务范围:跨越互补性产品和服务看市场

产品和服务很少会单独使用。多数情况下,它们的价值也受到其他产品和服务的影响。但是多数产品相互竞争的企业都不约而同地局限于产业自身的产品和服务项目。以电影为例,对想看电影的人们来说,为小孩找到临时保姆是否方便、便宜,到了电影院外停车是否方便,都影响人们对外出看电影的主观估价。然而,这些与看电影互补的服务超越了影院业的传统边界。很少有电影院经营者会去考虑人们为孩子找临时保姆有多困难、多昂贵。实际上,它们应该考虑这一点,因为它影响到市场对它们生意的需求。想象一下,开一家附带托儿服务的影院,岂不更好?

红海思维:雷同方式为产品或服务的范围定界。

蓝海观点:互补性产品或服务蕴含着未经发掘的需求,简单方法是分析顾客在使用产品之前、之中、之后都有哪些需要。

实例:北客公司发现市政府并非关注公交车本身价格而是关注维护费用,公司通过使用玻璃纤维车身,提高了车价却降低了维护成本,实现了与市政府的双赢。

5) 功能-情感导向:重设产业的功能与情感导向

产业中的竞争不仅容易汇聚到已被人们接受的产品和服务范围上,还容易集中到有关产品和服务的两种可能的吸引之上。一些产业主要在价格和功能上竞争,这种吸引力大致来源于计算效用,是理性的;而另一些产业中的竞争则主要针对感觉,它们的吸引力是感性的。然而,产品或服务的吸引力从本质上来说很少是非此即彼的。通常,它只是企业以某种方式竞争的结果,这种竞争无意间为顾客灌输了对产品的定向期望。企业的行为不断强化顾客这种定向期望,久而久之,以功能为导向的产业就变得越来越重视功能,以情感为导向的产业则越来越重视情感吸引力。

当企业愿意挑战产业现有的功能与情感导向时,它们往往能发现新的市场空间。我们观察到两种常见模式:以情感为导向的产业可能为产品或服务添枝加叶,抬高了价格,却并不提升功能。去掉这些枝枝蔓蔓,就有可能创造一个从根本上来说更简单、价格更低、成本更低的商业模式,并受到顾客欢迎。反之,以功能为导向的产业可以通过添加合适的感性成分,为产品注入新生命,并由此刺激新的需求。

红海思维:接受现有产业固化的功能——情感导向。

蓝海观点:市场调查反馈的往往是产业教育的结果,企业挑战现有功能与情感导向能发现新空间,如果在情感层竞争,可否去除哪些元素使之功能化?反之亦然。

实例:快美发屋针对男性,取消按摩、饮料等情感元素,以"气洗"替代"水洗",专注剪发,使理发时间减到 10 分钟,费用从每天 3 000 元降到 1 000 元。

6)时间:跨越时间与塑造外部潮流

随着时间的推移,很多产业都会受到外部潮流的影响。很多企业事到临头,才缓慢而略显消极地适应这些潮流。无论是新技术的产品,还是政府管制政策上的变化,管理者往往着重于预测潮流本身。也就是说,他们通常会自问,一项技术会朝着什么方向演变?将被如何采用?是否可能达到规模化?他们据此调整自己行动的步伐以跟随所追踪的潮流发展。

然而,启发蓝海战略的关键灵感很少来自预测潮流本身,而是源于从商业角度洞悉这样的潮流将如何改变顾客所获得的价值,如何影响企业的商业模式。通过跨越时间看市场——将今天市场所提供的价值转移到明天的市场可能提供的价值——经理们就能主动塑造未来,开创新的蓝海。

红海思维:制定战略只关注现阶段的竞争威胁。

蓝海观点:从商业角度洞悉技术与政策潮流如何改变顾客获取的价值,如何影响商业模式。

实例:苹果公司通过 iPod 和 iTunes 提供正版音乐下载服务,提供海量音乐库、高音质、单曲下载及低费用(0.99 美元/首)。

跨越常规竞争界限看市场,能使管理者明白该如何采取改变常规的战略行动,来重建已有市场的边界而开创蓝海。

2. 注重全局而非数字

一个企业永远不应将其眼睛外包给别人,伟大的战略洞察力是走入基层、挑战竞争边界的结果。蓝海战略建议绘制战略布局图将一家企业在市场中现有战略定位以视觉形式表现出来,持续地制定和调整战略,使更多的员工提高创造性,拓展企业的蓝海视野。战略布局图更加易于理解、便于沟通,从而使得执行更加有效,如表 10-5 所示。

表 10-5 战略视觉化的四个步骤

视觉唤醒	视觉探索	视觉战略展览会	视觉沟通
① 通过绘制你的现实战略布局图,将你的业务项目与对手的进行比较; ② 看看你的战略何处需要改变	① 走入基层实施探索开创蓝海的六条路径; ② 观察他择产品和服务的独特优势; ③ 看看你需要剔除、创造和改变哪些元素	① 在实地观察所获感悟的基础上绘制你未来的战略布局图; ② 听取顾客、竞争对手的顾客以及非顾客对你绘制的各种战略布局图的反馈意见; ③ 听取反馈意见,构建最好的未来战略	① 将战略转变之前及之后的战略轮廓印在同一张纸上,以便比较,并把它分发给员工; ② 只支持那些能使你的公司向实现新战略迈进的项目和运营措施

在绘制战略布局图和围绕战略布局构筑企业的战略规划过程中,企业和其管理者们就能把主要精力集中在大局上,而不是沉没在数字和术语中,对一些企业运营上的细节纠缠不清。

3. 超越现有需求

为使"蓝海"规模最大化,企业需要与传统的战略思维背道而驰:一是不只把视线集中于现有顾客,还需要关注非顾客;二是并不一味通过个性化和细分市场来满足顾客差异,而是积极寻找买方共同点,将非顾客置于顾客之前,将共同点置于差异点之前,将合并细分市场置于多层次细分市场之前。这样就能让公司超越现有需求,开辟一片之前未曾有过的庞大的顾客群。有三个层次的非顾客可以转化为顾客,他们与你所在市场的相对距离不同,如图 10-7 所示。这三个层次的顾客分别为准非顾客(第一层次)、拒绝型非顾客(第二层次)和未探知型非顾客(第三层次)。

图 10-7　非顾客三个层次

第一层次的顾客离你的市场最近,他们就是徘徊在市场的边界上、随时准备换船而走的"准非顾客"。他们是出于必需,最低限度地购买产品和服务的买方,但从思想上来说却是产业的非顾客,只要一有机会,他们随时准备"跳上另一只船",离开这个产业。然而,如果产业能提供价值的飞跃,他们不仅会留下来,而且会更频繁地购买,从而使巨大的潜在需求得以开启。

第二层次的非顾客是那些有意回避你的市场的"拒绝型非顾客"。这种类型的买方明白你的产业所提供的产品和服务可以作为满足他们需求的选择之一,却拒绝使用它们。

第三层次的非顾客离你的市场最远。这些人从未把你所在产业的产品和服务考虑在其选择的范围内。

通过着眼于这些非顾客和现有顾客的关键共同点,企业就能悟出如何把他们纳入新的市场。

4. 遵循合理的战略顺序

遵循合理的战略顺序,建立强劲的商业模式,以确保将蓝海创意变为战略执行,从而获得蓝海利润。企业需按照购买方效用—价格—成本—接受四步战略顺序来构建蓝海战略,如图 10-8 所示。

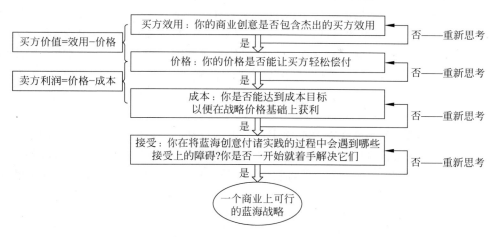

图 10-8　构建蓝海战略的顺序

10.7.4　蓝海战略执行原则

企业制定了具有获利型商业模式的蓝海战略以后,就必须执行这个战略。蓝海战略的执行有两项原则:克服关键组织障碍和将战略执行建成战略的一部分。

1. 克服关键组织障碍

当然,对任何战略来说,都存在执行上的挑战。无论是在"红海",还是在"蓝海",企业就如同个人一样,将想法转变为行动都很困难。然而与红海战略相比,蓝海战略代表着对现状的重大变更,它取决于企业能否以更低的成本将与其他企业雷同的价值曲线转变为另辟蹊径,这就加大了执行的难度。

企业经理们证明执行蓝海战略的挑战是严峻的。他们面对四重障碍:一是认知障碍,即沉迷于现状的组织;二是资源障碍,即有限的资源;三是动力障碍,即缺乏有干劲的员工;四是政治障碍,即来自强大的既得利益者的反对,"在公司中还没有站起来就被人撂倒了",如图 10-9 所示。

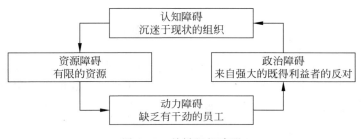

图 10-9　关键组织障碍

蓝海战略根据威廉·布拉顿(William Bratton)领导的纽约警察局在20世纪90年代的变革,提出了引爆点领导法(tipping point leadership),其理论是,在任何组织中,当人数到临界的规模,人们的信心和能量会感染整个组织行动起来去实现一个创意,这时就会发生根本性变化。与组织变革理论转变大众为基点不同,引爆点领导法认为,转变大众就要把力量集中于极端,也就是对组织业绩有超凡影响力的人、行为和活动之上。为了清除这四重障碍,需要把思想转变为行动,来执行蓝海战略。

2. 将战略执行建成战略的一部分

执行蓝海战略,企业最终需要求助于最根本的行动基础,即组织基层员工的态度和行为,必须创造一种充满信任和忠诚的企业文化来鼓舞人们认同战略。当人们被要求走出习惯范围改变工作方式时,恐慌情绪便会增长,他们会猜测这种变化背后的真正理由是什么。

员工距离高层越远,就越不容易参与战略创建,也就越惴惴不安,不考虑基层思想和感受,将新战略硬塞给他们就会引起反感情绪。要想在基层建立信任与忠诚,鼓舞资源合作,企业需要将战略执行建成战略的一部分,需要借助"公平过程"来制定和执行战略。

有三个因素为公平过程定义,这就是E原则:邀请参与(engagement)、解释原委(explanation)、明确期望(clarity of expectation)。邀请参与表达允许发表意见和反驳,表达管理层的尊重;解释原委让所有的相关人等了解最终的战略决策为何如此制定;明确期望是清晰讲述新的游戏规则,如何评价业绩和惩罚不佳,如图10-10所示。

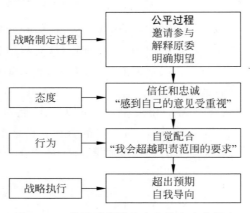

图10-10　公平过程影响人们的态度和行为

实现公平过程的关键不在于新的目标、期望和责任,而在于人们是否清楚地理解了它们。围绕公平过程的原则,组织蓝海战略的制定,一开始就将战略执行建成战略创建的一部分,就能够将政治游说和偏袒降到最低,使人们集中精力执行战略。

10.7.5　对于蓝海战略的深入思考

蓝海战略的基本目标就是要进行价值创新,其理论核心是以没有竞争为基点。蓝海战略整合了顾客价值、顾客导向、项目管理、新业务开发、竞争战略、价值链、核心竞争能力、企业增长理论等多个理论内核,突破了传统战略思维框架,为企业形成了一个突破性业务增长和战略性新业务开发的战略管理系统。但蓝海战略的缺陷同样也是显而易见的,即它所面对的新市场,不论从其消费群体的确定或消费需求的把握都具有很大的不确定性,风险性极大。因此,进入这个美好的、没有竞争的市场领域对企业来说具有很大的冒险性。

总的来看,蓝海战略不是学院派的理论,而是一个实践性很强的框架和概念。蓝海战略是宣传一种理念,这种理念告诉企业不要沉醉于竞争,不要沉醉于现有的竞争手段,不要认为压倒对手取得竞争优势是唯一的办法。对于埋头"红海"、埋头同质化竞争的企业,蓝海战略提醒它们去思考还有没有跳出"红海"的其他出路、其他可能性。对于中国企业界来说,随着我国40多年的高速发展,各个行业已逐渐成熟,竞争激烈、产能过剩、企业利润不断下滑,甚至出现了行业相对拥挤的现象。在这种形势下,蓝海战略对当前中国企业界尤其是那些竞争相对激烈的行业领导者有着特别的现实意义。

人们处于激烈竞争的困境时,需要找到出路,但是也不能因此而回避正面竞争。经营企业需要勇气与智慧的结合,对大多数企业而言,逃避产业内的竞争无异于自杀,构建企业竞争能力与竞争优势才是理性选择。另外,经济博弈论也告诉我们,先行者可能得益,同时,先行者也承担巨大的先行风险。因此,选择何种战略,企业需要谨慎对待,需要根据外部环境和内部资源做充分的论证与准备,准确定位和科学规划,这样才能实现目标,达到目的,完成企业使命。

10.8 商业模式

10.8.1 商业模式的内涵

商业模式很难通过一种定义或描述界定清楚。不过,在诸多的定义或描述中,大致可以看出,商业模式代表了一个系统,在这个系统中,包含了多种企业的利益相关者,如合作方、顾客、企业内部的组织系统以及其他虽无直接合作却通过不同方式与企业发生关联的各方;它虽然不直接、简单等同于企业的战略,但却与企业战略有着千丝万缕的联系;它可以被看成企业的商业逻辑或总体经营思路的反映,可以通过企业的某种"故事"加以描述;商业模式虽然可能与盈利模式相关联,但它本身不是盈利模式,因此,"价值主张"或"价值创造"是其主题词。

按照上述理解,可以认为,企业是一种多目标系统,涵盖了诸多直接或间接的相关者,在此基础上,企业要通过描绘自己的理念、使命、愿景等,来与企业的多目标系统相契合,从而回答自己能做什么、为谁做、如何做等问题。客户是企业重要的利益相关者,企业通过回答能做什么、为谁做、如何做等问题,展示自己的价值主张以及价值创造,从而满足客户的需求,而客户的需求满足的背后,其实是企业盈利目标的追求。上述内容整体上代表了企业所要讲述的"故事"(商业模式),值得注意的是,商业模式并不是以盈利作为其出发点或起始点的,具体如图 10-11 所示。

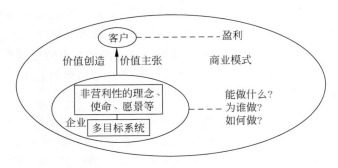

图 10-11　商业模式

10.8.2　商业模式的形成、演化与创新

商业模式是如何形成的?不同的人对此的解答各不相同。事实上,不管企业有无意识,也不论其商业模式是否清晰可见,商业模式总是存在于企业及其互动性系统中。我们可以想象,商业模式的形成是一个过程,但往往不是直线式简单的过程,它通常表现为一种动态的、复杂的、非线性的过程。究竟是什么决定了商业模式的形成,人们对此莫衷一是。但是,在商业模式形成过程中,企业会通过多种方式进行学习、试错,并结合多方面的反应以及效果,对已存在的商业模式进行某种调整。可以认为,商业模式的形成应该是构建、探索、学习、试错、调整,然后进行新一轮这个过程,如图 10-12 所示。

图 10-12　商业模式的形成过程

可以看出,商业模式的形成并非一蹴而就,刚开始或许只有非常简单、初步、笼统、不太清晰的业务开展思路而搭建的商业模式,企业通过探索、学习、试错以及长期的调整,才可形成适宜自身所需的独特的商业模式。探讨商业模式的形成代表着一种连续性、动态性的视角,伴随着企业的成长过程而逐步连续性地发展。

与商业模式的形成有一定关联与重叠的是商业模式的演化,如果将商业模式的形成看作一个过程而非一个时点上的事件,那么,商业模式的演化便是商业模式形成过程中的动态状态,它代表了对企业商业模式部分内容与要素的互动过程,也体现了对部分内容与要素所进行的一定增减与调整。因此,商业模式的演化更强调动态过程中的内容与要素的变化以及相互关联关系的变动。

商业模式的形成与演化代表着一种动态性的调整与变化,而商业模式的创新是对现有体系及其中的关联要素一定程度的再造或修正,它强调的是对商业模式的扬弃而非过程演化、小修小补式的做法。商业模式的创新是在宏观环境、特定产业环境、相关新技术等呈现较明显的变化时,企业在商业模式方面所应进行的适宜性变革,如图10-13所示。

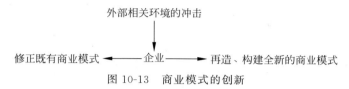

图10-13 商业模式的创新

根据上述内容,我们不难理解,由于新创企业尚处于业务起步阶段,业务与市场并未固化,企业资源有限,因此,更多地涉及商业模式的形成与演化;对于成熟企业而言,其业务与市场基本稳定,各类相关者交织在一起,因此,则更多地会考虑商业模式的演化与创新。

10.8.3 商业模式的设计

商业模式的设计不仅有助于我们理解商业模式,更强调了应该关注商业模式的内容、要素、体系等。尽管对于商业模式的理解,不同的人有不同的认识,但是,商业模式研究中最具影响力与代表性的是拉菲·阿密特(Raffi Amit)和克里斯托夫·佐特(Christoph Zott),他们认为商业模式本身是价值创造的体系。二人于2001年在顶级学术刊物《战略管理》期刊上发表了他们经典、具有开拓性的关于商业模式的研究论文——《电子商业中的价值创造》。他们在该文中提出,价值创造,是商业模式体系中各方的总体价值创造,包括了参与在商业模式体系中的各类相关方的价值创造,而非仅仅是针对企业自身而言的价值创造。此外,二人还对商业模式与盈利模式进行了区分,他们认为盈利模式是指通过商业模式的实施与展开从而形成收益的模式,商业模式是盈利模式的前提,没有商业模式,就无从谈及盈利模式,而盈利模式则是商业模式设计并展开后的结果之一。

在研究中,阿密特和佐特还提出了驱动价值创造的四个源泉:新颖性、效率、锁定、互补性,并在后续的合作研究中,将这四个价值创造的来源称为商业模式的四个"设计主题"。与此同时,他们将其2001年对于商业模式定义中的"内容""结构""治理"称为商业模式的"设计要素"。在2010年的该项研究中,他们对于四个设计主题、三个设计要素分别给出了明确的定义与描述:新颖性即"采用创新性的内容、结构或治理";效率即"重新组织各类活动以降低交易成本";锁定即"将各要素建构进来以维续商业模式利益相关者,如客户";互补性即"归拢相关活动以产生更多价值";内容是指"什么样的活动应该被开展";结构是指"它们(活动)如何被关联与安排在一起";治理是指"谁应该实施它们(活动),以及在哪里(实施它们)"。

阿密特和佐特长期合作的研究代表了商业模式研究的主流思路,他们以价值创造为基本逻辑与出发点,清晰地给出了商业模式设计应该参照的"要素"与"主题",从而对商业模式这个本身存在诸多不同认识且相互承接性较低的概念提供了清晰的设计框架与内容,如表10-6、图10-14所示。

表 10-6　创造价值的四个驱动因素/四个设计主题的内涵

新颖性	效率	锁定	互补性
新交易结构	搜索成本	转换成本(忠诚、信任、定制化等)	在客户的产品与服务之间
新交易内容	选择范围	正面的网络外部性	在线上与线下资产之间
新参与者	对称性信息	……	在技术之间
……	简单		在活动之间
	速度		……
	规模经济		
	……		

图 10-14　商业模式设计基本思路

10.8.4　商业模式的作用

　　从实践来看,近年来有许多新创企业通过新颖、高效的商业模式摆脱高死亡率现象,实现了快速发展。从理论上看,企业在复杂变化的环境中,其创立、成长以及成功都依赖于新颖的商业模式的形成,商业模式代表了企业经营、管理以及与各方互动以创造价值的重要管理工具,能够保障和扩展企业的竞争优势。

　　商业模式的研究兴起于网络经济时代,一提到商业模式,我们就会自然而然地联想到网络的兴起和信息技术的发展。事实上,商业模式自企业诞生之日起就存在于企业之中。互联网和信息技术等的发展,极大改变了产品或服务的形式以及企业与外部环境的沟通方式,相应改变了商业行为的成本结构、交易方式、营销方式等要素,使得企业从运营到与外部利益相关者的联系等多个层面都有了极大的自由空间,同时也增加了模式运行、创新、重构、调整等的难度。企业必须对不同层面的诸多因素进行分拣、组合,不断加以调整,以应对网络经济时代环境的快速变化,商业模式的概念自此由过去的隐含在企业中变为显现在实践者与研究者的面前。因此,直到 20 世纪 90 年代中后期,随着互联网的快速发展,商业模式这一术语及概念才开始引起学术界的关注。当互联网与信息技术将更广泛的人群通过网络及其平台连接到一起时,就为新的商业机会的发掘以及创新提供了广阔的空间,商业模式及其创新成为对从企业创立到成长与成功均发挥重要作用的管理工具。

　　商业模式的形成对于企业成长的意义毋庸置疑,或者说,企业的创立、成长直至成功,是其在不断构建符合自身特征的商业模式的过程,在当前环境特征下,任何深刻的理解均需建立在两者之间的有机联系基础上,即在商业模式形成中理解企业创立与成长,在企业创立与成长中解读商业模式形成。对于企业的发展,从商业模式角度更能得到一个全方位的综合性理解。通过思考并构建商业模式,企业可以回答其自身的发展逻辑,厘清其主要的利益相关者,清楚界定自身的资源以及可以调动的资源,明白创造什么样的价值、提供什么样的价值主张,理解商业模式系统中的静态元素与动态元素,构建从商业模式中获得竞争优势的逻辑链条,探求企业与外部环境互动中为我所用的价值元素。

在当前复杂快变的商业环境中,企业必须以开放的心态、开放的模式去面对这种外部环境特征。也就是说,企业应该日益朝着一个开放性系统的方向发展。构建企业开放性系统离不开商业模式的构建。由于良性的商业模式是在与各方关联、各种交易、各类资源中寻求其构建的逻辑,或者说,商业模式事实上是致力于构建企业自身的"微生态系统",因此,以商业模式的开放性"微生态系统"来引领企业的发展,不仅符合当前环境的要求,更体现了商业模式本身的价值与作用。

企业的商业模式不仅仅关注企业本身,并非只从企业本身来理解企业的发展,商业模式考虑的是纳入企业商业系统中的各个要素与多种活动。在商业模式的概念中,较少关注"竞争"一词,而竞争是战略关心的主旨,因此,与战略不同的是,商业模式解决的并非企业的竞争问题,商业模式回答的是一个更宽泛的问题:如何开展企业的各项业务?基于这一逻辑,我们可以理解的是,每一种商业模式本质上是对特定企业而别样构建的,带有一定的新颖性与独特性,从而成为企业竞争优势来源的系统框架性基础。

10.9 平台化思维

10.9.1 平台的内涵

"共享"一词古已有之,为何近几年来"共享经济"成为风口而受到热捧?

事实上,互联网领域与技术大发展,触发了人们以更广泛、更新颖的方式展开共享的活动,从而推动共享的方式与领域不断创新。可以说,当下共享经济的大发展离不开互联网的技术性支撑。

共享的方式总是以某种互联网形式构成的平台为依托,尽管平台的出现与存在并不一定以共享为其目标。目前我们在谈及平台时,虽然不见得对其进行强调,但往往隐含之语便是互联网的平台。平台并非传统技术手段下构建之物,它既是互联网领域大发展的产物,反过来也促进了互联网技术的价值实现。

那么,平台究竟是什么?平台可以发挥哪些独特的效应?

平台事实上是一种利用互联网技术搭建的构架,发挥类似于传统模式中的中介公司的作用,即通过搭建一种交易双方可以依托的构架,便于交易双方的信息整合,促成交易匹对。传统中介与平台的类似之处还在于,为了交易的开展,要保证买卖双方都难以绕过中介或平台而自行互动与交易。

当然,传统中介不能做到信息完全透明,在交易达成之前,交易双方无法直接碰面或沟通,因此,信息不对称性是传统中介所追求的。但是,平台能够尽量地保证其服务透明化、信息完整性。平台化的最终目的便是改变传统交易模式中的链条式结构,通过减少交易环节、重构交易模式、提高交易效率来节约交易费用,从而实现多赢的局面,如图 10-15 所示。要想实现平台化,其思路便是陈威如、王诗一在《平台转型》一书中所提及的,平台化的目标就是"去中间化"即"供需匹配更加高效"。"去中心化"即借用信息与互联网技术"帮助人们更快实现连接",以及"去边界化"即"产业边界冰消瓦解"。例如,海尔的转型就是依据上述原则,将一家集团式大企业整体上转变为一家平台化创业公司。

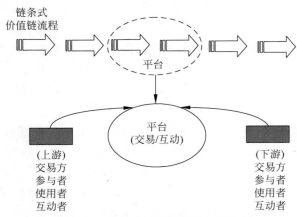

图 10-15　链条式价值链流程与平台化

10.9.2　平台:商业模式的角度

平台本身便是商业模式创新的一种类型,平台致力于构建一个多方共同参与的生态系统或生态圈,这与商业模式的思路有相通之处。正如前文对商业模式设计经典文献的总结,阿密特和佐特认为,商业模式设计应关注三个设计要素以及四个设计主题。搭建并经营一个平台,也需要对照这些要素与主题进行考量。

根据阿密特和佐特的观点,从以平台作为一种商业模式的角度来看,在平台构建与经营之时,需要不断地设问:"什么样的活动应该被开展?"——内容;"它们(活动)如何被关联与安排在一起?"——结构;"谁应该实施它们(活动),以及在哪里(实施它们)?"——治理。事实上,这些设问可被归纳为 4W1H 类问题:针对平台上的活动,需要思考"什么"(what)、"应该"(why)、"谁"(who)、"哪里"(where)、"如何"(how)。通过这些问题并结合上述三个设问(内容、结构与治理),应该一一思考如何针对上述设计元素来体现四个设计主题新颖性、效率、锁定、互补性,从而使得平台的构建与运作有效果、有针对性、有可持续性。

上述商业模式设计的构建,可为平台搭建与经营厘清主体思路,并协助平台构筑合适的生态系统或生态圈,从而为平台上的互动生态提供指导。

10.9.3　平台经营与管理策略

一个平台走向成功,一般需要具有以下特点:平台的规模性、平台的开放性、平台对客户或使用者的黏性以及平台发展的两阶段性。

1. 平台的规模性

构建一个平台,首先要保证具有"人气",实现"网络效应",将更多的用户或使用者吸引到平台上,才能放大平台本身的价值,反过来也会带动更多的用户或使用者加入其中,共同推动平台的拓展。平台的规模性是平台经营与管理的基础,缺乏了规模性,平台的潜能与效应就无法充分发挥出来。

2. 平台的开放性

平台企业应保持中立态度,不能有自己的"喜怒好恶",不宜主观设置平台使用者或客户的某种选择或挑选机制,要做到"来者都是客",以开放性的机制吸引客户或使用者的加入。如果不能做到开放,平台会形成一种封闭机制,从而可能表现出衰败的迹象,平台不会越来越大,而有可能越来越小。

3. 平台对客户或使用者的黏性

黏性不仅代表对客户或使用者的某种锁定性,而且意指平台上的客户或使用者要具有活跃性,一个不具有一定规模的活跃用户的平台,是无法维持自己的生存与发展的。为了保持黏性,平台不仅要用某些特殊机制锁定客户,还要不断用创新性的策略保持新鲜感,增强用户的活跃性。

4. 平台发展的两阶段性

平台前期是生存期,要通过各种策略与方式聚拢"人气",如通过大量免费、优惠的形式,使平台具备吸引性,从而快速达到规模经济性。度过前期的生存期之后,平台便进入发展期。发展期的策略与生存期略有不同,不宜再用大量免费、优惠的方式维持平台,虽然不可避免会推出某种免费、优惠的活动,但应重在构建某些特定的机制与治理策略,以使平台具备长久的稳定性。例如,某出行平台刚开始的时候,通过大量的资金投入,提供大幅度的优惠活动,从而使其很快成为人们出行经常选用的平台,当客户规模达到一定程度后,平台便逐步取消许多优惠或免费的策略,构建新的机制,建立起平台维持阶段的管理策略。

本 章 小 结

1. 论述了有关企业创新战略的一些基本概念。

2. 战略性创业用于为利益相关者创造价值,它对于一个国家的经济发展具有重要贡献。因此,创业活动在世界各国已经变得相当重要。

3. 创业者都有一个心态,这种心态是一种由于市场不确定性而评估可行潜在机会的思维导向。

4. 阐述了两种主要的创新方式:渐进性创新与突破性创新。这两种创新通过引导性和自发性战略行为发生,虽然突破性创新更可能给企业带来利润和销售收入的增长,但企业还是会创造更多的渐进性创新。

5. 指出创业机会、创新与能力对企业发展十分重要。

6. 指出蓝海战略以价值创新理论为基础,对企业持续发展至关重要,它是一种全新的多赢模式。

7. 阐述了商业模式及平台化思维对企业发展的价值与意义。

思 考 题

1. 什么是企业创业？什么是战略性创业？
2. 制定蓝海战略的原则是什么？
3. 简述重新构筑市场边界的"六方式分析框架"。
4. 简述蓝海战略四步动作框架图的作用。

第 11 章

战略制定与选择

1. 了解战略制定的框架、程序;
2. 了解战略评价与选择的标准;
3. 掌握战略制定与选择的分析工具;
4. 重点掌握战略决策阶段的分析工具;
5. 了解总体战略方案设计的要素。

凡用兵之法,将受命于君,合军聚众,交和而舍,莫难于军争。军争之难者,以迂为直,以患为利。故迂其途,而诱之以利,后人发,先人至,此知迂直之计者也。

——《孙子兵法·军争篇》

是故智者之虑,必杂于利害。杂于利,而务可信也;杂于害,而患可解也。

——《孙子兵法·九变篇》

奋力推进制造业高质量发展

2023年3月21日至22日,国务院总理李强在湖南调研并主持召开先进制造业发展座谈会。他强调,要深入学习贯彻习近平总书记在全国两会期间的重要讲话精神,全面落实党的二十大战略部署,牢牢把握高质量发展这个首要任务,坚持把发展经济的着力点放在实体经济上,大力发展先进制造业,推进高端制造,加快建设现代化产业体系。

"任何时候中国都不能缺少制造业""要坚持把发展经济的着力点放在实体经济上,深入推进新型工业化,强化产业基础再造和重大技术装备攻关,推动制造业高端化、智能化、绿色化发展,加快建设制造强省,大力发展战略性新兴产业,加快发展数字经济"……习近平总书记在全国两会期间的重要讲话,为制造业高质量发展指明了方向,提供了根本遵循。

制造业是国民经济的主体,是立国之本、兴国之器、强国之基。我国拥有41个工业大类、207个工业中类、666个工业小类,是全世界唯一拥有联合国产业分类中全部工业门类的国家。推进新型工业化,是实现中国式现代化的必然要求,是全面建成社会主义现代化强国的根本支撑,是构建大国竞争优势的迫切需要,是实现经济高质量发展的战略选择。

党的十八大以来,我国制造业发展取得历史性成就、发生历史性变革。从 40 万户规模以上工业企业,到 4 万多家"专精特新"中小企业,我国制造业综合实力持续提升,经营主体活力和实力不断增强;从大型飞机、载人航天、电力装备、高档数控机床等领域实现创新突破,到重点工业企业关键工序数控化率达到 58.6%,数字化研发设计工具普及率达到 77%,我国加快推进制造业生产模式转型升级,制造强国建设开启了新篇章。

党的二十大报告强调,"坚持把发展经济的着力点放在实体经济上"。2022 年,我国全部工业增加值突破 40 万亿元大关,达到了 401 644 亿元,占 GDP 比重为 33.2%,工业在宏观经济大盘中的"压舱石"作用进一步显现。其中,制造业增加值占 GDP 比重为 27.7%,制造业规模已经连续 13 年居世界首位。2023 年是全面贯彻落实党的二十大精神的开局之年,我国经济发展面临着需求收缩、供给冲击、预期转弱三重压力,把推动制造业高质量发展作为构建现代化经济体系的重要一环,不断推动制造业再上新台阶,就一定能开辟发展新领域、塑造发展新动能。

2023 年的《政府工作报告》提出,"围绕制造业重点产业链,集中优质资源合力推进关键核心技术攻关""加快传统产业和中小企业数字化转型,着力提升高端化、智能化、绿色化水平"。

随着国内外形势发生复杂深刻变化,我国制造业发展面临一个重要关口。要紧紧围绕制造业高端化、智能化、绿色化发展,加强战略统筹谋划,推进高水平科技自立自强,推动传统制造业改造升级和战略性新兴产业培育发展,坚持优化布局、集群发展,加快中国制造向中国创造转变、中国速度向中国质量转变、中国产品向中国品牌转变。

制造业发展的根本是创新,要实现制造业由大到强的转变,就必须掌握关键核心技术,靠创新驱动来实现转型升级,通过技术创新、产业创新,在产业链和价值链上由中低端迈向中高端。加快中国制造向中国创造转变,需要把创新作为引领发展的第一动力、摆在产业发展的核心位置,充分发挥企业在技术创新中的主体作用,鼓励企业提高研发突破能力,以关键核心技术为突破口,解决关键核心技术"卡脖子"难题,为中国式现代化提供坚强有力的支撑。

当前,我国制造业正处于结构调整、提质增效的关键时期,也处于由大变强、爬坡过坎的关键阶段。要营造市场化、法制化、国际化营商环境,强化支持先进制造业的政策导向,引导更多资源要素向先进制造业流动,形成有利于先进制造业发展的良好生态。

强大的制造业既是我国建设现代化强国的重要保障,也是构筑发展战略优势的重要基础,对于确保产业链供应链安全稳定,实现经济高质量发展,有着不可替代的重要意义。科学技术是制造业实现高质量发展最核心的要素,把握新一轮科技革命的特点与趋势,坚定制造业数字化、智能化发展方向,夯实制造业发展的人才基础,就能以科技创新引领制造业发展、赋能实体经济,加快建设现代化产业体系。

随着数字经济快速发展,数据作为新型生产要素,是数字化、网络化、智能化的基础,已快速融入生产、分配、流通、消费和社会服务管理等各个环节。增强中国制造在全球配置资源要素的能力,需要持续运用高新技术和数字技术改造提升传统产业,着力培育壮大战略性新兴产业,积极探索打造国际化、数字化的跨境制造网络和要素流动机制。

把制造业高质量发展作为我国经济高质量发展的重中之重,坚持科技是第一生产力、人才是第一资源、创新是第一动力,不断推动制造业再上新台阶,就一定能推动中国制造向中国创造转变、中国速度向中国质量转变、中国产品向中国品牌转变。

资料来源:赵志疆.奋力推进制造业高质量发展[N].中国经营报,2023-04-03.

11.1 战略制定

11.1.1 综合的战略制定框架

企业战略本质上是一种行动方案,这种行动方案是根据企业内外部环境条件来制定与选择的,它是将企业内部的资源、能力与外部因素带来的机会、威胁匹配而产生的。这种匹配的依据是战略分析,包括企业宏观环境分析、企业行业分析、竞争对手分析,以及企业内部资源、能力分析所提供的信息。没有这些信息,战略匹配(及战略制定)也就无法有效地进行。

战略制定是企业的最高决策机构按照一定的程序和方法,为企业选择、制定合适的经营战略的过程。其一般包括以下三个阶段。

(1)信息输入阶段,即战略分析阶段。其主要任务是提供战略制定或匹配阶段所需要的内外部环境条件信息。此阶段需要运用到的方法主要有:外部因素评价矩阵,用于反映企业对现有机会和威胁的反应能力;内部因素评价矩阵,总结和评价企业各职能领域的主要优势和劣势;竞争态势矩阵用于确认企业的主要竞争对手和竞争对手相对于给定企业战略地位的特别优势和劣势。

(2)战略匹配阶段,即战略制定阶段。其主要任务是根据输入阶段获得的信息对外部机会、威胁与内部优势、劣势进行匹配(对内外关键成功因素进行匹配是有效产生可行备选方案的关键)。此阶段需要运用到的工具或方法主要有:机会—威胁—优势—劣势矩阵、战略地位与行动评价矩阵(Strategic Position and Action Evaluation Matrix,SPACE矩阵)、波士顿咨询集团矩阵(BCG矩阵,以下简称"波士顿矩阵")、内部—外部因素矩阵(Internal-External Matrix,IE矩阵)、产品—市场演变矩阵(Product-Market Evolved Matrix,P/MEP矩阵)、大战略矩阵(Grand Strategy Matrix,GS矩阵,战略聚类模型)等。

(3)战略评价与选择阶段,即战略决策阶段。这里仅有一种方法是定量战略计划矩阵(Quantitative Strategic Planning Matrix,QSPM),它使用客观的数据揭示各种备选战略的相对吸引力,以表明哪一种备选战略是企业的最佳选择。它以第一阶段输入的信息对在第二阶段认定的备选战略进行评价,进而为选择战略提供客观基础。

11.1.2 战略制定的工作程序

战略制定的工作程序,是指一个企业在开展战略制定活动时所采取的具体工作方式。这一工作方式随企业类型和规模的不同而不同。

对于小型企业,由于管理层次少,结构比较简单,在制定战略时往往采取非正式形式。一般是最高管理者说了算,或者由管理团队共同决定。对于大型或特大型企业,则采取规范化的方式制定战略,各层次、部门管理人员和员工代表广泛参与活动,整个过程有计划、按程序,既民主又集中,规范而有科学性。但总体而言,战略制定的工作程序一般包括以下几方面内容。

1. 全面、翔实的内外部分析

内外部环境分析的目的是找出企业的落脚点和实施途径,并据此作为企业战略制定的基础。它也是制定战略的重要组成部分。

(1) 外部环境分析。外部环境分析主要包括宏观分析(PESTLN)和行业分析两大方面:宏观分析的目的是找出行业的主要影响因素;行业分析主要从市场分析、行业结构分析、竞争者分析和产业价值链分析四个维度展开。

企业战略环境对企业经营行为的影响具有以下特点:一是全局性的,而非局部性的;二是现在和未来的,而不是过去的;三是动态的,而不是静止的。

(2) 内部环境分析。内部环境分析主要从能力分析、资源分析和运作分析三个维度展开。它是一个自我检查程序,认定自我的"优势"和"劣势",利用自我"优势"开拓机会及应对市场上的冲击,并对内部的"劣势"进行变革,从而建立企业在市场上的竞争优势,进行正确的市场定位。

内部环境分析侧重于企业现有的核心业务领域,并采取多种分析方法(如内部因素评价矩阵、企业内部资源描述矩阵等),从企业整体能力和各个单项业务能力两个维度,对企业的内部资源与能力进行分析和评价,分析企业内部资源的优、劣势。

2. 进行内外部组合分析

通过内外部组合(SWOT)分析,把企业内部竞争力与外部环境分析结合起来,并探寻具有竞争力的业务整合新模式。此外,也可运用 SPACE 矩阵来分析企业外部环境及企业应该采用的战略组合。

3. 确定业务的基本战略定位

用波士顿矩阵(或 IE 矩阵、GS 矩阵)对现有业务进行评价,决定每一业务的基本战略定位。

波士顿矩阵能够帮助多种经营的企业确定宜于投资哪些产品,宜于操纵哪些产品以获取利润,宜于从业务组合中剔除哪些产品,从而使业务组合达到最佳经营收获。

4. 确定企业发展层面和业务组

将企业各业务进行优先排序,以决定发展层面和业务组。

5. 明确企业的任务使命与愿景

在综合上述分析结果与考虑利益相关者期望的基础上,明确企业的任务使命与愿景。

6. 拟订战略发展方向和可行方案

拟订企业未来几年内的战略发展方向和可行方案。

7. 拟订整体战略目标与财务目标

在确定战略方向和方案的基础上,拟订企业的整体战略目标与财务目标。

8. 明晰提升核心竞争力的具体方案

根据总体目标,明晰提升核心竞争力的具体方案。根据核心竞争力的表现形式和依附载体,制订增强核心竞争力的具体措施。

9. 提出相应的对策措施

根据预测的机会与风险提出相应的对策措施。

10. 拟订近期实施计划

拟订具体的近期实施计划。

11.1.3 战略制定程序

战略制定程序,是指组织制定具体战略的先后顺序。

大型组织,如多元化经营的大型企业,在管理方面通常有三个层次:总部、分部(事业部)和职能部门。由于实施的是多层次、分部门的管理模式,因此在制定战略时,需要特别注意层次之间、部门之间的协调、配合与统一。其一般步骤是:先制定组织总体战略,然后是分部战略,最后是职能部门战略。

11.2 战略评价

影响战略选择的因素是复杂的,可供选择的战略也是复杂的。战略的复杂性不仅在于战略的类型众多,还在于战略之间内在联系的复杂性。战略还有一个非常重要的特征,它不是环境与战略对应的清晰的解,它可能游离于多种可能的方案之间,在大多数情况下,你很难判定哪一个或哪一套方案是最好的。况且,战略的选择不仅是客观的产物,也是主观的产物,它受到战略决策相关人的价值观、个人偏好等的影响,尤其是高层管理人员的思维习惯和个性,同时还受到企业文化的影响。因此,当各种可行性方案被提出来之后,需要经历一个科学的评价和选择的过程。

11.2.1 战略评价的意义

从战略管理的过程来说,战略评价分为两个阶段,前一个阶段是战略实施前的评价,评价的对象是拟实施的战略,评价的目的是选择一个或一套战略;后一个阶段是战略进入实施过程后的评价,评价的对象是已经付诸实施的战略,评价的目的是进行战略控制。为了区别起见,我们把后者称为战略监测。

从战略形成的一般过程来看,当企业经过内外部环境分析之后,通常会作出几套可供选择的战略方案,提出这些方案的可能是企业的战略管理部门,也可能是专门成立的战略研究小组,还可能是企业聘请的专业的咨询公司,或者是它们的结合。不管是由谁提出的,都需要经过一个评估和选择的过程,最终由公司董事会决定采用哪个方案,或者采用一个经过修正的方案。

尽管方案的提出是建立在对内外部环境分析的基础之上,方案也只是战略研究人员的智慧和偏好的产物,当然在这个过程中也可能已经融入企业高层的思路、判断和意图,但它是不系统、不全面的。因此,战略评估的意义在于以下几点。

(1) 战略评估是一个汇集智慧的过程。评估的过程是汇集企业内外部的更广泛的专家的智慧的过程,它可能会将更好的机会纳入视线,也可能意识到潜伏的威胁,因此这个过程可能挖掘出更好的战略机会,也可能弥补原有战略方案的缺陷。

(2) 战略评估是一个平衡企业利益相关者利益的过程。经过评估,公司利益相关者广泛地发表意见,高层决策者可以从中洞察各方面的利益追求,从而使战略成为一个能够被普遍接受的战略。因为战略只有能够被接受,才有可能被执行,被接受的程度越高,执行过程就越顺利。

(3) 战略评估是一个达成战略一致的过程。评估的过程是一个沟通的过程,评估者通常也是战略的执行者,只有让战略的执行者理解战略和支持战略,战略才能够有效地被实施。这个过程也是达成"志愿一体化"的一部分。

11.2.2 战略评价的组织

战略评价的组织者应该是公司的董事会,或者是最终决定战略的人或者其他组织。

战略评估的过程通常是由战略研究人提出预选方案,预选方案中包括对这些预选方案的评估,然后交由上级(如董事会)组织其他部门或者个人做评估。评估可经过由上至下、再由下至上的过程,但一般不需要企业的基层员工参与。

评估人可以是企业的员工和部门,也可以聘请企业外的个人或组织,还可以聘请专业咨询机构。如果是企业自己组织制定的战略,可以请企业外的组织或个人做评估;如果是专业咨询机构制定的战略,可以请独立于该机构外的专家或者组织做评估。

11.2.3 战略评价的标准

很多专家提出过自己的战略评价标准,全面地了解这些标准是有益的。

1. 鲁梅尔特的战略评价四标准

英国战略学家理查德·鲁梅尔特提出了可用于战略评价的四条标准:一致性(consistency)、协调性(consonance)、可行性(feasibility)和优越性(advantage)。协调性与优越性主要用于对公司的外部评价,一致性与可行性则主要用于内部评价。

(1) 一致性。一个战略方案中不应出现不一致的目标和政策。鲁梅尔特提出如下帮助确定组织内部问题是否由战略间的不一致所引起的三条准则:尽管更换了人员,管理问题仍持续不断,以及如果这一问题像是因事而发生,而不是因人而发生的,那么便可能存在战略的不一致;如果一个组织部门的成功意味着或被理解为另一个部门的失败,那么战略间可能存在不一致;如果政策问题不断地被上交到最高领导层来解决,可能存在战略上的不一致。

一致性评价还包括战略是否与企业的价值观相一致。

(2) 协调性。协调指在评价时既要考察单个趋势，又要考察组合趋势。在战略制定中将企业内部与外部因素相匹配的困难之一，在于绝大多数变化趋势都是与其他多种趋势相互作用的结果，对此必须综合考察。企业与环境之间的关系需要解决好两个问题，即企业必须配合和适应环境的变化，并在同时与其他试图适应环境的企业相竞争。下面是一些具体问题。

① 战略选择方案在多大程度上处理了战略分析过程中发现的问题？
② 战略是否善用了企业的优势和机会？
③ 战略是否与目标相一致？
④ 战略在处理瞬息万变的环境变化方面是否有足够的灵活性？

(3) 可行性。一个好的经营战略必须做到既不过度耗费可利用资源，也不造成无法解决的派生问题。对战略的最终和主要的检验标准是其可行性，即依靠自身的人力、物力及财力资源能否实施这一战略。企业的财力资源是最容易定量考察的，通常也是确定采用何种战略的第一制约因素。人员及组织能力是对于战略选择在实际上要求更严格但定量性却差一些的制约因素，因此，在评价战略时，很重要的一点是要考察企业在以往是否已经展示了实行既定战略所需要的能力、技术及人才。可行性评价可以提出下面一系列的问题。

① 企业是否有解决问题或者实施战略所需要的特别能力？
② 企业是否有实施战略所必备的协调和综合能力？

更具体的问题包括：企业是否有实施战略所需的资金？企业是否有能力达到预期的水平？企业是否有能力应对竞争对手的行动？企业能否获得必需的信息和服务？

(4) 优越性。战略必须能够在特定的业务领域使企业创造和保持竞争优势。竞争优势通常来自如下三方面的优越性：较多的资源、较强的技能和较有利的地位。前两个方面代表了企业强于或优于其竞争对手的能力。根本的问题是：哪些技能和资源占竞争优势？有利地位的主要特征是，它使企业从某种战略中获得优势，而不处于该位置的企业则不能类似地受益于同样的战略。地位优势可以通过预见能力、较强的技能、较多的资源或运气得到。一旦具备了这种优势，企业就可以维持其地位优势。因此，在评价某种战略时，企业应当考察与之相联系的位置优势特性。下面是一些具体问题。

① 战略是否能通过提供值得信赖和可靠的产品与服务而给企业带来一定的声誉？
② 在满足市场需求的过程中，战略是否有助于企业积累独特的经验？
③ 战略是否能使企业在地理位置上更接近主要的顾客？

2. 伊丹敬之的战略评价标准

日本战略学家伊丹敬之认为，优秀的战略是一种适应战略，它要求战略适应外部环境因素，包括技术、竞争和顾客等；同时，企业战略也要适应企业的内部资源，如企业的资产、人才等；而且，企业的战略还要适应企业的组织结构。企业家在制定战略时应该权衡七个方面的战略思想。

(1) 战略要实行差异化,要和竞争对手的战略有所不同。

(2) 战略要集中。企业资源分配要集中,要确保战略目标的实现。

(3) 制定战略要把握好时机。企业应该选择适当的时机推出自己的战略,时机要由自己积极创造。

(4) 战略要能利用波及效果(产业经济学中的一个概念)。企业利用自己的已有成果,发挥更大的优势,扩大影响,以便增强企业的信心。这一点实质上是强调企业要利用自己的核心能力。

(5) 企业战略要能够激发员工的士气。

(6) 战略要有不平衡性。企业不能长期地稳定,要有一定的不平衡,造成一定的紧迫感,即战略要有比以往更高的要求。

(7) 战略要能巧妙组合。企业战略应该能把企业的各种要素巧妙地组合起来,使各要素产生协同效果。

3. 斯坦纳和麦纳的战略评价标准

美国的斯坦纳(Steiner)和麦纳(Miner)给出了六个评价要素,其中三个(对环境的适应性、竞争优势和目标的一致性)上面都已经提到,对上面有补充的包括以下几点。

(1) 预期的收益性。企业要选择能够获取最大利润的战略方案,即追求战略利润。它是长期利润而不是短期利润。其指标很简单,用投资利润率来评价。

(2) 资源的配套性。企业战略的实现必须有一系列战略资源做保证,这些资源不仅要具备,而且要配套,暂时不具备而经过努力能够具备的资源也是可取的。

(3) 战略的风险性。未来具有不确定性,战略具有风险性,在决策时要适当对待风险:一方面,在态度上有敢于承担风险的勇气;另一方面,在手段上,事先科学地预测风险,并制定出应变的对策。

无疑,上述评价标准都是有意义的。上述各项指标既相互区别又相互联系,每一个指标的重要程度,对于不同的企业和同一个企业在不同的时期也是有差别的。在评估时,针对哪些指标和更注重哪些指标取决于企业战略决策人的判断,其中既受客观因素的影响,也受主观因素的影响。因为战略是基于对未来的预测,而未来具有不确定性,即使对战略评估采用了一些定量的方法,战略决策仍然是有风险的,所以战略决策需要决策人的勇气。再者,从上面所列举的各项指标来看,大多数的指标是难以定量的,因此对方案的评价更多地需要评价人的智慧和判断力。

4. 本书推荐的战略评价标准

在上述战略专家所提出的战略评价标准的基础上,本书建议从以下四个方面评价战略。

(1) 适用性。适用性是用来评价所提出的战略对企业所处环境的适应程度,以及与其自身资源的匹配性,还有就是该战略能否保持或加强企业的竞争地位。在评价战略的适用性时,应主要考虑以下几方面。

① 该战略是否能克服企业的不利因素,如企业自身的资源、能力和技术方面的劣势,或

企业在外部环境中所遇到的威胁。例如,可考虑该战略增强还是削弱了企业的竞争地位,增强还是削弱了企业与供应商和顾客的议价能力,是否有利于应对新进入者和替代品的威胁。

② 该战略是否完全利用了企业的有利因素,如企业自身的优势或外部环境中的机会。例如,一个技术水平很高的公司是否充分利用了其创新能力,一个善于规模营销的企业是否随着生产规模的扩大而在不断地开拓新的细分市场。

③ 该战略与企业的使命和目标是否一致。如果该战略改善了企业的收益情况,却破坏了企业的长期形象,则不是一个好的战略。

(2) 可接受性。可接受性是研究企业能否成功地实施战略,以及战略执行后可能会出现什么样的结果。这种可接受性与人们的期望密切相关,一些人认为"可接受"的战略对另外一些人可能是不可接受的,尤其是在两者的期望相互矛盾的情况下。因此,在很多情况下企业所选定的某种战略方案,实际上是不同利益集团讨价还价和折中的产物。在评价战略的可接受性时,应注意以下几个方面。

第一,从利润率的角度看企业的财务状况会发生怎样的变化,这种变化对资本结构和利益相关者的利益将产生怎样的影响。常用的财务分析工具有以下几个。

① 资本收益率分析。该分析旨在评价一项新的战略实施若干年后,预计可达到的资本报酬率是多少。

② 投资回收期分析。该分析的基础是计算项目初始的投资要多久才能收回。企业往往要求一个项目的初始投资在规定的时间内回收,计算方法是累计预计现金流量在多少年后能与初始投资持平。

③ 现金流折现分析。该分析实际上是投资回收期分析的延伸。它的最大特点是今天收到的现金要比明天收到的现金值钱,因为今天收到的现金可以立即用来投资,产生利润。项目占用的货币价值反映在折现率上,即资本的机会成本。

第二,该战略会带来哪些财务和经营风险,这些风险会产生的最重要影响是什么。一般来说,风险越小,战略的可接受性越高。企业在评价风险时可以采用不同的方法。常用的风险评价方法有财务比率分析、敏感度矩阵、决策矩阵、模拟模式等。

第三,该战略会使企业利益相关者的利益发生怎样的变化,他们是否接受所提出的战略,是否有能力阻止该战略的实施。一个好的战略应当努力使各方利益相关者都接受。那种只有一部分人高兴而另一部分人反对的战略不是好的战略。

(3) 可行性。可行性是研究企业是否有能力和资源来执行战略。一个最容易被通过的可行性战略是如鲁梅尔特所说的"企业依靠当前拥有的资源和能力就可顺利实施且能达到既定要求的战略",这个条件似乎太过于保守了。实际上企业可以利用外部资源,也可以培育目前自己尚不能满足要求的资源,只是要使利用外部资源和培育资源的可能性得到落实,或至少有一定程度的把握。

在评价战略的可行性时,要注意以下几方面。

① 是否有足够的物力和财力支持实施该战略。
② 是否具有有效竞争的技术和手段。
③ 是否能够获得所需要的管理能力。
④ 是否有能力达到所要求的经营水平。

⑤ 是否能够取得所需要的相对竞争地位。
⑥ 是否有能力处理竞争性活动。
⑦ 当环境突然发生变化时,是否有能力处理危机事件。

在可行性分析过程中,现金流分析和盈亏平衡分析最为重要。现金流分析主要考虑资金的来源情况以及企业对资金的预测,立足于能够迅速指出企业战略在财务上是否可行,并确定所需资金是多少,以及筹集这些资金所需的时间。盈亏平衡分析常常通过评估收益目标的可行性来分析一个战略是否可行,特别是面对不同战略所要求的不同成本结构时,就会变得非常实用。

(4) 独特性。独特性是一个好的战略的突出特征。独特性检验可以从两个方面来进行：一是我所做的,对手不会做或者不能做；二是即使对手做了,他们也不可能得到我们所能够得到的竞争优势。"不会做"是指以对手所处的环境,他们所能够获得的信息、他们的经验与智慧、他们的资源与能力,不会想到做与我们同样的事。"不能做"是指即使对手意识到了机会,由于受某些关键性因素的制约,他们也没有能力做与我们同样的事。例如,关键性技术与原材料来源的控制、大规模投资等,一切形成进入壁垒的因素都可能导致对手"不能做"。

即使对手做了同样的事,但进入时机不同、进入路径不同、采用的竞争战略不同等,任何一项差异或者多种不同战略的组合都有可能形成战略的独特性,"与众不同"的越多,战略的独特性就越强。独特性评价就是要审视对手是否会与我们采用相同的战略。

独特性评价包括静态性评价和动态性评价两个方面。静态性评价是指目前产业中是否已经有企业采用了与我们拟采用的战略方案相同的战略；动态性评价是指预测未来是否会有对手采用与我们相同的战略。显然,后者做起来更难,也更重要。动态性评价对于形成战略的应对措施也是非常重要的,这个评价过程有利于增加战略的柔性。

11.3 战略选择

战略选择,就是战略决策者通过比较和优选,从可能的两种或两种以上的备选方案中选定一种合理的战略方案的决策过程。

选择战略方案并非一个理性的公式化决策,它需要决策者考虑多种因素,进行多方面的权衡,并且需要借助一些选择分析工具。因此,战略选择就其本质而言是一个决策的过程,是一种智力的活动,它往往比想象的更复杂、更困难、更具有特性,可以说战略选择是战略决策者的专业知识、工作能力、业务水平、实际经验、领导作风和领导艺术的高度集中体现。

11.3.1 战略选择的过程

战略选择的过程是选择某一特定战略方案的决策过程。它是一个动态的过程,是在已经拟订出各种可行方案以供进一步选择的前提下进行的,备选方案的数量和质量往往决定了最终决策方案的优劣。

事实上,战略选择的过程并不是一个孤立的过程,它是与战略分析、战略实施的内容密切相关的,这几个阶段是不能被截然分开的。

1. 明确发展的目标和方向

决策目标是战略选择的出发点和归宿。只有在目标指引下,决策者才能把握组织发展的方向,考虑是否应该开发新产品、进入新市场,是通过自身发展,还是通过联盟和合并来获得发展等战略选择方面的问题。

可见,决策目标的确定既是开展战略选择工作的前提条件,也是最终评价战略选择是否成功的标准。

2. 考虑影响战略选择的因素

企业最终的战略选择往往是内部因素和外部因素共同作用的结果。外部因素是一个企业进行战略选择的间接因素,而内部因素则是企业进行战略选择的直接因素。具体来说,影响战略选择的因素大致可以分为三类。

1) 行为因素

一般来说,在进行战略管理过程中,决策者经常面临多个备选战略方案,往往很难作出决断。因为影响战略选择的行为因素很多,在很多情况下,这一选择过程并不带有必然性与客观性,而是具有较多的主观性与偶然性。

(1) 战略决策者对过去战略的偏爱。
(2) 战略决策者对待外部环境的态度。
(3) 战略决策者对于风险的承受能力。
(4) 中层管理人员参与战略选择的程度。
(5) 战略决策者对他人的影响力。
(6) 竞争者的反应。

2) 制度因素

影响企业战略选择的制度因素主要有产权制度与公司治理结构。不同的产权制度会对企业的发展产生重要影响,并自然影响到企业的战略选择。

(1) 产权制度。由于产权制度的不同而形成的不同类型的企业,其决策主体是不相同的,因而在战略选择时也各有特点。如个人独资企业,其战略选择往往是业主一人在进行决策,基本上是受控于业主本人;而公司制企业,由于企业资产的所有权与经营管理权分离,其战略选择往往被高层管理者左右。

(2) 公司治理结构。在不同的治理结构下,董事会与高层管理者在战略选择的目标、作用方面具有较大的差异性。如英美模式由于股权松散,企业董事会对战略参与的权能较弱,高层管理人员更多地出于对企业在资本市场的表现和自身利益的考虑而进行战略选择;德日型董事会由于持有企业较大股份,对企业战略决策的参与意愿和能力都比较强。

3) 文化因素

文化与战略的选择是一个动态平衡、相互影响的过程。任何一个希望成功选择战略方案的企业,都必须深入了解所处的社会文化环境和自身的企业文化特点。只有这样,才能增加战略方案与社会文化以及企业文化的契合度,使方案得以顺利实施。

(1) 社会文化。从影响企业战略选择的角度来看,社会文化主要包括人口和文化两个方面。

(2) 企业文化。企业文化是一个企业得以长期生存的核心要素。如果战略方案的选择与企业文化完全匹配,那么就会大大减小来自企业内部的阻力,并会对战略的成功产生积极的支撑作用;相反,两者不相适应时,来自企业内部的共同信念等文化因素就会增加战略实施的风险。

3. 充分利用战略选择分析工具

在战略选择过程中,战略决策者面对所要选择的多个可行方案,往往需要把直觉与理性分析相结合,也就是对可行方案,既要做定性分析,也要进行定量分析。

目前,决策者经常借助战略评价方法或工具来达到选择理想战略的目的,利用外部市场的机会,并综合不利环境的影响;同时加强企业内部的优势,并对自身的劣势加以改进。

虽然市场分析工具并不是万能的,每种分析模型或方法都有自己的局限性,但决策者要充分利用各种分析工具的优点并避免其不足,使选择结果更趋于满意与合理。

4. 确定最终的战略方案

最终选择哪一种战略方案,既取决于它所处的环境和市场地位,同时也取决于它的文化,尤其是高层管理人员的思维和个性,从而使最终方案的确定更类似于管理评测问题,即在对多种方案分析评价的基础上权衡利弊的结果。

不管在这一阶段有什么特色或差异,选择的准则都是相同的,选择可能效果最好而副作用最小、成本最小而收益最大的备选方案。

11.3.2 战略选择的方法

战略选择的结果对企业具有持久性的影响,这是因为在战略选择时所形成的决策将使企业在相当长的时期内与特定的产品、市场、资源和技术相联系,进而决定企业的长期竞争优势,并决定着企业主要经营活动的成功。那么,战略决策者应该采取什么样的方法才能作出令人满意且比较合理的战略选择呢?

1. 主观的直觉判断

战略选择过程可以被描述为进行企业重大决策的一种客观的、符合逻辑的、系统性的方法。然而,在现实中,许多高层管理人员在作出重大决策时并没有依赖严谨的逻辑分析,而是凭借自己的"直觉""本能""预感"或"内心的声音"。从这一点来看,战略选择并非采用一种精确、明晰、"1+1=2"的纯粹科学,而是经常需要决策者根据以往的经验、判断和感觉来决策。特别是在战略选择具有很大的不确定性或没有先例的情况下,直觉对于决策尤为重要。而且,在存在高度相关变量的情况下,当决策者就决策是否正确承受巨大压力,或者必须在多种可行的战略间作出选择时,直觉对于决策就显得非常有帮助。

2. 分析工具的理性运用

然而,战略选择并非如此简单,直觉并不能代表全部。正如德鲁克所言:"只有受纪律约束的直觉才是可信的,只进行诊断而不用事实对其进行检验的'预感'式艺术家,作为一个医生会治死病人,作为一个管理者会搞垮企业。"虽然无法获取完全信息等因素使"完全理性"的决策职能停留于假设,但人们却将"有限理性"概念引入管理决策模型之中,从而使决策者在作出决策时能够在一定程度上遵循理性过程。

所谓"有限理性",就是把问题的本质特征抽象为简单的模型,而不是直接处理全部复杂性的决策行为;然后,在组织的信息处理限制和约束下,管理者努力在简单的模型参数下采取理性行动;其结果是一个满意的决策而不是一个最大化的决策,即是一个解决方案的"足够好"的决策。在此过程中,注重对分析工具的理性运用,在了解各种分析工具的基础上,适宜的分析方法为战略选择提供必要的依据和支持。

战略选择中的直觉与理性分析不是一个非此即彼式的判断。企业中各层次的管理者应当将他们的直觉和判断融合到战略管理分析中去,让直觉式思维与分析式思维互为补充。

11.3.3 战略进化的历程

现实中很少有企业自始至终地采取一种发展战略,以使企业的资源得到最合理的利用。即使是单业务的企业,也会在企业发展的不同时期及时地调整战略,选择不同的发展战略类型。

绝大多数企业的发展过程及战略选择,基本上遵循了一定的规律。

(1) 在企业刚刚建立时,管理者多采取集中(加强)战略,即通过资源在一项业务中的高度集中,增加业务的销售量,提高市场占有率,培养消费者对企业的认同感。

此时,战略中心是追求快速发展,以建立起超过主要竞争对手的优势。在具体做法上,则以不断强化产品线、满足不同细分市场需求为主要行动目标,同时通过不断扩大经营的地域范围来提升企业的知名度。

(2) 当企业发现一种业务的扩展已到尽头,或是在满足现有业务的需要之外还有剩余的资源,或是已不满足于单业务的结构时,首先考虑选择的战略将是一体化战略。

此时,战略中心是追求实现其规模经济性和获得垄断地位。在具体做法上,则是借助延长企业的价值链,或者通过扩大企业的规模,或是两者兼而有之的方式,来促进企业的发展、扩张、做大做强。

(3) 为了避免资本全部集中到一个行业所可能产生的风险,以及产业进入成熟阶段后企业发展的低速度,在一项业务发展到一定规模后,企业往往会考虑采取多元化战略。

此时,战略中心是寻求新的发展增长点,以求分散风险,增加综合利用资源的协同效应。在具体行动中,首先需要解决的是向哪一个新的行业发展,同时退出哪一个行业的问题。

(4) 当企业经营遇到困难,在短时期内造成经营困难的因素无法消除时,企业将不可避免地会面临对撤退战略的选择。

11.4 战略制定与选择的分析工具

战略分析是战略管理的重要任务之一,是在收集企业内外部信息的基础上,通过各种分析工具和手段,最终确定战略方案的过程。它主要包括两个步骤:一是在企业内外条件分析的基础上,形成初步的战略方案;二是对备选方案做进一步的筛选,形成最终的战略方案。因此,战略制定与选择是战略分析的核心内容,两者相辅相成、共同构成战略分析的主导框架。

在很多情况下,大多数企业并不是依靠决策者天才的直觉才得以生存和发展,而是将直觉与分析结合起来,进行战略的制定与选择。对于战略方案的制定与选择,一般采用定性和定量的方法。通常条件下,定性的方法主要包括专家评议、类比法、座谈会、职工代表大会民主审议等;而定量的方法主要是数量模型评价法,如 SWOT 矩阵、SPACE 矩阵、BCG 矩阵、IE 矩阵、P/MEP 矩阵、GS 矩阵等。本节主要介绍这些定量分析方法。

11.4.1 战略制定框架

战略制定框架可以帮助企业战略决策者在若干个可供选择的战略方案中进行确定、评价和选择。通常其基本过程分成三个阶段,如图 11-1 所示。第一阶段是"信息输入阶段",概括了制定战略所需要输入的信息;第二阶段是"匹配阶段",通过将关键内部及外部因素排序而制定可行的战略方案;第三阶段是"决策阶段",利用第一阶段输入的信息和第二阶段得出的若干备选战略进行评价,通过各种备选战略相对吸引力的大小,从而为最终战略的选择提供客观的基础。本节主要介绍第二、第三阶段的主要战略选择方法。

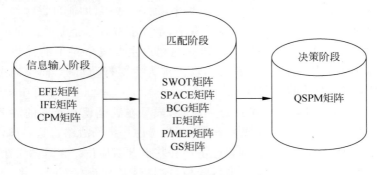

图 11-1 战略制定框架

注:信息输入阶段的三种模型已分别出现在本书第 4 章与第 5 章,在此不再赘述。

11.4.2 战略匹配方法

1. SWOT 矩阵

此方法见本书第 5 章。

2. SPACE 矩阵

SPACE 矩阵主要用于分析企业外部环境及企业应该采用的战略组合。

SPACE 矩阵有四个象限,分别表示企业采取的进取、保守、防御和竞争四种战略模式。这个矩阵的两个数轴分别代表了企业的两个内部因素——财务优势(FS)和竞争优势(CA);两个外部因素——环境稳定性(ES)和产业优势(IS)。这四个因素对于企业的总体战略地位是最为重要的,如图 11-2 所示。

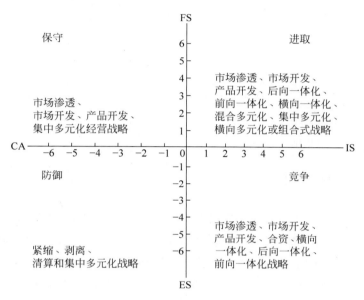

图 11-2　SPACE 矩阵

建立 SPACE 矩阵的步骤如下。

(1) 选择构成财务优势、竞争优势、环境稳定性和产业优势的一组变量。

(2) 对构成 FS 和 IS 的轴的各变量给予从+1(最差)到+6(最好)的评分值,而对构成 ES 和 CA 的轴的各变量给予从-1(最好)到-6(最差)的评分值。

(3) 将各数轴所有变量的评分值相加,再分别除以各数轴变量总数,从而得出 FS、CA、IS 和 ES 各自的平均分数。

(4) 将 FS、CA、IS 和 ES 各自的平均分数标在各自的数轴上。

(5) 将 X 轴的两个分数相加,将结果标在 X 轴上,将 Y 轴的两个分数相加,将结果标在 Y 轴上,标出 X、Y 数轴的交叉点。

(6) 自 SPACE 矩阵原点到 X、Y 数轴的交叉点画一条向量,这条向量就表示企业可以采取的战略类型:进取、竞争、防御或保守。SPACE 矩阵要按照被研究企业的情况而制定,并要依据尽可能多的事实信息。

根据企业类型的不同,SPACE 矩阵的轴线可以代表多种不同的变量。例如,投资收益、杠杆比率、偿债能力、流动资金等,如表 11-1 所示。

表 11-1　SPACE 矩阵的轴线代表的变量

内部战略处理	外部战略处理
财务优势（FS） ——投资收益 ——杠杆比率 ——偿债能力 ——流动资金 ——退出市场的方便性 ——业务风险	环境稳定性（ES） ——技术变化 ——需求变化性 ——竞争产品的价格范围 ——市场进入壁垒 ——竞争压力 ——价格需求弹性 ——通货膨胀
竞争优势（CA） ——市场份额 ——产品质量 ——产品生命周期 ——竞争能力利用率 ——专有技术知识 ——对供应商和经销商的控制 ——客户忠诚度	产业优势（IS） ——增长潜力 ——盈利能力 ——财务稳定性 ——专有技术知识 ——资源利用 ——资本密集性 ——进入市场的便利性 ——生产效率和生产能力利用率

向量出现在 SPACE 矩阵的进取象限时，说明该企业正处于一种绝佳的地位，即可以利用自己的内部优势和外部机会选择自己的战略模式，如市场渗透、市场开发、产品开发、后向一体化、前向一体化、横向一体化、混合多元化等。向量出现在保守象限意味着企业应该固守基本竞争优势而不要过分冒险，保守型战略包括市场渗透、市场开发、产品开发和集中多元化经营等。当向量出现在防御象限时，意味着企业应该集中精力克服内部劣势并回避外部威胁，防御型战略包括紧缩、剥离、清算和集中多元化等。当向量出现在竞争象限时，表明企业应该采取竞争性战略，包括后向一体化战略、前向一体化战略、市场渗透战略、市场开发战略、产品开发战略及组建合资企业等。

现以某医药集团有限公司为例来具体说明 SPACE 矩阵的运用，如表 11-2 和图 11-3 所示。

表 11-2　某医药集团有限公司 SPACE 矩阵评分表

四维度变量	评分
财务优势（FS）	
流动比率 2011 年上升为 1.03，可变现偿债能力不断加强	3.0
短期偿债能力相对较弱	2.0
企业长期偿债能力不断增强	3.0
存货方面控制得当	2.0
销售利润率呈增长发展	3.0
总资产报酬率逐年上升，体现企业的投入产出水平较高	4.0

续表

四维度变量	评分
净资产收益率缓慢攀升,企业收益模式稳定	3.0
每股收益水平较高	2.0
合计	22.0
产业优势(IS)	
国家政府政策的颁布对企业的促进	4.0
财务稳定性强	4.0
顾客群体广泛	5.0
新版 GPM 出台,使规模大的企业更具有竞争力	5.0
占有资源丰富,品质高	5.0
合计	23.0
环境稳定性(ES)	
药品需求随着人口老龄化、城镇化进程加快不断增加	−2.0
产品同质化严重,竞争激烈	−4.0
基本药品统一定价	−4.0
药业竞争者进入市场壁垒相对较高	−3.0
随着收入水平的提高,人们对药品个性化、多元化的需求,导致价格需求弹性大	−3.0
合计	−16.0
竞争优势(CA)	
市场占有率相对较高	−1.0
产品开发周期长	−5.0
产品生命周期受其药理价值、副作用、人体产生抗药性的时间以及同类新药品开发上市周期等诸多因素的影响呈现缩短趋势	−2.0
专有技术知识要求高	−2.0
建立长期协作关系,保障供应商利益;提供售前、售后服务,与经销商共同发展	−2.0
品牌知名度高	−1.0
科研创新能力强	−2.0
合计	−15.0

结论:
(1) ES 平均值为:−16.0/5=−3.2
　　IS 平均值为:23.0/5=4.6
　　CA 平均值为:−15.0/7=−2.14
　　FS 平均值为:22/8=2.75
(2) 向量坐标值:X 轴:4.6+(−2.14)=2.46
　　　　　　　　Y 轴:−3.2+2.75=−0.45
从图 11-3 可知,某医药集团有限公司应采取的战略是竞争战略。

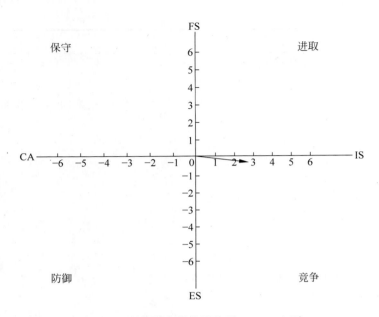

图 11-3 某医药集团有限公司 SPACE 矩阵

3. BCG 矩阵

波士顿矩阵,因波士顿咨询集团(Boston Consulting Group)于 20 世纪 70 年代初开发而得名,可简称为增长—份额矩阵(Growth Share Matrix),是制定多元化大型企业资源配置战略的重要工具。其实质是通过对业务的优化组合,实现企业的现金流量平衡,从而使企业战略平稳推进。

1) BCG 矩阵的构成

大型企业由多个独立运营的分部、分公司或战略业务单位组合而成。哪个分机构或 SBU 是利润的源泉？哪个分机构或 SBU 是利润的漏斗？利用 BCG 矩阵分析,可对企业内的各分机构或战略业务单位的不同业务进行划分,明确业务当前或预期的状态,进而制定业务组合调整的战略。

BCG 矩阵由两个基本参数和两个辅助参数构成。

(1) 两个基本参数。

① 相对市场占有率,是指一个分机构或战略业务单位在本产业的市场占有率与产业最强大竞争者的市场占有率之比。而高与低相对市场占有率的分界线为 0.5。

② 市场增长率(产业增长率),以一个独立单位在本产业销售额增长百分比表示。

以上数值范围为常用的取值范围,但必要时可根据企业的具体情况确定其他数值范围。

(2) 两个辅助参数。在 BCG 矩阵中,用每一个圆圈来代表一个独立的分机构或战略业务单位,其含义用以下两个参数来说明。

① 收入(销售额)百分比,即圆圈的大小。它表示该业务单位的收入(销售额)占公司

总业务收入(销售额)的比例。

② 利润百分比,即圆圈中阴影部分。它表示该业务单位所创利润占公司总利润的比重。

在 BCG 矩阵中,以相对市场占有率为 X 轴、以市场增长率为 Y 轴构成 $2×2$ 组合,将业务划分为幼童业务、明星业务、现金牛业务和瘦狗业务四种类型(图 11-4)。

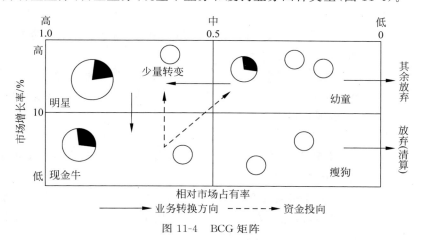

图 11-4 BCG 矩阵

2) BCG 矩阵的分析步骤

进行 BCG 矩阵分析,有以下三个步骤。

第一步:分析在不增加新投入情况下,现有业务的现金流状况。

将所有业务分为三类:现金净流入业务,现金净流出业务,现金流基本平稳业务。具体标准可根据企业规模确定。

第二步:根据市场增长率和相对市场占有率,将业务划分为幼童、明星、现金牛和瘦狗四类。

(1) 确定各项业务的前景。根据"市场增长率"的大小来衡量业务发展的前景如何,通常,纵坐标"市场增长率"划分为高、低两区域,其两者之间以该产业市场的平均增长率作为分界点。

(2) 确定各项业务在产业中的地位。为使分析具有可比性,BCG 矩阵用"相对市场占有率"而不是简单地用"市场占有率"来表示业务竞争力。基于规模优势理论,BCG 矩阵认为,市场占有率越高,成本越低,所以用单位收益对比来表示"相对市场占有率"的大小,计算公式是用单位收益除以其最强大竞争者的单位收益。

(3) 根据各项业务的数值,用圆圈将业务在 BCG 矩阵图上的位置表示出来,具体方法是以业务在二维坐标系上的坐标点为圆心画一个圆,圆圈的大小表示每项业务的销售额(收入),面积越大则销售额(收入)越大。

第三步:判断企业业务组合的健康度。

失衡的业务组合,通常是有太多的明星或幼童类业务,或太少的瘦狗或现金牛类业务。如果仅有少量现金牛类业务,就不能发展过多的明星或幼童类业务。否则,就会使整个企业的现金流不平衡。过少的现金牛类业务也意味着企业财务风险很高,过少的明星类业务则说明企业缺乏发展的潜力。

3）BCG矩阵的四类业务

（1）幼童类业务。

典型特征：高增长率和低市场占有率。具有高增长率要求有大量的现金投入，而低市场占有率则说明其在成本竞争中处于劣势。

出路有两条：一是如果市场占有率不能扩大，那么幼童类业务将变成瘦狗类业务；二是如果市场占有率可以迅速扩大，而且可扩大到足够的占有率，那么幼童类业务将变成明星类业务，最终也可能变成现金牛类业务。

对策：对那些有发展前景、符合企业发展长远目标、企业具有资源优势、能够增强企业核心竞争力的幼童类业务，加大现金投入以扩大其市场；对那些没有发展前景的幼童类业务，则不应该再进行现金投入。

（2）明星类业务。

典型特征：高增长率和高市场占有率。具有高增长率意味着需要大量现金投入，而拥有高市场占有率则意味着将有极大可能获得成本优势。

对策：大量投资，以保持和加强其在市场的主导地位。同时，可以考虑实施前向、后向和横向一体化，市场渗透，市场开发和产品开发等战略，扩大业务规模，提高竞争能力。

（3）现金牛类业务。

典型特征：低增长率和高市场占有率。现金牛类业务虽然只有较低的增长率，但却能产生较高的现金流。由于该类业务已处于成熟市场，所需现金投入较少，可以节约一大笔现金来支持其他更有发展前景的业务。

对策：对于仍然强壮的现金牛类业务，应投入适当的资金以保持其优势地位，可考虑实施新产品开发、本产业多元化经营等战略；对于开始变得虚弱的现金牛类业务，则要考虑采取缩减或剥离措施，逐步退出产业。

（4）瘦狗类业务。

典型特征：低增长率和低市场占有率。低增长率表明该类业务不需要大量的现金投入，而低市场占有率则表明其成本不具有竞争优势。可见，瘦狗类业务大多没有或仅有微利。

对策有三：一是考虑是否能通过采用专业化战略降低成本，增强盈利能力；二是如果瘦狗类业务不能产生正的现金流，就不再对其继续投入资金，逐步退出；三是放弃瘦狗类业务，任其自生自灭。

BCG矩阵的主要益处在于，它使人们很容易注意到企业各分部门的现金流动、投资特性及需求。很多企业的各分部门随着时间的推移，其经营状态沿着逆时针方向演变，即"瘦狗—幼童—明星—现金牛—瘦狗"；而按顺时针方向"明星—幼童—瘦狗—现金牛—明星"演变的情况则比较少。

4）对BCG矩阵的评价

（1）仅仅根据市场增长率和市场占有率的高、低来划分四个象限，过于简单。

（2）计算相对市场占有率时只考虑了最大的竞争对手，而忽视了那些市场占有率在迅速增长的较小的竞争者。

(3) 市场占有率和盈利率不一定有密切关系,低市场占有率也可能高盈利。
(4) 评分等级宽泛,可能造成两项或多项不同的业务位于一个象限中。
(5) 评级带有折中性,使很多业务位于矩阵的中间区域,难以确定使用何种战略,也难以顾及两项或多项业务的平衡。

4. 内部—外部因素矩阵

内部—外部因素矩阵,与 BCG 矩阵属于同一类,都是用来为一个企业中的业务组合——独立业务单位(分机构、分公司或战略事业部)定位的工具,是制定多元化大型企业资源配置战略的重要工具。

一般来说,IE 矩阵将整个组织的业务组合划分为 9 类,其中,横轴为从内部因素评价矩阵得到的加权总评分,当该加权总评分为 1.0~1.99 时表示内部地位较弱,为 2.0~2.99 时表示内部地位中等,为 3.0~4.0 时表示内部地位较强;同理可考虑纵坐标。

如图 11-5 所示,IE 矩阵中的 9 类业务组合可以分成 3 个具有不同战略含义的区域,每个区域包括 3 类业务组合,其中,第一个区域包括业务组合Ⅰ、Ⅱ、Ⅳ;第二个区域包括业务组合Ⅲ、Ⅴ、Ⅶ;第三个区域包括业务组合Ⅵ、Ⅷ、Ⅸ。对于落在第一个区域中的组合所涉及的事业部,可以采取以加速成长与改进提高为主的战略;第二个区域中的组合所涉及的事业部,可以采取以坚守阵地与维持现状为主的战略;第三个区域中的组合所涉及的事业部,可以采取以获得尽可能大的短期利益为目标的近利战略或者放弃战略。

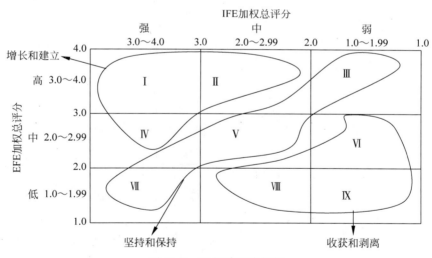

图 11-5 IE 矩阵基本框架

根据表 11-3 中的相关数据,我们可以建立某公司的 IE 矩阵,通过图 11-5 分析可知,SBU_1 和 SBU_2 均位于第一个区域,其中,SBU_1 位于第Ⅰ格,是该公司的最优业务单位;SBU_2 位于第Ⅱ格,是该公司的次优业务单位。SBU_3 位于第二个区域第Ⅴ格,是坚持和保持的战略对象。而 SBU_4 位于第三个区域第Ⅸ格,应该及时对其采取措施,以免给整个公司带来不利影响。

表 11-3　某公司相关业务数据

SBU	销售收入/万元	业务收入占总公司收入比例/%	盈利/万元	盈利收入占总公司盈利比例/%	IFE 加权总评分	EFE 加权总评分
SBU$_1$	50	38.5	10	35.7	3.8	3.2
SBU$_2$	30	23.1	8	28.6	2.2	3.5
SBU$_3$	45	34.6	9	32.1	2.6	2.5
SBU$_4$	5	3.8	1	3.6	1.5	1.8
总计	130	100	28	100		

5. 产品—市场演变矩阵

美国战略管理学者查尔斯·霍夫(Charles W. Hofer)教授在波士顿矩阵、通用矩阵和生命周期分析法的基础上，提出产品—市场演变矩阵法。这种矩阵法以竞争地位为横坐标，分为强、中、弱三个阶段，以产品—市场演变阶段为纵坐标，分为开发阶段、成长阶段、扩张阶段、成熟阶段和衰退阶段。整个矩阵共划分为 15 个区域，企业可以根据各个经营单位成长阶段和竞争地位的不同而在图中定位，其中圆圈的大小代表行业的相对规模，圆圈中阴影部分的面积表示经营单位在其行业中的市场份额。

虽然不同的企业有着不同的经营单位的组合，但企业的大多数经营单位的组合都是成长型、盈利型、平衡型三种理想矩阵的变形体，如图 11-6 所示。

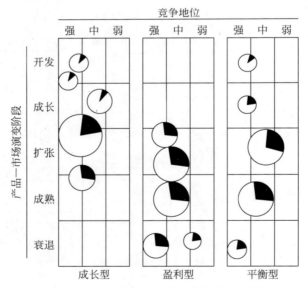

图 11-6　三种典型的产品—市场演变矩阵

不同的类型表明了企业在资源分配时追求的目的和目标有所不同。成长型矩阵中，其经营单位多集中在产品—市场演变的前几个阶段，在竞争中处于比较优势的竞争地位，其市场前景也比较好，但很可能会遇到资金短缺的困难；盈利型矩阵中的经营单位的业务组合多处于产品—市场演变的后几个阶段，虽然其资金比较充裕，但不具备长远发展的潜力,需要寻找新的增长点;平衡型矩阵中的经营单位比较均衡地分布于产品—市场演变的各个阶段,既有大量的现金流入的经营单位,也有未来发展潜力较好的经营单位。

产品—市场演变矩阵的运用如表11-4所示。

表11-4 产品—市场演变矩阵的运用

产品生命周期阶段	竞争地位强	竞争地位弱
开发	建立市场份额	建立市场份额
成长	发展(成长)	市场集中
扩张	增加市场份额	市场集中或抽资、清算
成熟	维持现状或抽资	抽资或清算、放弃
衰退	市场集中、抽资或削减资产	转向、清算或放弃

现以某公司为例,该公司共有7个经营单位,根据市场和产品的生命周期分析,可以得到一个产品—市场演变矩阵图,并给出了相关的战略选择建议,如图11-7所示。

经营单位A是一颗潜在的明星,它的市场份额较大,又处于产品—市场演变阶段的开发期,再加上强大的竞争力,公司应该对其加大投资,大力扩张。

经营单位B也可看成一颗潜在的明星,从图11-7来看,B的竞争地位比较强大,但是其市场份额却比较小。因此,对B应该实施一种能扩大它的市场占有率的战略,以便争取到更多的投资。

经营单位C处于成长阶段但是规模却相对较小,不仅竞争地位弱,而且市场占有率小。如果C能够迅速增强,则应该采取扩张型的战略,对其追加投资;否则C就是一个放弃的对象,来节约资源。

经营单位D处于扩张阶段,不仅市场占有率较大,而且竞争地位也比较强,对D类的经营单位应该进行适量的投资来保持其强大的竞争地位。从发展的角度看,D应该发展成为一头现金牛。

经营单位E和F都是企业的现金牛,是企业资金的主要来源。

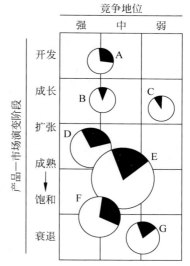

图11-7 某公司产品—市场演变矩阵

经营单位G处于衰退阶段,竞争地位较弱,就好像是BCG矩阵中的瘦狗类业务,如果尚能维持,应该尽可能多地创造现金,从长远的角度来看,它应该被放弃。

6. 大战略矩阵

大战略矩阵,是由小汤普森(A. A. Thompson)与斯特里克兰(A. J. Strickland)根据波士顿矩阵修改的一种战略聚类模型,也是一种企业战略态势选择方法。各种企业都可以被置于大战略矩阵的四个战略象限之一。同样,公司的各分部也可按此方式被定位。

大战略矩阵基于两个评价指标:竞争地位和市场增长,如图11-8所示。

图11-8　战略聚类模型

位于第Ⅰ象限中的企业,处于极佳战略地位,此时企业需继续集中力量经营现有业务,不宜轻易转移其既有的竞争优势。若拥有过剩资源,则可考虑采用纵向一体化战略。若公司过分偏重于某单一产品,可考虑采取集中多元化战略以降低过于狭窄的产品线所带来的风险。处于该象限的企业有能力利用众多领域中的外部机会,必要时可以冒险进攻。

位于第Ⅱ象限中的企业,在高速增长的产业中处于不利的竞争地位,此时的企业需要认真地评价其当前参与市场竞争的方法,找出效益不理想的原因,判断有无可能使竞争地位转弱为强。几种可能的战略选择是重新制定市场开发或产品开发战略、剥离、放弃和清算。一般情况下,在迅速增长的市场中,即使弱小的企业也往往能够找到有利可图的商机。因此可首先考虑重新制定市场开发或产品开发战略。如果企业缺乏独特的生产能力或竞争优势,横向一体化往往是理想的战略选择。当企业产品的品种较多时,则可剥离出耗费大、效益低的业务。否则可采取清算战略,退出市场。

位于象限Ⅲ中的企业,在增长缓慢的产业竞争中处于劣势地位,此时企业必须迅速进行某些重大的变革,以避免情况的进一步恶化及可能的结业清算。首先应大幅度地减少成本和资产(收缩)。另外,还可将资源从现有业务领域转向其他业务领域,如利用集中多元化战略或混合多元化战略便于企业进入有前途的竞争领域。若各种尝试均失败,则只能选择剥离或结业清算。

位于象限Ⅳ中的企业,具有较强的竞争力,但处于增长缓慢的产业之中。此时企业由于具有较大的现金流量并对资金的需求有限,因而有能力在有发展前景的领域进行多元化经营。采取集中多元化战略或混合多元化战略可帮助分散经营风险;采取合资战略可开拓有前途的新领域。

11.5 战略决策阶段的分析工具

以战略选择的方法初步确定的战略方案，还需要一套较完整的体系或标准对其进行检验和评价。一般检验标准要考虑战略同目标、外部环境、企业内部资源和能力以及战略实施之间的协调一致性问题，只有经过检验，能够发挥出优势、抓住机会、克服劣势、避开威胁的战略方案才是优选的战略。

战略评价分为定性评价和定量评价，在实际的企业战略制定的时候，由于环境变化的复杂性、动态性和战略制定过程中的人为偏好等问题，定量评价很少使用或者应用受到很大的限制，更多的是采用定性评价的方式。

目前文献中只有一种定量分析工具是用于确定各种可行战略方案的相对吸引力的，这一工具就是定量战略计划矩阵。

QSPM 用于对备选方案的战略行动的相对吸引力作出评价，从定量的角度来评判战略备选方案的优劣程度。经过第二阶段的 SWOT 矩阵、SPACE 矩阵、BCG 矩阵、IE 矩阵、P/MEP 矩阵和 GS 矩阵的战略匹配后，得到一系列战略方案的组合。它们之间的重要程度如何？企业应如何根据自身条件的限制来选择最适合企业发展的战略（或战略组合）？处于决策阶段的 QSPM 便是解决这些问题的工具，也是一种使战略制定者根据先前分析过的关键外部、内部因素（EFE 和 IFE）来客观评价备选方案的工具。

QSPM 的左栏包括从 EFE 矩阵和 IFE 矩阵得到的信息，而 QSPM 顶部包括从第二阶段战略匹配分析中得出的备选方案，此外还包括关键因素分析的权重及其评分、吸引力评分、吸引力总分等要素。

11.5.1 构建 QSPM 的步骤

构建 QSPM 一般需要经历以下六个步骤。

（1）在 QSPM 的左栏列出公司的关键外部机会与威胁、内部优势与劣势。矩阵至少应包括 10 个外部关键因素和 10 个内部关键因素，这些因素的相关信息可直接从 EFE 矩阵和 IFE 矩阵得到。

（2）给每个关键因素赋予权重。这些权重的大小应与 EFE 矩阵和 IFE 矩阵分析中确定的权重相同。

（3）确定企业应当考虑实施的备选战略方案，将其填入顶行中。对匹配阶段所得到的备选战略分组归类，以便对一组同类的战略进行比较。

（4）确定每一组备选方案的吸引力分数（attractiveness scores，AS）。根据所考察的关键因素与备选方案战略的关系给出评分。评分值在 1~5，根据机会、威胁、优势和劣势来分别确定，具体定义如表 11-5 所示。

表 11-5 吸引力分数说明

分数	机会	威胁	优势	劣势
5	充分抓住机会	很好应对威胁	充分利用优势	很好弥补劣势
4	较好把握机会	较好应对威胁	较好利用优势	较好弥补劣势
3	机会把握一般	应对威胁能力一般	利用优势一般	弥补劣势一般
2	机会把握较差	应对威胁能力较差	利用优势较差	弥补劣势较差
1	没有抓住机会	不能应对威胁	不能利用优势	不能弥补劣势

(5) 计算吸引力总分(total attractiveness scores, TAS)。吸引力总分表示各备选战略的相对吸引力。吸引力总分越高,战略的吸引力就越大。

吸引力总分是关键因素的权重与吸引力分数两者的乘积,即

$$TAS = 权重 \times AS$$

(6) 计算吸引力总分和。它是通过将 QSPM 中各个备选战略的 TAS 相加而得。分数越高,表明战略越具有吸引力。

现以某金属加工企业为例,来具体说明 QSPM 的应用,如表 11-6 所示。

表 11-6 某金属加工企业定量战略计划矩阵表

	关键因素	权重	市场开发 AS	市场开发 TAS	品牌战略 AS	品牌战略 TAS	战略联盟 AS	战略联盟 TAS	集中多元化 AS	集中多元化 TAS	差异化战略 AS	差异化战略 TAS
机会	政府营造中小企业发展的政策与市场环境	0.11	4	0.44	4	0.44	4	0.44	4	0.44	4	0.44
	"十四五"规划的实施	0.13	3	0.39	4.5	0.585	5	0.65	4	0.52	3.5	0.455
	中国经济稳中向好	0.12	3	0.36	4	0.48	4	0.48	3.5	0.42	4	0.48
	社会需求的刺激	0.11	4	0.44	4	0.44	3.5	0.385	3	0.33	4	0.44
	中小企业促进法的出台	0.08	2	0.16	3	0.24	4	0.32	3.5	0.28	3	0.24
威胁	钢材价格上涨	0.09	3	0.27	3	0.27	4	0.36	4	0.36	4	0.36
	企业迁移至周边城市,产业链受阻	0.07	4	0.28	3.5	0.245	4	0.28	3	0.21	4	0.28
	银行对贷款融资条件越来越高	0.13	3	0.39	3	0.39	5	0.65	3	0.39	3	0.39
	外部市场交易成本过高	0.07	3	0.21	3	0.21	4.5	0.315	3.5	0.245	4	0.28
	购买者议价能力不断增强	0.09	3	0.27	3	0.27	4	0.36	4	0.36	4	0.36
	总计	1.0										
优势	灵活的反应机制	0.1	5	0.5	4	0.4	4	0.4	4	0.4	3.5	0.35
	较强的资源整合能力	0.15	4	0.6	4	0.6	4	0.6	4	0.6	4	0.6
	准确地把握客户心理	0.08	4	0.32	4	0.32	3	0.24	3.5	0.28	4	0.32
	较好的盈利能力	0.11	4	0.44	3.5	0.385	3	0.33	4	0.44	3.5	0.385
	人才众多	0.09	4	0.36	4	0.36	3.5	0.315	4	0.36	3.5	0.315

续表

关键因素		权重	市场开发		品牌战略		战略联盟		集中多元化		差异化战略	
			AS	TAS	AS	TAS	AS	TAS	AS	TAS	AS	TAS
劣势	规模较小,融资困难	0.2	3	0.6	3	0.6	4	0.8	3.5	0.7	4	0.8
	研究开发经费投入不足	0.07	2	0.14	3.5	0.245	4	0.28	3.5	0.245	4	0.28
	内部管理制度不是很完善	0.07	2	0.14	4	0.28	3	0.21	4	0.28	3	0.21
	管理的提升只停留在口号阶段	0.06	3	0.18	3.5	0.21	3	0.18	3.5	0.21	4	0.24
	内部凝聚力不高	0.07	3	0.21	3	0.21	3.5	0.245	3	0.21	3.5	0.245
总计		1.0		6.7		7.18		7.84		7.28		7.47

按照建立定量战略计划矩阵的具体步骤,我们建立起了该金属加工企业的定量战略计划矩阵表。从中可以看到,各战略方案的优劣排序为战略联盟(7.84)、差异化战略(7.47)、集中多元化(7.28)、品牌战略(7.18)、市场开发(6.7)。这表明战略联盟与差异化战略、集中多元化、品牌战略、市场开发相比,具有最大的吸引力,应考虑选择该战略。

值得注意的是,由于 QSPM 是对备选方案进行对比评价,因此 AS 确定应该横向进行,即对某一因素在各个备选方案间进行比较。此外,并不是每一个在战略匹配阶段涉及的可行性战略都要在 QSPM 中得到评价,战略制定者应该凭借自身良好的直觉性判断选择进入 QSPM 的战略。

QSPM 涉及战略上的重要取舍问题,企业应该充分利用有限的资源来达到最大的输出效果,对长、短、利、害等要素进行综合的评价,同时可以评价多种战略或战略组合的数量,而且要求战略制定者在决策过程中将有关的外部因素和内部因素结合在一起考虑。在这里,由于外部因素和内部因素的总权重都为1,所以可以看作外部因素和内部因素同等重要,这是一种风险中性的反映。决策者可以根据风险偏好,通过调整权重的大小来调整内、外部因素的关系,如果企业倾向于进取型,可以将外部因素权重设计得高一些;相反,如果企业倾向于稳重型,可以将内部因素权重设计得高一些。

此外,QSPM 把战略决策者的主观判断定量化,使各方观点、判断都在一个平台上完好地呈现出来,更有助于决策团队达成共识。

然而,QSPM 总是要求作出直觉性判断和经验性假设,因为权重的设定和吸引力的分数往往要靠经验来判断。同时由于 QSPM 是建立在第一阶段、第二阶段的基础上的,所以 QSPM 的准确度往往要依据前两个阶段的准确度,这也限制了 QSPM 结果的精确性。

11.5.2 定量战略计划矩阵的优点与局限性

QSPM 是一个比较有用的工具,与其他战略管理技术一样,既有一定的优点,也存在着其使用的局限性。

QSPM 有以下几个优点。

(1) 可以方便地比较一组战略的相对价值，即相对可接受程度，从中选择出最优战略，并且可以同时评价的战略或战略组数量不受限制。

(2) QSPM 将关键外部因素和内部因素结合在一起考虑，可以避免关键因素不适当地被忽略或偏重，从而有利于提高评价的客观性和全面性。

(3) QSPM 有比较广泛的应用领域，既可以用于比较不同层次的战略，如公司层战略、业务层战略以及职能战略，又可以评价不同类型组织的战略。无论是大型组织还是小型组织，无论是企业组织还是事业组织，无论是营利性组织还是非营利性组织，都可以利用 QSPM 来选择最优战略。

QSPM 的局限性体现在以下三个方面。

(1) 权重和吸引力分数的确定困难。这些数值经常会因理解信息方面客观存在的分歧及观点不同而不同。

(2) QSPM 结果的科学性取决于它所基于的信息和匹配分析的质量，而这里的质量常常受人为因素的影响。

(3) 战略选择和分析一般来说属于一种复杂的非程序性决策，掺杂着大量非理性因素，如企业对外界的依赖程度、管理者的态度、企业过去的战略、企业文化与内部权力关系、竞争者的反应等。而在 QSPM 中偏重的是定量分析，考虑这些因素或问题不够。

11.5.3 战略选择中的非定量因素

1. 企业过去战略的影响

在开始进行战略选择时，首先要回顾企业过去所制定的战略，因为过去战略的效果对现行的战略选择有极大的影响。现在的战略决策者往往也是过去战略的缔造者，他们对过去战略投入大量的时间、资源和精力，会自然地倾向于选择与过去战略相似的战略或对其加以改进。这种选择与过去战略相似的战略或沿袭过去战略的倾向已渗透到企业组织之中。研究表明，在计划过程中，低层管理人员认为，战略的选择应与现行战略相一致，因为这种战略更易被人接受，推行起来阻力较小。

2. 企业对外界的依赖程度

在战略选择中，企业必然要面向供应商、顾客、政府、竞争者及其联盟者等外部环境因素，这些环境因素从外部制约着企业的战略选择。如果企业高度依赖其中一个或多个因素，其最终选择的战略方案就不能不迁就这些因素。企业对外界的依赖程度越大，其战略选择的范围和灵活性就越小。例如，有的企业银行贷款过大，即贷款占其流动资金很大部分，那么该企业在选择战略时，一般会受到该银行（主办银行）的限制或支持。

3. 管理者对待风险的态度

管理者对待风险的态度影响着战略选择的决策。某些企业管理者极不愿承担风险，而另一些管理者却乐于承担风险。不同的风险态度会导致不同的战略选择。

(1) 如果管理者认为，风险对于成功是必不可少的，并乐于承担风险的话，则企业通常采用进攻性战略,接受或寄希望于高风险的项目,在它们被迫对环境变化作出反应之前就已经作出了反应。这类管理者考虑较广泛的战略方案。

(2) 如果管理者认为风险是实际存在的,并敢承担某些风险的话,那么管理者就会试图在高风险战略和低风险战略之间寻求某种程度的平衡,以分散一定的风险。

(3) 如果管理者认为冒较高的风险将毁灭整个企业,需要降低或回避风险的话,则他们就考虑很少的战略方案,可能采取防御性的或稳定发展的战略,拒绝承担那些高风险的项目,乐于在稳定的产业环境中经营。

总之可以看出,管理者和股东对待风险的态度会增加或减少他们所考虑的战略方案的数目,并提高或降低采用某一特定战略方案的可能性。

4. 企业文化与内部权力关系

任何企业都存在一定的企业文化。企业文化与战略选择是一个动态平衡、相互作用的过程。企业在选择战略时,不可避免地要考虑企业文化的特点及其对企业的要求。企业未来战略的选择只有充分考虑到目前的企业文化和未来预期的企业文化相互包容和相互促进的情况,才能被成功地实施。另外,企业中总存在着一些正式组织和非正式组织。由于种种原因,某些组织成员会共同支持某些战略而反对另一些战略,这些成员的看法有时甚至能左右战略的选择。因此在现实企业中,战略选择不可避免地或多或少要打上各种势力影响的烙印。

5. 时间因素

时间因素主要从以下方面影响战略选择:①外部的时间制约对管理部门的战略决策影响很大。如果外部时间紧迫,管理部门就来不及进行充分的分析论证,往往不得已而选择防御性的战略。②作出战略决策必须掌握时机。实践表明,好的战略如果出台时机不当,同样难以收到好的效果。③战略选择所需的超前时间同管理部门考虑的前景时间是相关联的。企业着眼于长远的前景,战略选择的超前时间就长。

6. 竞争者的反应

在战略选择中必须分析和预计竞争对手对本企业不同战略方案的反应。例如,企业采用增长型战略的话,主要竞争者会做出什么反击行为,从而对本企业打算采用的战略有什么影响。因此,企业必须对竞争对手的反击能力作出恰当的估计。

在寡头垄断型的市场结构中,或者市场上存在一个极为强大的竞争者时,竞争者的反应对战略选择的影响更为重要。例如,IBM 公司的竞争行为会强烈地影响计算机行业的所有公司的战略抉择;而美国各汽车巨头也都必须紧盯着其他汽车巨头的竞争反应以确定自己的战略。

11.5.4 战略选择陷阱

在企业战略的选择过程中,必须注意防止由于指导思想不对、分析不周及缺乏创意等而造成最终战略实施上的严重失误。经验表明,以下几种现象是一些企业非常容易犯的战略选择错误，必须注意加以避免。

1. 盲目跟随

片面仿效行业中领先企业的做法，而忽视了行业中同类产品市场可能已趋于饱和、很难再打入的现实情况。我国市场上曾经出现的一阵风搞彩电、一阵风上空调，结果造成生产能力过剩、产品积压，就是这种盲目跟随战略的典型例子。此外，盲目跟随战略的另一种表现形式是在社会上风行企业兼并、收购、联合时，不顾企业自身实力与对方企业的具体情况，甚至不惜购进衰退行业中的弱小企业，这必然会使企业未来发展背上沉重的包袱。

2. 墨守成规

由于开发了一个新产品，并取得了巨大的成功，就期待再次交好运，倾向于按照同样的思路去开发出另一个成功的新产品，结果往往是第二次开发出来的新产品不再能给企业带来较高的利润。类似地，已被过去经验证明是成功的战略，如果不加以创新，在开拓新业务时，采取墨守成规的做法，希望能够再次取得成功，则结果往往是令人失望的。

3. 军备竞赛

为了提高企业的市场占有率，而置可能引发的价格战于不顾，针锋相对地与另一家企业展开白热化的市场争夺战。这样做或许能够为企业带来销售收入的增长，但却可能由于广告、促销、研究开发、制造成本等方面费用的更大增长而使得企业的盈利水平下降，结果两败俱伤、得不偿失。

4. 多方出击

企业在面临许多有发展前途的机会时，往往会自觉或不自觉地希望抓住所有的机会，以实现广种薄收的目的，而结果常常会由于企业内部时间、精力、资金等方面的制约，实际上很难兼顾所有项目的发展需要，最终必然是蜻蜓点水、面面俱到，尽管在许多市场上建立了弱小地位，但却没有一个市场的地位是强大稳固的。

5. 孤注一掷

当企业在某一战略上投入大量的资金后，企业高层管理者往往难以接受战略不成功的现实，总希望出现奇迹，所以在战略决策上就倾向于认为既然已经投入了这么多的资金，就绝不能随便放弃、半途而废，而应该再投入一些力量以争取成功，结果在最后失败时浪费了更多的资源。

6. 本末倒置

在市场开拓与产品促销上投入大量的资金，而不在解决产品质量及性能问题上下功夫；将研究开发精力放在企业力量单薄的产品上，而不是放在企业有实力的产品上；将降低现有产品成本摆在中心工作地位上，而忽视了怎样抓住机会，以便在选定的市场当中建立较强的竞争地位。

7. 克服缺点

许多面临困境的企业往往倾向于将更多的精力用于改正缺点,而不是想方设法利用自己的优点来获益。事实上,每个企业任何时候都会有缺点存在,同样也有优点存在。而对一个企业来说,由于受资源条件所限,通常很难做到既能从优点中获益,又能对缺点有所改正。考虑到改正缺点至多是起到减少失误的作用,而利用优点则有可能从中受益,所以对于企业来说,比较积极的态度应该是努力抓住机会,以免企业在不断解决沉积问题中丧失各种发展机会。

11.6 战略方案设计

战略方案设计作为战略选择的一个重要组成部分,在整个战略管理中具有举足轻重的作用。例如,一个总体发展战略方案通常由以下要素构成:战略背景、战略思想、战略目标、战略阶段、战略重点、战略策略及结论,而总体战略方案设计就是对上述要素的具体谋划和明确规定。

11.6.1 战略背景

战略背景是战略方案设计的基本要素之一。它主要考察、分析企业所处的环境条件,所以也称为外部战略环境分析和内部战略条件分析。外部战略环境分析通常按三个层次展开,即宏观环境分析、产业环境分析和竞争对手分析;内部战略条件分析主要涉及资源、文化、组织等各个部分及其职能领域要素的分析。有关这方面的内容在本书前几章中已有详述,这里需要强调的是战略背景分析对一个完整的总体战略方案是不可或缺的。

战略背景分析之所以重要,是因为通过战略技术分析(如 PESTLN 分析法、SWOT 矩阵分析法、BCG 矩阵分析法等)的运用,不仅可以知彼知己,而且可以了解过去,立足现在,展望未来,从而使战略方案的设计更科学、更全面、更前瞻。

11.6.2 战略思想

战略思想是总体战略方案设计的指导思想或哲学基础。它通常是以价值观为核心的若干思想观念的组合,如市场观念、竞争观念、服务观念、创新观念、信息观念、信用观念、开放观念、效益观念。

战略思想是战略思维的结果。其认识过程是:以正确的战略理论为指导,科学地分析战略背景并对它作出理性的认识和判断,然后从各种认识中通过逻辑推理形成战略思想。有了正确的战略思想之后,在战略方案设计中就可以比较完整地阐述企业使命或宗旨。

企业在设计战略方案时,必须明确战略思想,并用最简练的语言描述企业使命及其事业领域的设想,进行战略定位。

11.6.3 战略目标

战略目标是企业使命(思想和宗旨)的具体转化,是企业根据实际情况在一定时期内理性的预期。在战略方案设计中,可以把战略目标设计为总目标和具体目标、长期目标和短期目标。一般来说,总目标和长期目标相一致,具体目标和短期目标相吻合。

企业在设计总体战略方案时,对战略目标既要进行定性确定(如树立良好企业形象、提高企业知名度等),又要进行定量确定(如市场占有率、利润增长率等)。

11.6.4 战略阶段

战略阶段又称战略步骤,它是企业为实现战略目标而做的阶段划分。为完成企业使命所确立的战略目标通常是一种长期目标和短期目标的结合。对战略进行阶段性划分,就是要求企业着眼未来、着手现在,既要有远大的抱负,又要有踏实的步骤;既要明确各阶段在战略过程中的地位、作用,又要明确不同阶段战略的中心任务,并通过各阶段短期战略目标的不断实现来实现企业长期战略总目标。

为使设计的战略方案可行、可信、可操作,在设定战略阶段的过程中,必须给出比较明确的时间表和目标要求,同时要根据企业资源、文化、组织的实际情况,科学地阐述战略阶段之间过渡的条件、方式及具体量化的数字。在描述战略阶段时,必须突出重点、顾及一般,使整个战略蓝图通过各战略阶段能够很清楚地展现在人们面前。

11.6.5 战略重点

战略重点是企业实现战略目标需要重点考虑和解决的关键问题。这些问题事关重大,涉及企业优势发挥和机会把握以及克服劣势与挑战威胁的各个方面。但是在实际战略方案选择中,不可能把所有的问题都罗列出来当作战略重点,多重点等于无重点。因此,必须通过科学的分析,找出那些事关战略目标能否实现或能否顺利实现的关键问题。

在确立战略重点时,还必须通过划分战略阶段来确定不同阶段的战略重点,同时要正确处理和协调各阶段战略重点的转移,以及战略重点和非战略重点之间的关系。一般来说,战略重点一经确立,企业往往会集中优势资源,进行重点突破,这就需要有协作精神和牺牲精神。

战略方案设计必须有战略重点,否则整体战略就没有突破口,实现战略目标就会变得非常遥远。

11.6.6 战略策略

战略策略通常是指企业为实现战略目标而采取的对策、措施或手段,也可以更宽泛地定义为企业为实现战略目标而制定的方针、政策。在战略方案设计中,往往把方针、政策的制定放在战略的指导思想中与经营哲学和宗旨一起论述,而把对策、措施或手段作为战略策略的主要内容。也有研究者认为,战略策略就是职能战略。因此,有些战略方案,除了有总战略方案外,还有分战略方案。但是,不管怎样理解战略策略,在提出战略策略时,必须努力做到目的明确、适应变化、瞻前顾后、新颖独到、逻辑严密、切实可行;必须能提出新思路、新举措,能发现和解决新问题。

11.6.7 结论

结论是战略方案设计的概括总结。它通常要求把战略方案的设计思路和主要内容凸显出来,说明方案的优势和机会,以便决策者进行不同战略方案的比较选择。现在我国不少企业已做 A、B 两套战略方案,以后可能还会有更多的战略方案可供选择。因此,结论显得格外重要,它可以增加人们对方案本身的认识程度。结论在战略方案设计中虽然不是主要因素,但至少应该是重要因素。

以上所述的总体战略方案设计要素,基本可以概括战略方案设计的主要内容,可供读者在实践中参考,但这并不要求读者都按这种程式化的东西去具体操作。

本 章 小 结

1. 给出了一个规范战略的形成框架图:环境分析(环境分析阶段)—备选战略方案的提出(匹配阶段)—战略方案的评价(评价阶段)—最终方案确定(战略方案确定阶段)四个阶段。
2. 分析了战略制定的框架、程序。
3. 阐述了战略制定与选择的方法、标准与思想。
4. 介绍了战略方案设计需考虑的七个要素。
5. 给出了战略制定与选择的几种方法以及一种在战略决策时可选用的方法。

思 考 题

1. 战略评价与选择应遵循什么标准?
2. 在战略选择中为何必须把直觉与理性分析结合起来?
3. 简述战略制定的工作程序的主要内容。
4. 选择一个你熟悉的企业,描述它在战略制定与选择时使用的方法或工具。
5. 简述构建 QSPM 一般需要经历的步骤。

第 4 篇

战略实施、控制与变革

第 12 章

战 略 实 施

1. 了解企业战略实施的含义、基本原则、划分阶段、实施模式和管理任务；
2. 领会实施战略管理的必要性；
3. 了解企业战略资源的内容与特点、战略与资源的关系；
4. 掌握 EBV 法；
5. 重点掌握麦肯锡 7S 模型。

战略家的绝大多数时间不应该花费在制定战略上，而应花费在实施既定战略上。

——亨利·明茨博格

如果不能得到很好的实施，再好的战略也注定要失败。

——伯纳德·赖曼

一个合适的战略如果没有有效地实施，会导致整个战略失败。

——托马斯·波奈玛

领导并不是一项只注重高瞻远瞩的工作，也不能只是一味地与投资者和立法者们闲谈——虽然这也是他们工作的一部分。领导者必须切身地融入企业运营当中。要学会执行，领导者们必须对一个企业、它的员工和生存环境有着全面综合的了解，而且这种了解是不能为任何人所代劳的。

——拉里·波斯底

郑州银行："五四战略"引领特色化发展

尺有所短，寸有所长。随着我国银行业发展面临的内外部环境越发复杂多变，坚持差异化、特色化，集中力量办大事，被普遍认为是中小银行发展的必经之路。

"在改革中突围、在创新中蜕变是郑州银行高质量发展的必然选择。"郑州银行行长赵飞在发布的 2022 年业绩报中说道。近年来，郑州银行不断探寻特色化发展路径，扎根本地，主动对传统业务进行全面重塑，以"五四战略"为抓手，推动对公、零售业务齐头并进。

坚持差异化路径，对公、零售齐头并进。数据显示，截至 2022 年末，郑州银行资产总额为5 915.14亿元；吸收存款本金总额为3 377.08亿元；发放贷款及垫款本金总额为3 309.21亿元，较2021年末增长14.49%；2022年内，实现营业收入151.01亿元，拨备前利润114.67亿元，净利润26.00亿元，净利息收益率2.27%。

一系列稳健增长的数据背后，离不开郑州银行的差异化、特色化发展路径。自2021年起，郑州银行便提出了对公"五朵云"（云物流、云交易、云融资、云商、云服务）联动和零售"四新金融"（科创金融、小微企业园金融、乡村金融及市民金融）的"五四战略"。2022年，郑州银行更把"五四战略"视为高质量发展的重要着力点。

2005年，郑州银行率先发行全国物流联名卡后，便开启了该行在商贸物流领域的深耕与探索。在多年实践中，郑州银行已经形成了以"五朵云"为抓手的商贸物流特色化发展之路。其中，云商、云融资通过模块化产品组合，建设产业链"内部银行"生态，搭建不同层次产业数字化生态圈体系，为客户提供定制服务；云物流重点创新基于清分结算及大数据的线上、场景类业务，针对零担、网络货运、园区枢纽等各类型物流企业，提供特色解决方案；云交易、云服务围绕产业链上下游交易场景，通过各种电子渠道，为客户"量身定制"财资管理解决方案。

2022年，云交易企业网银累计签约客户约5.9万户，业务量笔数515万笔，交易金额1.54万亿元，全方位满足客户的资金管理需求；云融资为近千户上下游客户提供融资余额215亿元，高效满足核心企业上下游客户快捷融资需求；云商2.0系统完成升级，累计支持核心企业上游超2 100户，融资余额超78亿元；云物流D+0货款代付产品实现代付268万笔，金额近38亿元；云服务场景金融累计落地项目超过330个。

在"五朵云"的合力下，郑州银行对公业务规模稳健增长。截至2022年末，该行公司贷款总额2 327.62亿元，较2021年末增加329.78亿元，增幅16.51%。

如果说对公业务是银行经营的顶梁柱，那么零售业务就是银行发展的压舱石。在形成成熟的对公业务优势后，郑州银行继续发力零售银行端，创新推动"四新金融"。

在科创金融领域，2022年4月，郑州银行被确立为河南省政策性科创金融运营主体，建设"六专"机制、创新服务模式，聚焦创新主体融资需求，推出人才贷、研发贷、知识产权质押贷等10个专属产品，支持科创类贷款2 640户、余额241亿元，为建设国家创新高地贡献郑银力量。在小微企业园金融领域，郑州银行推进"伙伴工程"计划，全省272家重点建设小微企业园全部触达，入园企业贷款余额新增88亿元。在乡村金融领域，郑州银行持续助力美丽乡村建设，涉农贷款余额808.71亿元，服务乡村居民和个体工商户超10万户。在市民金融领域，郑州银行紧盯民生根本，发行第三代社保卡27万张，推出新市民金融服务"12条举措"，打通市民服务"最后一公里"。

随着零售战略稳步推进，郑州银行零售贷款与存款均实现良好增速。截至2022年末，该行零售贷款总额813.16亿元，较2021年末增幅6.80%，零售存款总额1 410.63亿元，较2021年末增加15.93%。

深耕本土守初心，持续让利实体企业。2022年，推动银行机构继续落实好向实体经济合理让利是监管部门的重点工作之一。作为一家城商行，守土有责，坚持深耕本土策略，是发展的初心本源。郑州银行作为扎根河南地区的地方法人银行，始终坚持"商贸物流银行、中小企业金融服务专家、精品市民银行"三大特色业务定位。

为了积极助力稳住经济大盘,2022年,郑州银行以实际行动稳经济、促增长、保就业、践行服务地方、服务实体使命,全力支持企业纾困解难、复工复产,加大对中小企业帮扶力度;全力支持"保交楼"专项行动,完成项目审批64亿元,与7家房地产企业签订战略合作协议,促进金融支持房地产市场平稳健康发展政策落地;实施"引资入豫"专项行动,发行各类债务融资工具26只合计金额154.54亿元;作为河南省政策性科创金融业务运营主体,在机构设置、机制建设、产品体系等方面不断开拓创新,持续加大对全省科技创新型企业金融支持力度;为小微企业、个体工商户办理延期还本付息4 500笔贷款余额32亿元;对接全省"三个一批"、重点项目、灾后重建85个贷款余额较2021年末增长24亿元;全面深入开展"万人助万企""行长进万企"专项活动,调研企业1 100余家,新增贷款余额304亿元,精准落实惠企政策。

同时,自2011年便确定了打造数字化银行的郑州银行,在2022年坚定选择拥抱数字经济,紧抓"数字中国"国家战略机遇,充分运用金融科技,全面深入推进数字化转型,为实体经济提供更加优质、便捷、高效的金融服务。其中,郑州银行加强科技和业务的融合,加快创新产出,构建"敏态创新+稳态创新"的双轮驱动创新模式;加强外部合作,借助大数据、人工智能等金融科学技术,稳步提升风险管控能力和综合金融服务能力,将创新深植于发展战略、业务流程、产品服务等方方面面。

明者因时而变,知者随事而制。2023年,郑州银行仍将围绕"高质量发展的价值领先银行"战略愿景,扎实推进业务结构调整。深入实施数字化转型和轻资本转型,强化科技与业务融合,围绕"五四战略"、数字化转型、重点行业、客群建设、风险防控、管理提升等关键领域开展研究,激发创新新动能。

资料来源:佚名.郑州银行:"五四战略"引领特色化发展[N].中国经营报,2023-04-10.

12.1　企业战略实施概述

企业在制定并选择了战略以后,就进入战略实施阶段。从某种程度上来讲,战略实施比战略制定更困难,也更重要。这是因为:如果精心选择了战略而不能很好地实施,那么为制定战略所进行的前期投入就失去了价值。同时,现实的经济活动中有许多企业虽然制定了很好的战略,但由于实施不力而遭到失败。这样不仅浪费了有限的经济资源,而且丧失了战略机遇,使前期的战略管理工作成果无法巩固和落实,还可能使企业从此一蹶不振。因此,为了保证企业战略管理的成功,我们必须充分认识到战略实施的重要性。

12.1.1　企业战略实施的含义

企业战略实施是在企业组织框架内,有机协调和优化组织内外资源,发挥协同效应,从而更有效地贯彻企业的战略意图,最终达成组织战略目标。战略实施是为实现企业战略目标而对战略规划的执行。企业在明晰了自己的战略目标后,就必须专注于如何将其落实转化为实际的行为并确保实现。成功的战略制定并不能保证成功的战略实施,实际上战略实施要比战略制定面临的不确定性和困难更多。

在战略实施的过程中,为了确保企业总体战略和经营领域战略的实现,企业要制定和实施与总体战略目标相一致的市场营销、生产、人力资源、财务、研究与开发等职能战略,并根据企业战略的要求,选择与之相适应的组织结构、领导者(战略管理者)和企业文化。

战略实施主要涉及以下一些问题:如何在企业内部各部门和各层次间分配及使用现有的资源;为了实现企业目标,还需要获得哪些外部资源以及如何使用;为了实现既定的战略目标,需要对组织结构做哪些调整;如何处理可能出现的利益再分配与企业文化的适应问题,如何进行企业文化管理,以保证企业战略的成功实施等。

企业战略管理的实践表明,战略制定固然重要,但战略实施更加重要:一方面,一个良好的战略仅是战略成功的前提,有效的企业战略实施才是企业战略目标顺利实现的保证。另一方面,即使企业没有完善地制定出合适的战略,但是在战略实施中,能够克服原有战略的不足之处,那也有可能最终实现战略的完善与成功。当然,如果对于一个不完善的战略选择,在实施中不能将其扭转到正确的轨道上,就只有失败的结果。

尽管战略实施与战略制定之间有着密切和复杂的联系,但这两者间又有着根本性的区别,如表 12-1 所示。

表 12-1　战略制定与战略实施的区别

战 略 制 定	战 略 实 施
行动之前配置资源	行动中配置资源
注重效能	注重效率
思维过程	行动过程
直觉与分析技能	激励和领导技能
对几个人进行协调	对众多人进行协调

上述差异决定了战略制定与战略实施对企业组织存在不同的要求。

(1) 涉及的范围不同。战略制定阶段的参与人员一般都非常有限。当然在战略制定过程中,战略决策小组会大量咨询外部技术专家、政府官员以及相关人士,也可能会进行大规模的市场调研,并会听取内部关键成员的意见,但最终决策还是在有限几个人当中完成。而战略的实施则是一个全员性的概念。企业经营管理工作是一个完整的系统——研发、生产、物流管理、销售、市场营销、人力资源管理、资本结构优化——各个层次、各个环节之间的工作是紧密相连、相互影响的,也许一个小小的问题就可以导致企业整盘战略的失败。所以,战略的实施需要全体人员的支持与配合,当然首先需要全员对战略有一个较为正确与深刻的理解。

(2) 对人的要求不同。在战略的制定阶段,需要的是分析能力与良好的直觉,注重的是一种概念技能。而战略的实施则需要脚踏实地,需要一种迅速有效地采取行动的能力。如果战略制定是运筹帷幄、决胜千里,那么就需要一批攻城略地、攻无不克、战无不胜的将才来实施这些战略设想。因此,在这两个不同的阶段,对领导人素质、个性和能力方面的要求是截然不同的。选择合适的人来担任战略的制定与实施的指挥工作是战略管理得以成功的关键。

（3）所需的文化氛围不同。由于战略制定与实施这两个阶段的工作性质不同，它们所需要的环境氛围也不尽相同。在战略的制定过程中，创造力是至关重要的，这就需要一种灵活、创新的团队氛围，需要"高瞻远瞩"。而战略实施追求的是效率，强调执行力，此时更多的是注重"埋头拉车"。

在战略管理中，战略实施是最为关键的环节，只有正确地实施战略，战略管理才能最终取得其应有的价值。当战略制定的工具、方法、概念得到基本普及后，战略执行力的问题越来越受到企业界的关注。

12.1.2 企业战略实施的基本原则

战略实施是把细化了的战略付诸行动的过程。它既是资源的配置过程，又是权力和责任发生转移的过程。在这一过程中，权力和责任开始从战略制定者向战略管理中心转移。同时，战略评价系统开始发挥作用。因此，在战略实施阶段，各种矛盾和冲突都可能发生，特别是当战略决策与中低层管理者的意愿相左时尤为如此。为了保证战略的顺利实施，必须遵循以下原则。

1. 适度合理性

在经营目标和企业经营战略的制定过程中，由于受到资讯、决策时间以及认识能力等因素的限制，对未来的预测不可能很准确，所制定的企业经营战略也可能不是最优的，而且在战略实施的过程中由于企业外部环境及内部条件的变化较大，情况比较复杂，因此只要在主要的战略目标上基本达到了战略预定的目标，就应当认为这一战略的制定及实施是成功的。在客观生活中不可能完全按照原来制订的战略计划行事，因此，战略的实施过程不是一个简单机械的执行过程，而是需要执行人员大胆创造、大量革新，因为新战略本身就是对旧战略以及与旧战略相关的文化、价值观念的否定，没有创新精神，新战略就得不到贯彻实施。因此，战略实施过程也可以是对战略的创造过程。在战略实施中，战略的某些内容或特征有可能改变，但只要不妨碍总体目标及战略的实现，就是合理的。

另外，企业的经营目标和战略总是要通过一定的组织机构分工实施的，也就是要把庞大而复杂的总体战略分解为具体、比较简单、能予以管理和控制的问题，由企业内部各部门以至部门各基层组织分工去贯彻和实施。组织机构是适应企业经营战略的需要而建立的，但一个组织机构一旦建立就不可避免地要形成自己所关注的问题——本位利益，这种本位利益在各组织之间以及和企业整体利益之间会发生一些矛盾和冲突。为此，企业的高层管理者要对这些矛盾和冲突进行协调、折中、妥协，以寻求各方面都能接受的解决办法，而不可能离开客观条件去寻求所谓"绝对的合理性"。只要不损害总体目标和战略的实现，还是可以容忍的，即在战略实施中要遵循适度合理性的原则。

2. 统一领导、统一指挥

对企业经营战略了解最深刻的应当是企业的高层管理人员。一般来讲，他们要比企业中下层管理人员以及一般员工掌握的资讯多，对企业战略的各个方面的要求以及相互联系的关系了解得更全面,对战略意图体会更深。因此,战略的实施应当在高层管理人员的统一领导、统一指挥下进行。只有这样,其资源的分配、组织机构的调整、企业文化的建设、资讯的沟通及控制、激励制度的建立等各方面才能相互协调、平衡,才能使企业为实现战略目标而卓有成效地运行。

同时,要遵循统一指挥原则,要求企业的每个部门只能接受一个上级的命令,但在战略实施中所发生的问题,能在小范围、低层次解决,就不要放到更大范围、更高层次去解决,这样做,付出代价最小。因为越是在高层次的环节上去解决问题,所涉及的面就越大,交叉的关系也就越复杂,当然其代价也就越大。

统一指挥的原则看似简单,但在实际工作中,由于企业缺少自我控制和自我调节机制,或这种机制不健全,因而经常背离这一原则。

3. 权变

企业经营战略的制定是基于一定的环境条件的假设。在战略实施中,事情的发展与原来的假设有所偏离是不可避免的,战略实施过程本身就是解决问题的过程,但如果企业内外环境发生重大变化,以至于原定战略的实现不具有可行性,显然这时需要对原定战略进行重大调整,这就是战略实施的权变问题。其关键就在于如何掌握环境变化的程度,如果当环境发生并不重要的变化时就修改了原定的战略,容易造成人心浮动,带来消极后果,最终只会导致一事无成。但如果环境确实已经发生了很大变化,仍然坚持实施既定的战略,将最终导致企业破产。因此,关键在于如何衡量企业环境的变化。

权变的观念应当贯穿战略实施的全过程,从战略的制定到战略的实施,权变的观念要求识别战略实施中的关键变数,并对它作出灵敏度分析。当这些关键变数的变化超过一定范围时,对原定的战略就应当调整,并准备相应的替代方案,即企业应该对可能发生的变化及其对企业造成的后果以及应变替代方案,都有足够的了解和充分的准备,以使企业有充分的应变能力。当然,在实际工作中,对关键变数的识别和启动机制的运行都是很不容易的。

12.1.3 企业战略实施的阶段划分

企业战略实施是一个自上而下的动态管理过程。企业战略目标在公司高层达成一致后,再向中下层传达,并在各项工作中得以分解、落实。在战略实施过程中,常常需要在"分析—决策—执行—反馈"的不断循环中实现战略目标。

企业战略在尚未实施之前,只是纸面上或人们头脑中的东西,而企业战略的实施是战略管理过程的行动阶段。因此,它比战略的制定更加重要。战略实施的过程可以划分为四个相互联系的阶段。

1. 战略发动

在这一阶段,企业的领导人要研究如何将企业战略的理想转变为企业大多数员工的实际行动,调动起大多数员工实施新战略的积极性和主动性,这就要求对企业管理人员和员工进行培训,向他们灌输新思想、新观念,消除一些不利于战略实施的旧观念和旧思想,以使大多数人逐步接受一种新的战略。对于一种新的战略,在开始实施时相当多的人会产生各种疑虑,而一种新战略往往要将人们引入一个全新的境界,如果员工对新战略没有充分的认识和理解,它就不会得到大多数员工的充分拥护和支持。因此,战略的实施是一个发动广大员工的过程,要向广大员工讲清楚企业内外环境的变化给企业带来的机遇和挑战、旧战略存在的各种弊端、新战略的优点以及可能存在的风险等,使大多数员工能够认清形势,认识到实施战略的必要性和迫切性,树立信心,打消疑虑,为实施新战略、实现战略目标而努力奋斗。在发动员工的过程中要努力争取战略的关键执行人员的理解和支持,企业的领导人要考虑机构和人员的调整问题,以扫清战略实施的障碍。

2. 战略计划

将企业战略分解为几个战略实施阶段,每个战略实施阶段都有分阶段的目标,相应地有每个阶段的政策措施、部门策略以及相应的方针等。要定出分阶段目标的时间表,要对各分阶段目标进行统筹规划、全面安排,并注意各个阶段之间的衔接。对于远期阶段的目标方针可以概括一些,但是对于近期阶段的目标方针则应该尽量详细一些。对战略实施的第一阶段更应该使新战略与旧战略有很好的衔接,以减少阻力和摩擦,其第一阶段的分目标及计划应该更加具体化和可操作化,应该制订年度目标、部门策略、方针与沟通等措施,使战略最大限度地具体化,变成企业各个部门可以具体操作的业务。

3. 战略运作

企业战略的实施运作主要与六个因素有关:各级领导人员的素质和价值观念;企业的组织机构;企业文化;资源结构与分配;信息沟通;控制及激励制度。通过这六个因素使战略真正进入企业的日常生产经营活动中去,成为制度化的工作内容。

4. 战略控制与评估

战略是在变化的环境中实践的,企业只有加强对战略执行过程的控制与评价,才能适应环境的变化,完成战略任务。这一阶段主要是建立控制系统、监控绩效和评估偏差、控制及纠正偏差三个方面。

12.1.4 企业战略实施的模式

1984年,布儒瓦(Bourgeois)和博德温(Brodwin)在《战略管理》杂志上发表论文,对战略实施中的领导风格进行了研究,总结出五种基本战略实施模式。

1. 指挥型

在指挥型模式中,企业管理人员运用严密的逻辑分析方法重点考虑战略的制定问题。

高层管理人员或者自己制定战略,或者指示战略计划人员去决定企业所要采取的战略行动。当企业管理人员采用指挥型模式时,一般都采用占有率增长矩阵和行业与竞争分析作为分析手段。一旦企业制定出满意的战略,高层管理人员便让下层管理人员去执行战略,而自己并不介入战略实施的过程。

这种模式适用于企业高层管理者拥有比较高的权威的企业、在成熟行业里的小企业、战略变化不大的企业。但其缺点是把战略制定者与执行者分开，即高层管理者制定战略，强制下层管理者执行战略，这不利于调动下属的积极性。下属会因此感到自己在战略制定上没有发言权，处于一种被动执行的状态。因此，可能出现下层管理者缺乏执行战略的动力和创造精神，甚至拒绝执行战略的情况。

2. 变革型

变革型模式十分重视运用组织结构、激励手段和控制系统来促进战略的实施。在变革型模式中，企业高层的管理人员重点研究如何在企业内实施战略，为了有效地实施战略而设计适当的行政管理系统。为此，高层管理人员本人或在其他各方面的帮助下，进行一系列的变革，如建立新的组织结构、新的信息系统，兼并或合并经营范围，以增加战略成功的机会。变革型模式多是从企业行为的角度出发考虑战略的实施问题，可以实施较为困难的战略。

但是，这种模式并没有解决指挥型模式存在的问题，而且产生了新问题，即由于建立新的组织及控制系统而减少了战略的灵活性，如果企业环境变化过快，企业来不及改变内部的状况，就会使企业为实施战略进行的各种变革跟不上环境的快速变化，这种模式便发挥不出作用。同时，这种模式也是自上而下地实施战略，因此也不利于调动下属的积极性。因此，该模式只能适用于稳定行业的中小型企业。

3. 合作型

在这种模式中，企业高层领导者重视如何使高层管理人员从战略实施一开始就承担起自己的责任。为此，负责制定战略的高层管理人员启发其他管理人员运用头脑风暴法去考虑战略制定与实施的问题。管理人员仍可以充分发表自己的意见，提出各种不同的方案。这时，高层管理人员的角色是一个协调员，确保其他管理人员所提出的所有好的想法都能够得到充分的讨论和调查研究。

合作型模式可以克服指挥型和变革型两种模式的不足。这是因为高层管理人员在决策时，充分利用集体智慧，可以直接听取来自基层管理人员的意见，并将他们的意见加以综合分析，保证了决策时所使用信息的准确性。在此基础上，企业可以提高战略实施的有效性。

这种模式的局限性在于：首先，由多数人参与讨论决定的战略实施方案，可能会形成一个折中的方案，使方案缺乏创造性；其次，在战略实施方案讨论过程中，可能会由于某些职能部门善于陈述自己的意见，而导致战略实施方案带有一定的倾向性；再次，战略实施方案的讨论时间过长可能会使企业错失战略机会，不能针对迅速变化的环境采取战略行动；最后，这种模式仍是由较高层的管理人员保持着集中式的控制，并不是真正的集体决策，仍没有解决充分发挥基层的积极性与创造性的问题。

4. 文化型

这种模式扩大了合作型模式合作的范围，将企业基层的员工也包括进来，企业领导者考虑如何使整个企业的员工都保证战略的实施。在这种模式里，企业领导者要运用企业文化手段，通过培训、宣传等影响员工行为的方式，在员工中树立起相应的战略观念，建立起相应的价值观念和行为准则，使所有员工在共同的文化基础上从事战略实施活动。在这里，高层管理人员的角色就是指引总的方向，而在战略执行上则放手让每个人作出自己的决策。这是一种打破战略制定者与执行者界限的模式，每个员工都在一定程度上参与战略的制定与实施。

这种模式的局限性在于：它要求企业的员工受过良好的教育，有较高的综合素质，否则很难使企业战略获得成功。同时，企业文化一旦形成自己的浓郁特色，一般很难接受外界的新生事物，战略的灵活性降低。

5. 增长型

在这种模式中，为了使企业获得更好的增长，企业高层管理人员鼓励中下层管理人员制定与实施自己的战略。这种模式与其他模式的区别之处在于它不是自上而下地灌输企业战略，而是自下而上地提出战略，企业的各个经营单位都拥有较大的战略决定权。这种战略集中了来自实践第一线的管理人员的经验与智慧，而高层管理人员只是在这些战略中作出自己的判断，并不将自己的意见强加在下属的身上。

这种模式的优点是给中下层管理人员一定的自主权，鼓励他们制定有效的战略并使他们有机会按照自己的计划实施战略，因此更能发挥他们实施战略的积极性和创造性。同时，由于中下层管理人员和员工更直接面对战略机会，可以及时地把握时机，自行调解并顺利执行战略，因此，这种模式适合变化较大的行业中的大型企业。

这五种战略实施模式的发展与管理的实践是分不开的。在企业界认为管理需要拥有绝对权威的情况下，指挥型模式是必要的。当为了有效地实施战略，需要调整企业的组织结构时，在战略实施中就出现了变革型模式。合作型、文化型和增长型三种模式出现较晚。从这三种模式的思路中可以看出，战略实施与战略最初制定时一样，充满了各种问题。在实施的过程中，企业管理人员需调动各种积极因素，才能使战略获得成功。

12.1.5　企业战略实施的管理任务

战略实施是一个动态的复杂过程，实施过程中受到各种不确定性因素的影响。随着战略实施的推进，必须采取有效的措施确保战略实施到位，从而保证企业战略的成功。无论企业所处的环境如何，以下几个方面是企业在战略实施中必须面对和做好的管理任务。

1. 训练战略领导

尽管企业战略推行主要由 CEO 等企业高层管理者来承担，但战略的成功推行不能离开中层管理者和基层管理者的支持，企业中全体管理人员的领导能力都将影响战略实施的成败。所以说，战略实施的成败主要取决于领导执行过程的好与坏。不同风格类型的领导在推进战略执行过程中的表现也不相同，有的表现为活跃、主张变革的角色，有的表现为沉稳、主张稳定的角色，有的主张集权决策或民主集中制决策，有的主张更大程度的授权。

由于不同管理人员之间存在差异，很可能产生管理思路、方式及风格的不一致，最后影响战略的顺利推行。因此，训练推进战略实施所需要的战略领导，成为实施战略的首要管理任务。

2. 构建具有竞争力的组织

有效的战略实施依赖于具有工作胜任力的员工、资源获取的能力和有效的组织竞争力。构建一个有竞争力的组织要特别关注以下三个方面的组织建设活动：一是确认组织所需的技能和管理才能、核心能力和技术专长、竞争能力和资源优势；二是重组支持成功战略实施的组织业务流程、价值链活动和决策风格；三是为组织中关键岗位选配合适的人才，以保证战略的有力推行。

3. 为关键战略活动合理配置资源

（1）人力资源的分配。为关键战略活动配置人力资源，首先要根据关键战略活动需要确定人力资源计划和人才需求特征；其次是吸引、招聘和选拔符合需要的独特人才；再次是为新进来的员工提供培训和潜力开发，让他们为完成将要承担的工作做好准备；最后是为战略性人力资源提供富有竞争力的报酬，加强对人才的工作绩效管理，营造一种积极的工作氛围，构建和谐的员工关系。

（2）独特技能和能力的分配。在组织建设中，一方面要去获取和配备具有特殊才能、技能和技术专长，并能为企业构筑基于独特价值链的竞争优势的人员队伍；另一方面要建立有竞争力的组织，构筑竞争对手不可模仿或难以模仿的竞争优势基础。要实现后一个目标，就应该根据组织的价值链分析，寻求构筑独特价值链的关键战略环节，然后给这样的环节配置对手无法匹配的技能和才能、核心能力和专有技术。

（3）培育和强化核心能力。企业竞争优势是以独特资源和能力为基础的，要培育持续竞争优势就要把独特的资源和能力配置到能构筑核心能力的要素中去。因此，企业就应该根据外部竞争环境的变化调整其知识资源、智力技能、合作网络的配置，动态地将更多的才智和资源集中在核心业务上。

4. 建设支持战略的政策

建设支持战略的政策，首先要优化内部制度。战略管理者应该考虑制定什么样的制度规章才能使组织中成员的努力与报酬呈正相关关系，使之追求个人预期利益最大化的行为结果与给定的组织目标相一致。其次要积极进行组织文化建设、强化社会责任意识，为战略目标方向服务。

5. 为持续推进战略制订理想的推进方案

通常，一项新战略的实施往往伴随着企业的变革。在企业变革中，变革推动者扮演着非常重要的角色，其可以是组织内部的管理者或非管理者，也可以是组织外的顾问干预者。例如，当企业为了使自身价值链活动更加有效时，就会去跟踪、探究行业最佳和全球最佳者的行为和方式，从而寻求制订理想的推进方案。

6. 政策落实

为了有效地实施战略方案,必须制订详细的行动方案。方案应该明确战略实施的关键性决策和任务,并将执行这些决策和任务的责任落实到基层组织与个人。另外,还应制定出行动的确切时间。就某种意义而言,战略计划相当于多元化企业总部与各事业单位之间的一种"契约","契约"中规定双方权利义务以及对彼此的承诺。各事业单位的"绩效目标"即是它对总部的一项最重要承诺,亦即双方在协商后,事业单位同意今后各年度在利润、现金流入、营业收入成长等方面为整体所提供的贡献。企业总部准备在未来几年对各事业单位投入资金量的政策固然应视各年获利情形而定,但在战略实施中应大致稳定,以方便各事业单位本身战略和投资计划的构思与拟定。总部对各事业单位的支持除了资金外,还可能包括技术、营销或其他绩效方面的支援。此外,为了战略实施的角色分工,总部往往也对各事业单位的发展方向有所限制,以避免事业单位间不必要的竞争与冲突。这些都应该在总体战略形成以后,明确在总体战略的计划任务书中,成为总部以及各事业单位采取战略行动的准则。

7. 构建能有效实施战略的信息沟通和操作系统

公司战略实施或执行的好坏,离不开大量业务运营支持的系统。随着计算机系统、网络技术的发展和普及,电子商务成为企业发展必须掌握的工具,IT企业提供的问题解决方案,使得为企业服务的系统更加个性化、针对性更强、操作更便利。所有这些系统都离不开信息系统和操作系统的支持,企业实施战略时,有效的信息沟通系统是必须考虑的,它不仅提供了系统、高效的运作工具,而且有助于营造公司的学习文化氛围。

8. 制定实现关键战略目标的薪酬和激励系统

成功的战略实施者能够激励员工为组织发展作出自己最大的努力。为了达到这个效果,要求组织建立一套高效的激励机制。总体来说,建立起支持关键战略目标实现的激励系统,就是要建立与战略绩效相关的报酬系统,并从长期与短期结合、过程导向和结果导向相结合的角度设计对战略性人力资源的激励系统。

9. 建设与战略匹配的工作环境和公司文化

战略实施除了利益驱动外,还需要文化上的支持。与战略实施所需的价值观、习惯和行为准则相一致的文化有助于激发人们以一种支持战略的方式进行工作。例如,将节俭这一价值观广泛根植于组织成员中的文化,会非常有利于成功地实施和执行追求低成本领导地位的战略。而一种以支持创造性、支持变化和挑战现状为主题的文化,对于实施和执行一种追求产品革新和技术领导地位的战略非常有利。一种顾客导向、鼓励员工以他们的工作而自豪、给予员工高度的决策自主权等原则建立的文化,对于实施为顾客提供更卓越服务的战略是非常有帮助的。但文化的形成过程是漫长的,文化的变革也是非常困难的,因此,建立一种支持战略的公司文化,是战略实施中最为重要,也是最为困难的工作。

新的经营战略往往是受市场驱动的,并受到各种竞争力量的支配。因此,当一个公司的文化无法与取得战略成功的需要相匹配时,就应改变这种文化以适应新的战略。当然,文化现状的制约性也应当予以考虑。在进行文化培育时,需要把握两个原则:一是承认历史、尊重现实,考虑到文化变革的成本;二是要体现改良性,要逐步使组织文化朝适应环境变化的方向发展,因为要生存,就要适应环境的变化,否则这种没落的文化只能阻碍企业前进的步伐。

12.2　战略实施的资源配置

12.2.1　企业战略资源的内容与特点

1. 企业战略资源的内容

企业推行战略前的准备,除了用计划推行和适应战略的组织调整之外,战略资源的配置优劣,将直接影响战略目标的实现。那么,什么是企业战略资源呢?企业战略资源是指企业用于战略行动及其计划推行的人力、物力、财力等资源的总和。其中也包括时间与信息,因为它们是无形的,所以很少被人关注。而时间和信息在某种条件下可能会成为影响企业战略实现的关键性战略资源。企业的这些战略资源是战略转化为行动的前提条件和物资保证。具体来讲,战略资源包括以下内容。

(1) 采购与供应实力。采购与供应实力主要包括:企业是否具备有利的供应地位,与自己的供应厂家关系是否协调,是否有足够的渠道保证,能否以合理的价格获取所需原料。

(2) 生产能力与产品实力。生产能力与产品实力主要包括:企业的生产规模是否合理,生产设备、工艺是否跟上时代潮流,企业产品的质量、性能是否具有竞争力,产品结构是否合理。

(3) 市场与促销实力。市场与促销实力主要包括:企业是否具备开发市场的强大实力,是否有一支精干的销售队伍,市场策略是否有效等。

(4) 财务实力。财务实力主要包括:企业的获利能力与经济效益是否处于同行前列,企业利润的来源、分布及趋势是否合理,各项财务指标及成本状况是否正常,融资能力是否强大等。

(5) 人力资源实力。人力资源实力主要包括:企业的领导者、管理人员、技术人员等素质是否一流,其知识水准、经验技能是否有利于企业发展,其意识是否先进,企业内在的凝聚力如何等。

(6) 技术开发实力。技术开发实力主要包括:企业的产品开发和技术改造的力量是否具备,企业与科研单位、高校的合作是否广泛,企业的技术储备是否能在同行业中处于领先地位。

(7) 经营管理实力。经营管理实力主要包括:企业是否拥有一个运行有效、适应广泛的管理体系,企业对新鲜事物的灵敏度如何,反映是否及时、正确,企业内是否有良好的文化氛围,在企业内是否形成良好的分工与合作,是否进行有力的组织。

(8) 时间、信息等无形资源的把握能力。时间、信息等无形资源的把握能力主要包括：企业是否能充分获取、储备和应用各种信息，时间管理是否合理等。

企业的这些战略资源的整合基本上就构筑了竞争实力。

2. 企业战略资源的特点

(1) 战略资源的流动方向和流动速度取决于战略规划。

(2) 企业中可支配的战略资源总量和结构具有一定的不确定性，在战略实施过程中，资源的稀缺程度、结构会发生变化。

(3) 战略资源的可替代性不稳定。由于战略实施周期长，随着科学技术的进步，原来的稀缺资源可能会变得十分丰裕，也可能发生相反的变化。

(4) 无形资产的影响程度难以被准确地预测。例如，企业的信誉资源对企业获取公众支持、政府帮助会产生很大的影响，企业的信息也会给战略实施带来不同程度的影响。因此，企业战略管理者在实施战略时，必须充分了解这些战略资源的内在特质，并制订适当预防措施，只有这样，方能确保战略的平稳运行。

12.2.2 战略与资源的关系

1. 资源对战略的保证作用

战略与资源相适应的最基本关系，是指企业在战略实施过程中，应当有必要的资源保证。而在现实中没有资源保证的战略，又没有充分意识到其危险性的企业不在少数。究其原因，大致可归纳为三点：第一，战略制定者在思考程序上存在缺陷，他们没有注意到确保资源的必要性，从而制定了无资源保障的"空洞"战略；第二，必要的资源难以预测而导致偏差，由于预测不准，结果造成缺乏资源保证的战略；第三，没有把握本企业资源，尤其是看不见的资源而出现错误，造成尚未预料的损失。

2. 战略促使资源的有效利用

即使企业具有充足的资源，也不是说企业就可以为所欲为。滥用企业资源，会使企业丧失既得利益，也会使企业丧失应得更多利益的机会。因此，企业采用正确的战略之后，就可以使资源得到有效利用，发挥其最大效用。更有甚者，战略可促使企业充分挖掘并发挥各种资源的潜力，特别是在人、财及物上体现出来的看不见的资源。

3. 战略可促使资源的有效储备

由于资源是变化的，因此在企业实施战略过程中，通过现有资源的良好组合，可以在变化中创造出新资源，从而为企业储备资源。所谓有效储备，就是指对必要的资源以低成本、快速度在适宜时机来进行储备。战略可通过两种类型来实现这一目的：战略推行的结果可附带产生新资源；这种新资源可以成为其他战略必要的资源而被经常地、及时地使用。

12.2.3 企业战略资源的评估——EBV法

企业在复杂多变的环境中为求生存、图发展、实现战略目标,需要全面评估企业内部的战略资源,系统分析企业内外部环境的影响。为了提高企业战略实施的有效性,实现企业既定的战略目标,必须对企业拥有的各种战略资源的供需状况作出全面分析和正确评估,这样才能运筹帷幄。这里介绍一种有效的战略资源评估方法——EBV法(Evaluating by Value,价值评估法)。

EBV法使用重要度(importance)和价值(value)两个指标:"重要度"表示各项资源对战略的影响,取值1~5,值越大,影响越强,需求程度也会越高。"价值"是企业对资源的拥有状况,取值0~5,值越大,说明企业在这一资源上的供应越充分。

设 V_i、I_i 分别为资源 i 的价值和重要度的得分,令

$$C_i = V_i / I_i$$
$$D_i = I_i \cdot (V_i - I_i)$$
$$C = \Sigma X_i C_i (X_i = I_i / \Sigma I_i)$$

各指标的意义如下:C_i 指单项资源供求系数,反映各资源的供求状况。$C_i = 1$ 为供需平衡,$C_i < 1$ 为供小于求。D_i 指单项资源的短缺系数,$D_i < 0$ 为供小于求。D_i 同样可反映资源短缺的紧迫程度,如当 $D_1 = -1$,$D_2 = -5$ 时,企业对 D_2 资源的短缺更为紧迫。C 是指企业资源的供求指标,它可综合反映企业战略资源的供求状况。

12.2.4 企业战略资源的分配

企业战略资源的分配是指按战略资源配置的原则方案,对企业所拥有的战略资源进行具体分配。企业在推行战略过程中所需的战略转换,往往就是通过资源分配的变化来实现的。由于在企业战略资源中,无形资源很难把握,而除人力资源之外的有形资源均可以用价值形态来衡量。因此,企业战略资源的分配一般可分为人力资源分配和资金分配两种。

1. 人力资源分配

人力资源分配一般有以下三方面内容。
(1) 为各个战略岗位配备管理和技术人才,特别是对关键岗位的关键人物的选择。
(2) 为战略实施建立人才及技能的储备,不断为战略实施输送有效的人才。
(3) 在战略实施过程中,注意整个队伍的综合力量搭配和权衡。

2. 资金分配

企业中一般采用预算的方法来分配资金资源,而预算是一种通过财务指标或数量指标来显示企业目标、战略的文件。通常,采取以下几种现代预算方式。
(1) 零基预算。零基预算不是根据上年度的预算编制,而是将一切经营活动都从成本—效益分析开始,以防预算无效。
(2) 规划预算。规划预算是按规划项目而非按职能来分配资源。规划预算的期限较

长,常与项目规划期同步,以便直接考察一项规划对资源的需求和成效。

(3) 灵活预算。灵活预算允许费用随产出指标而变动,有利于克服"预算游戏"及增加预算的灵活性。

(4) 产品生命周期预算。在产品的不同生命周期中,对资金的需求不同,而且各阶段的资金需求有不同的费用项目。这时产品生命周期预算就根据不同阶段的特征来编制各项资金支出计划与原则。

在资金分配中应遵循两项原则:第一,根据各单位、各项目对整个战略的重要性来设置资金分配的优先权,以实现资源的有偿高效利用;第二,努力开发资金分配在各战略单位的潜在协同功能。

3. 战略与资源的动态组合

企业在发展过程中,在不同阶段,其战略将不断推陈出新,战略资源也在不断地积蓄。企业在制定现在战略时,应充分预测将来的环境、资源的变化,并对资源进行必要的、合理的配置。这个过程中应当注意,资源的配置不是单纯的资源配置,而应与战略联成一体,形成密不可分的关系。因此,我们说战略资源的配置和动态组合实际上也就是战略与资源的动态组合。

伴随着战略的展开,资源被不断储备,新的储备与现有资源的储备交织在一起,形成了将来资源的储备。企业以这些新的储备为基石,再进一步展开将来的战略。因此,处于现在战略和将来战略中间的新的资源储备,也就成为联结这两个战略的媒介。当现在战略为将来战略展开有效的资源积累时,使将来的战略也能够有效地利用这些积累的资源,这就形成了企业中战略与资源的动态组合过程。为了实现这个动态组合过程,企业首先必须考虑两个问题:首先,现在战略应选择什么样的战略?其次,将来战略应该怎样?然后才能在两者间调配适当的资源。而资源在这个过程中将起到动态相辅和动态相乘的两个效果。

4. 动态相辅效果

动态相辅效果又可划分为以下两部分。

(1) 物的动态相辅效果。物的动态相辅效果是指企业的现在战略和将来战略能在多大程度上共同利用物的资源,或者是现在战略运行中储备的战略资源能在多大程度上作用于将来战略。从这个意义上讲,有转化可能性的物的资源储备是较好的。企业在选择现有产品和市场战略等基本战略时,应预先设定使这种转化成为可能的某个相关将来战略,这时采取与将来联系较多的战略是十分必要的。例如,企业在建立专用生产线时,必须考虑这种专用线能否及时被用于其他生产领域。如果没有这种可能性,企业则要在竞争必需时做好更新这条专用线的人事、劳务及设备方面的准备。

(2) 资金的动态相辅效果。这里所说的资金是指流动资金,因为流动资金对于企业的日常经营来说是至关重要的,其影响面会更大。企业必须在战略上制定出资金的投入与回收这两方面的相辅效果。

企业在现在战略与将来战略之间,首先应制定出资金的组合效应。企业在现在战略上会同时经营诸多充满希望的领域,这从企业发展的眼光来看是无可厚非的,但数年后这些领域若同时需要大量的发展资金,企业应当如何处置?这需要企业动态地考虑这个问题。企业这时应做好现有战略发展后的资金储备,以应不时之需。另外,一个领域中的流动资金,在时间序列上会表现为不同形式,在某个时期需投入资金,另一时期又回到企业,这又要求企业能在一定领域内实现资金的动态权衡。决定上述资金流动变化形式的因素有四个:产品生命周期的阶段,企业的竞争战略,市场规模和成长速度,竞争中的优势。

实现资金流动的动态相辅效果,要求企业在现有的产品和市场机制上,必须同时具有不同类型资金流动的产品与市场领域,只有在此基础上才能实现资金流动平衡。

5. 动态相乘效果

动态相乘效果是指企业将来战略能有效使用现在战略运行中产生的看不见的资源效果。也就是说,企业现在在某个领域中所使用和储备的看不见的资源可被将来的领域使用。企业在现有领域中使用与产生看不见的资源的期间,如果能和将来领域利用这种相同资源的期间重叠,则能形成强有效的动态合力的效果。

企业在现实的市场角逐中,如果努力开展事业活动,则会为将来积累更多的看不见的资源。例如,松下电器公司的海外投资是以干电池开始的,在此过程中,松下电器公司获得了销售渠道的积累、工人技能的熟练、当地市场的经验等无形资源的储备,并以此为中介使现在战略与将来战略相互策应,形成动态相乘效果。

动态相乘效果是企业成长的本质。当人们描述保证长期成长的战略形象时,动态相乘效果常是其中心内容。这是因为:第一,企业之所以能适应不断变化的环境,就在于动态组合企业活动中无形资源的形成;第二,在动态相乘的某两个领域之间,资金的动态相辅效果易产生。

那么,企业应当如何构筑其动态相乘效果呢?具体有以下几个方面需要强调。

(1) 企业在战略抉择上,应选择无形资源较易积累的领域的战略。

(2) 战略设计不能忽视动态的企业活动的阶段及程序。

(3) 为了实现动态相乘的良性循环,有必要在现在选择一些表面上不合理、在一定程度上缺乏资源保证的战略,有助于培育企业内在动力。反其道而行之,常可获得意料不到的成功。

12.3　企业战略的有效实施

12.3.1　战略实施需注意的问题

战略实施绝不是一个轻而易举的过程,它涉及大量的工作安排及大量的资源配置。在战略制定和选择过程中,所参与的人员只是高层管理者。而在战略实施过程中,企业中的每一个人,从最高层领导者到作业人员,都参与其中。因此,战略实施较之战略分析和战略选择来说,所涉及的问题更多、难度也更大。亚历山大(Alexander)对美国93个公司总经理和事业部经理的调查结果表明,当这些企业试图实施一项战略计划时,半数以上的企业都面临下列10个问题或难题。

(1) 实施要比原计划需要更多的时间。
(2) 出现没有预料到的主要问题。
(3) 没有有效地协调各种活动。
(4) 出现了使企业的重心偏离实施的轨迹。
(5) 所涉及的雇员能力不足。
(6) 对底层的雇员缺乏足够的培训和指导。
(7) 出现不可控制的外部环境因素。
(8) 部门经理缺乏足够的领导才能和引导能力。
(9) 对所实施的关键任务和活动缺乏明确的说明。
(10) 信息系统缺乏足够的监控活动。

12.3.2 麦肯锡 7S 模型

博拿马(T. V. Bonoma)阐明了战略制定与战略实施的关系,如图 12-1 所示。从图 12-1 中可以看出,即使是一个合适的战略,如果不能很好地实施,也会导致制定的战略的失败。然而,一个很好的实施方案,不仅可以使一个合适的战略取得成功,而且可以挽救一个不太适宜的战略。正是由于战略实施的重要性,目前越来越多的经理人员将其注意的焦点转向战略实施。

图 12-1 战略制定与战略实施的关系

如何才能有效地实施一项战略?人们已从实践中认识到,只有当企业的各种因素相互适应和相互匹配时,战略实施才可能取得成功。这就意味着,为了达到战略目标,成功的管理者必须取得战略与其内部因素之间的匹配,这些因素之间越是相互适应和匹配,则战略就越会有效。按照小罗伯特·H. 沃特曼(Robert H. Waterman)的观点,企业的战略匹配包含七个因素,即战略、结构、制度、风格、共享的价值观与组织文化、人员、技能,如图 12-2 所示。这七个因素又称麦肯锡 7S 模型。企业仅具有明确的战略和深思熟虑的行动计划是远远不够的,因为企业还可能会在战略执行过程中失误。因此,战略只是其中的一个要素,战略的实施需将企业的七个要素组合好,缺一不可。有效地整合七个方面要素是避免战略实施失败的关键,下面从这七个方面来探讨战略的价值。

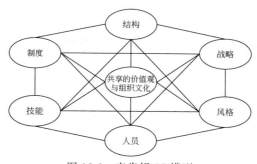

图 12-2　麦肯锡 7S 模型

1. 战略

依据第 1 章战略的定义，我们知道，战略其实是依据企业内外环境及可取的资源的情况来求得生存与长期稳定的发展，它须对企业发展目标以及达到目标的途径和手段进行总体性谋划。战略是企业经营思想的集中体现，是一系列战略决策的结果，同时又是制定企业规划和计划的基础。

战略本身对企业的适应性是战略实施成功的首要保障，明确的战略方向能够避免战略实施中重心偏离问题。正如德鲁克所说："战略目标可以被比作轮船航行用的罗盘。罗盘是准确的，在实际航行中，轮船可以偏离航线。然而如果没有罗盘，航船既找不到它的港口，也不可能估算到达港口所需要的时间。"战略实施中重要的是把握战略实施的整体方向，不要偏离最终的目标。

2. 结构

战略需要健全的组织来保证实施。组织结构是企业组织意义和组织机制赖以生存的基础，它是企业组织的构成形式，即企业的目标、协同、人员、职位、相互关系、信息等组织要素的有效排列组合方式，就是将企业的目标任务分解到职位，再把职位综合到部门，由众多的部门组成垂直的权力系统和水平分工协作的一个有机的整体。组织结构是为战略实施服务的，不同的战略需要不同的组织结构与之对应，组织结构必须与战略相协调。

3. 制度

企业的发展和实施战略需要完善的制度作为保证，而实际上各项制度又是企业精神和战略思想的具体体现。所以，在战略实施过程中，应制定与战略思想相一致的制度体系，要防止制度的不配套、不协调，更要避免背离战略的制度出现。

企业组织制度是企业组织中全体成员必须遵守的行为准则，它包括企业组织机构的各种章程、条例、守则、规程、程序、办法、标准等。现代企业组织制度是指企业组织的基本规范，它规定企业的组织指挥系统，明确了人与人之间的分工和协调关系，规定各部门及其成员的职权和职责。

一般而言，一套完整的公司组织管理制度应至少包括以下内容。

(1) 公司组织管理制度设计的原则规定。根据公司的目标和特点,确定公司组织管理制度设计的原则、方针和主要参数。

(2) 职能分析和设计规定。规定公司组织管理职能及其结构,并层层分解到各项管理业务和工作中,进行管理业务的总体设计。

(3) 结构框架的设计规定。其具体表现为公司的组织系统图,指设计出各个管理层次和部门、岗位及其责任、权利的规范。

(4) 联系方式的设计规定。其指规范控制、信息交流、综合、协调等方式和规定的设计。

(5) 管理规范的设计规定。其指规范管理工作流程、管理工作标准和管理工作方法等管理人员的行为规范的设计。

(6) 人员配备和培训规定。其指根据结构框架设计,对配备和培训各级各类管理人员的过程进行管理。

(7) 运作规定的设计规定。设计管理部门和人员绩效考核规定,设计精神鼓励和工资奖励规定。

(8) 反馈和修正制度。将进行过程中的信息反馈回去,定期或不定期地对上述设计进行必要的修正。

4. 风格

管理风格或领导风格是管理者在管理与领导过程中一贯坚持的原则、目标及方式等方面的总称。管理风格并非一成不变,会因人而异。研究发现组织氛围、组织绩效均受到企业领导者管理风格的影响,且随着企业的发展和战略的调整,所适合的管理风格也会有所不同。

根据管理风格的差异,可以把管理风格分为以下四类。

(1) 集权式(又称命令式)管理风格。该管理风格高度关心任务的完成,视人为一种生产要素,权力集中于上层,依靠制度强制推动企业运行。这种风格比较适用于紧急情况的处理,或程序化的工作管理,任务相对比较简单,下属的素质一般或比较低,所处的环境相对稳定。

(2) 仁慈式(又称教练式)管理风格。其主要关心任务的完成,但对人给予一定程度的关心,并要求下属以忠诚作为回报,事情与下属商量着办,但最终还是要按领导的意图来执行。

(3) 参与式管理风格。对任何任务予以同等程度的关心,与下属共同确定目标,并将完成任务所需要的权力尽可能下放到比较低的层次,为下属完成任务提供必要的指导。

(4) 放任式管理风格。对任务和人都不关心,充分下放权力,给下属足够的自主发挥的空间。这种方式一般用于管理任务结构非常复杂、难以程序化的工作,如研发机构等。领导者只能给定一个大的研究方向,但是关于怎么研究、采用什么研究方法,需要研究人员自己去探索和解决。

管理风格与企业文化的形成密切相关,因为管理风格会影响下属对领导的语气和判断,从而潜移默化地影响下属行动。战略实施中领导者需要注重运用恰当的管理风格,使其与新的企业目标、企业文化和组织结构相匹配。

通常在管理与领导风格中,另一个值得探讨的问题就是权力配置的问题,是领导偏向集权,还是分权。集权是指组织结构中把决策的权力集中在较高层次的管理部门;分权则是把决策的权力分散到较低层次的各部门。当然,绝对的集权和绝对的分权都是不存在的。如果一个人独揽大权,所有的问题,无论大小,由他一个人决定,那就没有其他管理者存在的必要了,也就没有组织结构可言了。如果绝对地分权,每个人决定每个人所做的事,没有统一管理和命令,那么管理职位也就没有作用,形同虚设,也同样没有组织结构可言。所以集权和分权没有绝对的状况,都是相对而言的。随着组织规模的扩大,需要从集权向分权转变。

5. 共享的价值观与组织文化

由于战略是企业发展的指导思想,只有企业的所有员工都领会了这种思想并用其指导实际行动,战略才能得到成功的实施。因此,战略研究不能只停留在企业高层管理者和战略研究人员这一个层次上,而应该让执行战略的所有人员都能够了解企业的整个战略意图。企业成员共享的价值观念可以激发全体员工的热情,统一企业成员的意志和期望,使其齐心协力地为实现企业的战略目标而努力。因此,企业在准备战略实施时,需要通过各种手段进行宣传,使企业所有成员都能够理解它、掌握它,并用它来指导自己的行动。日本在经济管理方面的一个重要经验就是注重沟通领导层和执行层的思想,使领导层制定的战略能够顺利地、迅速地付诸实施。

组织文化是指为企业全体成员所共同接受的价值体系,包括思维方式、行为习惯、心理预期与信念等。其往往是组织在其长期发展过程中,由高层管理人员倡导和激发而逐渐达成全员共识的行为规范,通过传统、惯例、规矩、榜样等表现出来并逐渐深入人心。组织文化具有物质体系难以具备的特征,体现在:①无形性。良好的组织文化是一种信念,是道德和心理力量的相互融通和促进,是一种强化的无形力量。②软约束性。通过长期熏陶、感染和诱导,使职工对组织的目标、行为准则和价值观有一种认同感,不是完全的强制性,但有强烈的规范与约束作用。③相对稳定性和相对连续性。组织文化及其特色应保持适当稳定性,同时随环境的变化不断充实和完善。④个性。在共性中孕育着组织特有的个性。组织文化一旦形成,很难改变,具有潜移默化的影响和作用,能有效地激励员工实现组织目标。组织文化渗透于组织各项职能活动中,还可使组织具有区别于其他组织的一系列特征。

组织文化对企业有着重要的作用,体现在:①导向作用。将职工的态度和行为引导向组织共同的目标。②约束作用。不仅仅是规章制度,更强调软约束。③凝聚作用。将个人和集体有机联合起来,上下共甘苦、同命运。④激励作用。实现自我价值,满足员工各种需要,特别是高层次的需要。⑤辐射作用。成功塑造组织内部和外部的光辉形象,扩大组织自身的影响。

通常,组织文化具有一定的结构框架,包括三个层次:①物质层。例如,厂容厂貌,产品的外观与包装,技术设备与工艺特点。②制度层。例如,工作制度(生产、销售、财务、人事、设备管理及奖惩制度等)、责任制度(干部、职工、部门责任制等)、特殊制度(非程式化制度、民主评议干部制度等)。③精神层。例如,企业的经营哲学(经营理念、指导思想等)、企业精神(企业优良传统、观念、意识等)、企业风气(精神状态与风貌)、企业目标(企业经营方向和战略方针)、企业行为(个人和群体的行为准则)。

企业根据组织文化可设计 CIS(corporate identity system,企业形象系统)。CIS 是企业组织文化的发展和深化,其内容包括:①MIS(mind identity system,理念识别系统),核心是企业的经营哲学、企业精神和价值取向;②BIS(behavior identity system,活动识别系统),核心在于在理念的指导下,企业所开展的一系列活动,如公共关系、促销、员工培训教育、工作环境与福利等;③VIS(visual identity system,视觉识别系统),设计和运用各种交流符号、名称、品牌、服饰、图案以及各种标志等,以突出企业的形象和影响。

企业的组织文化与企业经营战略制定和实施关系密切。首先,组织文化影响对环境因素和自身资源能力的评价。不同的组织文化可能导致不同的关于机会、威胁、优势、劣势的认识。当环境变动需要企业作出的战略反应符合现有文化时,企业能吸收这些环境变动信息;否则,这种变动信息可能被暂时忽视。其次,组织文化影响对战略方案的选择。在内外环境条件大致相同的情况下,不同的组织文化可能导致不同的战略决策。最后,组织文化影响战略的实施。战略与组织文化相匹配,组织文化有力地促进战略的实施,又通过战略实施得到强化和发展;战略与组织文化相悖,则面临战略实施失败的风险。冲突越大,风险越大。因此,在重大战略变革中,需要首先对企业文化进行变革,确保二者间的匹配性。

6. 人员

战略实施还需要充分的人力准备,有时战略实施的成败确系于有无适合的人员去实施。实践证明,人力准备是战略实施的关键。

7. 技能

在执行公司战略时,需要员工掌握一定的技能,这有赖于严格、系统的培训。只有每个员工都经过严格的训练,才能成为优秀的人才。例如,在运动场上驰骋的健将们大显身手,但他们惊人的体质和技术不是凭空而来的,而是长期在生理和精神上严格训练的结果。如果不经过训练,一个人即使有非常好的天赋资质,也可能无从发挥。

在麦肯锡的 7S 模型中,战略、结构和制度被认为是企业成功经营的"硬件",风格、人员、技能和共享的价值观与组织文化被认为是企业成功经营的"软件"。麦肯锡的 7S 模型提醒世界各国的经理,软件和硬件同样重要,各公司长期以来忽略的人性,如非理性、固执、直觉、喜欢非正式的组织等,其实都可以加以管理,这与公司长远的成败息息相关,绝不能忽视。在企业战略实施过程中,要全面考虑企业的整体情况,只有在软硬件两方面七个要素能够很好地沟通和协调的情况下,企业战略才能获得成功。

本 章 小 结

1. 论述了战略实施的含义、基本原则、划分阶段、实施模式和管理任务。
2. 介绍了战略资源的内容,阐述了战略与资源的关系,并提供了战略资源评估方法。

3. 详细阐述了战略与资源的动态相辅效果、动态相乘效果。
4. 指出战略实施须注意的问题,并介绍了麦肯锡 7S 模型。

思 考 题

1. 简述战略实施的含义、基本原则。
2. 简述战略实施划分阶段、实施模式。
3. 阐述战略与资源的关系。
4. 战略实施与战略制定有何区别?

第 13 章

战 略 控 制

1. 了解战略控制的定义、特点、原则、类型、方法、手段和条件；
2. 理解战略失效的原因；
3. 掌握战略控制的过程与系统。

战略管理需要巧妙地处理思考与行动、控制与学习、稳定与变革之间的微妙关系。

——亨利·明茨博格

绩效评估和控制系统就好比是驾驶一辆汽车。方向盘、加速装置和刹车让驾驶者能够控制汽车的方向和速度；仪表盘提供行驶速度等数据，提醒驾驶者可能存在的汽车隐患。就像一辆以最高速度奔驰的赛车，越是表现优异的企业，越是需要出色的绩效评估和控制系统对企业的运行状况进行检测，以便管理者充分挖掘企业的潜力，防范企业的风险。

——罗伯特·西蒙斯

福安药业并购后遗症：66 倍溢价收购标的失控

福安药业（集团）股份有限公司（以下简称"福安药业"）（300194.SZ，以下简称"福安药业"）发布《关于子公司失去控制且不纳入合并财务报表范围的公告》，因对控股境外子公司失去控制，决定不将其纳入合并财务报表范围。

2019 年 9 月，福安药业宣布涉足美国大麻市场。彼时，Red Realty（于 2019 年 3 月成立）刚刚成立不超过 6 个月，净资产也仅有 1 055.8 万元。该笔投资一度引发多方质疑，而福安药业最终还是选择了高溢价收购。

福安药业曾披露称，此次合作有利于公司抓住医疗大麻、CBD（中央商务区）等相关领域的发展和应用先机，为公司寻求新的利润增长点。同时也将促进公司产业链条的延伸和拓展，进一步提高公司竞争力。

如今上述子公司失控，福安药业也在美国提起诉讼。2019 年，医药领域曾掀起一场"工业大麻"的投资热潮，不少药企纷纷选择布局"工业大麻"业务，而收购 Red Realty 本是福安药业为拓展和共享美国大麻在医疗和消费品领域蓝海的重要一步。

2019年9月,福安药业对外称,公司将通过受让老股和增资相结合的方式,取得 Red Realty 51%的股权和对应的各项股东权利和权益,以实现对标的公司的实际控制和财务并表。

福安药业曾公开表示,与 Red Realty 展开合作,一方面是希望借此机会进入"工业大麻"领域,着力开拓美国工业大麻 CBD 市场;二是希望充分利用对方现有资源优势和公司药品研发领域的经验技术在"工业大麻"药物研发方面进行探索和研究,尽早进行战略布局,抓住"工业大麻"在医药领域发展和应用的先机,为公司未来发展奠定基础优势。

据公告披露,双方达成合作时,距离 Red Realty 公司成立仅过去6个月,而在2019年前7个月,Red Realty 公司的营收为0,净利润亏损14.67万元。采用收益法评估,Red Realty 的股东全部权益市场价值为7.09亿元,较净资产账面值增值6.99亿元,增值率高达6 615.90%。以该评估值为基础,福安药业收购增资 Red Realty 的交易总对价为7 300万美元。

到2019年11月,福安药业原计划于香港特别行政区设立二级子公司,用于推进与 Red Realty LLC 在 CBD 产业的合作,但基于市场环境变化等因素,公司将上述二级子公司改为在美国设立。

直到2020年7月,福安药业才正式取得 Red Realty 51%股权。在收购 Red Realty 时,双方签署了一份对赌协议。交易对手承诺,2020—2022年将分别实现600万美元、2 200万美元、3 000万美元的净利润(此后对应时间区间有调整,金额未变)。

但由于 Red Realty 未能完成首期业绩承诺,遂与上市公司达成协议,以9 300万美元回购 Red Realty 51%股权,随后又未按照协议约定支付相关回购款项。

2022年1月21日,深圳证券交易所下发关注函,要求福安药业核实并补充披露上述股权转让款的收款进展、交易对手方是否具备回购股份相应的支付能力等。

福安药业在关注函回复中表示:公司购买标的公司51%股权向交易对方支付价款3 300万美元,对方收款时间与第一期回购款支付时间间隔较短,金额相差近1倍,因此公司认为其至少有能力支付第一期回购款,后续四期款项支付虽然具有不确定性,但因设定股权质押等履约担保措施,总体风险可控。

2022年8月,围绕 Red Realty 股权回购纠纷,福安药业在美国提起诉讼。截至2023年3月31日(福安药业:2022年年度报告披露日),上述诉讼仍在法院审理中。

福安药业在此次公告中表示,Red Realty 已经于2022年12月开始运营,但公司未收到其关键管理人员关于经营情况的任何汇报,无法掌握其实际经营情况。公司遂无法对美国子公司的关键管理人员及日常经营管理活动实施有效控制,已失去对美国子公司的实际控制权。

公开资料显示,福安药业主要从事化学药品的研发、生产、销售。公司拥有药品研发、医药中间体、原料药、制剂生产和销售的完整产业链布局,产品涉及抗生素类、抗肿瘤类、特色专科药类等多个类别药品。

2022年年报显示,福安药业实现营业收入24.22亿元,同比下滑1.28%;归属于上市公司股东的净利润2.05亿元,较上年同期扭亏为盈。截至2022年12月31日,公司商誉累计4.86亿元。

事实上,多年来福安药业开展的多次并购均出现计提减值情形,以至于上市公司经营业绩受到影响。

根据2022年年报,福安药业全资子公司广安凯特制药有限公司(以下简称"广安凯特制药")因受安全整改停产的影响,经营业绩未达预期。

经商誉减值测试,广安凯特制药包含商誉的资产组组合的可收回金额低于其可辨认净资产的账面价值和商誉的合计数,公司对收购广安凯特制药形成的商誉计提了减值准备2 297.24万元。

而在早前的2016年度,福安药业以15亿元收购烟台只楚药业有限公司(以下简称"只楚药业")100%股权,确认商誉10.31亿元。

2018年,只楚药业的主要产品硫酸庆大霉素市场竞争加剧风险,注射用硫辛酸因出现不良反应而停止生产并召回市场流通的全部产品,对其经营业绩产生一定不利影响,只楚药业经营业绩开始出现下滑。

2018年末,福安药业对因收购只楚药业形成的商誉进行减值测试,对因收购只楚药业形成的商誉计提减值准备6.07亿元,导致福安药业净利润减少6.07亿元,公司经营业绩也首次出现亏损。

2021年度,只楚药业主要产品销售情况不佳,业绩下滑严重。福安药业对收购只楚药业形成的商誉继续计提商誉减值2.01亿元。

从信披角度来看,境外并购子公司很容易滋生财务造假等违规行为。境外子公司相对境内子公司更加缺少股东监督、媒体监督,审计监督往往也受到很多的限制,监督成本过高,导致发生一些信息披露和公司治理领域的违规事件。

国内的亚太药业境内收购股权成为子公司也曾发生过类似事件,还衍生出被收购的子公司有财务造假行为,后上市公司及有关方被证监会行政处罚。

对于上市公司境外并购,应如何强化约束和监管?对此,上海久诚律师事务所的许峰认为,境外并购本身并不稀奇,但不能利用境外并购从事违法行为或者是因为境外并购的公司就对投资者等虚假陈述,以前雅百特的案例值得借鉴和反思。

"如果发生境外并购,就应该严格依照证监会等部门的要求,在做好公司治理的基础上,严格做好审计监督等工作,确保投资者的知情权,不能是因为境外的子公司就采取一些模糊的审计手段,导致审计结论误导投资者。而风险的防范更多依赖于上市公司等收购主体依法办事,严格有法必依,对股东和公司负责,聘请熟悉境外业务的中介机构协助,主动引导股东对境外业务和公司进行监督。"许峰如是说。

资料来源:苏浩,曹学平.福安药业并购后遗症:66倍溢价收购标的失控[N].中国经营报,2023-04-17.

13.1 战略控制概述

13.1.1 战略控制的含义

所谓战略控制,就是指将预定的战略目标与实际效果进行比较,检测偏差程度,评价其是否符合预期目标要求,发现问题并及时采取措施,借以实现企业战略目标的动态调节过程。战略控制的目的主要是控制战略失效,确保战略目标的有效实现。其具体体现在以下两个方面:一是保证战略方案的正确实施;二是检验、修正、优化原定战略方案。

战略控制是战略实施的保证,它是监督战略实施过程、及时纠正偏差、确保战略有效实施,使战略实施结果基本上符合预期计划的必要手段。也就是说,企业根据战略的目标体系标准对战略实施的过程进行控制与管理。

13.1.2 战略控制的特点

战略控制是一个动态的过程,它具有以下特点。

1. 严肃性

战略控制是确保通过实施战略,实现企业预定战略目标的重要环节,具有严肃、准确、细致的特点。控制过程中,必须严格按照控制标准,对战略实施过程中的每一个具体环节实施有效的控制与反馈,以检验和控制战略实施是否符合标准要求,了解偏差如何,并要分析产生偏差的原因且及时反馈。如果是实施过程中的差错造成偏差,则通过反馈予以及时纠正,以免影响战略总目标的实现;如果通过控制分析发现偏差产生于战略本身的不合理,则要通过反馈建议,对战略作出适时的调整,特别是带有试验性质的战略,这一点就更为重要。

2. 渐进性

企业的战略是逐步演变而成的,是在企业内部的一系列决策和一系列外部事件逐步得到发展,使最高管理层的主要成员有了对行动新的、共同的看法之后,才逐渐形成的。基于这一点,要求战略控制也必须是渐进的,并且通常是利用渐进的控制方式来检验战略的合理性,随时准备对战略本身进行修正。实践证明:为了改善战略控制过程,最好是谨慎地、有意识地以渐进的方式进行战略控制,以便决策能够与新出现和必要的信息相吻合。

3. 系统性

企业战略自身就是一个复杂的系统,通过系统各要素的协同运作及与外系统环境的交互作用,实现系统整体功能的有效发挥,进而达到预期战略目标。因此,作为战略这个系统中的关键环节,战略控制就必须具有系统性,要通过系统的设计和运作来监督与协调整个战略的正常实施及信息反馈,以战略系统整体功能最大化的原则来实施控制与管理,处理好局部与整体的关系。任何孤立的、片面的、教条的为控制而控制的思想与行为都是对企业战略根本意义的歪曲。

13.1.3 战略控制的原则

战略控制必须遵循以下几个原则。

1. 发展性

战略的目的是企业的长远发展,因此,战略控制的重点是企业的目标和方向,在控制过程中应避免追求短期目标。在衡量一个战略的结果时,不应以其短期目标为准,而应以长远的眼光来看其对企业的作用。往往许多对企业长期发展有好处的战略在短期内效益并不佳,因此要以发展的眼光看战略。

2. 弹性

企业战略首先是一个方向,战略的实施方法允许多种多样,战略实施的控制亦因此而具有多样性,并在时间进度、数量要求等方面保持一定的回旋余地。因此,战略实施控制系统要具有弹性。保持方向的正确性,具有弹性的控制,往往比没有弹性的刚性控制效果更好。

3. 重点

在战略实施控制中,面对的事件非常多,战略控制应优先控制对战略实施有重要意义的事件及预先确定的容许范围的例外事件,即抓住战略实施重点,不能事无巨细、面面俱到。

4. 趋势控制

有时问题出现后再纠正为时已晚,所以要及早发现问题的苗头,观察企业活动运行的趋势,对早期出现的不良趋势及时纠正,如质量管理中的过程统计控制就是典型的趋势控制。

5. 自我控制

通过建立奖惩制度、目标管理、培训职工、适当授权等方法鼓励企业内各部门和人员主动地寻找偏差、纠正偏差,则控制效果会好得多。

6. 经济性

战略控制应注意在确保战略总目标的基础上的经济合理,盲目追求控制的完美而导致控制费用的急剧增长是不符合企业战略的根本要求的。

13.1.4　战略控制的类型

劳瑞格(P. Lorange)等认为,在企业中有三种类型的控制:战略控制、战术控制和作业控制。战略控制涉及与环境的关系以及企业基本的战略方向或态势。与此相对应,战术控制涉及战略计划的实施和执行,作业控制涉及短期的企业经营活动。

如同战略结构中有企业总体战略、经营单位战略和职能战略一样,企业也存在控制的结构问题,如图13-1所示。企业总部控制的重点是使企业内部各类活动保持一个整体的协调和平衡。在这一层次,战略控制和战术控制是最重要的方面。事业部级控制主要是维持和改进经营单位的竞争地位。在这里,战术控制占主导地位。在各职能部门中,控制的作用是开发和提高以职能为基础的显著优势与能力。由于时限较短,所以在这一层面,作业控制和战术控制是最重要的控制方面。依据控制的这种层次结构,战略管理人员应确保控制的三个层面融合在一起,并正确地运作。

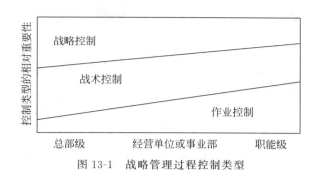

图 13-1　战略管理过程控制类型

13.1.5　战略控制的方法

根据控制时间与控制业务,战略控制的方法如下。

1. 事前控制

事前控制是指企业在战略实施前,为保证实施成功所进行的管理上的努力。在实施战略之前,要设计好正确有效的战略计划,该计划要得到企业高层领导人的批准才能执行。其中重大的经营活动也必须经过企业领导人的批准才能开始实施,他所批准的内容往往就成为该经营活动绩效的控制标准。这种控制多用于重大问题的控制,如任命重要的人员、重大合同的签订、购置重要设备等。

2. 事后控制

事后控制在企业经营活动之后。其工作的重点是要明确战略控制的程度和标准,把日常的控制工作交由职能部门人员去做,即在战略部门实施后,将实施结果与原计划标准相比较,由企业职能部门及各事业部定期地将战略实施结果向高层领导报告,由领导者决定是否要采取修正措施。

3. 同期控制

同期控制指战略实施过程中所进行的实时控制。企业高层领导者要控制企业战略实施中关键性的过程或全过程,随时采取控制措施,纠正实施中产生的偏差,引导企业沿着战略方向进行经营。这种控制方式主要对关键性的战略措施进行随时控制。

4. 业务控制

业务控制是在战略总体目标的指导下,为了战略的成功实施,对企业内部各部门的业务进展情况进行控制,主要的业务控制有以下五个方面。

(1) 财务控制。这种控制方式覆盖面广,是用途极广的非常重要的控制方式,包括预算控制和比率控制。

(2) 生产控制。这是对产品品种、数量、质量、成本、交货期及服务等方面进行控制,可分为产前控制、过程控制及产后控制等。

（3）销售规模控制。销售规模大小影响经济效果，若太大，则占用资金太多，也影响经济效益，为此要对销售规模进行控制。

（4）质量控制。其包括对企业工作质量和产品质量的控制。工作质量不仅包括生产工作的质量，还包括领导工作、设计工作、信息工作等一系列非生产工作的质量。因此，质量控制包括生产过程和非生产过程的控制。质量控制是动态的，着眼于事前和未来的质量控制，其重点在于全员质量意识的形成。

（5）成本控制。通过成本控制使各项费用降到最低水平，达到提高经济效益的目的。成本控制不仅包括对生产、销售、设计、储备等有形费用的控制，而且包括对会议、领导、时间等无形费用的控制。在成本控制中要建立各种费用的开支范围、开支标准等，并严格执行，要事先进行成本预算等工作。成本控制的难点在于企业中大多数部门和单位是非独立核算的，缺乏成本意识。

13.1.6 战略控制的手段

企业常用的战略控制手段有以下几种。

（1）预算。预算是一种以财务指标或数量指标表示的有关预期成果或要求的文件，它起着分配企业资源的作用，同时也是企业广泛采用的战略控制手段。它通过财务部门的开支记录、定期报表等来表明预算的实际收支以及两者的差额，然后报给所涉及的不同层次的负责人进行偏差分析，找出原因，确定纠正行为。

（2）统计分析。统计分析是指通过收集反映企业活动的各种数据，运用统计分析报表形成统计资料，显示实际与标准的差别程度，来确定纠正措施。

（3）专题分析。这是根据企业领导者的要求，由专门人员对特定问题进行调查研究，并在深入分析的基础上形成文字报告。这种手段能分析统计资料、会计资料所未能分析的更深层的问题及其产生的原因。

（4）审计。审计是通过客观地获得对经济活动和有关事件进行论断的论据，经过评价弄清所得论断与标准之间的符合程度，并把结论报告给用户或相关负责人，来采取纠正措施。

（5）经营审核。经营审核是在弄清经营成果的基础上，深入企业政策、程序、职权应用、管理质量、管理方法等方面的综合分析研究和专门分析研究，分析它们的效果，作出正确评价，从而推动经营管理工作的改进，保证战略目标的实现。

（6）个人现场观察。这是指企业各级领导深入现场，进行直接观察。一个有经验的领导者即使偶尔到车间或办公室走马观花地看一下，也能从中得到许多有用的信息。

13.1.7 实现战略控制的条件

实现战略控制有以下四个条件。

（1）完整的企业经营战略规划。战略控制是以企业经营战略规划为依据的，战略规划越是明确、全面和完整，其控制的效果就有可能越好。

（2）健全的组织机构。组织机构是战略实施的载体，它具有具体执行战略、衡量绩效、评估及纠正偏差、监测外部环境的变化等职能，因此组织机构越是合理、完善，控制的效果可能就会越好。

（3）得力的领导者。高层领导者是执行战略控制的主体，又是战略控制的对象，因此要选择和培训能够胜任新战略实施的得力的企业领导人。

（4）优良的企业文化。企业文化的影响根深蒂固，如果能有优良的企业文化的利用和诱导，对于战略的控制与管理是最为理想的，当然这同样也是战略过程中的一个难点。

13.2 战略失效与战略控制

经验表明，在战略实施过程中常常出现战略失效。所谓战略失效，就是指企业战略实施的结果偏离了预定的战略目标或战略管理的理想状态。造成战略失效的原因有很多，主要有以下几点。

（1）企业内部缺乏沟通。企业战略未能成为全体员工的共同行动目标，企业成员之间缺乏协作共事的愿望。

（2）战略实施过程中，受企业内部某些主观因素变化的影响，各种信息的传递和反馈受阻。

（3）战略实施所需的资源条件与现实存在的资源条件之间出现较大缺口。

（4）用人不当，主管人员或作业人员不称职或玩忽职守。

（5）公司管理者决策错误，使战略目标本身存在严重缺陷或错误，需要在实施过程中进行修正、补充和完善。

（6）企业外部环境出现了较大变化，而现有战略一时难以适应。

（7）用以实施战略的组织结构与战略模式或环境不匹配。

由于上述原因的存在，战略方案在执行过程中很有可能会偏离其预期的目标，这就需要通过控制来协调与解决，因此战略控制是企业战略的一个重要的不可缺少的环节。管理者必须关心以下一些问题。

（1）现行战略实施的有效性。

（2）制订战略方案的前提，如战略环境及预测等的可靠性。

（3）早期发现战略方案修正的必要性问题和优化的可能性。

（4）有无对战略方案与战略规划总体进行重新评价。

按照在战略实施过程中出现的时间顺序，战略失效可分为早期失效、偶然失效和晚期失效三种类型。在战略实施初期，新战略还没有被全体员工理解和接受，或者战略实施者对新的环境、工作还不适应，就有可能导致较高的早期失效率；此后，战略实施就像一叶扁舟驶入水势平缓的平湖，处于平稳发展阶段，但即使在平湖上，也会因为一些意想不到的因素使战略出现偶然失效；当战略推进一段时间之后，原先对战略环境条件的预测与现实变化发展的情况之间的差距会随着时间的推移越来越大，战略所依赖的基础就越来越糟，从而使失效率大为提高。把失效率在战略实施不同阶段上所表现出来的上述特征画成曲线，就形成了形似浴盆的"浴盆曲线"，如图13-2所示。

由此可见，战略是一个方向，其形成绝不是线性的。正如美国管理学家罗伯特·沃特曼（Robert Waterman）在《创新经营》一书中所指出的，追踪一家公司的真实战略路线，有

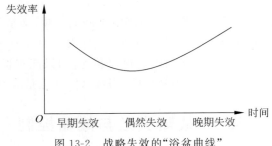

图 13-2 战略失效的"浴盆曲线"

一点像观赏一只蝴蝶飞过夏日的草坪,它的飞行路线好像完全没有规律、没有效率和不合理,但它却始终朝着某一点飞去。所以,一个原始战略是否有效,并不在于它是否被原封不动地运用到底,也不在于它的每个细小目标和环节是否都在实际执行中得以实现,而在于它能否成功地适应不可知的现实,在于能否根据现实情况做相应的调整和修正,并最终能有效地运用多种资源实现既定的整体目标,这就需要进行战略控制。

13.3 战略控制过程与系统

13.3.1 战略控制过程

企业战略控制活动贯穿于整个战略实施过程之中。无论是哪一种类型的控制,控制的过程基本上都是一样的,即将实际工作成绩与评价标准进行对比,如果两者的偏差没有超出允许的范围,则不采取任何矫正行动。如果实际工作成绩与评价标准的偏差超出了规定的标准,就应找出发生偏差的原因,并采取纠正措施,以使实际工作回到标准范围。

在控制过程中,预期的结果,即战略目标,在战略制定中就已经确立。评价标准是一个参照物,用它来衡量企业的行为是否达到了战略目标。评价的结果是将控制系统的输出与评价标准比较后得到的。一方面,如果输出与评价标准不符,则必须采取纠正措施。这些措施包括的范围很广,如改变预期目标、改变战略、改变企业的组织结构或者更换相关领导者等。另一方面,如果控制系统表明企业的活动正在达到评价标准,就无须采取纠正措施。

战略控制的目标就是使企业战略实施效果尽量符合战略预期目标,为了达到这一点,战略控制过程可以分为六个步骤:依据企业战略目标确定需要监测的经营活动,制定效益标准,衡量实际效益,评价实际效益,纠正措施和权变计划,反馈。战略控制的过程如图 13-3 所示。

1. 依据企业战略目标确定需要监测的经营活动

在实施战略控制过程中,首先应确定需要对哪些生产经营活动及其结果进行监测,其中结果应设定为指标,包括定性和定量的指标。因为一些战略活动的结果很难用定量指标来衡量,甚至用定性指标都很难衡量,因此需要对活动进行监测。确定这些活动和结果

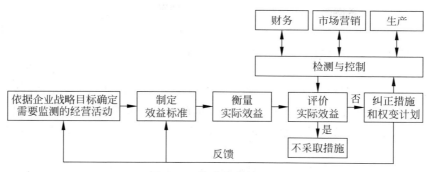

图 13-3　战略控制的过程

就是依据战略目标的分解。这些活动的过程及其结果应当是实现企业战略目标的重要环节和因素,并能够以比较客观和连续一贯的方式来监测。一般企业应将运行中费用支出比例最高和出现问题最多的领域作为监测或评价的重点。

2. 制定效益标准

这一步骤就是根据预期的战略目标计划制定出应当实现的战略效益。在此之前,企业需要评价已确定的计划,找出企业目前需要努力的方向,明确实现目标所需要完成的任务。其重点应放在那些可以确保战略成功实施的领域,如组织结构、企业文化和控制系统等。经过一系列的评价,企业可以找出成功的关键因素,并据此作为企业实际效益的衡量标准。企业常用的衡量标准有销售额、销售增长额、净利润、资产、销售成本、市场占有率、价值增值、产品质量及生产率等。

如从公司级和事业部或职能单位层级两个角度来制定效益标准:公司层级的效益衡量标准通常有投资报酬率(ROI)、企业销售净收入、高层管理人员生产率、关键效益领域运行情况等;事业部或职能单位层级的效益标准通常有标准成本、收入、支出、利润、投资报酬率等。其中,有些指标反映的是企业运行的结果,如投资报酬率等,可作为事后控制之用;有些指标反映的是企业正在进行的活动情况,如广告促销费、合理化建议、研发支出等,可以作为事前控制之用。

需要说明的是,在建立效益标准时,除了应该指明可接受的效益水平外,还要考虑容差范围。一般情况下,只要企业战略实施的实际效益落在容差范围以内,就可认为企业战略实施过程运行正常,即使出现了稍许偏差,也仍被看作是由于偶然的随机因素所造成的,可以不加调整。此外,从进行企业战略控制的需要看,所建立的效益标准不应局限于过程的最终结果,还应该考虑过程进行中的阶段结果。

3. 衡量实际效益

在这一步骤,企业主要是判断和衡量实现企业效益的实际条件。管理人员需要收集和处理数据与信息,进行具体的职能控制,并且监测外部环境和内部条件变化时所产生的信号。

外部环境信号比较重要,它们较难预测到,而且它们所产生的影响也较难确定。内部条件则比较容易控制,而且时间也较短。

变化的信号还可以分为强信号和弱信号两种。所谓强信号,就是指变化的信息全面而且明确,企业可以作出反应的时间和选择的余地都很少。这种强信号出现时,常常事先没有征兆。出现以后,企业也多不熟悉所产生的状况与原因。在这种情况下,企业一般会突然感到有重大的战略机会或威胁。弱信号常常会在强信号之前或伴随着强信号出现,企业管理人员在判断和衡量实际效益时,则应尽可能及早而且正确地捕捉到弱信号,对此进行监控,并制订采取反应措施的计划。此外,为了更好地衡量实际效益,企业还要制定出具体的衡量方法及衡量范围,保证衡量的有效性。

为了衡量企业实际效益,我们必须按如下几步执行。

(1) 初步评价。对企业的整体运行情况进行概况性了解,找出企业在战略实施过程中明显存在的问题,并把这些问题根据轻重缓急进行分类,根据时间和经费的许可情况,决定是否需要就其中的某些问题进行深入研究。

(2) 深入调查。根据初步评价确定出来的需要进行深入分析的问题,从企业的机构设置、资金运用、人才调配、产品制造、市场营销等方面出发,利用各种有效的调查方法对这些问题进行客观、全面的调查,以深入了解与问题有关的各种信息。

(3) 分析诊断。根据所掌握的详细信息,利用各种定量与非定量方法,对企业战略管理中所存在的问题进行系统分析,找出问题产生的根本原因,提出解决这些问题的对策建议。

(4) 建议实施。根据上面提出的对策建议,采取纠正措施解决所存在的问题,并对解决问题中可能出现的困难加以追踪、评价,以防止在解决一个老问题的同时,又带来一个更为棘手的新问题,从而保证战略实施的顺利进行。

4. 评价实际效益

在这一步骤,企业要用实际的效益与计划的效益相比较,确定两者之间的差距,并尽量分析出形成差距的原因,从而制定对策消除偏差。如果实际效益在标准所容许的范围内,通常不需要采取什么纠正措施,只要继续实施企业战略即可。如果实际效益落在容差范围之外,则需要找出产生偏差的原因,特别是对一些关键因素或问题进行深入的分析和研究,提出改进、修正的建议或方案。

图 13-3 表明,效益与标准比较的结果可能有两种:一种是效益与标准相符,或者偏差在可接受的范围内,战略可继续实施;另一种是偏差超出了可接受的范围,必须作出调整。调整可能有两种情况:一种是由于实施过程中的原因造成的偏差,要调整实施;另一种是战略制定的偏差,要调整战略。要调整实施,可能需要重新制订战略目标,进而重新对目标进行分解,这样就回到了战略控制过程的输入端。要调整战略,则就回到了战略管理过程的输入端。偏差的产生也有可能来源于战略制定和战略实施两方面的问题,在这种情况下,要首先调整战略,在战略确定下来之后,再规划战略的实施,在实施过程中避免出现同样的问题。

在比较过程中,有许多很难定量表示的效益指标,如企业商誉、公众形象等,通常采取定性描述与主观判断相结合的评价方法,这就使得比较结果具有很强的主观性。另外,即使对于可以定量表示的效益指标,作出单个指标的比较通常较容易,但如何把多个单个指标所反映的情况综合起来,会涉及加权综合评判问题,而在确定指标权重的过程中,也很难回避主观因素的影响。因此,在涉及带有大量个人主观价值判断的评价结论时,企业管理者必须非常谨慎,以免因为评价的主观性而影响企业战略控制过程的有效性。

5. 纠正措施和权变计划

在这一步骤,企业应考虑采取纠正措施或实施权变计划。在生产经营活动中,一旦企业判断出外部环境的机会或威胁可能造成的结果,则必须采取相应的纠正或补救措施。当然,当企业的实际效益与标准效益出现很大的差距时也应及时采取纠正措施。

企业在采取纠正措施时可以选用下列三种模式。

(1) 常规模式。企业按照常规的方式去解决所出现的差距,这种模式花费的时间较多。

(2) 专题解决模式。企业就目前所出现的问题进行重点解决,这种模式反应较快,节约时间。

(3) 预先计划模式。企业事先对可能出现的问题有所计划,从而减少反应的时间,增强处理战略意外事件的能力。诸葛亮的"锦囊妙计"、企业的"危机处理程序"等都属于该种模式。

权变计划是指企业在战略控制过程中为了在发生重大意外情况时必须采用的备用应变计划。这种计划也是一种及时的补救措施,可帮助企业管理人员及时处理意外情况。

6. 反馈

对通过评价工作绩效所发现的问题,必须针对其形成的原因采取纠正措施是战略控制的目的所在。如果工作绩效恰好令人满意且达到标准,这是最理想的结果。如果制定了评价标准,并对工作绩效进行了评价,但并未采取恰当的解决行动,那么,最初的付出将收效甚微。如果评价标准没有达到,管理人员就必须找出偏差的原因并加以纠正,这时要考虑以下几个问题。

(1) 偏差是否因随机波动因素而导致?如果答案是肯定的,则考虑到从本质上说,对于随机扰动因素在给定企业技术水平下是不可控的,所以,与其贸然采取纠正行动,不如暂时不做反应,静观其变。

(2) 战略实施过程中是否有不正确的做法?如果答案是肯定的,则只要找到原因所在,采取适当的纠正措施,改进现存的不正确做法或操作失误,就能防止类似效益偏差的再次发生。

(3) 战略实施过程本身的设计对于实现企业战略目标是否合适?如果不合适,则只有开发出新的实施方案或标准操作程序,才能从根本上纠正偏差并防止偏差的再次出现。

(4) 战略控制过程是否适当?例如,确定的效益标准是否合适?控制是否及时有效?方法是否恰当?显然,如果效益标准定得太高、太低或没有针对性等,都很难真正反映企业战略实施的效益情况,从而带来效益偏差。因此,在此情况下,企业需要对效益标准的合理性和适用性进行反思,以设计出更为合理的效益标准。

(5) 企业内外部环境是否发生了重大变化？企业内外部环境总是处于不断变化之中的，企业战略管理只有不断适应这一变化，才能永远立于不败之地。所以，对此问题的肯定回答，将要求企业战略管理者重新开始整个企业战略的形成与实施过程，此时的纠正行动涉及整个企业战略管理过程的再设计。

实际工作中，战略控制过程的输出结果影响着战略管理过程的其他阶段。例如，如果某一战略经营单元或事业部的利润低于预期水平，就需要重新检查该企业的目标及战略。如果工作绩效欠佳，可能是由于主管人员的不称职或玩忽职守，在这种情况下就必须撤换这些主管人员。由此可见，整个企业的战略管理过程实际上是一个反馈系统，它必须依据控制系统和组织环境的信息经常地调整。如果将战略管理过程视为一个反馈系统，则可以大大提高战略管理的有效性。图 13-4 所示为这一个反馈系统。

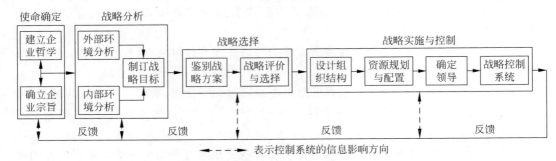

图 13-4 作为反馈系统的战略管理过程

13.3.2 战略控制系统

战略控制从整体上形成一个系统，有其构成及要求。

1. 战略控制系统的构成

在战略实施的控制系统中有三个基本的控制系统，即战略控制系统、业务控制系统和作业控制系统。

战略控制系统是以企业高层领导为主体，它关注的是与外部环境有关的因素和企业内部绩效。

业务控制系统是指企业主要下属单位，包括战略经营单位和职能部门两个层次，它关注的是企业下属单位在实现构成企业战略的各部分策略及中期计划目标的工作绩效，检查是否达到了企业战略为它们规定的目标。业务控制由企业总经理的下属单位的负责人进行。

作业控制系统是对具体负责作业的工作人员（包括职工及班组）日常活动的控制，它关注的是作业人员履行规定的职责及完成作业性目标任务的绩效。作业控制由各基层主管人员进行。

2. 战略控制系统的要求

为保证战略控制系统的正常运转，必须满足以下几点要求。

（1）控制标准必须与整个企业长远目标和年度目标相联系。有效的企业战略控制与管理必须将控制目标与各特定系统的绩效标准相联系，与资源的分配导向相联系，与外部环境的关键因素相联系，这样做有利于明确战略计划与员工的行为目标之间的联系。

（2）控制要与激励相结合。一般来说，当人们的行为取得符合战略需要的绩效时会产生激励作用。但在平时，人们的行为期望目标不是十分清楚，而有效的战略控制提供了控制的标准，使人们的行为期望目标明朗化、具体化。它提供了人们行为的期望与战略目标之间的清晰联系，这时的战略控制与管理就具有激励性的特点，这对有效地实施战略十分有用。

（3）控制系统需要有"早期预警系统"。该系统可以告知管理者在战略实施中存在的潜在问题或偏差，使管理者能及早警觉起来，提早纠正偏差。

（4）控制系统的经济性。控制系统既不能产生过多的信息，也不能提供太少的信息，应是最经济地获取或提供各部门所需要的最低限度的信息。

（5）控制系统的作用。控制必须与企业的关键目标相联系，并能为各层管理人员提供真正需要和有价值的信息。

（6）控制系统的效果。经常和快速的反馈并不一定就是好的控制，关键是要及时地提供给管理者有用的信息。例如，在试销一种新产品时，就需要快速的反馈。在长期研究和开发项目中，逐日、逐周甚至逐月地反馈进展情况是没有必要的。因此，应使设计的控制系统适用于所考核的活动。

（7）控制系统应能够提供活动发展趋势的定性信息。例如，知道某一产品市场占有率是上升、下降，还是保持稳定，与确定市场占有率的多少同样重要。类似这样的定性信息比仅用定量数据能更快地发现问题，从而有助于迅速地采取解决问题的行动。

（8）控制系统应有利于采取行动。控制系统输出的信息，必须传递给企业中需要根据这些信息而采取进一步行动的人或部门。如果提供给管理人员的报告仅仅是信息，那么，这些简单的信息（没经过加工分析）大都被忽视。另外，需要注意的是，并非企业中的每个人都需要所有的信息报告。

（9）控制系统应当是简单的。复杂的控制系统常常会引起混乱，而且收效甚微。有效的控制系统的关键是其实用性，而非复杂性。

管理信息系统是为便于战略实施和战略控制而设计的提供信息的系统过程。不管其复杂程度如何，它的目的是以系统化和整体化的方式，为管理人员提供信息。科学地设计和运行管理信息系统是非常重要的，如果它的设计及运行与企业的战略相配合，就能大大提高管理信息系统的应用价值。管理信息系统的设计应遵循下列原则。

（1）管理信息系统的设计和运行，必须满足战略决策的需要。

（2）管理信息系统要有利于系统分析人员和管理人员的协调合作。

（3）系统的输出必须适合管理者使用，避免出现过多的信息。

（4）系统改造前应慎重审查企业的信息系统。

（5）信息系统必须具有灵活性，以适应企业的环境变化。

本章小结

1. 归纳了战略控制的特点、原则、类型、方法、手段和条件。
2. 分析了战略失效的原因,战略管理者需要注意的几个问题,按战略失效出现的时间顺序给出了"浴盆曲线",通过分析指出企业要想达到预期目标,就必须对战略进行控制。
3. 重点介绍了战略控制过程以及纠偏时可以选用的几种模式。
4. 阐述了战略控制系统。

思 考 题

1. 战略控制的类型有哪些?
2. 简述战略控制应遵循的原则。
3. 简述战略失效的原因。
4. 企业为何必须对战略进行控制?
5. 企业在采取纠正措施时可以选用哪几种模式?
6. 为了保证所构造的战略控制系统的正常运转,必须达到哪几点要求?

第 14 章

战 略 变 革

1. 了解企业战略变革的必要性；
2. 明确企业战略变革的构成要素、一般路径影响因素；
3. 领会企业战略变革实施过程；
4. 了解企业战略变革时机选择与所遇到的阻力；
5. 掌握企业战略变革的基本方式与一般框架；
6. 重点掌握企业战略变革与组织复兴之间的关系。

兵无常势，水无常形；能因敌变化而取胜者，谓之神。

——《孙子兵法·虚实篇》

在当今时代里，我们每一天、每一分钟都必须讨论变革。

——杰克·韦尔奇

保险中介数字化变革提速

2023年2月16日，上海保险交易所（以下简称"上海保交所"）数字化保险中介交易平台上线人身险交易系统（以下简称"人身险交易系统"），标志着数字化保险中介交易平台建设版图基本完备。

据了解，人身险交易系统批量接入保险公司人身险产品，搭建起了贯通保险公司、保险中介的"高速公路"，是继车险之后保险公司与保险中介机构实现"高速通车"的又一赛道。

近年来，保险中介数字化进程加速，自2021年中国银保监会发布《保险中介机构信息化工作监管办法》（以下简称《办法》）以来，保险中介机构与险企之间的互通互联、数据对接更加安全高效，不断推动新型保险中介市场高质量的发展。

在科技发展趋势的不可逆转下，保险中介行业的数字化转型势在必行。此外，互联网平台加码保险业务，或将对传统保险专业中介机构形成冲击。保险中介在利用金融科技助力自身业务发展的同时，加剧了传统保险公司的"去中介化"趋势。

保险中介进入3.0时代。当前，我国保险中介行业正处于数字化时代，即3.0时代。

《中国保险中介行业发展趋势白皮书》指出，我国保险中介行业的发展演进可分为三个阶段：第一阶段，1.0 时代。1992 年，友邦保险（01299.HK）正式将个人保险代理人机制引入中国。这一时期，保险公司的传统营销人员占据主流，特点是以产品为中心。第二阶段，2.0 时代。2000 年后，江泰保险经纪股份有限公司等保险经纪公司成立，中国保险专业中介体系初步建立。这一时期，传统保险中介机构兴起，特点是以客户为中心。第三阶段，3.0 时代。当前，互联网技术的发展，涌现了依托场景与流量的新型数字化保险中介平台。这一时期，互联网公司在其流量或场景平台上打造数字化保险中介平台，特点是数字化。

《办法》的出台，进一步推动保险中介行业的数字化转型。《办法》对保险中介机构信息化工作提出全面要求，保险中介机构信息化建设势在必行。《办法》规定，保险中介机构应当与合作的保险公司实现"系统互通、业务互联、数据对接"，与保险中介监管相关信息系统也进行"数据对接"。同时配备相应的安全机制，全面保障平台数据安全。

普华永道会计师事务所于 2019 年发布的《中国保险中介行业发展趋势白皮书》指出，科技与创新是未来保险中介发展的核心因素。在信息科技时代，越来越多的保险中介公司将利用科技手段改善服务流程，通过智能服务缩减人力成本、提升效能。在新型专业中介创新业务模式下，保险公司和新兴互联网平台合作，采用数字化创新手段建立保险保障场景，以实现高客户转换率和精准营销。

保险中介公司的数字化发展趋势主要有两个特点。2020 年，中国互联网金融协会互联网保险专业委员会发布的《保险行业数字化转型研究报告》指出，一是竞争壁垒已出现向"产品+服务"的模式转变：开始为保险公司提供产品研发、用户分析等服务，为客户提供风险管理咨询、保障方案定制等服务，为保险代理人提供移动展业工具等服务。二是行业内的多元主体更多转变为竞合关系：以平台积累的客户数据为基础，与传统保险公司合作开展客户需求分析、保险产品开发等；数字化中介平台将在开放的生态中通过连接各合作伙伴的能力，提供综合解决方案。

预计对接效率提升 50%。保险中介在数字化进程中，一方面不断强化与保险公司的安全高效对接，另一方面通过科技赋能进一步助力险企提供更符合用户需求的产品和服务。

业内人士表示，在当前保险市场体系中，保险中介机构在对接合作保险公司业务系统过程中，面临着对接支持难、对接成本高、对接周期长等痛点。尤其是一些中介机构自身还存在着合规经营水平低、风险防范能力差等顽疾，掣肘了整个行业的健康发展。

对此，2021 年，上海保交所与中国银行保险信息技术管理有限公司正式签署合作协议。双方以数字化保险中介服务平台为抓手合作。该平台是支持保险中介机构与保险公司实时联通和集中交互的行业级平台，并发布了车险系统对接标准，服务保险中介信息化建设的成效初步显现。

对于近期上线的人身险交易系统，据了解，其支持财险公司、寿险公司、养老险公司等与保险中介机构的"一次接入、全面联通"，支持重疾、年金、医疗等人身险产品上线运营，可提供出单连接、运营管理、资金结算等全流程交易服务，以安全高效的"数字桥梁"推进保险供需互联互通。上海保交所预计，该系统可将对接效率提升 50%，单次对接成本降幅达 80%。

上海保交所党委副书记、总经理李峰表示，人身险交易系统的上线是降低数字化成本以及实现互联互通的有效途径：一方面，人身险交易系统为保险中介交易提供交易撮合、数据清分、资金结算、信息查询等一站式综合服务，实现佣金结算的标准化、集中化、规范化；另一方面，为市场参与者提供安全高效、公平可靠的结算渠道，提高市场的运行效率和整体流动性，强化场内交易行为监管，实现整个交易市场的动态良性循环，为保险领域和保险销售市场不断颠覆式创新提质增效。

在助力险企提供更符合用户需求的产品方面，水滴开放平台推出线上线下融合的产品。一是销售支撑解决方案，一方面帮助传统保险机构提升线上获客能力和服务能力，另一方面建立线上用户与线下代理人匹配、信任和连接通道；二是行业赋能解决方案，其将产品、营销、运营、风控、理赔、大数据等能力，打包输出给有需要的合作者。基于专业的SaaS（软件运营服务）系统，以轻量级的方式接入。此外，其推动行业参与者采用"线上＋线下"的运营场景和营销场景，掌握用户的喜好与行为习惯，提供个性化产品和服务。

另外，在保障信息化合规方面，2021年11月，众安信息技术服务有限公司（以下简称"众安科技"）推出"保险中介核心2.0"。据了解，该平台立足合规和转型，链接近百家保险公司产品。通过该平台，保险中介机构可配置面向A端（代理人）、B端（渠道）和C端（用户）场景的科技工具，在保障信息化合规的同时，预留数字化转型的技术空间。

迎来"全渠道"监管。打造数字化的核心能力，是保险中介机构未来长期发展的驱动力。与此同时，在数字化转型的过程中，保险中介也面临诸多挑战。

中南财经政法大学保险研究所所长刘冬姣认为，保险中介机构的信息化、数字化还有待突破。在当前的中介监管制度下，保险公司正在进行信息化、数字化再造，保险中介机构在经营管理上存在多方面挑战，必须通过信息化、数字化实现转型发展。当前专业中介机构要做的就是打造数字化的核心动能，以此来驱动保险中介机构的长期发展。

在科技赋能之下，保险中介面临的是趋严的监管环境和"数字监管"。《保险行业数字化转型研究报告》指出，随着保险中介公司数字化进程的推进，保险中介市场将迎来"全渠道"监管：有关部门高度重视保险中介行业的乱象问题，并已逐步通过监管手段，对运营管理活动提出新要求。

众安科技总经理助理田海江也表示，未来中国的保险中介在数字化的平台上有可能面临三大问题：第一是更加趋严的监管环境；第二是更加剧烈的竞争环境；第三是全行业统一的转型需要。

对此，保险中介公司在风控管理方面的数字化建设能力也尤为重要。泛华金融控股集团副总裁兼泛华云服集团董事长刘力冲认为，风控必须有数字化建设，要全面优化风险管控及流程管理，对于继续率低、退保或是恶意退保等问题进行分析，以提升风控能力。

资料来源：杨菲，郑利鹏.保险中介数字化变革提速[N].中国经营报，2023-03-20.

当新的战略路径与原有战略路径有较大变化时，企业需要作出较大的调整，进行战略变革。战略变革是指用现行的计划和概念将企业转换成新的状况的渐进与不断变化的过程，是为了提高组织成效而对现有组织进行改造的过程。一般来说，企业中的战略变革是一项"软任务"，即有时候不改变，企业仿佛也能运转下去，但如果要等到企业无法运转时再进行战略变革,就为时已晚了。因此,企业管理者必须抓住变革的征兆,及时进行战略变革。

通常企业进行战略变革的征兆有以下几个。

(1) 企业经营成绩的下降。如市场占有率下降、产品质量下降、消耗和浪费严重、企业资金周转不灵等。

(2) 企业生产经营缺乏创新。如企业缺乏新的战略和适应性措施,缺乏新的产品和技术更新,没有新的管理办法或新的管理办法推行起来困难等。

(3) 组织机构本身病症的显露。如决策迟缓、指挥不灵、信息交流不畅、机构臃肿、职责重叠、管理幅度过大、扯皮增多、人事纠纷增多、管理效率下降等。

(4) 职工士气低落,不满情绪增加。如管理人员离职率增加,员工旷工率以及病、事假率增加等。

当出现这些征兆时,战略变革则变得至关重要,它的作用主要体现在:提高组织适应环境的能力,确保组织的生存与发展;增加组织的活力和员工行为的改变,促进各项工作的改革与创新。

战略变革是一个系统工程,涉及方方面面的关系,因此必须讲究策略,包括变革方针的策略、变革方法的策略、应对阻力的策略。变革方针的策略主要是指要积极慎重,综合治理。这要求,企业首先做好调查,做好宣传,积极推行。其次,战略变革工作和其他工作配合进行,确保变革过程稳步推进。

由于战略变革是对权力和利益关系的重新调整,因此战略变革可能会面临巨大的阻力。其主要来源于以下三个方面。

(1) 利益冲突。利益冲突包括对已有权力关系的威胁、对已有资源分配方式的威胁和对专业知识的威胁带来的利益冲突。

(2) 机构惯性。机构惯性使得依托于机构的程式化流程在未建立起新的机构之前,员工仍会遵循原有的流程。

(3) 不确定性的规避。由于变革必然会带来不确定性,而人们普遍具有规避不确定性的心理,因此变革总会受到人们一定程度上的心理抵触。战略实施必须有一定的方法能缓解变革中的压力,让大多数人能够支持变革,渐进性变革方法通常是企业比较好的选择。

14.1 企业战略变革的必要性

在当今世界上,唯一不变的就是变化,而变化必然引发新的问题,特别是在当今科技日新月异、竞争日益激烈的环境中,企业唯有保持高度弹性、充满创新与活力,才能在市场上继续生存。从这个意义上说,企业最大的问题不在于外部环境发生变化,而在于企业自身能否根据这种变化采取相应的变革行动。

随着经济的发展、社会环境的变化,以及企业自身的发展,原有的战略可能不适应新的环境,甚至会制约企业的发展,企业必须通过战略变革来适应新的环境,从而实现长期发展。

14.1.1 战略变革的基本含义

一般来讲,战略变革包含两种形式的变革:一种是企业组织的重大结构性变革,另一种是企业战略的变革。前者是构成西方战略变革管理理论的主要内容。英国曼彻斯特管理学院教授伯恩斯(Burnes)认为:组织理论也就是变革理论。在大量关于组织变革的研究文献中,也有涉及企业战略变革的内容,但它处于从属地位,这与战略管理的产生时期较晚有关。随着人们对战略管理的逐步重视,以及企业所处的外部环境的不确定性、不连续性和难以预测性,西方管理学界对企业战略变革的关注与日俱增,关于这方面的研究文献也于20世纪80年代后期开始出现。目前,此理论正在深入发展,而国内管理学界对它却较少关注,大多聚集于企业组织变革。

近年来,权变理论的运用范围逐渐扩大到组织理论。权变理论的组织设计观念认为,不可能建立一种万能的管理模式,也没有一种"最好"的管理模式,只有"最适宜"的管理模式,企业组织需要根据不同条件来选择和设计不同的组织模式。

权变理论认为,权变的最基本缘由是变化的环境,企业组织变革的根本原因在于企业内外环境的变化,权变理论称之为权变变量。选择新的组织或改革旧的组织,必须对这些权变变量予以充分的考虑,然后才能依据权变变量的变化设计不同的组织模式。

美国"现代管理学之父"德鲁克认为:世上没有放之四海而皆准的设计,每一个企业机构的设计,都必须以配合其使命和策略的主要业务为中心。随着权变理论被越来越多的管理者接受,其核心思想也被越来越多地用于企业的战略管理之中,这就是战略变革。因此可以说,战略变革的理论基础就是权变理论。

所谓企业战略变革,就是指企业为了获得可持续竞争优势,根据所处的外部环境或内部情况已经发生或预测会发生或想要使其发生的变化,结合环境、战略、组织者之间的动态协调性原则,并涉及企业组织各要素同步支持性变化,改变企业战略内容的发起、实施、可持续化的系统性过程。

14.1.2 战略变革的种类

我们在探讨了战略变革的含义后,再来介绍战略变革的种类。理查德·L.戴富特(Richard.L.Daft)在1992年对企业为了适应环境和在市场条件下生存而推行的战略变革进行了分类,共有四种类型。

(1) 技术变革。技术变革往往涉及企业的生产过程,包括使之有能力与竞争对手相抗衡的知识和技能。这些变革旨在使企业的生产更有效率或增加产量。技术变革涉及工作方法、设备和工作流程等方面。

(2) 产品和服务变革。产品和服务变革是指企业产出的变化,包括开发新产品或改进现有产品,这在很大程度上影响着市场机会。

(3) 结构和体系变革。结构和体系变革是指企业运作的管理方法的变化,包括结构变化、政策变化和控制系统变化。

(4) 人员变革。人员变革是指企业员工价值观、工作态度、技能和行为方式的转变,目的是确保职工努力工作,完成企业目标。

14.1.3 企业战略变革的必要性

(1) 政治法律环境变化的需要。首先,政府职能的转变为企业战略变革提供了制度性基础。以我国为例,在政企职责分开后,联结企业与政府的隶属关系被切断,企业进入法人治理结构阶段,政府对企业的管理也从部门管理转为行业管理。其次,政府为保证宏观调控目标的实现,一个重要手段就是加大各种立法和执法力度,以完善的法制体系规范企业行为。法律环境的变化也会影响企业战略的变化,如反不正当竞争法等。最后,一些新的制约因素不断出现。例如,环境保护的强化和社会伦理标准的重构对机构既是一种潜在的制约,又孕育着新的机会,对环境有害或被认为不公平或非伦理的行业,受到更多的限制。

(2) 企业自身发展的需要。组织本身的因素也是战略变革的内在推动力量,如企业前期业绩、战略、高层管理团队特点等方面的变化都将成为战略变革的诱发因素。

毫无疑问,企业的前期业绩是战略变革的重要内在因素。一般而言,业绩不佳更容易引发战略变革。当企业面临业绩不佳或业绩下滑时,更可能从战略内容或战略实施甚至战略决策的过程中寻找问题的根源。

企业内部应变管理能力弱,是许多已破产的企业和濒临破产企业的通病。应该说,管理变革为战略变革创造了基础条件、增加了动力;同时,战略变革为企业的管理变革提供了政策依据和发展方向上的指导。所以,企业在不断通过管理变革来完善自身发展的同时,一定还要充分关注战略变革;否则,将很容易迷失正确的发展方向。目前,我国很多企业正处于重要的转型期和战略变革期。要成功而快速地实现企业的发展目标,很重要的一点就取决于战略变革和管理变革上的密切配合与快速跟进。

(3) 经济全球化的需要。20 世纪 90 年代以来,以信息技术为中心的高新技术迅猛发展,不仅冲破了国界,而且缩小了各国和各地之间的距离,使世界经济越来越融为一个整体。目前,经济全球化已显示出强大的生命力,并对世界各国经济、政治、军事、社会、文化等方面,甚至包括思维方式等都造成了巨大的冲击。这是一场深刻的革命,任何国家也无法回避,唯一的办法是去适应它,积极参与经济全球化,在历史大潮中接受检验。经济全球化是一把"双刃剑"。与此同时,它也加剧了国际竞争,增多了国际投机行为,增加了国际风险。企业面临的经营风险是不可避免的,因此企业必须及时调整自己的经营战略。

(4) 中国加入 WTO 的需要。加入 WTO 既为中国经济持续稳定发展带来了历史性机遇,同时也给中国许多产业的发展带来了严峻的挑战。随着关税的降低,国内商品的价格优势将会逐渐消失。技术与管理水平与发达国家存在差距,也会给经济发展带来负面的影响,主要体现在以下几个方面。

① 在市场开放后,一些严重重复建设的行业和企业会受到市场竞争机制严厉的惩罚,相当一部分企业要重新选择发展方向,还有一部分企业会被淘汰。

② 由于中国高科技行业的发展起步较晚,不少行业和产业还是空白,国外企业就有可能长驱直入地抢先占领市场,从而对这类企业的生存产生极大的压力。

③ 加入 WTO 是以降低关税为主要代价,中国目前一些质次价高的产品会更快地被

淘汰,而这样的产品又多集中在劳动密集型的传统产业中,因而这些传统产业中的企业的经营风险将会增大。

所以,我国的企业应该充分重视企业战略变革的作用,力争在国际竞争之中立于不败之地。

(5) 市场变化的需要。目前,我国乃至全球的市场都出现以下主要特征:①买方市场的形成;②市场微型化;③市场竞争程度加剧;④市场的全球化。

消费偏好的快速变化导致产品生命周期日益缩短,使得建立在大规模生产基础上的传统竞争战略面临新的挑战。企业需要寻求既能制定接近大规模生产的价格、又能满足个性化需要的生产方式。在国外,许多行业的生产企业正在从传统的大规模生产方式向大规模定制生产方式转变。相应地,战略也需要从基于大规模生产的理念向大规模定制理念转变。然而,大规模定制战略是对传统战略的巨大挑战。

企业保持生存和继续发展的前提,就是它所提供的产品或服务满足市场需要。企业不仅要满足当前经营和管理的需要,也要满足当前经济显示出来的一些变化的需求,以提高企业管理效能、增强企业发展后劲,战略变革就是企业保持竞争优势必不可少的一个环节。

(6) 科学技术发展的需要。管理创新和技术创新一起被称为企业竞争中起决定性作用的两个车轮,而科技往往在一个社会发展中起到了先导的作用。科学技术的迅速发展,促进了企业管理模式的发展与变化。例如,科技进步要求企业改变传统的粗放型管理方式和经济增长方式,大力发展循环经济,推行清洁生产,建立资源节约型和环保型企业,变高投入、高消耗、低产出、低效能的发展方式为节约资源、质量效益优先的发展方式。因此,企业的发展战略也应紧紧围绕科学技术的发展,进行及时调整,以科技创新促进管理创新。

14.2 企业战略变革的要素与一般阶段

14.2.1 企业战略变革的要素

对成功的企业战略变革来说,有以下三个必需的基本要素。

(1) 战略。对要达到目标的富有激情的坚定信念。战略必须明确合理,所做的承诺必须兑现。越是描述清楚的战略,越容易让人理解,也就越能转换成行动。

(2) 执行。良好的基础管理。一项成功的变革,要求公司有良好的管理实践。这种基础管理实践要求在稳定和"正常"的程序中能有效率地让公司运行。当一个公司正经历重大的变革时,良好的基础管理是绝对不可少的。

(3) 应对变革中的各种困难的能力。这要求提高领导者对人的内在情感以及行为的敏感度,并把握他们的愿望。

14.2.2 企业战略变革的一般阶段

在一个新的世界里,旅行是对战略变革经历的一个很好的比喻。不管你做了多少准备,也不管你是多么有经验的旅行者,你都将陷入一系列意想不到、令人捉摸不透的情形和事件中。企业战略变革通常经历以下五个阶段。

(1) 停滞。停滞的因素很多,如战略规划的不合理、领导能力的缺乏、市场的变换、一个产品的失败、缺乏新的产品和服务、资源或人力资本十分有限、落后的技术和工艺或计划实施不力等。这些导致停滞的因素可能会给企业带来内部和外部的停滞信号,如过时的产品或服务、销售额下降和市场占有率减少、被顾客抛弃以及人才流失等。在一些科技公司和刚开办的公司里可能会完全陷入停滞而没有任何上面提到的信号出现,这些公司停滞的表现是,在新闻界没了新闻报道或没有能力吸引新的资金和急需的人才。

结束停滞阶段只能由拥有强烈变革愿望的权威领导层来实现,如首席执行官、董事会、大股东或是内部的一个执行委员会。有两大类行为能够结束停滞:外部行为和内部行为。外部行为包括接管、合并和收购、杠杆收购、解除管制或私有化导致的重组;内部行为包括财产强制处理、业务转型、调整结构、削减成本、工艺调整和首次发行股票等。

(2) 准备。准备阶段会持续几个月,遇到政府审查批准时还要更长的时间。具体可操作性工作包括:设计新的组织结构、明确职位和责任、确定产品和服务以及如何进一步挖掘潜力、合理布置设施等。领导者必须充实并完善变革计划,好让经理们和员工们对将要执行计划所需要的细节进行补充。准备阶段介于充满渴望和充满不确定性两者之间,喜欢实践的执行官倾向于略过这个阶段。这容易使变革表面看似被大家认同,而实际朝不同方向盲目行动。

(3) 实施。此时变革的旅程开始了。在准备阶段出现的威胁感、恐惧感、疲惫感以及不确定感现在又会夹杂着困惑感、冷漠感、怨恨感、不能胜任感和情绪的变化无常。与此同时,这些感觉中也伴随着信任感、兴奋感以及希望被人重新认识的愿望。人们仍然在多方面下注,以防万一。

变革不仅是要描绘一个新结构的蓝图,更要去改变人们的思想观念、精神状态和工作内容。在实施阶段交流和沟通非常重要,尤其是你试图让人们去做跟以前不同的事情时。分派任务提出要求,倒不如回答他提的问题或向他解释这项决定是怎样作出的。人们需要知道之所以作出这些决定的初衷和想法。这个阶段需要全体参与。

(4) 巩固。这个是最容易失败的危险阶段。此时要明确所有努力的结果到底会怎样,公司由此也就进入一个疲劳期。如果能够始终保持对变革的高度关注,能够真心诚意地去解决问题,那么即使在需要特别下功夫的情形下,变革也会充满活力地持续向前推进。但是如果管理层没有关注变革的进程,也没有理会一些问题,那么即使取得了某些成功,整体的感觉也将是:"一些事情出了严重的错误。"如果真是这样,也就离变革失败不远了。

要想在巩固阶段成功地领导变革,领导者必须设法调整好人们的预期能力和经验。消极的事件毫无疑问地会发生,但是承认和正确处理挫折,会为增强变革的可信度和鼓舞员工的士气带来意想不到的效果。

(5) 收获。至此,可以宣布战略变革结束。只有极少数的领导者能够认识到,对一个公司最重要的遗产不仅仅是赢得一场成功的变革,而是要教会公司如何进行持续的变革和增强适应性,并通过激发人们的愿望来完成它。当一个公司发现自己的成员成为全身心对付怪兽的一群高手时,变革就会变成他们准备要迎接的挑战,而不是要撤退的危险信号。

14.3 企业战略变革的影响因素分析

近年来,企业之间的竞争非常激烈,已进入白热化阶段。同时,企业所处的行业与环境都趋向复杂、动态与不确定的发展过程。企业发展的过程就是一个不断适应外部环境变化和积累自身内部能力的动态过程。为了保证企业可持续发展,基于环境的变迁和自身资源与能力的变化,企业有必要对原有战略进行重大调整。

14.3.1 影响企业变革的因素

1. 企业领导

高层管理团队对战略变革的影响主要表现在:当高层管理者不是企业的所有者时,根据委托代理理论,高层管理者将按他们个人的利益最大化目标作出实际决策,如盲目扩大企业规模。作为企业所有者的管理者,与那些不是所有者的管理者相比,可能更不愿意偏离组织的先前战略。

企业在战略变革过程中会遇到无数的阻力,因此企业需要有一批人尤其是高层管理者坚定地拥护变革。支持变革的管理者权力越大,变革成功的可能性也就越大。这是因为只有企业的高层领导才能最清楚地告诉员工战略变革的重要性和必要性。企业的最高领导层不能仅仅确定战略变革将要达到的目标。为了实现战略变革的目标,他们还应该规划并积极参与战略变革的过程。只有这样,才能向全企业表明变革的重要性,也有助于变革目标和变革过程的协调统一。

当然,除了高层领导要全身心投入变革中去,各部门管理者也必须理解他们在企业变革中的角色。他们在变革中起管理和激励变革的作用。为了确保各级管理者理解自己在变革中的领导角色,企业应该提供一些针对性的培训课程。所有成功实现企业变革的企业都表明,在企业变革的过程中,正规的教育与培训是相当重要的因素。

2. 企业文化

在战略变革不可避免时,及时创建一种支持战略变革的组织文化是变革最终获胜的根本因素。

战略和文化之间的关系,就好像是人的行为与精神的关系。人先有了精神,然后才有在精神支撑下的行为,而行为又影响人的精神。

中国加入世界贸易组织之后,企业面临着国际市场竞争,企业的战略都存在变革问题,而战略变革首先涉及的是组织中的人和文化。组织文化主要是组织的非正式制度在发挥作用,战略变革会影响到组织中某些群体的利益,如果对他们而言是有利的,这种组织文化便会支持战略变革,而一旦这些群体不喜欢战略变革所带来的结果,组织文化便会成为问题之源。对于大部分中国企业而言,如何变革既有战略以适应国际市场竞争,是未来几年或者是相当长时期内都要认真思考的问题,因此,如何创建适合战略变革的企业文化也就成为必选之题了。

3. 员工参与变革的积极性

在战略变革中,如果得不到企业员工的支持和积极参与,变革是不可能成功的。为促进员工积极参与变革,企业应该做到以下几点。

(1) 赋予员工更多权力和责任。例如,在业务流程再造中,只有在流程专家的指导下,员工参与改造流程,方能获得成功。因此,应赋予员工改变流程的责任和权力,流程改造如果失败,他们应该负相应的责任,如果改造成功,员工也应得到相应的奖励。

(2) 注重对员工的培训。通过培训,可达到两个目的:其一,加深员工对企业业务的理解,以帮助他们理解为什么要进行变革、在哪些方面应该变革;其二,帮助员工掌握战略变革所需的技能。如果授予员工更多的权力和责任,但却没有教会他们实施变革的技能,最终可能会导致南辕北辙。培训包括针对新上任管理者的领导技巧和员工胜任新工作所需的技术等。

(3) 经常调查员工的态度和行为,将调查结果反馈给员工。这有助于员工清楚变革的过程,并帮助管理者了解企业文化变革达到何种程度,还有哪些地方没做到位。

4. 变革过程中的沟通和评估

在战略变革过程中,沟通是相当重要的,具有以下几方面的作用。

(1) 企业的高层领导需要通过沟通将企业的愿景和战略传达给各级员工。

(2) 有助于管理层和员工了解战略变革的进展,以及还有哪些地方没做到位。

(3) 利用多种沟通途径,管理层将重要的信息传达给员工,员工也可向其他员工提供帮助或者寻求帮助。

管理层和员工之间注重沟通,会让员工感受到领导层的关注,一起克服变革中遇到的种种困难。为了促进良好的沟通,掌握一定的沟通技巧是相当重要的,交互作用是提高各级员工沟通技巧的非常好的培训课程。

评估对战略变革的成功也至关重要。在变革过程中,企业应当及时评估变革的进展和当前的状态。评估的指标包括两类:一类是一些传统的企业绩效指标和财务指标;另一类是软性指标,如大股东、客户、中高层管理者的意见等。这些信息有助于评判变革是否合适,促进大家对变革过程的理解。通常,评估结果应该及时反馈给所有的员工。

只有大部分企业成员理解、接受新的企业战略,企业战略变革才拥有成功的群众。因此,要有机结合人力资源管理和企业战略变革。由于管理者和普通员工在新战略执行中角色和职能的不同,人力资源管理措施的侧重点也有差异。针对高层管理者,注重沟通、合作、补偿和控制,减少权力性阻力;针对中层管理者,着重培养和选拔,发挥其在组织中承上启下的特殊作用;针对低层管理者和普通员工侧重于沟通、培训和教育,加强企业战略变革的基础动力。

5. 人力资源管理制度是否与战略变革的目标保持一致

人力资源管理制度和政策是与企业的愿景、战略相一致的。对多数企业而言,经过多年的积累,已经形成一套相对稳定的人力资源管理体系。然而,在战略变革中,企业有新的愿景、战略,这时,旧有的人力资源管理制度(如薪酬、绩效考核,员工发展等)可能不能满足战略变革的需求,因而需要适当地改变,以配合战略变革的发展。例如,绩效考核制度和所使用的绩效考核方法,应更关注有利于促进文化变革的要素及其他促进变革的要素。同样,绩效管理和薪酬制度也要做相应的调整。

成功管理战略变革的企业,在人力资源管理方面往往会把握两点:一是使员工的态度和行为适应新战略的要求;二是充分重视中层管理者的独特作用。法国 Flair 有限公司总经理赋予运作部经理在战略形成方面比较充分的选择权;美国国民半导体公司通过举办研讨组、训练领导变革项目等措施来培养中层管理人员。

14.3.2 战略变革失败的原因

科特于 1993 年在《哈佛管理评论》期刊发表的有关变革失败原因的论述,认为造成变革失败的主要原因如下:在公司各层管理人员还没有形成危机感、紧迫感的时候,就开始实施变革;未能建立起强有力的联合指导委员会;低估了设想、目标的作用;设想、目标的宣传效果不佳;对阻挠新设想实施的障碍听之任之;未能创造短期效益;过早宣布获得成功;不重视使改革意识扎根于企业文化中。

为此,企业要实现有效的战略变革,应当:提前在组织中形成紧迫感、危机感;建立联合指导委员会;努力构思新设想,制定相应战略,并将其细化;雇用、提拔和培养能实施改革设想的人;在战略实施前传播改革设想;战略实施中授权各级员工采取行动;最好能够在变革中创造短期效益,使变革得到广泛支持;在变革成功后,必须巩固成果,深化改革,使新结构、新系统在组织文化中制度化。

战略实施或战略变革后,企业往往需要进一步进行评估,吸取经验,决定下一步工作。每一个企业都应当警惕成为自己战略的奴隶,因为即使是最好的战略也迟早会过时,定期地评价战略会防止管理者的自满。

14.4 企业战略变革的实施过程

一个完整的企业战略变革实施过程包括变革前的准备、变革的实施、战略变革的跟踪与持续改进三个阶段。

14.4.1 变革前的准备

1. 摸清企业现状

明确企业现状是实施企业战略变革的第一步,也是非常重要的一步。作为企业,首先要清楚自己的现状,也只有清楚自己是真的生病了还是处在亚健康状态之后,才会采取相关措施。毕竟企业不是为了管理而管理,企业任何管理的变革都必须有充分的内部数据和事实作为依据,抛弃了这些数据和事实,企业战略变革实现的可能性非常小。企业经常采用的问卷调查、面对面的交流沟通、收集文件及记录、笔录、会议、座谈等活动都是为了摸清企业现状,找出自身的优势与不足。

2. 确定战略变革目标

企业的任何行为都必须具有一定的目标,没有目标的计划或任务是没有任何意义的。通过对企业现状的调查与摸底,以 SWOT 等方法来分析我们所收集的这些数据,对影响企业运作或产生瓶颈的因素做阐述与分析,明确企业变革的目标,以及通过实现这个目标而解决的企业问题都必须翔实。当然,这个过程多数采用的是座谈、会议和面对面沟通等方法。这个阶段的主要任务就是实现企业内部多数员工对目标的认可。

3. 目标分解及项目计划确定

企业变革只有大的目标是不现实的,是没有可操作性的。要使企业的目标可以实际操作,就必须采用结构分解的方式对企业战略变革的大目标进行层层分解,也只有将所有的子目标或子任务都分解到相关岗位,这个目标才有意义。其实在战略变革过程中,多数员工是不可能非常清楚所有目标的,但是多数岗位上的员工都想知道自己到底要干些什么。所以,积极地沟通和协调,明确相关岗位的任务,然后让员工自己理解并完成任务,是企业战略变革倡导的重要方法之一。企业战略变革负责人必须将员工个人承诺的内容与其绩效挂钩,也只有这样操作,才会使员工在战略变革中既有压力也有动力。

4. 战略变革内容的模拟、讲解及发布

战略变革是个复杂的过程,它应该属于一种系统的社会工程,在这个工程里面,所有的人际关系都是我们要积极面对的。因此,在企业准备实施战略变革的阶段完成以后,就需要对这个阶段定性、定量的内容进行模拟现场操作、讲解和座谈,让员工明白企业要提倡什么和反对什么。通过模拟,使员工清楚企业要求的内容;通过讲解,让员工清楚模糊的地方;通过发布,让员工清楚战略到底在什么时间进行切换。

5. 战略变革内容培训、宣传及试运行

战略变革实际上是一种思想上的斗争。既然是斗争,就肯定要有牺牲,企业要做的就是把这种牺牲降到最低限度,降到企业可以接受的范围。因此,战略变革内容的发布是一个里程碑,也是长远规划的第一步。要使长远规划能顺利地完成,就需要对这些变革的内容进行阶段性、计划性培训、宣传和试运行。通过试运行,找出模拟中没有发现的问题或不足,并及时改进。

14.4.2 变革的实施

1. 战略变革管理团队的建立

在第二阶段开始时,企业应该建立一个由高、中、低层管理者和关键员工组成的战略

管理团队,对战略变革实施综合、系统管理,尤其要注重中层管理者和关键员工的角色与作用。中层管理者承上启下的有机联动性和关键员工对战略执行绩效的第一线真实感受和认识,是正确发起和实施战略变革不可或缺的要素。

2. 培育战略学习机制,提高企业战略的转换能力

企业战略作为连接企业组织和环境的纽带,通过环境、组织和战略三者间的反馈式互动成为企业获取可持续竞争优势的重要途径和前进方向。战略学习机制在其中起着基础性作用。组织学习是以组织为基本单位的知识创新过程,所以要充分重视各种形式的企业知识创新活动,使企业在实施战略变革时充分保证变革按照既定时间进行,并提高战略变革质量。

3. 合理、谨慎地设计企业战略的变革过程

企业战略的变革要经历发起、制订方案、贯彻执行。其间伴随着绩效评估阶段,是一个长期复杂的系统过程,需要深入调研、认真制定和扎实推行,应做到循序渐进、步步为营,不能凭借"长官意志"而武断拍板,想一蹴而就。

4. 改变企业文化

无论是战略还是文化都需要变革,战略的变革会带来不确定性和风险。尽管战略必须做好各种资源的评估,但由于企业文化的存在,不同个体对战略变革结果的接纳程度及风险意识都不同,对战略变革的态度就自然不同,战略变革甚至会激起反抗,从而导致失败。

如何让变革深入人心,让创新价值观成为坚定不移的价值取向,是这场战略变革成功的关键。变革是需要付出成本的,坚决清除变革途中的障碍本身就是一种价值观取向的标杆,形成主流文化是向企业成员宣示这场变革的决心的最好途径。

可以说,企业的变革就是战略与文化如何协同的问题。在战略变革不可避免时,及时创建一种支持战略变革的企业文化,是变革最终获胜的根本因素;否则,企业文化便会成为问题之源。

5. 构筑共同愿景

战略变革成功的关键在于如何发挥组织能量从而取得成功,这需要从说服那些参与变革人员接纳新的战略开始,也取决于企业成员能否在企业的前景问题上达成一致。解决这一问题最好的方式就是规划共同愿景。

愿景告诉人们"我们企业将成为什么",它不同于战略目标——明确告诉成员什么时间能达成什么具体目标。一个明晰的愿景,应该是对企业内外的一种宏伟的承诺,使人们可以想象达成愿景后的收益。它应该具备以下特征:能够让人们激情澎湃,调动他们的积极性,让人们觉得有点高远但又愿意全力为之奋斗。

所以,战略变革要提出共同愿景,给员工一个足以让他们兴奋不已的蓝图,让员工和利益相关者提供帮助,甚至于牺牲短期利益。用愿景激发员工变革的欲望,是战略管理必不可少的一环，也是现在的热门学科——五项修炼和学习型组织建设的核心要素之一。

6. 塑造核心价值观

价值观是指导人的行为的一系列基本准则和信条。它们回答以下问题："什么事至关重要？""什么事很重要？""我们信奉什么？""我们该怎样行动？"一个企业的价值观是该企业对于内部和外部各种事物与资源的价值取向，是企业所有成员在长期的经营哲学指导下形成的共同价值观。价值观是我们进行决策、确定政策、策略和方法，以及选择行为方式的指导方针。因此，建设战略支持型企业文化，要把着力点放在塑造企业核心价值观上，在企业内部确立人的价值高于资产的价值、共同价值高于个人价值、团队价值高于单体价值、社会价值高于经济价值的价值观。

一个与企业发展战略相适应、相匹配的企业核心理念体系的创建和完善，为企业发展战略的推进提供生生不息的价值导向、智力支持、精神动力、舆论引导和文化支撑，促进企业中的人员拥护变革的观念，对既有的价值观进行创新，使之匹配新的战略实施框架，是战略管理实施的价值基础。

7. 让战略变革在组织文化中根深蒂固

经过共同愿景的规划、既有价值观的创新，一种支持战略变革的组织文化就初步建立起来了。这种组织文化仅仅是开始，组织成员对于新的文化价值观只是停留在了解阶段，此时如果过早放松对新的组织文化的培育，战略变革的努力就会面临因缺乏动力而停滞不前的风险。因此，短期的变革成功并不意味着长期的胜利，只有当新的战略变革深入组织文化的根源中，变革的果实才会巩固。要使战略变革在文化中根深蒂固，有几个要素要关注。

(1) 领导团队身体力行。要使组织中的每一个人相信愿景并愿意去实践共同的价值观，领导团队的身体力行最为重要。如果共同的价值观只是停留在口头、文字、会议等形式上，领导团队也高高在上，这样的价值观是不可能被员工接受的。价值观不应该只是每天不断地说教，而应该每时每刻体现在行动上。因此，领导团队的行动更为重要。

(2) 让价值观体现在工作绩效上。任何精神层面的东西，如果不体现在物质层面上，是不可能让人们折服的。要员工信奉共同价值观，就必然要让他们相信这样的价值观是能够给他们带来绩效的，无论是在薪酬上或者是在个人发展空间上，它必须有一个体现的载体。所以，要有意识地向员工表明新的战略变革将如何帮助他们提高工作绩效，使他们将战略变革的作用与价值观联系起来，从而愿意去坚持这种价值观。

(3) 清除变革中的障碍。战略变革一开始往往让组织成员在观念上无所适从。文化惯性使他们怀疑变革的真实性，既有利益者更会在非正式场合散播不利因素。

14.4.3　战略变革的跟踪与持续改进

当战略变革完成以后，所有变革的内容就成为企业的"内部法律"，任何员工必须无条件地去执行。让员工改变一种习惯需要不断进行培养和奖惩，所以在这个阶段，公正、公开、透明是企业必须坚持的，是在正式运作前期坚决不可以打破的；否则，企业战略变革很容易走入歧途。同时，在这个过程中，企业的管理部门必须跟踪和检查，并进行阶段性质询，然后根据发生的问题进入新一轮的企业战略变革。这样，一个企业战略变革的循环系统就完成了。

需要注意的是，该循环系统的完成，应在一个保持动态变化的环境中进行。企业的动态能力主要强调基于环境快速变动的特征。战略管理的作用在于适应、整合和重组企业内外的技能、资源和功能，使之适应环境的变化。在动态环境中，为了获得持久的竞争优势，企业需要的是创新能力。企业只有通过其动态能力的不断创新，才能使企业的资源和能力随时间的变化而改变，从而利用新的市场机会来创造竞争优势新源泉。所以，在一个动态的环境中，企业的动态能力是其战略变革的基础。

14.5 战略变革的时机选择与阻力分析

14.5.1 战略变革的时机选择

信息是使经理们认识变革力量大小的根据。财政报告、质量控制数据、预算和标准成本信息是重要的内容，通过它们可以显示外部力量和内部力量的变化状况。利润率下降、市场占有率下降是明显地表明企业竞争力量减弱和需要进行战略变革的迹象。遗憾的是，许多企业，直到发生了大的危机才认识到战略变革的必要性。一般来讲，战略变革时机有三种选择，有远见的企业应该选择第一种，这样能避免过迟变革的代价。

1. 提前性变革

这是一种正确的变革时机选择。在这种情况下，管理者能及时地预测到未来的危机，提前进行必要的战略变革。国内外的企业战略管理实践证明，及时地进行提前性战略变革的企业是最具有生命力的企业。

2. 反应性变革

在这种情况下，企业已经存在有形的可感觉到的危机的代价。

3. 危机性变革

这时企业已经存在根本性的危机，再不进行战略变革，企业将面临倒闭和破产。因此，危机性变革是一种被迫的变革，往往企业付出较大的代价才能取得变革的收效。

企业一旦决定进行战略变革，就要进一步考虑如何进行变革的问题了，这就需要分析问题的症状以发现问题的实质。然而，管理者对问题性质的意见和看法常常是有分歧的。对此，不存在什么奇妙的处方。这一阶段的工作可围绕下面三个问题来讨论：①什么是有别于问题表象的实质问题？②解决这个问题要改变什么？③变革的结果（目标）是什么？如何衡量这些目标？

这一过程实质上是通过分析判断，建立新的战略方案的过程。因此，前面讲到的有关确定战略方案的基本原理，在这里仍然适用。所不同的是，这里不仅要遵守这些基本原理，更要注意分析新、旧战略方案的不同，以及旧改新的必要性和可能性。

14.5.2　战略变革的阻力分析

要进行战略变革必然会经受到各种各样的阻力。根据阻力的性质,战略变革的阻力可分为影响战略变革的惯性力量和对变革有意识的阻力。

1. 影响战略变革的惯性力量

影响战略变革的惯性力量,可以从管理部门的偏好、管理风格和企业文化三个方面来进行深入分析。

（1）从管理部门的偏好来看,已有的战略和组织结构会形成一种惯性力量,从而使职工对变革的必要性和迫切性缺乏明确的认识。

（2）从管理者的管理风格来看,已有的管理风格及建立起来的关系方面的成果,也会形成一种惯性力量,从而使职工抵制、扭曲一些有利于战略变革的信息,造成职工对变革犹豫不决及变革动力的转移。

（3）从企业文化角度分析,迷恋于已有的价值观和信念,重视现有的任务和关系,也会形成一种惯性力量,从而使职工忽视正在变化的环境形势,抵制或扭曲有利于战略变革的信息,避免或扭曲变革最初的动力。

2. 对变革有意识的阻力

对变革有意识的阻力主要来自以下三个方面。

（1）有些人反对战略变革的必要性及性质。这些人往往采用到处游说的方法来阻止最初的变革,从而使变革夭折于萌芽状态。

（2）有些人对变革缺乏承受能力。这些人往往通过制造推迟变革的理由或转变变革的方向,给变革制造人为阻力。

（3）有些人出于个人利益或集团利益,也会人为地制造阻力。除了上述两种办法外,有些人还常常会采用攻击变革行动者的办法,使变革无法顺利实施。

14.6　战略变革的基本方式与框架

14.6.1　战略变革的两种基本方式：渐进式变革与急进式变革

渐进式变革以改进、完善现有系统为主要目标,在一个相当长的时期内缓慢地变革。变革过程比较稳定,波动较小,对改善产品质量、降低成本、改进工艺、提高绩效经常可以取得好成绩。有时为了减少变革的阻力和风险,故意将变革进程拉长,将原定变革内容分散在几个时间段内,逐步实现最终的变革目标。渐进式变革的优点是：一次性投入的资源较少、见效快、阻力小、风险少,易于成功。其缺点是：分散的局部变革可能影响整体变革目标不能达到最优,甚至可能造成正在变革的假象而掩盖重大变革的紧迫性,同时整体变革的分散实施可能增加变革的成本。

急进式变革是一种快速的、疾风暴雨式的变革,其特点是对现有系统的冲击力度大,不是在原有基础上修修补补,创新程度也大,可以在较短的时间内收效。有时为了适应客观需要而压缩变革的进程,将变革内容集中在一个较短时段内完成。急进式变革的优点是:容易突破传统观念和习惯势力的阻碍,迅速提升企业的竞争能力,适应外部环境的变化,达到整体最优。其缺点是:急剧的变化不易为职工和相关人员所接受与适应,可能产生较大的阻力,因而可能引起较大的摩擦成本,变革的风险也比渐进式变革大。

两种变革方式各有特色,在公司变革实践中都是常见的。一般地说,如果公司现有的竞争力较强、绩效相对优良,外部环境又比较稳定,变革往往集中在局部,不必动摇现有基础,则倾向于选择渐进式变革;如果公司竞争力低下、绩效不佳,或者处于非常不利的外部环境中,甚至面临危机,急需改变经营方式,则多选择急进式变革。多数公司是在渐进式变革与急进式变革的交替中发展,长期的渐进式变革时常被急进式变革所打断。

尽管渐进式变革与急进式变革对企业来说都是必需的,它们各有千秋,而且事实上每一次急进式变革完成之后,企业便进入一个相对稳定时期,渐进式变革成为主要的变革方式。然而,许多企业的领导人和著名的首席执行官都比较热衷于急进式变革。他们认为在发展如此迅速、竞争如此激烈的今天,渐进式变革对很多公司来说是远远不够的。渐进式变革只能医治疾病,不能解决深层的健康问题,公司需要彻底改造而不是自我完善。即使是一些已经取得成功的公司,如哈根达斯国际公司刚刚成为西欧最主要的奶油冰淇淋生产商后,由于官僚体制的发展,设在巴黎的总部和驻各国管理层间出现了矛盾,销售额逐渐下降。总经理里希蒂罗认定渐进的改进措施已无法恢复企业的发展动力,决心设计一个雄心勃勃的目标,发动一场急进式变革以彻底解决公司的问题。一些首席执行官考虑到任期的关系,不容许他们实施漫长的渐进式变革,也采用了急进式变革方式。无论是成功企业还是危机企业,首席执行官大多以急进式变革为己任,希望企业在革命性观念下产生根本性的变革。

14.6.2　战略变革的一般框架

公司成功地实现变革的基本特征是什么?曾经为许多公司提供急进式变革咨询服务的迈尔斯(R. H. Miles)提出了一个一般框架:产生强大的变革动力,勾画有吸引力的未来愿景加以引导,以公司组织的改制做基础,形成变革的程序与结构,以及一位强有力的变革领导人。公司变革的一般框架可用图14-1描述。

图 14-1　公司变革的一般框架

1. 产生变革动力

变革需要动力,使组织中所有人,上至最高领导,下至一般员工都能全身心地投入变革之中,并争取达到预期的目标。产生变革动力的方式有以下四种。

(1) 面对现实。通过分析外部环境和内部条件,对照标杆企业,产生对现状的不满,了解即将到来的变革的方向和程序。

(2) 开发和分配资源。利用一切可以利用的资源支持变革,同时通过资源的开发与分配也可显示公司变革的决心,从而树立员工的信心。

(3) 提高绩效标准。作为变革的目标,激发员工以创新的方式改变工作,推动变革的实施。

(4) 建立理想行为模式。这种行为模式必须是明确的、可观察的,以规范变革的行为,让全体员工都按新的、期望的、理想的行为模式行事。

2. 勾画未来愿景

(1) 勾画愿景。描绘公司未来的发展蓝图,指明公司尚未达到甚至许多人还无法理解的目标,广泛地引起员工的共鸣,将员工的努力统一起来,共同实现愿景。

(2) 建立商业模式。指明公司在实现未来愿景的过程中,应该在哪些方面变革,以及可行的变革轨迹。

(3) 整体分析。着眼于变革的整体,将愿景状态转换成支持公司变革的独特的组织设计,包括正式的与非正式的要素,保证各部分变革的协调和同步。

(4) 确定变革的切入点。通过比较公司现状与未来愿景的差距,选定每个阶段变革的突破口,采取必要措施和建立评价指标,并随着变革进程的推移,确定下一阶段的变革项目。

3. 组织与文化融合

(1) 组织重构。通过权力结构的重组和人力资源、财力资源的再分配,建立新的组织体系,保证变革的顺利进行。

(2) 调整基础要素。如调整计划、控制、评价体系、人力资源、通信和资源分配系统等柔性要素,配合组织重构。

(3) 重塑组织文化。在员工中建立新的价值观和信念,支持公司的变革,使组织与文化很好地融合在一起。

(4) 培养核心竞争力。只有培育出与公司愿景相适应的新的核心竞争力,才能获得真正的竞争优势。

4. 变革的程序与结构

(1) 重建教育和参与机制。帮助员工理解并参与变革,调整其观念行为,提高变革能力。

(2) 建立协调机制。建立各种机构以协调分散在各部门进行的变革行动,消除部门之间的脱节与冲突。

(3) 建立沟通和反馈机制。保证信息畅通无阻,以便及时发现变革中出现的问题,并能及时作出反应。

（4）顾问支持。从公司外部获得新知识、新观念和具体的指导，弥补组织内部能力与技巧的不足，避免走弯路。

5. 领导者

所有成功实现变革的企业都有一个强有力的领导者，他克服种种阻力，发动并领导变革走向成功。领导者是变革最重要的核心，上述四个要素的建立都依靠领导者的决策。

许多企业家和学者对成功领导变革的领导者提出了评价标准，这些标准具有惊人的相似之处。归纳起来，有效的领导者应该具有三个基本特征：①有变革的坚定信念，坚信变革对公司获得竞争优势是必不可少的，而且主张彻底变革，从根本上改变公司现状；②能够清楚地以令人置信的愿景表达这种信念；③通过关注、协调、鼓励等形式发动全体员工，将组织的软件和硬件资源融合在一起，实现变革，并将变革的成果制度化。

如果领导层有人反对变革的实施或不愿意适应新制度，必须坚决地把他们替换掉；否则，容忍抵制变革的行为将付出沉重的代价。

14.7 战略变革和组织复兴

毫不奇怪，战略管理，特别是在动态环境中，是一个处理战略变革和组织复兴的过程。实施一个变革需要通过运用实施工具和战略领导，使企业从现有状态转换到一种不同的状态。因此，在很多方面，你已经具备了很好的基础来认识一些变革和复兴问题，特别是那些还未面对危机的企业中的问题。

所有的经营环境都处于变化状态。为了保持成功，企业必须采取两种行动中的一种：通过快速反应与环境中的变化保持一致，或积极预测顾客人口特征、未来技术以及潜在的新产品和服务的变化，进而重新创造所在的产业。

战略变革可以被定义为资源配置选择的显著改变，或者是使战略与愿景相匹配的经营活动的显著改变。战略变革还包括为昭示企业新愿景而采取的变革。当企业明确或隐含地坚持正统思维并导致管理者关于企业及其环境的思维方式僵化，或内部工作方式僵化时，战略变革的难度就会非常大。

14.7.1 变革过程

变革通常不是一个线性过程，但是按照线性的方式来思考变革的要素，对于理解每个步骤的重要性很有帮助。利用已经学过的战略管理过程的原理，让我们思考一下为了成功实施战略变革而必定发生的全部事情。图14-2展示了这个过程以及变革活动中任何要素缺失所导致的可能结果。

首先，为了变革，企业必须对渴望到达的最终状态有一个新愿景。这个新愿景必须与那些实现该变革的人进行沟通。如我们多次注意到的，由于愿景不是战略，因此新愿景要求一个执行计划——一个战略——作为战略变革的地图。

实施战略是所有管理者以及所有员工的任务，而不仅仅是那些构想新战略的人的工

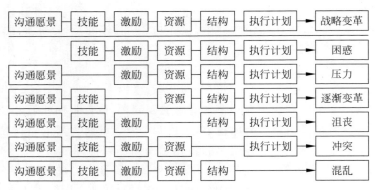

图 14-2 战略变革的路径

作。因此,变革要求组织中的员工具有一定的技能。然而,人们会在什么任务上花费时间与激励机制有着重要关系。当组织试图改变战略时,需要让人们改变行为,企业为此应该提供必要的激励。下一步,关键是要认识到,如果组织配置必要的资源来推动期望的变革,那些受到恰当激励的、有才干的员工就很容易在新愿景的引导下努力工作。这些资源可以利用 VRINE(价值、稀有程度、不可模仿性、不可替代性和可利用性)框架来进行评估,以便更充分地理解特定变革活动所面临的独特机会或挑战。

一个有效的战略,在这里是指战略变革,经常需要修正或至少厘清组织结构。最后,必须制订一个将变革过程中各种活动连接起来的计划并进行广泛沟通。

当变革过程中的这些要素都准备好以后,企业很可能会成功地从一种战略转向另一种战略,其结果很可能是成功的战略变革。然而,如果缺少任何一个步骤,就会破坏整个变革活动。如果我们省略一些战略变革的步骤,考虑一下可能的结果:如果没有指导性的愿景,组织成员很可能对为什么开展这些活动感到困惑;如果没有执行计划,很可能会出现混乱状态,不同的管理者会追寻不同的路径来达到预期的状态;如果组织缺少具有执行这些任务所需技能的合适人员,可能会给那些承担了任务却又不适合的人带来极大的压力和痛苦。

如果激励不当,组织变革的速度可能会比能够达到的水平缓慢很多。更糟糕的是,人们由于受到奖励而偏离了计划的路线;如果没有资源保证,人们很可能感到极度沮丧,因为管理者和员工会觉得被授予了一个困难的任务,却没有得到制度上的支持;如果组织结构不支持变革,那么在报告和合作关系上将会发生混乱与冲突。

14.7.2 转型管理

刚刚谈到的战略变革过程是一个非常困难的工作。然而,变革的内容各不相同。有时,企业的前景看起来毫无希望,这里就来讨论一下这一时期的战略问题。组织快速衰败时,为了扭转这种局面应该做些什么呢?在"转型"这个词汇开始出现时,许多管理者没有充足的时间来思考,而前面提到的战略变革框架也是要耗费大量的时间来学习的。记住,失败的原因在于战略、管理和财务管理的不当。我们现在依次考虑表 14-1 中的转型管理过程的五个不同阶段。我们识别了五个不同的阶段,需要记住下面五个告诫。

表 14-1　转型过程中的各个阶段

阶段	改变管理	分析环境	紧急事件	重构企业	回归正常
目标和行动条目	选择新的高管团队 清除障碍 选择一个转型经理	它能生存吗 识别战略 制订计划 确定转型的本质	生存 正现金流 募集资金 监管 控制现金	巩固收益率 重组事业来提高收益率	寻求营利性增长 建立竞争优势

(1) 每个转型都是独特的,每个阶段并不一定在所有转型中都能识别到。

(2) 每个转型中包括的阶段数量取决于特定企业面临的财务危机的严重程度:麻烦越大,转型过程包括的阶段越多。

(3) 每个阶段的重要性在不同转型中是不同的。例如,有时分析要比行动更重要,而在其他情况下正好相反。

(4) 企业有时会发现自己同时涉及了多个阶段。阶段是可以重叠的,有些任务可以影响多个阶段。

(5) 每个阶段需要的时间长度不仅不是固定的,而且相差很大,决定每个阶段所需时间长短的主要因素包括企业的规模和财务危机的严重性。完成整个转型过程可能需要 12~36 个月的时间。

下面对转型过程每个阶段的描述,可以作为陷入财务危机的企业设计变革管理项目的模板。

阶段 1:改变管理

改变管理的方式有两种:改变管理者解决组织问题的方式和改变组织高层的人员,后者更常见。多数 CEO 和其他官员不会轻易放弃权力。通常,利己主义使管理者很难承认确实发生了衰退或他们不能带领企业摆脱衰退。因此,第一步是建立一个高层管理团队来领导转型。在一些情况下,董事会可以招聘转型专家,当然银行家和公司律师也经常参与进来。作为外来者,转型专家不会受到在位管理团队或企业当前战略的束缚。在这个阶段,转型团队将清除并替换任何阻碍转型活动的高级官员。一般来说,外来者带来的领导能力上的利益会远远大于他们由于缺乏组织或产业经验造成的损失。

阶段 2:分析环境

在作出任何重大变革之前,转型领导者必须确定企业生存的概率,识别扭转局面的合适战略并建立一个初步的行动计划。因此,最初一段时间用于发现事实并诊断当前问题的范围和严重性。与此同时,团队必须与各个利益相关者团体打交道。第一个团体经常包括愤怒的债权人,他们对企业的财务状况并不知情。顾客、卖主和供应商对企业的未来极为谨慎。转型团队对所有群体都必须是公开和坦率的。

一旦识别到了主要问题,企业就要制订一个有着特定目标和详细职能行动的战略计划。为了使过程向前进展并确保其优先权,目标应该直接与战略的进程相对应。然后,团队必须将计划推销给组织内的关键成员,包括董事会、管理团队和员工。将计划展示给关键的外部团体,包括银行家、主要债权人和卖方,需要长时期的努力,以便重新赢得他们的信任和支持。

阶段3：紧急事件

当企业的情况极为紧急时，团队的计划既激烈又简单。为了停止失血并改进组织的糟糕状况，必须立刻实施紧急手术。这时，由于员工被解雇或整个部门被停顿，人们的感情趋向波动。治疗方案应该是深思熟虑和客观的，但速度一定要快。

转型团队还必须注意现金问题，这是企业的血液。它必须尽可能快地建立起正的经营现金流，还必须确保有足够的现金来实施转型战略。不盈利的部门或事业单位经常会在一些快速的、正确的"手术"之后摆脱困境。

阶段4：重构企业

一旦"失血"被停止、失败的部门被出售并且管理费用被降低，转型团队将努力使现有经营更加有效和高效。资产和权益不断提高的利润与回报通常意味着重构。从很多方面看，这个阶段是最困难的：降低损失是一回事，但实现可接受的投资回报是另一回事。在这个新的、精简的企业中，一些设备可能会被关停，有些企业甚至可能会退出某些市场或将其产品定位于不同的市场。最后，当企业为获得竞争力而重组时，员工的正确组成变得相当重要。需要对另外一个战略实施工具——奖励和报酬系统进行改造以强化转型活动并让人们思考"利润"和"投资回报"。每个留下来的员工必须记住，生存才是再造企业的最重要的目的。

阶段5：回归正常

在转型过程的最后阶段，企业缓慢地转向盈利。在早期阶段，转型团队集中于纠正问题。然而，现在企业必须把提升利润、权益回报和经济价值的努力制度化。例如，在这一时刻，企业可以发起营销项目来拓展其经营基础，并增强市场渗透的能力。最后，企业在财务上要将重点从产生现金流转向维持健康的资产负债表，找到长期的融资渠道，并设定战略会计和控制系统。回归正常还需要心理上的转变，重建工作动力和士气与恢复投资回报率是同样重要的。公司文化必须更新和重塑，消极的态度必须转化为积极的态度。

本 章 小 结

1. 介绍了企业战略变革的必要性。
2. 分析了企业战略变革的构成要素、一般阶段及影响因素。
3. 阐述了企业战略变革实施过程、时机选择以及所遇到的阻力。
4. 阐述了企业战略变革的基本方式与一般框架。
5. 指出企业战略变革与组织复兴之间存在着必然的关系。

思 考 题

1. 什么是战略变革？其种类有哪些？
2. 企业进行战略变革的必要性体现在哪些方面？
3. 影响企业战略变革的因素有哪些？

4. 为什么说企业战略变革可以推动组织复兴?
5. 产生变革动力的方式有哪几种?
6. 收集一个企业变革的资料,结合所学理论,将其撰写成案例,并进行点评。

参考文献

[1] 黄旭.战略管理：思维与要径[M].北京：机械工业出版社,2022.
[2] 金占明.战略管理[M].北京：清华大学出版社,2016.
[3] 黄凯.战略管理：竞争与创新[M].北京：北京师范大学出版社,2017.
[4] 弗雷德·R.戴维,福里斯特·R.戴维.战略管理：案例部分[M].李晓阳,译.15版.北京：清华大学出版社,2019.
[5] 格兰特.现代战略分析[M].7版.北京：中国人民大学出版社,2016.
[6] 刘益,徐波.战略管理：工具与应用[M].北京：清华大学出版社,2010.
[7] 雷银生.企业战略管理教程[M].2版.北京：清华大学出版社,2010.
[8] 韩伯棠,张平淡.企业战略管理[M].北京：高等教育出版社,2010.
[9] 徐大勇,韩云辉.企业集团核心能力分析[J].企业改革与管理,2010(9)：13-14.
[10] 高红岩.战略管理学[M].2版.北京：清华大学出版社,2018.
[11] 张秀玉.企业战略管理[M].北京：北京大学出版社,2010.
[12] 王方华,陈继祥.战略管理[M].上海：上海交通大学出版社,2003.
[13] 谭力文,吴先明.战略管理[M].武汉：武汉大学出版社,2003.
[14] 杨锡怀,王江.企业战略管理——理论与案例[M].4版.北京：高等教育出版社,2016.
[15] 米勒.战略管理[M].北京：经济管理出版社,2011.
[16] JOHNSON G,SCHOLES K.公司战略教程[M].金占明,贾季梅,译.北京：华夏出版社,1998.
[17] 张延林.论商业生态系统竞争战略[D].广州：广东工业大学,2003.
[18] 韩巧霞,王树文.论商业生态系统的构建[J].当代经济,2006(16)：42-43.
[19] 陈继祥.战略管理[M].北京：清华大学出版社,2013.
[20] 卡彭特,桑德斯.战略管理：动态观点[M].王迎军,韩炜,肖为群,等译.北京：机械工业出版社,2009.
[21] 谭开明,魏世红.企业战略管理[M].大连：东北财经大学出版社,2022.
[22] 张东生,李艳双.企业战略管理[M].北京：机械工业出版社,2018.
[23] 龚荒.企业战略管理——概念、方法与案例[M].北京：清华大学出版社,2011.
[24] 蒋贵凰.企业战略管理案例教程[M].北京：清华大学出版社,2013.
[25] 孙锐.战略管理[M].北京：机械工业出版社,2008.
[26] 刘松先,任真礼,姜先华.企业战略管理实用教程[M].北京：北京大学出版社,2009.
[27] 代海涛.企业战略管理[M].北京：中国农业大学出版社,2011.
[28] 赫连志巍.企业战略管理[M].北京：机械工业出版社,2017.
[29] 舒辉.企业战略管理[M].2版.北京：人民邮电出版社,2016.
[30] 张文松.战略管理：获取竞争优势之道[M].北京：机械工业出版社,2010.
[31] 汪长江.战略管理[M].北京：清华大学出版社,2013.
[32] 希特,霍斯克森,爱尔兰,等.战略管理：赢得竞争优势[M].薛有志,张世云,等译.2版.北京：机械工业出版社,2010.
[33] KIM W C,MAUBORGNE R.蓝海战略[M].吉宓,译.北京：商务印书馆,2005.
[34] 徐君,李莉,王冠,等.企业战略管理[M].北京：清华大学出版社,2014.
[35] 王昶.战略管理：理论与方法[M].北京：清华大学出版社,2014.
[36] 刘平,张海玉,金环,等.企业战略管理——规划理论、流程、方法与实践[M].北京：清华大学出版社,2013.

[37] 秦远建.企业战略管理[M].北京：清华大学出版社,2013.

[38] 李庆华.战略管理[M].北京：中国人民大学出版社,2009.

[39] 姚小涛,弋亚群.战略管理[M].北京：高等教育出版社,2019.

[40] 刘冀生.企业战略管理——不确定性环境下的战略选择及设施[M].3版.北京：清华大学出版社,2016.

[41] 希尔,席林,琼斯.战略管理[M].薛有志,李国栋,等译.12版.北京：机械工业出版社,2021.

教师服务

感谢您选用清华大学出版社的教材！为了更好地服务教学，我们为授课教师提供本书的教学辅助资源，以及本学科重点教材信息。请您扫码获取。

▶ 教辅获取

本书教辅资源，授课教师扫码获取

▶ 样书赠送

企业管理类重点教材，教师扫码获取样书

清华大学出版社

E-mail: tupfuwu@163.com
电话：010-83470332 / 83470142
地址：北京市海淀区双清路学研大厦 B 座 509

网址：https://www.tup.com.cn/
传真：8610-83470107
邮编：100084